Ulrich Wickert

Das Buch der Tugenden

Hoffmann und Campe

Die Deutsche Bibliothek – CIP-Einheitsaufnahme
Wickert, Ulrich:
Das Buch der Tugenden / Ulrich Wickert.
– 1. Aufl. – Hamburg: Hoffmann und Campe, 1995
ISBN 3-455-11045-2

Copyright © 1995 by Hoffmann und Campe Verlag, Hamburg
Schutzumschlaggestaltung: Lo Breier/Kai Eichenauer
Satz: Dörlemann Satz, Lemförde
Druck und Bindung: Graphischer Großbetrieb Pößneck
Printed in Germany

»Was du nicht willst, daß man dir tu',
das füg auch keinem andern zu.«
Die Goldene Regel

»Handle so, daß die M<u>ax</u>ime deines *allgemeine Grundsatz*
Willens jederzeit zugleich als
Prinzip einer allgemeinen Gesetzgebung
gelten könne.«
*Der kategorische Imperativ
von Immanuel Kant*

INHALT

ULRICH WICKERT
Einleitung
Weshalb Tugenden modern sind · 25

Kapitel 1
TUGEND UND SITTEN,
ETHIK UND MORAL

Einleitung · 41

WILHELM BUSCH
Nicht artig · 45

ARISTOTELES
Über »ethische Tugenden« · 46

PLATON
Das Höhlengleichnis · 55

LUCIUS ANNAEUS SENECA
Von der Tugend
als dem höchsten Gute · 59

MARCUS AURELIUS ANTONIUS
Selbstbetrachtungen · 63

GUSTAV SCHWAB
Herakles am Scheidewege · 64

FRIEDRICH SCHILLER
Tugend, Liebe, Freundschaft · 67

Zur Klassifizierung der
Tugenden   68

Sitten als Korrektiv   69

MATTHIAS CLAUDIUS
An meinen Sohn Johannes   70

JOHANN WOLFGANG VON GOETHE
Das Göttliche   74

IMMANUEL KANT
Von den Pflichten der Tugendhaften
und Lasterhaften   76

Von den Pflichten in Ansehung
der Verschiedenheit des Alters   79

GOTTFRIED AUGUST BÜRGER
Das Lied vom braven Manne   84

NOVALIS
Inwiefern erreichen wir das Ideal nie?   88

ARTHUR SCHOPENHAUER
Über die Grundlage der Moral   89

ARTHUR SCHOPENHAUER
Moral, durch Religion oder
Philosophie beigebracht   93

FRIEDRICH NIETZSCHE
Zum Begriff der Sittlichkeit der Sitte   94

Die »deutsche Tugend«   96

GEORG BÜCHNER
»Danton, das Laster ist zu
gewissen Zeiten Hochverrat ...«   98

ALBERT CAMUS
»… Was treibt Sie eigentlich, sich damit
zu befassen?« – Aus: Die Pest   101

GÜNTER ANDERS
Lager Mauthausen   105

ERICH KÄSTNER
Der Mensch ist gut   117

ROBERT SPAEMANN
Philosophische Ethik
oder: Sind Gut und Böse relativ?   118

ALBERT SCHWEITZER
Humanität   127

INA PRAETORIUS
Eine feministische Definition von Ethik   131

JOACHIM RINGELNATZ
Schaudervoll, es zog die Reine   139

BASSAM TIBI
Kulturübergreifende Ethik
sichert den Frieden   140

GÜNTER GRASS
Unser Vorhaben hieß   145

Kapitel 2
WAHRHEIT, WAHRHAFTIGKEIT
UND EHRLICHKEIT

Einleitung   149

BERTOLT BRECHT
Ich habe lange die Wahrheit gesucht   153

FRIEDRICH NIETZSCHE
Was ist Wahrheit? 154

KARL R. POPPER
Bemerkungen über die Wahrheit 154

Wahrheitssuche 155

AESOP
Die Fabel von dem Hirtenbuben
und dem Wolf 157

Die Fabel vom Löwen und dem Fuchs 157

HANS CHRISTIAN ANDERSEN
Des Kaisers neue Kleider 158

STEFAN HEYM
Wie es mit dem kleinen Jungen,
der die Wahrheit sagte, weiterging 162

FRANCIS BACON
Glaube an die Wahrheit 169

FRIEDRICH SCHILLER
»Geben Sie Gedankenfreiheit –«
Don Carlos 172

Irrtum inbegriffen 185

ROBERT MUSIL
Ein Beispiel 186

BERTOLT BRECHT
Leben des Galilei – Die »Discorsi« 188

GEORGE ORWELL
Durch einen Spiegel, rosarot 199

MARIO VARGAS LLOSA
Die Wahrheit der Lügen 200

WILHELM BUSCH
Wer möchte diesen Erdenball 202

DORIS LESSING
Der Preis der Wahrheit 203

HANS MAGNUS ENZENSBERGER
Friedenskongreß 212

RICHARD VON WEIZSÄCKER
Zum 40. Jahrestag der Beendigung
des Krieges in Europa und der
nationalsozialistischen Gewaltherrschaft 213

OTTO F. BOLLNOW
Wahrheit und Wahrhaftigkeit 229

DIETER WANDSCHNEIDER
Das Gutachtendilemma – Über das
Unethische partikularer Wahrheit 244

JAN FEDDERSEN
Recht auf Nichtwissen 247

Kapitel 3
VERNUNFT, WEISHEIT UND KLUGHEIT

Einleitung 251

AESOP
Fabel von dem Fuchs und der Katze 255

BRÜDER GRIMM
Die kluge Bauerntochter 256

JOSEF PIEPER
Die Kunst, sich richtig zu entscheiden 259

CHRISTIAN MEIER
»Denkverbote« als Nachhut des Fortschritts?   261
Über den Terror der Gutwilligen und
die neue Unbequemlichkeit beim
Denken der Zukunft

HERMANN HESSE
Die Weisheit bleibt   276

CHRISTA WOLF
»Nimm doch Vernunft an!«   276

WERNER FINCK
Gedanken zum Nachdenken   278

PABLO NERUDA
Lebensweisheit   279

GEORGE ORWELL
Die Sieben Gebote   280

HANS MAGNUS ENZENSBERGER
Lock Lied   289

GEORG CHRISTOPH LICHTENBERG
Soll man nicht der Natur zuweilen
die Hand führen?   290

JÜRGEN HABERMAS
Faktizität und Geltung   291

ERNST BLOCH
Weisheit in unserer Zeit   297

Kapitel 4
GERECHTIGKEIT

Einleitung 305

Volksmoral
Altchinesische Staatsweisheit
Übertragen und übermittelt
von Franz Kuhn 309

Fiat Justitia … 310

VOLTAIRE
Über den Unterschied zwischen
politischen und natürlichen Gesetzen 311

JOHANN HEINRICH PESTALOZZI
Die Katzengerechtigkeit 313

ARTHUR SCHOPENHAUER
Die Tugend der Gerechtigkeit 317

GEORG WILHELM FRIEDRICH HEGEL
Individuum und Recht 321

FRANZ KAFKA
Vor dem Gesetz 321

BERTOLT BRECHT
Die Tugend der Gerechtigkeit 323

ROBERT SPAEMANN
Gerechtigkeit
Oder: Ich und die anderen 324

OTTO SCHILY
Wodurch wird Legitimation erreicht? 331

FRIEDRICH DÜRRENMATT
Monstervortrag über Gerechtigkeit
und Recht, nebst einem helvetischen
Zwischenspiel. Eine kleine Dramaturgie
der Politik 332

OTFRIED HÖFFE
Gerechtigkeit gegen Tiere 334

ALFRED POLGAR
Gespräch über Gerechtigkeit
zwischen einem unerfahrenen und einem
bewanderten Zeitgenossen 338

FRANZ FURGER
Gerechtigkeit im Rechtsstaat 340

FRIEDRICH SCHORLEMMER
Gerechtigkeit und Utopien
der Bürgerbewegung 342

REYMER KLÜVER
Haß wird neuen Haß gebären 346

ERNST-WOLFGANG BÖCKENFÖRDE
Nicht Machterhalt ist das Ziel
der Politik, sondern Gerechtigkeit 347

Kapitel 5
PFLICHT, SELBSTVERPFLICHTUNG
UND VERANTWORTUNG

Einleitung 363

EPIKTET
Tu immer deine Pflicht! 367

IMMANUEL KANT
Anfangsgründe der Tugendlehre:
Pflicht   368

ARTHUR SCHOPENHAUER
Pflicht und Schuldigkeit   372

JOHANN HEINRICH PESTALOZZI
Gemeingeist und Gemeinkraft   373

EMMANUEL LÉVINAS
Das Ich kann nicht vertreten werden
Die Ethik als Verantwortlichkeit
für den Anderen   375

MAX WEBER
Gesinnungsethik und
Verantwortungsethik   380

UTA RANKE-HEINEMANN
Man muß dem Gewissen folgen   383

HANS JONAS
Theorie der Verantwortung   384

GÜNTHER ANDERS
Off Limits für das Gewissen
Briefwechsel mit dem Hiroshima-Piloten
Eatherly   394

WERNER HEISENBERG
Über die Verantwortung des Forschers   415

FRANK FRASER-DARLING
Die Verantwortung des Menschen
für seine Umwelt   425

FRANZ FURGER
Recht auf Arbeit – ein soziales
Menschenrecht   429

Kapitel 6
SOLIDARITÄT, BRÜDERLICHKEIT UND GÜTE

Einleitung   437

BERTOLT BRECHT
Was nützt die Güte   441

VOLTAIRE
Die Großmütigen   442

OSCAR WILDE
Der eigensüchtige Riese   444

ARTHUR SCHOPENHAUER
Über Güte und Großmut   449

MONIKA MARON
»Bei Grün darf man klingeln«   450

HANS MAGNUS ENZENSBERGER
Migration führt zu Konflikten   452

GABRIELE GOETTLE
Benefizveranstaltung bei Porsche   455

MARTIN LUTHER
Über die Barmherzigkeit   460

FRIEDHELM HENGSBACH
Gemeinsinn und Solidarität –
Durch moralische Appelle nicht
hervorzuzaubern   461

ERNST TUGENDHAT
Asyl: Gnade oder Menschenrecht?   466

Über die Brüderlichkeit
Rede eines demokratischen Hofnarren
an ein bürgerliches Publikum
Niedergeschrieben und redigiert von
FRANZ-XAVER KAUFMANN 471

BETTINA SCHÖNE-SEIFERT
Organentnahme nur mit Zustimmung 474

KARL JASPERS
Solidarität 479

Kapitel 7
MUT, TAPFERKEIT UND ZIVILCOURAGE

Einleitung 483

JOHANN WOLFGANG VON GOETHE
Menschengefühl 487

Feiger Gedanken 487

HOMER
Odysseus verhöhnt den Kyklopen 488

BRÜDER GRIMM
Einer, der auszog, das Fürchten zu lernen 490

GÜNTHER NENNING
Ausstieg aus der Sicherheit 498

FRANÇOIS DE LA ROCHEFOUCAULD
Moralische Sentenzen 500

GEORG BÜCHNER
Dantons Tod:
Das Revolutionstribunal 501

MAX FRISCH
Wilhelm Tell für die Schule   504

ERNST JÜNGER
Mut   512

HERMANN HESSE
Mut und Charakter   518

GÜNTER GRASS
»Zeitlos mutig ...«   519

CHRISTA WOLF
Nellys Tapferkeit   522

HEINRICH GRAF VON LEHNDORFF-STEINORT
Am Vorabend seiner Verurteilung
und Hinrichtung mit gefesselten
Händen geschrieben   528

VOLKER ULLRICH
Den Mut haben, davonzulaufen   534

WERNER FINCK
Melde mich zurück   547

ERICH KÄSTNER
Gescheit, und trotzdem tapfer   549

HANNELORE KLEINSCHMID
Der Mut zum Nein – Ein Bericht über
Menschen, die sich der Stasi verweigerten   553

IRING FETSCHER
Ermutigung zur Zivilcourage – Plädoyer
für eine zu wenig beachtete Tugend   565

GÜNTER GRASS
Also nochmal   571

Kapitel 8
TOLERANZ

Einleitung	575
Toleranz – ein Fremdwort?	579
GOTTHOLD EPHRAIM LESSING Nathan der Weise: Die Ringparabel	580
GÜNTHER ANDERS Freiheit der Religionen	587
IGNATZ BUBIS Hoffen auf eine intensiver gelebte Toleranz Zum Grundwert einer demokratischen Gesellschaft	588
THOMAS MANN Von rassischer und religiöser Toleranz	592
OSWALD VON NELL-BREUNING Wenn Tolerante und Intolerante miteinander reden	594
PINCHAS LAPIDE Allen rechtsradikalen Umtrieben zum Trotz	597
MARIANNE HEUWAGEN Das Fach »Wir-Gefühl«	602
ANDREAS ENGLISCH Haß läßt sich überwinden Das Lehrstück Südtirol	604
HERBERT MARCUSE Repressive Toleranz	606

KARL R. POPPER
Duldsamkeit und intellektuelle
Verantwortlichkeit   611

Kapitel 9
ZUVERLÄSSIGKEIT UND TREUE

Einleitung   621

JOHANN WOLFGANG VON GOETHE
Für ewig   625

Weite Welt und breites Leben   625

BRÜDER GRIMM
Der treue Johannes   626

FRIEDRICH SCHILLER
Die Bürgschaft   633

MADAME LEPRINCE DE BEAUMONT
Die Schöne und das Tier   638

Die Treue, sie ist doch kein
leerer Wahn   647

THEODOR FONTANE
Archibald Douglas   648

STEFAN ZWEIG
Die Flucht zu Gott   652

OTTO F. BOLLNOW
Die Treue   660

ALBERT SCHWEITZER
Über die Treue   666

JOSEF WEINHEBER
Treue   668

BERTOLT BRECHT
Treue is doch det Mark der Ehre!   669

WERNER FINCK
Beim Ziegelputzen zu singen   670

ANDRÉ COMTE-SPONVILLE
Selbst die Jahreszeiten sind
wankelmütig   671

JOHANN WOLFGANG VON GOETHE
Frage nicht, durch welche Pforte   676

Kapitel 10
DEMUT UND BESCHEIDENHEIT,
FLEISS UND GEDULD

Einleitung   679

MARIE LUISE KASCHNITZ
Demut   683

MATTHIAS CLAUDIUS
Brief von Pythagoras an
Fürst Hiero von Syracusa   684

JOHANN GOTTFRIED SEUME
An einen an der Düna bei Riga
gefundenen Totenkopf   685

CHRISTIAN FÜRCHTEGOTT GELLERT
Der stolze Demüthige   687

ANDRZEJ SZCZYPIORSKI
Dummheit ist ein Mangel an Demut   690

ERICH KÄSTNER
Aufforderung zur Bescheidenheit   696

GÜNTHER ANDERS
»Es geschieht mir recht«   697

MONTESQUIEU
Zauber der Bescheidenheit und
Impertinenz der Eitelkeit   698

JOHANN WOLFGANG VON GOETHE
Derb und tüchtig   700

BRÜDER GRIMM
Der Faule und der Fleißige   701

GEORG CHRISTOPH LICHTENBERG
Deutscher Fleiß   702

Spruchweisheiten   703

RUDYARD KIPLING
Wie das Kamel seinen Buckel bekam   704

ERNST JANDL
Menschenfleiß   707

ERICH KÄSTNER
Nur Geduld   708

JOHANN WOLFGANG VON GOETHE
Polyhymnia der Weltbürger   709

Lavater hatte eine unglaubliche Geduld,
Beharrlichkeit und Ausdauer 709

JOHANN WOLFGANG VON GOETHE
Fausts »Fluch der Geduld« 711

FRIEDRICH NIETZSCHE
Ungeduld 712

Die Ungeduldigen 712

WALTER BENJAMIN
Das Fieber 713

KARL VALENTIN
Habt nur Geduld 717

HANS MAGNUS ENZENSBERGER
Schwierige Arbeit 718

Anhang

Anmerkungen 723

Quellennachweis 725

Einleitung

Weshalb Tugenden modern sind

Tugenden sind modern. Diese Behauptung klingt gewagt, denn wer heute von einem tugendhaften Menschen hört, der glaubt sich ins letzte Jahrhundert zurückversetzt: Er stellt sich wahrscheinlich einen wohlgescheitelten Knaben vor; Klassenprimus ist er, Streiche verabscheut er; vielleicht trägt er auch eine Brille, einen dunklen Konfirmandenanzug und petzt; er gilt als Tugendbold, der scheinheilig alle Sittengesetze befolgt und auf andere hinabblickt. Das tugendhafte Mädchen zieht keine »Männerhosen« an, noch nicht einmal ein ärmelloses Kleid und besteht auf Keuschheit.

Tatsächlich galt die Keuschheit als Tugend. Als Benjamin Franklin seinen persönlichen Moralkatalog von dreizehn Tugenden aufstellte, zählte er darunter ganz selbstverständlich auch die Keuschheit und definierte sie in einer Art und Weise, die uns heute eher verstaubt anmutet; seine Maxime lautete: »Gebrauche die Sexualität selten und nur um der Gesundheit oder Nachkommen willen – nie zur Abstumpfung, Schwächung oder Schädigung des eigenen oder des Friedens oder Rufes eines anderen.«[1] Doch wie soll Keuschheit noch als Maßstab des Verhaltens gelten, wenn die Kinder, kaum sind sie sexuell gereift, schon kostenlos Kondome an den Schulen erhalten und in deren Benutzung eingewiesen werden – als Vorsorge weniger gegen Schwangerschaft als gegen die Seuche Aids.

Im strengen Ton einer schwarzgekleideten Gouvernante scheint »die Tugend« zu ermahnen: »Das gehört sich nicht!« Und deshalb versteht die Allgemeinheit heute darunter etwas, das vor allem einschränken soll. Tugend wird so zu etwas Negativem, zu bloßem Nicht-tun.[2] Hinter der Tugend versteckt sich, so sehen es viele, ein drohender Zeigefinger, weswegen man nicht zu tun wagt, was man heimlich gern täte. Wer Tugenden so altertümlich definiert, dem muß dieses Wort überholt und veraltet vorkommen.

Ähnliches gilt für Begriffe wie Moral (auch Sitte genannt; Moral bestimmt demnach das Verhalten des Menschen zu sich und seinen

Mitmenschen, aber auch zur Natur) und Ethik (als Philosophie und Wissenschaft, die sich mit der Idee des Guten in bezug auf ein sinnvolles menschliches Leben befassen), die im täglichen Umgang und Sprachgebrauch zu wenig benutzt werden. Selbst gebildete Leute wissen immer seltener eine konkrete Antwort auf die Frage: »Was ist moralisches Handeln?« Dabei galt vor noch nicht allzu langer Zeit die Bezeichnung *tugendhaft* als ehrenvoll, und sie wurde als höchstes Lob einem Verstorbenen sogar auf den Grabstein gemeißelt.

Auch Begriffe unterliegen der Mode. Sie wechseln zwar nicht so schnell wie die jeweilige Frühlings- oder Herbstkleidung, aber doch mit den Generationen. Begriffe wirken nicht mehr modern, wenn sie historisch belastet sind oder aber nicht mehr dem Erkenntnisstand der Gesellschaft entsprechen. Wer würde sich an der Schwelle zum 21. Jahrhundert noch trauen, Tapferkeit zu fordern, wie sie bei den alten Griechen als Kardinaltugend galt? Er würde sich lächerlich machen. Tapferkeit läßt an alte Ritter, an Soldaten, an »kriegerisches« Gehabe denken. Und recht hat, wer die von Ernst Jünger in diesem Jahrhundert geschriebenen Zeilen dafür als Beweis anführt: »In göttlichen Funken spritzt das Blut durch die Adern, wenn man zum Kampfe über die Felder klirrt im klaren Bewußtsein der eigenen Kühnheit. Unter dem Sturmschritt verwehen alle Werte der Welt wie herbstliche Blätter.«[3]

Zu den vier Kardinaltugenden gehört aber auch die Gerechtigkeit, die heute mit dem Attribut *sozial* in jeder Munde ist und zu heftigen politischen Auseinandersetzungen führt. Als Grundwert einer Demokratie wird die Gerechtigkeit bezeichnet, aber wer hätte heute noch den Mut, sie eine Tugend zu nennen? Genauso wie die Toleranz im Umgang mit ausländischen oder jüdischen Bürgern im eigenen Lande jedesmal hoch und heilig beschworen wird, wenn wieder einmal junge Deutsche einen Brandsatz gegen ein von Ausländern bewohntes Haus oder in eine Synagoge geworfen haben. Ist sie etwa keine Tugend, die Toleranz?

Viele problembewußte, sich als fortschrittlich einstufende Menschen fordern in diesen Zeiten täglich die Achtung vor der Natur, die gerechte Verteilung der Arbeit und die Gleichberechtigung der Frau, den Kampf gegen Armut und die Zweidrittelgesellschaft, den sorgsamen Umgang mit der Genforschung, verantwortliche Politiker, die keine Soldaten in den Krieg schicken, oder auch die pflegliche Behandlung von Tieren usw. All dies sind fortschrittliche Ziele, die den Namen »moralisch« verdienen und die nur verwirklicht werden können, wenn sich die Gesellschaft darauf einigt, ihr Verhalten an gewissen allgemeingültigen Normen auszurichten. Allerdings widersprechen sich manchmal mehrere jeweils moralisch begründete Forderungen. So wird in Deutschland alles, was mit dem Thema Krieg verbunden ist, auf Grund der Lehren aus der eigenen Geschichte besonders feinfühlig behandelt. Das Eingreifen der UNO-Truppen im Golf verurteilte ein großer Teil der Deutschen moralisch: Solch ein Krieg sei schlecht, da Krieg (besonders wenn er unter amerikanischem Oberkommando geführt wird) an sich schlecht ist. Ein anderer Teil der Deutschen argumentierte ebenso moralisch und kam zu dem Ergebnis: Wer den Frieden wolle, müsse für den Krieg rüsten, um Diktatoren wie Saddam Hussein abzuschrecken. Und nur wer bereit sei, einen begrenzten Krieg auch zu führen, werde den Frieden – so gut wie möglich – bewahren. Wer dies nicht tue, wird besiegt und verliert möglicherweise seine Freiheit und mit ihr einen großen Teil der gesellschaftlichen Werte einer Demokratie. In einem anderen moralischen Zwiespalt stecken diejenigen, die einen Krieg am Golf ablehnen, den Einsatz von Waffen zur Befreiung unterdrückter Völker aber rechtfertigen.

Wie schwer es ist, moralische Richtlinien aufrechtzuerhalten, zeigt die unterschiedliche Beurteilung des Bürgerkrieges im ehemaligen Jugoslawien. Selbst innerhalb der Parteien, die pazifistischen Gedanken eher nahestehen wie Sozialdemokraten und Bündnis 90/Die Grünen, war – jeweils aus moralischer Argumentation – keine Einigkeit über solch eine »Kleinigkeit« wie den Einsatz von Tornado-Kampfflugzeugen in Bosnien herbeizuführen. Die einen fürchteten eine Ausweitung des Krieges, die anderen hofften auf den Schutz der Blauhelme und damit der Bevölkerung in dem umkämpften Land. In einem ähnlichen Konflikt befindet sich, wer für die gerechte Verteilung von Arbeit plädiert, den Export von Waffen jedoch ablehnt, was wiederum zum Verlust von Arbeitsplätzen führen würde.

Noch problematischer wird die moralische Festlegung bei Fragen des Lebens. Wann, so wird immer häufiger diskutiert, darf ein Mensch als tot erklärt werden. Damit befassen sich vor allem Mediziner, weil sie den Augenblick bestimmen wollen, von dem an sie aus dem Toten gesunde Körperteile wie Niere, Leber, Herz etc. entnehmen können, um so anderen Todkranken durch die Transplantation eines Organs das Leben zu schenken. Viele Ärzte gehen davon aus, daß der Hirntod der richtige Augenblick sei, denn dann könne ein durch die Herz-Lungenmaschine am Leben erhaltener Körper am besten für Transplantationen verwertet werden. Wenn der Sterbende sich nicht zum Organspender erklärt hat, wird die Entscheidung, ob seine gesunden Körperteile einen anderen retten, von Angehörigen und deren Gefühlen und Weltanschauung abhängen. Hat aber jemand seine Einwilligung schriftlich niedergelegt, so ist damit auch eine Aussage darüber verbunden, von welchem Zeitpunkt an Organe entnommen werden dürfen. Diese Problematik zwingt zu der unerläßlichen Beantwortung der ethischen Frage, ob ein gesunder Mensch nicht aus Solidarität gegenüber anderen (kranken) Menschen moralisch verpflichtet wäre, sich als Organspender zur Verfügung zu stellen.[4] Daraus könnte dann der Gesetzgeber Folgerungen ziehen und eine rechtlich bindende Regelung beschließen. Die könnte etwa so lauten: Die Entnahme von Organen für Transplantationen ist erlaubt, solange kein Widerspruch eingelegt wird (entweder zu Lebzeiten durch den potentiellen Spender oder nach dem Tod durch Angehörige). Und unter diesen Umständen wird man sich darauf einigen, daß der Mensch aus medizinischer Sicht tot ist, sobald das Hirn aufgehört hat zu funktionieren. Ein Organ zu entnehmen wäre dann ethisch erlaubt.

Und hier entsteht eines jener Probleme, die der Ethik wie der Moral eigen sind: Es kann bei derselben Fragestellung verschiedene Antworten geben. Sollte es moralisch erlaubt sein, den Todeszeitpunkt des Organspenders auf den Moment des Gehirntodes festzulegen, so bleibt dem Toten über diesen Moment, ja auch über den Herztod hinaus dennoch seine grundsätzliche Würde. Denn seine Würde verliert er auch als Leichnam nicht. Es bleibt bei der sittlichen Forderung: *de mortuis nihil nisi bene*[5] – auch die Würde eines Verstorbenen muß gewahrt werden. Das hat in der modernen Welt der elektronischen Kommunikation eine neue Bedeutung.

Denn Aufnahmen von Verunglückten oder Erschossenen werden immer häufiger in aller Breite im Fernsehen gezeigt. Als ein französischer Blauhelmsoldat in Sarajevo erschossen wurde, war ein Kamerateam anwesend und drehte. Von zahlreichen Fernsehsendern der Welt wurde der Kopf des am Boden liegenden Soldaten in Großaufnahme gezeigt, bis der Zuschauer plötzlich sah, wie seine glasig gebrochenen Augen den Tod verkündeten. Eine solche Szene in aller Ausführlichkeit zu senden, verletzt, solange sie keine übergeordnete Bedeutung für die Nachrichtengebung hat, die Würde dieses Toten.

Tritt jemand dafür ein, ein Mensch sei erst dann tot, wenn das Herz aufhöre zu schlagen – bis zu diesem Augenblick stehe ihm das Recht an der eigenen Person zu –, dann wird er bei einer anderen Entscheidung in eine moralische Zwickmühle geraten: Er hat sich nämlich darüber klarzuwerden, wann das Leben beginnt. Mit dem ersten Herzschlag als Embryo? Darf unter diesen Umständen abgetrieben werden? Erst nach siebzig Tagen, wenn der Embryo ein Nervensystem gebildet hat? Oder überwiegt hier das Recht der Frau an der eigenen Person und dem eigenen Körper gegenüber den Rechten des anderen Lebens? Kann es überhaupt die moralische Abwägung zwischen zwei Lebensrechten geben?

Jedes der vorgebrachten, einander widersprechenden Argumente kann logisch untermauert werden. Doch die jeweils anders gewählte Ausgangslage führt zu einer unterschiedlichen Schlußfolgerung, ohne daß die entgegengesetzte Meinung unmoralisch sein muß. Die Ursache dafür liegt in den Wertvorstellungen, die für die entsprechenden Beweisführungen vorausgesetzt werden. Und es gibt jeweils verschiedene Gründe, weshalb eine Person den einen oder den anderen Wert als Anfang für seine Argumentationskette wählt. Was macht es so schwer, zwischen scheinbar gleichwertigen Meinungen abzuwägen?

Erstens stehen sich gelegentlich unterschiedliche Werte oder Tugenden gegenüber – etwa Freiheit oder Gleichheit –, und es fehlt der Gesellschaft jener Maßstab, der darüber entscheidet, welcher der beiden ethischen Ansprüche im Streitfall überwiegt.

Zweitens stellt sich die Frage nach dem Grund, weshalb eine Person so und nicht anders handelt. Welcher Grund zwingt sie in die Pflicht, fordert von ihr das »Du sollst«? Moralisch kann er nur sein, wenn er an objektiven Normen gemessen werden kann und sich über die persönliche Willkür erhebt.

Drittens schließlich haben moralische Werte und Tugenden verschiedene historische Wurzeln, und man kommt häufig zu anderen ethischen Ergebnissen, je nachdem, ob man sich auf Aristoteles oder Thomas von Aquin, auf Jean-Jacques Rousseau oder Adam Smith – und heute auf Max Weber[6] oder Jürgen Habermas[7], auf John Rawls[8] oder Friedrich A. von Hayek[9] stützt. Die unhistorische Behandlung ethischer Fragen führt jedoch in die Irre[10], besonders dann, wenn Moralphilosophen der Vergangenheit so an der gegenwärtigen Auseinandersetzung beteiligt werden, als lebten sie heute. Vergessen wir nicht, welche Erkenntnisse wir über die Jahrhunderte hinzugewonnen haben! So lehnen wir heute die Sklaverei als barbarisch ab, während sie etwa für Aristoteles unbestrittener Teil des normalen gesellschaftlichen Lebens eines griechischen Stadtstaates war. Als zeitlich näher liegendes Beispiel mag die ungerechte Verklärung der Männer gegenüber den Frauen dienen. Wer könnte heute noch ungestraft wie Arthur Schopenhauer schreiben: »Gerechtigkeit ist mehr die männliche, Menschenliebe mehr die weibliche Tugend. Der Gedanke, Weiber das Richteramt verwalten zu sehn, erregt Lachen ...«[11]

Wenn die westlichen und östlichen Gesellschaften Ende des 20. Jahrhunderts die Frage nach dem Verbleib ihrer ethischen Werte überprüfen, und zwar anhand der Normen, nach denen sie sich heute richten sollten, so hat dies zwei wesentliche Gründe: Zum einen ist das Abendland in diesem Jahrhundert mit seinen eigenen Normen schändlich umgegangen, zum anderen entfiel mit dem Zusammenbruch des Kommunismus die Ersatzbegründung für das, was als *gut* oder *böse* anzusehen war. Bis weit ins letzte Jahrhundert hinein besaßen christliche Vorstellungen von Moral eine wesentliche Bedeutung. Doch nicht zuletzt mit den barbarischen Weltkriegen (auf jeder Seite kämpfte Gott mit uns, waren *Dieu* und *God* dabei), mit der systematischen Vernichtung von Millionen Kindern, Frauen und Männern in den Konzentrationslagern und im Anschluß daran mit der unreflektierten Ernennung von *Fortschritt* und *Individualismus* zu Götzen verlor die westliche Zivilisation einen wesentlichen Teil ihrer ethischen Identität.

Zweitens machte sich statt dessen während der weltanschaulichen Auseinandersetzungen in den letzten hundert Jahren der Glaube breit, es genüge, sich auf die jeweils eigene ideologische Position zu berufen, um das Gute zu definieren. Der ideologische Gegner war stets der Böse. Der Kalte Krieg zwischen Kommunismus und Kapitalismus ist zwar in den achtziger Jahren beendet worden, aber nicht durch den Sieg des Guten über das Böse, sondern weil der praktische Versuch, die sozialen Probleme des Kapitalismus mit Hilfe der Diktatur des Proletariats zu überwinden, gescheitert ist. Und zwar versagte das gesellschaftliche Experiment, weil sich die Diktatoren der sozialistischen Staaten nicht nach den vorgegebenen ethischen Werten des sozialistischen Gedankens – etwa der Gerechtigkeit und der Gleichheit – richteten. Sie verhielten sich eher wie die Schweine in Orwells Farm der Tiere und wollten gleicher sein als das einfache Volk. So starb der Traum von einer besseren Welt in den sozialistischen Staaten, weil sie sich kein Gerüst allgemeingültiger Tugenden gebaut und danach gelebt haben. Aber auch der Westen empfand es in dieser Zeit als nicht notwendig, sich aus sich selbst heraus zu definieren, sondern ihm reichte das ihm gegenüberstehende Bild vom »Reich des Bösen«, um das eigene Verhalten als gut zu empfinden.

Nun sind in dieser Zeit der Ideologien die Worte, die Moral und Ethik ausmachen, wenig angewandt worden. So geriet die Sprache in Unordnung und mit ihr die Ethik selbst. Denn wenn die Bürger Moral als überholte Bezeichnung, Tugend als verstaubt und Pflicht als *out* betrachten, dann passen auch die Inhalte nicht mehr zusammen. Allerdings scheint ein Widerspruch darin zu liegen, daß politisch bewußte Menschen Tugenden und Moral als veraltete Begriffe abtun, gleichzeitig aber Ideale vertreten, die Tugenden sind und sich nur im Rahmen einer Ethik völlig entfalten können. Deshalb ist es notwendig, die Begriffe wiederzubeleben und ihren auf eine fortschrittliche Gesellschaft ausgerichteten Inhalt hervorzuheben. Man muß Worte wie Tugend wieder in das bewußt erkannte System der Ethik einordnen, so daß sie besser funktionieren und nicht nur Wünsche oder Ideen bleiben.

Ohne Ethik kann keine demokratische Gesellschaft bestehen. Ethik bestimmt nun einmal, was in einer Gesellschaft als *gut* oder *böse* angesehen wird, und dies zunächst im vorgesetzlichen Raum. Stellen wir uns die Ethik als ein Uhrwerk vor, das nur pünktlich läuft, wenn die Einzelteile stark genug und ihre Verbindungen festgeschraubt, gut geregelt und geschmiert sind. Eine Ethik[12] bildet sich durch die Erkenntnis einer Gesellschaft, daß sie sich auf gemeinsame Regeln verständigen muß, weshalb sie bestimmte Verhaltensweisen und

Ziele als nützlich und gut, andere aber als schädlich und schlecht bezeichnet. Inhalte von Ethik und Moral sind Werte und Tugenden.

Ein Wert im kaufmännischen Verständnis bedeutet Gegenwert, Geld- oder Tauschwert; im ethischen Sinn versteht man unter einem Wert eine sittliche Idee oder Forderung, die zu befolgen jedes Mitglied der ethischen Gemeinschaft unabhängig von seinen eigenen Gelüsten oder Vorteilen anerkennt.

Der erste Wert einer jeden Ethik ist *die Würde des Menschen*, denn von ihrer Respektierung geht jede Entscheidung zwischen Gut und Böse aus. Die Anzahl ethischer Werte und Tugenden läßt sich in keiner Liste abschließend aufzählen. Je nach dem Stand der Erkenntnis und dem Zustand einer Gesellschaft entwickeln sich neue Werte und Tugenden, verändern sich alte, wandeln andere ihre Bedeutung. So wurde aus der aristotelischen *Tapferkeit* die heutige *Zivilcourage*. So hat sich die *Wohlfahrt* über die Jahrhunderte hin gewandelt, wurde zur *Barmherzigkeit*, aus der zur Zeit der Französischen Revolution die *Brüderlichkeit* entstand, und die hat sich mit den aufkommenden sozialistischen Ideen zur *Solidarität* entwickelt. Die Begriffe haben sich mit den gesellschaftlichen Bedingungen verändert, der ethische Grundgedanke ist jedoch immer der gleiche geblieben.

Freiheit ist ein genauso wichtiger Wert wie *Frieden* oder *Individuum*, doch stehen ihnen in ihrer moralischen Bedeutung *Gerechtigkeit* und *Toleranz* nicht nach. Die beiden letzten Werte lassen sich auch als Tugenden bezeichnen.

Seit Platon und Aristoteles ist die *Tugend* ein Grundbegriff der Ethik. Für die griechischen Philosophen war die *Tugend* das Ideal der Erziehung des Menschen zu einer vortrefflichen Persönlichkeit. Sie bestimmt das richtige Handeln im ethischen Sinn. Unter Tugend versteht man eine Grundhaltung des Menschen. Jede Tugend ist eine »Disposition«, eine Veranlagung, die den Menschen befähigt, seine Handlungen sittlichen Motiven unterzuordnen. Tugenden, so sagt Aristoteles, sind nicht einfach angeboren, sondern sie werden durch Erfahrung eingeübt und entwickelt. Wenn jemand handelt, dann veranlaßt die Tugend, daß er die richtige Entscheidung trifft. Und der Mensch findet zur rechten Entscheidung, weil er über moralische Eigenschaften verfügt und so weiß, stets das rechte Maß zu wählen, das in der Mitte zwischen zwei falschen (extremen) Möglichkeiten liegt: »Als erstes ist zu erkennen, daß derartige Eigenschaften durch Mangel oder Übermaß zugrunde zu gehen pflegen (denn man muß vom Sichtbaren auf das Unsichtbare schließen), so wie wir es bei Kraft und Gesundheit sehen.«[13] So vernichtet übermäßiges Turnen die Kraft genauso wie zuwenig Turnen. Ebenso zerstört ein Zuviel oder Zuwenig an Speise und Trank die Gesundheit; das Angemessene dagegen schafft Gesundheit, mehrt sie und erhält sie. So verhält es sich auch mit der Besonnenheit, Tapferkeit und den übrigen Tugenden. Wer alles flieht und fürchtet und nichts aushält, der wird feige; wer aber vor gar nichts Angst hat, sondern auf alles losgeht, der wird tollkühn. Wer jede Lust auskostet und sich niemals enthält, wird zügellos; wer aber alle Lust meidet, wird stumpf wie ein Tölpel.«So gehen also Besonnenheit und Tapferkeit durch Übermaß und Mangel zugrunde, werden aber durch das Mittelmaß bewahrt.«[14] Freilich gesteht Aristoteles ein, daß nicht jede Handlung Raum für eine Mitte hat.[15] Zwar kann man sich einen Mangel an Gerechtigkeit oder Solidarität vorstellen, doch nicht ein Übermaß. Ein Mangel an Toleranz wird häufig beklagt, doch nicht ihre zu starke Anwendung.

Über die Jahrhunderte hinweg hat sich gewandelt, was unter den jeweiligen Tugenden zu verstehen ist. Zu den vier Kardinaltugenden von Plato – *Klugheit, Gerechtigkeit, Tapferkeit, Besonnenheit* – fügten Papst Gregor der Große und Thomas von Aquin für das Christentum die theologischen Tugenden – *Glaube, Hoffnung und Liebe* – hinzu. Das Verständnis von Tugend verengte sich unter dem Einfluß des Absolutismus, so daß als soziale Tugend fast ausschließlich der Gehorsam gegenüber der Autorität und ihren Befehlen angesehen wurde. Aus der Tapferkeit, die als Eigenschaft bei Aristoteles zwischen Feigheit und Tollkühnheit lag, um als Tugend für das Gute und Rechte zu kämpfen, wurde blinder militärischer Gehorsam.

Auch nachdem die absolutistischen Monarchien in der Folge der Französischen Revolution durch republikanische Staaten abgelöst worden waren, änderte sich wenig in den vermeintlich ethischen Vorstellungen der Bürger. Gemäß den gängigen Morallehrbüchern blieb die vornehmste Aufgabe des Bürgers die unkritische Pflichterfüllung.[16] Und dies wirkt bis heute nach: Weshalb das Wort Pflicht – in der Moralphilosophie ein wichtiger Begriff – immer noch dumpf und abstoßend wirkt. Und schließlich verkam der moralische Begriff zu den »bürgerlichen Tugenden« Pünktlichkeit, Sparsamkeit und Fleiß, die heute von so manchem auch als *Sekundär*tugenden lächerlich gemacht werden.

Der Begriff der Tugend war auf individualistische und gesetzliche Definitionen verengt worden und wurde deshalb im 19. Jahrhundert vor allem von Friedrich Nietzsche hart kritisiert; und damit hat das Wort *Tugend* jenen negativen Klang erhalten, der heute bei vielen Menschen im Unterbewußtsein mitschwingt, wenn dieser Begriff moralisch benutzt wird. Denn nicht immer ist die moralische Tugend gemeint, wenn von Tugenden gesprochen wird. Die Sauberkeit etwa mag im menschlichen Zusammenleben angenehm sein, mit Ethik hat sie wenig zu tun.

Als der deutsche Philosoph Max Scheler zu Beginn des 20. Jahrhunderts eine »Rehabilitierung der Tugenden« versuchte, beklagte er die Rührseligkeit, mit der in den Jahrhunderten zuvor die Tugend unter das Volk gebracht werden sollte, was sie zu einer »alten, keifenden zahnlosen Jungfer«[17] gemacht habe. Aus Untugenden können allerdings auch fragwürdige Tugenden werden: Was einst als Habgier negativ bezeichnet wurde, ist heute eine Wirtschaftstugend mit dem schönen Namen *Gewinnmaximierung.*

Aristoteles ging davon aus, daß jeder Mensch über drei Anlagen verfügt, die sein Handeln bestimmen: Leidenschaften, Fähigkeiten und Eigenschaften.[18] Leidenschaften sind Empfindungen, bei denen Lust oder Schmerz gefühlt werden, also: Begierde, Zorn, Angst, Mut, Neid, Freude, Liebe, Haß oder Mißgunst. Fähigkeiten erlauben uns, diese Leidenschaften als Zorn, Schmerz oder Mitleid zu empfinden. Die Eigenschaften aber steuern unser Verhalten, so daß es als richtig und gut oder falsch und böse angesehen wird. Und auch heute noch definieren Philosophen die Tugenden als Eigenschaften.[19] Sie sind Eigenschaften, die das Verhalten des Menschen auf den Weg zum Guten hin lenken. Doch wie kommt der Mensch in den Besitz dieser Eigenschaften, die doch nicht angeboren sind? Durch Lernen, Erfahren, Wissen – also durch Vernunft.

Eine Ethik besteht aus den Werten, die im vorgesetzlichen Raum das Verhalten der Menschen untereinander regeln. Die Gesetze selbst sind Ausfluß der ethischen Vorstellungen der Mitglieder einer Gesellschaft, doch da Gesetzgebungsverfahren häufig sehr mühsam sind und lange dauern, ändern sich ethische Vorstellungen schneller als gesetzliche Normen. Und je komplizierter die moderne Welt mit ihren raschen Veränderungen wird, etwa durch Erfindungen im technologischen Bereich, um so wichtiger werden ethische Vorstellungen, die das Handeln des einzelnen entsprechend der gemeinsamen vorgenommenen Festlegung von Werten und Tugenden bestimmen.

Voraussetzung für jede Ethik ist also das Streben nach dem Guten. Was gut handeln heißt, definiert sich aus der Erkenntnis, aber auch aus Traditionen und Gebräuchen. Voraussetzung für ein moralisches Wertgefüge in einer demokratischen Gesellschaft ist, daß ethische Werte nicht autoritär festgelegt werden, auch nicht durch göttlich bestimmten Glauben, sondern durch Wissen, durch die Vernunft. Die Werte geben die ideellen Ziele vor, die Tugenden bestimmen das ideale Handeln. Doch von allein wirkt eine Ethik nicht, sondern sie bedarf gewisser Werkzeuge, um zu überzeugen. Hat nicht Aristoteles schon beklagt, daß der Mensch lieber seinen Gelüsten nachgeht, als sich maßvoll zu verhalten?

Als solches Werkzeug mögen zwei Begriffe dienen, die im heutigen Sprachgebrauch keine große Begeisterung hervorrufen: *Einsicht* und *Gehorsam*. Das Individuum muß nicht nur lernen, sondern auch verstehen, daß es nicht alles tun darf, was es könnte (und lieber möchte). Und tatsächlich fällt es leichter zu gehorchen, wenn die Einsicht vorhanden ist. Wie leicht das geht, können wir an dem in den letzten Jahren gewachsenen Umweltbewußtsein sehen. Während in den sechziger Jahren jedermann ohne Rücksicht auf die Umwelt Müll wegwarf, sortieren die Bürger ihren Müll neuerdings so verantwortungsvoll, daß die Verwerter kaum noch nachkommen. Je jünger die Menschen sind, desto *tugendhafter*, nämlich *verantwortungsvoller*, gehen sie mit der Umwelt (und dem Müll) um. In dieser Hinsicht sind sie – im Gegensatz zu den älteren Generationen – besser zu moralischem Handeln erzogen worden. Sie haben die Einsicht gewonnen, daß sie so handeln müssen, wenn sie die Natur schützen wollen. Damit streben sie das Gute an – und gehorchen vielleicht sogar; ohne es zu bemerken, erfüllen sie eine Pflicht. Sie folgen einer Vorgabe, einem moralischen Befehl, der lautet:»Du sollst den Müll nicht in die Umwelt kippen!« Allerdings empfinden sie ihre Handlung nicht als Gehorsam, denn sie folgen dem Befehl ja freiwillig.

Dies ist das Moderne an der Ethik: *Sie geht von der Freiwilligkeit aus.* Diese Freiwilligkeit entsteht durch die Einsicht in die Notwendigkeit moralischen Handelns. Ich habe die Freiheit, mich zu moralischem Handeln zu entscheiden. Wenn ich mich jedoch entschieden habe, dann trage ich auch die Verantwortung für mein Handeln. Wie aber sind die jungen Menschen zu einem tugendhafteren Verhalten gelangt als ihre Eltern? Durch Erziehung. Doch die Erziehung zum moralischen Verhalten in der Familie, in der Schule oder allgemein im Gesellschaftsleben ist nur eine Teilstrecke auf dem Weg zur Vollendung einer Person zum tugendhaften Charakter.

Gelernt wird nicht nur durch die Aufnahme von Wissen, sondern auch durch Einüben und Zwang. Einmal dadurch, daß man sich selbst in die Pflicht nimmt, wenn man eingesehen hat, daß eine andere Entscheidung als »du sollst« moralisch nicht vertretbar ist. Aber auch dadurch, daß andere unmoralisches Verhalten durch sozialen Druck strafen. Es ist bekannt, daß Mitarbeiter im Handel mehr aus ihren Läden stehlen, als es die Kunden tun. Doch der Ladendiebstahl wird in der Öffentlichkeit immer noch dem Käufer zugeschrieben. Mitarbeiter stehlen, weil sie sich nicht mit ihrem Unternehmen identifizieren, und auch deshalb, weil »alle es tun«. Mitarbeiter, die einen anderen dabei erwischen, wie er »etwas mitgehen« läßt, sagen selten: »Das tut man nicht!« Obwohl es angebracht wäre. So fehlt der soziale Druck, so stellt sich kein psychischer Zwang, kein schlechtes Gewissen, keine Scham, keine Schuld ein.

Der Autor dieser Zeilen wurde von der Polizeiakademie in Hamburg eingeladen, über den Werteverlust in unserer Gesellschaft zu sprechen. Eine Polizeiwache war in jenen Tagen wegen Unregelmäßigkeiten im Umgang mit Schwarzafrikanern ins Gerede gekommen. Deshalb wurde das Argument angeführt, um unmoralische Handlungen zu verhindern, müßten alle Mitarbeiter des Reviers auf einen Kollegen Druck ausüben, der sich Farbigen gegenüber rassistisch verhalte. Das daraufhin folgende peinliche Schweigen durchbrach schließlich ein kritischer Polizist, der schilderte, wie die anderen tatsächlich reagierten. Um die rassistischen Übergriffe des Kollegen zu mindern, verhafteten sie für ihn einige Afrikaner, damit er bei Dienstbeginn wenigstens deren Personalien aufnehmen konnte. Statt sein unmoralisches Handeln zu rügen, unterstützten sie ihn, so daß er davon ausgehen konnte, sein Treiben sei gesellschaftlich akzeptiert und damit nicht (unbedingt) böse.

Oder ein anderes Erlebnis: Das Vorstandsmitglied einer großen deutschen Versicherung erkundigte sich bei dem Autor, ob er vor Mitarbeitern dieses Unternehmens über Fragen der Werte in der Gesellschaft sprechen wolle, zumal der Versicherungsbetrug – und der lässige Umgang der Versicherungen damit – so zum Volkssport geworden sei, daß der ehrliche Versicherungsnehmer der Dumme sei, weil er für den Betrug der anderen mit erhöhten Beiträgen bestraft werde. Auf die Bemerkung des Autors, er habe seinen Hausrat bei dem betreffenden Unternehmen versichert, scherzte der Manager: »Dann können Sie ja gleich mal eine Teekanne als zerschlagen anmelden.« Er betonte allerdings, daß er damit selber tue, was er eigentlich verhindern wolle.

Diese Beispiele zeigen, daß eine Moral nicht als etwas Eigenes, von der Gesellschaft, in der sie wirkt, Abgehobenes besteht. Wertungen können von sozialen Tatsachen nicht getrennt werden. Diese Erkenntnis setzt voraus, daß sich jeder über seinen sozialen Platz in der Gesellschaft im klaren ist. Wer nicht weiß, wo er steht, wie jene Jugendlichen, die Brandsätze gegen die Heime von Ausländern werfen, ist schwer zu tugendhaftem Verhalten zu erziehen. Tugenden sind also nur ein Teil in dem großen Räderwerk, das zum Gelingen eines guten Lebens in der Gesellschaft beiträgt. Es scheint notwendig, daß der einzelne darüber nachdenkt, vielleicht umdenkt. Das Ziel einer modernen Ethik kann heute nur *die verantwortliche, freie und gerechte Gesellschaft* sein. Doch ist das angestrebte Ergebnis nur zu erreichen, wenn sich aus dem moralischen Denken des einzelnen eine öffentliche Meinung bildet, die auf demokratischem Wege zu gesellschaftlichen und politischen Maßnahmen führt.

Kapitel 1

Tugend und Sitten, Ethik und Moral

In jenen Zeiten, in denen Lesen und Schreiben noch ein Privileg war, vermittelte eine Generation der nächsten ihr Wissen mündlich. Das Erzählen von Geschichten machte demnach einen wichtigen Teil der moralischen Erziehung aus.

»Es war einmal …«, so beginnen die Märchen, ob sie nun erzählt oder Kindern – vielleicht vor dem Einschlafen – vorgelesen werden. Sie spielen in vergangenen Zeiten, handeln von Königen, Zwergen oder Hexen und haben immer eine »Moral von der Geschicht'«. Sie fangen im allgemeinen gut an, können dann ganz gräßlich, grausam und bös werden, enden aber meist gut. Die Hauptfiguren bleiben am Leben. »Und wenn sie nicht gestorben sind, dann leben sie noch heute …«

In Märchen erfahren Kinder auf für sie verständliche Weise, was gut und was böse ist: »Der Volksmund« hat Beispiele dafür ersonnen – verbunden mit Strafen für diejenigen, die nicht gut handeln. Im Laufe der Jahrhunderte oder gar Jahrtausende haben die Märchen nichts an Gültigkeit eingebüßt. Nur die Art des Erzählens hat sich infolge der technischen Erfindungen geändert: mit der Erfindung der Druckkunst trat das Buch als Vermittler zwischen Erzähler und Zuhörer. Und seit der Einführung des Fernsehens gibt es für Kinder und Erwachsene wohl keinen eindrucksvolleren Erzähler als das mit Ton und Bild arbeitende elektronische Medium.

Kinder lernen durch die Eltern, durch ihre Umgebung und, sobald sie sprechen können, durch Rede und Gegenrede. Und schließlich erzählen sie Gehörtes nach. In hochtechnisierten Ländern verfügen sie häufig schon frühzeitig über Kassettenrecorder, die auf Wunsch immer dieselbe Geschichte wiederholen. Doch bei aller Vielfalt der Übermittlung ist eines geblieben: Kinder warten darauf, daß das Gute belohnt und das Böse bestraft wird. So ist das in unserer Zivilisation, so ist es bei den Aborigines Australiens oder den Ureinwohnern von Vanuatu. Seitdem es denkende Menschen gibt, beschäftigt sie das Problem von Gut und Böse.

Nun läßt sich aber dieselbe Geschichte auf vielfältige Weise erzählen. Davon lebt die Kunst. Ein Stoff wird von den verschiedenen Kunstgattungen zu verschiedenen Zeiten in unterschiedlichen Zivilisationen unterschiedlich ausgelegt. Auch der philosophische Ansatz wechselt. Dies soll in diesem Band genutzt werden, um sittliche Begriffe von jeweils anderen Blickwinkeln zu betrachten und so eine kritische Erkenntnis zu ermöglichen. Die hier gesammelten Texte – aus unterschiedlichen Positionen und zu unterschiedlichen Epochen geschrieben – befassen sich immer wieder mit der Frage: Wie gelingt es dem Menschen, zwischen Gut und Böse zu unterscheiden, um danach sein Handeln auszurichten.

Das Höhlengleichnis von Platon könnte heute beispielsweise so erzählt werden: In einem Zimmer sitzen Leute, die nicht wissen, daß sie gefangen sind, da sie ein anderes Leben nicht kennen. Vor ihnen steht ein großer Fernsehapparat, auf dem sie ein Programm sehen. Wenn einer von ihnen nun das Zimmer verlassen dürfte, auf die Straße gebracht würde und »an das Licht käme, dann würde er, völlig geblendet von dem Glanz, von alledem, was ihm jetzt als das Wahre angegeben wird, überhaupt nichts zu erkennen vermögen?« (siehe Platon, Das Höhlengleichnis, S. 55ff.). Vielen Erwachsenen fehlt heute der Maßstab zu erkennen, was wichtig oder gar richtig ist. Besonders die privaten Fernsehsender fördern den Kult der Intimität, so daß der öffentliche Bereich leer zurückbleibt. Und dort, wo er noch vorkommt, ist er nicht mehr einzuordnen.

Seitdem die Welt ihre Klarheit verloren hat, die ihr der Kalte Krieg mit seiner Einteilung in West und Ost, in Gut und Böse beschert hatte – je nachdem, auf welcher Seite man stand –, ist die Welt noch unübersichtlicher geworden. Hat nun das Ende der Geschichte eingesetzt, oder droht der Zusammenstoß der Zivilisationen? Oder aber stürzen im Westen die neuen Barbaren übereinander, entweder in den Gettos der Großstädte oder in nationalistischen Kämpfen? Besteht die Zukunft gar aus einer einzigen Umweltkatastrophe? In der Höhle stellt sich die Gegenwart vermutlich eher als Chaos oder Tollhaus dar denn als überschaubare Welt.

Es ist stets eine Kunst gewesen, zu erkennen, was das richtige ist. Kant nennt – sehr modern – denjenigen, der Kinder unterrichtet, Informator und schreibt ihm hohe Verantwortung zu. Denn Wissen ist eine Voraussetzung für ethisches Handeln. Ein Mensch mag zwar aus Gewohnheit und unbewußt Normen häufig beachten, doch nur Wissen macht ihn frei. Der Mensch hat die Neigung, sich von antimoralischen Triebfedern, vom Egoismus (siehe Schopenhauer, Über die Grundlage der Moral, S. 89 ff.), leiten zu lassen, doch wenn es ihm gelingt, sich von der Macht der Laster zu befreien, dann kontrolliert er sich selbst.

Weil der Mensch schwach ist, handeln viele Geschichten von der Versuchung. So tritt etwa die als Glückseligkeit getarnte Lust vor Herakles (siehe Gustav Schwab, Herakles am Scheidewege, S. 64 ff.) und verspricht ihm ein bequemes, wollüstiges Leben, während die Tugend die Mühen aufzählt, derer es bedarf, um Meister des Guten zu werden. Nach dem Motto: Je *tugendhafter* der Mensch handelt, desto *freier* ist er.

Freiheit ist heute das Hauptziel dessen, der sich selbst verwirklichen will, um das zu erreichen, was eines jeden Menschen Sehnsucht ist, nämlich glücklich zu sein. Darum haben schon die Väter der amerikanischen Verfassung das Streben nach Glück in den Rang eines Grundrechts erhoben. Wenn nun der tugendhafte Mensch frei ist, so macht es ihn glücklich, den Tugenden zu folgen (siehe Seneca, Von der Tugend als dem höchsten Gute, S. 59 ff.).

Was aber nun Maßstäbe für gutes Handeln sind, darin unterscheiden sich die Geister. So empfiehlt es sich, alle hier gesammelten Texte kritisch zu lesen. Denn Maximen wie:»Gehorche der Obrigkeit!«, wie Matthias Claudius schreibt (siehe S. 70 ff.), stammen aus jenen Zeiten, in denen man davon überzeugt war, daß alle Obrigkeit von Gott kommt. Wenn solche Aussagen dennoch in diesem Band enthalten sind, so deshalb, weil das Wissen dadurch vervollständigt wird.

Tugend und *Sitten, Ethik* und *Moral* umfassen alle Bereiche des Lebens. Doch je nach dem Zustand einer Gesellschaft ändern sich auch die Prioritäten der in ihr Lebenden. Die Armen und Rechtlosen in einer Oligarchie werden Gerechtigkeit und Solidarität mehr beanspruchen als die Wohlhabenden in einer reichen, funktionierenden Demokratie. Wenn in einem Land der Dritten Welt eine Fabrik den Lebensunterhalt vieler, sonst hungernder Menschen garantieren kann, dann ist dort wahrscheinlich den meisten gleichgültig, ob der Ruß aus dem Schornstein dieser Produktionsstätte die Umwelt verschmutzt. Und weil dies so ist, mündet die Frage nach der *Verantwortung* des Menschen für die Natur erst zu dem Zeitpunkt in eine wachsende politische Bewegung, wenn deren Anhänger sich nicht mehr um die eigene Existenz zu sorgen brauchen.

Die schwierigste moralische Frage, vor die ein Mensch gestellt werden kann, kehrt immer wieder: Riskiere ich mein Leben, um ein anderes zu retten? Viele Menschen haben es getan und tun es immer wieder. Ein Lufthansa-Pilot wurde von Terroristen erschossen, weil er es als seine Pflicht ansah, alles daranzusetzen, die Passagiere in seiner Maschine zu retten. Er hinterließ eine Frau und zwei kleine Kinder. Die Witwe sagte später: Er hat seine Pflicht getan. Sie hätte es möglicherweise nicht ertragen, wenn er zum »Feigling« geworden wäre. In ihrem Unglück ist sie ob seines *tugendhaften* Verhaltens offenbar ein wenig glücklicher.

Wilhelm Busch

Nicht artig

Man ist ja von Natur kein Engel,
Vielmehr ein Welt- und Menschenkind,
Und rings umher ist ein Gedrängel
Von solchen, die dasselbe sind.

In diesem Reich geborner Flegel,
Wer könnte sich des Lebens freun,
Würd es versäumt, schon früh die Regel
Der Rücksicht kräftig einzubläun.

Es saust der Stock, es schwirrt die Rute.
Du darfst nicht zeigen, was du bist.
Wie schad, o Mensch, daß dir das Gute
Im Grunde so zuwider ist.

ARISTOTELES

Über »ethische Tugenden«

Da die Glückseligkeit eine Tätigkeit der Seele gemäß der vollkommenen Tugend ist, so haben wir nun nach der Tugend zu fragen. Auf diese Weise dürften wir wohl auch hinsichtlich der Glückseligkeit klarer sehen können. Es scheint sich auch der wahrhafte Staatsmann am allermeisten um sie zu bemühen. Denn er will, daß die Bürger tugendhaft werden und den Gesetzen gehorsam; ein Vorbild dafür haben wir an den Gesetzgebern der Kreter und Spartaner, und wenn es noch andere dieser Art gegeben hat. Wenn also diese Untersuchung zur politischen Wissenschaft gehört, so ist es klar, daß wir dem Plane gemäß vorgehen, den wir uns am Anfang vorgenommen haben.

Es liegt weiterhin auf der Hand, daß wir nach der menschlichen Tugend fragen. Denn wir suchten von vornherein das menschliche Gute und die menschliche Glückseligkeit.

Als menschliche Tugend bezeichnen wir nun nicht die des Körpers, sondern die der Seele. Und die Glückseligkeit nennen wir die Tätigkeit der Seele. Wenn sich dies so verhält, dann muß offenbar der Staatsmann einigermaßen über die Seele Bescheid wissen, ebenso wie der, der die Augen heilen will oder den ganzen Körper, und zwar jener um so mehr, je ehrwürdiger und besser die Politik ist als die Medizin. Die Gebildeten unter den Ärzten bemühen sich jedenfalls sehr um die Kenntnis der Seele. So muß also auch der Politiker nach der Seele fragen, und zwar im Hinblick auf jene Probleme und soweit es für sie notwendig ist. Denn näher darauf einzutreten macht wohl mehr Mühe, als es zum Gegenstand gehört.

Über die Seele wird einiges ausreichend in den publizierten Schriften gesagt. Dies können wir hier benutzen. So wurde gesagt, daß der eine Teil von ihr vernunftlos sei, der andere vernunftbegabt. Ob nun dies so voneinander getrennt ist wie die Teile des Körpers und überhaupt alles Teilbare, oder ob es Dinge sind, die dem Begriff nach zwei sind, ihrer Natur nach aber unlösbar miteinander verbunden wie in der Kugel das Hohle und das Gewölbte, das tut hier nichts zur Sache.

Vom Vernunftlosen ist das eine von den Pflanzen an allgemein verbreitet, nämlich dasjenige, was die Ursache der Ernährung und des Wachstums ist. Eine derartige seelische Fähigkeit wird man in allen Wesen annehmen, die sich ernähren, sogar schon in den Embrya, und dann auch in den erwachsenen Wesen. Denn es ist doch das Wahrscheinlichste, daß es sich um dieselbe Fähigkeit handelt.

Die Tugend dieses Seelenteils ist eine ganz allgemeine und nicht eigentümlich menschliche. Denn dieser Teil und diese Fähigkeit scheinen vorzugsweise im Schlafe tätig zu sein. Der Edle und der Schlechte sind aber gerade im Schlafe am wenigsten unterscheidbar, wie man denn sagt, daß in der Hälfte des Lebens der Glückliche sich vom Unseligen nicht unterscheide. Dies ist auch einleuchtend: denn der Schlaf ist eine Untätigkeit der Seele, soweit sie tüchtig oder gemein heißt; es dringen höchstens vereinzelte Bewegungen in den Schlaf vor und bewirken, daß die Traumvorstellungen der Anständigen besser sind als diejenigen der Beliebigen. Aber genug davon. Von der ernährenden Seele sei weiter nichts mehr gesagt, da sie ihrer Natur nach mit der menschlichen Tugend nichts zu schaffen hat. Es scheint aber auch noch ein anderes Stück der Seele vernunftlos zu sein und dennoch irgendwie an der Vernunft teilzuhaben. Denn beim Beherrschten wie beim Unbeherrschten loben wir die Vernunft und den vernünftigen Teil der Seele. Denn er ermahnt mit Recht und zum Besten. Es findet sich aber bei den Menschen von Natur noch anderes, etwas Vernunftwidriges und was gegen die Vernunft kämpft und ihr widerstrebt. Genau so wie gelähmte Körperteile, wenn man sie nach rechts bewegen will, nach links ausschlagen, so ist es bei der Seele. Die Strebungen der Unbeherrschten gehen gerade verkehrt. Allerdings sehen wir beim Körper die verkehrten Bewegungen, bei der Seele dagegen nicht. Dennoch muß man wohl annehmen, daß es auch in der Seele etwas Vernunftwidriges gibt, das der Vernunft entgegengesetzt ist und ihr widerstrebt. In welcher Weise es von ihr verschieden ist, macht hier nichts aus. Es scheint aber auch dies an der Vernunft teilzuhaben, wie wir gesagt haben. Denn im beherrschten Menschen gehorcht es ja der Vernunft. Und vielleicht noch folgsamer ist es beim Maßvollen und Tapferen. Dort stimmt nämlich alles mit der Vernunft überein.

Auch das Unvernünftige scheint von doppelter Art zu sein. Denn das Pflanzliche hat mit der Vernunft überhaupt nichts zu tun, das

Begehrende und allgemein das Strebende dagegen hat einen gewissen Anteil an ihr, sofern es ihr gehorcht und fügsam ist. So sagen wir ja auch, daß wir ein Verhältnis zum Vater und zu den Freunden haben, und meinen das Wort anders als in der Mathematik. Daß aber das Unvernünftige in gewisser Weise dem Vernünftigen gehorcht, zeigt auch die Zurechtweisung und jede Form von Tadel und Ermahnung. Wenn man aber behaupten will, daß auch dies Vernunft besitzt, so ist dann eben auch das Vernünftige von zweierlei Art, das eine wesentlich und in sich selbst, das andere gewissermaßen als ein dem Vater Gehorsames.

Auch die Tugend wird nun auf Grund dieser Unterscheidung aufgeteilt. Denn die einen Tugenden nennen wir verstandesmäßige, die anderen ethische: verstandesmäßige sind etwa die Weisheit, Auffassungsgabe und Klugheit, ethische die Großzügigkeit und Besonnenheit. Denn wenn wir über den Charakter reden, so sagen wir nicht, daß einer weise oder von guter Auffassungsgabe, sondern daß er friedfertig oder besonnen sei. Wir loben aber auch den Weisen wegen seines Verhaltens. Und die lobenswerten Verhaltensweisen nennen wir Tugenden.

*

Die Tugend ist also von doppelter Art, verstandesmäßig und ethisch. Die verstandesmäßige Tugend entsteht und wächst zum größeren Teil durch Belehrung; darum bedarf sie der Erfahrung und der Zeit. Die ethische dagegen ergibt sich aus der Gewohnheit; daher hat sie auch, mit einer nur geringen Veränderung, ihren Namen erhalten.

Hieraus ergibt sich auch, daß keine der ethischen Tugenden uns von Natur gegeben wird. Denn kein natürlicher Gegenstand kann andere Gewohnheiten annehmen: der Stein, der von Natur fällt, wird sich niemals gewöhnen, nach oben zu steigen, auch wenn man es tausendmal übte, ihn nach oben zu werfen; ebenso geht auch nicht das Feuer nach unten, und auch sonst läßt sich kein Wesen anders gewöhnen, als es von Natur ist. Die Tugenden entstehen in uns also weder von Natur noch gegen die Natur. Wir sind vielmehr von Natur dazu gebildet, sie aufzunehmen, aber vollendet werden sie durch die Gewöhnung.

Ferner bringen wir bei allem, was uns von Natur zukommt, zunächst die entsprechenden Fähigkeiten mit und entwickeln erst später die Tätigkeiten, wie dies an den Sinneswahrnehmungen deutlich ist: denn wir haben die Wahrnehmungen nicht dadurch erworben, daß wir viel gesehen und viel gehört haben, sondern weil wir die Wahrnehmungen zuerst besaßen, haben wir sie dann betätigt und sie uns nicht erst durch die Betätigung angeeignet. Die Tugenden dagegen erwerben wir, indem wir sie zuvor ausüben, wie dies auch für die sonstigen Fertigkeiten gilt. Denn was wir durch Lernen zu tun fähig werden sollen, das lernen wir eben, indem wir es tun: durch Bauen werden wir Baumeister und durch Kitharaspielen Kitharisten. Ebenso werden wir gerecht, indem wir gerecht handeln, besonnen durch besonnenes, tapfer durch tapferes Handeln.

Ein Beweis ist auch, was in den Staatsgemeinschaften geschieht. Denn die Gesetzgeber machen die Bürger durch Gewöhnung tugendhaft, und dies ist die Absicht jedes Gesetzgebers; wer dies nicht geschickt anstellt, der macht einen Fehler, und gerade darin unterscheidet sich eine gute von einer schlechten Verfassung.

Ferner vollziehen sich Entstehen und Vergehen jeder Tugend aus denselben Gründen und auf denselben Wegen ebenso wie die Fertigkeiten. Denn durch das Kitharaspielen entstehen die guten wie die schlechten Kitharisten, ebenso auch die Baumeister und alle übrigen. Denn wenn sie gut bauen, werden sie gute Baumeister, wenn schlecht, dann schlechte. Wenn es sich nämlich nicht so verhielte, dann bedürfte man gar keiner Lehrer, sondern alle würden von Natur gut oder schlecht. So verhält es sich also auch bei den Tugenden. Denn indem wir im Geschäftsverkehr den Menschen gegenüber handeln, werden wir, die einen gerecht, die andern ungerecht; handelnd in Gefahren und uns an Furcht oder Mut gewöhnend, werden wir tapfer oder feige. Ebenso steht es auch mit Begierde und Zorn. Die einen werden besonnen und milde, die anderen zügellos und jähzornig, die einen, weil sie sich in solchen Lagen derart verhalten, die andern, weil umgekehrt. Und mit einem Worte: die Eigenschaften entstehen aus den entsprechenden Tätigkeiten. Darum muß man die Tätigkeiten in bestimmter Weise formen. Denn von deren Besonderheiten hängen dann die Eigenschaften ab. Es kommt also nicht wenig darauf an, ob man gleich von Jugend auf an dies oder jenes gewöhnt wird; es kommt viel darauf an, ja sogar alles.

Da nun die gegenwärtige Untersuchung nicht der reinen Forschung dienen soll wie die übrigen (denn wir fragen nicht, um zu wissen, was die Tugend sei, sondern damit wir tugendhaft werden, da wir anders keinen Nutzen von ihr hätten), so müssen wir die Handlungen prüfen, wie man sie ausführen soll. Denn von ihnen hängt es entscheidend ab, daß auch die Eigenschaften entsprechend werden, wie wir eben gesagt haben.

Daß man nach rechter Einsicht handeln soll, ist allgemeiner Grundsatz und sei hier vorausgesetzt. Wir werden später noch darüber reden und fragen, was die rechte Einsicht sei und wie sie sich zu den anderen Tugenden verhält. Nur dies sei von vornherein festgestellt, daß jede Untersuchung über das Handeln im Umriß und nicht mit mathematischer Genauigkeit geführt werden darf; wie wir ja auch am Anfang gesagt haben, daß die Untersuchungen sich nach der Materie richten müssen. Im Bereich der Handlungen und des Förderlichen gibt es nichts Stabiles, wie auch nicht beim Gesunden. Dies gilt schon vom Allgemeinen und erst recht vom Einzelnen, wo sich nichts genau festlegen läßt. Weder eine Wissenschaft noch allgemeine Empfehlungen sind dafür zuständig, sondern die Handelnden selbst müssen die jeweilige Lage bedenken, ebenso wie in der Medizin und in der Steuermannskunst. Aber obschon die vorliegende Untersuchung solcher Art ist, werden wir versuchen, sie durchzuführen.

Als erstes ist zu erkennen, daß derartige Eigenschaften durch Mangel oder Übermaß zugrunde zu gehen pflegen (denn man muß vom Sichtbaren auf das Unsichtbare schließen), so wie wir es bei Kraft und Gesundheit sehen. Denn übermäßiges Turnen vernichtet die Kraft und ebenso zu wenig Turnen. Ebenso zerstören ein Zuviel oder Zuwenig an Speise und Trank die Gesundheit, das Angemessene dagegen schafft die Gesundheit, mehrt sie und erhält sie. So verhält es sich also auch bei der Besonnenheit, Tapferkeit und den übrigen Tugenden. Wer alles flieht und fürchtet und nichts aushält, der wird feige, wer aber vor gar nichts Angst hat, sondern auf alles losgeht, der wird tollkühn; und wer jede Lust auskostet und sich keiner enthält, wird zügellos, wer aber alle Lust meidet, wird stumpf wie ein Tölpel. So gehen also Besonnenheit und Tapferkeit durch Übermaß und Mangel zugrunde, werden aber durch das Mittelmaß bewahrt.

Aber nicht nur das Werden, Wachsen und Vergehen entsteht aus denselben Gründen und durch dieselben Wirkungen, sondern auch die Tätigkeiten halten sich in demselben Bereiche. Denn so ist es auch bei den sonstigen, völlig sichtbaren Eigenschaften, etwa der Kraft. Sie entsteht durch reichliche Nahrung und Aushalten vieler Strapazen, und dies kann eben gerade der Kräftige leisten. Ebenso ist es bei den Tugenden: durch die Enthaltung von Lust werden wir besonnen, und wenn wir es geworden sind, so können wir uns auch am leichtesten der Lust enthalten. Dasselbe bei der Tapferkeit: wir gewöhnen uns daran, das Furchtbare zu verachten und es zu bestehen, und werden auf diese Weise tapfer, und wenn wir es geworden sind, so werden wir wiederum am leichtesten das Schreckliche aushalten können.

Erkennbar sind die Eigenschaften an der Lust oder dem Schmerz, der die Taten begleitet. Denn wer sich der körperlichen Lüste enthält und sich eben daran freut, der ist besonnen, wer es aber ungern tut, ist zügellos; und wer Furchtbares aushält und sich daran freut oder doch keinen Schmerz empfindet, der ist tapfer, wer es dagegen mit Schmerzen tut, ist feige. So bezieht sich also die ethische Tugend auf Lust und Schmerz. Denn wegen der Lust tun wir das Schlechte, und wegen des Schmerzes versäumen wir das Gute. Also müssen wir gleich von Jugend an dazu erzogen werden, wie Platon sagt, daß wir Freude und Schmerz empfinden, wo wir sollen. Denn darin besteht die rechte Erziehung.

Wenn sich ferner die Tugenden auf Handlungen und Leidenschaften beziehen und auf jede Leidenschaft und jede Handlung Lust und Schmerz folgen, so bezieht sich auch aus diesem Grunde die Tugend auf Lust und Schmerz. Dies zeigt sich weiterhin daran, daß die Züchtigungen in diesem Bereich ausgeübt werden. Denn sie sind eine Art von Heilung, und die Heilungen werden naturgemäß durch das Entgegengesetzte vollzogen.

Ferner ist, wie wir schon vorhin sagten, jede Eigenschaft der Seele ihrer Natur nach mit dem verbunden und entspricht dem, wodurch sie besser oder schlechter geworden ist. Die Menschen werden schlecht durch Lust und Schmerz, indem sie das eine erjagen, das andere meiden, und zwar entweder was man nicht soll oder wann man nicht soll oder wie man nicht soll und wie sonst noch diese Dinge durch die Überlegung unterschieden werden. Darum bestimmt man auch die

Tugenden als eine Art von Leidenschaftslosigkeit und Stille. Dies ist freilich falsch, wenn es nur so schlechthin gesagt wird, ohne beizufügen: wie man soll und wie man nicht soll und das Wann usw.

Es wird also vorausgesetzt, daß die derart bestimmte Tugend sich auf die Lust und den Schmerz im Tun des Besten bezieht und die Schlechtigkeit auf das Gegenteil. Auch aus dem Folgenden dürfte es uns klar werden, daß sie sich auf eben diese Dinge bezieht. Wenn es nämlich drei Ziele des Erstrebens und des Meidens gibt, das Schöne, Förderliche und Angenehme, und dem gegenüber, das Häßliche, Schädliche und Schmerzhafte, so wird der Tugendhafte in all diesem das Rechte finden, der Schlechte aber in allem das Rechte verfehlen, vor allem, was die Lust betrifft. Denn diese ist allen Lebewesen gemeinsam und begleitet alles, was zur Entscheidung kommt. Denn auch das Schöne und das Förderliche erscheint angenehm.

Jetzt haben wir zu untersuchen, was die Tugend ist. Wenn es in der Seele drei Dinge gibt, die Leidenschaften, Fähigkeiten und Eigenschaften, so wird die Tugend wohl eins von diesen dreien sein. Unter Leidenschaften verstehe ich Begierde, Zorn, Angst, Mut, Neid, Freude, Liebe, Haß, Sehnsucht, Mißgunst, Mitleid und allgemein alles, bei dem Lust und Schmerz dabei sind. Fähigkeiten sind jene, durch die wir zu solchen Leidenschaften bereit sind, wie etwa, daß wir fähig sind, Zorn, Schmerz oder Mitleid zu empfinden. Die Eigenschaften endlich sind es, durch die wir uns zu den Leidenschaften richtig oder falsch verhalten. Wenn wir zum Zorn rasch und hemmungslos geneigt sind, so verhalten wir uns schlecht, wenn aber mäßig, dann richtig, und so auch bei dem anderen.

Weder Tugend noch Schlechtigkeit sind nun Leidenschaften. Wir gelten ja auch nicht auf Grund der Leidenschaften als gut oder gemein, sondern auf Grund von Tugend und Schlechtigkeit. Weiterhin werden wir nicht wegen der Leidenschaften gelobt oder getadelt (denn man lobt nicht den Ängstlichen oder den Zürnenden, und man tadelt nicht den Zürnenden überhaupt, sondern den in gewisser Weise Zürnenden), sondern beides nur wegen der Tugend oder Schlechtigkeit. Ferner zürnen wir und fürchten uns ohne Willensentscheidung, die Tugenden dagegen sind Entscheidungen oder doch nicht ohne Entscheidung. Außerdem sagen wir, daß wir durch die

Leidenschaften in Bewegung versetzt werden, bei den Tugenden und Schlechtigkeiten reden wir aber nicht von Bewegung, sondern von einer bestimmten Verfassung.

Darum sind sie auch nicht Fähigkeiten. Denn wir heißen weder gut noch schlecht, weil wir zu irgendwelchen Leidenschaften fähig sind, und empfangen auch nicht deswegen Lob oder Tadel. Ferner sind wir zu etwas fähig von Natur, edel oder gemein dagegen werden wir nicht von Natur. Davon haben wir vorhin gesprochen. Wenn also die Tugenden weder Leidenschaften noch Fähigkeiten sind, so bleibt nur, daß sie Eigenschaften sind.

Was nun die Tugend gattungsmäßig ist, haben wir gesagt. Man muß aber nicht nur feststellen, daß sie eine Eigenschaft ist, sondern auch, was für eine. Es sei also gesagt, daß jede Tüchtigkeit dasjenige, wovon sie die Tüchtigkeit ist, zu guter Verfassung bringt und seine Leistung gut macht: so macht die Tüchtigkeit des Auges das Auge vollkommen und ebenso dessen Leistung. Denn durch die Tüchtigkeit des Auges sehen wir gut. Ebenso macht die Tüchtigkeit des Pferdes das Pferd brauchbar und gut zum Laufen, den Reiter zu tragen und die Feinde zu bestehen. Wenn sich dies bei allen Dingen ebenso verhält, so wäre die Tüchtigkeit des Menschen diejenige Eigenschaft, durch die einer ein tüchtiger Mensch wird und seine Leistung gut vollbringt.

Wie das zustande kommt, haben wir schon gesagt. Es wird aber auch durch folgendes klar, wenn wir betrachten, welches die Natur der Tugend ist. In jedem teilbaren Kontinuum gibt es ein Mehr, ein Weniger und ein Gleiches, und dies sowohl an und für sich wie auch im Bezug auf uns. Das Gleiche ist eine Art Mitte zwischen Übermaß und Mangel. Ich nenne die Mitte einer Sache dasjenige, was denselben Abstand von beiden Enden hat; dieses ist für alle Menschen eines und dasselbe. Die Mitte im Bezug auf uns ist das, was weder Übermaß noch Mangel aufweist; dieses ist nicht eines und nicht für alle Menschen dasselbe. So ist etwa 10 viel und 2 wenig, und so wird der Sache nach 6 als die Mitte genommen; denn der Abstand zwischen beiden Enden ist derselbe. Dies ist die Mitte in der zahlenmäßigen Bedeutung. Die Mitte im Bezug auf uns darf man aber nicht so nehmen. Denn wenn für jemanden eine Nahrung für zehn Minen viel ist und für zwei Minen wenig, so wird doch nicht der Turnlehrer nun einfach

Nahrung für sechs Minen vorschreiben. Denn das kann für den Betreffenden immer noch viel oder wenig sein. Für einen Milon wird es wenig sein, für den, der erst zu turnen beginnt, ist es viel. Dasselbe gilt für Laufen oder Ringen. So wird also jeder Fachmann Übermaß und Mangel meiden und die Mitte suchen und wählen, die Mitte aber nicht der Sache nach, sondern im Bezug auf uns. Wenn nun jede Wissenschaft ihre Leistung auf diese Weise gut zu Ende bringt, indem sie auf die Mitte sieht und die Leistungen darauf hinführt (darum pflegt man auch von den wohlgeglückten Leistungen zu sagen, daß man nichts wegnehmen oder zusetzen kann, da nämlich Übermaß und Mangel das Geglückte zerstören, das Mittelmaß es dagegen bewahrt), wenn also die guten Künstler, wie wir behaupten, im Hinblick darauf arbeiten, die Tugend aber ebenso wie die Natur noch viel genauer und besser ist als jede Kunst, so wird die Tugend wohl auf die Mitte zielen.

Ich meine dabei die ethische Tugend. Denn sie befaßt sich mit den Leidenschaften und Handlungen, und an diesen befinden sich Übermaß, Mangel und Mitte. So kann man mehr oder weniger Angst empfinden oder Mut, Begierde, Zorn, Mitleid und überhaupt Freude und Schmerz, und beides auf eine unrichtige Art; dagegen es zu tun, wann man soll und wobei man es soll und wem gegenüber und wozu und wie, das ist die Mitte und das Beste, und dies kennzeichnet die Tugend. Ebenso gibt es auch bei den Handlungen Übermaß, Mangel und Mitte. Die Tugend wiederum betrifft die Leidenschaften und Handlungen, bei welchen das Übermaß ein Fehler ist und der Mangel tadelnswert, die Mitte aber das Richtige trifft und gelobt wird. Und diese beiden Dinge kennzeichnen die Tugend. So ist also die Tugend ein Mittelmaß, sofern sie auf die Mitte zielt.

PLATON

Das Höhlengleichnis

So.: Stelle dir Menschen vor in einer unterirdischen, höhlenartigen Wohnstätte mit lang nach aufwärts gestrecktem Eingang, entsprechend der Ausdehnung der Höhle. Von Kind auf sind sie in dieser Höhle festgebannt mit Fesseln an Schenkeln und Hals; sie bleiben also immer an der nämlichen Stelle und sehen nur geradeaus vor sich hin, denn durch die Fesseln werden sie gehindert, ihren Kopf herumzubewegen. Von oben her aber aus der Ferne leuchtet hinter ihnen das Licht eines Feuers. Zwischen dem Feuer aber und den Gefesselten läuft oben ein Weg hin, dem entlang eine niedrige Mauer errichtet ist ähnlich der Schranke, die die Puppenspieler vor den Zuschauern errichten, um über sie weg ihre Kunststücke zu zeigen.
GL.: Das steht mir alles vor Augen.
So.: Längs dieser Mauer – so mußt du es dir nun weiter vorstellen – tragen Menschen allerlei Geräte vorbei, die über die Mauer hinausragen, Statuen verschiedenster Art aus Stein und Holz von Menschen und anderen Lebewesen, wobei, wie begreiflich, die Vorübertragenden teils reden, teils schweigen.
GL.: Ein sonderbares Bild, das du da vorführst, und sonderbare Gefangene.
So.: Sie gleichen uns. Können denn zunächst solche Gefesselte von sich selbst und voneinander etwas anderes gesehen haben als die Schatten, die von dem Feuer auf die ihnen gegenüberliegende Wand der Höhle geworfen werden?
GL.: Wie wäre das möglich, wenn sie ihr Leben lang den Kopf unbeweglich halten müssen?
So.: Und ferner: gilt von den vorübergetragenen Gegenständen nicht dasselbe?

So. = Sokrates, Gl. = Glaukon

GL.: Was denn sonst?
SO.: Wenn sie nun miteinander reden könnten, glaubst du nicht, daß sie der Meinung wären, die Benennungen, die sie dabei verwenden, kämen den Dingen zu, die sie unmittelbar vor sich sehen?
GL.: Notwendig.
SO.: Ferner: wenn der Kerker auch einen Widerhall von der gegenüberliegenden Wand her ermöglichte, meinst du da, wenn einer der Vorübergehenden gerade etwas sagte, sie würden dann die gehörten Worte einem anderen zulegen als dem jeweils vorüberziehenden Schatten?
GL.: Nein, beim Zeus.
SO.: Durchweg also würden diese Gefangenen nichts anderes für wahr halten als die Schatten der künstlichen Gegenstände.
GL.: Notwendig.
SO.: Nun betrachte den Hergang ihrer Lösung von den Banden und ihrer Heilung von dem Unverstand, wie er sich gestalten würde, wenn sich Folgendes naturgemäß mit ihnen zutrüge: wenn einer von ihnen aus den Fesseln befreit und genötigt würde, plötzlich aufzustehen, den Hals umzuwenden, sich in Bewegung zu setzen und nach dem Licht[1] emporzublicken und alles dies nur unter Schmerzen verrichten könnte und geblendet von dem Glanz nicht imstande wäre, jene Dinge zu erkennen, deren Schatten er vorher sah, was glaubst du wohl, würde er sagen, wenn man ihn versicherte, er hätte damals lauter Nichtigkeiten gesehen, jetzt aber sei er dem Seienden näher gerückt und auf Dinge hingewandt, denen mehr Sein zukäme, und sehe deshalb richtiger? Wenn man zudem noch ihn auf jedes der vorüberziehenden Dinge hinwiese und ihn nötigte, auf die Frage zu antworten, was es sei? Meinst du da nicht, er werde weder aus noch ein wissen und glauben, das vordem Geschaute sei wirklicher als das, was man ihm jetzt zeige?
GL.: Weitaus.
SO.: Und wenn man ihn nun zwänge, seinen Blick auf das Licht selbst zu richten, so würden ihn doch seine Augen schmerzen, er würde sich abwenden und wieder jenen Dingen zustreben, die er anschauen kann, und diese würde er doch für tatsächlich gewisser halten als die, die man ihm zeigte?
GL.: Ja.

So.: Wenn man ihn nun aber von dort gewaltsam durch den holperigen und steilen Aufgang aufwärts schleppte und nicht eher ruhte, als bis man ihn an das Licht der Sonne gebracht hätte, würde er diese Gewaltsamkeit nicht schmerzlich empfinden und sich dagegen sträuben? Und wenn er an das Licht käme, dann würde er, völlig geblendet von dem Glanz, von alledem, was ihm jetzt als das Wahre angegeben wird, überhaupt nichts zu erkennen vermögen?

Gl.: Nein, wenigstens für den Augenblick nicht.

So.: Er würde sich also erst daran gewöhnen müssen, wenn es ihm gelingen soll, die Dinge da oben zu schauen. Zuerst würde er wohl am leichtesten die Schatten erkennen, darauf die Abbilder der Menschen und der übrigen Dinge im Wasser, später dann die Gegenstände selbst; in der Folge würde er dann zunächst bei Nacht die Erscheinungen am Himmel und den Himmel selbst betrachten und das Licht der Sterne und des Mondes anschauen. Das wird ihm leichter fallen, als wenn er bei Tage die Sonne und das Sonnenlicht ansehen sollte.

Gl.: Gewiß.

So.: Zuletzt dann, denke ich, wird er imstande sein, die Sonne, nicht etwa bloß ihre Spiegelbilder im Wasser oder sonst irgendwo, sondern sie selbst in voller Wirklichkeit an ihrer eigenen Stelle zu schauen und ihre Beschaffenheit zu betrachten.

Gl.: Notwendig.

So.: Und dann würde er schlußfolgernd erkennen, daß sie es ist, der wir die Jahreszeiten und die Jahresumläufe verdanken, und daß sie über allem waltet, was in der sichtbaren Welt sich befindet, und in gewissem Sinne auch die Urheberin all jener Erscheinungen ist, die sie vordem schauten.

Gl.: Offenbar würde er in solcher Reihenfolge zu dieser Einsicht gelangen.

So.: Wie nun? Meinst du nicht, er würde in der Erinnerung an seine erste Wohnstätte, an seine dortige Weisheit und an seine damaligen Mitgefangenen sich nun glücklich preisen wegen dieser Veränderung, jene dagegen bemitleiden?

Gl.: Sicherlich.

So.: Wenn es damals aber unter ihnen gewisse Ehrungen, Lobpreisungen und Auszeichnungen gab für den, der die vorüberziehenden

Schatten am schärfsten wahrnahm und sich am besten zu erinnern wußte, welche von ihnen gewöhnlich eher, welche später und welche gleichzeitig vorüberwandelten, und auf Grund dessen am sichersten zu erraten verstand, was danach sich einstellen werde, glaubst du etwa, daß er sich danach zurücksehnen und die bei ihnen durch Ehren und Macht Ausgezeichneten beneiden werde? Oder wird er nicht vielmehr nach Homer das harte Los wählen, viel lieber »einem anderen, einem unbegüterten Manne um Lohn dienen zu wollen«, und lieber alles andere über sich ergehen lassen, als im Banne jener Trugmeinungen zu stehen und ein Leben jener Art zu führen?

GL.: Ja, ich denke, er würde lieber alles andere über sich ergehen lassen als auf jene Weise leben.

SO.: Und nun bedenke auch noch Folgendes. Wenn ein solcher wieder hinabstiege in die Höhle und dort wieder seinen alten Platz einnähme, würden dann seine Augen nicht förmlich eingetaucht werden in Finsternis, wenn er plötzlich aus der Sonne dort anlangte?

GL.: Gewiß.

SO.: Wenn er nun wieder, bei noch anhaltender Trübung des Blicks, mit jenen ewig Gefesselten wetteifern müßte in der Deutung jener Schattenbilder, ehe noch seine Augen sich der jetzigen Lage wieder völlig angepaßt haben – und die Gewöhnung daran dürfte eine ziemlich erhebliche Zeit fordern –, würde er sich da nicht lächerlich machen? Würde es nicht von ihm heißen, sein Aufstieg nach oben sei schuld daran, daß er mit verdorbenen Augen wiedergekehrt sei, und schon der bloße Versuch, nach oben zu gelangen, sei verwerflich? Und wenn sie den, der es etwa versuchte, sie zu entfesseln und hinaufzuführen, irgenwie in ihre Hand bekommen und umbringen könnten, so würden sie ihn doch auch umbringen?

GL.: Sicherlich.

SO.: Dieses Gleichnis, nun, mein lieber Glaukon, mußt du seinem vollen Umfang nach mit den vorhergehenden Erörterungen in Verbindung bringen: die durch den Gesichtssinn uns erscheinende Welt setze der Wohnung im Gefängnis gleich, den Lichtschein des Feuers aber in ihr der Kraft der Sonne. Den Aufstieg nach oben aber und die Betrachtung der oberen Welt mußt du der Erhebung der Seele in das Reich des nur geistig Erkennbaren vergleichen, wenn du eine richtige Vorstellung von meiner Meinung bekommen willst, da du sie ja zu hören begehrst. Gott mag wissen, ob sie richtig ist. Was sich mir also als richtig darstellt, ist dies: in dem Bereich des Denkbaren zeigt sich zuletzt und schwer erkennbar die Idee des Guten; hat sie sich aber einmal gezeigt, so muß man schlußfolgern, daß sie für alle die Urheberin alles Rechten und Schönen ist, da sie im Bereich des Sichtbaren das Licht und dessen Herrn (die Sonne) erzeugt, im Bereich des Denkbaren aber selbst als Herrscherin waltend uns zu Wahrheit und Vernunft verhilft. Daher muß also diese Idee erkannt haben, wer einsichtig handeln will, sei es in persönlichen oder in öffentlichen Angelegenheiten.

GL.: Diese Meinung teile auch ich, soweit mir ein Urteil darüber zusteht.

LUCIUS ANNAEUS SENECA

Von der Tugend als dem höchsten Gute

Es bedarf keiner wortreichen und weitläufigen Untersuchung, um zu erfahren, was das höchste Gut sei; ich brauche sozusagen nur mit dem Finger darauf hinzuzeigen, ohne mich in Einzelheiten zu verlieren. Denn was kommt darauf an, es in Teilchen zu zerlegen, da man ganz einfach sagen kann; das höchste Gut ist das Sittlichgute? Ja, worüber du dich noch mehr wundern wirst: das einzige Gut ist das Sittlichgute; die übrigen sind falsche und unechte Güter. Wenn du dich davon überzeugst und die Tugend innig liebgewonnen hast (denn sie einfach zu lieben, ist zu wenig), so wird alles, was dich durch sie trifft, wie es auch immer andern erscheinen mag, für dich glücklich und erwünscht sein, selbst die Folter zu leiden, wenn du nur mit größerer Seelenruhe auf ihr liegst, als dein Peiniger selbst hat, und krank zu sein, wenn du dein Schicksal nicht verwünschest und der Krankheit nicht nachgibst. Kurz alles, was andere für Übel halten, mildert sich und verwandelt sich in Gutes, wenn du erhaben darüber bist. Das aber sei dir klar, daß es kein Gut gibt als das Sittlichgute, und alles Ungemach wird mit vollem Recht ein Gut genannt, wenn nur die Tugend es geadelt hat.

So wenig du das Richtscheit biegen kannst, womit man das Gerade zu prüfen pflegt – was du an ihm änderst, ist eine Verletzung der Geradheit –, so wenig läßt die Tugend eine Biegung zu; sie kann zwar immer mehr gehärtet, aber nicht gesteigert werden. Sie richtet über alles, nichts über sie. Wenn sie aber selbst nicht gerade werden kann, so ist auch von dem, was durch sie geschieht, nicht das eine gerader als das andere; denn alles muß ihr entsprechen und ist somit gleich. »Wie?« fragst du, »so ist es also gleich, bei einem Gastmahle zu liegen oder sich foltern zu lassen?« Das scheint dir wunderbar? Darüber magst du dich noch mehr wundern, wenn ich behaupte: bei einem Gastmahle zu liegen, ist ein Übel, auf der Folterbank gemartert zu werden, ein Gut, wenn jenes auf schimpfliche, dieses auf tugendhafte Weise geschieht. Nicht die Sache selbst, sondern die Tugend macht jene Dinge zu Gütern oder Übeln; wo diese erscheint, hat alles gleiche Größe, gleichen Wert. Da streckt drohend seine Hand nach meinen Augen aus, wer die Gesinnung aller nach seiner eigenen beurteilt, weil ich behaupte, die Güter des Mannes, der sein Unglück standhaft erträgt, und dessen, der sein Glück würdig beurteilt, seien gleich, weil ich behaupte, gleich seien die Güter dessen, der einen Triumph hält, und dessen, der ungebeugten Geistes vor dem Wagen des Triumphierenden hergeht. Solche Leute glauben nämlich, niemals geschehe, was *sie* nicht zu tun vermögen; nach ihrer eigenen Schwäche urteilen sie über die Tugend. Was wunderst du dich, wenn es einem beliebt, ja bisweilen sogar gefällt, sich brennen, verwunden, fesseln, töten zu lassen? Dem Schwelger ist schon Mäßigkeit eine Strafe, dem Faulen gilt Arbeit der Todesstrafe gleich, dem Verzärtelten gilt Tätigkeit für Elend, dem Trägen das Studieren für eine Marter; ebenso halten wir das, wozu wir alle schwach sind, für hart und unerträglich, indem wir vergessen, für wie viele es schon eine Folter ist, den Wein zu entbehren oder bei Sonnenaufgang geweckt zu werden. Dergleichen Dinge sind nicht von Natur schwer, wir aber sind schlaff und entnervt. Großes muß auch mit großem Geiste beurteilt werden; sonst wird der Fehler, welcher der unsrige ist, als Fehler jener Dinge erscheinen. So gewähren die geradesten Gegenstände, wenn sie ins Wasser gesteckt sind, den Blicken den Schein des Krummen und Geknickten. Es kommt also nicht bloß darauf an, was man sieht, sondern wie man es sieht: unser Geist ist zu blödsichtig, um das Wahre zu durchschauen. Denke dir einen unverdorbenen Jüngling von gewecktem Geiste: er wird sagen, daß ihm der Mann glücklicher erscheine, der alle Lasten widriger Verhältnisse mit starkem Nacken erträgt und über sein Schicksal erhaben steht. Es ist nichts Wunderbares, bei völliger Ruhe nicht erschüttert zu werden; das aber bewundere, wenn einer sich aufrichtet, wo alle niedergeschlagen sind, wenn er steht, wo alle zu Boden liegen. Was ist denn das Üble bei Folterqualen und bei allem andern, was wir widrig nennen? Das, glaube ich, daß der Geist davon gelähmt, gebeugt, überwältigt wird; wovon aber einem weisen Manne nichts begegnen kann. Er steht aufrecht unter jeder schweren Last; nichts macht ihn kleiner, nichts von allem, was zu ertragen ist, mißfällt ihm. Denn er beklagt sich nicht, daß ihn betroffen hat, was irgend den Menschen treffen kann. Er kennt seine Kräfte und weiß, daß er eine Last zu tragen imstande ist. Ich nehme den Weisen nicht aus der Zahl der Menschen heraus und behaupte nicht, daß er keinen Schmerz empfinde wie ein keiner Empfindung zugänglicher Felsen; es ist mir bewußt, daß er aus zwei Teilen zusammengesetzt ist: der eine ist vernunftlos, dieser wird gebissen, gebrannt, empfindet Schmerz; der andere ist vernünftig, dieser hat unerschütterliche Ansichten, ist unerschrocken und unbezwinglich. In diesem wohnt jenes höchste Gut des Menschen; ehe es vollständig ist, herrscht noch ein unsicheres Schwanken der Gesinnung; ist es aber zur Vollendung gelangt, so besitzt er eine unerschütterliche Festigkeit. Daher hat ein erst beginnender und noch im Fortschreiten zu dem Höchsten begriffener Verehrer der Tugend, wenn er auch dem höchsten Gute bereits nahe gekommen ist, doch noch nicht die letzte Hand an dasselbe gelegt; er wird bisweilen stillstehen und in der Anstrengung seines Geistes etwas nachlassen; denn er ist noch nicht über das Ungewisse hinausgekommen, er verweilt noch immer auf schlüpfrigem Boden. Der Glückliche aber und der Mann von vollendeter Tugend liebt sich dann am meisten, wenn er die Probe aufs mutigste bestanden hat und das, was andern furchtbar ist, nicht nur erträgt, sondern willkommen heißt, wenn es der Preis irgendeiner edlen Pflicht ist, und will lieber von sich sagen hören: er ist um so viel besser, als: er ist um so viel glücklicher. Ich komme nun auf das, wozu deine Erwartung mich ruft. Damit es nicht scheine, als schwebe unsere Tugend außerhalb der Natur der Dinge: der Weise kann zittern, Schmerz empfinden und erbleichen; denn das alles sind Empfindungen des Körpers. Wo also ist der Anfang des Unglücks, wo das wahre Übel? Da ist es vorhanden, wenn jene Empfindungen den Geist niederziehen, wenn sie ihn zum Geständnis der Unterwürfigkeit bringen, wenn sie ihn Reue über sich selbst empfinden lassen. Der Weise aber überwindet das Schicksal durch Tugend.»Dennoch haben sich viele Bekenner der Weisheit bisweilen durch die geringfügigsten Drohungen schrecken lassen.« Hier ist der Fehler auf unserer Seite, da wir dasselbe von einem Anfänger wie von einem vollendeten Weisen fordern. (...)

Dies läßt sich schnell und mit wenigen Worten lehren, wenn wir sagen: das einzige Gut sei die Tugend, wenigstens keins ohne die Tugend, die Tugend selbst aber habe ihren Sitz in unserem bessern, d. h. dem vernünftigen Teile. Was wird nun diese Tugend sein? Ein wahres und unveränderliches Urteil; denn aus diesem werden die Regungen des Gemüts kommen, von ihm wird jene Vorstellung, welche die Regung hervorbringt, geklärt. Diesem Urteile wird es entsprechen, alle Dinge, die mit der Tugend in Berührung stehen, für gut und einander gleich zu erklären. (...)

Wann wird es uns so wohl werden, Glück und Unglück zu verachten? Wann wird es uns so wohl werden, mit Unterdrückung aller Leidenschaften und Unterwerfung derselben unter unsern Willen ausrufen zu können: Ich habe gesiegt? Du fragst:»wen soll ich besiegt haben?« Nicht die Perser, noch die äußersten Stämme der Meder, noch was von kriegerischen Völkern jenseits des Kaspischen Meeres wohnt, sondern die Habsucht, den Ehrgeiz, die Todesfurcht, die selbst über die Besieger der Völker siegt.

Marcus Aurelius Antonius

Selbstbetrachtungen

Wenn du im menschlichen Leben etwas findest, was höher steht als die Gerechtigkeit, die Wahrheit, die Mäßigkeit, der Mut, mit einem Worte, als ein Gemüt, das in Hinsicht seiner vernunftgemäßen Handlungsweise mit sich selbst und hinsichtlich der Ereignisse, die nicht in seiner Gewalt stehen, mit dem Schicksal zufrieden ist, wenn du, sage ich, etwas Besseres findest, so wende dich dem mit der ganzen Macht deiner Seele zu und ergötze dich an diesem höchsten Gute. Wenn sich aber deinen Blicken nichts Besseres zeigt als der Geist, der in dir wohnt, der sich zum Herrn seiner eignen Begierden gemacht hat, sich genau Rechenschaft über alle seine Gedanken gibt, der sich, wie Sokrates sagte, von der Herrschaft der Sinne losreißt, sich der Leitung der Götter unterwirft und den Menschen seine Fürsorge widmet, wenn alles andere dir gering und wertlos erscheint, so gib auch keinem andern Dinge Raum. Denn hast du dich einmal hinreißen lassen, so steht es nicht mehr in deiner Macht, dich wieder loszumachen und dem einzigen Gute, das in Wahrheit dein eigen ist, den Vorrang zu geben. Es ist durchaus nicht erlaubt, jenem Gute, das sich auf die Vernunft und das Handeln bezieht, irgend etwas Fremdartiges, wie das Lob der Menge oder Herrschaft oder Reichtum oder Sinnenlust an die Seite zu stellen. Alle diese Dinge werden, wenn wir ihnen auch nur den geringsten Zugang verstatten, die Oberhand bekommen und uns vom rechten Wege abbringen. Wähle also, sage ich, ohne Zaudern und wie ein freier Mann das höchste Gut und halte mit aller Macht fest daran. Das höchste Gut ist auch das Nützliche. Ja das, was dem vernünftigen Geschöpfe nützlich ist, mußt du dir bewahren; ist es dir aber nur als tierischem Wesen nützlich, so laß es fahren und erhalte dein Urteil frei von Vorurteilen, damit du alles gründlich prüfen kannst.

Gustav Schwab

Herakles am Scheidewege

Herakles selbst begab sich um diese Zeit von Hirten und Herden weg in eine einsame Gegend und überlegte bei sich, welche Lebensbahn er einschlagen sollte. Als er so sinnend dasaß, sah er auf einmal zwei Frauen von hoher Gestalt auf sich zukommen. Die eine zeigte in ihrem ganzen Wesen Anstand und Adel, ihren Leib schmückte Reinlichkeit, ihr Blick war bescheiden, ihre Haltung sittsam, fleckenlos weiß ihr Gewand. Die andere war wohlgenährt und von schwellender Fülle, das Weiß und Rot ihrer Haut durch Schminke über die natürliche Farbe gehoben, ihre Haltung so, daß sie aufrechter schien als von Natur, ihr Auge war weit geöffnet und ihr Anzug so gewählt, daß ihre Reize soviel als möglich durchschimmerten. Sie warf feurige Blicke auf sich selbst, sah dann wieder um sich, ob nicht auch andere sie erblickten; und oft schaute sie nach ihrem eigenen Schatten. Als beide näher kamen, ging die erste ruhig ihren Gang fort, die andere aber, um ihr zuvorzukommen, lief auf den Jüngling zu und redete ihn an: »Herakles! ich sehe, daß du unschlüssig bist, welchen Weg durch das Leben du einschlagen sollst. Willst du nun mich zur Freundin wählen, so werde ich dich die angenehmste und gemächlichste Straße führen; keine Lust sollst du ungekostet lassen, jede Unannehmlichkeit sollst du vermeiden. Um Kriege und Geschäfte hast du dich nicht zu bekümmern, darfst nur darauf bedacht sein, mit den köstlichsten Speisen und Getränken dich zu laben, deine Augen, Ohren und übrigen Sinne durch die angenehmsten Empfindungen zu ergötzen, auf einem weichen Lager zu schlafen und den Genuß aller dieser Dinge dir ohne Mühe und Arbeit zu verschaffen. Solltest du jemals um die Mittel dazu verlegen sein, so fürchte nicht, daß ich dir körperliche oder geistige Anstrengungen aufbürden werde; im Gegenteil, du wirst nur die Früchte fremden Fleißes zu genießen und nichts auszuschlagen haben, was dir Gewinn bringen kann. Denn meinen Freunden gebe ich das Recht, alles zu benützen.«

Als Herakles diese lockenden Anerbietungen hörte, sprach er verwundert: »O Weib, wie ist denn aber dein Name?« »Meine Freunde«, antwortete sie, »nennen mich die *Glückseligkeit*; meine Feinde hingegen, die mich herabsetzen wollen, geben mir den Namen der *Liederlichkeit*.«

Mittlerweile war auch die andere Frau herzugetreten. »Auch ich«, sagte sie, »komme zu dir, lieber Herakles, denn ich kenne deine Eltern, deine Anlagen und deine Erziehung. Dies alles gibt mir die Hoffnung, du würdest, wenn du meine Bahn einschlagen wolltest, ein Meister in allem Guten und Großen werden. Doch will ich dir keine Genüsse vorspielen, will dir die Sache darstellen, wie die Götter sie gewollt haben. Wisse also, daß von allem, was gut und wünschenswert ist, die Götter den Menschen nichts ohne Arbeit und Mühe gewähren. Wünschest du, daß die Götter dir gnädig seien, so mußt du die Götter verehren; willst du, daß deine Freunde dich lieben, so mußt du deinen Freunden nützlich werden; strebst du, von einem Staate geehrt zu werden, so mußt du ihm Dienste leisten; willst du, daß ganz Griechenland dich um deiner Tugend willen bewundere, so mußt du Griechenlands Wohltäter werden; willst du ernten, so mußt du säen; willst du kriegen und siegen, so mußt du die Kriegskunst erlernen; willst du deinen Körper in der Gewalt haben, so mußt du ihn durch Arbeit und Schweiß abhärten.« Hier fiel ihr die Liederlichkeit in die Rede. »Siehst du wohl, lieber Herakles«, sprach sie, »was für einen langen, mühseligen Weg dich dieses Weib zur Zufriedenheit führt? Ich hingegen werde dich auf dem kürzesten und bequemsten Pfade zur Seligkeit leiten.« »Elende«, erwiderte die *Tugend*, »wie kannst du etwas Gutes besitzen?« Oder welches Vergnügen kennst du, die du jeder Lust durch Sättigung zuvorkommst? Du issest, ehe dich hungert, du trinkest, ehe dich dürstet. Um die Eßlust zu reizen, suchst du Köche auf; um mit Lust zu trinken, schaffst du dir kostbare Weine an, und des Sommers gehst du umher und suchest nach Schnee; kein Bett kann dir weich genug sein, deine Freunde lässest du die Nacht durchprassen und den besten Teil des Tages verschlafen: darum hüpfen sie auch sorglos und geputzt durch die Jugend dahin und schleppen sich mühselig und im Schmutze durch das Alter, beschämt über das, was sie getan, und fast erliegend unter der Last dessen, was sie tun müssen. Und du selbst, obwohl unsterblich, bist gleichwohl von den Göttern verstoßen und von guten Menschen verachtet. Was dem Ohre am lieblichsten klingt, dein eigenes Lob, hast du nie gehört; was das Auge mehr als alles erfreut, ein eigenes gutes Werk, hast du nie gesehen. – Ich hingegen habe mit den Göttern, habe mit allen guten Menschen Verkehr. An mir besitzen die Künstler eine willkommene Gehilfin, an mir die Hausväter eine treue Wächterin, an mir hat das Gesinde einen liebreichen Beistand. Ich bin eine redliche Teilnehmerin an den Geschäften des Friedens, eine zuverlässige Mitkämpferin im Kriege, die treueste Genossin der Freundschaft. Speise, Trank und Schlaf schmeckt meinen Freunden besser als den Trägen. Die Jüngeren freuen sich des Beifalls der Alten, die Älteren der Ehre bei den Jungen; mit Vergnügen erinnern sie sich an ihre früheren Handlungen und fühlen sich bei ihrem jetzigen Tun glücklich, durch mich sind sie geliebt von den Göttern, geliebt von den Freunden, geachtet vom Vaterland. Und kommt das Ende, so liegen sie nicht ruhmlos in Vergessenheit begraben, sondern gefeiert von der Nachwelt, blühen sie fort im Angedenken aller Zeiten. Zu solchem Leben, Herakles, entschließe dich: vor dir liegt das seligste Los.«

Manche Fehler, wenn man sie geschickt spielen läßt, glänzen heller als die Tugend selbst. *François La Rochefoucauld*

Sehr viele Personen glauben deswegen nicht an die Tugend, weil sie ihr niemals begegnet sind. *Théodore Simon Jouffroy*

Die Menschen brauchen ein wenig Logik und ein wenig Moral.

Es ist gut, daß es in der Welt Gutes und Schlechtes gibt. Sonst wäre man verzweifelt beim Abschied vom Leben. *Montesquieu*

Wo Tugend herrscht, gibt es nichts zu schämen.
Sprichwort

Friedrich Schiller

Tugend, Liebe, Freundschaft

Heute vor fünftausend Jahren hatte Zeus die unsterblichen Götter auf dem Olymp bewirtet. Als man sich niedersetzte, entstand ein Rangstreit unter drei Töchtern Jupiters. Die *Tugend* wollte der *Liebe* vorangehen, die Liebe der Tugend nicht weichen, und die *Freundschaft* behauptete ihren Rang vor beiden. Der ganze Himmel kam in Bewegung und die streitenden Göttinnen zogen sich vor den Thron des Saturnius.

Es gilt nur *ein* Adel auf dem Olympus, rief Chronos' Sohn, und nur *ein* Gesetz, wonach man die Götter richtet. Der ist der Erste, der die glücklichsten Menschen macht.

Ich habe gewonnen, rief triumphierend die *Liebe*. Selbst meine Schwester die Tugend kann ihren Lieblingen keine größere Belohnung bieten als *mich* – und ob ich Wonne verbreite, das beantworte Jupiter und alle anwesende unsterbliche Götter.

Und wie lange bestehen deine Entzückungen? unterbrach sie ernsthaft die Tugend. Wen ich mit der unverwundbaren Aegide beschütze, verlacht selbst das furchtbare Fatum, dem auch sogar die Unsterblichen huldigen. Wenn *du* mit dem Beispiel der Götter prahlst, so kann ich es auch – der Sohn des Saturnus ist sterblich, sobald er nicht tugendhaft ist.

Die Freundschaft stand von ferne, und schwieg.

Und du, kein Wort, meine Tochter? rief Jupiter – Was wirst du deinen Lieblingen Großes bieten?

Nichts von dem allen, antwortete die Göttin, und wischte verstohlen eine Träne von der errötenden Wange. Mich lassen sie stehen, wenn sie glücklich sind, aber sie suchen mich auf, wenn sie leiden.

Versöhnet euch, meine Kinder, sprach jetzt der Göttervater. Euer Streit ist der schönste, den Zeus je geschlichtet hat, aber keine hat ihn verloren. Meine männliche Tochter, die *Tugend*, wird ihre Schwester *Liebe* Standhaftigkeit lehren, und die Liebe keinen Günstling beglükken, den die Tugend ihr nicht zugeführt hat. Aber zwischen euch beide trete die *Freundschaft* und hafte mir für die Ewigkeit dieses Bundes.

Zur Klassifizierung der Tugenden

Die vier Haupttugenden hat man gut aufgeteilt: die Mäßigkeit erhält den Leib, die Gerechtigkeit ernährt, die Tapferkeit wehrt, die Weisheit regiert alles.
Martin Luther

Eine tugendhafte Handlung, die Aufopferung eigener Interessen oder seiner selbst ist das Bedürfnis einer adligen Seele, die Eigenliebe eines großmütigen Herzens, ich möchte sagen: der Egoismus eines großen Charakters.
Nicolas Sébastien de Chamfort

Es gibt nur eine Moral, wie es nur eine Mathematik gibt; diese beiden Worte haben keinen Plural. Die Moral ist die Tochter der Gerechtigkeit und des Gewissens; eine universale Religion. (...) Die Moral errichtet ein höheres und fürchterlicheres Tribunal als das der Gesetze. Sie will nicht nur, daß wir das Böse vermeiden, sondern daß wir das Gute tun; nicht nur, daß wir tugendhaft erscheinen, sondern, daß wir es seien, denn sie gründet sich nicht auf die öffentliche Achtung, die man hintergehen kann, sondern auf unsre eigene, die niemals täuscht. (...)
Man hat die Tugenden in Klassen eingeteilt: in solche, die nur uns selbst nützen, wie Mäßigkeit, Klugheit, Wachsamkeit, und solche, die nur andern nützen, wie Gerechtigkeit, Wohltätigkeit, Opfermut. Was nur uns nützt, kann insofern keine Tugend sein, als der Mensch für sich weder tugend- noch lasterhaft sein kann; doch in der Gesellschaft ist ein kluger, mäßiger, wachsamer Mann um so geeigneter ein guter Familienvater, guter Soldat, ein guter Beamter zu sein; und so werden diese persönlichen Vorzüge Tugenden. (...)
Antoine de Rivarol

Ich glaube (...), daß die moralische Empfindlichkeit im Menschen zu unterschiedlichen Zeiten verschieden ist, des Morgens stärker als des Abends.
Georg Christoph Lichtenberg

Sitten als Korrektiv

Die Sitten setzen sich zusammen aus Brauch und Gewohnheiten. Gebräuche machen die öffentlichen Sitten, Gewohnheiten die individuellen. Sind die öffentlichen Sitten gut, so fallen die individuellen wenig ins Gewicht, weil die Entehrung, die sie straft, ihre nachhaltigen Folgen hemmt. Sind aber die öffentlichen Sitten schlecht, so kommt den guten individuellen Sitten eine besondere Bedeutung zu. Sie werden deren Kritik, bisweilen deren Korrektiv. Sie retten die Grundsätze durch eine Art Protest gegen das Zeitalter, bewahren das geweihte Feuer und überliefern es wie ein anvertrautes Gut der kommenden Generation. *Joseph Joubert*

[1820]
Wer Sittlichkeit zum alleinigen Zweck des Menschen macht, kommt mir vor wie einer, der die Bestimmung einer Uhr darin fände: daß sie nicht falsch gehe. Das erste bei der Uhr aber ist: Daß sie gehe; das Nichtfalschgehen kommt dann erst als regulative Bestimmung hinzu. Wenn das Nichtfehlen das Höchste bei Uhren wäre, so möchten die unaufgezogenen die besten sein.

[1822]
Es ist mit der Gesundheit der Seele (Moralität) wie mit der des Leibes. Ohne beide ist ein tüchtiges Leben nicht denkbar. Sie aber beide zum Zweck des Lebens machen ist eins so widersinnig als das andere. Unter den *Mitteln* stehen sie obenan.

[1933]
Die aktiven Faktoren der Menschennatur sind die Neigungen und Leidenschaften; ihr Übermaß zu hemmen, ist die Aufgabe des Sittlichen. Letzteres ist daher negativ und kann als solches nicht der Zweck des Menschen sein. *Franz Grillparzer*

Matthias Claudius

An meinen Sohn Johannes

1799
Gold und Silber habe ich nicht;
was ich aber habe, gebe ich dir.

Lieber Johannes!

Die Zeit kommt allgemach heran, daß ich den Weg gehen muß, den man nicht wiederkömmt. Ich kann Dich nicht mitnehmen; und lasse Dich in einer Welt zurück, wo guter Rat nicht überflüssig ist.

Niemand ist weise von Mutterleibe an; Zeit und Erfahrung lehren hier, und fegen die Tenne.

Ich habe die Welt länger gesehen, als Du.

Es ist nicht alles Gold, lieber Sohn, was glänzet, und ich habe manchen Stern vom Himmel fallen und manchen Stab, auf den man sich verließ, brechen sehen.

Darum will ich Dir einigen Rat geben, und Dir sagen was ich funden habe, und was die Zeit mich gelehret hat.

Es ist nichts groß, was nicht gut ist; und ist nichts wahr, was nicht bestehet.

Der Mensch ist hier nicht zu Hause, und er geht hier nicht von ungefähr in dem schlechten Rock umher. Denn siehe nur, alle andre Dinge hier, mit und neben ihm, sind und gehen dahin, ohne es zu wissen; der Mensch ist sich bewußt, und wie eine hohe bleibende Wand, an der die Schatten vorübergehen. Alle Dinge mit und neben ihm gehen dahin, einer fremden Willkür und Macht unterworfen; er ist sich selbst anvertraut, und trägt sein Leben in seiner Hand.

Und es ist nicht für ihn gleichgültig, ob er rechts oder links gehe.

Laß Dir nicht weismachen, daß er sich raten könne und selbst seinen Weg wisse.

Diese Welt ist für ihn zu wenig, und die unsichtbare siehet er nicht und kennet sie nicht.

Spare Dir denn vergebliche Mühe, und tue Dir kein Leid, und besinne Dich Dein.

Halte Dich zu gut, Böses zu tun.

Hänge Dein Herz an kein vergänglich Ding.

Die Wahrheit richtet sich nicht nach uns, lieber Sohn, sondern wir müssen uns nach ihr richten.

Was Du sehen kannst, das siehe, und brauche Deine Augen, und über das Unsichtbare und Ewige halte Dich an Gottes Wort.

Bleibe der Religion Deiner Väter getreu, und hasse die theologischen Kannengießer.

Scheue Niemand so viel, als Dich selbst. Inwendig in uns wohnet der Richter, der nicht trügt, und an dessen Stimme uns mehr gelegen ist, als an dem Beifall der ganzen Welt und der Weisheit der Griechen und Egyter. Nimm es Dir vor, Sohn, nicht wider seine Stimme zu tun; und was Du sinnest und vorhast, schlage zuvor an Deine Stirne und frage ihn um Rat. Er spricht anfangs nur leise und stammelt wie ein unschuldiges Kind; doch, wenn Du seine Unschuld ehrst, löset er gemach seine Zunge und wird Dir vernehmlicher sprechen.

Lerne gerne von andern, und wo von Weisheit, Menschenglück, Licht, Freiheit, Tugend etc. geredet wird; da höre fleißig zu. Doch traue nicht flugs und allerdings, denn die Wolken haben nicht alle Wasser, und es gibt mancherlei Weise. Sie meinen auch, daß sie die Sache hätten, wenn sie davon reden können und davon reden. Das ist aber nicht, Sohn. Man hat darum die Sache nicht, daß man davon reden kann und davon redet. Worte sind nur Worte, und wo sie so gar leicht und behende dahin fahren; da sei auf Deiner Hut, denn die Pferde, die den Wagen mit Gütern hinter sich haben, gehen langsameren Schrittes.

Erwarte nichts vom Treiben und den Treibern; und wo Geräusch auf der Gassen ist, da gehe fürbaß.

Wenn Dich jemand will Weisheit lehren, so siehe in sein Angesicht. Dünket er sich noch; und sei er noch so gelehrt und noch so berühmt, laß ihn und gehe seiner Kundschaft müßig. Was einer nicht hat, das kann er auch nicht geben. Und der ist nicht frei, der da will tun können was er will, sondern der ist frei, der da wollen kann, was er tun soll. Und der ist nicht weise, der sich dünket daß er wisse; sondern der ist weise, der seiner Unwissenheit inne geworden und durch die Sache des Dünkels genesen ist.

Was im Hirn ist, das ist im Hirn; und Existenz ist die erste aller Eigenschaften.

Wenn es Dir um Weisheit zu tun ist; so suche sie und nicht das Deine, und brich Deinen Willen, und erwarte geduldig die Folgen.

Denke oft an heilige Dinge, und sei gewiß, daß es nicht ohne Vorteil für Dich abgehe und der Sauerteig den ganzen Teig durchsäuere.

Verachte keine Religion, denn sie ist dem Geist gemeint, und Du weißt nicht, was unter unansehnlichen Bildern verborgen sein könne.

Er ist leicht zu verachten, Sohn; und verstehen ist viel besser.

Lehre nicht andre, bis Du selbst gelehrt bist.

Nimm Dich der Wahrheit an, wenn Du kannst, und laß Dich gerne ihrentwegen hassen; doch wisse, daß Deine Sache nicht die Sache der Wahrheit ist, und hüte, daß sie nicht ineinander fließen, sonst hast Du Deinen Lohn dahin.

Tue das Gute vor Dich hin, und bekümmere Dich nicht, was daraus werden wird.

Wolle nur einerlei, und das wolle von Herzen.

Sorge für Deinen Leib, doch nicht so als wenn er Deine Seele wäre.

Gehorche der Obrigkeit, und laß die andern über sie streiten.

Sei rechtschaffen gegen Jedermann, doch vertraue Dich schwerlich.

Mische Dich nicht in fremde Dinge, aber die Deinigen tue mit Fleiß.

Schmeichle Niemand, und laß Dir nicht schmeicheln. Ehre einen jeden nach seinem Stande, und laß ihn sich schämen, wenn er's nicht verdient.

Werde Niemand nichts schuldig; doch sei zuvorkommend, als ob sie alle Deine Gläubiger wären.

Wolle nicht immer großmütig sein, aber gerecht sei immer.

Mache Niemand graue Haare, doch wenn Du recht tust, hast Du um die Haare nicht zu sorgen.

Mißtraue der Gestikulation, und gebärde Dich schlecht und recht.

Hilf und gib gerne, wenn Du hast, und dünke Dir darum nicht mehr; und wenn Du nicht hast, so habe den Trunk kalten Wassers zur Hand, und dünke Dir darum nicht weniger.

Tue keinem Mädchen Leides, und denke, daß Deine Mutter auch ein Mädchen gewesen ist.

Sage nicht alles, was Du weißt, aber wisse immer, was Du sagest.

Hänge Dich an keinen Großen.

Sitze nicht, wo die Spötter sitzen, denn sie sind die elendesten unter allen Kreaturen.

Nicht die frömmelnden, aber die frommen Menschen achte, und gehe ihnen nach. Ein Mensch, der wahre Gottesfurcht im Herzen hat, ist wie die Sonne, die da scheinet und wärmt, wenn sie auch nicht redet.

Tue was des Lohnes wert ist, und begehre keinen.

Wenn Du Not hast, so klage sie Dir und keinem andern.

Habe immer etwas Gutes im Sinn.

Wenn ich gestorben bin, so drücke mir die Augen zu, und beweine mich nicht.

Stehe Deiner Mutter bei, und ehre sie so lange sie lebt, und begrabe sie neben mir.

Und sinne täglich nach über Tod und Leben ob Du es finden möchtest, und habe einen freudigen Mut; und gehe nicht aus der Welt, ohne Deine Liebe und Ehrfurcht für den Stifter des Christentums durch irgend etwas öffentlich bezeuget zu haben.

Dein treuer Vater.

(...) Es gibt schlechterdings keine andere Art, Gott zu verehren, als die Erfüllung seiner Pflichten und Handeln nach Gesetzen, die die Vernunft gegeben hat. *Es ist ein Gott*, kann meiner Meinung nach nichts anderes sagen als: ich fühle mich bei aller meiner Freiheit des Willens genötigt, *recht* zu tun. Was haben wir weiter einen Gott nötig? Das ist er. Wenn man dieses mehr entwickelt, so kommt man meiner Meinung nach auf Herrn Kants Satz. Einen Gott, der objektiv dreinschlüge, wenn ich Unrecht tue, gibt es nicht; das muß der Richter tun, der der Verwalter der Gesetze ist, oder wir selbst. Ich glaube daher auch nicht, daß es Religions-Spötter gibt, aber Spötter der Theologie wohl ... Überhaupt erkennt unser Herz einen Gott; und dieses nun der Vernunft faßlich zu machen, ist freilich schwer, wenn nicht gar unmöglich.

Georg Christoph Lichtenberg

Johann Wolfgang von Goethe

Das Göttliche

Edel sei der Mensch,
Hilfreich und gut!
Denn das allein
Unterscheidet ihn
Von allen Wesen,
Die wir kennen.

Heil den unbekannten
Höhern Wesen,
Die wir ahnen!
Ihnen gleiche der Mensch!
Sein Beispiel lehr' uns
Jene glauben.

Denn unfühlend
Ist die Natur:
Es leuchtet die Sonne
Über Bös' und Gute,
Und dem Verbrecher
Glänzen wie dem Besten
Der Mond und die Sterne.

Wind und Ströme,
Donner und Hagel
Rauschen ihren Weg
Und ergreifen
Vorübereilend
Einen um den andern.

Auch so das Glück
Tappt unter die Menge,
Faßt bald des Knaben

Lockige Unschuld,
Bald auch den kahlen
Schuldigen Scheitel.

Nach ewigen, ehrnen,
Großen Gesetzen
Müssen wir alle
Unseres Daseins
Kreise vollenden.

Nur allein der Mensch
Vermag das Unmögliche:
Er unterscheidet,
Wählet und richtet;
Er kann dem Augenblick
Dauer verleihen.

Er allein darf
Den Guten lohnen,
Den Bösen strafen,
Heilen und retten,
Alles Irrende, Schweifende
Nützlich verbinden.

Und wir verehren
Die Unsterblichen,
Als wären sie Menschen,
Täten im großen,
Was der Beste im kleinen
Tut oder möchte.

Der edle Mensch
Sei hilfreich und gut!
Unermüdet schaff' er
Das Nützliche, Rechte,
Sei uns ein Vorbild
Jener geahneten Wesen!

Immanuel Kant

Von den Pflichten der Tugendhaften und Lasterhaften

Tugend ist eine Idee, und keiner kann die wahre Tugend besitzen. Ein tugendhafter Mann ist demnach ebensowenig gebräuchlich zu sagen als ein weiser Mann. Jeder strebt, sich der Tugend zu nähern, so wie der Weisheit, aber in keinem wird der höchste Grad erreicht. Wir können zwischen Tugend und Laster ein Mittleres gedenken, und das ist Untugend, welches nur im Mangel besteht. Tugend und Laster ist was Positives. Tugend ist eine Fertigkeit nach moralischen Grundsätzen, die Neigung zum Bösen zu überwinden. Oder, Tugend ist diejenige Stärke der moralischen Gesinnungen unter den Hindernissen der entgegengesetzten bösen Neigungen, da die ersten allemal das Übergewicht behalten. Also heilige Wesen sind nicht tugendhaft, weil sie keine Neigung zum Bösen zu überwinden haben, sondern ihr Wille ist dem Gesetz adäquat. Der Mensch, der nicht tugendhaft ist, ist deswegen noch nicht lasterhaft, sondern er hat nur einen Mangel der Tugend. Das Laster ist aber was Positives, der Mangel der Tugend ist aber Untugend. Eine Achtlosigkeit der moralischen Gesetze ist Untugend, aber die Verachtung der moralischen Gesetze ist Laster. Untugend ist nur, daß man das moralische Gesetz nicht tue, Laster aber, daß man das Gegenteil vom moralischen Gesetz tue. Das erste ist was Negatives, das zweite was Positives. Zum Laster gehört also sehr viel.

Man kann Gutartigkeit des Herzens haben ohne Tugend, denn die Tugend ist das Wohlverhalten aus Grundsätzen und nicht aus Instinkt. Gutartigkeit ist aber eine Übereinstimmung der Handlungen mit dem moralischen Gesetz aus Instinkt. Zur Tugend gehört viel. Die Gutartigkeit des Herzens kann angeboren sein. Tugendhaft kann aber keiner ohne Übung sein, weil die Neigung zum Bösen nach moralischen Grundsätzen muß unterdrückt und die Handlung mit dem moralischen Gesetz übereinstimmend muß gemacht werden.

Es fragt sich: Ob ein Lasterhafter tugendhaft werden kann? Es gibt eine Bösartigkeit des Gemüts, die kann nicht korrigiert werden, sondern die bleibt beständig; aber ein böser Charakter kann immer in einen guten verwandelt werden. Weil der Charakter nach Grundsätzen handelt, so kann dieser nach und nach durch gute Grundsätze vertilgt werden, daß er über die Bösartigkeit des Gemüts herrsche. So sagt man von Socrates, daß er von Natur ein böses Herz gehabt, welches er aber durch Grundsätze beherrscht hat. Menschen verraten oft in ihrem Gesicht, daß sie inkorrigibel sind und daß sie beinahe zum Galgen destiniert wären; mit solchen hält es schwer, tugendhaft zu werden. Ebenso wie ein ehrlicher und rechtschaffener Mann nicht lasterhaft werden kann, und wenn er auch in einige Laster verfällt, so kehrt er wieder zurück, weil die Grundsätze in ihm schon feste Wurzeln gefaßt haben.

Die Besserung ist von der Bekehrung zu unterscheiden. Besserung ist, wenn man anders lebt; Bekehrung aber, wenn man den festen Grundsatz und die sichere Grundlage hat, daß man niemals anders als tugendhaft leben werde. Wir bessern uns oft aus Furcht vor dem Tode und wissen nicht, ob wir gebessert oder bekehrt sind. Würden wir nur die Hoffnung haben, länger zu leben, so würde die Besserung nicht erfolgt sein. Die Bekehrung aber ist, wenn man sich fest vornimmt, man mag so lange leben, wie man will, tugendhaft zu leben. Buße ist kein gutes Wort, es kommt von Büßungen, Kasteiung her, wo man sich wegen seiner Verbrechen selbst bestraft. Wenn der Mensch erkennt, daß er strafbar ist, so straft er sich selbst und glaubt, daß ihn alsdann Gott nicht strafen wird. Alsdann büßt er. Solche Traurigkeit hilft aber keinem was. Die innere Traurigkeit über sein Vergehen und die feste Entschließung, ein besseres Leben zu führen, hilft allein was; und das ist die wahre Reue.

Der Mensch kann in Ansehung seiner Laster auf zwei Abwege geraten: In Ansehung der Niederträchtigkeit, d. i. der Brutalität, wo er sich durch Verletzung der Pflichten gegen seine Person unter das Vieh versetzt; oder in Ansehung der Bosheit, und das ist teuflisch, wo der Mensch sich Gewerbe macht, auf Bosheit zu sinnen, daher keine gute Neigung mehr ist. Hat er noch eine gute Gesinnung und Wunsch, gut zu sein, so ist er noch ein Mensch, macht er sich aber solche zur Bosheit, so ist er teuflisch. Der Zustand des Lasters ist der Zustand der Knechtschaft unter der Macht der Neigung. Je mehr der Mensch tugendhaft ist, desto mehr frei ist er. Verstockt ist der Mensch, wenn er keinen Wunsch hat, besser zu werden. Gesellschaft der Tugend ist das Reich des Lichts, und die Gesellschaft des Lasters ist das Reich der Finsternis. So tugendhaft der Mensch immer sein mag, so sind doch in ihm Neigungen zum Bösen, und er muß immer im Kampfe stehen. Der Mensch muß sich hüten vor dem moralischen Eigendünkel, daß er sich selbst nicht für moralisch gut hält und eine vorteilhafte Meinung von sich hat. Das ist ein träumerischer Zustand, der sehr unheilbar ist. Er entspringt daher, wenn der Mensch so lange am moralischen Gesetz künstelt, bis er es seinen Neigungen und seiner Gemächlichkeit gemäß gemacht hat.

Die Tugend ist die moralische Vollkommenheit des Menschen. Mit der Tugend verknüpfen wir Kraft, Stärke und Gewalt; es ist ein Sieg über die Neigung. Die Neigung an sich selbst ist regellos, und das ist der Zustand des moralischen Menschen, selbige zu unterdrücken. Engel im Himmel können heilig sein, der Mensch kann es aber nur so weit bringen, daß er tugendhaft ist! Weil die Tugend nicht auf Instinkten, sondern auf Grundsätzen beruht, so ist die Übung der Tugend eine Übung der Grundsätze, denselben eine bewegende Kraft zu geben, daß sie überwiegend sind und sich durch nichts ableiten lassen, von ihnen abzugehen. Man muß also einen Charakter haben. Solche Stärke ist die Tugendstärke, ja die Tugend selbst. Dieser Übung setzen sich Hindernisse entgegen, welche man aber mit Religion und Regeln der Klugheit überwinden muß, wozu die Zufriedenheit des Gemüts gehört, Ruhe der Seele, frei von allem Vorwurf zu sein, wahre Ehre, Schätzung seiner selbst und anderer, Gleichgültigkeit oder vielmehr Gleichmütigkeit und Standhaftigkeit gegen alle Übel, an denen man nicht schuldig ist. Dies sind aber nicht Quellen der Tugend, sondern nur Hilfsmittel.

Das sind die Pflichten in Ansehung der Tugendhaften.

Von der anderen Seite scheint es umsonst zu sein, mit dem Lasterhaften von Pflichten zu reden; indessen hat doch noch jeder Lasterhafte einen Begriff der Tugend in sich, er hat Verstand, das Böse einzusehen, er hat noch ein moralisches Gefühl. Denn es ist kein Bösewicht, der nicht wenigstens wünschen sollte, gut zu sein. Auf dieses moralische Gefühl kann das System der Tugend gegründet werden. Das moralische Gefühl ist aber nicht der erste Anfang der Beurteilung der Tugend, sondern das erste ist der reine Begriff der Moralität, der mit dem Gefühl muß verbunden werden. Hat der

Mensch einen reinen Begriff der Moralität, so kann er darauf die Tugend gründen; dann kann er das moralische Gefühl rege machen und einen Anfang machen, moralisch zu werden. Dieser Anfang ist freilich wieder ein weites Feld, er muß anfänglich negativ sein, man muß zuerst unschuldig werden und bloß alles unterlassen, welches durch allerhand Beschäftigungen geschieht, die ihn von solcher Neigung abhalten. Dieses kann der Mensch recht gut, obgleich das Positive schwer ist.

Von den Pflichten in Ansehung der Verschiedenheit des Alters

Der Autor hat gar keine gute Ordnung getroffen, er hätte diese Pflichten können einteilen: in Ansehung der Verschiedenheit der Stände, des Geschlechts und des Alters. Der Unterschied des Geschlechts ist nicht so gering, als man wohl glaubt. Die Triebfedern beim männlichen Geschlecht sind sehr unterschieden von den Triebfedern des weiblichen. In Ansehung des Unterschieds des Geschlechts kann man in der Anthropologie nachschlagen, woraus sich dann Pflichten ziehen lassen. Was die Pflichten der Verschiedenheit des Alters betrifft, so haben wir Pflichten gegen andere nicht allein als Menschen, sondern gegen andere als unsere Mitbürger. Da kommen bürgerliche Pflichten vor. Überhaupt ist die Moral ein unerschöpflich Feld. Der Autor führt Pflichten gegen Gesunde und Kranke an, auf die Art hätten wir auch Pflichten gegen Schöne und Häßliche, gegen Große und Kleine. Das sind aber keine besonderen Pflichten, weil es nur verschiedene Zustände sind, in denen die allgemeine Menschenpflicht zu beobachten ist.

Das Alter können wir einteilen in das Alter der Kindheit, wo man sich nicht selbst erhalten kann; in das Alter des Jünglings, wo man sich selbst erhalten, seine Art erzeugen, aber nicht erhalten kann; in das männliche, wenn man sich selbst erhalten, seine Art fortpflanzen und erhalten kann. Der wilde Zustand stimmt mit der Natur überein, der bürgerliche aber nicht. Man ist im bürgerlichen Zustande alsdann noch ein Kind, obgleich man schon seine Art erzeugen kann, man kann sich aber noch nicht selbst erhalten; im wilden Zustand aber ist man alsdann schon ein Mann. Einen weitläufigeren Unterschied findet man in der Anthropologie auseinandergesetzt. Weil der bürgerliche Zustand der Natur widerstreitet, der wilde aber nicht, so meint Rousseau, daß der bürgerliche Zustand dem Zweck der Natur nicht gemäß ist; allein der bürgerliche Zustand ist doch dem Zweck der Natur gemäß. Der Zweck der Natur der frühen Mündigkeit ist zwar die Vermehrung des menschlichen Geschlechts. Würden wir im 30. Jahre mündig werden, so würde diese Zeit mit dem bürgerlichen Zustande übereinstimmen; allein alsdann würde sich das menschliche Geschlecht im wilden Zustande nicht so vermehren. Im wilden Zustande vermehrt sich das menschliche Geschlecht aus vielen Ursachen sehr schlecht, daher muß die Mündigkeit sehr frühe sein; da aber im bürgerlichen Zustande die Ursachen gehoben sind, so ersetzt der bürgerliche Zustand das, was dadurch abgeht, daß man nicht in dem Alter den Gebrauch von seiner Neigung machen kann. Die Zwischenzeit ist aber mit Lastern angefüllt.

Wie ist nun der Mensch im bürgerlichen Zustand zu bilden für die Natur und für die bürgerliche Gesellschaft? Dieses sind die zwei Zwecke der Natur: die Erziehung des Menschen in Ansehung des natürlichen und in Ansehung des bürgerlichen Zustandes. Die Regel der Erziehung ist der Hauptzweck, wodurch der Mensch im bürgerlichen Zustande gebildet wird. In der Erziehung sind zwei Stücke zu unterscheiden: die Entwicklung der natürlichen Anlagen und die Hinzusetzung der Kunst. Das erste ist die Bildung des Menschen, das zweite Unterricht oder Belehrung. Der das erste an Kindern tut, könnte der Hofmeister (Gouverneur) heißen; der aber das andere tut, Informator.

In der Bildung ist darauf zu sehen, daß sie nur negativ sei, daß man alles abhalte, was der Natur zuwider sei. Die Kunst oder Belehrung kann zweifach sein: negativ und positiv, abzuhalten und hinzuzusetzen. Das Negative der Belehrung ist, daß sich nicht Irrtümer einschleichen zu verhüten; das Positive, daß was mehreres von Kenntnissen hinzugesetzt werde. Das Negative sowohl der Belehrung als der Bildung des Geschöpfes ist die Disziplin, das Positive der Belehrung die Doktrin. Die Disziplin muß vor der Doktrin vorausgehen. Durch die Disziplin kann das Temperament und das Herz gebildet werden, der Charakter wird aber mehr durch die Doktrin gebildet.

Disziplin heißt soviel als Zucht. Durch die Zucht wird aber den Kindern nichts Neues gelehrt, sondern die regellose Freiheit eingeschränkt. Der Mensch muß diszipliniert werden, denn er ist von Natur roh und wild. Die menschlichen Anlagen sind nur durch Kunst bestimmt, gesittet zu werden. Bei Tieren entwickelt sich die Natur von selbst, bei uns aber durch Kunst. Also können wir nicht der Natur den Lauf lassen, sonst erziehen wir den Menschen wild. Disziplin ist Zwang; als Zwang ist sie aber der Freiheit entgegen, Freiheit ist aber der Wert des Menschen. Demnach muß der Jüngling durch die Disziplin dem Zwange so unterworfen werden, daß die Freiheit erhalten werde. Er muß durch Zwang, aber nicht durch sklavischen Zwang diszipliniert werden. Alle Erziehung muß also frei sein, sofern der Jüngling andere frei läßt. Der vornehmste Grund der Disziplin, worauf die Freiheit beruht, ist dieser, daß das Kind seine Verhältnisse als ein Kind einsehe, und aus dem Bewußtsein seiner Kindheit, Alters und Vermögens müssen alle Pflichten hergeleitet werden. Ein Kind muß also nicht mehr Kraft exerzieren, als seinen Jahren gemäß ist. Da es nun als ein Kind schwach ist, so muß es nicht durch Gebieten und Kommandieren vieles ausrichten können, sondern es muß alles durch Bitten zu erlangen suchen. Will es etwas mit Gewalt haben und man erfüllte einmal nur, es zu beruhigen, so exerziert es das öfter mit stärkerer Kraft und vergißt seine Kindheitsschwäche. Ein Kind muß also nicht gebieterisch erzogen werden, es muß nichts durch seinen Willen erhalten, sondern durch Gefälligkeit der anderen. Die Gefälligkeit der anderen erhält es aber dadurch, daß es sich selbst ihnen gefällig beweist. Wenn es also durch Zwang nichts erhält, so gewöhnt es sich hernach, durch Bitten und gefällige Handlungen alles zu erhalten. Wenn ein Kind in seinem Hause seinen Willen gehabt hat, so wächst es gebieterisch auf und findet hernach in der Gesellschaft allerwegen Widerstand, den es gar nicht gewohnt ist, und ist alsdann für die Gesellschaft unnütz. So wie sich die Bäume im Walde untereinander disziplinieren, indem sie die Luft zu ihrem Wachstum nicht nebeneinander, sondern über sich suchen, wo sie keinen hindern, so wachsen sie auch gerade in die Höhe; da hingegen ein Baum auf freiem Felde, wo er nicht durch andere eingeschränkt wird, ganz krüppelig wächst, hernach aber schon zu spät ist, ihn zu disziplinieren. Ebenso ist es auch mit dem Menschen. Wird er frühe diszipliniert, so wächst er mit anderen gerade auf, wird das aber versäumt, so wird er ein krüppeliger Baum. Die erste Disziplin beruht im Gehorsam. Diese kann hernach auf viele Zwecke angewandt werden, auf den Körper, auf sein Temperament, z. E. er ist auffahrend, so muß er großen Widerstand bekommen; ist er faul, so muß man auch nicht gegen ihn willfährig sein; ferner auf seine Gemütsart, dieser muß man stets widerstehen, besonders wo Bosheit, Schadenfreude, Neigung zum Zerstören und zum Quälen sich äußert. In Ansehung des Charakters ist nichts als Lüge und falsche betrügerische Gemütsart das Schädlichste. Falschheit und Lüge sind die Fehler des Charakters und sind Eigenschaften der Feigen. Darauf muß in der Erziehung sehr gesehen werden, daß es unterdrückt wird. Die Bosheit hat doch noch Stärke und darf nur diszipliniert werden, allein die geheime falsche Niederträchtigkeit hat keinen Keim des Guten mehr in sich.

Von der Disziplin oder Zucht gehen wir zur Unterweisung oder Doktrin. Diese ist dreifach: die Belehrung durch die Natur und Erfahrung, durch Erzählung und Raisonnement oder Vernünfteln. Die Belehrung durch Erfahrung ist der Grund von allem. Man muß einem Kinde nicht mehr lehren, als was es in der Erfahrung bestätigt findet und beobachten kann. Hierauf muß es angewöhnt werden, selbst zu beobachten, wodurch sich Begriffe entspinnen, die von der Erfahrung abgeleitet sind. Die Belehrung durch Erzählung setzt schon Begriffe und Beurteilung voraus. Das Vernünfteln muß nach dem Maß der Jahre eingerichtet werden. Zu Anfang muß es nur empirisch sein und nicht durch Gründe a priori, sondern durch den Effekt in der Erfahrung. Wenn es z. E. lügt, so muß man es gar nicht des Sprechens würdig halten. Es kommt besonders darauf an, wie die Erziehung den verschiedenen Jahren des Kindes angemessen sei.

In Ansehung des Alters ist die Erziehung dreifach: die Erziehung zum Kinde, zum Jünglinge und zum Mann. Die Erziehung geht immer voran und ist die Vorbereitung zu dem Alter. Die Erziehung als eine Vorbereitung zu dem Jünglingsalter ist, wenn man ihm von allem Grund angibt, zum Kindheitsalter aber kann das nicht sein. Denn Kindern werden die Sachen nur so vorgestellt, als sie sind, denn sonst fragen sie immer weg, und während der Antwort besinnen sie sich wieder auf neue Fragen. Zum Jünglingsalter gehört aber schon Vernunft. Wann fängt man an, zum Jünglingsalter vorzubereiten? In dem Alter, wo er schon nach der Natur ein Jüngling ist, d. i. ohngefähr im 10. Jahre, denn da hat er schon Überlegung. Ein Jüngling muß schon was von Anständigkeit wissen; ein Kind aber nicht, dem kann man nur sagen: »es ist nicht gebräuchlich.« Ein Jüngling muß schon Pflichten der bürgerlichen Gesellschaft haben. Hier bekommt er den Begriff der Anständigkeit, der Menschenliebe. Da ist er schon der Grundsätze fähig, dann wird Religion und Moral kultiviert; nun verfeinert er sich schon selbst und kann durch Ehre diszipliniert werden, da ein Kind nur durch Gehorsam diszipliniert wird. Der dritte Zeitpunkt ist, daß der Jüngling erzogen wird zum Eintritt in das Alter des Mannes, welcher ist, wo er sich nicht allein selbst erhalten, sondern auch seine Art fortpflanzen und erhalten kann. Im 16. Jahr ist er nun am Rande des Mannesalters, da fällt die Erziehung der Disziplinierung weg, hier lernt er seine Bestimmung mehr und mehr kennen, daher muß er die Welt kennenlernen. In diesem Eintritt in das Mannesalter muß man ihm vorreden von wahrhaften Pflichten, von der Würde der Menschheit in seiner Person und von der Schätzung der Menschheit an anderen. Hier muß die Doktrin den Charakter bilden.

Was das Verhältnis in Ansehung des Geschlechts betrifft, so ist darauf die höchste Sorgfalt zu verwenden, damit nicht die Affekte, worunter der Affekt der Geschlechterneigung der stärkste ist, gemißbraucht werde. Rousseau sagt: Ein Vater soll hier in diesem Zeitalter seinem Sohne einen vollständigen Begriff machen und es nicht als ein Geheimnis halten, er muß ihm hier seinen Verstand aufklären, die Bestimmung dieser Neigung sagen und den Schaden, der aus dem Mißbrauch derselben entsteht. Er muß ihm hier aus moralischen Gründen die Abscheulichkeit der Handlung vorstellen und die Entehrung der menschlichen Würde in seiner Person vor Augen legen. Dieses ist der delikateste und der letzte Punkt in der Erziehung. Ehe die Schulen so weit kommen, werden noch viele Laster ausgeübt werden.

Gottfried August Bürger

Das Lied vom braven Manne

Hoch klingt das Lied vom braven Mann,
Wie Orgelton und Glockenklang.
Wer hohen Muts sich rühmen kann,
Den lohnt nicht Gold, den lohnt Gesang.
Gottlob! daß ich singen und preisen kann:
Zu singen und preisen den braven Mann.

Der Tauwind kam vom Mittagsmeer,
Und schnob durch Welschland, trüb' und feucht.
Die Wolken flogen vor ihm her.
Wie wann der Wolf die Herde scheucht.
Er fegte die Felder; zerbrach den Forst!
Auf Seen und Strömen das Grundeis borst.

Am Hochgebirge schmolz der Schnee;
Der Sturz von tausend Wassern scholl;
Das Wiesental begrub ein See;
Des Landes Heerstrom wuchs und schwoll;
Hoch rollten die Wogen, entlang ihr Gleis,
Und rollten gewaltige Felsen Eis.

Auf Pfeilern und auf Bogen schwer,
Aus Quaderstein von unten auf,
Lag eine Brücke drüber her;
Und mitten stand ein Häuschen drauf,
Hier wohnte der Zöllner, mit Weib und Kind. –
»O Zöllner! o Zöllner! Entfleuch geschwind.«

Es dröhnt' und dröhnte dumpf heran,
Laut heulten Sturm und Wog' ums Haus.
Der Zöllner sprang zum Dach hinan,
Und blickt' in den Tumult hinaus. –
»Barmherziger Himmel! Erbarme dich!
Verloren! Verloren! Wer rettet mich?« –

Die Schollen rollten, Schuß auf Schuß,
Von beiden Ufern, hier und dort,
Von beiden Ufern riß der Fluß
Die Pfeiler samt den Bogen fort.
Der bebende Zöllner, mit Weib und Kind,
Er heulte noch lauter, als Strom und Wind.

Die Schollen rollten, Stoß auf Stoß,
An beiden Enden, hier und dort,
Zerborsten und zertrümmert, schoß
Ein Pfeiler nach dem andern fort.
Bald nahte der Mitte der Umsturz sich. –
»Barmherziger Himmel! Erbarme dich!« –

Hoch auf dem fernen Ufer stand
Ein Schwarm von Gaffern, groß und klein;
Und jeder schrie und rang die Hand,
Doch mochte niemand Retter sein.
Der bebende Zöllner, mit Weib und Kind,
Durchheulte nach Rettung den Strom und Wind. –

Wann klingst du, Lied vom braven Mann,
Wie Orgelton und Glockenklang?
Wohlan! So nenn' ihn, nenn' ihn dann!
Wann nennst du ihn, mein schönster Sang?
Bald nahet der Mitte der Umsturz sich,
O braver Mann! braver Mann! zeige dich!

Rasch galoppiert' ein Graf hervor,
Auf hohem Roß ein edler Graf.
Was hielt des Grafen Hand empor?
Ein Beutel war es, voll und straff. –
»Zweihundert Pistolen sind zugesagt
Dem, welcher die Rettung der Armen wagt.«

Wer ist der Brave? Ist's der Graf?
Sag an, mein braver Sang, sag an! –
Der Graf, beim höchsten Gott! war brav!
Doch weiß ich einen bravern Mann. –
O braver Mann! braver Mann! Zeige dich!
Schon naht das Verderben sich fürchterlich. –

Und immer höher schwoll die Flut;
Und immer lauter schnob der Wind;
Und immer tiefer sank der Mut. –
O Retter! Retter! Komm geschwind! –
Stets Pfeiler bei Pfeiler zerborst und brach.
Laut krachten und stürzten die Bogen nach.

»Hallo! Hallo! Frisch auf gewagt!«
Hoch hielt der Graf den Preis empor.
Ein jeder hört's doch jeder zagt,
Aus Tausenden tritt keiner vor.
Vergebens durchheulte, mit Weib und Kind,
Der Zöllner nach Rettung den Strom und Wind. –

Sieh, schlecht und recht, ein Bauersmann
Am Wanderstabe schritt daher,
Mit grobem Kittel angetan,
An Wuchs und Antlitz hoch und hehr.
Er hörte den Grafen; vernahm sein Wort;
Und schaute das nahe Verderben dort.

Und kühn in Gottes Namen, sprang
Er in den nächsten Fischerkahn;
Trotz Wirbel, Sturm, und Wogendrang,
Kam der Erretter glücklich an:
Doch wehe! der Nachen war allzuklein,
Der Retter von allen zugleich zu sein.

Und dreimal zwang er seinen Kahn,
Trotz Wirbel, Sturm, und Wogendrang;
Und dreimal kam er glücklich an,
Bis ihm die Rettung ganz gelang.
Kaum kamen die letzten in sichern Port;
So rollte das letzte Getrümmer fort. –

Wer ist, wer ist der brave Mann?
Sag an, sag an, mein braver Sang!
Der Bauer wagt' ein Leben dran:
Doch tat er's wohl um Goldesklang?
Denn spendete nimmer der Graf sein Gut;
So wagte der Bauer vielleicht kein Blut. –

»Hier«, rief der Graf, »mein wackrer Freund!
Hier ist dein Preis! Komm her! Nimm hin!« –
Sag an, war das nicht brav gemeint? –
Bei Gott! der Graf trug hohen Sinn. –
Doch höher und himmlischer, wahrlich! schlug
Das Herz, das der Bauer im Kittel trug.

»Mein Leben ist für Gold nicht feil.
Arm bin ich zwar, doch ess' ich satt.
Dem Zöllner werd' eur Gold zu teil,
Der Hab' und Gut verloren hat!«
So rief er, mit herzlichem Biederton,
Und wandte den Rücken und ging davon. –

Novalis

Inwiefern erreichen wir das Ideal nie?

Insofern es sich selbst vernichten würde. Um die Wirkung eines Ideals zu tun, darf es nicht in der Sphäre der gemeinen *Realität* stehn. Der Adel des Ich besteht in freier Erhebung über sich selbst – folglich kann das Ich in gewisser Rücksicht nie absolut erhoben sein – denn sonst würde seine Wirksamkeit, sein Genuß i. e. sein Sieg – kurz das Ich selbst würde aufhören. Laster ist eine ewigsteigende Qual (Negation) (Gefühl von Ohnmacht) – Abhängigkeit vom Unwillkürlichen – Tugend ein ewigsteigender Genuß – Position – Gefühl *von Kraft* – Unabhängigkeit vom Zufälligen. Sowie es dem Lasterhaften, wegen seiner *Identität* nie an Gelegenheiten fehlen kann tugendhaft zu sein – so nie dem Tugendhaften an Gelegenheit zu fehlen – Die Quantität der Dauer hat keinen Einfluß auf den Wert – der Sieg den der Lasterhafte auf dem tausendste[n] Grade unter 0 über sich erränge, wäre soviel *wert*, als der Sieg den der Tugendhafte auf d[em] 1000ten Grade über 0 erkämpft. Der Raum oder die Zeit, die sie trennt, kann ein Augenblick durchfliegen – denn hier sind keine Quantitätsverhältnisse – es sind zwei absolut getrennte Sphären, die wir uns aber quantitativ vorstellen – und jeden Sieg und jede Niederlage als Schritte vor- und rückwärts uns einbilden. Die Gewohnheit ist Erleichterung für den Guten und Erschwerung für den Bösen – und hierin liegt die Differenz des Länger und Kürzer – die Strafe des längern Bösewichts – die Belohnung des längern Tugendhaften.

Arthur Schopenhauer

Über die Grundlage der Moral

Antimoralische Triebfedern*

Die Haupt- und Grundtriebfeder im Menschen wie im Tiere ist der *Egoismus*, d. h. der Drang zum Dasein und Wohlsein. – Das deutsche Wort *Selbstsucht* führt einen falschen Nebenbegriff von Krankheit mit sich. Das Wort *Eigennutz* aber bezeichnet den Egoismus, sofern er unter Leitung der Vernunft steht, welche ihn befähigt, vermöge der Reflexion seine Zwecke *planmäßig* zu verfolgen; daher man die Tiere wohl egoistisch, aber nicht eigennützig nennen kann. Ich will also für den allgemeinen Begriff das Wort *Egoismus* beibehalten. – Dieser *Egoismus* ist im Tiere wie im Menschen mit dem innersten Kern und Wesen desselben aufs genaueste verknüpft, ja eigentlich identisch. Daher entspringen in der Regel alle seine Handlungen aus dem Egoismus, und aus diesem zunächst ist allemal die Erklärung einer gegebenen Handlung zu versuchen; wie denn auch auf denselben die Berechnung aller Mittel, dadurch man den Menschen nach irgendeinem Ziele hinzulenken sucht, durchgängig gegründet ist. Der *Egoismus* ist seiner Natur nach grenzenlos: der Mensch will unbedingt sein Dasein erhalten, will es von Schmerzen, zu denen auch aller Mangel und [jede] Entbehrung gehört, unbedingt frei, will die größtmögliche Summe von Wohlsein und will jeden Genuß, zu dem er fähig ist, ja sucht wo möglich noch neue Fähigkeiten zum Genusse in sich zu entwickeln. Alles, was sich dem Streben seines Egoismus

---

* Ich erlaube mir die regelwidrige Zusammensetzung des Wortes, da »antiethisch« hier nicht bezeichnend sein würde. Das jetzt in Mode gekommene »sittlich und unsittlich« aber ist ein schlechtes Substitut für »moralisch und unmoralisch«: erstlich weil »moralisch« ein wissenschaftlicher Begriff ist, dem als solchem eine griechische oder lateinische Bezeichnung gebührt, zweitens weil »sittlich« ein schwacher und zahmer Ausdruck ist, schwer zu unterscheiden von »sittsam«, dessen populäre Benennung »zimperlich« ist. Der Deutschtümelei muß man keine Konzessionen machen.

entgegenstellt, erregt seinen Unwillen, Zorn, Haß: er wird es als seinen Feind zu vernichten suchen. Er will wo möglich alles genießen, alles haben; da aber dies unmöglich ist, wenigstens alles beherrschen: »Alles für mich, und nichts für die andern« – ist sein Wahlspruch. Der Egoismus ist kolossal: er überragt die Welt. Denn wenn jedem einzelnen die Wahl gegeben würde zwischen seiner eigenen und der übrigen Welt Vernichtung; so brauche ich nicht zu sagen, wohin sie bei den allermeisten ausschlagen würde. Demgemäß macht jeder sich zum Mittelpunkte der Welt, bezieht alles auf sich und wird, was nur vorgeht, z. B. die größten Veränderungen im Schicksale der Völker, zunächst auf *sein* Interesse dabei beziehn und, sei dieses auch noch so klein und mittelbar, vor allem daran denken. Keinen größern Kontrast gibt es als den zwischen dem hohen und exklusiven Anteil, den jeder an seinem eigenen Selbst nimmt, und der Gleichgültigkeit, mit der in der Regel alle andern eben jenes Selbst betrachten; wie er ihres. Es hat sogar seine komische Seite, die zahllosen Individuen zu sehn, deren jedes wenigstens in praktischer Hinsicht sich allein für *real* hält und die andern gewissermaßen als bloße Phantome betrachtet. Dies beruht zuletzt darauf, daß jeder sich selber *unmittelbar* gegeben ist, die andern aber ihm nur *mittelbar* durch die Vorstellung von ihnen in seinem Kopfe: und die Unmittelbarkeit behauptet ihr Recht. Nämlich infolge der jedem Bewußtsein wesentlichen Subjektivität ist jeder sich selber die ganze Welt: denn alles Objektive existiert nur mittelbar, als bloße Vorstellung des Subjekts; so daß stets alles am Selbstbewußtsein hängt. Die einzige Welt, welche jeder wirklich kennt und von der er weiß, trägt er in sich als seine Vorstellung, und ist daher das Zentrum derselben. Deshalb eben ist jeder sich alles in allem: er findet sich als den Inhaber aller Realität, und kann ihm nichts wichtiger sein als er selbst. Während nun in seiner subjektiven Ansicht sein Selbst sich in dieser kolossalen Größe darstellt, schrumpft es in der objektiven beinahe zu nichts ein, nämlich zu ungefähr ein Milliardstel der jetzt lebenden Menschheit. Dabei nun weiß er völlig gewiß, daß eben jenes über alles wichtige Selbst, dieser Mikrokosmos, als dessen bloße Modifikation oder Akzidenz der Makrokosmos auftritt, also seine ganze Welt untergehn muß im Tode, der daher für ihn gleichbedeutend ist mit dem Weltuntergange. Dieses also sind die Elemente, woraus auf der Basis des Willens zum Leben der Egoismus erwächst, welcher zwischen Mensch und Mensch stets wie ein breiter Graben liegt. Springt wirklich einmal einer darüber dem andern zu Hülfe, so ist es wie ein Wunder, welches Staunen erregt und Beifall einerntet. (...) Die Höflichkeit ist die konventionelle und systematische Verleugnung des Egoismus in den Kleinigkeiten des täglichen Verkehrs und ist freilich anerkannte Heuchelei: dennoch wird sie gefordert und gelobt; weil, was sie verbirgt, der Egoismus, so garstig ist, daß man es nicht sehn will, obschon man weiß, daß es da ist: wie man widerliche Gegenstände wenigstens durch einen Vorhang bedeckt wissen will. – Da der Egoismus, wo ihm nicht entweder äußere Gewalt, welcher auch jede Furcht, sei sie vor irdischen oder überirdischen Mächten, beizuzählen ist, oder aber die echte moralische Triebfeder entgegenwirkt, seine Zwecke unbedingt verfolgt; so würde bei der zahllosen Menge egoistischer Individuen das »bellum omnium contra omnes« [der Krieg aller gegen alle; Hobbes, ›Leviathan‹ 1, 13] an der Tagesordnung sein, zum Unheil aller. Daher die reflektierende Vernunft sehr bald die Staatseinrichtung erfindet, welche, aus gegenseitiger Furcht vor gegenseitiger Gewalt entspringend, den nachteiligen Folgen des allgemeinen Egoismus so weit vorbeugt, als es auf dem *negativen* Wege geschehn kann. Wo hingegen jene zwei ihm entgegenstehenden Potenzen nicht zur Wirksamkeit gelangen, wird er sich sofort in seiner ganzen furchtbaren Größe zeigen, und das Phänomen wird kein schönes sein. Indem ich, um ohne Weitläufigkeit die Stärke dieser antimoralischen Potenz auszudrücken, darauf bedacht war, die Größe des Egoismus mit *einem* Zuge zu bezeichnen und deshalb nach irgendeiner recht emphatischen Hyperbel suchte, bin ich zuletzt auf diese geraten: mancher Mensch wäre imstande, einen andern totzuschlagen, bloß um mit dessen Fette sich die Stiefel zu schmieren. Aber dabei blieb mir doch der Skrupel, ob es auch wirklich eine Hyperbel sei. – Der *Egoismus* also ist die erste und hauptsächlichste, wiewohl nicht die einzige Macht, welche *die moralische Triebfeder* zu bekämpfen hat. Man sieht schon hier, daß diese, um wider einen solchen Gegner aufzutreten, etwas Realeres sein muß als eine spitzfindige Klügelei oder eine aprioristische Seifenblase. – Inzwischen ist im Kriege das erste, daß man den Feind rekognosziert. In dem bevorstehenden Kampfe wird der *Egoismus* als die Hauptmacht seiner Seite vorzüglich sich der Tugend der *Gerechtigkeit* entgegenstellen, welche nach meiner Ansicht die erste und recht eigentliche Kardinaltugend ist.

(…)

Der Egoismus kann zu Verbrechen und Untaten aller Art führen: aber der dadurch verursachte Schaden und Schmerz anderer ist ihm bloß Mittel, nicht Zweck, tritt also nur akzidentell dabei ein. Der Bosheit und Grausamkeit hingegen sind die Leiden und Schmerzen anderer Zweck an sich und dessen Erreichen Genuß. Dieserhalb machen jene eine höhere Potenz moralischer Schlechtigkeit aus. Die Maxime des äußersten Egoismus ist: »Neminem iuva, imo omnes, si forte conducit (also immer noch bedingt), laede!« Die Maxime der Bosheit ist: »Omnes, quantum potes, laede!« – Wie Schadenfreude nur theoretische Grausamkeit ist, so Grausamkeit nur praktische Schadenfreude, und diese wird als jene auftreten, sobald die Gelegenheit kommt.

Die aus den beiden angegebenen Grundpotenzen entspringenden speziellen Laster nachzuweisen wäre nur in einer ausgeführten Ethik an seinem Platz. Eine solche würde etwa aus dem *Egoismus* ableiten Gier, Völlerei, Wollust, Eigennutz, Geiz, Habsucht, Ungerechtigkeit, Hartherzigkeit, Stolz, Hoffart usw. – aus der *Gehässigkeit* aber Mißgunst, Neid, Übelwollen, Bosheit, Schadenfreude, spähende Neugier, Verleumdung, Insolenz, Petulanz*, Haß, Zorn, Verrat, Tücke, Rachsucht, Grausamkeit usw. – Die erste Wurzel ist mehr tierisch, die zweite mehr teuflisch. Das Vorwalten der einen oder der andern oder aber der weiterhin erst nachzuweisenden moralischen Triebfeder gibt die Hauptlinie in der ethischen Klassifikation der Charaktere. Ganz ohne etwas von allen dreien ist kein Mensch.

Hiermit hätte ich denn die allerdings erschreckliche Heerschau der antimoralischen Potenzen beendigt, welche an die der Fürsten der Finsternis im Pandaimonion bei *Milton* erinnert. Mein Plan brachte es jedoch mit sich, daß ich zuerst diese düstere Seite der menschlichen Natur in Betracht nähme, wodurch mein Weg freilich von dem aller andern Moralisten abweicht und dem des *Dante* ähnlich wird, der zuerst in die Hölle führt.

---

* Unverschämtheit, Übermut

Arthur Schopenhauer

Moral, durch Religion oder Philosophie beigebracht

Moral, durch Religion oder Philosophie beigebracht, kann uns nicht besser machen: das ist gewiß. Aber besonnener kann sie uns machen, indem sie das, was, der Vernunft fremd, aus dem bessern Bewußtsein stammt, durch Abstraktion, der Vernunft als Maximen gibt, unter welche alles Handeln zu bringen ist, und welche Maximen uns immer auch dann, wenn Begierden und Affekten in uns wirken, gegenwärtig sind, während die Quelle, aus der jene Maximen geflossen sind, in solchen Zeiten stockt. – Solchergestalt nun bessert Moral, durch Religion oder Philosophie mitgeteilt, unser Handeln, wenn gleich nicht uns: wir würden ohne sie nicht schlechter sein, aber schlechter handeln, und mehr reuen. Wir kommen durch jene abstrakte Moral eigentlich nur in den Stand, unsre Vernunft besser zu brauchen, planmäßiger, einiger mit uns selbst und konsequenter zu handeln. Wie sollte aber das Werk der bloßen Vernunft bessern! –

– Wir selbst sind also dadurch nicht gebessert: obwohl es unser Handeln ist. Dies Paradoxon ist wahr. Das Anstößige davon löst sich auf durch die Betrachtung, daß nicht die Werke selig machen, sondern der Glaube. (d. i. das bessre Bewußtsein.)

Wenn man die Neigung der Menschen in neuester Zeit zur Immoralität und Gesetzlosigkeit bemerkt, muß man darüber nicht zu sehr erschrecken und nicht vergessen, daß, wenn jeder die Ungebundenheit für sich selbst in Anspruch nehmen möchte, er doch zugleich das Gebundensein aller andern wünscht, so daß das Ganze ohne viel Änderung seinen Weg fortgeht und der Egoismus die öffentliche Moral nicht mehr stört als erhält.   *Franz Grillparzer*

Friedrich Nietzsche

Zum Begriff der Sittlichkeit der Sitte

Im Verhältnis zu der Lebensweise ganzer Jahrtausende der Menschheit leben wir jetzigen Menschen in einer sehr unsittlichen Zeit: die Macht der Sitte ist erstaunlich abgeschwächt und das Gefühl der Sittlichkeit so verfeinert und so in die Höhe getragen, daß es ebensogut als verflüchtigt bezeichnet werden kann. Deshalb werden uns, den Spätgeborenen, die Grundeinsichten in die Entstehung der Moral schwer, sie bleiben uns, wenn wir sie trotzdem gefunden haben, an der Zunge kleben und wollen nicht heraus: weil sie grob klingen! Oder weil sie die Sittlichkeit zu verleumden scheinen! So zum Beispiel gleich der *Hauptsatz*: Sittlichkeit ist nichts anderes (also namentlich *nicht mehr*!), als Gehorsam gegen Sitten, welcher Art diese auch sein mögen; Sitten aber sind die *herkömmliche* Art zu handeln und abzuschätzen. In Dingen, wo kein Herkommen befiehlt, gibt es keine Sittlichkeit; und je weniger das Leben durch Herkommen bestimmt ist, um so kleiner wird der Kreis der Sittlichkeit. Der freie Mensch ist unsittlich, weil er in allem von sich und nicht von einem Herkommen abhängen *will*: in allen ursprünglichen Zuständen der Menschheit bedeutet »böse« so viel wie »individuell«, »frei«, »willkürlich«, »ungewohnt«, »unvorhergesehen«, »unberechenbar«. Immer nach dem Maßstab solcher Zustände gemessen: wird eine Handlung getan *nicht* weil das Herkommen sie befiehlt, sondern aus anderen Motiven (zum Beispiel des individuellen Nutzens wegen), ja selbst aus eben den Motiven, welche das Herkommen ehemals begründet haben, so heißt sie unsittlich und wird so selbst von ihrem Täter empfunden: denn sie ist nicht aus Gehorsam gegen das Herkommen getan worden. Was ist das Herkommen? Eine höhere Autorität, welcher man gehorcht, nicht weil sie das uns *Nützliche* befiehlt, sondern weil sie *befiehlt*. – Wodurch unterscheidet sich dies Gefühl vor dem Herkommen von dem Gefühl der Furcht überhaupt? Es ist die Furcht vor einem höheren Intellekt, der da befiehlt, vor einer unbegreiflichen, unbestimmten Macht, vor etwas mehr als Persönlichem, – es ist *Aberglaube* in dieser

Furcht. – Ursprünglich gehörte die ganze Erziehung und Pflege der Gesundheit, die Ehe, die Heilkunst, der Feldbau, der Krieg, das Reden und Schweigen, der Verkehr untereinander und mit den Göttern in den Bereich der Sittlichkeit: sie verlangte, daß man Vorschriften beobachtete, *ohne an sich* als Individuum zu denken. Ursprünglich also war alles Sitte, und wer sich über sie erheben wollte, mußte Gesetzgeber und Medizinmann und eine Art Halbgott werden: das heißt, er mußte *Sitten machen*, – ein furchtbares, lebensgefährliches Ding! – Wer ist der Sittlichste? *Einmal* der, welcher das Gesetz am häufigsten erfüllt: also, gleich dem Brahmanen, das Bewußtsein desselben überallhin und in jeden kleinen Zeitteil trägt, so daß er fortwährend erfinderisch ist in Gelegenheiten, das Gesetz zu erfüllen. *Sodann* der, der es auch in den schwersten Fällen erfüllt. Der Sittlichste ist der, welcher am meisten der Sitte *opfert*: welches aber sind die größten Opfer? Nach der Beantwortung dieser Frage entfalten sich mehrere unterschiedliche Moralen; aber der wichtigste Unterschied bleibt doch jener, welcher die Moralität der *häufigsten Erfüllung* von der der *schwersten* Erfüllung trennt. Man täusche sich über das Motiv jener Moral nicht, welche die schwerste Erfüllung der Sitte als Zeichen der Sittlichkeit fordert! Die Selbstüberwindung wird *nicht* ihrer nützlichen Folgen halber, die sie für das Individuum hat, gefordert, sondern damit die Sitte, das Herkommen herrschend erscheine, trotz allem individuellen Gegengelüst und Vorteil: der einzelne soll sich opfern, – so heischt es die Sittlichkeit der Sitte. – Jene Moralisten dagegen, welche wie die Nachfolger der *sokratischen* Fußstapfen die Moral der Selbstbeherrschung und Enthaltsamkeit dem *Individuum* als seinen eigensten *Vorteil*, als seinen persönlichsten Schlüssel zum Glück ans Herz legen, *machen die Ausnahme* – und wenn es uns anders erscheint, so ist es, weil wir unter ihrer Nachwirkung erzogen sind: sie alle gehen eine neue Straße unter höchlichster Mißbilligung aller Vertreter der Sittlichkeit der Sitte, – sie lösen sich aus der Gemeinde aus, als Unsittliche, und sind, im tiefsten Verstande, böse. Ebenso erschien einem tugendhaften Römer alten Schrotes jeder *Christ*, welcher »am ersten nach seiner *eigenen* Seligkeit trachtete«, – als böse. – Überall, wo es eine Gemeinde und folglich eine Sittlichkeit der Sitte gibt, herrscht auch der Gedanke, daß die Strafe für die Verletzung der Sitte vor allem auf die Gemeinde fällt: jene übernatürliche Strafe, deren Äußerung und

Grenze so schwer zu begreifen ist und mit so abergläubischer Angst ergründet wird. Die Gemeinde kann den einzelnen anhalten, daß er den nächsten Schaden, den seine Tat im Gefolge hatte, am einzelnen oder an der Gemeinde wieder gut mache, sie kann auch eine Art Rache am einzelnen dafür nehmen, daß durch ihn, als angebliche Nachwirkung seiner Tat, sich die göttlichen Wolken und Zorneswetter über der Gemeinde gesammelt haben, – aber sie empfindet die Schuld des einzelnen doch vor allem als *ihre* Schuld und trägt dessen Strafe als *ihre* Strafe –: »die Sitten sind locker geworden, so klagt es in der Seele eines jeden, wenn solche Taten möglich sind.« Jede individuelle Handlung, jede individuelle Denkweise erregt Schauder; es ist gar nicht auszurechnen, was gerade die seltneren, ausgesuchteren, ursprünglicheren Geister im ganzen Verlauf der Geschichte dadurch gelitten haben müssen, daß sie immer als die bösen und gefährlichen empfunden wurden, ja daß *sie sich selber so empfanden*. Unter der Herrschaft der Sittlichkeit der Sitte hat die Originalität jeder Art ein böses Gewissen bekommen; bis diesen Augenblick ist der Himmel der Besten noch dadurch verdüsterter, als er sein müßte.

Die »deutsche Tugend«

Es ist nicht zu leugnen, daß vom Ausgange des vorigen Jahrhunderts an ein Strom moralischer Erweckung durch Europa floß. Damals erst wurde die Tugend wieder beredt; sie lernte es, die ungezwungenen Gebärden der Erhebung, der Rührung finden, sie schämte sich ihrer selber nicht mehr und ersann Philosophien und Gedichte zur eigenen Verherrlichung. Sucht man nach den Quellen dieses Stromes: so findet man einmal Rousseau, aber den mythischen Rousseau, den man sich nach dem Eindrucke seiner Schriften – fast könnte man wieder sagen: seiner mythisch ausgelegten Schriften – und nach den Fingerzeigen, die er selber gab, erdichtet hatte (– er und sein Publikum arbeiteten beständig an dieser Idealfigur). Der andere Ursprung liegt in jener Wiederauferstehung des stoisch-großen Römertums, durch welche die Franzosen die Aufgabe der Renaissance auf das Würdigste weitergeführt haben. Sie gingen von der Nachschöpfung antiker Formen mit herrlichstem Gelingen zur Nachschöpfung antiker Charaktere über (...)

Wie diese doppelte Vorbildlichkeit, die des mythischen Rousseau und die jenes wiedererweckten Römergeistes, auf die schwächeren Nachbarn wirkte, sieht man namentlich an Deutschland: welches infolge seines neuen und ganz ungewohnten Aufschwunges zu Ernst und Größe des Wollens und Sich-Beherrschens zuletzt vor seiner eigenen neuen Tugend in Staunen geriet und den Begriff »deutsche Tugend« in die Welt warf, wie als ob es nichts Ursprünglicheres, Erbeigneres geben könnte als diese. Die ersten großen Männer, welche jene französische Anregung zur Größe und Bewußtheit des sittlichen Wollens auf sich überleiteten, waren ehrlicher und vergaßen die Dankbarkeit nicht. Der Moralismus Kants – woher kommt er? Er gibt es wieder und wieder zu verstehen: von Rousseau und dem wiedererweckten stoischen Rom. Der Moralismus Schillers: gleiche Quelle, gleiche Verherrlichung der Quelle. Der Moralismus Beethovens in Tönen: er ist das ewige Loblied Rousseaus, der antiken Franzosen und Schillers. Erst »der deutsche Jüngling« vergaß die Dankbarkeit, inzwischen hatte man ja das Ohr nach den Predigern des Franzosenhasses hingewendet: jener deutsche Jüngling, der eine Zeitlang mit mehr Bewußtheit, als man bei andern Jünglingen für erlaubt hält, in den Vordergrund trat. Wenn er nach seiner Vaterschaft spürte, so mochte er mit Recht an die Nähe Schillers, Fichtes und Schleiermachers denken: aber seine Großväter hätte er in Paris, in Genf suchen müssen, und es war sehr kurzsichtig zu glauben, was er glaubte: daß die Tugend nicht älter als dreißig Jahre sei. Damals gewöhnte man sich daran, zu verlangen, daß beim Worte »deutsch« auch noch so nebenbei die Tugend mitverstanden werde: und bis auf den heutigen Tag hat man es noch nicht völlig verlernt. – Nebenbei bemerkt, jene genannte moralische Erweckung hat für die *Erkenntnis* der moralischen Erscheinungen, wie sich fast erraten läßt, nur Nachteile und rückschreitende Bewegungen zur Folge gehabt. Was ist die ganze deutsche Moralphilosophie, von Kant an gerechnet, mit allen ihren französischen, englischen und italienischen Ausläufern und Nebenzüglern? Ein halbtheologisches Attentat gegen Helvetius, ein Abweisen der lange und mühsam erkämpften Freiblicke oder Fingerzeige des rechten Weges, welche er zuletzt gut ausgesprochen und zusammengebracht hat. Bis auf den heutigen Tag ist Helvetius in Deutschland der bestbeschimpfte aller guten Moralisten und guten Menschen.

Georg Büchner

»Danton, das Laster ist zu gewissen Zeiten Hochverrat ...«

(Paris. Das Luxemburg. Ein Saal mit Gefangenen.)

ROBESPIERRE Ich sage dir, wer mir in den Arm fällt, wenn ich das Schwert ziehe, ist mein Feind, seine Absicht tut nichts zur Sache; wer mich verhindert mich zu verteidigen, tötet mich so gut, als wenn er mich angriffe.

DANTON Wo die Notwehr aufhört fängt der Mord an, ich sehe keinen Grund, der uns länger zum Töten zwänge.

ROBESPIERRE Die soziale Revolution ist noch nicht fertig, wer eine Revolution zur Hälfte vollendet, gräbt sich selbst sein Grab. Die gute Gesellschaft ist noch nicht tot, die gesunde Volkskraft muß sich an die Stelle dieser nach allen Richtungen abgekitzelten Klasse setzen. Das Laster muß bestraft werden, die Tugend muß durch den Schrecken herrschen.

DANTON Ich verstehe das Wort Strafe nicht.

Mit deiner Tugend Robespierre! Du hast kein Geld genommen, du hast keine Schulden gemacht, du hast bei keinem Weibe geschlafen, du hast immer einen anständigen Rock getragen und dich nie betrunken. Robespierre du bist empörend rechtschaffen. Ich würde mich schämen, dreißig Jahre lang mit der nämlichen Moralphysiognomie zwischen Himmel und Erde herumzulaufen bloß um des elenden Vergnügens willen andre schlechter zu finden, als mich.

Ist denn nichts in dir, was dir nicht manchmal ganz leise, heimlich sagte, du lügst, du lügst!

ROBESPIERRE Mein Gewissen ist rein.

DANTON Das Gewissen ist ein Spiegel vor dem ein Affe sich quält; jeder putzt sich wie er kann, und geht auf seine eigne Art auf seinen Spaß dabei aus. Das ist der Mühe wert sich darüber in den Haaren zu liegen. Jeder mag sich wehren, wenn ein andrer ihm den Spaß verdirbt. Hast du das Recht aus der Guillotine einen Waschzuber für die unreine Wäsche anderer Leute und aus ihren abgeschlagnen

Köpfen Fleckkugeln für ihre schmutzigen Kleider zu machen, weil du immer einen sauber gebürsteten Rock trägst? Ja, du kannst dich wehren, wenn sie dir drauf spucken oder Löcher hineinreißen, aber was geht es dich an, so lang sie dich in Ruhe lassen? Wenn sie sich nicht genieren so herumzugehn, hast du deswegen das Recht sie ins Grabloch zu sperren? Bist du der Polizeisoldat des Himmels? Und kannst du es nicht ebensogut mitansehn, als dein lieber Herrgott, so halte dir dein Schnupftuch vor die Augen.

ROBESPIERRE Du leugnest die Tugend?

DANTON Und das Laster. Es gibt nur Epikuräer und zwar grobe und feine, Christus war der feinste; das ist der einzige Unterschied, den ich zwischen den Menschen herausbringen kann. Jeder handelt seiner Natur gemäß d. h. er tut, was ihm wohl tut.

Nicht wahr Unbestechlicher, es ist grausam dir die Absätze so von den Schuhen zu treten?

ROBESPIERRE Danton, das Laster ist zu gewissen Zeiten Hochverrat.

DANTON Du darfst es nicht proskribieren, ums Himmels willen nicht, das wäre undankbar, du bist ihm zu viel schuldig, durch den Kontrast nämlich.

Übrigens, um bei deinen Begriffen zu bleiben, unsere Streiche müssen der Republik nützlich sein, man darf die Unschuldigen nicht mit den Schuldigen treffen.

ROBESPIERRE Wer sagt dir denn, daß ein Unschuldiger getroffen worden sei?

DANTON Hörst du Fabricius? Es starb kein Unschuldiger! *Er geht, im Hinausgehn zu Paris.* Wir dürfen keinen Augenblick verlieren, wir müssen uns zeigen! *Danton und Paris ab.*

ROBESPIERRE *allein.* Geh nur! Er will die Rosse der Revolution am Bordell halten machen, wie ein Kutscher seine dressierten Gäule; sie werden Kraft genug haben, ihn zum Revolutionsplatz zu schleifen.

Mir die Absätze von den Schuhen treten! Um bei deinen Begriffen zu bleiben! Halt! Halt! Ist's das eigentlich? Sie werden sagen seine gigantische Gestalt hätte zuviel Schatten auf mich geworfen, ich hätte ihn deswegen aus der Sonne gehen heißen.

Und wenn sie recht hätten?

Ist's denn so notwendig? Ja, ja! Die Republik! Er muß weg. Es ist lächerlich wie meine Gedanken einander beaufsichtigen. Er muß weg. Wer in einer Masse, die vorwärts drängt, stehen bleibt, leistet so gut Widerstand als trät' er ihr entgegen; er wird zertreten.
Wir werden das Schiff der Revolution nicht auf den seichten Berechnungen und den Schlammbänken dieser Leute stranden lassen, wir müssen die Hand abhauen, die es zu halten wagt und wenn er es mit den Zähnen packte!
Weg mit einer Gesellschaft, die der toten Aristokratie die Kleider ausgezogen und ihren Aussatz geerbt hat.
Keine Tugend! Die Tugend ein Absatz meiner Schuhe! Bei meinen Begriffen!
Wie das immer wieder kommt.
Warum kann ich den Gedanken nicht los werden! Er deutet mit blutigem Finger immer da, da hin! Ich mag soviel Lappen darum wickeln als ich will, das Blut schlägt immer durch. – *Nach einer Pause.* Ich weiß nicht, was in mir das andere belügt.
Er tritt ans Fenster. Die Nacht schnarcht über der Erde und wälzt sich im wüsten Traum. Gedanken, Wünsche kaum geahnt, wirr und gestaltlos, die scheu sich vor des Tages Licht verkriechen, empfangen jetzt Form und Gewand und stehlen sich in das stille Haus des Traums. Sie öffnen die Türen, sie sehen aus den Fenstern, sie werden halbwegs Fleisch, die Glieder strecken sich im Schlaf, die Lippen murmeln. – Und ist nicht unser Wachen ein hellerer Traum, sind wir nicht Nachtwandler, ist nicht unser Handeln, wie das im Traum, nur deutlicher, bestimmter, durchgeführter? Wer will uns darum schelten? In einer Stunde verrichtet der Geist mehr Taten des Gedankens, als der träge Organismus unsres Leibes in Jahren nachzutun vermag. Die Sünde ist im Gedanken. Ob der Gedanke Tat wird, ob ihn der Körper nachspielt, das ist Zufall.

Albert Camus

»… Was treibt Sie eigentlich, sich damit zu befassen?«
Aus: Die Pest

»(…) da die Weltordnung durch den Tod bestimmt wird, ist es vielleicht besser für Gott, wenn man nicht an ihn glaubt und dafür mit aller Kraft gegen den Tod ankämpft, ohne die Augen zu dem Himmel zu erheben, wo er schweigt.«
»Ja«, stimmte Tarrou zu, »ich verstehe. Nur werden Ihre Siege immer vorläufig bleiben, das ist alles.«
Rieux' Gesicht schien sich zu verdüstern.
»Immer, ich weiß. Das ist kein Grund, den Kampf aufzugeben.«
»Nein, das ist kein Grund. Aber nun kann ich mir vorstellen, was die Pest für Sie bedeuten muß.«
»Ja«, sagte Rieux, »eine endlose Niederlage.«
Tarrou schaute den Arzt einen Augenblick fest an, dann stand er auf und ging mit schweren Schritten zur Türe. Und Rieux folgte ihm. Er stand schon bei ihm, als Tarrou, der seine Füße zu betrachten schien, sagte:
»Wer hat Sie das alles gelehrt, Herr Doktor?«
Die Antwort kam augenblicklich:
»Das Elend.«
Rieux öffnete die Tür seines Arbeitszimmers und sagte im Gang zu Tarrou, daß er auch hinuntergehe, da er noch in die Vorstadt müsse, um nach einem seiner Kranken zu sehen. Tarrou bot ihm seine Begleitung an, und der Arzt nahm an. Am Ende des Ganges begegneten sie Frau Rieux, der der Arzt Tarrou vorstellte.
»Ein Freund«, sagte er.
»Ach!« sagte Frau Rieux, »ich freue mich sehr, Sie kennenzulernen.«
Als sie ging, drehte Tarrou sich nochmals nach ihr um. Im Flur versuchte der Arzt vergeblich, die Treppenbeleuchtung einzuschalten. Die Stiege blieb in Finsternis getaucht. Der Arzt fragte sich, ob das die Folge einer neuen Sparmaßnahme sei. Aber das konnte man nicht wissen. Schon seit einiger Zeit ging in den Häusern und in der Stadt

alles drunter und drüber. Das war vielleicht nur, weil die Hauswarte und unsere Mitbürger im allgemeinen für nichts mehr Sorge trugen. Aber Rieux hatte keine Zeit, weiter darüber nachzugrübeln, denn hinter ihm ertönte Tarrous Stimme:

»Noch ein Wort, Herr Doktor, selbst wenn es Ihnen lächerlich erscheinen sollte: Sie haben vollkommen recht.«

Rieux zuckte die Achseln, für sich allein, in der Finsternis.

»Ich weiß es wirklich nicht. Aber Sie, was wissen Sie davon?«

»Oh«, sagte der andere gleichmütig, »ich habe nicht mehr viel zu lernen.«

Der Arzt blieb stehen, und Tarrou glitt hinter ihm auf einer Stufe aus. Um nicht zu fallen, packte er Rieux' Schulter.

»Glauben Sie, das Leben ganz zu kennen?« fragte dieser.

Die Antwort kam in der Dunkelheit, von der gleichen, ruhigen Stimme getragen: »Ja.«

Als sie auf die Straße hinaustraten, merkten sie, daß es ziemlich spät war, vielleicht elf Uhr. Die Stadt war stumm, nur von einem unfaßbaren Streichen erfüllt. In weiter Ferne ertönte das Bimmeln eines Krankenwagens. Sie stiegen ins Auto, und Rieux setzte den Motor in Gang.

»Sie müssen morgen ins Spital kommen, um sich impfen zu lassen. Aber um ein Ende zu machen, und ehe wir die Geschichte anfangen, merken Sie sich, daß Ihre Chancen, davonzukommen, nur eins zu zwei stehen.«

»Diese Schätzungen haben keinen Sinn, Herr Doktor, das wissen Sie so gut wie ich. Vor hundert Jahren hat eine Pestseuche in Persien alle Bewohner einer Stadt getötet, nur ausgerechnet den Totenwäscher nicht, der nie aufgehört hatte, seinen Beruf auszuüben.«

»Ihm ist eben die dritte Chance zugefallen, das ist alles«, sagte Rieux, und seine Stimme tönte plötzlich dumpfer. »Aber es stimmt, daß wir in dieser Beziehung noch alle zu lernen haben.«

Sie gelangten jetzt in die Vorstadt. Die Scheinwerfer leuchteten in den verlassenen Straßen. Sie hielten an. Vor dem Wagen fragte Rieux Tarrou, ob er mit hineinkommen wolle, und dieser sagte ja. Ein Widerschein des Himmels erhellte ihre Gesichter. Rieux lachte plötzlich freundschaftlich und sagte:

»Hören Sie, Tarrou, was treibt Sie eigentlich, sich damit zu befassen?«

»Ich weiß nicht. Meine Moral vielleicht.«
»Und die wäre?«
»Das Verständnis.«
Tarrou wandte sich dem Hause zu, und Rieux sah sein Gesicht nicht mehr, bis sie bei dem alten Asthmatiker standen.

Gleich am nächsten Tag machte Tarrou sich an die Arbeit und stellte eine erste Gruppe zusammen, der zahlreiche andere folgen sollten.

Der Erzähler hat indessen nicht die Absicht, diesen Hilfstruppen mehr Bedeutung zu verleihen, als sie wirklich besaßen. Es ist gewiß, daß an seiner Stelle viele unserer Mitbürger heute der Versuchung erliegen würden, die Wichtigkeit ihrer Rolle zu übertreiben. Doch ist der Erzähler eher versucht zu glauben, daß man schließlich dem Bösen eine mittelbare und machtvolle Huldigung zuteil werden läßt, wenn man die guten Taten zu sehr herausstreicht. Denn man läßt in diesem Fall vermuten, daß diese guten Taten nur deshalb so viel Wert haben, weil sie selten vorkommen, und daß Bosheit und Gleichgültigkeit bedeutend häufiger die Beweggründe der menschlichen Handlungen sind. Das ist eine Ansicht, die der Erzähler nicht teilt. Das Böse in der Welt rührt fast immer von der Unwissenheit her, und der gute Wille kann so viel Schaden anrichten wie die Bosheit, wenn er nicht aufgeklärt ist. Die Menschen sind eher gut als böse, und in Wahrheit dreht es sich gar nicht um diese Frage. Aber sie sind mehr oder weniger unwissend, und das nennt man dann Tugend oder Laster. Das trostloseste Laster ist die Unwissenheit, die alles zu wissen glaubt und sich deshalb das Recht anmaßt, zu töten. Die Seele des Mörders ist blind, und es gibt keine wahre Güte noch Liebe ohne die größtmögliche Hellsichtigkeit.

Deshalb müssen unsere Sanitätskolonnen, die dank Tarrou ins Leben gerufen wurden, mit sachlicher Befriedigung beurteilt werden. Deshalb wird der Erzähler auch kein Hoheslied auf den Willen und den Heroismus singen, denen er nur die ihnen gebührende Bedeutung beilegt. Aber er wird fortfahren, die Geschichte der Herzen aller unserer Mitbürger zu schreiben, die nun von der Pest zerrissen und von Verlangen erfüllt wurden.

Diejenigen, die sich dem Sanitätsdienst widmeten, hatten deshalb tatsächlich kein so großes Verdienst, denn sie wußten, daß sie gar nicht anders handeln konnten, und es wäre im Gegenteil unglaublich gewesen, wenn sie sich nicht dazu entschlossen hätten. Diese Gruppen halfen unseren Mitbürgern, weiter in die Pest einzudringen, und überzeugten sie teilweise davon, daß alles Nötige unternommen werden müßte, um die Krankheit zu bekämpfen, weil sie nun einmal da war. Wie die Pest so die Pflicht einiger einzelner wurde, erschien sie wirklich als das, was sie war: eine Angelegenheit, die alle anging.

Das ist gut so. Aber man beglückwünscht keinen Lehrer, weil er lehrt, daß zwei und zwei vier ist. Man wird ihn vielleicht dazu beglückwünschen, daß er diesen schönen Beruf gewählt hat. Sagen wir also, daß es löblich war, daß Tarrou und andere beschlossen hatten, zu zeigen, daß zwei und zwei vier ergibt und nicht etwas anderes: sagen wir aber auch, daß sie diesen guten Willen mit dem Lehrer und mit all denen gemein hatten, die das gleiche Herz haben wie der Lehrer und die, zur Ehre der Menschen sei es gesagt, zahlreicher sind, als angenommen wird. Dies ist wenigstens die Überzeugung des Erzählers. Er ist sich übrigens des Einwandes sehr wohl bewußt, der ihm entgegengehalten werden könnte, daß nämlich diese Männer ihr Leben aufs Spiel setzten. Aber es kommt immer ein Augenblick in der Geschichte, in dem derjenige, der zu behaupten wagt, daß zwei und zwei vier ergibt, mit dem Tode bestraft wird. Der Lehrer weiß das wohl. Und es handelt sich nicht darum, zu wissen, welche Belohnung oder Strafe auf dieser Überlegung steht. Es handelt sich darum, zu wissen, ob, ja oder nein, zwei und zwei vier ergibt.

Für jene Mitbürger, die damals ihr Leben aufs Spiel setzten, handelte es sich darum, zu entscheiden, ob sie, ja oder nein, in der Pest waren, und ob man, ja oder nein, dagegen ankämpfen mußte.

Viele neue Moralprediger verkündeten damals in unserer Stadt, daß nichts etwas tauge und man einfach auf die Knie fallen müsse. Tarrou und Rieux und ihre Freunde konnten dieses oder jenes erwidern; die Schlußfolgerung bestätigte immer, was sie schon wußten: Man mußte auf die eine oder andere Art kämpfen und nicht auf die Knie fallen. Es ging ausschließlich darum, möglichst viele Menschen vor dem Sterben und der endgültigen Trennung zu bewahren.

Dafür gab es nur ein einziges Mittel, das hieß: die Pest bekämpfen. Diese Wahrheit war nicht bewundernswert, sie war nur folgerichtig.

Günther Anders

Lager Mauthausen

I

Der amerikanische Collegeprofessor R., Pastorensohn, Thomasiusspezialist, und ich stiegen die entsetzliche Felsentreppe hinauf, über deren nicht endenwollende Stufen vor dreißig Jahren die Lagerinsassen, von hinten zur Eile angetrieben, ächzend die riesigen Brocken aus dem Steinbruch hatten hinaufschleppen müssen. Als wir schnaufend (obwohl unbeladen) oben standen, warf R. einen Blick zurück in die Tiefe und stöhnte, seinen Kopf schüttelnd: »*Daß diese Schinder die Urenkel oder Ururenkel von Kant gewesen sind!*«

Beinahe hätte ich ihn einen Schafskopf genannt. Nicht nur deshalb, weil ich es für unwahrscheinlich hielt, daß es unter den Vorfahren dieser österreichischen Schinder Kantianer gegeben hatte. Aber unterstellt selbst, das sei der Fall gewesen, wir standen auf einem Flecken, an dem ich meine Sprache zu zügeln hatte, da er (denn auch Schändung kann heiligen) heilig war.
»Ich fürchte«, sprach ich, »Sie machen sich eine unzutreffende Vorstellung von geschichtlichem *Bleiben*. Und von *Kontinuität*. Namentlich von moralischer!«
»Was meinen Sie damit?«
»Ihre Annahme, daß Generationen durch vorangegangene modelliert werden. Oder gar humanisiert bleiben. Diese Annahme ist reine Illusion!«
»Illusion? Sie würden also behaupten, daß unsere ganze Kulturvergangenheit …«
»… nicht unsere ist.«
»… für nichts und wieder nichts dagewesen ist?«
»Ja, für die Katz ist sie gewesen. Oder glauben Sie an Lyssenko?«
»An Lyssenko?«
»An die von Stalin geförderte Wahnidee einer ›*Vererbung erworbener Eigenschaften*‹?«

Er blickte mich verständnislos an.

»Auch in der Geschichte gibt's die nicht.«

(Pause.)

»Warum studieren wir denn dann Geschichte? Thomasius zum Beispiel? –«

»*Wir?* Habe *ich* Sie dazu ermuntert?«

»Schließlich ist das mein Beruf«, meinte er kleinlaut.

»Wird eine Sache dadurch richtig, daß sie beruflich betrieben wird?«

»Die meisten sind davon überzeugt.«

»Wird eine Sache dadurch richtig, daß die meisten von ihr überzeugt sind?«

Darauf antwortete er nicht direkt. »Wir sind also keine Erben?« fragte er statt dessen.

»Glauben Sie vielleicht, ich antworte gerne mit einem blanken Nein? Und es mache mir Spaß, nicht nur den Fortschrittsbegriff als albern zu bezeichnen, sondern auch den der Kontinuität zu löschen?«

Er spürte, daß der Boden unter seinen Füßen fortglitt.

»Oder haben Sie schon einmal gehört«, fuhr ich fort, »daß der Sohn eines Moralisten als Erbe seines Vaters auf dessen Niveau geblieben sei? Oder gar ein Urenkel auf dem Niveau seines Urgroßvaters? Von Niveauanhebung zu schweigen!«

»Es gibt also keine sittlichen Überlieferungen?«

»Hier auf diesem Platze, im ›Zentrum europäischer Barbarei‹, wagen Sie das auch nur zu fragen?«

»Keine gerade sehr tröstliche Auskunft!«

»Ich bin kein professioneller Tröster. Da müssen Sie sich schon an eine andere Fakultät wenden.«

»Verhöhnen Sie meinen Glauben?«

Ich überlegte. »Dessen *Unerschütterbarkeit*«, antwortete ich, »Menschen, die angesichts von … Einrichtungen wie dieser hier noch unerschütterbar weiterglauben …«

»Nun?«

Ich flüsterte. »Die ganz ernst zu nehmen, das fällt mir in der Tat ziemlich schwer.«

(Pause.)

»So hat mir das noch niemand ins Gesicht gesagt.«

»Dann war es vermutlich höchste Zeit.«

Darauf reagierte er nicht gleich. Offenbar überlegte er, ob er sich nicht zuviel vergab, wenn er bliebe. »Bedaure!« half ich ihm mit halb entschuldigender Geste. »Aber diese Dinge sind zu ernst, als daß ein höfliches Wort das letzte Wort sein dürfte.«

II

Wir schlenderten zwischen den Baracken auf und ab. Und hatten Hemmungen, das Gelände, zu dem unsere »Vorgänger« »lebenslänglich« verurteilt gewesen waren, einfach aus freien Stücken, etwa wie einen Park, durch den »Ausgang« zu verlassen.

»Den Hauptpunkt aber habe ich noch nicht berührt«, nahm ich den Faden nach einer Weile wieder auf. Er blieb ängstlich an meiner Seite. »Wenn Kants Ururenkel keine Kantjünger gewesen sind und ihre Mitmenschen radikal antikantisch: nämlich als bloße *Mittel* eingesetzt haben, so war dieser Mißbrauch gewiß schon schlimm genug. Aber das Schlimmste noch nicht. Noch schlimmer als die Unvererbbarkeit der Moral ist nämlich die Tatsache, daß sich *Kants ›Sittengesetz‹ deshalb niemals hat fortsetzen lassen, weil es niemals Eigentum gewesen war*; weil es niemals Anhänger gehabt hatte und, wie schockierend das auch klingen mag, sogar mit Recht niemals« – (Und flüsternd: »Daß sich allein dasjenige forterben läßt, was einmal Eigentum gewesen war, darüber sind wir uns ja wohl einig.«)

»Sie verwirren mich total.«

»Das ist nicht ungesund. Verwirrung ist der einzige Weg, der herausführt aus scheinbarer Klarheit.«

»Was wollen Sie mir nun also wieder einreden?«

»Einreden? Nichts. Vielmehr ausreden. *Nämlich daß es jemals jemanden gegeben hat, der ›das Sittengesetz‹ anerkannt hätte. Und das gar voller Ehrfurcht.*«

»Das ist die negativistischste Behauptung, die ich je gehört habe.«

»Diesen ›Negativismus‹ – warum sagen Sie nicht freimütiger: ›Nihilismus‹? – kann ich mir erlauben. Ich habe kein schlechtes Gewissen dabei. Schlechtes Gewissen kenne ich überhaupt nicht. Das habe ich mir von euereins nie einreden lassen.«

Der Gläubige blickte mich ungläubig an.

»Mit eurer ›Moral‹ kann ich ›Negativist‹ es noch lange aufnehmen.«

»Gering scheinen Sie nicht von sich zu denken«, hauchte er, halb entsetzt, halb bewundernd. Beides sinnloserweise.

»Gewiß nicht. Das hat mir auch noch niemand nachgesagt – was aber nicht bedeutet, daß ich mich für einen Gipfel halte. Erstaunlich ist allein die Tiefe des *Tals*.«

»Meinen Sie damit mich?«

»Reden wir nicht von uns. Sondern vom Thema. Von Kant und seinem Sittengesetz.«

»Das niemand je anerkannt habe.«

»›Habe‹? ›Hat‹. – Und zwar deshalb niemand, weil dieses Gesetz, dem man angeblich Folge zu leisten hat, *in der Luft geschwebt* hat; weil es ein *Phantom*, weil es *anonym* gewesen ist. Weil es dem Munde keines Machthabers entflossen ist. Und nicht nur dem keines weltlichen. Denn dem Mund eines Gottes ...«

»Gottes.«

»... ist es ja ebenfalls nicht entflossen. Was Kant da als ›Gesetz‹ bezeichnet hat, war ja, ähnlich den Gesetzen der Mathematik und Physik, *ein Gesetz ohne Setzer, ein Spruch ohne Sprecher, ein Kommando ohne Kommandanten*. Und wenn es als Allgemeingut gegolten hat, so allein deshalb, weil es in der Form ›*kategorischer Imperativ*‹ überliefert wurde. Der aber wurde (vielleicht außer an Universitäten) einfach als Kadavergehorsam mißverstanden oder in einen solchen umfunktioniert.«

»Wie meinen Sie das?«

»Sie werden staunen, wenn ich Ihnen erzähle, aus wessen Mund ich den feierlichen Ausdruck ›kategorischer Imperativ‹ zum ersten Male gehört habe. Nicht etwa aus dem meines Vaters oder eines anderen guten Menschen oder eines guten Bürgers.«

»Sondern?«

»Aus dem Munde des *deutschen Kronprinzen*, der im Jahre 1917, als die Westfront in Frankreich zu bröckeln begann, das Wort requirierte und es uns (wir waren paramilitärisch organisierte Knaben zwischen sechzehn und siebzehn) auf dem Exerzierplatz von Charleville in einer forschen Ansprache ›ans Herz gelegt‹ hat – jawohl, ›Herz‹ hat er gesagt, mitten im Zeitalter der Herzschüsse –, womit er natürlich nichts anderes gemeint hat als eiserne Disziplin und Kadavergehorsam. Das also war von Kant übriggeblieben. Dies ist die ›Tradition‹.

Er war sprachlos.

»Aber kehren wir zur Sache zurück, zu meiner Hauptthese: zu der merkwürdigen Tatsache, daß das sogenannte ›Sittengesetz‹ ein Spruch ohne Sprecher gewesen ist. Diese Tatsache hatte nämlich zur Folge, und zwar begreiflicher-, nein: unvermeidlicher-, nein: sogar *rechtmäßigerweise, daß es niemanden gegeben hat, der es je wirklich ernst und verbindlich genommen hat.*«

Er war so verwirrt, daß er darauf nicht antwortete. Stumm stakste er weiter neben mir her.

»Lassen wir doch die Illusionen!« mahnte ich von neuem.

»Worüber denn nun wieder?«

»Darüber, *wie Menschen*, ohne daß sie etwas dafür können – denn daß ich Ihnen die Erbsünde nicht abnehme, das werden Sie ja mittlerweile ahnen –, *nun einmal sind*. Sagen wir sogar ruhig: *wir Menschen*, denn uns zwei nehme ich dabei auch nicht aus. Ist es nicht – verzeihen Sie dieses so harmlos klingende und scheinbar alles entschuldigende Wort – ungleich *natürlicher*, einem anerkannten und einschüchternden wirklichen Diktator zu gehorchen, wie es die im Lager angestellten SS-Männer getan haben, als einem Phantom?«

»Diese Frage«, flüsterte er, »ist noch befremdlicher als die vorherige.«

»Sie können doch wohl kaum bestreiten, daß für den Durchschnittsnazi (natürlich genauso für den Durchschnitts-GI in Vietnam) als ›Sittengesetz‹ (oder als etwas, was weitere Sittengesetze überflüssig machte) dasjenige gegolten hat, was befohlen war, und als ›moralisch‹ und als ›Pflichterfüllung‹ (sofern diese Wörter überhaupt verwendet wurden), diesem ›Gesetz‹ nachzukommen.«

»Auch ich bin in Vietnam gewesen«, gab er flüsternd zu.

»Sie Ärmster!« flüsterte ich zurück.

Warum er dieses freiwillige Geständnis ablegte, warum er mich unaufgefordert wissen zu lassen wünschte, daß er sich selbst den Gewissenlosen, die Befehle für Pflichten halten, zuzählen mußte, das weiß ich nicht. Ich tat sogar so, als hörte ich sein Geständnis nicht, und lenkte auf anderes ab.

»Und wenn ich das behaupte«, fuhr ich statt dessen fort, »habe ich nicht etwa nur durchschnittliche Befehlsempfänger im Auge, sondern auch die angeblichen *Befehlsausgeber*.«

»Wen meinen Sie da zum Beispiel?«

»Nun, zum Beispiel Männer wie Hans Frank, der ja kein beliebiger SS-Mann gewesen ist, sondern Präsident der NS-›Akademie für deutsches Recht‹ und dann immerhin Generalgouverneur des besetzten Polen inclusive der dortigen Vernichtungslager.«

»Warum legen Sie gerade auf *den* einen solchen Wert?«

»Weil der in der Tat eine ganz spezielle Rolle gespielt hat. Im Zusammenhang mit unserem Hauptproblem: dem ›kategorischen Imperativ‹.«

Er schien froh darüber zu sein, daß ich ihn aus dem Allerpersönlichsten wieder herausführte.

»Der hat nämlich einen ›neuen‹ kategorischen Imperativ formuliert, indem er das bei Kant noch (oder vielleicht richtiger: schon) *anonym bleibende Sittengesetz ›re-personalisiert‹*: nämlich durch eine befehlende Person ersetzt hat. Die Franksche ›Repersonalisierung‹ des kategorischen Imperativs (veröffentlicht in dessen ›Technik des Staates‹, 1942, S. 15) lautet: ›*Handle so, daß, wenn der Führer von deinem Handeln Kenntnis hätte, er dieses Handeln billigen würde.*‹ Keine Frage: Frank ist dadurch Millionen von Deutschen entgegengekommen, jedenfalls hat er Millionen Deutschen ›aus der Seele gesprochen‹. Denn einem abstrakten Prinzip zu gehorchen, ist eben nur einer winzigen Minderheit von Mitmenschen möglich oder erwünscht; neunundneunzig Prozent ziehen es vor, dem Befehl einer autoritären Persönlichkeit oder Gruppe Folge zu leisten, auch einer kriminellen. Vielleicht *sogar gerade einer solchen*, weil die selbstverständliche Gehorsamserwartung, die von total Gewissenlosen ausgeht, als Faszinosum wirkt. Jedenfalls ist der Jubel der Bereitschaft, der in den Sportpalästen Deutschlands den Kommandoschreiern entgegenbrandete, dem kategorischen Imperativ Kants niemals entgegengebrandet.«

III

»Und dies um so weniger«, fuhr ich nach einer Pause fort, »als es sich ja bei Kants kategorischem Imperativ nicht nur um keinen eigentlichen Befehl gehandelt hat; um keinen Befehl, der aus dem Munde eines bestimmten autorisierten Wesens gekommen wäre, sondern um einen bloßen *Konjunktiv*. Denn Kriterium der Moralität einer Handlung war ja, daß deren Maxime als das ›Prinzip einer *allgemeinen Gesetzgebung gelten könne*‹. In heutigem, von Kants Wortwahl kaum verschiedenem Deutsch: ›daß die Maxime zum Prinzip einer allgemeinen Gesetzgebung gemacht werden *könne.*‹ – Könnte. – Glauben Sie, daß ein solcher Konjunktiv die Mehrzahl unserer Mitmenschen beeindrucken könnte? Oder auf diese verbindlich wirken könnte? Oder gar unwiderstehlich?«

Er zuckte mit den Schultern.

»Oder zu Kants Zeit, vor nahezu zweihundert Jahren, verbindlich oder unwiderstehlich habe wirken können? Ich spreche nicht von den paar Spezialisten, den Philosophieprofessoren und Theologiestudenten, die reagiert haben mögen. *Aber Ethiken wenden sich per definitionem nicht an Spezialisten.*«

»Diese Fragen habe ich mir niemals ernsthaft vorgelegt.«

»Oder konkret: Glauben Sie im Ernst, daß ein Mensch, der ins Wasser springt, um einen vor seinen Augen Ertrinkenden zu retten, oder einer, der einem Hungernden Speise oder einem Frierenden einen Mantel reicht, diesen Konjunktiv jemals im Auge gehabt hat? Oder daß es je einen Helfer gegeben hat, der sich deshalb anständig benommen hätte, weil seine Tat als Stück einer allgemeinen ›Gesetzgebung‹ hätte gelten können? Würden Sie nicht umgekehrt jeden, der sich auf Grund dieses Kriteriums anständig benähme, erbärmlich finden? Und mit Recht? Das hatte Brecht im Auge gehabt, als er, ohne je einen Buchstaben von Kant gelesen zu haben, statt für die Wörter ›sollen‹ und ›Moral‹, die er für ›pfäffisch‹ hielt, für das dem Christentum ungleich nähere Wort ›Freundlichkeit‹ plädierte.«*

---

* Siehe G. Anders: Bert Brecht, Gespräche und Erinnerungen, Zürich 1962, S. 50 ff.

IV

Wir gingen weiter stumm auf und ab. Eigentlich nur deshalb, weil wir uns nicht dazu berechtigt fühlten, dieses Gelände der Versklavten als Spaziergänger zu verlassen. Gesehen hatten wir ja längst alles. Es war nicht so viel gewesen.

»Wenn ich Sie recht verstehe«, meinte er unsicher, »sind Sie nicht nur von dem Kadavergehorsam der Lager-SS oder der Vietnam-GI's entsetzt, sondern auch von denen, die Kants phantomhaftem und nur ›konjunktivischem‹ Sittengesetz gehorchen.«

»Die Vulgarität der Nazis und den Adel Kants behandle ich natürlich nur sehr ungern als Geschwisterphänomene.«

»Aber?«

»Hören Sie mir bitte gewissermaßen nur mit halbem Ohr zu! – Eine gewisse Ähnlichkeit kann ich nämlich wirklich nur schwer abstreiten.«

»Und worin besteht diese?«

»In der *Lieblosigkeit*. Weder in dem einen noch in dem anderen Falle heißt dasjenige ›gut‹ oder gilt dasjenige als ›gut‹, was man einem Mitmenschen antut, weil diesem dadurch Gutes geschieht; oder gar, weil man, wie die deutsche Sprache es so schön ausdrückt, ›*ihm gut*‹ ist. Herzlos sind beide. Natürlich übersehe ich nicht die Tatsache, daß in der NS-Diktatur dasjenige als Pflicht betrachtet wurde, was befohlen war. Und daß bei Kant umgekehrt dasjenige befohlen war, was die Pflicht vorschrieb. Aber für Kant galt ja (was man sonderbarerweise vom Nationalsozialismus nicht sagen kann), daß als verboten all das galt, was man aus Neigung, also gerne tat, sogar *weil* man es aus Neigung tat. Zwar wäre es wahnsinnig, so weit zu gehen zu behaupten, daß bei Kant Moral der Grausamkeit oder der Freude an Grausamkeit oder der Freistellung von Grausamkeit entspringe; nicht ganz falsch wäre es dagegen zu behaupten, daß bei ihm eine grausame Freudelosigkeit, eine Undankbarkeit, eine *Mißgunst gegenüber der Neigung* vorherrscht. Moralisches Tun konnte in seinen Augen einer Neigung nicht nur nicht entspringen, sondern auch keiner entsprechen, weil Neigung comme telle bereits als etwas Minderwertigeres unterstellt war. Ist das human? Wie fänden Sie eine Mutter, die nicht aus Neigung, also aus *Liebe* (ein Wort, das Kant vermeidet wie die Katze den heißen Brei), gut zu ihren Kindern wäre, nein: das noch nicht einmal dürfte? Sondern allein deshalb, weil ›die Maxime ihres Handelns als Prinzip einer allgemeinen Gesetzgebung gelten könnte‹? Da lobe ich mir jede Bruthenne, die ihr Junges unter ihre Fittiche nimmt. Finden Sie die Attitüde der Kantianerin humaner als die einer Diktatur-Mutter? Wäre sie nicht – ein Wort freilich, das Kant nicht schockiert hätte – *widernatürlich*? *Eine legalistische Megäre?* Und, wenn ich das als Jude aussprechen darf, *unchristlich*?«

(Pause.)

»Sie finden also Kant ebenso unmenschlich wie den Nationalsozialismus?«

»Ebenso lieblos. Von der Nächstenliebe sind beide gleich, nämlich unendlich weit entfernt. In Kants Auge würde Zärtlichkeit, ohne die man ja zu keinem Kinde ›gut‹ sein kann und ohne die kein Kind gutartig werden kann, eo ipso unter die *Neigungen*, also ins Gebiet der ›Sinnlichkeit‹ fallen, damit in das der Sünde. Hätte man ihm erklärt, daß die Sinnlichkeit sogar unter die Nächstenliebe fallen kann – seine Ethik hätte vermutlich einen Schlaganfall erlitten. Gleichviel, im Effekt läuft der ›kategorische Imperativ‹ nicht minder als der diktatorische auf Menschenindifferenz hinaus. Der Menschenliebe entspringt er jedenfalls nicht.«

V

»Und unterstellt selbst«, nahm ich das Gespräch ein letztes Mal wieder auf, und ich versuchte, mindestens im *Ton* rücksichtsvoll zu bleiben, denn das Problem, das nun noch ausstand, mußte als solches bereits wie eine unüberbietbare Rücksichtslosigkeit wirken, und ich entschuldigte mich sogar, ganz gegen meinen Brauch, im vorhinein –

»Sie erschrecken mich.«

»Ja, ich fürchte, ich werde Sie erschrecken. Das tue ich nicht aus Bosheit. Aber *Fragen verlangen, zu Ende gedacht zu werden.*«

»Wer verlangt das? Die Fragen selber?«

Da erschrak nun *ich*. Denn diese Frage konnte nun *ich* nicht beantworten. Stieß ich hier an ein Vorurteil? An meines? An das des Philosophierenden?

»Ich bin bereit«, erklärte er wie ein zum Tode Verurteilter.

»Versuchen wir, trotz der Unmenschlichkeit der Fragen, die Freundschaft zwischen uns nicht zu gefährden!«

Er nickte unsicher. »Also?«

»Unterstellt selbst«, begann ich vorsichtig, »die dem sogenannten ›Sittengesetz‹ entsprechenden Handlungen seien ›gut‹ – wo stünde es denn geschrieben, daß es ›allgemeine Gesetzgebungen‹ geben müsse? Oder geben solle?«

Er blickte mich an, als hätte er falsch gehört.

»Gehen Sie da nicht wirklich doch ein bißchen zu weit?« fragte er, und ich spürte, daß er diese Frage gerne geschrieen hätte.

»Woran messen wir denn das?«

Das konnte nun wieder *er* nicht beantworten.

»Ich verstehe, wie schwierig es ist, philosophisch, also vorurteilsfrei zu denken. Und nicht stolz zu sein auf diese Unfähigkeit. Ein Philosoph, der unfähig bleibt, diese Unfähigkeit zu verstehen, ist kein Philosoph.«

»Das klingt sehr entgegenkommend. Danke. – Also, wo hapert es denn bei mir dieses Mal?«

»Versuchen wir also, jede Feindseligkeit zu vermeiden. Und so nüchtern wie möglich zu bleiben!«

Er nickte. Und ich begann nun mit meinem letzten Argument.

»Die Behauptung, daß es Sitten oder Gesetzgebungen oder ›kategorische Imperative‹ geben solle, die würde ja, die kann ja allein dann gelten, *wenn es selbstverständlich oder bewiesen wäre, daß es uns Menschen, nein: nicht nur uns Menschen, sondern daß es die Welt selbst geben solle.*«

Er äußerte sich nicht.

»Ist das bewiesen? Wenn ja, wodurch?«

Er runzelte seine Stirn.

»Sie kennen ja die berühmte oder berüchtigte Formel von Leibniz und Weisse, Schelling und Heidegger: »*Warum gibt es Seiendes und nicht vielmehr nichts?*«

Er nickte. »Ich hatte gedacht, Heidegger habe die erfunden.«

»Erfunden?« Ich schüttelte meinen Kopf. »Solche Fragen erfindet man nicht. Die schlagen ein.«

»Sie meinen: wie Blitze?«

»Richtig. – Aber bei Ihnen ist die Frage, von der ich fürchte (oder vielleicht hoffe), daß sie Sie erschrecken oder empören werde, und um deretwillen ich mich im vorhinein entschuldigt habe, noch nicht eingeschlagen. Ich wiederhole sie also.«

Er blieb stehen und schien wirklich Mut zu sammeln.

»Hätten wir nicht ein Recht darauf, ein *moralisches Pendant zu der*, wie Sie sagen: Heideggerschen *Formel zu formulieren*?« Und als der metaphysische Groschen noch immer nicht fiel: »Also, hätten wir nicht ein Recht darauf zu fragen: *Warum sollen wir Menschen und warum soll die Welt sein? Und warum sollen wir sollen?*«

Mir schien, daß die Frage nun begann, in ihn einzusinken. Er strich sich mit den Fingern durch seine Mähne und begann, schwer zu atmen.

»Denn nur dann«, erläuterte ich meine Worte, um ihm zu helfen (oder um ihn in die erforderliche Hilflosigkeit zu versetzen), »*nur dann, wenn wir uns als Seinsollende unterstellen, ist es ja einsehbar, daß wir so oder so sein oder dies oder jenes tun oder unterlassen sollen.*«

Jetzt erst begann er zu reagieren. »Sie meinen also, vielleicht brauchen wir gar nicht zu sollen?« Aber obwohl er selbst es gewesen war, der diese endlich zutreffenden Worte ausgesprochen hatte, schien er sie doch nicht ganz zu verstehen. Als Denkender und Fühlender schien er sich als Sprechendem noch nicht ganz gewachsen.

»Ja, das hatte ich gemeint.«

»Könnten wir uns nicht irgendwo hinsetzen?« bat er um sich blickend. Aber zum Wesen dieses Totengeländes gehörte es, daß es in ihm keine Bänke gab. Schließlich saßen wir auf einer der Steinstufen, auf denen sich auszuruhen unsere Vorgänger nie das Recht gehabt hatten.

»Fertig?« fragte er.

»Mein Lieber, das hängt von Ihnen ab. Der Gedankengang als solcher ist noch nicht ganz fertig.«

»Gönnen Sie mir eine kurze Pause.«

»Auch eine lange. Wir können hier auch ganz abbrechen«, antwortete ich. »Die Fortsetzung ist keine Pflicht. Sie ist nicht ›gesollt‹.«

Wir saßen eine ganze Weile.

»Nun?« fragte er schließlich.

»Unterstellt, wir *sollen* sein – was kann denn der Ausdruck ›sollen‹ hier bedeuten?«

»Wie meinen Sie das?«

»Wer ist denn hier zum Dasein der Welt und zu unserem Dasein, oder richtiger: zur Aufrechterhaltung unseres Daseins und der Existenz der Welt verpflichtet? Wir selbst?«

Das wagte er nicht zu beantworten.

»Oder sind Sie religiös tollkühn genug ...«

»Religiös tollkühn?«

»... religiös tollkühn genug, zu denken oder gar auszusprechen, daß *Gott* dazu verpflichtet sei?«

»Gott verpflichtet?«

»Sie haben recht, zurückzufragen. – Ist das ein denkbarer Gedanke? Woraufhin könnte *er* denn zu etwas verpflichtet sein?

Hieße das nicht, daß Sie ihm, den Sie doch als die Quelle der Autorität anerkennen, einen Gehorsam zumuten? Daß Sie behaupten, er unterstehe einem Imperativ? Daß dieser des Gottes Gott sei?«

Ich spürte, daß ich ihm zuviel zugemutet hatte, daß unser Gespräch zusammenbrach.

»Absurd!« rief er.

»Derartiges hat es gegeben«, versuchte ich noch einmal.

»Wo? Wann?«

»Etwa wie in dem Vertrag zwischen Abraham und seinem Gott. Durch den Gott sich ›gebunden‹ fühlte.«

Aber da er kein Jude war, besagte das für ihn noch weniger als für mich, der ich kaum mehr einer war. Und da geschah schließlich das, was viel früher schon hätte eintreten müssen: das friedliche Religionsgespräch hatte sein Ende erreicht. Heftig sprang er auf, und auch ich erhob mich, gewissermaßen um eine letzte Geste der Solidarisierung nicht zu versäumen.

»Das ist alles reiner Wahnsinn!« schrie er nun völlig unkontrolliert, und alle Argumente des Gesprächs waren ausgelöscht. »*Wir sind da!*« schrie er. »*Also sollen wir auch dasein. Ohne weiteren Kommentar! Basta!*«

Diese Worte waren die letzten. Dann durchschritten wir stumm das Tor in die Außenwelt, das unsere Vorgänger niemals hatten durchschreiten dürfen. Da sie nicht mehr da waren, hatten sie offenbar nicht mehr sein sollen.

Erich Kästner

Der Mensch ist gut

Der Mensch ist gut! Da gibt es nichts zu lachen!
In Lesebüchern schmeckt das wie Kompott.
Der Mensch ist gut. Da kann man gar nichts machen.
Er hat das, wie man hört, vom lieben Gott.

Einschränkungshalber spricht man zwar von Kriegen.
Wohl weil der letzte Krieg erst neulich war ...
Doch: ließ man denn die Krüppel draußen liegen?
Die Witwen kriegten sogar Honorar!

Der Mensch ist gut! Wenn er noch besser wäre,
wär er zu gut für die bescheidne Welt.
Auch die Moral hat ihr Gesetz der Schwere:
Der schlechte Kerl kommt hoch – der Gute fällt.

Das ist so, wie es ist, geschickt gemacht.
Gott will es so. Not lehrt bekanntlich beten.
Er hat sich das nicht übel ausgedacht
und läßt uns um des Himmels Willen treten.

Der Mensch ist gut. Und darum geht's ihm schlecht.
Denn wenn's ihm besser ginge, wär er böse.
Drum betet: »Herr Direktor, quäl uns recht!«
Gott will es so. Und sein System hat Größe.

Der Mensch ist gut. Drum haut ihm in die Fresse!
Drum seid so gut: und seid so schlecht, wie's geht!
Drückt Löhne! Zelebriert die Leipziger Messe!
Der Himmel hat für sowas immer Interesse. –
Der Mensch bleibt gut, weil ihr den Kram versteht.

Robert Spaemann

Philosophische Ethik oder: Sind Gut und Böse relativ?

Die Frage nach der Bedeutung der Worte »gut« und »böse«, »gut« und »schlecht« gehört zu den ältesten Fragen der Philosophie. Aber gehört die Frage nicht auch in andere Fächer? Geht man nicht zum Arzt, um zu fragen, ob man rauchen darf? Gibt es nicht Psychologen, die einen bei der Berufswahl beraten? Und sagt einem nicht der Finanzfachmann: »Es ist gut, wenn Sie jetzt noch einen Bausparvertrag abschließen; nächstes Jahr wird es mit der Prämie schlechter, und die Wartezeit wird länger.« Wo taucht da eigentlich das Ethische, das Philosophische auf?

Achten wir einmal darauf, wie in den genannten Zusammenhängen das Wort »gut« verwendet wird. Der Arzt sagt: »Es ist gut, wenn Sie noch einen Tag im Bett bleiben.« Genaugenommen müßte er bei der Verwendung des Wortes »gut« zwei Zusätze machen. Er müßte sagen: »Es ist gut für Sie«, und er müßte dazu noch sagen: »Es ist gut für Sie, falls Sie in erster Linie gesund werden wollen.« Diese Zusätze sind wichtig, denn falls jemand zum Beispiel für einen bestimmten Tag einen Raubmord plant, dann wäre es ja zweifellos aufs Ganze gesehen »besser«, wenn er sich eine Lungenentzündung holt, die ihn an seinem Unternehmen hindert. Es kann aber auch sein, daß wir selbst an einem Tag etwas so Wichtiges und Unaufschiebbares zu tun haben, daß wir deshalb dem Arzt, der uns Bettruhe verordnet, nicht folgen, sondern das Risiko eingehen, einen Rückfall in die Grippe zu bekommen. Zu der Frage, ob es »gut« ist, so zu handeln, kann der Arzt als Arzt sich gar nicht äußern. »Gut – das heißt ja in seinem Sprachgebrauch: »Gut für Sie, wenn es Ihnen in erster Linie um Ihre Gesundheit geht.« Dafür ist er zuständig. Ob es mir immer in erster Linie um die Gesundheit gehen sollte, dazu kann er sich als Mensch äußern, nicht aber in seiner speziellen Kompetenz als Arzt.

Und wenn ich das Geld, statt es im Bausparvertrag anzulegen, einfach verjubeln oder aber einem Freund, der es dringend braucht, schenken möchte, dann kann der Finanzberater dazu nichts sagen.

Wenn er sagte »gut«, dann meinte er: »Gut für Sie, falls es Ihnen in erster Linie darum geht, Ihr Vermögen längerfristig zu vergrößern.«

In all diesen Ratschlägen bedeutet also das Wort »gut« soviel wie: »gut für irgend jemanden in einer bestimmten Hinsicht«; und da kann es durchaus sein, daß dasselbe für denselben Menschen in verschiedenen Hinsichten gut und schlecht ist. Zum Beispiel sind viele Überstunden für den Lebensstandard gut, aber für die Gesundheit schlecht. Und es kann sein, daß dasselbe für den einen gut, für den anderen schlecht ist – der Ausbau der Autostraße für den Autofahrer gut, für die Anlieger schlecht usw.

Wir verwenden aber das Wort »gut« noch in einem anderen Sinn, sozusagen in einem »absoluten« Sinn, das heißt ohne Zusatz von »für« und »in einer bestimmten Hinsicht«. Diese Bedeutung wird immer dann aktuell, wenn zwischen Interessen oder Gesichtspunkten ein Konflikt auftritt, auch wenn es sich um die Interessen und Gesichtspunkte ein und derselben Person handelt, also zum Beispiel zwischen den Gesichtspunkten des Lebensstandards, der Gesundheit und der Freundschaft. Hier tauchen dann die beiden Fragen auf: Was ist denn eigentlich und wirklich gut für mich? Welches ist die richtige Rangordnung der Gesichtspunkte? Und die andere Frage: Um wessen Interesse, um wessen Gutes soll es denn im Konfliktfall vorrangig gehen? Um es gleich vorweg zu sagen: *Eine* Wahrheit gehört zu den Grundeinsichten der Philosophie aller Zeiten: daß nämlich diese beiden Fragen nicht unabhängig voneinander entscheidbar sind. Das Nachdenken über diese Fragen jedenfalls nennen wir philosophisch.

Das erste allerdings, was wir uns klarmachen müssen, ist die Berechtigung solcher Fragen. Denn eben diese wird immer wieder bestritten. Man begegnet immer wieder der Behauptung, ethische Fragen seien deshalb sinnlos, weil es auf sie keine Antworten gebe. Ethische Sätze seien nicht wahrheitsfähig. Im Bereich des »gut-für-Hans unter dem Gesichtspunkt der Gesundheit« oder »gut-für-Paul unter dem Gesichtspunkt der Steuerersparnis« ließen sich vernünftige und allgemein gültige Einsichten gewinnen. Aber wo das Wort »gut« in einem absoluten Sinne genommen werde, da würden die Aussagen gerade umgekehrt relativ, abhängig vom Kulturkreis, von der Epoche, der Gesellschaftsschicht und vom Charakter dessen, der diese Worte benutzt. Und diese Meinung kann sich angeblich auf ein reiches

Erfahrungsmaterial stützen. Gibt es nicht Kulturen, die Menschenopfer gut heißen? Gibt es nicht Sklavenhaltergesellschaften? Haben nicht die Römer dem Vater das Recht zugebilligt, sein neugeborenes Kind auszusetzen? Die Mohammedaner erlauben die Vielehe. Im christlichen Kulturkreis gibt es nur die Einehe als Institution usw.

Daß die Normensysteme in hohem Maße kulturabhängig sind, ist ein immer wieder vorgebrachter Einwand gegen die Möglichkeit einer philosophischen Ethik, das heißt einer vernünftigen Erörterung der Frage nach der Bedeutung des Wortes »gut« in einem absoluten, einem nicht relativen Sinn. Aber dieser Einwand verkennt, daß die philosophische Ethik ja nicht auf der Unkenntnis dieser Tatsachen beruht. Ganz im Gegenteil. Das vernünftige Nachdenken über die Frage nach einem allgemein gültigen Guten begann überhaupt erst auf Grund der Entdeckung dieser Tatsache. Im 5. Jahrhundert v. Chr. war sie nämlich bereits hinreichend bekannt. Es häuften sich damals in Griechenland die Reiseberichte, die von den Sitten der umliegenden Völker Phantastisches zu erzählen wußten. Die Griechen aber begnügten sich nun nicht einfach damit, diese Sitten schlicht absurd, verächtlich oder primitiv zu finden, sondern einige unter ihnen, die Philosophen, begannen nach einem Maßstab zu suchen, an dem man verschiedene Lebensweisen und verschiedene Normensysteme messen kann. Vielleicht mit dem Ergebnis, die eine besser als die andere zu finden. Diesen Maßstab nannten sie »Physis«-Natur. An diesem Maßstab gemessen war zum Beispiel die Norm der Skythen-Mädchen, sich eine Brust abzuschneiden, schlechter als die entgegengesetzte Norm, dies nicht zu tun. Nun ist dies ein besonders einfaches und suggestives Beispiel. Der Begriff der Natur war keineswegs geeignet, alle Fragen nach dem richtigen Leben zweifelsfrei zu entscheiden. Für den Augenblick genügt uns die Feststellung, daß die Suche nach einem allgemein gültigen Maßstab für ein gutes und ein schlechtes Leben, für gute und schlechte Handlungen aus der Beobachtung der Verschiedenheit moralischer Normensysteme hervorgeht und daß deshalb der Hinweis auf die Verschiedenheit nicht schon ein Argument gegen diese Suche ist.

Was aber spricht für diese Suche? Was spricht für die Annahme, daß die Worte »gut« und »böse«, »gut« und »schlecht« nicht nur eine absolute, sondern auch eine allgemein-gültige Bedeutung haben?

Diese Frage ist falsch gestellt. Es handelt sich nämlich gar nicht um eine Vermutung oder eine Annahme, es handelt sich um eine Gewißheit, die wir alle besitzen, solange wir nicht ausdrücklich darüber zu reflektieren beginnen. Wenn wir hören, daß Eltern ein kleines Kind, weil es versehentlich ins Bett gemacht hat, grausam mißhandeln, dann urteilen wir nicht, diese Handlung sei eben für die Eltern befriedigend, also »gut«, für das Kind dagegen »schlecht« gewesen, sondern wir mißbilligen ganz einfach das Handeln der Eltern, weil wir es in einem absoluten Sinne schlecht finden, wenn Eltern etwas tun, was für ein Kind schlecht ist. Und wenn wir von einer Kultur hören, wo dies der Brauch ist, dann urteilen wir, diese Gesellschaft habe eben einen schlechten Brauch. Und wo ein Mensch sich verhält wie der polnische Pater Maximilian Kolbe, der sich freiwillig für den Tod im Hungerbunker von Auschwitz meldete, um einen Familienvater im Austausch zu retten, da finden wir nicht, daß das eben für den Vater gut und für den Pater schlecht gewesen, absolut gesehen aber gleichgültig sei, sondern wir sehen einen Mann wie diesen als jemanden an, der die Ehre des Menschengeschlechtes gerettet hat, die von seinen Mördern geschunden wurde. Und diese Bewunderung wird zwanglos überall Platz greifen, wo die Geschichte dieses Mannes erzählt wird, bei australischen Pygmäen so gut wie bei uns. Wir brauchen aber gar nicht nach solchen dramatischen und exzeptionellen Fällen Ausschau zu halten. Die Gemeinsamkeiten zwischen den moralischen Vorstellungen in verschiedenen Epochen und Kulturen sind nämlich viel größer, als wir gemeinhin sehen.

Wir unterliegen häufig einfach einer optischen Täuschung. Die Unterschiede fallen uns stärker auf, weil uns die Gemeinsamkeiten selbstverständlich sind. In allen Kulturen gibt es Pflichten der Eltern gegen ihre Kinder, der Kinder gegen die Eltern, überall gilt Dankbarkeit als »gut«, überall ist der Geizige verächtlich und der Großherzige geachtet, fast überall gibt es Unparteilichkeit als Tugend des Richters und Tapferkeit als Tugend des Kämpfers. Der Einwand, es handele sich hier um triviale Normen, Normen, die zudem leicht aus biologischer und sozialer Nützlichkeit ableitbar sind, ist kein Einwand. Für den, der eine Einsicht besitzt in das, was der Mensch ist, werden zum Menschen gehörige allgemeine moralische Gesetze natürlich trivial sein. Und daß ihre Befolgung für die menschliche Gattung nützlich ist, das ist ebenso trivial. Wie sollte denn für den Menschen eine Norm einsichtig sein, deren Befolgung allgemeinen Schaden herbeiführen würde? Was sollte denn für den Menschen nützlicher sein als das, was seinem Wesen entspricht? Entscheidend aber ist, daß die biologische oder soziale Nützlichkeit für uns nicht der Grund der Wertschätzung ist, daß die Sittlichkeit, also das sittlich Gute, dadurch nicht definiert wird. Die Handlung von Maximilian Kolbe würden wir auch dann schätzen, wenn der Familienvater am nächsten Tag ums Leben gekommen wäre. Und eine Geste der Freundschaft oder der Dankbarkeit wäre etwas Gutes auch dann, wenn morgen die Welt unterginge. Diese Erfahrung der überwältigenden moralischen Gemeinsamkeiten in den verschiedenen Kulturen einerseits und die Unmittelbarkeit unserer eigenen absoluten Wertschätzung bestimmter Handlungsweisen andererseits ist es, was die theoretische Bemühung rechtfertigt, sich von diesem Gemeinsamen und Unbedingten, diesem Maßstab des richtigen Lebens Rechenschaft zu geben.

Gerade die kulturellen Verschiedenheiten aber sind es, die uns dazu herausfordern, nach einem Maßstab der Beurteilung zu fragen. Gibt es einen solchen Maßstab? Bis jetzt haben wir nur vorläufige Argumente, sozusagen erste Indizien, abgewogen. Wir wollen uns nun einer endgültigeren Beantwortung der Frage dadurch annähern, daß wir zwei extrem entgegengesetzte Standpunkte prüfen, die nur in dem einen Punkt übereinstimmen, daß sie nämlich jede inhaltliche Allgemeingültigkeit leugnen: also zwei Varianten des ethischen Relativismus. Die erste These lautet etwa: Jeder Mensch sollte der in seiner Gesellschaft herrschenden Moral folgen. Die zweite lautet: Jeder sollte seinem Belieben folgen und tun, wozu er Lust hat. Beide Thesen halten einer vernünftigen Prüfung nicht stand. Betrachten wir zunächst die These: »Jeder sollte der in seiner Gesellschaft herrschenden Moral folgen.« Diese Forderung verwickelt sich in drei Widersprüche.

Erstens widerspricht sie sich schon insofern, als der, der sie aufstellt, damit ja gerade wenigstens *eine* allgemeingültige Norm aufstellen will, nämlich die, daß man immer der herrschenden Moral folgen sollte. Nun könnte man einwenden, dabei handle es sich ja nicht um eine inhaltliche Norm, sondern sozusagen um eine Art Über- oder Meta-Norm, die mit den Normen der Moral selbst gar nicht in Konkurrenz treten könne. Aber so einfach ist die Sache nicht. Es kann zum Beispiel ein Bestandteil der herrschenden Moral sein, über die Moralen anderer Gesellschaften schlecht zu denken, und die Menschen zu verurteilen, die diesen anderen Moralen folgen. Wenn ich nun einer solchen in meinem Kulturkreis herrschenden Moral folge, dann muß ich mich an dieser Verurteilung anderer Moralen beteiligen. Vielleicht gehört sogar zur herrschenden Moral einer bestimmten Kultur gerade ein missionarischer Elan, der die Menschen dazu anhält, in andere Kulturen einzudringen und deren Normen zu verändern. In diesem Fall ist es unmöglich, der genannten Regel zu folgen, das heißt zu sagen, alle Menschen sollen der bei ihnen herrschenden Moral folgen. Wenn ich der bei *mir* herrschenden Moral folge, muß ich gerade versuchen, andere Menschen davon abzubringen, nach *ihrer* Moral zu leben. In einer solchen Kultur läßt sich also nach dieser Regel überhaupt nicht leben.

Zweitens: Es gibt gar nicht immer *die* herrschende Moral. Gerade in unserer pluralistischen Gesellschaft konkurrieren verschiedene Moralauffassungen miteinander. Ein Teil der Gesellschaft zum Beispiel verurteilt die Abtreibung als Verbrechen. Ein anderer Teil akzeptiert sie und kämpft sogar gegen Schuldgefühle in diesem Zusammenhang. Das Prinzip, sich der jeweils geltenden Moral anzuschließen, belehrt uns also gar nicht darüber, für welche der geltenden Moralen wir denn optieren sollen.

Drittens: Es gibt Gesellschaften, in denen das Verhalten eines Stifters, eines Propheten, Reformers oder Revolutionärs als vorbildlich gilt – eines Mannes, der sich seinerseits keineswegs der Moral seiner Zeit angepaßt, sondern der diese verändert hat. Nun kann es zwar sein, daß wir seine Maßstäbe für gültig und eine erneute grundsätzliche Änderung nicht für erforderlich halten. Aber dann eben deshalb, weil wir von der inhaltlichen Richtigkeit seiner Weisungen überzeugt sind, und nicht deshalb, weil wir schlechthin Anpassung für das Richtige halten. Denn als vorbildlich gilt uns hier gerade jemand, der sich seinerseits nicht angepaßt hat. Wem also soll sich hier der prinzipielle Anpasser anpassen?

Soviel zur ersten These. Sie verabsolutierte die jeweils herrschende Moral, definierte also die Worte »gut« und »böse« einfach durch diese und verwickelt sich dabei in die genannten Widersprüche.

Die zweite These verurteilt im Gegenteil jede geltende Moral als

Repression, als Unterdrückung und verlangt, es solle jeder nach seinem Belieben handeln und nach seiner Façon selig werden. Es ist danach allenfalls Sache des Strafgesetzbuches und der Polizei, gemeinschädliches Verhalten im Interesse der Betroffenen für den Handelnden so nachteilig zu machen, daß er es im eigenen Interesse unterläßt. Die erste These könnte man die autoritäre nennen, diese die anarchistische oder individualistische. Prüfen wir auch sie. Sie erscheint uns auf den ersten Blick unsinniger als die erste, sie steht im unmittelbareren Gegensatz zu unserem moralischen Empfinden. Aber theoretisch ist sie eher schwerer zu widerlegen und zwar deshalb, weil sie häufig den Charakter des konsequenten Amoralismus hat, für den es »gut« und »böse« in einem anderen Sinne als »gut für mich in bestimmter Hinsicht« gar nicht gibt. Einem Menschen dieser Art, der zwischen der Treue einer Mutter zu ihrem Kind, der Tat Maximilian Kolbes, der Tat seiner Henker, der Skrupellosigkeit eines Dealers oder der Geschicklichkeit eines Börsenspekulanten gar keine Wertunterschiede wahrzunehmen vermag, fehlen gewisse fundamentale Erfahrungen und Erfahrungsmöglichkeiten, die durch Argumente nicht ersetzbar sind. Aristoteles schreibt: Leute, die sagen, man dürfe die eigene Mutter töten, haben nicht Argumente, sondern Schläge verdient. Vielleicht könnte man auch sagen, er hätte einen Freund nötig. Aber die Frage ist, ob er der Freundschaft fähig wäre. Die Tatsache, daß er vielleicht auf Argumente nicht hören mag, heißt nicht, daß es keine Argumente gegen ihn gibt.

Genaugenommen ist allerdings die These, jeder solle tun, was ihm beliebt, eine Trivialität. Jeder tut sowieso, was ihm beliebt. Wer nach seinem Gewissen handelt, dem beliebt es, nach seinem Gewissen zu handeln. Und wer irgendwelchen moralischen Normen gehorcht, dem beliebt es, ebendies zu tun. Was meint also eigentlich der, der die These »Jeder soll tun, was ihm beliebt« in moral-kritischer Absicht aufstellt? Er geht offenbar davon aus, daß es im Menschen verschiedenartige Antriebe gibt, und er plädiert für die einen und gegen die anderen. Dahinter steht irgendwie die Vorstellung, die einen seien dem Menschen innerlicher, natürlicher als die anderen, die sogenannten moralischen Antriebe. Diese werden dagegen als eine Art Fremdbestimmung, als verinnerlichte Herrschaft verstanden, von der man sich befreien müsse. Aber mit diesem Plädoyer für Selbstbestimmung, also für das Natürliche gegen das Oktroyierte, mündet der antimoralische Protest geradewegs in die Tradition der philosophischen Moral zurück. Denn diese hatte damit begonnen, den verschiedenen gesellschaftlichen Bräuchen gegenüber danach zu fragen, was denn eigentlich das dem Menschen Natürliche sei. Und sie hatte gemeint, frei könne eigentlich nur derjenige heißen, der das tut, was ihm natürlich ist. Aber was ist das?

Wer sagt: »Jeder soll tun, was ihm beliebt«, dreht sich im Kreis. Er verkennt die Tatsache, daß der Mensch nicht ein durch Instinkt vorgeprägtes Wesen ist, sondern ein Wesen, das die Maßstäbe seines Handelns erst suchen und finden muß. Schon die Sprache besitzen wir nicht von Natur, wir müssen sie lernen. Das Menschsein macht sich nicht wie das Tiersein von selbst. Das menschliche Leben lebt sich nicht von selbst. Wir müssen, wie die Sprache sagt, unser »Leben führen«. Wir haben nämlich konkurrierende Antriebe und Wünsche. Und die Auskunft »Tu, was du willst« setzt voraus, daß jemand schon weiß, was er will.

Aber wir kommen gar nicht dazu, einen mit sich selbst übereinstimmenden Willen auszubilden ohne Hinblick auf das, was das Wort »gut« meint. Dieses Wort bezeichnet den Gesichtspunkt, unter dem sich alle anderen Hinsichten ordnen, die uns veranlassen, dieses oder jenes zu wollen. Ohne hier schon zu sagen, worin dieser Gesichtspunkt besteht, können wir doch sagen, worin er nicht besteht. Nicht in der Gesundheit – denn es kann ja gelegentlich gut sein, daß jemand krank ist. Nicht im beruflichen Erfolg – denn es kann manchmal gut sein, daß jemand etwas weniger erfolgreich ist. Nicht im Altruismus – denn es kann manchmal gut sein, auch an sich selbst zu denken. Der englische Philosoph Moore nannte es den »naturalistischen Fehlschluß«, das Wort »gut« durch irgendein anderes Wort zu ersetzen, das heißt durch irgendeinen speziellen Gesichtspunkt. Hieße nämlich »gut« zum Beispiel einfach »gesund«, dann könnte man gar nicht mehr sagen, daß Gesundheit meistens etwas Gutes ist, weil man damit ja nur sagen würde, daß Gesundheit gesund ist.

Richtig leben, gut leben, heißt zunächst einmal, seine Vorlieben in eine richtige Rangordnung bringen. Die antiken Philosophen glaubten nun, ein Kriterium für die richtige Rangordnung angeben zu können. Richtig ist danach diejenige Rangordnung, bei der der Mensch glücklich und mit sich selbst in Freundschaft lebt. Gerade das nämlich kann er nicht bei jeder beliebigen Rangordnung, so daß der Rat »Tu, was dir beliebt« nicht ausreicht zur Beantwortung der Frage, was mir denn belieben sollte. Sie reicht aber noch aus einem anderen Grunde nicht aus. Es gibt nämlich nicht nur *mein* Belieben, es gibt auch das Belieben der anderen. Jeder sollte tun, was ihm beliebt, ist daher eine zweideutige Regel. Sie kann meinen: jeder soll mit dem Belieben der anderen umgehen, wie es ihm selbst beliebt, friedlich und tolerant oder gewalttätig und intolerant. Sie kann auch meinen, jeder soll das Belieben der anderen respektieren. Eine solche allgemeine Toleranzforderung schränkt aber das eigene Belieben gerade ein. Man muß sich klarmachen, daß Toleranz keineswegs die selbstverständliche Konsequenz des moralischen Relativismus ist, wie es oft behauptet wird. Toleranz gründet vielmehr in einer sehr bestimmten moralischen Überzeugung, und zwar einer Überzeugung, für die Allgemeingültigkeit verlangt wird. Der moralische Relativist kann demgegenüber sagen: »Warum soll ich tolerant sein? Jeder soll nach seiner Moral leben. Meine Moral erlaubt mir Gewalttätigkeit und Intoleranz.«

Man muß also schon eine bestimmte Idee von der Würde jedes Menschen haben, um die Forderung der Toleranz einleuchtend zu finden. Im übrigen aber genügt die Toleranzforderung keineswegs, um die Konflikte zwischen den Wünschen des einen und denen des anderen zu lösen. Manche Wünsche sind einfach miteinander unverträglich. So wie es in mir selbst widerstreitende Wünsche von verschiedenem Rang gibt, so können auch die Wünsche verschiedener Personen von verschiedenem Rang sein. Es ist weder immer gut, den eigenen Wünschen den Vorzug zu geben, noch denen des anderen. Auch hier muß man wissen, welche Wünsche des einen mit welchen Wünschen des anderen konkurrieren. Eine zumutbare Lösung für beide freilich gibt es nur, wenn es einen möglichen gemeinsamen und das heißt einen wahrheitsfähigen Maßstab für die Beurteilung von Wünschen gibt. Der ethische Relativismus geht von der Beobachtung aus, daß gerade diese Maßstäbe strittig sind. Aber dieses Argument beweist das Gegenteil von dem, was es beweisen will. Denn jedem theoretischen Streit liegt bereits die Idee einer gemeinsamen Wahrheit zugrunde. Wenn jeder seine eigene Wahrheit hätte, gäbe es keinen Streit, es gäbe nur das gegenseitige Sichgeltenlassen bis zum Konfliktfall. Der Konfliktfall aber ließe sich gar nicht durch vernünftiges Nachdenken und vielleicht auch durch Streiten um den richtigen Maßstab lösen, sondern nur durch das physische Recht des Stärkeren, der kurzerhand seinen Willen durchsetzt. Der Fuchs und der Hase streiten nicht miteinander um das richtige Leben. Entweder jeder geht seiner Wege, oder der eine frißt den anderen auf.

Der Streit um »gut« und »böse« beweist, daß die Ethik strittig ist. Er beweist aber eben deshalb auch, daß sie nicht bloß relativ ist, worin auch immer das Gute im einzelnen Falle bestehen mag und wie schwer auch Grenzfälle zu entscheiden sein mögen. Er beweist, daß bestimmte Handlungsweisen besser sind als andere – schlechthin besser, nicht nur besser für irgend jemanden oder besser im Verhältnis zu bestimmten kulturellen Normen. Wir wissen das alle. Die philosophische Ethik hat den Sinn, dieses Wissen zu größerer Klarheit über sich selbst zu bringen und es gegen sophistische Einwände zu verteidigen.

Albert Schweitzer

Humanität

Unter Humanität (Humanitas, Menschlichkeit) versteht man das wahrhaft gütige Verhalten des Menschen zum Nebenmenschen. In diesem Wort kommt zum Ausdruck, daß wir uns zu bemühen haben, gütig zu sein, nicht nur, weil ein ethisches Gebot es gebietet, sondern auch, weil solches Verhalten unserm Wesen entspricht.

Die Humanität nötigt uns, in kleinen und in großen Dingen auf unser Herz zu hören und seinen Eingebungen Folge zu leisten. Gerne möchten wir dabei stehenbleiben, nur das, was unserm vernünftigen Überlegen als gut und durchführbar vorkommt, zu tun. Aber das Herz ist ein höherer Gebieter als der Verstand. Es verlangt von uns zu tun, was den tiefsten Regungen unseres geistigen Wesens entspricht. Das Ideal der Humanität besitzt die Menschheit nicht von jeher. Sie ist erst im Laufe der Zeiten dazu gekommen.

Den Begriff der Humanitas als des unserem Wesen entsprechenden Verhaltens zum Nebenmenschen prägte der zuerst in Rom und nachher in Athen lebende stoische Philosoph Panätius (180–110 v. Chr.).
Schöpfer und Verkünder solcher tiefen und lebendigen Ethik waren in China: Lao-Tse (geboren um 604 v. Chr.), Kung-Tse (Konfuzius; 551–479 v. Chr.), Me-Ti (5. Jahrhundert v. Chr.), Meng-Tse (Mencius, geboren 372 v. Chr.).

In Indien trat als solcher Buddha (550–477 v. Chr.) auf; im Iran Zarathustra (7. Jahrhundert v. Chr.).

In der griechisch-römischen Welt waren es der Philosoph Epikur (341–270 v. Chr.) und die Philosophen des Spätstoizismus: Seneca (4 v. Chr.–65 n. Chr.), Epiktet (gestorben 138 n. Chr.) und Kaiser Marc Aurel (121 bis 180 n. Chr.).

Epiktet war ein Sklave, dem sein Herr in Rom die Freiheit schenkte, Kaiser Marc Aurel wurde sein Schüler.

Die Humanität dieser stoischen Philosophen kommt in der Forderung eines brüderlichen Verhaltens auch zu den Sklaven zum Ausdruck. Ihre Ethik ist der des Christentums verwandt, wie auch ihre Frömmigkeit, die sich zum Glauben an einen einzigen Gott bekennt. Seneca hat sich als erster gegen die Unmenschlichkeit der Gladiatorenkämpfe ausgesprochen.

Die Gründer der Humanitätsethik des Judentums sind die Propheten Amos und Hosea, die im 7. Jahrhundert v. Chr. auftraten.

Die tiefsten Worte über die Gültigkeit finden sich in den Reden Jesu und in den Briefen des Apostels Paulus.

Die Bergpredigt, Jesu erste Rede in Galiläa, hebt mit Seligpreisungen an. Unter diesen findet sich eine auf die Sanftmütigen, eine auf die Barmherzigen und eine auf die Friedfertigen gehende (Matthäus 5, Vers 5, 7 und 9).

In seiner letzten im Tempel zu Jerusalem gehaltenen Rede verkündet Jesus, daß beim Gericht, das der Menschensohn abhalten wird, es für das Eingehen in das Reich Gottes vor allem darauf ankommt, daß man Menschen, die in Not waren, Liebe erzeigte (Matthäus 25, Vers 31–40).

Die wahre Liebe beschreibt und preist Paulus in einem Hymnus über sie im 13. Kapitel des ersten Briefes an die Korinther.

»Die Liebe ist langmütig und freundlich, die Liebe eifert nicht, die

Liebe treibt nicht Mutwillen, sie blähet sich nicht. Sie stellet sich nicht ungebärdig, sie suchet nicht das Ihre, sie läßt sich nicht erbittern, sie rechnet das Böse nicht zu. Sie freuet sich nicht der Ungerechtigkeit, sie freuet sich aber der Wahrheit. Sie verträgt alles, sie glaubet alles, sie hoffet alles, sie duldet alles.«

Ihre Vorherrschaft in der Religion ist in den letzten Worten des Hymnus festgelegt: »Nun aber bleibet Glaube, Liebe, Hoffnung, diese drei. Aber die Liebe ist die größte unter ihnen.«

Wieviel Liebe hat sich im Laufe der Jahrhunderte an den Worten dieses Hymnus entzündet? Wieviel Mahnung und Trost haben sie gespendet!

Tiefe Religion und tiefes Denken haben miteinander das Humanitätsideal geschaffen und verkündet. Von ihnen haben wir es überkommen. Wir bekennen uns zu ihm und sind überzeugt, daß es das ethische Grundelement wahrer Kultur ist.

In der Neuzeit ereignet sich, daß dieses Gültigkeitsideal durch eine aufkommende neue Erkenntnis vertieft und bereichert wird. Man kommt nämlich dazu, mit der Frage beschäftigt zu sein, ob unser Mitempfinden es nur mit den Mitmenschen oder nicht auch mit allen Geschöpfen zu tun hat. Deren Dasein ist ja wie das unsere. Sie ängstigen sich wie wir, sie leiden wie wir. Sterben ist ihnen beschieden wie uns.

Wie brachten die Menschen es fertig, ihnen ihr Mitfühlen und Helfen zu versagen? Als sie schon das Humanitätsideal anerkannten, verblieben sie dennoch in der alten naiven Anschauung, daß der Mensch Herr der Schöpfung sei und mit den andern Lebewesen teilnahmslos und gefühllos nach Belieben verfahren könnte.

Einen gab es, im Mittelalter, der eine andere Stellung zu ihnen einnahm. Es war Franziskus von Assisi (1182–1226), der Gründer des Franziskanerordens. Für ihn waren die Tiere Mitgeschöpfe, mit denen er sich ohne Worte unterhielt und ihnen Liebe entgegenbrachte.

Aber die Menschen seiner Zeit, wie auch noch die von aufeinanderfolgenden Generationen, ließen sich durch ihn nicht bewegen, über ihr Verhalten zur Kreatur nachdenklich zu werden. Der berühmte Philosoph Descartes (1596–1650) übernahm es sogar, sie in ihrer Mitleidslosigkeit zu bestärken. Er lehrte, daß die Tiere keine Seele hätten und darum ohne Empfindung seien und nur scheinbar Schmerz verspürten.

Aber die Wahrheit, daß der Mensch sich nicht als Herr, sondern als Bruder der Geschöpfe anzusehen habe, ließ sich auf die Dauer nicht aufhalten. Vom 18. Jahrhundert an treten solche, denen sie aufgegangen ist, für sie ein. Zuerst waren es wenige. Man bestaunte und belächelte ihre Ansichten. Ihr Mitempfinden mit den Geschöpfen sah man als unangebrachte Sentimentalität an. Nach und nach aber gewann die merkwürdige Ansicht Anhänger. Heute hat sie sich durchgesetzt.

Die Ehrfurcht vor allem Leben wird als selbstverständlich und völlig dem Wesen der Menschen entsprechend anerkannt. In den Schulen lernen die Kinder sich mit der Kreatur befreunden. Daß wir damit von der unvollständigen zur vollständigen Humanitätsgesinnung fortschreiten und der naiven Unmenschlichkeit, in der wir noch befangen waren, entsagen, ist ein bedeutungsvolles Ereignis in der Geistesgeschichte der Menschheit. Wir fühlen uns beglückt, in völliger ethischer Erkenntnis zu wandeln.

Nun heißt es für einen jeden von uns, die vollständige Gütigkeit, die unserem Wesen entspricht, zu betätigen, daß sie als eine sich in der Geschichte auswirkende Kraft offenbar werde und das Zeitalter der Humanität heraufführe.

In der Menschheitsgeschichte von heute handelt es sich darum, ob die Gesinnung der Humanität oder die Inhumanität zur Herrschaft gelangt. Wenn es die der Inhumanität ist, die nicht darauf verzichten will, unter Umständen von den grausigen Atomwaffen, die heute zur Verfügung stehen, Gebrauch zu machen, ist die Menschheit verloren. Nur wenn die Humanitätsgesinnung, für die solche Waffen nicht in Betracht kommen, die Gesinnung der Inhumanität verdrängt, dürfen wir hoffend in die Zukunft blicken.

Die Gesinnung der Humanität hat heute weltgeschichtliche Bedeutung.

INA PRAETORIUS

Eine feministische Definition von Ethik

Die aristotelische Definition

Ich bin so kühn, meine Definition von Ethik direkt an Aristoteles anzuschließen, obwohl ich keine Aristoteles-Kennerin bin und den alten Griechen zudem für einen der raffiniertesten Androzentriker der Weltgeschichte halte. Warum mache ich das? Weil die aristotelische Definition von Ethik in meiner freien Übersetzung so schön einfach, verständlich und frei vom akademischen Ballast der nachaufklärerischen Ethikdiskussion ist. Vielleicht auch, weil allein der *Name* Aristoteles und die Tatsache, daß ich mir nichts, dir nichts 2000 Jahre überspringe, andeutet, daß ich die Denkbewegung »Feministische Ethik« für ein schwergewichtiges Projekt halte. Luce Irigaray spricht von einer »kopernikanische(n) Revolution« (1980, 169) im Denken, und auch sie verweigert den akademischen Gehorsam und springt großzügig durch die Jahrhunderte. Das gefällt mir an ihr. Schließlich scheint mir die aristotelische Ethikdefinition geeignet, die intellektuelle Selbstbefriedigung, aus der moderne Männerethik zu einem großen Teil besteht und die mir in einer Welt, die vor dem ökologischen und sozialen Kollaps steht, ethisch nicht mehr verantwortbar erscheint, zu kritisieren.

Im übrigen möchte ich schon hier darauf hinweisen, daß ich keine »Neoaristotelikerin« bin. Solche Einordnungen sind symptomatisch für ein akademisches Schubladendenken, das ich immer weniger ernst zu nehmen bereit bin. Nein, ich bin nicht Neoaristotelikerin, sondern Ina Praetorius.

Aristoteles sagt also: *Ethik ist Nachdenken über gutes Leben und über die Frage, wie wir uns durch unser Handeln dem guten Leben annähern können* (Die Nikomachische Ethik). Ich will nun nicht erläutern, wie Aristoteles das gute Leben versteht und wie er darüber nachdenkt. Vielmehr möchte ich diese Definition von Ethik zum Ausgangspunkt nehmen, um darüber nachzudenken, was Ethik heute für eine Feministin sein könnte:

Meine Definition von Ethik

Auf Grund bestimmter Überlegungen habe ich die aristotelische Basis-Definition um vier Elemente erweitert. Meine Arbeitsdefinition von Ethik heißt also: *Ethik ist Nachdenken und Sichverständigen über gutes Überleben und über die Frage, wie Frauen und Männer durch ihr Tun und ihr Lassen zum guten Überleben beitragen können.* Jetzt erläutere ich die Gründe für diese Erweiterungen:

Sichverständigen
Wenn ich betone, Ethik sei nicht nur Nachdenken, sondern auch *Sichverständigen* über gutes Überleben, dann kritisiere ich den monologischen Charakter traditioneller akademischer Ethik. Natürlich ist mir bekannt, daß etliche Ethiker Theorien über »kommunikative Ethik« entworfen haben, was lobenswert ist. Meine Erfahrungen im real existierenden akademischen Betrieb lehren mich aber, daß die akademisch-ethische Praxis zu annähernd 100 Prozent darin besteht, daß eine kleine Gruppe weißer, erwachsener, sogenannter gebildeter, nichtbehinderter, wohlhabender Männer allen anderen Menschen ihre Vorstellung vom guten Leben und vom Weg dorthin einzureden versucht. Diese Männer entdecken in ihrer großen Mehrheit nichts besonders Bemerkenswertes an der Tatsache, daß sie – einsam an ihren Schreibtischen oder gemeinsam in Männerbünden – mit universalem Anspruch über »den Menschen«, d. h. mit Geltungsanspruch für *alle Menschen* sprechen. Die soziale Struktur, innerhalb derer das offizielle Nachdenken über gutes Leben stattfindet, hat sich seit Aristoteles nicht wesentlich geändert, insofern noch immer die »freien« Männer sich der Betrachtung der Welt hingeben, während andere Angehörige der Gattung Mensch ihnen den Freiraum für die Denktätigkeit schaffen, indem sie für sie kochen, putzen, emotionale Geborgenheit herstellen, Kinder hüten usw., kurz: indem sie diejenigen Funktionen erfüllen, die unabdingbar notwendig sind, damit theoretisches Denken überhaupt stattfinden kann. Die denkenden Männer beziehen nun zwar lobenswerte Prinzipien in ihre Theorie des guten Lebens ein: Prinzipien wie »Gerechtigkeit«, »Freiheit«, »Schutz der Schwachen« usw. Das ändert aber wenig daran, daß bei einer derart einseitigen Zusammensetzung des Personalbestandes der aka-

demischen Ethik nichts Allgemeingültiges herauskommen kann. Die Tatsache, daß es nur bestimmten Männern erlaubt zu sein scheint, Ethik zu treiben, widerspricht nämlich den grundlegenden ethischen Prinzipien, die die Ethiker selbst vertreten, und das macht real existierende Ethik unglaubwürdig. Die Züricher Ethikerin Ruth Egloff hat gesagt: »Ethik, das ist die Form der Humanen unter den Herrschenden, den Inhumanen etwas beizubringen« (1992, 22). Genauso ist es. Die gängige akademische Ethik ist, bei aller humanitären Begrifflichkeit, ein elitäres und repressives, in sich widersprüchliches Unternehmen, und sie wird es bleiben, solange die weißen männlichen Ethiker, die sich selbst mit »dem Menschen« verwechseln, die Standpunkthaftigkeit ihres Denkens nicht erkennen und bearbeiten, und vor allem: solange sie andere Stimmen überhören oder disqualifizieren. Aus diesem Grund habe ich in meiner Definition von Ethik das »Nachdenken« durch das »Sichverständigen« ergänzt.

Es gibt Leute, die diesen Zusatz für idealistisch halten, denn wie soll es in einer Gesellschaft, die zutiefst von (unerkannten) Herrschaftsstrukturen gezeichnet ist, zu einer gegenseitigen »Verständigung« zwischen Herrschenden und Beherrschten kommen? Sind die Begriffe klassischer Ethik nicht untrennbar mit Ethik als einem *Herrschaftsinstrument* verbunden? Ist es also nicht illusorisch zu meinen, sie könnten ohne weiteres zu einem Mittel der Verständigung gemacht werden? Solche Fragen sind berechtigt. Sie zielen nicht selten auf die Abschaffung der Ethik: Ethik sei und bleibe Verschleierung der Verhältnisse und solle daher durch eine Analyse der Herrschaftsverhältnisse ersetzt werden. Es ist wahr: Wenn ich bei aller Einsicht in die Verwobenheit der Ethik mit Interessen der Herrschaftslegitimation am Projekt einer Ethik als gegenseitiger Verständigung festhalte, so kann man das idealistisch nennen. Dahinter steckt tatsächlich eine Art Glaube an die Fähigkeit von Frauen und Männern zur Versöhnung. Dahinter steht andererseits aber auch die Einsicht in die Vielschichtigkeit der Ethiktradition. Nicht nur die Patriarchen aus dem alten Griechenland, sondern auch revolutionäre Bewegungen wie die Jesusbewegung, die radikalen VertreterInnen der europäischen Aufklärung, des Sozialismus und der Frauenbewegung gehören zu »unserer« Ethik-Tradition. Ein pragmatisches Argument kommt hinzu: Ich meine, daß wir aus alltagspraktischen Gründen den ethischen Diskurs nicht einfach abschaffen können, denn Sätze, die mit »Du sollst« beginnen und den Alltag der Leute strukturieren, werden nicht einfach verschwinden. Ethik bedeutet u. a., solche Sätze genau unter die Lupe zu nehmen und sie daraufhin zu befragen, ob sie gutes Überleben fördern. Aus diesen Gründen plädiere ich für eine offensive feministische Einmischung in den laufenden Ethikdiskurs – bei allem Respekt für diejenigen, die für den Ausstieg aus diesem Diskurs votieren.

»Gutes Überleben«
Wenn ich sage, Ethik sei Nachdenken und Sichverständigen über *gutes Überleben*, dann will ich damit zum Ausdruck bringen, daß ich den grundlegend veränderten Kontext ernst nehmen will, innerhalb dessen ich heute, am Ende des 20. Jahrhunderts, Ethik betreibe. Aristoteles dachte in der griechischen Polis über gutes Leben nach. Viele Ethiker heute scheinen noch nicht begriffen zu haben oder wollen nicht begreifen, daß sie nicht mehr in der griechischen Polis Ethik betreiben. Sie befassen sich z. B. mit den modernen Reproduktionstechniken in erster Linie unter dem Gesichtspunkt, ob diese Techniken den Bestand von Ehe und Familie in Gefahr bringen. Oder sie sprechen über Gentechnologie so, als gehe es vor allem darum, Forschern, die keinen höheren Wert als die sogenannte Freiheit der Forschung zu kennen scheinen, vorsichtig ein paar andere Bewertungsaspekte beizubringen. Solches ethisches Räsonnement ist hochgradig provinziell in einer Welt, in der tatsächlich das Überleben aller, nicht nur das einiger patriarchaler Institutionen und Werte, in Gefahr ist. Solange aber der neuartige Horizont nicht ins ethische Denken integriert ist, liegt die Frage, wie sich die traditionellen Maßstäbe des Bewertens zum guten Überleben aller verhalten, außerhalb des Fragehorizontes. Heute muß sich jeder Ethiker, der naiv oder patriarchal berechnend seine Argumentation am Wert »Erhaltung von Ehe und Familie« ausrichtet, fragen lassen, inwiefern dieser Wert auf das gute Überleben bezogen ist. Ich verrate meine Antwort auf diese spezielle Frage: Ehe und Familie als patriarchale Grundordnungen zu bewahren, das scheint in erster Linie dem guten Leben der erwachsenen privilegierten Männer zugute zu kommen: Sie können ihre Hausfrauen behalten, die ihnen gratis den Nachwuchs großziehen, die die kleinen heilen Welten in Ordnung halten, von denen aus die Eheher-

ren ihr Zerstörungswerk gestärkt und in aller Ruhe fortsetzen können, und die überdies keine unbequemen Fragen stellen. Weil die klassische Ehe, wenn nicht alles täuscht, jedenfalls in westlichen Industriegesellschaften wesentlich zur Konstituierung und Stabilisierung desjenigen Menschentypus beiträgt, der z. B. bei der Erfindung und Praxis der Umweltzerstörung die wohl gewichtigste Rolle spielt, wirkt die Aufrechterhaltung der patriarchalen Ehe dem guten Überleben aller eher *entgegen*, als daß sie ihm förderlich ist.

»Frauen und Männer«
Wenn ich in meiner Definition von Ethik ausdrücklich von »*Frauen und Männern*« als den handelnden Subjekten, statt von »dem Menschen« oder »uns« spreche, dann kritisiere ich eine androzentrische Ethik, die hinter einer vermeintlich umfassenden Begrifflichkeit die stillschweigende Denkvoraussetzung verbirgt, daß nur erwachsene weiße Männer im Vollsinn des Wortes zurechnungsfähige Subjekte sind. Diese Voraussetzung beruht auf einer (heute stillschweigenden) Übereinkunft androzentrischer Denker, die in der antiken Sklavenhaltergesellschaft ihre Wurzeln hat und die egalitäre Ansätze in der Geschichte, etwa die Gleichheitsforderungen der Jesusbewegung, der europäischen Aufklärung, der historischen Frauenbewegungen und des Sozialismus bis heute unbeschadet überstanden hat: Wenn jemand »der Mensch« sagt – und das geschieht sehr häufig, denn dieser »Mensch« ist eines der zentralen Konzepte unseres wissenschaftlichen und alltäglichen Redens –, dann meint er oder sie, ob sie sich dessen bewußt ist oder nicht, in erster Linie einen weißen, erwachsenen, besitzenden Mann. Dieser »Mensch« bildet den Dreh- und Angelpunkt ethischer Reflexion. Er ist einfach da, für sich selbst bzw. für Gott, nicht geboren, nicht von anderen Menschen produziert und abhängig, Subjekt reiner Reflexion und reiner Entscheidung. Nur diese Kategorie von Menschen, die seit Jahrhunderten darüber befindet, wie wir die Welt benennen sollen, und die sich sehr trickreich mit dem Allgemeinmenschlichen identifiziert hat, spricht sich selbst das Privileg zu, als ein Wesen definiert zu sein, das um seiner selbst willen da ist. Diejenigen Angehörigen der Gattung, die nicht weiß, männlich, erwachsen und besitzend sind – Frauen, Kinder, nichtweiße Männer ... –, gelten als Wesen, die *für* den Menschen da sind, indem sie

bestimmte Funktionen für ihn erfüllen, ihm z. B. bei der Fortpflanzung oder bei der Organisation eines möglichst sorgenfreien Alltags »helfen«. Dieser latenten Trennung zwischen Voll- und Teilmenschen entsprechend kommen Frauen in der herkömmlichen Ethik nur in ganz bestimmten Zusammenhängen explizit vor: in den materialethischen Kapiteln über »Ehe, Familie und Sexualität« nämlich; dort also, wo geregelt wird, wie sie sich auf Männer beziehen und die ihnen zugeschriebenen Funktionen für Männer erfüllen sollen. Beziehungen *zwischen* Frauen scheinen für die herkömmliche Ethik nicht zu existieren. Bei meiner ausführlichen Lektüre deutschsprachiger protestantischer Lehrbücher zur Ethik von 1949 bis heute (Praetorius 1993) habe ich keinen einzigen Satz gefunden, der von Beziehungen zwischen zwei oder mehreren Frauen handelt, und das ist auch völlig logisch, wenn der Ethiker mit der Prämisse lebt und denkt, daß Frauen eben von Natur aus mann-bezogene Wesen *sind*. Androzentrische Ethik ist also Nachdenken über gutes Leben unter der Voraussetzung, daß nur bestimmte Männer freie Subjekte, Frauen, Kinder und nicht als frei definierte Männer dagegen Objekte »menschlichen« Handelns, Funktionsträger für das gute Leben des »Menschen« sind. Was die herkömmliche Ethik für Frauen liefert, ist nicht eine Reflexion auf ihre Freiheit, aus der dann bestimmte moralische Weisungen als Ergebnis rationaler Argumentation resultieren würden, sondern eine *Funktionszuweisung* im Sinne des guten Lebens der Männer. Das wirkt sich auf alle Teilbereiche der herkömmlichen Ethik aus: die Diskussion um die Gen- und Reproduktionstechnologien ist z. B. ganz selbstverständlich (so, als gäbe es keine andere Perspektive) auf die Frage konzentriert, was der einzelne Wissenschaftler oder Ingenieur oder Arzt oder Berater tun darf und was nicht. Wie sich hingegen Menschen mit Behinderungen gegenüber der pränatalen Diagnose oder wie sich kinderlose Frauen gegenüber der In-vitro-Fertilisation oder wie sich Kleinbäuerinnen in der Dritten Welt zur Patentierung gentechnisch manipulierter Getreidesorten verantwortlich verhalten können, solche Fragen werden in der etablierten Ethik so gut wie nie gestellt. Die Parteilichkeit der Ethik bleibt jedoch in den meisten Fällen implizit – und damit auch häufig unbewußt und unentdeckt –, eben weil der Ethiker die ethischen Konflikte weißer Mittel- und Oberschichtsmänner in eine vermeintlich umfassende Begrifflichkeit kleidet. Weil dies so ist, ersetze ich das androzentrische »Wir« durch »Frauen und Männer«. Ich könnte hinzufügen: Kinder und Alte, Gesunde und Kranke, Arme und Reiche, Schwarze und Weiße. Denn es geht mir bei dieser Erweiterung um die Auflösung der androzentrischen Übereinkunft, daß nur bestimmte Männer frei und moralfähig sind. Wenn die Ethik tatsächlich weiterhin mit dem Anspruch auf universale Gültigkeit sprechen will, dann muß sie davon ausgehen, daß *alle* Menschen um ihrer selbst willen existieren und also die Handlungsmöglichkeiten der verschiedensten Menschen und Menschengruppen ausloten. Weil ich als Feministin besonders an den Handlungsmöglichkeiten der Frauen interessiert bin und weil die androzentrische Konstruktion der Geschlechterdifferenz meiner Meinung nach das Modell für viele andere hierarchische Trennungen innerhalb des »Menschlichen« darstellt, deshalb spreche ich – sozusagen stellvertretend – von »Frauen und Männern«.

»Tun und Lassen«
Wenn ich ausdrücklich vom »*Tun und Lassen*« statt nur vom Handeln spreche, dann spiele ich auf folgenden Zusammenhang an: Natürlich unterscheidet jede Ethik zwischen Tun- und Lassensforderungen, legt sich also theoretisch nicht auf Aktionismus fest. Meine Erfahrungen mit der real existierenden akademischen Ethik sagen mir jedoch, daß im Umkreis professioneller Ethiker eine Atmosphäre der Hektik herrscht. Ethiker scheinen, wie alle ehrgeizigen Berufsmänner, persönlich nach der Maxime der Gewinnmaximierung zu leben. Sie wollen hinauf, sie wollen berühmt und anerkannt sein, und das heißt: Sie nutzen ihre Zeit nach dem Prinzip der patriarchalen Ökonomie: dem Prinzip der Effizienz. Das, was der Ethiker selbst mit sentimentalem Unterton »Leben« oder »Fülle des Lebens« oder »Lebenserfahrung« nennt, scheint in seiner Existenzweise wenig Platz zu haben. Professoren sitzen tage- und nächtelang an ihren Schreibtischen, während ihr diverses Servicepersonal – Sekretärinnen, Assistenten und Ehefrauen – den alltäglichen Krimskrams, das »Leben« für sie erledigt. Viele von ihnen fliegen von Symposion zu Symposion, um mit Wort und Ausstrahlung bekanntzumachen, daß nur derjenige seinen Teil zum guten Leben beiträgt, der mit ebensoviel Selbstbeherrschung und Unternehmergeist die eigene Karriere im Griff hat wie sie selbst. Und wenn sie

mit *Worten* etwas anderes bekanntmachen, z. B. die »neue Langsamkeit« oder »Frugalität«, so nützt das auch nicht viel, denn solange sich der gesellschaftliche Status quo, insbesondere die Arbeitsteilung zwischen den Geschlechtern, nicht ändert, können sie voreinander nichts anderes inszenieren als eben den klassischen männlichen Lebensstil. Dieser Lebensstil impliziert aber die Prinzipien der Machbarkeit und Effizienz, die »Herrscherstellung im Kosmos« und die Eigentümermentalität gegenüber allem Nichtmännlich-Menschlichen – und damit genau das, was vordringlich zu korrigieren wäre. Wenn ich in meiner Definition ausdrücklich vom »Tun und Lassen« spreche, dann will ich damit zum Ausdruck bringen, daß mir daran liegt, dieses fatale Arrangement zu durchbrechen. Ethik soll nicht länger die Moralpredigt sein, die die etwas Humaneren unter den Herrschenden den Inhumanen ohne Erfolg halten. Ändern müssen sich – von einem feministischen Standpunkt aus gesehen – nicht einfach die Inhalte der Ethik, sondern die gesellschaftlichen Strukturen, innerhalb derer über das gute Überleben nachgedacht wird. Ich möchte professionelle Ethikerin sein können, auch wenn ich die Verantwortung für ein Kind übernehme und nicht nur dadurch in vielfältiger Weise in die sogenannten Niederungen des sogenannten banalen Alltagskrams hineingezogen werde, wenn ich also einiges von dem sein lasse, was professionelle Ethiker mir als Conditio sine qua non ethischer Professionalität nahelegen. Und ich habe bereits die Erfahrung gemacht, daß die ethische Reflexion nicht an Qualität verliert, wenn sie es erträgt, daß ab und zu ein Kind im Arbeitszimmer anwesend ist und die schöne Ordnung der Gedanken ein wenig durcheinanderbringt. Im Gegenteil: Ein ethisches Nachdenken, das die Laboratmosphäre der Chefetagen hinter sich läßt und es sich zum Programm macht, sich mit *wirklichen* Lebensvollzügen *wirklich*, nicht nur als Postulat, zu verknüpfen, könnte zu einem Modell einer Ethik der Zukunft werden.

Soviel zur Frage, was für mich feministische Ethik ist. Ich habe bewußt eine Definition gewählt, die die Methoden des Nachdenkens nicht fixiert, die mich nicht an irgendeine moderne Ethikschule anbindet und die Raum für vielfältige Fragestellungen und Forschungsprojekte bietet. Eine solche Definition scheint mir heute wichtig, denn ein großer Teil der akademischen Ethik hat sich sehr weit von Allgemeinverständlichkeit und öffentlicher Relevanz entfernt.

Joachim Ringelnatz

Schaudervoll,
es zog die Reine

Schaudervoll: Es zog die reine,
Weiße, ehrbar keusche Clara
Aus dem Sittlichkeitsvereine
Eines Abends nach Ferrara.
Schaudervoll: Dort, irgendwo,
Floß der Po.
Schaudervoll, doch es geschah
In Ferrara, daß die Clara
Aus dem Sittlichkeitsvereine
Nachts den Po doppelt sah.

Bassam Tibi

Kulturübergreifende Ethik sichert den Frieden

In kaum einer anderen historischen Epoche waren der Wertewandel und der parallel verlaufende Prozeß des Verfalls an Konsens über Grundwerte so rapide wie in unserer Zeit. Diese Problematik ist deshalb nicht alleine auf die bundesrepublikanische oder eine andere nationale Gesellschaft beschränkt, weil wir gleichermaßen in einer Zeit fortschreitender Globalisierung und massiver Migrationsschübe leben. Dadurch rückt die Menschheit in einem bisher noch nicht erlebten Maße einander näher.

Die Basisthese dieses Beitrages ist, daß unter diesen Bedingungen ein Minimalkonsens über Grundwerte zu einer primären Voraussetzung für den inneren Frieden von Gesellschaften wird, in denen Menschen aus unterschiedlichen Kulturen zusammenleben. Ein solcher Konsens ist von ebenso zentraler Bedeutung für den Frieden zwischen den Nationen in der internationalen Politik. Für einen Katalog an Grundwerten habe ich den Begriff »internationale Moralität« geprägt. Im Zentrum dieser internationalen Moralität stehen die Menschenrechte, die den Kern einer von allen Kulturen zu teilenden, d. h. kulturübergreifenden Ethik bilden. Es geht um eine neue Begründung universeller Gültigkeit von Menschenrechten, die den Eigenarten lokaler Kulturen und regionaler Zivilisationen Rechnung trägt.

Der Konsensverlust in der internationalen Politik geht einher mit den Bestrebungen nicht-westlicher Kulturen, zu einer kollektiven Identität zu finden. Parallel dazu werden universell gültige Normen zurückgewiesen. Man nennt diesen Prozeß deshalb »Entwestlichung«, weil der bisher dominierende Wertekonsens von europäischen Werten geprägt war. Ein prominentes Beispiel hierfür ist die Debatte, die auf der Wiener Weltkonferenz für Menschenrechte im Juni 1993 stattfand. Die faktische Kündigung des 1948 gefundenen Konsenses unter den damaligen Mitgliedern der Vereinten Nationen, der den Namen »Universelle Deklaration der Menschenrechte« trägt, gipfelte in dem Anspruch, daß jede Kultur ihre eigene Tradition an Menschenrechten habe. Mit anderen Worten, es wird behauptet, daß es keine die gesamte Menschheit einigenden Grundwerte gibt und Menschenrechte somit nicht weltweit gelten. Die bisherigen Grundwerte wurden und werden immer noch als westlich inkriminiert, und mit der normativen Entwestlichung wird Abstand von ihnen genommen.

Wer heute für eine weltweite Geltung der Menschenrechte eintritt, muß an zwei Fronten zugleich kämpfen. Einerseits ist der klassische Universalismus zu hinterfragen, der die Partikularitäten der lokalen Kulturen und regionalen Zivilisationen übersieht oder gar verleugnet, indem er Universalien in den Mittelpunkt stellt. Zur gleichen Zeit muß man aber autoritäre Regime in den nichtwestlichen Zivilisationen und deren Legitimationsideologien herausfordern und auf der Idee beharren, daß Menschen unterschiedlicher Kultur doch eine Gemeinsamkeit in jedem Fall haben, nämlich die, daß sie alle Menschen und somit berechtigt sind, ähnlich gelagerte Rechte in Anspruch zu nehmen.

Auf dieser Basis ist ein kulturübergreifender Bezugsrahmen für die Verteidigung der weltweiten Geltung der Menschenrechte vonnöten. Für diesen Rahmen schlage ich den Begriff »internationale Moralität« vor und nenne dies deshalb pragmatisch und nicht normativ, weil die damit angestrebte, für alle Kulturen gültige und somit universelle Plattform nicht aufoktroyiert ist. Ich gebrauche hierfür – im Sinne der am Norwegian Institute for Human Rights in einem gemeinsamen Projekt verwendeten Sprache – den Begriff »kulturübergreifend«, weil damit die Aneignung der Menschenrechte durch ihre Indigenisierung (Heimisch-Machung) in einer Vielfalt von Kulturen zum Ausdruck gebracht wird. Muslime könnten z. B. die Belange der universell gültigen Menschenrechte in ihrer eigenen Sprache artikulieren. Gelingt dies, dann würde der Rückgriff auf die eigene lokale Kultur nicht folgerichtig zu einer Zurückweisung von Werten und Normen führen, die auch für andere Kulturen gelten.

Eine kulturübergreifende Begründung der Menschenrechte ist eine neue Denkweise, die zugleich universell ist und die lokalen Kulturen und die sie regional gruppierenden Zivilisationen würdigt, aber dennoch ihren Hang zu Exklusivität strikt in Frage stellt. Islamische Menschenrechte sind dementsprechend – das ist wichtig zu betonen – keine kulturübergreifende Begründung der Menschenrechte, sondern eher eine doktrinär-ideologische und somit exklusive Begründung von Rechten, die nur für Muslime gelten und den Angehörigen anderer Kulturen nicht die gleichen Rechte zuerkennen. Kurzum: Eine kulturübergreifende Begründung der Menschenrechte ist eine Erneuerung der Universalität von Normen und Werten auf einer neuen Basis, nicht jedoch eine Ideologie, also kein Universalismus. Diese neue Begründung hervorzuheben und den klassischen Universalismus zu kritisieren, ist kein Paradoxon.

Weltethos bleibt Traum

Einerseits muß man jedes Wunschdenken aufgeben und realitätsnah einräumen, daß jede lokale Kultur und jede lokale Kulturen vereinigende regionale Zivilisation (z. B. die Gruppierung der zahlreichen lokalen Kulturen des Islam in einer islamischen Zivilisation) ihre eigene Ethik hat; ein allgemein gehaltenes Weltethos bleibt ein Traum christlicher Theologen und ihres Universalismus. Eine internationale Moralität ist pragmatisch, sie ist bestrebt, eine universelle Begründung der Menschenrechte nicht auf der Basis eines normativ gesetzten Weltethos zu liefern. Vielmehr kann diese internationale Moralität den erforderlichen Konsens über Grundwerte zwischen den lokalen Kulturen und regionalen Zivilisationen über eine Hausordnung für ein friedliches Zusammenleben in dieser Welt ermöglichen. Meiner Ansicht nach müßten Menschenrechte und Demokratie die Substanz einer solchen internationalen Moralität bilden; ihre Grundwerte sind kulturübergreifend und nicht universalistisch. Eine internationale Moralität ist im Gegensatz zum Weltethos gegenstandsorientiert und nicht umfassend, weil der erforderliche Konsens der Tatsache Rechnung tragen muß, daß jede Kultur ein anderes Verständnis von Ethik hat.

Für eine internationale Moralität einzutreten, in deren Zentrum eine weltweite Geltung der Menschenrechte steht, ist, wenngleich kein Universalismus, doch auch kein Kulturrelativismus. Denn eine internationale Moralität läßt die Eigenheiten anderer Kulturen nicht bedingungslos gelten. So ist die Unterdrückung der Frau im Islam und in anderen vormodernen Kulturen oder das Fehlen der Glaubensfreiheit nicht zu akzeptieren. Auf der angeführten Wiener Konferenz für Menschenrechte, auf der der Konsens von 1948 aufgekündigt wurde, haben autoritäre und despotische Regime willkürlich einen Zusammenhang ihrer Praktiken der Unterdrückung von Menschenrechten mit dem von ihnen hervorgehobenen Anderssein ihrer eigenen Kultur hergestellt. Wie der amerikanische Kommentator Charles Krauthammer ironisch anmerkte, bedeutet eine solche Unterstreichung des eigenen und spezifischen Verständnisses von Menschenrechten durch solche Regime folgerichtig auch die Anerkennung des Rechts auf Unterdrückung im Namen des Andersseins.

Spezifische Eigenarten

Parallel zu dieser von den Inhabern der Macht geführten Debatte fand in Wien eine andere alternative Debatte über die weltweite Geltung der Menschenrechte statt, die von nicht-westlichen, aber auch nicht-gouvernementalen Organisationen getragen wurde. Es wurde den Machthabern in nicht-westlichen Zivilisationen von afrikanischen und asiatischen Menschenrechten das Recht abgesprochen, im Namen jener Kulturen und Zivilisationen zu sprechen. Denn die Betonung der spezifischen Eigenart diene ihnen nur dazu, ihre Unterdrückung der Menschenrechte zu rechtfertigen.

Zieht man beide Stränge der Debatte über eine weltweite Geltung der Menschenrechte heran und differenziert zwischen Macht und Grundwerten, dann wird man in der Zurückweisung einer internationalen Moralität leicht eine Legitimation nicht-demokratischer Regime erkennen können. Aber nicht nur Inhaber der Macht verleugnen weltweite Menschenrechte. Die Präsidenten arabischer Menschenrechtsorganisationen haben mehrfach auf die Verletzung der Menschenrechte nicht nur durch autoritäre Regime, sondern auch durch die fundamentalistische Opposition hingewiesen. In Algerien, in Ägypten und in der Türkei haben Vertreter der im Untergrund tätigen fundamentalistischen Opposition Muslime ermordet, die anders als sie denken. Daraus folgt, daß der Etablierung einer internationalen Moralität, die die Menschheit trotz kultureller Unterschiede auf der Basis der Menschenrechte und der Demokratie durch Grundrechte vereinigt, nicht nur autoritäre Regime im Wege stehen. Es gibt Kulturen, die keine Aufklärung durchlaufen haben und daher Glaubensfreiheit, Gleichsetzung von Mann und Frau sowie die rechtliche Gleichsetzung von Minderheiten mit der Mehrheit nicht kennen.

Die Forderung nach einer internationalen Moralität, die kulturübergreifend und nicht mehr grob-universalistisch, also nicht wie ein »Weltethos« zu begründen ist, sollte nicht zu einer müßigen akademischen oder quasi-literarischen Diskussion unter Intellektuellen verkommen. Wir leben im Zeitalter des religiösen Fundamentalismus, der aus einer Politisierung der jeweiligen Weltreligionen in einer Krisensituation entstanden ist und zu einer Ideologie des weltanschaulichen Kriegs der Zivilisationen geführt hat. Der religiöse Fundamentalismus verkündet gegen die Tugenden des Humanismus und ihre universelle Geltung die eigene Exklusivität einer gepriesenen Gottesordnung im Rahmen einer Heilsideologie. Auf diese Weise verwandeln sich Menschenrechte in Menschenpflichten gegenüber Gott, wobei diese Pflichten von Menschen – nicht von Gott – stammen und eine totalitäre Gesinnung verraten.

Die Forderung nach einer auf kulturübergreifender Basis begründeten Moralität verfolgt zweierlei: Einerseits sucht sie den Dialog unter den dialogfähigen und -willigen Vertretern der streitenden Zivilisationen, damit sie sich auf der Basis der Vernunft untereinander verständigen; andererseits nimmt sie eine kämpferische Form gegen jene Fundamentalisten an, die Menschenrechte als gemeinsame Grundlage aller Menschen unterschiedlicher Zivilisationen und Religionen verleugnen. Die Tugend der kulturübergreifenden, also nicht universalistischen Ethik baut Brücken zwischen Kulturen und Zivilisationen, erkennt aber die Zensur der Political Correctness nicht an. Sie setzt ebenso zwingend eine wenn auch kritisch-positive Haltung zur eigenen Zivilisation wie eine kritische Dialogbereitschaft gegenüber anderen Zivilisationen voraus – vor allem gegenüber vormodernen, die keine Vorstellung von Subjektivität und daher auch nicht von Menschenrechten haben.

Als Schlußfolgerung ist hervorzuheben, daß dogmatischer Universalismus und permissiver Kulturrelativismus der praktischen Durchsetzung einer weltweiten Geltung von Menschenrechten gleichermaßen im Wege stehen. Ein Konsens über eine internationale Moralität ist daher eine Voraussetzung für den Weltfrieden.

Günter Grass

Unser Vorhaben hieß: Nicht nur, wie man mit Messer
und Gabel, sondern mit seinesgleichen auch,
ferner mit der Vernunft, dem alltäglichen Büchsenöffner
umzugehen habe, solle gelernt werden
nach und nach.

Erzogen möge das Menschengeschlecht sich frei,
jawohl, frei selbstbestimmen, damit es,
seiner Unmündigkeit ledig, lerne, der Natur behutsam,
möglichst behutsam das Chaos
abzugewöhnen.

Im Verlauf seiner Erziehung habe das Menschengeschlecht
die Tugend mit Löffeln zu essen, fleißig den Konjunktiv
und die Toleranz zu üben,
auch wenn das schwerfalle
unter Brüdern.

Eine besondere Lektion trug uns auf,
den Schlaf der Vernunft zu bewachen,
auf daß jegliches Traumgetier
gezähmt werde und fortan der Aufklärung brav
aus der Hand fresse.

Halbwegs erleuchtet mußte das Menschengeschlecht
nun nicht mehr planlos im Urschlamm verrückt spielen, vielmehr
begann es, sich mit System zu säubern.
Klar sprach erlernte Hygiene sich aus: Wehe
den Schmutzigen!

Sobald wir unsere Erziehung fortgeschritten nannten,
wurde das Wissen zur Macht erklärt
und nicht nur auf Papier angewendet. Es riefen
die Aufgeklärten: Wehe
den Unwissenden!

Als schließlich die Gewalt, trotz aller Vernunft,
nicht aus der Welt zu schaffen war, erzog sich
das Menschengeschlecht zur gegenseitigen Abschreckung.
So lernte es Friedenhalten, bis irgendein Zufall
unaufgeklärt dazwischenkam.

Da endlich war die Erziehung des Menschengeschlechts
so gut wie abgeschlossen. Große Helligkeit
leuchtete jeden Winkel aus. Schade, daß es danach
so duster wurde und niemand mehr
seine Schule fand.

Kapitel 2

WAHRHEIT, WAHRHAFTIGKEIT UND EHRLICHKEIT

Eine Moral, die auf Vernunft und nicht auf Glauben basiert, kann nur in einer Gesellschaft entstehen, die sich zur Freiheit des Denkens bekennt. Friedrich Schiller läßt in »Don Carlos« den Marquis von Posa vom König fordern: »Geben Sie Gedankenfreiheit –« (siehe S. 172). Gedankenfreiheit geht weit über die Freiheit der Meinung hinaus; denn bevor eine Meinung entstehen kann, muß man sich die Gedanken machen können, die zu der betreffenden Ansicht führen. Das ist allerdings selbst in einer aufgeklärten Demokratie schwieriger, als es zunächst scheint. Voraussetzung für Denken ist Erkennen und Wissen. Der Weg zum Erkennen führt über die Wahrheit: Wahr ist, wenn eine Aussage mit ihrem Gegenstand übereinstimmt (Bollnow, S. 229 ff.).

Nun unterscheidet man zwischen der *praktischen* und der *theoretischen* Wahrheit. Die *praktische* Wahrheit bezieht sich auf ein Handeln und ist damit ziemlich relativ, während die *theoretische* Wahrheit eine Aussage von wissenschaftlichen Messungen und damit absolut ist. Handlungen drücken stets eine subjektive Einstellung aus, da der Mensch nicht nur aus Vernunft, sondern auch aus Lust und Launen heraus handelt, die er nicht immer rational steuern kann. Dies auf sittliches Tun zu übertragen, bedeutet, daß selbst ein tugendhaftes Handeln von menschlichen Wünschen und Bedürfnissen geprägt ist. Solches wissend, ist jede moralisch handelnde Person angehalten, sich dennoch von der Wahrheit lenken zu lassen. Diese subjektive Verpflichtung zur Wahrheit nennt man Wahrhaftigkeit – ein Begriff, in dem die heute häufig geforderte Glaubwürdigkeit wiederzufinden ist.

Der Wahrheit steht die Unrichtigkeit oder Falschheit gegenüber, während Verlogenheit, Heuchelei und Verstellung als Gegenbegriffe von Wahrhaftigkeit angesehen werden. Eine bewußt gemachte, sachlich falsche Aussage ist eine Lüge, aber keine Unwahrhaftigkeit. Der Lügner gibt in einer einzelnen Aussage etwas vor, was nicht so ist.

Dagegen bezeichnet Unwahrhaftigkeit nicht eine Person, die einmal lügt, sondern die grundsätzliche Haltung eines Menschen. Wahrhaftigkeit und auch Ehrlichkeit sind mit dem Verhalten der gesamten Persönlichkeit verbunden.

Verliert nun eine Person ihren wahrhaften Charakter, wenn sie lügt? In dem großen Katalog der Tugenden befindet sich auch die Höflichkeit. So kann es höflich sein, nicht die Wahrheit zu sagen. Andererseits gibt es die *ehrliche Lüge* (Bollnow, S. 233 ff.), die darin besteht, daß derjenige, der lügt, weiß, daß er die Unwahrheit sagt. Aber er nimmt die Verantwortung der Lüge auf sich. Er folgt nicht der Wahrheit, dennoch muß er deshalb nicht die Wahrhaftigkeit verlieren. Die Unwahrhaftigkeit setzt erst dort ein, wo er sich selbst belügt oder die Gegebenheiten so zurechtbiegt, daß der Lügner an seine eigene Ehrlichkeit glaubt.

Um die Wahrheit zu erkennen, muß man klug sein; denn sie wird allenthalben verhüllt oder in einem Überfluß an Informationen versteckt. Das Übermaß an Meldungen, die von einer Fülle von Medien transportiert werden, macht das Denken heute all jenen schwer, die nicht gelernt haben, das Echte vom Falschen zu unterscheiden. Boulevardzeitungen lügen über Königsfamilien und Stars, daß sich die Balken biegen. Politiker versprechen – besonders zu Wahlzeiten – Dinge, die sie – einmal an der Macht – nicht halten können oder wollen. Wenn heute der Verlust von Wahrhaftigkeit und Glaubwürdigkeit in der Politik beklagt wird, so liegt dies in einem inneren und einem äußeren Umstand begründet:

Erstens: Vielen Politikern fehlt der Mut zur Wahrhaftigkeit, weil sie am Anfang ihrer Karriere fürchten, zu viele Gegner könnten vergrätzt sein, wenn sie die Wahrheit hören. Später beziehen sie immer wieder Positionen, die sie zwar inhaltlich nicht vertreten, die aber – ihrer Meinung nach – eine Mehrheit der Wähler ansprechen und sie so an die Macht bringen oder dort halten sollen. Wahrhaftigkeit in der Politik bedeutet, nicht tun, was alle wollen, sondern nur das tun, was vernünftig ist im Sinne der Gesellschaft. Es bedeutet, nicht populistisch auf jede Mode hereinzufallen; es bedeutet, Angst nicht zu schüren oder, wo sie herrscht, sie zu bekämpfen, statt mit der Angst Politik zu treiben. Angst schaltet das Denkvermögen aus. Angst ist aber in der deutschen Politik ein immer wieder gern genutztes Mittel:

Auch die politisch geschürte Angst vor vermeintlichen Naturkatastrophen gehört dazu. Da Unwissen das Entstehen von Angst erleichtert, ist es aller Wissenden Aufgabe, zu helfen, diese Lücken zu füllen.

Zweitens: Die Vermittlung von Kenntnissen über Politik und Politiker findet in der modernen Informationsgesellschaft immer weniger statt. Zwar wird viel über Politik berichtet, doch die Nebensachen verdecken immer häufiger die Hauptsachen. Ob ein Innenminister sich von jungen Männern angezogen fühlt, findet ein größeres Echo als eine sinnvolle politische Entscheidung. Streit zwischen Parteifreunden wird zum Gladiatorenkampf stilisiert. Die Laster Häme und Neid machen in der Presse mehr Umsatz als Wahrheit, Wahrhaftigkeit und Ehrlichkeit.

So geht es auch in anderen Bereichen der Gesellschaft zu: Die Werbung gaukelt ein Leben voll Wohlsein, Wohlstand und Wonne vor, wie es der Wirklichkeit nicht entspricht. Wenn das Individuum aber endlich die Widersprüche zwischen der wahren und der vorgespielten Gesellschaft erkennt, erleidet es eine Enttäuschung, die zu einem Widerspruch zwischen dem eigenen sittlichen Anspruch und der scheinbaren Moral der Gesellschaft führt. Wer diesen Widerspruch erkennt, muß ihn für andere erkennbar machen. Nur so ist es möglich, alte Werte immer wieder zu überprüfen, zu erneuern und den veränderten Zeiten anzupassen.

Es gehört Mut dazu, die Wahrheit zu sagen, wenn sie mißfällt. Deshalb ist Mut ein Element, das die Wahrheit ergänzt, ebenso wie die Rücksicht auf den, der die Wahrheit erfährt, oder aber, der die Wahrheit gar nicht erfahren will. Denn es gibt auch ein Recht auf Nicht-Wissen. So läßt sich heute mit Hilfe der Gen-Technologie ein Embryo auf biologische Fehler hin überprüfen. Ein Arzt stellte bei einer solchen Untersuchung eines Embryos fest, daß der Ehemann der Schwangeren gar nicht der Vater des Kindes sein konnte. Darf der Arzt diese Tatsache nun dem Mann mitteilen? Nein, der Ehemann hat ein Recht darauf, die Wahrheit nicht zu wissen.

BERTOLT BRECHT

Ich habe lange die Wahrheit gesucht

1
Ich habe lange die Wahrheit gesucht über das Leben der
    Menschen untereinander
Dieses Leben ist sehr verwickelt und schwer verständlich
Ich habe hart gearbeitet, um es zu verstehen, und dann
Habe ich die Wahrheit gesagt, so wie ich sie gefunden hatte.
2
Als ich die Wahrheit gesagt hatte, die so schwer zu finden war
Da war es eine allgemeine Wahrheit, die viele sagten
(Und nicht alle so schwer finden).
3
Kurze Zeit darauf kamen Leute her in großen Massen mit
    geschenkten Pistolen
Und schossen blind um sich auf alle, die keinen Hut aufhatten
    aus Armut
Und alle, die die Wahrheit gesagt hatten über sie und ihre Geldgeber
Trieben sie aus dem Land im vierzehnten Jahre der halben Republik.
4
Mir nahmen sie mein kleines Haus und meinen Wagen
Die ich schwer verdient hatte.
(Meine Möbel konnte ich noch retten.)
5
Als ich über die Grenze fuhr, dachte ich:
Mehr als mein Haus brauche ich die Wahrheit.
Aber ich brauche auch mein Haus. Und seitdem
Ist die Wahrheit für mich wie ein Haus und ein Wagen.
Und man hat sie genommen.

Friedrich Nietzsche

Was ist Wahrheit?

Wer wird sich den *Schluß* der Gläubigen nicht gefallen lassen, welchen sie gern machen: »die Wissenschaft kann nicht wahr sein, denn sie leugnet Gott. Folglich ist sie nicht aus Gott; folglich ist sie nicht wahr – denn Gott ist die Wahrheit.« Nicht der Schluß, sondern die Voraussetzung enthält den Fehler: wie, wenn Gott eben *nicht* die Wahrheit wäre, und eben dies bewiesen würde? wenn er die Eitelkeit, das Machtgelüst, die Ungeduld, der Schrecken, der entzückte und entsetzte Wahn der Menschen wäre?

Karl R. Popper

Bemerkungen über die Wahrheit

Unser Hauptziel in der Philosophie und Wissenschaft sollte die Suche nach Wahrheit sein. Rechtfertigung ist kein Ziel; Brillanz und Scharfsinn an sich sind öde. Wir sollten versuchen, die dringendsten Probleme zu sehen oder zu entdecken und sie durch Aufstellung wahrer Theorien zu lösen (oder wahrer Aussagen oder wahrer Behauptungen; wir brauchen hier nicht zu unterscheiden); jedenfalls sollten wir versuchen, Theorien aufzustellen, die der Wahrheit ein Stückchen näherkommen als die unserer Vorgänger.

Doch die Suche nach Wahrheit ist nur dann möglich, wenn wir klar und einfach reden und unnötig technische Komplikationen vermeiden. In meinen Augen ist das Streben nach Einfachheit und Durchsichtigkeit eine moralische Pflicht aller Intellektuellen: Mangel an Klarheit ist eine Sünde, Aufgeblasenheit ein Verbrechen. (Kürze ist in Anbetracht der Veröffentlichungslawine ebenfalls wichtig, aber nicht in so hohem Maße, und manchmal ist sie mit der Klarheit unvereinbar.) Oft können wir diesen Forderungen nicht gerecht werden und drücken uns nicht klar und verständlich aus, aber das zeigt nur, daß wir alle noch keine richtigen Philosophen sind.

Wahrheitssuche

Die Wahrheit ist objektiv und absolut: Das ist die Idee, die Alfred Tarski gegen den Relativismus verteidigt hat. Aber wir können niemals ganz sicher sein, daß wir die Wahrheit, die wir suchen, gefunden haben. *Wir dürfen die Wahrheit nicht mit der Sicherheit, mit ihrem sicheren Besitz verwechseln.* Die absolute Wahrheit wird manchmal erreicht; die Sicherheit nie: Die Suche nach Sicherheit ist verfehlt; aber wir können unsere Theorien immer strenger überprüfen.

Auch eine zweite Unterscheidung ist von größter Bedeutung: die zwischen Erkenntnis im subjektiven und im objektiven Sinn. Die Erkenntnis ist das Werk von denkenden Menschen, mit ihren subjektiv erlebten Schwierigkeiten – den *subjektiven Problemen* – und ihren Hoffnungen, die sie zur Wahrheitssuche anspornen. Aber der Inhalt ihrer Gedanken, der sprachlich in Sätzen formuliert werden kann, ist etwas Objektives: Er ist objektiv wahr und objektiv falsch. Wenn wir nach der Wahrheit suchen, so machen wir es zu unserer Aufgabe, die wahren Sätze von den falschen Sätzen zu unterscheiden, so gut wir es eben können. Unsere Aufgabe ist die rationale Kritik unserer Sätze, unserer Theorien: Unsere *objektiven Probleme* sind objektive Wahr- oder Falsch-Fragen; in der Wissenschaft sind es meist solche Fragen, die erklärende Theorien betreffen.

Die kritische Wahrheitssuche der Menschen hat ihren bisherigen Höhepunkt in den gegenwärtig so verlästerten Naturwissenschaften gefunden. Aber es muß betont werden, daß sich auch die Naturwissenschaftler oft irren und daß aus ihren Irrtümern manchmal eine naturwissenschaftliche Mode gemacht wird. Alle Menschen sind fehlbar, und unsere Suche nach objektiver Wahrheit ist bedroht von unserer Hoffnung, sie bereits gefunden zu haben.

Es ist klar, daß hier nur die sachliche, rationale Kritik helfen kann.

(Die relativistische »Soziologie des Wissens« – sie ist jetzt leider Mode – verschärft diese Bedrohung.)

Subjektive Erlebnisse spielen eine entscheidend wichtige Rolle in der Wahrheitssuche, in unserer Suche nach Wissen. Aber es sind nicht die Wissenserlebnisse, die Überzeugungserlebnisse oder Glaubenserlebnisse, die so wichtig sind. Die alte Lehre, daß unser Wissen ein wohlfundierter Glaube ist, ein Fürwahrhalten, ausgestattet mit zureichenden Gründen, halte ich für verfehlt. Da es keine, oder fast keine, zureichenden Gründe gibt – kein sicheres Wissen –, so gibt es nur das, was ich *Vermutungswissen* genannt habe. So sind jene subjektiven Erlebnisse, die die größte Rolle in der Wissenschaft spielen, nicht unsere Überzeugungserlebnisse, sondern unsere Versuche, unsere Anstrengungen, der objektiven Wahrheit durch das kritische Verstehen der objektiven, der aktuellen Probleme und der objektiv vorliegenden, wissenschaftlichen Theorien, der objektiven Wahrheit näherzukommen.

Es ist die menschliche Sprache und die Schrift, die uns erlauben, unsere Probleme und Theorien objektiv zu formulieren und unabhängig von unseren Erlebnissen objektiv darzustellen; sie zu Objekten unseres kritischen Studiums zu machen und sie auf ihre Wahrheit hin zu überprüfen und kritisch zu bewerten. Wir beginnen, unsere Probleme zu verstehen und zu respektieren, wenn wir uns vergeblich bemüht haben, sie zu lösen. Und wir beginnen unsere Lösungsversuche, unsere Theorien zu verstehen, wenn wir sie mit anderen Theorien verglichen haben, mit denen sie in Wettbewerb stehen. In einem solchen Vergleich ist es unerläßlich, uns zu fragen, welche Probleme sie zu lösen versuchen und was die neuen Probleme sind, zu denen sie uns führen. Was wir beurteilen, sind einerseits die Lösungsversuche und andererseits das Interesse und die Fruchtbarkeit der neu aufgeworfenen Probleme. Die Probleme und die Theorien in ihrer Rolle als Lösungsversuche sind es, die die objektive Erkenntnis und den objektiven Erkenntnisfortschritt bestimmen: unser objektives Vermutungswissen. (…)

Weder der erkennende Mensch noch seine Wissenschaft sind im sicheren Besitze der Wahrheit. Wir sind Wahrheitssucher; wir versuchen, unsere Fehlurteile durch die strenge kritische Prüfung unserer Theorien zu entdecken, um aus unseren Irrtümern zu lernen.

Aesop

Die Fabel von dem Hirtenbuben und dem Wolf

Kindisches Lügegefoppe wird in dieser Fabel gestraft. Ein törichter Knabe hütete die Schaf auf einem Berg, und gar oft schrie er, daß er seine Lust hätte, den Bauerleuten mit verstelltem Jammer: o helft mir, helft mir, der Wolf ist unter den Schafen. Die Ackerleut, die nahe bei ihm waren, verließen ihre Pflüge und liefen hinzu, ihm zu helfen, und als sie sahen, daß es nichts war, gingen sie ärgerlich wieder an ihre Arbeit.

Einmal aber, so kommt der Wolf in Wahrheit gerannt und fällt unter die Schafe, da rufet und schreit der Knab ernstlich um Hülf, aber die Bauerleut kamen nicht herbei, weil er sie zu oft mit Schimpf betrogen, der Wolf trug die Schafe davon, und der Knab ward streng gestraft von seinem Herrn.

Die Fabel vom Löwen und dem Fuchs«

Großen Herren die Wahrheit sagen ist nicht jedermanns Sach.

Ein Löwe hatte einstmals etliche Gäste zu sich in seine Höhle geladen, darin es gar übel stank, und sprach zu dem Wolf: Wolf, wie gefällt es dir in meinem königlichen Hause? Antwortet der Wolf: o Herr, es stinkt übel herinnen. Da fiel der Löwe über den Wolf her und zerriß ihn. Als er danach den Esel fragte, wie es ihm gefiele, da überkam den armen Esel große Furcht über des Wolfen Tod, und heuchelte und sprach: o mein Herr König, es riechet wohl allhier. Aber der Löw ward zornig und tötete den Esel auch. Als er endlich den Fuchs fragte, wie es röche in seiner Höhle, da sprach der Fuchs: ich habe den Schnupfen, o Herr, ich kann nichts riechen.

Hans Christian Andersen

Des Kaisers neue Kleider

Vor vielen Jahren lebte ein Kaiser, der so ungeheuer viel auf hübsche neue Kleider hielt, daß er all sein Geld dafür ausgab, um recht geputzt zu sein. Er kümmerte sich nicht um seine Soldaten, kümmerte sich nicht um das Theater und liebte es nicht, in den Wald zu fahren, außer um seine neuen Kleider zu zeigen. Er hatte einen Rock für jede Stunde des Tages, und wie man sonst von einem König sagt, er ist im Rate, sagte man hier immer: »Der Kaiser ist in der Kleiderkammer!«

In der großen Stadt, in der er wohnte, ging es sehr munter zu. Jeden Tag kamen viele Fremde, eines Tages kamen auch zwei Betrüger. Sie gaben sich für Weber aus und sagten, daß sie das schönste Zeug, das man sich denken könne, zu weben verständen. Nicht allein Farben und Muster wären ungewöhnlich schön, sondern die Kleider, die von dem Zeuge genäht würden, besäßen auch die wunderbare Eigenschaft, daß sie für jeden Menschen unsichtbar wären, der nicht für sein Amt tauge oder unverzeihlich dumm sei.

»Das wären ja prächtige Kleider«, dachte der Kaiser. »Wenn ich die anhätte, könnte ich ja dahinterkommen, welche Männer in meinem Reiche zu dem Amte, das sie haben, nicht taugen; ich könnte die Klugen von den Dummen unterscheiden! Ja, das Zeug muß sogleich für mich gewebt werden!« Und er gab den beiden Betrügern viel Handgeld, damit sie ihre Arbeit beginnen möchten.

Sie stellten auch zwei Webstühle auf und taten, als ob sie arbeiteten; aber sie hatten nicht das geringste auf dem Stuhle. Frischweg verlangten sie die feinste Seide und das prächtigste Gold, das steckten sie in ihre eigene Tasche und arbeiteten an den leeren Stühlen bis spät in die Nacht hinein.

»Nun möchte ich doch wohl wissen, wie weit sie mit dem Zeuge sind!« dachte der Kaiser. Aber es war ihm ordentlich beklommen zumute bei dem Gedanken, daß derjenige, der dumm war oder schlecht zu seinem Amte paßte, es nicht sehen könne. Nun glaubte er zwar, daß er für sich selbst nichts zu fürchten brauche, aber er wollte doch erst einen andern schicken, um zu sehen, wie es damit stände. Alle Menschen in der ganzen Stadt wußten, welche wunderbare Kraft das Zeug habe, und alle waren begierig zu sehen, wie schlecht oder dumm ihr Nachbar sei.

»Ich will meinen alten ehrlichen Minister zu den Webern senden!« dachte der Kaiser. »Er kann am besten sehen, wie das Zeug sich ausnimmt, denn er hat Verstand, und keiner versieht sein Amt besser als er!« –

Nun ging der alte gute Minister in den Saal hinein, wo die zwei Betrüger saßen und an den leeren Webstühlen arbeiteten. »Gott behüte uns!« dachte der alte Minister und riß die Augen auf; »ich kann ja nichts erblicken!« Aber das sagte er nicht.

Beide Betrüger baten ihn, gefälligst näher zu treten, und fragten, ob es nicht ein hübsches Muster und schöne Farben seien. Dabei zeigten sie auf den leeren Webstuhl, und der arme alte Minister fuhr fort, die Augen aufzureißen; aber er konnte nichts sehen, denn es war nichts da. »Herrgott!« dachte er, »sollte ich dumm sein? Das habe ich nie geglaubt, und das darf kein Mensch wissen! Sollte ich nicht zu meinem Amte taugen? Nein, es geht nicht an, daß ich erzähle, ich könnte das Zeug nicht sehen!«

»Nun, Sie sagen nichts dazu?« fragte der eine, der da webte.

»Oh, es ist hübsch! Ganz allerliebst!« antwortete der alte Minister und sah durch seine Brille. »Dieses Muster und diese Farben! Ja, ich werde dem Kaiser sagen, daß es mir sehr gefällt.«

»Nun, das freut uns!« sagten beide Weber, und darauf nannten sie die Farben mit Namen und erklärten das seltsame Muster. Der alte Minister paßte gut auf, damit er dasselbe sagen könnte, wenn er zum Kaiser zurückkäme, und das tat er.

Nun verlangten die Betrüger mehr Geld, mehr Seide und mehr Gold, das sie zum Weben brauchen wollten. Sie steckten alles in ihre eigenen Taschen, auf den Webstuhl kam kein Faden, aber sie fuhren fort, wie bisher an dem leeren Webstuhle zu arbeiten.

Der Kaiser sandte bald wieder einen anderen ehrlichen Staatsmann hin, um zu sehen, wie es mit dem Weben stände und ob das Zeug bald fertig sei. Es ging ihm ebenso wie dem Minister; er schaute und schaute, weil aber außer dem leeren Webstuhle nichts da war, konnte er nichts erblicken.

»Ist das nicht ein hübsches Stück Zeug?« fragten die Betrüger und zeigten und erklärten das prächtige Muster, das gar nicht da war.

»Dumm bin ich nicht!« dachte der Mann. »Ist es also mein gutes Amt, zu dem ich nicht tauge? Das wäre lächerlich, aber man darf es sich nicht merken lassen!« und so lobte er das Zeug, das er nicht sah, und versicherte ihnen seine Freude über die schönen Farben und das herrliche Muster. »Ja, es ist ganz allerliebst!« sagte er zum Kaiser.

Alle Menschen in der Stadt sprachen von dem prächtigen Zeuge.

Nun wollte der Kaiser es selbst sehen, während es noch auf dem Webstuhle war. Mit einer ganzen Schar auserwählter Männer, unter ihnen auch die beiden ehrlichen Staatsmänner, die schon früher dort gewesen waren, ging er zu den beiden listigen Betrügern hin, die nun aus Leibeskräften webten, aber ohne Faser oder Faden.

»Ist das nicht prächtig?« sagten die beiden alten Staatsmänner, die schon einmal dagewesen waren. »Sehen Eure Majestät, welches Muster, welche Farben!« Und dann zeigten sie auf den leeren Webstuhl, denn sie glaubten, daß die andern das Zeug gewiß sehen könnten.

»Was!« dachte der Kaiser, »ich sehe gar nichts! Das ist ja schrecklich! Bin ich dumm? Tauge ich nicht dazu, Kaiser zu sein? Das wäre das Schrecklichste, was mir begegnen könnte!« – »Oh, es ist sehr hübsch!« sagte er. »Es hat meinen allerhöchsten Beifall!« Und er nickte zufrieden und betrachtete den leeren Webstuhl, denn er wollte nicht sagen, daß er nichts sehen könne. Das ganze Gefolge, das er bei sich hatte, schaute und schaute und bekam nicht mehr heraus als alle andern; aber sie sagten wie der Kaiser: »Oh, das ist sehr hübsch!« Und sie rieten ihm, diese neuen prächtigen Kleider das erste Mal bei der großen Prozession, die bevorstand, zu tragen. »Herrlich, wundervoll, exzellent!« ging es von Mund zu Mund; man war allerseits innig erfreut darüber, und der Kaiser verlieh den Betrügern einen Ritterorden, im Knopfloch zu tragen, und den Titel: Kaiserliche Hofweber.

Die ganze Nacht vor dem Morgen, an dem die Prozession stattfinden sollte, saßen die Betrüger auf und hatten über sechzehn Lichter angezündet. Die Leute konnten sehen, daß sie stark beschäftigt waren, des Kaisers neue Kleider fertigzumachen. Sie taten, als ob sie das Zeug aus dem Webstuhl nähmen, sie schnitten mit großen Scheren in die Luft, sie nähten mit Nähnadeln ohne Faden und sagten zuletzt: »Nun sind die Kleider fertig!«

Der Kaiser kam mit seinen vornehmsten Kavalieren selbst dahin, und beide Betrüger hoben einen Arm in die Höhe, gerade als ob sie etwas hielten, und sagten: »Seht, hier sind die Beinkleider! Hier ist der Rock! Hier der Mantel!« und so weiter. »Es ist so leicht wie Spinnwebe, man sollte glauben, man habe nichts auf dem Leibe; aber das ist gerade der Vorzug dabei!«

»Ja!« sagten alle Kavaliere; aber sie konnten nichts sehen, denn es war nichts da.

»Belieben Eure kaiserliche Majestät jetzt Ihre Kleider allergnädigst auszuziehen«, sagten die Betrüger, »so wollen wir Ihnen die neuen anziehen, hier vor dem großen Spiegel!«

Der Kaiser legte alle seine Kleider ab, und die Betrüger taten so, als ob sie ihm jedes Stück der neuen Kleider anzögen. Sie faßten ihn um den Leib und taten, als bänden sie etwas fest, das war die Schleppe; der Kaiser drehte und wendete sich vor dem Spiegel.

»Ei, wie gut das kleidet! Wie herrlich das sitzt!« sagten alle. »Welches Muster, welche Farben! Das ist eine kostbare Tracht!« –

»Draußen stehen sie mit dem Thronhimmel, der über Eurer Majestät in der Prozession getragen werden soll«, meldete der Oberzeremonienmeister.

»Ja, ich bin fertig!« sagte der Kaiser. »Sitzt es nicht gut?« Und dann wandte er sich nochmals vor dem Spiegel, denn es sollte scheinen, als ob er seinen Schmuck recht betrachte.

Die Kammerherren, die die Schleppe tragen sollten, griffen mit den Händen nach dem Fußboden, gerade als ob sie die Schleppe aufhöben. Sie gingen und taten, als ob sie etwas in der Luft hielten; sie wagten nicht, es sich merken zu lassen, daß sie nichts sehen konnten.

So ging der Kaiser in der Prozession unter dem prächtigen Thronhimmel, und alle Menschen auf der Straße und in den Fenstern riefen: »Gott, wie sind des Kaisers neue Kleider unvergleichlich; welch herrliche Schleppe hat er am Rocke, wie schön das sitzt!« Keiner wollte es sich merken lassen, daß er nichts sah, denn dann hätte er ja nicht zu seinem Amte getaugt oder wäre sehr dumm gewesen. Keine Kleider des Kaisers hatten solches Glück gemacht wie diese.

»Aber er hat ja nichts an!« sagte endlich ein kleines Kind. »Herrgott, hört die Stimme der Unschuld!« sagte der Vater, und der eine flüsterte dem anderen zu, was das Kind gesagt hatte.

»Er hat nichts an, dort ist ein kleines Kind, das sagt, er hat nichts an!«

»Aber er hat ja nichts an!« rief zuletzt das ganze Volk. Das ergriff den Kaiser, denn es schien ihm, sie hätten recht, aber er dachte bei sich: »Nun muß ich die Prozession aushalten.« Und so hielt er sich noch stolzer, und die Kammerherren gingen und trugen die Schleppe, die gar nicht da war.

STEFAN HEYM

Wie es mit dem kleinen Jungen, der die Wahrheit sagte, weiterging

Alle Welt weiß, wie die Geschichte mit des Kaisers neuen Kleidern ausging. Die neuen Kleider, welche die beiden Betrüger für ihn gewebt und geschneidert hatten, wobei sie all das schöne Gold und all die schöne Seide aus dem kaiserlichen Schatzhaus in die eigene Tasche steckten, sollten herrlicher und prächtiger werden als alle Kleider, die der Kaiser je getragen hatte, und der Kaiser war berühmt für seine Kleider. Die neuen Kleider sollten sogar noch herrlicher und prächtiger sein als alle Kleider, die alle anderen Kaiser je getragen hatten, und außerdem sollten sie noch eine ganz besondere Eigenschaft haben: Wer nämlich dümmer war als erlaubt oder dem Kaiser nicht genügend treugesinnt, der sollte diese Kleider in all ihrer Pracht und Herrlichkeit nicht sehen können, sosehr er auch hinguckte. Und da keiner im Lande zugeben wollte, daß er dümmer war als erlaubt oder gar seinem Kaiser nicht genügend treugesinnt, so sagten die Leute alle, wie sie da entlang der Straße standen mit ihren Fähnchen zum Winken und ihren Tüchlein zum Wehen: »Ach«, sagten sie, »wie wunderbar schön sind doch des Kaisers neue Kleider!« oder: »Welch prachtvolle Schleppe er hat an seinem Gewande!« oder: »Wie gut alles sitzt!«, und einheitlich befanden sie: »Überhaupt ist unser Kaiser ein ganz wunderbarer Mann und ohnegleichen!« Und alle dachten sie dabei: Wenn nur keiner merkt, daß ich dümmer bin als erlaubt und dem Kaiser nicht genügend treugesinnt, um die neuen Kleider zu sehen, denn beim besten Willen sehe ich nur seine Unterhosen, und die hätten längst in die Wäsche gehört.

Bis dann der kleine Junge, der sich gar nichts dabei dachte, ausrief: »Aber er hat ja gar nichts an!«

Da stand der Kaiser nun plötzlich da und blickte auf die ausgebeulten Knie seiner Unterhosen und auf das gehäkelte Unterlätzchen auf seiner Brust, wortlos, so als hätte es ihm die Sprache verschlagen, und der Nachbar zur Linken des kleinen Jungen faßte sich ein Herz und sagte gleichfalls: »Aber er hat ja gar nichts an!«, und der Nachbar zur Rechten sagte auch: »Aber er hat ja gar nichts an!«, und dann sagten die Leute es alle und von allen Seiten, und der arme Kaiser, der doch nicht herumstehen und Maulaffen feilhalten konnte wie sein Volk, sondern seine Pflicht zu tun hatte, mußte die Zähne zusammenbeißen und weitermarschieren unter seinem kaiserlichen Thronhimmel, die ganze lange Straße hinunter, und meine Tante, die damals noch jung war und in der vordersten Reihe stand mit ihrem Tüchlein, meine Tante also sagte: »Ein Mann in Unterhosen hat immer noch, was es braucht«, und sie rief: »Hurra, Herr Kaiser!«, aber sie war die einzige. Die beiden Betrüger jedoch, die das ganze Unheil angerichtet hatten, waren um die Zeit schon über die Grenze und in einem westlichen Lande, wo sie mit dem Geld, das sie nun besaßen, und mit den Kenntnissen, die sie bewiesen hatten, eine Schule für modernes Kunstgewerbe eröffneten.

Was aber wurde aus dem kleinen Jungen, der übrigens Jens Ulrich hieß und dessen Wahrheitsliebe die Leute alle so beschämt hatte, daß sie auch plötzlich glaubten, die Wahrheit sagen zu müssen? Der kleine Junge wurde von seinem Vater an der Hand genommen, und dann ging es im Eilschritt, so daß die kleinen Beine ganz durcheinandergerieten, nach Hause, und kaum waren sie zu Hause angelangt und die Tür geschlossen, da nahm der Vater den kleinen Jungen fest zwischen seine Knie, so daß er dort stak wie in einem Schraubstock, und griff ihn bei beiden Ohren und fragte, was ihm denn eingefallen wäre, so auf einmal zu rufen: »Aber er hat ja gar nichts an!«, wo alle anderen Leute schier außer sich gewesen wären vor Bewunderung über des Kaisers neue Kleider, und ob er nicht wisse, daß man nicht gegen die herrschende Meinung zu reden habe, und als Jugendlicher schon gar nicht, und wer würde es ausbaden müssen, natürlich die Eltern. Der kleine Junge wußte nicht, was er antworten sollte, denn er hatte sich wirklich nichts dabei gedacht, als er sagte: »Aber er hat ja gar nichts an!«, und er erwartete eine Tracht Prügel von seinem Vater, das war das Mindeste, wenn nicht gar drei Tage ohne Pudding und ohne Rosinenspeise dazu. Aber er hatte auch gar keine Gelegenheit, etwas zu antworten, denn die Dinge überstürzten sich nun, und an der Tür erschallte ein Klopfen, laut und mehrere Male hintereinander, und der Vater sagte: »Da ist schon die Polizei«, und wurde ganz blaß und fing an zu schlottern, so daß der kleine Junge ihm entwischen und sich in der Ecke neben dem Schrank verstecken konnte, und dann ging die Tür auf, und ein Haufen Leute kam ins Zimmer, an ihrer Spitze der dicke Bäckermeister Möllemann, und sie riefen: »Wo ist der kleine Junge?« und: »Wo ist Jens Ulrich?« und: »Da ist er ja, in der Ecke neben dem Schrank!« und: »Was für ein allerliebstes Kind er ist!« und: »So ein braves Kerlchen!«, und der Bäckermeister Möllemann sagte: »Er hat der Freiheit eine Gasse geöffnet!«, und schritt auf Jens Ulrich zu und überreichte ihm eine Tüte voll gefüllter Küchlein als Belohnung für seine Tat. Der kleine Junge aber sagte: »Ich habe mir doch gar nichts dabei gedacht!«, und das entzückte die Leute noch mehr, und sie riefen: »Welch angenehme Bescheidenheit!« und: »Ein echtes Kind aus dem Volke!«, und meine Tante, die auch mit ins Zimmer gekommen war, sagte: »Auf den muß man ein Auge haben, aus dem wird noch etwas Großes werden.«

Und wer weiß, was noch so gesagt worden wäre an Erbaulichem über den kleinen Jens Ulrich, wenn nicht auf einmal die Polizei wirklich gekommen wäre, mit Helm und Säbel und wie sich's gehört, und gleich dahinter der Erste Minister des Kaisers, der seinerzeit auch als erster die neuen Kleider zu sehen bekommen und autoritativ erklärt hatte, wie herrlich und prächtig sie doch wären, und alle Leute warteten darauf, was nun geschehen würde, und der Vater fing wieder an zu schlottern und war drauf und dran zu versprechen, dem kleinen Jungen eine gehörige Tracht Prügel zu verabreichen, wenn's dem Herrn Kaiser gefiele, und drei Tage lang keinen Pudding und auch keine Rosinenspeise, aber da sagte der Erste Minister, der Herr Kaiser persönlich wünsche den kleinen Jungen zu sehen, der gerufen hätte:

»Aber er hat ja gar nichts an!«, denn der Herr Kaiser schätze nichts höher als die Liebe zur Wahrheit, und einer, von dem es heiße, er habe der Freiheit eine Gasse geöffnet, dürfe sich natürlich auch der kaiserlichen Gunst erfreuen. Da brachen die Leute in Beifall aus und winkten mit ihren Fähnchen, und meine Tante wehte mit ihrem Tüchlein und sagte: »Einen solchen Kaiser kann man sich nur wünschen.«

Und dann stand der kleine Junge vor dem Kaiser, der nun einen eleganten Hausrock trug, mit dem kaiserlichen Verdienstorden an himmelblauem Bande um den Hals, und der Kaiser betrachtete ihn von oben bis unten und dann wieder von unten bis oben und blinzelte mit dem linken Auge, als ob er ein Staubkörnchen darin hätte, und sagte: »Du bist also einer, der immer die Wahrheit sagt, Jens Ulrich?«

Ein anderer hätte sich nun stolz aufgerichtet und hätte gesagt: »Jawohl, Herr Kaiser«, aber der kleine Junge erinnerte sich der guten Lehren seines Vaters, zum Beispiel, wie man keine vorwitzigen Reden zu führen habe, und als Jugendlicher schon gar nicht, und er dachte an die wiederholte Tracht Prügel, die er deswegen schon bezogen hatte, und an die Tage ohne Pudding und Rosinenspeise, die es gegeben hatte, und er sagte: »Aber ich habe mir doch gar nichts dabei gedacht, Herr Kaiser!«

Der Kaiser betrachtete ihn wieder von oben bis unten und von unten bis oben und blinzelte auch wieder, aber diesmal mit dem rechten Auge, als ob er dort ebenfalls ein Staubkörnchen hätte, und sagte: »Du glaubst wohl, du bist ganz außerordentlich gescheit, Jens Ulrich?«

Ein anderer hätte nun freudig genickt und gesagt: »Jawohl, Herr Kaiser«, und dem Kaiser Beispiele gegeben von seinen Gescheitheiten, aber der kleine Junge erinnerte sich der guten Lehren seines Vaters, zum Beispiel, wie man sein Licht lieber unter den Scheffel stellen solle, statt es für jeden leuchten zu lassen, und als Jugendlicher schon sowieso, und wieder dachte er an die Prügel, die ihm zuteil geworden, und an die Tage ohne Pudding und Rosinenspeise, und er sagte: »Gescheit vielleicht nicht so sehr, Herr Kaiser, aber kreuzbrav und treuherzig, das bin ich wohl.«

Der Kaiser betrachtete den kleinen Jungen ein drittes Mal, nur blinzelte er diesmal nicht, sondern tippte mit der Spitze seines Pantoffels auf den Parkettfußboden, als wollte er prüfen, ob da auch keine

Würmer im Holz wären, und dann sagte er: »Glaub bloß nicht, Jens Ulrich, ich ließe mir was vormachen und ich hätte nicht gewußt, daß meine neuen Kleider ein Gespinst aus Schein und Schatten waren. Ich weiß überhaupt alles, denn ich bin der Kaiser, und wenn ich's nicht vorher weiß, dann weiß ich's hinterher, und das ist immer noch früh genug. Aber was dich betrifft, dich ernenne ich hiermit zum Ersten Kaiserlichen Wahrheitssager, und von jetzt an wirst du mir einmal jeden Tag die Wahrheit sagen, und dafür darfst du am kaiserlichen Hofe leben und kriegst auch täglich Pudding und Rosinenspeise.« Und damit nahm der Kaiser seinen kaiserlichen Verdienstorden an himmelblauem Bande von seinem Hals und hängte ihn Jens Ulrich um den Hals; solch ein Orden, sagte der Kaiser, sei genau das Richtige für kleine Jungen, die kreuzbrav und treuherzig wären und sich nichts dabei dächten, was sie so sagten.

Da saß der kleine Junge nun da mit der Wahrheit, die er jeden Tag einmal sagen mußte, und statt immer schön auf der Straße zu spielen und herumzuhüpfen und Schabernack zu treiben, wie bei kleinen Jungen üblich, mußte er am kaiserlichen Hofe leben und die ganze Zeit darüber nachdenken, welche Wahrheiten er einem Kaiser wohl sagen könne, der alles wußte, wenn nicht schon vorher, dann hinterher. Und wie er noch so dasaß und die Stirn in Runzeln legte wie ein Waschbrett und so richtig herzinniglich wünschte, er hätte die guten Lehren seines Vaters befolgt und lieber keine vorwitzigen Reden geführt und lieber sein Licht unter den Scheffel gestellt und lieber überhaupt den Mund gehalten, statt laut auszurufen: »Aber er hat ja gar nichts an!«, da kam das kleine Milchmädchen durch den Garten mit dem Krug Milch für den Kaiser und die Frau Kaiserin und die Prinzessin Friederike, und sie sagte zu dem kleinen Jungen: »Was sitzt du denn da und runzelst die Stirn wie ein Waschbrett?«

»Ach«, sagte der kleine Junge, »ich sitze da und runzele die Stirn wie ein Waschbrett, weil ich dem Kaiser, der alles weiß, wenn nicht schon vorher, dann hinterher, jeden Tag eine Wahrheit sagen muß; was aber ist die Wahrheit?«

»Die Wahrheit«, sagte das kleine Milchmädchen, »ist, daß die Milch von der Kuh kommt.«

Da klatschte der kleine Junge in die Hände und sagte, das sei wohl eine richtige und brauchbare Wahrheit, gegen die auch der Kaiser kaum etwas haben könne, und er werde sie dem Kaiser noch heute sagen, und da man schon bei der Wahrheit sei, habe er auch eine für das kleine Milchmädchen, nämlich daß sie das hübscheste Milchmädchen wäre im ganzen Lande mit ihren Augen, die schwarz wären wie die Kirschen im Sommer, und ihrer Haut, die weiß wäre wie die Milch in ihrem Kruge, und mit den roten Rosen rechts und links auf ihren Wangen. Und das kleine Milchmädchen sagte, nun wäre es aber Zeit, daß sie dem Kaiser und der Frau Kaiserin und der Prinzessin Friederike die Milch brächte, und sprang davon.

Am Nachmittag aber, beim kaiserlichen Tee, als der ganze Hof mit dem Ersten Minister an der Spitze dabeistand und der Kaiser von dem Ersten Kaiserlichen Wahrheitssager die Wahrheit hören wollte, sagte der kleine Junge: »Die Milch kommt von der Kuh.«

»Ach, wirklich?« sagte der Kaiser und wiegte den Kopf, als hätte er etwas ganz Überraschendes gehört, und die Leute, die von der Wahrheit des kleinen Jungen erfuhren, sagten, das wäre eine sehr richtige Wahrheit und entspräche allen Erfahrungen; die Frau Kaiserin aber sagte, so neu wäre diese Wahrheit nun denn doch nicht, und die Prinzessin Friederike rümpfte die Nase. Von da an besprach sich der kleine Junge jeden Morgen mit dem kleinen Milchmädchen, und jeden Nachmittag beim Tee sagte er dem Kaiser die letzte Wahrheit, zum Beispiel, daß die Sonne morgens aufgehe und abends unter und der Regen von oben nach unten regne und die Frösche in der Nacht lauter quakten als am Tage, und so kam es, daß die Leute in diesem Kaiserreich stets richtig informiert waren, während das in anderen Kaiserreichen durchaus nicht immer der Fall ist; nur die Frau Kaiserin hatte ständig etwas an der Wahrheit auszusetzen, und die Prinzessin Friederike rümpfte die Nase.

An diesem Nachmittag jedoch, als die kaiserliche Familie wieder beim Tee saß und der ganze Hof, mit dem Ersten Minister an der Spitze, dabeistand, sagte der Kaiser plötzlich: »Jens Ulrich, jetzt aber die Wahrheit bitte: Was hältst du von der Frau Kaiserin?«

Der kleine Junge versuchte zu überlegen, welche gute Lehre sein Vater in diesem Fall ihm wohl erteilt hätte, aber es fiel ihm nichts Erbauliches ein, und dann war ihm auf einmal wie an dem Tage, als der Kaiser in seinen neuen Kleidern, die es gar nicht gab, vor ihm vorbeimarschierte, und er sagte ganz laut und deutlich, so daß alle Leute es hören konnten: »Die Frau Kaiserin ist eine häßliche und unangenehme alte Schachtel.«

Eine Stecknadel hätte man fallen hören können, so sehr hielten die Leute den Atem an, und am Hof und im ganzen Lande dachte man, das ist nun aber das Ende des Ersten Kaiserlichen Wahrheitssagers: der Kaiser jedoch stellte seine Teetasse hin und erhob sich und blickte den kleinen Jungen an und blinzelte mit dem linken Auge, als hätte er ein Staubkörnchen darin, und dann sagte er: »Ich weiß alles, denn ich bin der Kaiser, und wenn ich's nicht vorher weiß, dann hinterher; eine Wahrheit aber ist eine Wahrheit, wenn die Zeit dafür gekommen ist, ansonsten ist sie ein Fehler und kann dich den Kopf kosten. Im übrigen«, sagte er dann noch und blickte in der Runde umher und blinzelte mit dem rechten Auge, als hätte er auch dort ein Staubkörnchen, »im übrigen glaube ich, daß ich mir eine junge hübsche Frau Kaiserin nehmen sollte, so eine wie das kleine Milchmädchen, das da hinten steht mit ihren schwarzen Augen und ihrer weißen Haut und den roten Rosen auf ihren Wangen.«

Da wußte der kleine Junge, daß er nun schon ein zweites Mal großes Glück gehabt hatte und daß die Sache ein drittes Mal sehr wohl schiefgehen mochte, und am nächsten Morgen, als das kleine Milchmädchen in den Garten kam mit ihrem Krug Milch für die kaiserliche Familie, sagte er: »Hast du denn Lust, Frau Kaiserin zu werden?« Das kleine Milchmädchen schüttelte den Kopf und fragte ihrerseits: »Hast du denn Lust, Erster Kaiserlicher Wahrheitssager zu bleiben?« Und da der kleine Junge ebenfalls den Kopf schüttelte, beschlossen sie, rasch fortzulaufen, und sie nahmen den Krug Milch und liefen ganz, ganz weit, über alle Berge, und meine Tante, die erst vor kurzem aus der Sommerfrische kam, hat sie dort gesehen, wie sie miteinander spielten und lachten, so als wären sie beide sehr glücklich.

Francis Bacon

Glaube an die Wahrheit

»Was ist Wahrheit?« fragte Pilatus spöttisch und wartete die Antwort gar nicht ab.[1] Es gibt nämlich Menschen, die an Unklarheiten ihr Gefallen haben und es als lästig empfinden, wenn sie sich auf eine Begriffserklärung festlegen sollen. Im Denken wie im Handeln geben sie dem freien Willen den Vorzug. Wiewohl sie nun als philosophische Schulen[2] verschwunden sind, so gibt es doch noch gewisse spitzfindige Geister vom selben Schlage, wenn sie auch nicht so lebensvoll sind wie die Alten. Aber nicht allein deshalb, weil es den Menschen mühselig und beschwerlich ist, die Wahrheit zu erkennen, noch weil sie, wenn einmal erkannt, des Menschen Geist nicht wieder losläßt, kommt die Lüge in Gunst, sondern aus eingeborenem, verderbtem Hang zur Lüge selbst. Eine von den späteren philosophischen Schulen der Griechen untersucht diese Tatsache und weiß sich nicht zu deuten, woran es liegen könnte, daß die Menschen die Lüge liebten; wo sie doch nicht, um andern damit Vergnügen zu bereiten, lügen, wie die Poeten, noch um sich Vorteile zu verschaffen, wie die Kaufleute, sondern um der Lüge selbst willen. Ich kann es nicht anders erklären, als daß die Wahrheit eben wie das bloße, offene Tageslicht ist, das die Verkleidungen und den Mummenschanz und das ganze Gepränge der Welt nicht halb so prächtig und zierlich zeigt wie Kerzenlicht. Man könnte die Wahrheit vielleicht mit dem Werte einer Perle vergleichen, der am Tage am deutlichsten in Erscheinung tritt; darin steht die Perle hinter dem Demanten und Karfunkel zurück, die sich bei Lichtgeflacker am vorteilhaftesten ausnehmen. Eine Beimischung von Lüge erhöht wohl immer das Vergnügen. Weiß nicht jeder, daß, wenn man aus dem menschlichen Herzen Eitelkeit, Hoffart, Überschätzung, Einbildung und dergleichen herausrisse, bei vielen eine armselige,

---

[1] Johannesevangelium XVIII, 38.
[2] Eine Anspielung auf Pyrrho und die skeptische Schule der griechischen Philosophie.

verschrumpfte Seele übrig bliebe, voll von Trübsal und Mißmut, sich selbst zum Verdruß? Einer von den Kirchenvätern fällte sogar ein strenges Urteil über die Poesie; er nannte sie »vinum daemonum«, den Wein der bösen Geister[1], weil sie die Phantasie berauschte, was doch nur mit dem Schatten der Lüge zu vergleichen ist. Es ist ja nicht die Lüge, die flüchtig durch den Geist hindurchzieht, sondern die Lüge, die sich hineinversenkt und darinnen festsetzt, die den erwähnten Schaden anrichtet. Wenn dem aber so ist bei der Menschen verderbtem Sinnen und Trachten, so lehrt uns die Wahrheit, die ihre eigene Richterin ist: das Suchen nach Wahrheit, das man mit dem Freien und Werben um sie vergleichen könnte; das Erkennen der Wahrheit, ein sozusagen Auge in Auge mit ihr sein; der Glaube an die Wahrheit, der einer Vermählung mit ihr gleichkommt, sind die vornehmsten Tugenden des menschlichen Geistes. Gottes erste Schöpfung im Siebentagewerk war das Licht der Sinne[2], die letzte das Licht der Vernunft[3], und sein Sabbatwerk ist nun immerdar die Erleuchtung mit seinem Geiste. Zuerst hauchte er Licht über die Finsternis und über die Tiefe; dann hauchte er Licht über das Antlitz des Menschen, und noch immer haucht er Licht und erleuchtet seine Auserwählten. Ein Dichter[4], der eine sonst nicht eben berühmte philosophische Schule verherrlichte, drückt sich über diesen Gegenstand vortrefflich aus:»Es ist eine Lust, am Ufer zu stehen und mitanzusehen, wie die Schiffe auf hoher See umhergeworfen werden; eine Lust, am Fenster einer Burg zu stehen und tief unten eine Schlacht und ihr Schicksal mitanzuschauen; aber keine Lust kommt der gleich, auf dem überlegenen Boden der Wahrheit zu stehen – einer uneinnehmbaren Höhe, wo die Luft immer rein und klar weht – und das Umherirren und Ziehen von Nebeln und Stürmen drunten im Tal zu überschauen.« Wobei nun

---

1 Der Ursprung der Stelle ist dunkel. Reynolds glaubt, daß Bacon ein Wort aus dem Briefe des Hieronymus an Damasus im Sinne hatte: »Daemonum cibus est carmina poetarum« (der Dämonen Speise sind die Werke der Dichter), das ihm mit einer Äußerung in Augustins Bekenntnissen zusammengeflossen war.
2 1. Buch Moses I, 3.
3 1. Buch Moses II, 7.
4 Der von Bacon zitierte Dichter ist Lucrez (92–45 v. Chr.), der der Schule der Epikuräer angehörte. Die Stelle ist aber nicht genau wiedergegeben.

freilich solch ein Ausblick Erbarmen und nicht Überheblichkeit und Stolz hervorrufen soll. Denn es ist wahrlich der Himmel auf Erden, wenn sich eines Menschen Seele in Mitleid regt, wenn sie in der Vorsehung ruht und sich um die Pole der Wahrheit dreht.

Um nun von der Wahrheit im theologischen und philosophischen Sinne auf die Wahrheit im alltäglichen Leben zu kommen, so muß jeder, auch wer sich nicht daran kehrt, zugeben, daß Treu und Redlichkeit der menschlichen Natur zur Zierde gereichen und daß eine Beimischung von Falschheit gleichwie der Zusatz in Gold- und Silbermünzen ist; er erhöht die Brauchbarkeit, aber mindert den Wert. Denn krumme und gewundene Wege sind die der Schlange; sie muß elend auf dem Bauche kriechen und darf nicht auf den Füßen gehen. Es gibt ja auch kein Laster, das den Menschen derart mit Schande bedeckt, als daß er treulos befunden würde. Daher sagt auch Montaigne sehr eindrucksvoll, als er nachforscht, warum das Wort Lüge solch eine Schmach und solch einen Schimpf bedeutet: »will man recht ermessen, was es heißt, einen Menschen einen Lügner zu nennen, so könnte man ihn ebensogut als mutig vor Gott und feige vor den Menschen bezeichnen. Denn eine Lüge ist vor Gott offenbar, aber verbirgt etwas vor den Menschen.« Es kann fürwahr die Sünde der Falschheit und Treulosigkeit nicht besser gebrandmarkt werden als darin, daß sie der letzte Glockenton dereinst sein soll, um das Jüngste Gericht über das Menschengeschlecht herbeizurufen. Denn es steht geschrieben, daß Christus, wenn er kommt, keine Treue auf Erden finden wird (Nicht ganz genaues Zitat aus Lukasevangelium XVIII, 8).

Das Licht ist das erste Geschenk der Geburt, damit wir lernen, daß die Wahrheit das höchste Gut des Lebens ist.

Nur die Wahrheit währt ewig.

Wahrheit ist die Sonne des Geistes.

Neu und originell wäre das Buch, das einen alte Wahrheiten lieben lehrte. *Luc de Vauvenargues*

Friedrich Schiller

»*Geben Sie Gedankenfreiheit* –«
Don Carlos

DER KÖNIG UND MARQUIS VON POSA. *Dieser geht dem König, sobald er ihn gewahr wird, entgegen, und läßt sich vor ihm auf ein Knie nieder, steht auf und bleibt ohne Zeichen der Verwirrung vor ihm stehen.*

KÖNIG *betrachtet ihn mit einem Blick der Verwunderung:*
    Mich schon gesprochen also?
MARQUIS: Nein.
KÖNIG: Ihr machtet
    Um meine Krone Euch verdient. Warum
    Entziehet Ihr Euch meinem Dank? In meinem
    Gedächtnis drängen sich der Menschen viel.
    Allwissend ist nur Einer. Euch kam's zu,
    Das Auge Eures Königes zu suchen.
    Weswegen tatet Ihr das nicht?
MARQUIS: Es sind
    Zween Tage, Sire, daß ich ins Königreich
    Zurückgekommen.
KÖNIG: Ich bin nicht gesonnen
    in meiner Diener Schuld zu stehn – Erbittet
    Euch eine Gnade.
MARQUIS: Ich genieße die Gesetze.
KÖNIG: Dies Recht hat auch der Mörder.
MARQUIS: Wieviel mehr
    Der gute Bürger! – Sire, ich bin zufrieden.
KÖNIG *vor sich:*
    Viel Selbstgefühl und kühner Mut, bei Gott!
    Doch das war zu erwarten – Stolz will ich
    den Spanier. Ich mag es gerne leiden,

Wenn auch der Becher überschäumt – Ihr tratet
Aus meinen Diensten, hör ich?
MARQUIS: Einem Bessern
Den Platz zu räumen, zog ich mich zurücke.
KÖNIG: Das tut mir leid. Wenn solche Köpfe feiern,
Wieviel Verlust für meinen Staat – Vielleicht
Befürchtet Ihr, die Sphäre zu verfehlen,
Die Eures Geistes würdig ist.
MARQUIS: O nein!
Ich bin gewiß, daß der erfahrne Kenner,
In Menschenseelen, seinem Stoff, geübt,
Beim ersten Blicke wird gelesen haben,
Was ich ihm taugen kann, was nicht. Ich fühle
Mit demutsvoller Dankbarkeit die Gnade,
Die Eure königliche Majestät
Durch diese stolze Meinung auf mich häufen;
Doch – *Er hält inne.*
KÖNIG: Ihr bedenket Euch?
MARQUIS: Ich bin – ich muß
Gestehen, Sire – sogleich nicht vorbereitet,
Was ich als Bürger dieser Welt gedacht,
In Worte Ihres Untertans zu kleiden. –
Denn damals, Sire, als ich auf immer mit
Der Krone aufgehoben, glaubt ich mich
Auch der Notwendigkeit entbunden, ihr
Von diesem Schritte Gründe anzugeben.
KÖNIG: So schwach sind diese Gründe? Fürchtet Ihr
Dabei zu wagen?
MARQUIS: Wenn ich Zeit gewinne,
Sie zu erschöpfen, Sire – mein Leben höchstens.
Die Wahrheit aber setz ich aus, wenn Sie
Mir diese Gunst verweigern. Zwischen Ihrer
Ungnade und Geringschätzung ist mir
Die Wahl gelassen – Muß ich mich entscheiden,
So will ich ein Verbrecher lieber als
Ein Tor von Ihren Augen gehen.
KÖNIG *mit erwartender Miene:*   Nun?

MARQUIS: – Ich kann nicht Fürstendiener sein.
Der König sieht ihn mit Erstaunen an.
                                        Ich will
Den Käufer nicht betrügen, Sire. – Wenn Sie
Mich anzustellen würdigen, so wollen
Sie nur die vorgewogne Tat. Sie wollen
Nur meinen Arm und meinen Mut im Felde,
Nur meinen Kopf im Rat. Nicht meine Taten,
Der Beifall, den sie finden an dem Thron,
Soll meiner Taten Endzweck sein. Mir aber,
Mir hat die Tugend eignen Wert. Das Glück,
Das der Monarch mit meinen Händen pflanzte,
Erschüf ich selbst, und Freude wäre mir
Und eigne Wahl, was mir nur Pflicht sein sollte.
Und ist das Ihre Meinung? Können Sie
In Ihrer Schöpfung fremde Schöpfer dulden?
Ich aber soll zum Meißel mich erniedern,
Wo ich der Künstler könnte sein? – Ich liebe
Die Menschheit, und in Monarchieen darf
Ich niemand lieben als mich selbst.
KÖNIG: Dies Feuer
Ist lobenswert. Ihr möchtet Gutes stiften.
Wie Ihr es stiftet, kann dem Patrioten,
Dem Wesen gleich viel heißen. Suchet Euch
Den Posten aus in meinen Königreichen,
Der Euch berechtigt diesem edeln Triebe
Genugzutun.
MARQUIS: Ich finde keinen.
KÖNIG: Wie?
MARQUIS: Was Eure Majestät durch meine Hand
Verbreiten – ist das Menschenglück? – Ist das
Dasselbe Glück, das meine reine Liebe
Den Menschen gönnt? – Vor diesem Glücke würde
Die Majestät erzittern – Nein! Ein neues
Erschuf der Krone Politik – ein Glück,
Das sie noch reich genug ist auszuteilen,
Und in dem Menschenherzen neue Triebe,

Die sich von diesem Glücke stillen lassen.
In ihren Münzen läßt sie Wahrheit schlagen,
Die Wahrheit, die sie dulden kann. Verworfen
Sind alle Stempel, die nicht diesem gleichen.
Doch was der Krone frommen kann – ist das
Auch mir genug? Darf meine Bruderliebe
Sich zur Verkürzung meines Bruders borgen?
Weiß ich ihn glücklich – eh er denken darf?
Mich wählen Sie nicht, Sire, Glückseligkeit,
Die Sie uns prägen auszustreun. Ich muß
Mich weigern, diese Stempel auszugeben. –
Ich kann nicht Fürstendiener sein.
KÖNIG *etwas rasch:* Ihr seid
Ein Protestant.
MARQUIS *nach einigem Bedenken:*
Ihr Glaube, Sire, ist auch
Der meinige. *Nach einer Pause:*
Ich werde mißverstanden.
Das war es, was ich fürchtete. Sie sehen
Von den Geheimnissen der Majestät
Durch meine Hand den Schleier weggezogen.
Wer sichert Sie, daß mir noch heilig heiße,
Was mich zu schrecken aufgehört? Ich bin
Gefährlich, weil ich über mich gedacht. –
Ich bin es nicht, mein König. Meine Wünsche
Verwesen hier. *Die Hand auf die Brust gelegt.*
Die lächerliche Wut
Der Neuerung, die nur der Ketten Last,
Die sie nicht ganz zerbrechen kann, vergrößert,
Wird mein Blut nie erhitzen. Das Jahrhundert
Ist meinem Ideal nicht reif. Ich lebe
Ein Bürger derer, welche kommen werden.
Kann ein Gemälde Ihre Ruhe trüben? –
Ihr Atem löscht es aus.
KÖNIG: Bin ich der erste,
Der Euch von dieser Seite kennt?
MARQUIS: Von dieser –

Ja!
KÖNIG *steht auf, macht einige Schritte und bleibt dem Marquis gegenüber stehen. Vor sich:*
    Neu zum wenigsten ist dieser Ton!
Die Schmeichelei erschöpft sich. Nachzuahmen
Erniedrigt einen Mann von Kopf. – Auch einmal
Die Probe von dem Gegenteil. Warum nicht?
Das Überraschende macht Glück. – Wenn Ihr
Es so verstehet, gut, so will ich mich
Auf eine neue Kronbedienung richten –
Den starken Geist –
MARQUIS: Ich höre, Sire, wie klein,
Wie niedrig Sie von Menschenwürde denken,
Selbst in des freien Mannes Sprache nur
Den Kunstgriff eines Schmeichlers sehen, und
Mir deucht, ich weiß, wer Sie dazu berechtigt,
Die Menschen zwangen Sie dazu; die haben
Freiwillig ihres Adels sich begeben,
Freiwillig sich auf diese niedre Stufe
Herabgestellt. Erschrocken fliehen sie
Vor dem Gespenste ihrer innern Größe,
Gefallen sich in ihrer Armut, schmücken
Mit feiger Weisheit ihre Ketten aus,
Und Tugend nennt man, sie mit Anstand tragen.
So überkamen Sie die Welt. So ward
Sie Ihrem großen Vater überliefert.
Wie könnten Sie in dieser traurigen
Verstümmlung – Menschen ehren?
KÖNIG: Etwas Wahres
Find ich in diesen Worten.
MARQUIS: Aber schade!
Da Sie den Menschen aus des Schöpfers Hand
In Ihrer Hände Werk verwandelten,
Und dieser neugegoßnen Kreatur
Zum Gott sich gaben – da versahen Sie's
In etwas nur: Sie blieben selbst noch Mensch –
Mensch aus des Schöpfers Hand. Sie fuhren fort

Als Sterblicher zu leiden, zu begehren;
Sie brauchen Mitgefühl – und einem Gott
Kann man nur opfern – zittern – zu ihm beten!
Bereuenswerter Tausch! Unselige
Verdrehung der Natur! – Da Sie den Menschen
Zu Ihrem Saitenspiel herunterstürzten,
Wer teilt mit Ihnen Harmonie?

KÖNIG: (Bei Gott,
Er greift in meine Seele!)

MARQUIS: Aber Ihnen
Bedeutet dieses Opfer nichts. Dafür
Sind Sie auch einzig – Ihre eigne Gattung –
Um diesen Preis sind Sie ein Gott. – Und schrecklich,
Wenn das nicht wäre – wenn für diesen Preis,
Für das zertretne Glück von Millionen,
Sie nichts gewonnen hätten! wenn die Freiheit,
Die Sie vernichteten, das einz'ge wäre,
Das Ihre Wünsche reifen kann? – Ich bitte
Mich zu entlassen, Sire. Mein Gegenstand
Reißt mich dahin. Mein Herz ist voll – der Reiz
Zu mächtig, vor dem einzigen zu stehen,
Dem ich es öffnen möchte.

Der Graf von Lerma tritt herein und spricht einige Worte leise mit dem König. Dieser gibt ihm einen Wink sich zu entfernen, und bleibt in seiner vorigen Stellung sitzen.

KÖNIG *zum Marquis, nachdem Lerma weggegangen:*
Redet aus!

MARQUIS *nach einigem Stillschweigen:*
Ich fühle, Sire – den ganzen Wert –

KÖNIG: Vollendet!
Ihr hattet mir noch mehr zu sagen.

MARQUIS: Sire!
Jüngst kam ich an von Flandern und Brabant –
So viele reiche, blühende Provinzen!
Ein kräftiges, ein großes Volk – und auch
Ein gutes Volk – und Vater dieses Volkes!
Das, dacht ich, das muß göttlich sein! – Da stieß

Ich auf verbrannte menschliche Gebeine –
*Hier schweigt er still; seine Augen ruhen auf dem König, der es versucht,
diesen Blick zu erwidern, aber betroffen und verwirrt zur Erde sieht.*
Sie haben recht. Sie müssen. Daß Sie können,
Was Sie zu müssen eingesehn, hat mich
Mit schaurender Bewunderung durchdrungen.
O schade, daß, in seinem Blut gewälzt,
Das Opfer wenig dazu taugt, dem Geist
Des Opferers ein Loblied anzustimmen!
Daß Menschen nur – nicht Wesen höhrer Art –
Die Weltgeschichte schreiben! – Sanftere
Jahrhunderte verdrängen Philipps Zeiten;
Die bringen mildre Weisheit; Bürgerglück
Wird dann versöhnt mit Fürstengröße wandeln,
Der karge Staat mit seinen Kindern geizen,
Und die Notwendigkeit wird menschlich sein.
KÖNIG:
Wann, denkt Ihr, würden diese menschlichen
Jahrhunderte erscheinen, hätt ich vor
Dem Fluch des jetzigen gezittert? Sehet
In meinem Spanien Euch um. Hier blüht
Des Bürgers Glück in nie bewölktem Frieden;
Und diese Ruhe gönn ich den Flamändern.
MARQUIS *schnell:* Die Ruhe eines Kirchhofs! Und Sie hoffen
Zu endigen, was Sie begannen? hoffen,
Der Christenheit gezeitigte Verwandlung,
Den allgemeinen Frühling aufzuhalten,
Der die Gestalt der Welt verjüngt? Sie wollen
Allein in ganz Europa – sich dem Rade
Des Weltverhängnisses, das unaufhaltsam
In vollem Laufe rollt, entgegenwerfen?
Mit Menschenarm in seine Speichen fallen?
Sie werden nicht! Schon flohen Tausende
Aus Ihren Ländern froh und arm. Der Bürger,
Den Sie verloren für den Glauben, war
Ihr edelster. Mit offnen Mutterarmen
Empfängt die Fliehenden Elisabeth,

Und fruchtbar blüht durch Künste unsres Landes
Britannien. Verlassen von dem Fleiß
Der neuen Christen, liegt Grenada öde,
Und jauchzend sieht Europa seinen Feind
An selbstgeschlagnen Wunden sich verbluten.
Der König ist bewegt, der Marquis bemerkt es, und tritt einige Schritte näher.
Sie wollen pflanzen für die Ewigkeit,
Und säen Tod? Ein so erzwungnes Werk
Wird seines Schöpfers Geist nicht überdauern.
Dem Undank haben Sie gebaut – umsonst
Den harten Kampf mit der Natur gerungen,
Umsonst ein großes königliches Leben
Zerstörenden Entwürfen hingeopfert.
Der Mensch ist mehr, als Sie von ihm gehalten.
Des langen Schlummers Bande wird er brechen,
Und wiederfordern sein geheiligt Recht.
Zu einem Nero und Busiris wirft
Er Ihren Namen, und – das schmerzt mich, denn
Sie waren gut.

KÖNIG: Wer hat Euch dessen so
Gewiß gemacht?

MARQUIS *mit Feuer:* Ja, beim Allmächtigen!
Ja – Ja – Ich wiederhol es. Geben Sie,
Was Sie uns nahmen, wieder. Lassen Sie,
Großmütig wie der Starke, Menschenglück
Aus Ihrem Füllhorn strömen – Geister reifen
In Ihrem Weltgebäude. Geben Sie,
Was Sie uns nahmen, wieder. Werden Sie
Von Millionen Königen ein König.
Er nähert sich ihm kühn, und indem er feste und feurige Blicke auf ihn richtet:
O könnte die Beredsamkeit von allen
Den Tausenden, die dieser großen Stunde
Teilhaftig sind, auf meinen Lippen schweben,
Den Strahl, den ich in diesen Augen merke,
Zur Flamme zu erheben! – Geben Sie

Die unnatürliche Vergöttrung auf,
Die uns vernichtet. Werden Sie uns Muster
Des Ewigen und Wahren. Niemals – niemals
Besaß ein Sterblicher so viel, so göttlich
Es zu gebrauchen. Alle Könige
Europens huldigen dem span'schen Namen.
Gehn Sie Europens Königen voran.
Ein Federzug von dieser Hand, und neu
Erschaffen wird die Erde. Geben Sie
Gedankenfreiheit – *Sich ihm zu Füßen werfend.*
KÖNIG *überrascht, das Gesicht weggewandt und dann wieder auf den Marquis geheftet:* Sonderbarer Schwärmer!
Doch – stehet auf – ich –
MARQUIS: Sehen Sie sich um
In seiner herrlichen Natur! Auf Freiheit
Ist sie gegründet – und wie reich ist sie
Durch Freiheit! Er, der große Schöpfer, wirft
In einen Tropfen Tau den Wurm, und läßt
Noch in den toten Räumen der Verwesung
Die Willkür sich ergetzen – Ihre Schöpfung,
Wie eng und arm! Das Rauschen eines Blattes
Erschreckt den Herrn der Christenheit – Sie müssen
Vor jeder Tugend zittern. Er – der Freiheit
Entzückende Erscheinung nicht zu stören –
Er läßt des Übels grauenvolles Heer
In seinem Weltall lieber toben – ihn,
Den Künstler, wird man nicht gewahr, bescheiden
Verhüllt er sich in ewige Gesetze;
Die sieht der Freigeist, doch nicht ihn. Wozu
Ein Gott? sagt er; die Welt ist sich genug.
Und keines Christen Andacht hat ihn mehr
Als dieses Freigeists Lästerung gepriesen.
KÖNIG: Und wollet Ihr es unternehmen, dies
Erhabne Muster in der Sterblichkeit
In meinen Staaten nachzubilden?
MARQUIS: Sie,
Sie können es. Wer anders? Weihen Sie

Dem Glück der Völker die Regentenkraft,
Die – ach so lang – des Thrones Größe nur
Gewuchert hatte – Stellen Sie der Menschheit
Verlornen Adel wieder her. Der Bürger
Sei wiederum, was er zuvor gewesen,
Der Krone Zweck – ihn binde keine Pflicht,
Als seiner Brüder gleich ehrwürd'ge Rechte.
Wenn nun der Mensch, sich selbst zurückgegeben,
Zu seines Werts Gefühl erwacht – der Freiheit
Erhabne, stolze Tugenden gedeihen –
Dann, Sire, wenn Sie zum glücklichsten der Welt
Ihr eignes Königreich gemacht – dann ist
Es Ihre Pflicht, die Welt zu unterwerfen.

KÖNIG *nach einem großen Stillschweigen:*
Ich ließ Euch bis zum Ende reden – Anders,
Begreif ich wohl, als sonst in Menschenköpfen,
Malt sich in diesem Kopf die Welt – auch will
Ich fremdem Maßstab Euch nicht unterwerfen.
Ich bin der erste, dem Ihr Euer Innerstes
Enthüllt. Ich glaub es, weil ich's weiß. Um dieser
Enthaltung willen, solche Meinungen,
Mit solchem Feuer doch umfaßt, verschwiegen
Zu haben bis auf diesen Tag – um dieser
Bescheidnen Klugheit willen, junger Mann,
Will ich vergessen, daß ich sie erfahren,
Und wie ich sie erfahren. Stehet auf.
Ich will den Jüngling, der sich übereilte,
Als Greis und nicht als König widerlegen.
Ich will es, weil ich's will – Gift also selbst,
Find ich, kann in gutartigen Naturen
Zu etwas Besserm sich veredeln – Aber
Flieht meine Inquisition – Es sollte
Mir leid tun –

MARQUIS: Wirklich? Sollt es das?

KÖNIG *in seinen Anblick verloren:* Ich habe
Solch einen Menschen nie gesehen. – Nein!
Nein, Marquis! Ihr tut mir zuviel. Ich will

Nicht Nero sein. Ich will es nicht sein – will
Es gegen Euch nicht sein. Nicht alle
Glückseligkeit soll unter mir verdorren.
Ihr selbst, Ihr sollet unter meinen Augen
Fortfahren dürfen, Mensch zu sein.
MARQUIS *rasch:* Und meine
Mitbürger, Sire? – Oh! nicht um mich war mir's
Zu tun, nicht meine Sache wollt ich führen.
Und Ihre Untertanen, Sire? –
KÖNIG: Und wenn
Ihr so gut wisset, wie die Folgezeit
Mich richten wird, so lerne sie an Euch
Wie ich mit Menschen es gehalten, als
Ich einen fand.
MARQUIS: Oh! der gerechteste
Der Könige sei nicht mit einem Male
Der ungerechteste – In Ihrem Flandern
Sind tausend Bessere als ich. Nur Sie –
Darf ich es frei gestehen, großer König? –
Sie sehn jetzt unter diesem sanftern Bilde
Vielleicht zum ersten Mal die Freiheit.
KÖNIG *mit gemildertem Ernst:* Nichts mehr
Von diesem Inhalt, junger Mann. – Ich weiß,
Ihr werdet anders denken, kennet Ihr
Den Menschen erst, wie ich – Doch hätt ich Euch
Nicht gern zum letztenmal gesehn. Wie fang ich
Es an, Euch zu verbinden?
MARQUIS: Lassen Sie
Mich wie ich bin. Was wär ich Ihnen, Sire,
Wenn Sie auch mich bestächen?
KÖNIG: Diesen Stolz
Ertrag ich nicht. Ihr seid von heute an
In meinen Diensten – Keine Einwendung!
Ich will es haben. *Nach einer Pause.*
Aber wie? Was wollte
Ich denn? War es nicht Wahrheit, was ich wollte?
Und hier find ich noch etwas mehr – Ihr habt

Auf meinem Thron mich ausgefunden, Marquis.
Nicht auch in meinem Hause?
Da sich der Marquis zu bedenken scheint.
　　　　　　　　　Ich versteh Euch.
Doch – wär ich auch von allen Vätern der
Unglücklichste, kann ich nicht glücklich sein
Als Gatte?
MARQUIS: 　Wenn ein hoffnungsvoller Sohn,
Wenn der Besitz der liebenswürdigsten
Gemahlin einem Sterblichen ein Recht
Zu diesem Namen geben, Sire, so sind Sie
Der glücklichste durch beides.
KÖNIG *mit finstrer Miene:* 　　Nein! ich bin's nicht!
Und daß ich's nicht bin, hab ich tiefer nie
Gefühlt als eben jetzt –
Mit einem Blicke der Wehmut auf dem Marquis verweilend.
MARQUIS: 　　　　Der Prinz denkt edel
Und gut. Ich hab ihn anders nie gefunden.
KÖNIG: Ich aber hab es – Was er mir genommen,
Kann keine Krone mir ersetzen – Eine
So tugendhafte Königin!
MARQUIS: 　　　　　　Wer kann
Es wagen, Sire!
KÖNIG: 　　　Die Welt! Die Lästerung!
Ich selbst! – Hier liegen Zeugnisse, die ganz
Unwidersprechlich sie verdammen; andre
Sind noch vorhanden, die das Schrecklichste
Mich fürchten lassen – Aber, Marquis – schwer,
Schwer fällt es mir, an ein es nur zu glauben.
Wer klagt sie an? – Wenn sie – sie fähig sollte
Gewesen sein, so tief sich zu entehren,
O wieviel mehr ist mir zu glauben dann
Erlaubt, daß eine Eboli verleumdet?
Haßt nicht der Priester meinen Sohn und sie?
Und weiß ich nicht, daß Alba Rache brütet?
Mein Weib ist mehr wert als sie alle.
MARQUIS: 　　　　　　　Sire,

Und etwas lebt noch in des Weibes Seele,
Das über allen Schein erhaben ist
Und über alle Lästerung – Es heißt
Weibliche Tugend.
KÖNIG: Ja! das sag ich auch.
So tief, als man die Königin bezüchtigt,
Herabzusinken, kostet viel. So leicht,
Als man mich überreden möchte, reißen
Der Ehre heil'ge Bande nicht. Ihr kennt
Den Menschen, Marquis. Solch ein Mann hat mir
Schon längst gemangelt, Ihr seid gut und fröhlich,
Und kennet doch den Menschen auch – Drum hab
Ich Euch gewählt –
MARQUIS *überrascht und erschrocken:*
Mich, Sire?
KÖNIG: Ihr standet
Vor Eurem Herrn, und habt nichts für Euch selbst
Erbeten – nichts. Das ist mir neu – Ihr werdet
Gerecht sein. Leidenschaft wird Euren Blick
Nicht irren – Dränget Euch zu meinem Sohn,
Erforscht das Herz der Königin. Ich will
Euch Vollmacht senden, sie geheim zu sprechen.
Und jetzt verlaßt mich! *Er zieht eine Glocke.*
MARQUIS: Kann ich es mit einer
Erfüllten Hoffnung? – Dann ist dieser Tag
Der schönste meines Lebens.
KÖNIG *reicht ihm die Hand zum Kusse:*
Er ist kein
Verlorner in dem meinigen.
Der Marquis steht auf und geht. Graf Lerma tritt herein.
Der Ritter
Wird künftig ungemeldet vorgelassen.

Irrtum inbegriffen

Der Mensch kann nach Tugend streben, aber nicht ernstlich glauben, die Wahrheit zu finden. *Nicolas Sébastien de Chamfort*

Im Zweifel, welche Meinung die wahrste sei, wähle man die ehrlichste.

Nicht mit dem Wahren und Falschen sollen wir uns vor allem beschäftigen, sondern mit dem Bösen und Guten, denn man muß den Irrtum weniger fürchten als das Böse.

Es ist leichter, sich im Schönen als im Wahren zu täuschen.

Irrtum erregt, Wahrheit beruhigt. *Joseph Joubert*

Die stillen Geister begreifen besser das Wahre, weil ein See besser die Sterne zurückstrahlt als ein Fluß. *Théodore Simon Jouffroy*

Man muß sich vornehmen, wahr zu sein in all seinen Worten. Bleiben wir kompromißlos diesem Grundsatz treu, so steigern wir unsre Selbstachtung und erwerben uns Besonnenheit; die eine Tugend bringt die andre mit sich. Die Verstellung soll nicht über das Schweigen hinausgehen. *Antoine de Rivarol*

Die Welt will betrügen oder betrogen werden, darum hat die Welt mit der Wahrheit nichts zu schaffen. *Martin Luther*

Robert Musil

Ein Beispiel

Man erinnert sich der Wiener Affäre Hochenegg, welche daraus entstand, daß der bekannte Kliniker in einer Universitätsvorlesung der Ärzteschaft vorwarf, für Zuweisung von Patienten, welche einer Spezialbehandlung oder Operation bedürfen, Provisionen zu geben und zu nehmen. Derartiges soll auch anderswo als in Wien vorkommen und wird im nahenden reinen Geldzeitalter zu einer Tugend werden. Denn es ist nicht nur ungerecht, sondern auch gedankenlos, zu verlangen, daß einzelne Berufe dauernd von den Gebräuchen des Markts ausgeschlossen bleiben sollen, welche die andern schon ergriffen haben. Wir überlassen die höchsten geistigen Güter, wie z. B. die Kunst, bereits ganz dem kaufmännischen Getriebe und möchten bloß bei einigen lebenswichtigen Berufen noch Ausnahmen machen; was Kleinmut ist, denn solange man vom Arzt eine andere Ehre verlangt als die gewöhnliche Kaufmannsehre, beweist man wenig Vertrauen in die übrigen, längst vom Geld abhängig gewordenen Lebensbeziehungen. Hier ist eine Entscheidung zu treffen. Die Gesellschaft verlangt von ihren wichtigsten Dienern die wichtigste Dienertugend: Redlichkeit; das ist heute noch verständlich, wird aber bei der flüssigen Beweglichkeit der Geldmacht bald eine undurchführbare Sache sein.

Zweifellos ist es keine beruhigende Vorstellung, zu wissen, daß der Blinddarm oder die Rachenmandeln sozusagen einen Marktwert haben; im Gegensatz zu andern Effekten wird man dieses Besitzes dann nicht mehr recht froh, und es liegt nahe, im Hausarzt einen Konkurrenten zu sehen, der ihn streitig macht. Denn man darf natürlich nicht glauben, daß man der Stimme des Gewissens folgen und dennoch Provisionen nehmen könne. Ein Mensch, der Provisionen nimmt und dem sie in verschiedener Höhe angeboten werden, wird sich immer von ihnen beeinflussen lassen. Wohl aber darf man fragen, ob das unbedingt der Gesundheit des Patienten mehr schaden muß. Denn ein provisionsloser Arzt, der einen Spezialisten oder Operateur empfiehlt, wird auch heute schon der Stimme seines Gewissens nur dann folgen können, wenn er sich aus Literatur und Erfahrung wirklich ein Urteil über ihn zu bilden vermag, zweifellos also nur in einer sehr kleinen Zahl der (...) Fälle, und in allen anderen Fällen wird seine Entscheidung sehr vom Hörensagen und ähnlichen Imponderabilien, zu denen auch der Ruf der Autorität gehört, abhängen. In der Zukunft wird an Stelle dieser Imponderabilien das ponderable Geld treten, und man soll nicht übersehen, daß damit auch Vorteile verknüpft sind.

Betrachten wir, um das Standesethos nicht heftig zu verletzen, unsere Badeorte. Was der Arzt von ihnen lernt, ist ein sehr vages Wissen, das sich bei manchem Patienten bewährt und bei manchem nicht. Er kann unmöglich die Wirkung der Quellen und ihres Drum und Dran genau unterscheiden und wird in vielen Fällen die feinere Differentialdiagnose davon abhängen lassen, ob der Patient lieber nach Süden oder nach Norden reist, weil diesem Berufs- oder Vergnügungsgründe dazu raten. Und nun nehme man an, die Badeorte würden für jeden Gast dem zuweisenden Arzt eine Vergütung zahlen. Von diesem Zeitpunkt an würden sie in eine Linie treten mit großen Firmen, welche ihren Agenten Provision zahlen, und hat man schon je gehört, daß schlechte Automobile oder ungenießbarer Wein sich den Markt dauernd dadurch erobert hätten, daß ihre Agenten große Provisionen bekommen? Der beschämende Zustand der Ungewißheit wäre zu Ende, und es würden sich auf den Arzt und Patienten alle Segnungen einer gesunden Wirtschaft ergießen. Man könnte einen schlechten Badeort wohl einige Jahre lang empfehlen, aber nicht länger, weil er so rasch zugrunde ginge, wie ein langweiliges Theater trotz der besten Kritiken es tut. Wahrscheinlich würden bei diesem System anfangs mehr Menschen sterben als heute, aber weiterhin würden mehr gesund werden, denn der Arzt kann irren, die Verhältnisse von Preis, Wert, Angebot und Nachfrage regeln sich aber von selbst nach immanentem Gesetz.

Unsinn? Oder vielleicht schon Utopie? Übrigens – da es so viele Fachärzte schon gibt –, weshalb sollte es dereinst nicht auch den Facharzt für provisionslose Vermittlung der Fachärzte geben, der eben für diese Tätigkeit bezahlt (...) wird? Hoffen wir übrigens, daß all dieses kein Unsinn, sondern wirklich eine Utopie sei. Denn in der ganzen Länge der Geistesgeschichte ist noch nie eine Utopie so eingetroffen, wie sie ausgedacht worden ist. Wohl aber mancher Unsinn.

Bertolt Brecht

Leben des Galilei – Die »Discorsi«

1633–1642. Galileo Galilei lebt in einem Landhaus in der Nähe von Florenz, bis zu seinem Tod ein Gefangener der Inquisition.

> Sechzehnhundertdreiunddreißig bis
> sechzehnhundertzweiundvierzig
> Galileo Galilei ist ein Gefangener der Kirche
> bis zu seinem Tode.

Ein großer Raum mit Tisch, Lederstuhl und Globus. Galilei, nun alt und halbblind, experimentiert sorgfältig mit einem kleinen Holzball auf einer gekrümmten Holzschiene, im Vorraum sitzt ein Mönch auf Wache. Es wird ans Tor geklopft. Der Mönch öffnet, und ein Bauer tritt ein, zwei gerupfte Gänse tragend. Virginia kommt aus der Küche. Sie ist jetzt etwa 40 Jahre alt.

DER BAUER Ich soll die abgeben.
VIRGINIA Von wem? Ich habe keine Gänse bestellt.
DER BAUER Ich soll sagen: von jemand auf der Durchreise. *Ab.*
  Virginia betrachtet die Gänse erstaunt. Der Mönch nimmt sie ihr aus der Hand und untersucht sie mißtrauisch. Dann gibt er sie ihr beruhigt zurück, und sie trägt sie an den Hälsen zu Galilei in den großen Raum.
VIRGINIA Jemand auf der Durchreise hat ein Geschenk abgeben lassen.
GALILEI Was ist es?
VIRGINIA Kannst du es nicht sehen?
GALILEI Nein. *Er geht hin.* Ist ein Name dabei?
VIRGINIA Nein.
GALILEI *nimmt ihr eine Gans aus der Hand:* Schwer. Ich könnte noch etwas davon essen.
VIRGINIA Du kannst doch nicht schon wieder hungrig sein, du hast eben zu Abend gegessen. Und was ist wieder mit deinen Augen los? Die müßtest du sehen vom Tisch aus.
GALILEI Du stehst im Schatten.

VIRGINIA Ich stehe nicht im Schatten. *Sie trägt die Gänse hinaus.*
GALILEI Gib Thymian zu und Äpfel.
VIRGINIA *zu dem Mönch:* Wir müssen nach dem Augendoktor schikken. Vater konnte die Gänse vom Tisch aus nicht sehen.
DER MÖNCH Ich brauche erst die Erlaubnis vom Monsignore Carpula. – Hat er wieder selber geschrieben?
VIRGINIA Nein. Er hat sein Buch mir diktiert, das wissen Sie ja. Sie haben die Seiten 131 und 132, und das waren die letzten.
DER MÖNCH Er ist ein alter Fuchs.
VIRGINIA Er tut nichts gegen die Vorschriften. Seine Reue ist echt. Ich passe auf ihn auf. *Sie gibt ihm die Gänse.* Sagen Sie in der Küche, sie sollen die Leber rösten, mit einem Apfel und einer Zwiebel. *Sie geht in den großen Raum zurück.* Und jetzt denken wir an unsere Augen und hören schnell auf mit dem Ball und diktieren ein Stückchen weiter an unserem wöchentlichen Brief an den Erzbischof.
GALILEI Ich fühle mich nicht wohl genug. Lies mir etwas Horaz.
VIRGINIA Erst vorige Woche sagte mir Monsignore Carpula, dem wir so viel verdanken – erst neulich wieder das Gemüse –, daß der Erzbischof ihn jedesmal fragt, wie dir die Fragen und Zitate gefallen, die er dir schickt. *Sie hat sich zum Diktat niedergesetzt.*
GALILEI Wie weit war ich?
VIRGINIA Abschnitt vier: Anlangend die Stellungnahme der Heiligen Kirche zu den Unruhen im Arsenal von Venedig stimme ich überein mit der Haltung Kardinal Spolettis gegenüber den aufrührerischen Seilern ...
GALILEI Ja. *Diktiert:* ... stimme ich überein mit der Haltung Kardinal Spolettis gegenüber den aufrührerischen Seilern, nämlich, daß es besser ist, an sie Suppen zu verteilen im Namen der christlichen Nächstenliebe, als ihnen mehr für ihre Schiffs- und Glockenseile zu zahlen. Sintemalen es weiser erscheint, an Stelle ihrer Habgier ihren Glauben zu stärken. Der Apostel Paulus sagt: Wohltätigkeit versaget niemals. – Wie ist das?
VIRGINIA Es ist wunderbar, Vater.
GALILEI Du meinst nicht, daß eine Ironie hineingelesen werden könnte?
VIRGINIA Nein, der Erzbischof wird selig sein. Er ist so praktisch.

GALILEI Ich verlasse mich auf dein Urteil. Was kommt als nächstes?
VIRGINIA Ein wunderschöner Spruch: »Wenn ich schwach bin, da bin ich stark.«
GALILEI Keine Auslegung.
VIRGINIA Aber warum nicht?
GALILEI Was kommt als nächstes?
VIRGINIA »Auf daß ihr begreifen möget, daß Christum liebhaben viel besser ist denn alles Wissen.« Paulus an die Epheser III, 19.
GALILEI Besonders danke ich Eurer Eminenz für das herrliche Zitat aus den Epheser-Briefen. Angeregt dadurch, fand ich in unserer unnachahmbaren Imitatio noch folgendes. *Zitiert auswendig:* »Er, zu dem das ewige Wort spricht, ist frei von vielem Gefrage.« Darf ich bei dieser Gelegenheit in eigener Sache sprechen? Noch immer wird mir vorgeworfen, daß ich einmal über die Himmelskörper ein Buch in der Sprache des Marktes verfaßt habe. Es war damit nicht meine Absicht, vorzuschlagen oder gutzuheißen, daß Bücher über so viel wichtigere Gegenstände, wie zum Beispiel Theologie, in dem Jargon der Teigwarenverkäufer verfaßt würden. Das Argument für den lateinischen Gottesdienst, daß durch die Universalität dieser Sprache alle Völker die Heilige Messe in gleicher Weise hören, scheint mir wenig glücklich, da von den niemals verlegenen Spöttern eingewendet werden könnte, keines der Völker verstünde so den Text. Ich verzichte gern auf billige Verständlichkeit heiliger Dinge. Das Latein der Kanzel, das die ewige Wahrheit der Kirche gegen die Neugier der Unwissenden schützt, erweckt Vertrauen, wenn gesprochen von den priesterlichen Söhnen der unteren Klassen mit den Betonungen des ortsansässigen Dialekts. – Nein, streich das aus.
VIRGINIA Das Ganze?
GALILEI Alles nach den Teigwarenverkäufern.
Es wird am Tor geklopft. Virginia geht in den Vorraum. Der Mönch öffnet. Es ist Andrea Sarti. Er ist jetzt ein Mann in den mittleren Jahren.
ANDREA Guten Abend. Ich bin im Begriff, Italien zu verlassen, um in Holland wissenschaftlich zu arbeiten, und bin gebeten worden, ihn auf der Durchreise aufzusuchen, damit ich über ihn berichten kann.

VIRGINIA Ich weiß nicht, ob er dich sehen will. Du bist nie gekommen.
ANDREA Frag ihn. *Galilei hat die Stimme erkannt. Er sitzt unbeweglich. Virginia geht hinein zu ihm.*
GALILEI Ist es Andrea?
VIRGINIA Ja. Soll ich ihn wegschicken?
GALILEI *nach einer Pause:* Führ ihn herein.
Virginia führt Andrea herein.
VIRGINIA *zum Mönch:* Er ist harmlos. Er war sein Schüler. So ist er jetzt sein Feind.
GALILEI Laß mich allein mit ihm, Virginia.
VIRGINIA Ich will hören, was er erzählt. *Sie setzt sich.*
ANDREA *kühl:* Wie geht es Ihnen?
GALILEI Tritt näher. Was machst du? Erzähl von deiner Arbeit. Ich höre, es ist über Hydraulik.
ANDREA Fabrizius in Amsterdam hat mir aufgetragen, mich nach Ihrem Befinden zu erkundigen.
Pause.
GALILEI Ich befinde mich wohl. Man schenkt mir große Aufmerksamkeit.
ANDREA Es freut mich, berichten zu können, daß Sie sich wohl befinden.
GALILEI Fabrizius wird erfreut sein, es zu hören. Und du kannst ihn informieren, daß ich in angemessenem Komfort lebe. Durch die Tiefe meiner Reue habe ich mir die Gunst meiner Oberen so weit erhalten können, daß mir in bescheidenem Umfang wissenschaftliche Studien unter geistlicher Kontrolle gestattet werden konnten.
ANDREA Jawohl. Auch wir hörten, daß die Kirche mit Ihnen zufrieden ist. Ihre völlige Unterwerfung hat gewirkt. Es wird versichert, die Oberen hätten mit Genugtuung festgestellt, daß in Italien kein Werk mit neuen Behauptungen mehr veröffentlicht wurde, seit Sie sich unterwarfen.
GALILEI *horchend:* Leider gibt es Länder, die sich der Obhut der Kirche entziehen. Ich fürchte, daß die verurteilten Lehren dort weitergefördert werden.
ANDREA Auch dort trat infolge Ihres Widerrufs ein für die Kirche erfreulicher Rückschlag ein.

GALILEI Wirklich? *Pause.* Nichts von Descartes? Nichts aus Paris?
ANDREA Doch. Auf die Nachricht von Ihrem Widerruf stopfte er seinen Traktat über die Natur des Lichts in die Lade.
Lange Pause.
GALILEI Ich bin in Sorge einiger wissenschaftlicher Freunde wegen, die ich auf die Bahn des Irrtums geleitet habe. Sind sie durch meinen Widerruf belehrt worden?
ANDREA Um wissenschaftlich arbeiten zu können, habe ich vor, nach Holland zu gehen. Man gestattet nicht dem Ochsen, was Jupiter sich nicht gestattet.
GALILEI Ich verstehe.
ANDREA Federzoni schleift wieder Linsen, in irgendeinem Mailänder Laden.
GALILEI *lacht:* Er kann nicht Latein.
Pause.
ANDREA Fulganzio, unser kleiner Mönch, hat die Forschung aufgegeben und ist in den Schoß der Kirche zurückgekehrt.
GALILEI Ja. *Pause.*
GALILEI Meine Oberen sehen auch meiner seelischen Wiedergesundung entgegen. Ich mache bessere Fortschritte, als zu erwarten war.
ANDREA So.
VIRGINIA Der Herr sei gelobt.
GALILEI *barsch:* Sieh nach den Gänsen, Virginia.
Virginia geht zornig hinaus. Im Vorbeigehen wird sie vom Mönch angesprochen.
DER MÖNCH Der Mensch mißfällt mir.
VIRGINIA Er ist harmlos. Sie hören doch. *Im Weggehen:* Wir haben frischen Ziegenkäse bekommen.
Der Mönch folgt ihr hinaus.
ANDREA Ich werde die Nacht durch fahren, um die Grenze morgen früh überschreiten zu können. Kann ich gehen?
GALILEI Ich weiß nicht, warum du gekommen bist, Sarti. Um mich aufzustören? Ich lebe vorsichtig und ich denke vorsichtig, seit ich hier bin. Ich habe ohnedies meine Rückfälle.
ANDREA Ich möchte Sie lieber nicht aufregen, Herr Galilei.
GALILEI Barberini nannte es die Krätze. Er war selber nicht gänzlich frei davon. Ich habe wieder geschrieben.

ANDREA So.

GALILEI Ich schrieb die »Discorsi« fertig.

ANDREA Was? Die »Gespräche, betreffend zwei neue Wissenszweige: Mechanik und Fallgesetze«? Hier?

GALILEI Oh, man gibt mir Papier und Feder. Meine Oberen sind keine Dummköpfe. Sie wissen, daß eingewurzelte Laster nicht von heute auf morgen abgebrochen werden können. Sie schützen mich vor mißlichen Folgen, indem sie Seite für Seite wegschließen.

ANDREA O Gott!

GALILEI Sagtest du etwas?

ANDREA Man läßt Sie Wasser pflügen! Man gibt Ihnen Papier und Feder, damit Sie sich beruhigen! Wie konnten Sie überhaupt schreiben mit diesem Ziel vor Augen?

GALILEI Oh, ich bin ein Sklave meiner Gewohnheiten.

ANDREA Die »Discorsi« in der Hand der Mönche! Und Amsterdam und London und Prag hungern danach!

GALILEI Ich kann Fabrizius jammern hören, pochend auf sein Pfund Fleisch, selber in Sicherheit sitzend, in Amsterdam.

ANDREA Zwei neue Wissenszweige so gut wie verloren!

GALILEI Es wird ihn und einige andre ohne Zweifel erheben zu hören, daß ich die letzten kümmerlichen Reste meiner Bequemlichkeit aufs Spiel gesetzt habe, eine Abschrift zu machen, hinter meinem Rücken sozusagen, aufbrauchend die letzte Unze Licht der helleren Nächte von sechs Monaten.

ANDREA Sie haben eine Abschrift?

GALILEI Meine Eitelkeit hat mich bisher davon zurückgehalten, sie zu vernichten.

ANDREA Wo ist sie?

GALILEI »Wenn dich dein Auge ärgert, reiß es aus.« Wer immer das schrieb, wußte mehr über Komfort als ich. Ich nehme an, es ist die Höhe der Torheit, sie auszuhändigen. Da ich es nicht fertiggebracht habe, mich von wissenschaftlichen Arbeiten fernzuhalten, könnt ihr sie ebensogut haben. Die Abschrift liegt im Globus. Solltest du erwägen, sie nach Holland mitzunehmen, würdest du natürlich die gesamte Verantwortung zu schultern haben. Du hättest sie in diesem Fall von jemandem gekauft, der Zutritt zum Original im Heiligen Offizium hat.

Andrea ist zum Globus gegangen. Er holt die Abschrift heraus.
ANDREA Die »Discorsi«! *Er blättert in dem Manuskript. Liest:* »Mein Vorsatz ist es, eine sehr neue Wissenschaft aufzustellen, handelnd von einem sehr alten Gegenstand, der Bewegung. Ich habe durch Experimente einige ihrer Eigenschaften entdeckt, die wissenswert sind.«
GALILEI Etwas mußte ich anfangen mit meiner Zeit.
ANDREA Das wird eine neue Physik begründen.
GALILEI Stopf es untern Rock.
ANDREA Und wir dachten, Sie wären übergelaufen! Meine Stimme war die lauteste gegen Sie!
GALILEI Das gehörte sich. Ich lehrte dich Wissenschaft, und ich verneinte die Wahrheit.
ANDREA Dies ändert alles. Alles.
GALILEI Ja?
ANDREA Sie versteckten die Wahrheit. Vor dem Feind. Auch auf dem Felde der Ethik waren Sie uns um Jahrhunderte voraus.
GALILEI Erläutere das, Andrea.
ANDREA Mit dem Mann auf der Straße sagten wir: Er wird sterben, aber er wird nie widerrufen. – Sie kamen zurück: Ich habe widerrufen, aber ich werde leben. – Ihre Hände sind befleckt, sagten wir. – Sie sagen: Besser befleckt als leer.
GALILEI Besser befleckt als leer. Klingt realistisch. Klingt nach mir. Neue Wissenschaft, neue Ethik.
ANDREA Ich vor allen andern hätte es wissen müssen! Ich war elf, als Sie eines andern Mannes Fernrohr an den Senat von Venedig verkauften. Und ich sah Sie von diesem Instrument unsterblichen Gebrauch machen. Ihre Freunde schüttelten die Köpfe, als Sie sich vor dem Kind in Florenz beugten: die Wissenschaft gewann Publikum. Sie lachten immer schon über die Helden. »Leute, welche leiden, langweilen mich«, sagten Sie. »Unglück stammt von mangelhaften Berechnungen.« Und: »Angesichts von Hindernissen mag die kürzeste Linie zwischen zwei Punkten die krumme sein.«
GALILEI Ich entsinne mich.
ANDREA Als es Ihnen dann 33 gefiel, einen volkstümlichen Punkt Ihrer Lehren zu widerrufen, hätte ich wissen müssen, daß Sie sich

lediglich aus einer hoffnungslosen politischen Schlägerei zurückzogen, um das eigentliche Geschäft der Wissenschaft weiter zu betreiben.

GALILEI Welches besteht in …

ANDREA … dem Studium der Eigenschaften der Bewegung, Mutter der Maschinen, die allein die Erde so bewohnbar machen werden, daß der Himmel abgetragen werden kann.

GALILEI Aha.

ANDREA Sie gewannen die Muße, ein wissenschaftliches Werk zu schreiben, das nur Sie schreiben konnten. Hätten Sie in einer Gloriole von Feuer auf dem Scheiterhaufen geendet, wären die andern die Sieger gewesen.

GALILEI Sie sind die Sieger. Und es gibt kein wissenschaftliches Werk, das nur ein Mann schreiben kann.

ANDREA Warum dann haben Sie widerrufen?

GALILEI Ich habe widerrufen, weil ich den körperlichen Schmerz fürchtete.

ANDREA Nein!

GALILEI Man zeigte mir die Instrumente.

ANDREA So war es kein Plan?

GALILEI Es war keiner.

Pause.

ANDREA *laut:* Die Wissenschaft kennt nur ein Gebot: den wissenschaftlichen Beitrag.

GALILEI Und den habe ich geliefert. Willkommen in der Gosse, Bruder in der Wissenschaft und Vetter im Verrat! Ißt du Fisch? Ich habe Fisch. Was stinkt, ist nicht mein Fisch, sondern ich. Ich verkaufe aus, du bist ein Käufer. O unwiderstehlicher Anblick des Buches, der geheiligten Ware! Das Wasser läuft im Mund zusammen und die Flüche ersaufen. Die Große Babylonische, das mörderische Vieh, die Scharlachene, öffnet die Schenkel, und alles ist anders! Geheiliget sei unsre schachernde, weißwaschende, todfürchtende Gemeinschaft!

ANDREA Todesfurcht ist menschlich! Menschliche Schwächen gehen die Wissenschaft nichts an.

GALILEI Nein?! – Mein lieber Sarti, auch in meinem gegenwärtigen Zustand fühle ich mich noch fähig, Ihnen ein paar Hinweise dar-

über zu geben, was die Wissenschaft alles angeht, der Sie sich verschrieben haben.
Eine kleine Pause.
GALILEI *akademisch, die Hände über dem Bauch gefaltet:* In meinen freien Stunden, deren ich viele habe, bin ich meinen Fall durchgegangen und habe darüber nachgedacht, wie die Welt der Wissenschaft, zu der ich mich selber nicht mehr zähle, ihn zu beurteilen haben wird. Selbst ein Wollhändler muß, außer billig einkaufen und teuer verkaufen, auch noch darum besorgt sein, daß der Handel mit Wolle unbehindert vor sich gehen kann. Der Verfolg der Wissenschaft scheint mir diesbezüglich besondere Tapferkeit zu erheischen. Sie handelt mit Wissen, gewonnen durch Zweifel. Wissen verschaffend über alles für alle, trachtet sie, Zweifler zu machen aus allen. Nun wird der Großteil der Bevölkerung von ihren Fürsten, Grundbesitzern und Geistlichen in einem perlmutternen Dunst von Aberglauben und alten Wörtern gehalten, welcher die Machinationen dieser Leute verdeckt. Das Elend der Vielen ist alt wie das Gebirge und wird von Kanzel und Katheder herab für unzerstörbar erklärt wie das Gebirge. Unsere neue Kunst des Zweifelns entzückte das große Publikum. Es riß uns das Teleskop aus der Hand und richtete es auf seine Peiniger, Fürsten, Grundbesitzer, Pfaffen. Diese selbstischen und gewalttätigen Männer, die sich die Früchte der Wissenschaft gierig zunutze gemacht haben, fühlten zugleich das kalte Auge der Wissenschaft auf ein tausendjähriges, aber künstliches Elend gerichtet, das deutlich beseitigt werden konnte, indem sie beseitigt wurden. Sie überschütteten uns mit Drohungen und Bestechungen, unwiderstehlich für schwache Seelen. Aber können wir uns der Menge verweigern und doch Wissenschaftler bleiben? Die Bewegungen der Himmelskörper sind übersichtlicher geworden; immer noch unberechenbar sind den Völkern die Bewegungen ihrer Herrscher. Der Kampf um die Meßbarkeit des Himmels ist gewonnen durch Zweifel; durch Gläubigkeit muß der Kampf der römischen Hausfrau um Milch immer aufs neue verlorengehen. Die Wissenschaft, Sarti, hat mit beiden Kämpfen zu tun. Eine Menschheit, stolpernd in einem Perlmutterdunst von Aberglauben und alten Wörtern, zu unwissend, ihre eigenen Kräfte voll zu entfalten, wird nicht fähig

sein, die Kräfte der Natur zu entfalten, die ihr enthüllt. Wofür arbeitet ihr? Ich halte dafür, daß das einzige Ziel der Wissenschaft darin besteht, die Mühseligkeit der menschlichen Existenz zu erleichtern. Wenn Wissenschaftler, eingeschüchtert durch selbstsüchtige Machthaber, sich damit begnügen, Wissen um des Wissens willen aufzuhäufen, kann die Wissenschaft zum Krüppel gemacht werden, und eure neuen Maschinen mögen nur neue Drangsale bedeuten. Ihr mögt mit der Zeit alles entdecken, was es zu entdecken gibt, und euer Fortschritt wird doch nur ein Fortschreiten von der Menschheit weg sein. Die Kluft zwischen euch und ihr kann eines Tages so groß werden, daß euer Jubelschrei über irgendeine neue Errungenschaft von einem universalen Entsetzensschrei beantwortet werden könnte. – Ich hatte als Wissenschaftler eine einzigartige Möglichkeit. In meiner Zeit erreichte die Astronomie die Marktplätze. Unter diesen ganz besonderen Umständen hätte die Standhaftigkeit eines Mannes große Erschütterungen hervorrufen können. Hätte ich widerstanden, hätten die Naturwissenschaftler etwas wie den hippokratischen Eid der Ärzte entwickeln können, das Gelöbnis, ihr Wissen einzig zum Wohle der Menschheit anzuwenden! Wie es nun steht, ist das Höchste, was man erhoffen kann, ein Geschlecht erfinderischer Zwerge, die für alles gemietet werden können. Ich habe zudem die Überzeugung gewonnen, Sarti, daß ich niemals in wirklicher Gefahr schwebte. Einige Jahre lang war ich ebenso stark wie die Obrigkeit. Und ich überlieferte mein Wissen den Machthabern, es zu gebrauchen, es nicht zu gebrauchen, es zu mißbrauchen, ganz wie es ihren Zwecken diente.
Virginia ist mit einer Schüssel hereingekommen und bleibt stehen.
GALILEI Ich habe meinen Beruf verraten. Ein Mensch, der das tut, was ich getan habe, kann in den Reihen der Wissenschaft nicht geduldet werden.
VIRGINIA Du bist aufgenommen in den Reihen der Gläubigen.
Sie geht und stellt die Schüssel auf den Tisch.
GALILEI Richtig. – Ich muß jetzt essen.
Andrea hält ihm die Hand hin. Galilei sieht die Hand, ohne sie zu nehmen.
GALILEI Du lehrst jetzt selber. Kannst du es dir leisten, eine Hand wie

die meine zu nehmen? *Er geht zum Tisch.* Jemand, der hier durch kam, hat mir Gänse geschickt. Ich esse immer noch gern.

ANDREA So sind Sie nicht mehr der Meinung, daß ein neues Zeitalter angebrochen ist?

GALILEI Doch. – Gib acht auf dich, wenn du durch Deutschland kommst, die Wahrheit unter dem Rock.

ANDREA *außerstande zu gehen:* Hinsichtlich Ihrer Einschätzung des Verfassers, von dem wir sprachen, weiß ich Ihnen keine Antwort. Aber ich kann mir nicht denken, daß Ihre mörderische Analyse das letzte Wort sein wird.

GALILEI Besten Dank, Herr. *Er fängt an zu essen.*

VIRGINIA *Andrea hinausgeleitend:* Wir haben Besucher aus der Vergangenheit nicht gern. Sie regen ihn auf.

Andrea geht. Virginia kommt zurück.

GALILEI Hast du eine Ahnung, wer die Gänse geschickt haben kann?

VIRGINIA Nicht Andrea.

GALILEI Vielleicht nicht. Wie ist die Nacht?

VIRGINIA *am Fenster:* Hell.

George Orwell

Durch einen Spiegel, rosarot

Es gibt immer ausgezeichnete, edle Gründe, die Wahrheit zu verbergen, und diese Gründe werden von Verfechtern der verschiedensten Sachen fast in denselben Worten vorgebracht. Mir wollte man einige meiner eigenen Schriften nicht drucken, weil man fürchtete, daß die Russen sie nicht mögen würden, und andere wurden nicht gedruckt, weil sie den britischen Imperialismus angriffen und von antibritischen Amerikanern zitiert werden könnten. *Jetzt* wird uns gesagt, daß jede offene Kritik des stalinistischen Regimes »das Mißtrauen der Russen verstärke«, doch sind es erst sieben Jahre her, seit uns gesagt wurde (in manchen Fällen von denselben Zeitungen), daß eine offene Kritik des Nazi-Regimes Hitlers Mißtrauen verstärken würde. Noch 1941 erklärten einige der katholischen Blätter, daß die Anwesenheit von Labour-Ministern in der britischen Regierung Francos Mißtrauen verstärke und ihn mehr zu der Achse neigen lasse. Zurückblickend kann man sehen, daß, wenn die Briten und Amerikaner um 1933 nur begriffen hätten, wofür Hitler steht, der Krieg hätte abgewendet werden können. Ähnlich ist der erste Schritt zu anständigen anglo-russischen Beziehungen die Aufgabe von Illusionen. Im Prinzip wären die meisten Leute damit einverstanden: aber die Aufgabe von Illusionen bedeutet die Veröffentlichung von Fakten, und Fakten können im allgemeinen recht unangenehm sein.

Das ganze Argument, daß man nicht offen sprechen darf, weil man damit dieser oder jener unheilvollen einflußreichen Persönlichkeit »in die Hände spielt«, ist insofern unehrlich, als die Leute es nur verwenden, wenn es ihnen paßt. Wie ich dargelegt habe, waren diejenigen, die am meisten besorgt sind, den Tories in die Hände zu spielen, am wenigsten besorgt, in die Hände der Nazis zu spielen. Die Katholiken, die sagten »Beleidigt Franco nicht, da ihr damit Hitler helft«, hatten Hitler mehr oder weniger bewußt schon Jahre vorher geholfen. Unter diesem Argument liegt immer die Absicht, Propaganda für irgendeine einzelne Interessengruppe zu betreiben und Kritiker so weit einzuschüchtern, daß sie schweigen, indem man ihnen sagt, daß sie »objektiv gesehen« reaktionär sind. Es ist ein verlockendes Manöver, und ich habe es selbst mehr als einmal benutzt, aber es ist unehrlich. Ich glaube, man ist weniger dazu geneigt, wenn man sich daran erinnert, daß die Vorteile einer Lüge immer kurzlebig sind. Wie oft erscheint es einem eine ausdrückliche Pflicht, die Fakten zu verheimlichen oder zu färben! Und trotzdem kann ein echter Fortschritt nur durch vermehrte Aufklärung stattfinden, was soviel bedeutet wie die fortwährende Zerstörung von Mythen.

Mario Vargas Llosa

Die Wahrheit der Lügen

Seit der Veröffentlichung meiner ersten Erzählung hat man mich immer wieder gefragt, ob das, was ich schreibe, »wahr« sei. Obwohl meine Auskünfte die Neugierigen bisweilen zufriedenstellen, beschleicht mich jedesmal, wenn ich diese Frage beantworte, wie aufrichtig ich dabei auch sein mag, das unbehagliche Gefühl, etwas gesagt zu haben, das niemals ins Schwarze trifft.

Ob die Romane wahr oder falsch sind, ist für die Leute eine ebenso wichtige Frage wie die, ob sie gut oder schlecht sind, und viele Leser machen bewußt oder unbewußt das zweite vom ersten abhängig. Die spanischen Inquisitoren verboten zum Beispiel die Veröffentlichung oder die Einführung von Romanen in den hispanoamerikanischen Kolonien mit dem Argument, daß diese ungereimten, absurden – das heißt lügenhaften – Bücher der geistigen Gesundheit der Indios schaden könnten. Aus diesem Grund lasen die Hispanoamerikaner dreihundert Jahre lang eingeschmuggelte Werke, und der erste Roman, der als solcher im spanischen Amerika veröffentlicht wurde, erschien erst nach der Unabhängigkeit, im Jahre 1816 in Mexiko. Als das Heilige Offizium nicht einige bestimmte Werke verbot, sondern eine ganze literarische Gattung, führte es ein Gesetz ein, das in seinen

Augen keine Ausnahme duldete: das Gesetz nämlich, daß Romane immer lügen, daß sie sämtlich ein trügerisches Bild vom Leben vermitteln. Vor vielen Jahren habe ich eine Arbeit geschrieben, in der ich diese willkürlichen Fanatiker, die einer solchen Verallgemeinerung fähig waren, der Lächerlichkeit preisgab. Heute denke ich, daß die spanischen Inquisitoren als erste – vor den Kritikern und den Romanciers selbst – die Natur der dichterischen Fiktion und ihr aufrührerisches Potential begriffen haben.

In der Tat lügen die Romane – sie können nicht anders –, aber dies ist nur ein Teil der Geschichte. Der andere Teil besteht darin, daß sie in ihrer Lügenhaftigkeit eine eigentümliche Wahrheit ausdrücken, die nur verborgen und verdeckt ausgedrückt werden kann, verkleidet als etwas, das sie nicht ist. So gesagt, wirkt das Ganze etwas verwirrend. In Wirklichkeit handelt es sich jedoch um etwas sehr Einfaches. Die Menschen sind nicht zufrieden mit ihrem Schicksal: Reiche oder Arme, geniale oder mittelmäßige Geister, Berühmtheiten oder Unbekannte, fast alle wünschen sie sich ein Leben, das anders ist als das, was sie leben. Um diesem Verlangen eine – trügerische – Befriedigung zu gewähren, entstand die erzählende Literatur. Sie wird geschrieben und gelesen, damit die Menschen das Leben haben, mit dessen Nicht-Existenz sie sich nicht abfinden wollen. Im Keim jedes Romans steckt ein gewisses Maß an Nonkonformismus, pulsiert ein Verlangen.

Folgt daraus, daß der Roman gleichbedeutend ist mit Unwirklichkeit? Daß die introvertierten Seeräuber Conrads, die trägen Aristokraten Prousts, die anonymen, mit Widrigkeiten gestraften kleinen Menschen Kafkas und die metaphysischen Gelehrten in den Erzählungen von Borges uns begeistern oder bewegen, weil sie nichts mit uns zu tun haben, weil es uns unmöglich ist, ihre Erfahrungen mit den unseren zu identifizieren? Mitnichten. Man muß vorsichtig sein, denn der Weg der Wahrheit und Lüge in der Welt der Dichtung ist mit Fallen versehen, und die einladenden Oasen, die am Horizont auftauchen, pflegen Luftspiegelungen zu sein.

Wilhelm Busch

Wer möchte diesen Erdenball
Noch fernerhin betreten,
Wenn wir Bewohner überall
Die Wahrheit sagen täten.

Ihr hießet uns, wir hießen euch
Spitzbuben und Halunken,
Wir sagten uns fatales Zeug
Noch eh wir uns betrunken.

Und überall im weiten Land,
Als langbewährtes Mittel,
Entsproßte aus der Menschenhand
Der treue Knotenknittel.

Da lob ich mir die Höflichkeit,
Das zierliche Betrügen.
Du weißt Bescheid, ich weiß Bescheid;
Und allen macht's Vergnügen.

Doris Lessing

Der Preis der Wahrheit

Ein Telefonanruf ...
»Ich muß dir was erzählen, ich muß es ganz einfach *irgend jemandem* erzählen. Ich muß darüber sprechen. Plötzlich ist mir klargeworden, daß du die einzige noch lebende Person bist, die begreifen wird, wovon ich rede. Ist es dir auch schon mal so gegangen? Plötzlich merkt man: Mein Gott, das ist zwanzig, dreißig Jahre her, und ich bin der einzige Mensch, der noch weiß, was wirklich passiert ist.

Erinnerst du dich an Cäsar? Du weißt doch noch, daß ich für ihn gearbeitet habe? Erinnerst du dich? Die meisten Leute haben es vergessen. Wir nannten ihn Cäsar ... das hat er natürlich nie gewußt. Weil er immer gesagt hat: Ich werde England erobern – erinnerst du dich daran? Wenn ja, sind wir, du und ich, die einzigen Menschen, die es noch nicht vergessen haben. Also, Cäsars Sohn hat letzte Woche meine Tochter geheiratet ... Ja, genau, das Leben ist nicht zu überbieten, oder? Das Leben: Gottes kleiner Drehbuchschreiber. Aber du weißt erst die Hälfte. Also, *hör zu*.

Hast du Robert je kennengelernt? Cäsars Sohn? Wenn ja, muß er noch ein kleines Kind gewesen sein. Mittlerweile ist er ein charmanter junger Mann, bezaubernd, wirklich reizend.

Vor zehn Jahren hat er mich im Büro angerufen und zum Abendessen eingeladen. Damals war er vierzehn. Das hat mir die Sprache verschlagen. Soweit das bei mir überhaupt möglich ist. Ich war so *neugierig* und habe natürlich zugesagt. Aber warte, bis du hörst, wohin er mich eingeladen hat. Ins *Berengaria*. Stell dir vor. Ich weiß nicht, was ich erwartet habe, aber er machte alles perfekt. Er hätte fünfunddreißig sein können; dieser Junge, dieses *Baby* in seinem geliehenen Anzug, holte mich mit einem Taxi und einem Blumenstrauß ab. Er hatte einen Tisch reserviert und vorher alles persönlich mit dem Ober abgesprochen. Die Kellner scharwenzelten um uns herum wie die Kindermädchen und haben sich königlich über das Kind und mich amüsiert – selbstverständlich kannten sie mich seit

Jahren, ich bin oft mit Cäsar hingegangen oder habe für ihn dort Abendessen arrangiert. Der Junge redete, als gehörte das Restaurant ihm ... Kannst du dir das vorstellen? Mit keinem Nicken oder irgendeinem kleinen Wink brachten ihn die Kellner in Verlegenheit, sie waren wunderbar. Ich saß da und verlor fast den Verstand. *Vierzehn.* Dann dachte ich mir. Okay, vergiß es, mit vierzehn sind wir alle ein bißchen verrückt. Und wie gewöhnlich hatte ich wenig Zeit. Der Abend muß ihn fünfzig Pfund gekostet haben. Woher hatte er das Geld? Bestimmt nicht von seinem Vater, diesem gemeinen alten ...

Als nächstes hat er mir einen Brief geschrieben, auf bestem, erstklassigem, elfenbeinfarbenem Büttenpapier, auf den oben sein Name gedruckt war: Robert Meredith Stone. Darin bat er mich, mit ihm im St. James's Park spazierenzugehen und anschließend im Ritz den Tee einzunehmen. Moment mal, dachte ich, nur einen Moment ... es ist Zeit, ein bißchen nachzudenken.

Abendessen im Berengaria, gut und schön, schließlich war es Cäsars Stammlokal, aber ein Spaziergang im *Park*? Cäsar ist nie auch nur einen Schritt von den Londoner Bürgersteigen abgewichen. Er kann wahrscheinlich eine Narzisse nicht von einer Rose unterscheiden. Und jetzt, im hohen Alter, sitzt er verdrießlich wie ein bärbeißiger alter Ziegenbock da und sieht sich Videos von Filmen aus den dreißiger Jahren an, ich kann mir nicht vorstellen, daß er durch den Garten humpelt, philosophiert und die Rosen beschneidet. Dafür war Marie immer zuständig.

Ich dachte die Sache durch, dachte wirklich darüber nach, und dann habe ich Marie zum Mittagessen eingeladen. Ich mußte mit ihr sprechen, ohne daß Cäsar davon erfuhr, ich wollte den armen Robert nicht bloßstellen.

Ich hatte Marie seit Jahren nicht gesehen. Wir sind immer gut miteinander ausgekommen, wenn man es so nennen will, wir hatten nichts gemeinsam, aber vertrugen uns miteinander. Mittlerweile ist sie alt, sie hat beschlossen, daß sie eine alte Frau ist. Ich wollte verdammt sein, wenn es mir auch schon so ginge. Ich meine, es ist ganz schön anstrengend, alt zu werden, man muß die Art, wie man sich kleidet, ändern, den ganzen Lebensstil, einfach alles. Für sie ist das in Ordnung, sie hat die Zeit, sie hat in ihrem Leben nie arbeiten müssen. Natürlich war sie neugierig, was ich wollte, und ich wußte nicht, wie ich anfangen sollte. Sobald ich sie sah, wurde mir klar, daß ich sie nicht würde ausfragen können. Wie hätte ich es auch machen sollen? Sag mal, glaubt dein Robert, daß Cäsar und ich eine Affäre hatten, und wenn ja, was soll dann der Spaziergang im St. James's Park und das Entenfüttern?

Sie sagte, es sei unheimlich nett von mir, sie zum Essen einzuladen, aber dann wurde sie vage und sprach über Cäsars Freundinnen. Es hat mir nie was ausgemacht, sagte sie, nach der ersten nicht mehr ... Und dann hat sie einen Witz gemacht, ja, tatsächlich, einen Witz. Nur die erste zählt, weißt du, *le premier pas qui coûte*, und es waren immer so nette Frauen, machte sie mir ein Kompliment, *noblesse oblige*. Und Sex habe ich selbst nie gemocht, sagte sie, vielleicht hatte ich auch mit Cäsar einfach nur Pech oder er mit mir. Ich schwöre dir, sie wollte, daß ich ihr erzähle, wie es für mich mit ihrem Cäsar im Bett gewesen war, und in diesem Augenblick habe ich was begriffen, es kam wie aus heiterem Himmel und verschlug mir die Sprache ... Ja, ist schon gut, aber ich habe dir doch gesagt, daß ich darüber sprechen *muß*. Also, es geht um folgendes: Es war immer unheimlich wichtig für mich, daß ich nie mit Cäsar geschlafen habe, aber in diesem Moment, als ich mit Cäsars Frau dasaß und einen gesunden Salat aß ... haha, wie absolut passend ... begriff ich, *wie* wichtig es war, eine Frage des Stolzes. Und für sie war das Ganze so unwichtig, daß sie sich nicht einmal mehr daran erinnerte, wie ich damals zu ihr gegangen bin und gesagt habe: Sieh mal, Marie, ich weiß nicht, was die anderen denken, und es ist mir auch egal, aber es ist mir wichtig, was *du* denkst. Ich schlafe nicht mit deinem Mann und habe es auch nie getan. Sie erinnerte sich nicht daran, daß ich damals nur deswegen zu ihr gekommen bin, um ihr das zu sagen. Sie sah mich vage an und sagte: Ach ja? Wirklich? Komisch, ich vergesse so viele Sachen ... Aber es hat mir nichts ausgemacht, weißt du? Es hat ihr sehr wohl etwas ausgemacht. Sie hatte beschlossen, es zu vergessen. Ob sie mir nun glaubte oder nicht, es hat ihr wahnsinnig viel ausgemacht, und mir hat es was ausgemacht, daß *es* ihr was ausmachte. Weil ich unschuldig war. Als ich mit ihr zu Mittag aß, war es genauso wie *damals* – weil ich ihr das Wichtigste nicht sagen konnte, nämlich: Dein Mann ist ein gemeiner, knausriger, knickriger Geizhals, und er hat mir so viel Arbeit aufgehalst, daß ich fast daran erstickt wäre, und offensichtlich muß er die Leute, die er anstellt, bis aufs Blut schinden und sie unterbezahlen. Du brauchst dir keine Sorgen zu machen, daß er mit mir schläft, hätte ich damals und an jenem Tag beim Mittagessen am liebsten gesagt, wenn man mit diesem Geizhals arbeiten muß, dann bleibt einem nicht mehr viel Kraft für Sex.

Erinnerst du dich, wie ich damals gelebt habe? Ich hatte zwei Kinder – erinnerst du dich wirklich? Das Komische ist, wenn man Leute in der Öffentlichkeit trifft, im Berufsleben, dann trifft man sie zwar als Einzelwesen, aber oft ist an ihnen wichtig, was man nicht sieht. In meinem Fall waren das zwei Kinder und ein Ex-Mann, der mir ab und zu ein paar Pfund zusteckte, in der Regel jedoch nicht. Ich bekam ein Sekretärinnengehalt, als ich Cäsars Büro leitete, ohne mich wäre er aufgeschmissen gewesen. Ich habe alles organisiert, *ich* war es, die die Kontakte hatte, die alle wichtigen Leute kannte, als er in der Branche anfing. Ich habe ganze Shows für ihn organisiert, und er hat dann die Lorbeeren dafür eingeheimst. Ich habe von acht in der Frühe bis elf, zwölf Uhr abends oder auch bis um eins gearbeitet. Ich habe diesen Mann gemacht, und das wußte er auch, aber wenn er mich entsprechend bezahlt hätte, hätte er meinen wahren Wert anerkennen müssen. Ich behaupte nicht, daß er ohne mich keinen Erfolg gehabt hätte, aber wenn er England eroberte – und das tat er, taten *wir*, er war überall bekannt, nicht nur in diesem Land, und hatte auch in Frankreich und Deutschland einen Namen –, wenn er das alles so erreicht hat, dann wegen mir. Einmal war ich so erschöpft, daß ich morgens nicht aufstehen konnte. Ich rief im Büro an und sagte, so ist es nun mal, ich kündige hiermit, ich halte es nicht mehr aus. Ich wollte mir eine Arbeit suchen, wo ich anständig bezahlt wurde. Ich war mit der Miete im Rückstand. Ich konnte den Kindern nicht mal mehr was zum Anziehen kaufen, und ihr Vater war seit Monaten arbeitslos – er war Schauspieler und konnte nichts dafür. Und plötzlich steht Cäsar vor der Tür, zum erstenmal, und damals arbeitete ich schon gut zehn Jahre für ihn. Er kommt rein, sieht sich um. Zwei Zimmer mit Bad, o ja, das schon, es war eine anständige kleine Wohnung, den Kindern sollte es daran nicht fehlen, ich schlief im Wohnzimmer und sie nebenan. Hübsche Wohnung, sagte Cäsar, schnüffelte überall herum und wollte den Preis von allem wissen. Du läßt es dir gutgehen. Er mit seinem verdammten Riesenhaus in Richmond. Ich bin wieder ins Bett und sofort eingeschlafen, ich war *so krank*, mir war alles egal. Du kannst mir nicht einfach kündigen, sagte er und schüttelte mich wach. Ich tu's aber, sagte ich. Um mich kurz zu fassen, er hat mein Gehalt um ein paar Pfund erhöht, und es reichte, um einen Teil meiner Schulden zu bezahlen. Dennoch verdiente ich immer noch nicht soviel wie eine gute PR-Angestellte. Du kannst mich nicht im Stich lassen, sagte er. Ich erinnere mich an seinen Ton, es hat mir die Sprache verschlagen, als hätte *ich ihn* schlecht behandelt.

All die Jahre hat er versucht, mit mir ins Bett zu gehen. Vor allem, wenn wir unterwegs waren. Ich wollte nicht. Zum einen, weil er nicht unbedingt mein Typ war, zum anderen war es eine Frage der Selbstachtung. Ja, noch mehr, es ging um mein *Überleben*. Ich konnte nicht zulassen, daß er sich vollkommen meiner bemächtigte. Er besaß meine ganze Arbeitskraft, aber den Rest ... Fragst du dich noch immer, warum ich so lange bei ihm geblieben bin? Ich erinnere mich, daß du mich einmal gefragt hast: Warum bleibst du bei ihm, wo du woanders das Vierfache verdienen könntest? Die Sache war, die Stelle war wie geschaffen für mich ... Ich und die Arbeit, wir waren zusammen groß geworden ... Ich hatte diese Stelle *gemacht*, hatte ihn gemacht. Er wußte, daß ich sie nicht aufgeben konnte. Er wußte, daß wir auf eine komische Art und Weise miteinander stehen oder fallen würden, wir paßten zusammen, seine Talente und meine, wir waren ein Team. Er ist dabei reich geworden, weißt du? Er wurde Millionär. Typischerweise hat er immer gesagt: Was ist heutzutage schon eine Million? Und ich hätte nie im Leben gesagt: Wenn das für dich nichts ist, dann gib mir was davon ab. *Stolz*. Okay, okay, manchmal wundere ich mich auch darüber ... aber ich glaube, was ich damals fühlte, war: Wenn ich das aushalte, kann ich alles aushalten. Ich fühlte mich stark ... fühlte mich unzerstörbar.

Du hast gedacht, ich würde mit ihm schlafen, nicht wahr? Alle Welt hat das gedacht. Dafür hat er gesorgt. Hat auf diese bestimmte Art über mich gesprochen und auf eine Weise gelächelt ... Wenn eine große Sache anstand, eine Premiere oder so was, dann hat er meinen Arm genommen und dafür gesorgt, daß es auch jeder merkte. Cäsar und seine Geliebte. Und ich hab mitgespielt, aber ich hab ihm einen Blick zugeworfen, und er hat ihn verstanden. Es war ein Kampf, ein Kampf bis auf den Tod. Ich sagte, in Ordnung, aber du und ich, wir kennen die Wahrheit. Ich bin nicht deine Geliebte und werde es nie sein.

So ging es jahrelang. Und dann wurde mir der Job angeboten, den ich jetzt habe, und dieses Angebot fiel mit Cäsars Entscheidung zusammen, daß er genug hatte, daß es für ihn an der Zeit war, die Beine hochzulegen.

Und all diese Jahre habe ich gedacht: Du alter Ziegenbock, du kleiner Gauleiter, geschlafen habe ich jedenfalls nicht mit dir.

Da saß ich also der alten Marie gegenüber, und plötzlich war mir klar, daß sie alles vergessen hatte und es ihr sowieso gleichgültig war. Und da hatte ich das Gefühl ... als ob ich irgendwo in mir drin zusammenbrechen würde. Für mich war es so wichtig gewesen.

Zumindest verstand ich während des Mittagessens, was passiert war ... Cäsars Kinder waren noch klein, als ich aufhörte, für ihn zu arbeiten. Doch als sie heranwuchsen, müssen sie ihn von mir auf eine Art reden gehört haben, als ob ich sein Eigentum gewesen wäre. Robert wird begriffen haben. In der Zwischenzeit hatte ich einen Erfolg nach dem anderen. Ich bin sehr *sichtbar*, verstehst du? Als ich für ihn arbeitete, war das *eine* Sache: Alle Welt sollte denken, daß sein Mädchen für alles auch mit ihm schlief. Und jetzt hätte er seit langer Zeit wirklich guten Grund, mit mir anzugeben. Aber wenn du dich fragst, woher Robert die Idee mit den Spaziergängen im Park und dem Teetrinken im Ritz hatte, also, ich weiß es nicht. Er ist ein süßer, lieber Junge, er ist wirklich nett, ich meine, er hat einen freundlichen Charakter, er ist romantisch, und wahrscheinlich hat er gedacht, daß Spaziergänge im Park und Tee im Ritz zu einer perfekten Liebesaffäre gehören.

Er schrieb mir Liebesbriefe. Ganz offensichtlich hatte er sie irgendwo abgeschrieben. Vielleicht aus einem Roman. Ich war völlig von den Socken wegen der Briefe, sie klangen, als stammten sie aus dem achtzehnten Jahrhundert, na ja, vielleicht taten sie das auch. Ich wartete ein paar Tage und schickte ihm Karten fürs Theater oder eine Premiere. Einmal sah ich ihn dann mit einem Mädchen und schließlich mit meiner Tochter Sonia. Erinnerst du dich an sie? Sie ist eine Schönheit. Ja, mittlerweile kann ich es sagen ... sie sieht aus wie ich, als ich jung war. Und *da* liegt der Hase begraben.

Robert begann regelmäßig mit ihr auszugehen. Ich hab mir nichts dabei gedacht. Ich hatte keine Zeit. Erst vor kurzem ist mir klargeworden, wie hart ich mein ganzes Leben lang gearbeitet habe. Warum und weshalb? Bis zum Umfallen habe ich gearbeitet, als ich für die Kinder zu sorgen hatte, aber auch als ich sie los war ... wenn man es so nennen kann, heutzutage wird man sie nie los, aber zumindest würden sie nicht verhungern, wenn ich sagen würde, genug, jetzt reicht's, von mir habt ihr nichts mehr zu erwarten. Weißt du, warum ich das nie sagen würde? Weil ich nicht so gemein sein will wie Cäsar, darum.

Dann, ungefähr vor einem Jahr, ruft Marie mich an, klingt recht weltklug und sagt: Was denkst du über unseren Robert und deine Sonia? Sie wollen heiraten. Wir haben zu ihm gesagt, ihr seid beide noch zu jung, aber natürlich hören sie nicht auf uns.

Den Rest kannst du dir denken. Robert wollte immer Cäsar der Zweite sein. *Aber.* Er ist nicht ehrgeizig, verstehst du. Er weiß überhaupt nicht, was Ehrgeiz ist. Er arbeitet brav in dieser Werbeagentur und träumt davon, wie Cäsar zu sein, aber irgendwie stellt er die Verbindung nicht her ... Wenn man arbeitet, muß man sich schier umbringen oder jemand anders, der für einen arbeitet, dazu zwingen, sich schier umzubringen. Er ist zu nett, um erfolgreich zu sein, verstehst du? Aber wenn er die Geliebte seines Vaters bekommt, ist er schon ein gutes Stück weiter.

Fragst du dich, wieviel meine Tochter Sonia davon weiß? Nicht viel. Sie denkt, ich war Cäsars Geliebte, und haßt mich dafür. Einmal habe ich zu ihr gesagt, Sonia, ihr zwei Kinder und ich, wir haben auf engstem Raum in einer Zweizimmerwohnung gelebt, bis du zwanzig warst. Du weißt, ich hatte keine Männer, wo hätte ich sie unterbringen sollen? Was war auf den Reisen? fragt sie und meint, mich ertappt zu haben. Ich sage zu ihr, Sonia, ich war abends oft so müde, daß ich angezogen aufs Bett gefallen bin ... Na ja, ab und zu habe ich mich ausgetobt, wenn ich noch Kraft dazu hatte, was nicht oft der Fall war. Sie begreift es nicht. Aber ich habe etwas begriffen ... sie hat nie in ihrem Leben hart gearbeitet. Sie weiß nicht, was es heißt, so müde zu sein, daß man Angst davor hat, auch nur einen Millimeter nachzulassen, denn wenn man nachläßt, geht alles in die Brüche. Und sie wird es nie erfahren, weil Robert sich um sie kümmert, als wäre sie ein kleines Kätzchen, das niemals erwachsen wird. Er muß glauben, daß sich sein Vater so um mich gekümmert hat. Er ist so grundanständig, daß es ihm nie einfallen würde, etwas anderes zu denken. Cäsar hat als Vater eine freundliche, verständnisvolle Figur abgegeben, und das wird auch Robert tun.

Um mich kurz zu fassen ...

Letzten Samstag war die Hochzeit. Sechshundert Gäste waren da. Alles Leute aus dem Showgeschäft, vom Fernsehen, Radio, Theater. Für Cäsar war es eine erinnerungsträchtige Veranstaltung, weil er sich schon vor so langer Zeit zurückgezogen hat.

Und *wir* waren alle da: Marie, die Mutter des Bräutigams, Cäsar, der Vater, Sonias Vater – aber er war schon immer eine eher unwesentliche Erscheinung, nicht, daß es sein Fehler wäre – und ich, die Mutter der Braut.

Als dann die Fotos gemacht wurden ... nein, jetzt zur Sache. Robert kam plötzlich nach vorn und hat das Kommando übernommen, und auf einmal erkannte ich Cäsar in ihm. Erinnerst du dich an diese tödliche, ruhige, verdammte, lächelnde Entschlossenheit, diesen eisernen Willen, daß sich ihm nichts in den Weg stellen durfte? So war Robert, den ganzen Samstagnachmittag lang. Es war absolut unabdingbar, daß Fotos von ihm und Sonia mit mir und Cäsar zu beiden Seiten gemacht wurden, dann ein Foto, wie wir hinter ihnen stehen, vor ihnen sitzen ... und so weiter und so fort. Es war peinlich. Papa und seine berühmte Geliebte, Papas Sohn und die Geliebte, wie sie früher war. Den ganzen Nachmittag über sagten Leute zu mir: Mein Gott, meine Liebe, aber deine Tochter sieht *genauso* aus wie du früher.

Na ja, ich habe Cäsar genau die Blicke zugeworfen wie früher, aber er begriff nicht, was los war. Ich schwör dir, manche Männer verlieren ihren Grips, wenn sie in Rente gehen, ich schwör dir, früher hätte er die Sache durchschaut, auch wenn er es nicht zugegeben hätte. Was er *nicht* gesehen hat, ist, daß sich seine *schreckliche*, skrupellose Zielstrebigkeit – ich kam, sah und siegte – in seinem Sohn wiederfindet, allerdings mit einem erbärmlichen Ziel: Papas Geliebte heiraten zu wollen.

Ich hatte mehr und mehr das Gefühl ... als ob ich überhaupt nicht existierte. Verstehst du?

Na ja. Es war eine wirklich *gemütliche* Trauung, ein wunderbares Fest, ein großes Vergnügen für alle, und als das glückliche Paar schließlich nach Venedig abreiste, auf meine Rechnung, hat mir meine Tochter einen Blick reinen Triumphes zugeworfen, obwohl Gott allein weiß, was sie glaubt, worin ihr Triumph besteht. Und er, dieser *liebe* Junge, hat mich geküßt, wie einen ein Liebhaber küßt, der sich für immer verabschiedet.

Aber das Wesentliche ist, das wirklich Wesentliche, das absolut *verdammt* Wesentliche ... es gibt keine Möglichkeit, daß ich zu irgend jemandem sage, und ich wage kaum daran zu denken, daß es mir irgendwann einmal aus Versehen herausrutscht: Nein, ich war *nicht* Cäsars Geliebte, niemals, wir haben uns noch nicht einmal geküßt, denn das würde diesem lieben Jungen die Lebensgrundlage entziehen. Die ganze Sache – die Konzentration auf Sonia, das Ausstechen all ihrer anderen Verehrer, sie öffentlich und vor aller Welt, die sein Vater und ich kennen, zu heiraten, das Mädchen wie ein preisgekröntes Hündchen zu behandeln –, all das wäre auf *nichts*, auf überhaupt nichts gegründet.

Nada.

Und es gibt niemanden, mit dem ich darüber sprechen kann, niemanden, dem ich es erzählen kann ... außer dir. Also, meine Liebe, irgendwann einmal werde ich mich hoffentlich revanchieren können.«

Die niemals ihre Meinung zurücknehmen, lieben sich mehr als die Wahrheit.
Joseph Joubert

Wahrheit will keine Götter neben sich. – Der Glaube an die Wahrheit beginnt mit dem Zweifel an allen bis dahin geglaubten Wahrheiten.

Feinde der Wahrheit. – Überzeugungen sind gefährlichere Feinde der Wahrheit als Lügen.
Friedrich Nietzsche

Die destruktiven Elemente ziehen aus nichts so viel Nutzen und Nahrung wie aus den Unwahrheiten derer, die, sei es in Staat oder Kirche, sich anspruchsvoll als die bestellten Wächter der Wahrheit gerieren.
Theodor Fontane

Hans Magnus Enzensberger

Friedenskongreß

Ein Flugzeug landet mit hundert Lügnern an Bord.
Mit einer Handvoll Blumen empfängt sie die Stadt,
mit einem Geruch nach Naphta und Schweiß,
mit einem Wind aus den Ebenen Asiens.

Unter den Scheinwerfern sagen die Lügner
in fünfzig Sprachen: Wir sind gegen den Krieg.
Schweigend geb ich den Lügnern recht.
Die Lügner sagen die Wahrheit, doch
warum brauchen sie fünfzig Stunden
für einen einzigen Satz?

Wenn sie abreisen, sind die Blumen grau.
Die Aschbecher fließen über
von solidarischen Kippen,
unerschütterlichen Zigarrenenden
und unbesieglichen Stummeln.
In den Spucknäpfen schwimmt der Frieden.

Im Weißen Haus, unter den Scheinwerfern
verkünden zur selben Stunde die ehrlichen Leute
eine andere Wahrheit: Der Krieg wächst.
Nur die Lügner sind unerschütterlich.

Im Weißen Haus sind die Blumen frisch,
die Spucknäpfe desinfiziert
und die Aschbecher sauber wie Bomben.

Ein Windstoß fährt über die Stadt,
ein Wind aus den Ebenen Asiens. So pfeift
eine gedrosselte Frau, die um ihr Leben kämpft.

Richard von Weizsäcker

*Zum 40. Jahrestag der Beendigung des Krieges in Europa und der nationalsozialistischen Gewaltherrschaft**

I.

Viele Völker gedenken heute des Tages, an dem der Zweite Weltkrieg in Europa zu Ende ging. Seinem Schicksal gemäß hat jedes Volk dabei seine eigenen Gefühle. Sieg oder Niederlage, Befreiung von Unrecht und Fremdherrschaft oder Übergang zu neuer Abhängigkeit, Teilung, neue Bündnisse, gewaltige Machtverschiebungen – der 8. Mai 1945 ist ein Datum von entscheidender historischer Bedeutung in Europa.

Wir Deutsche begehen den Tag unter uns, und das ist notwendig. Wir müssen die Maßstäbe allein finden. Schonung unserer Gefühle durch uns selbst oder durch andere hilft nicht weiter. Wir brauchen und wir haben die Kraft, der Wahrheit, so gut wir es können, ins Auge zu sehen, ohne Beschönigung und ohne Einseitigkeit.

Der 8. Mai ist für uns vor allem ein Tag der Erinnerung an das, was Menschen erleiden mußten. Er ist zugleich ein Tag des Nachdenkens über den Gang unserer Geschichte. Je ehrlicher wir ihn begehen, desto freier sind wir, uns seinen Folgen verantwortlich zu stellen.

Der 8. Mai ist für uns Deutsche kein Tag zum Feiern. Die Menschen, die ihn bewußt erlebt haben, denken an ganz persönliche und damit ganz unterschiedliche Erfahrungen zurück. Der eine kehrte heim, der andere wurde heimatlos. Dieser wurde befreit, für jenen begann die Gefangenschaft. Viele waren einfach nur dafür dankbar, daß Bombennächte und Angst vorüber und sie mit dem Leben davongekommen waren. Andere empfanden Schmerz über die vollständige Niederlage des eigenen Vaterlandes. Verbittert standen Deutsche vor zerrissenen Illusionen, dankbar andere Deutsche für den geschenkten neuen Anfang.

* Ansprache am 8. Mai 1985 in der Gedenkstunde im Plenarsaal des Deutschen Bundestages

Es war schwer, sich alsbald klar zu orientieren. Ungewißheit erfüllte das Land. Die militärische Kapitulation war bedingungslos. Unser Schicksal lag in der Hand der Feinde. Die Vergangenheit war furchtbar gewesen, zumal auch für viele dieser Feinde. Würden sie uns nun nicht vielfach entgelten lassen, was wir ihnen angetan hatten?

Die meisten Deutschen hatten geglaubt, für die gute Sache des eigenen Landes zu kämpfen und zu leiden. Und nun sollte sich herausstellen: Das alles war nicht nur vergeblich und sinnlos, sondern es hatte den unmenschlichen Zielen einer verbrecherischen Führung gedient. Erschöpfung, Ratlosigkeit und neue Sorgen kennzeichneten die Gefühle der meisten. Würde man noch eigene Angehörige finden? Hatte ein Neuaufbau in diesen Ruinen überhaupt Sinn?

Der Blick ging zurück in einen dunklen Abgrund der Vergangenheit und nach vorn in eine ungewisse, dunkle Zukunft.

Und dennoch wurde von Tag zu Tag klarer, was es heute für uns alle gemeinsam zu sagen gilt: Der 8. Mai war ein Tag der Befreiung. Er hat uns alle befreit von dem menschenverachtenden System der nationalsozialistischen Gewaltherrschaft.

Niemand wird um dieser Befreiung willen vergessen, welche schweren Leiden für viele Menschen mit dem 8. Mai erst begannen und danach folgten. Aber wir dürfen nicht im Ende des Krieges die Ursache für Flucht, Vertreibung und Unfreiheit sehen. Sie liegt vielmehr in seinem Anfang und im Beginn jener Gewaltherrschaft, die zum Krieg führte.

Wir dürfen den 8. Mai 1945 nicht vom 30. Januar 1933 trennen.

Wir haben wahrlich keinen Grund, uns am heutigen Tag an Siegesfesten zu beteiligen. Aber wir haben allen Grund, den 8. Mai 1945 als das Ende eines Irrweges deutscher Geschichte zu erkennen, das den Keim der Hoffnung auf eine bessere Zukunft barg.

II.

Der 8. Mai ist ein Tag der Erinnerung. Erinnern heißt, eines Geschehens so ehrlich und rein zu gedenken, daß es zu einem Teil des eigenen Innern wird. Das stellt große Anforderungen an unsere Wahrhaftigkeit.

Wir gedenken heute in Trauer aller Toten des Krieges und der Gewaltherrschaft.

Wir gedenken insbesondere der sechs Millionen Juden, die in deutschen Konzentrationslagern ermordet wurden.

Wir gedenken aller Völker, die im Krieg gelitten haben, vor allem der unsäglich vielen Bürger der Sowjetunion und der Polen, die ihr Leben verloren haben.

Als Deutsche gedenken wir in Trauer der eigenen Landsleute, die als Soldaten, bei den Fliegerangriffen in der Heimat, in Gefangenschaft und bei der Vertreibung ums Leben gekommen sind.

Wir gedenken der ermordeten Sinti und Roma, der getöteten Homosexuellen, der umgebrachten Geisteskranken, der Menschen, die um ihrer religiösen oder politischen Überzeugung willen sterben mußten.

Wir gedenken der erschossenen Geiseln.

Wir denken an die Opfer des Widerstandes in allen von uns besetzten Staaten.

Als Deutsche ehren wir das Andenken der Opfer des deutschen Widerstandes, des bürgerlichen, des militärischen und glaubensbegründeten, des Widerstandes in der Arbeiterschaft und bei Gewerkschaften, des Widerstandes der Kommunisten.

Wir gedenken derer, die nicht aktiv Widerstand leisteten, aber eher den Tod hinnahmen, als ihr Gewissen zu beugen.

Neben dem unübersehbar großen Heer der Toten erhebt sich ein Gebirge menschlichen Leids,
Leid um die Toten,
Leid durch Verwundung und Verkrüppelung,
Leid durch unmenschliche Zwangssterilisierung,
Leid in Bombennächten,
Leid durch Flucht und Vertreibung, durch Vergewaltigung und Plünderung, durch Zwangsarbeit, durch Unrecht und Folter, durch Hunger und Not,
Leid durch Angst vor Verhaftung und Tod,
Leid durch Verlust all dessen, woran man irrend geglaubt und wofür man gearbeitet hatte.

Heute erinnern wir uns dieses menschlichen Leids und gedenken seiner in Trauer.

Den vielleicht größten Teil dessen, was den Menschen aufgeladen war, haben die Frauen der Völker getragen.

Ihre Leiden, ihre Entsagung und ihre stille Kraft vergißt die Weltgeschichte nur allzu leicht. Sie haben gebangt und gearbeitet, menschliches Leben getragen und beschützt. Sie haben getrauert um gefallene Väter und Söhne, Männer, Brüder und Freunde.

Sie haben in den dunkelsten Jahren das Licht der Humanität vor dem Erlöschen bewahrt.

Am Ende des Krieges haben sie als erste und ohne Aussicht auf eine gesicherte Zukunft Hand angelegt, um wieder einen Stein auf den anderen zu setzen, die Trümmerfrauen in Berlin und überall.

Als die überlebenden Männer heimkehrten, mußten Frauen oft wieder zurückstehen. Viele Frauen blieben auf Grund des Krieges allein und verbrachten ihr Leben in Einsamkeit.

Wenn aber die Völker an den Zerstörungen, den Verwüstungen, den Grausamkeiten und Unmenschlichkeiten innerlich nicht zerbrachen, wenn sie nach dem Krieg langsam wieder zu sich selbst kamen, dann verdanken wir es zuerst unseren Frauen.

III.

Am Anfang der Gewaltherrschaft hatte der abgrundtiefe Haß Hitlers gegen unsere jüdischen Mitmenschen gestanden. Hitler hatte ihn nie vor der Öffentlichkeit verschwiegen, sondern das ganze Volk zum Werkzeug dieses Hasses gemacht. Noch am Tag vor seinem Ende, am 30. April 1945, hatte er sein sogenanntes Testament mit den Worten abgeschlossen:

»Vor allem verpflichte ich die Führung der Nation und die Gefolgschaft zur peinlichen Einhaltung der Rassengesetze und zum unbarmherzigen Widerstand gegen den Weltvergifter aller Völker, dem internationalen Judentum.«

Gewiß, es gibt kaum einen Staat, der in seiner Geschichte immer frei blieb von schuldhafter Verstrickung in Krieg und Gewalt. Der Völkermord an den Juden jedoch ist beispiellos in der Geschichte.

Die Ausführung des Verbrechens lag in der Hand weniger. Vor den Augen der Öffentlichkeit wurde es abgeschirmt. Aber jeder Deutsche konnte miterleben, was jüdische Mitbürger erleiden mußten, von kalter Gleichgültigkeit über versteckte Intoleranz bis zu offenem Haß.

Wer konnte arglos bleiben nach den Bränden der Synagogen, den Plünderungen, der Stigmatisierung mit dem Judenstern, dem Rechtsentzug, den unaufhörlichen Schändungen der menschlichen Würde?

Wer seine Ohren und Augen aufmachte, wer sich informieren wollte, dem konnte nicht entgehen, daß Deportationszüge rollten. Die Phantasie der Menschen mochte für Art und Ausmaß der Vernichtung nicht aureichen. Aber in Wirklichkeit trat zu den Verbrechen selbst der Versuch allzu vieler, auch in meiner Generation, die wir jung und an der Planung und Ausführung der Ereignisse unbeteiligt waren, nicht zur Kenntnis zu nehmen, was geschah.

Es gab viele Formen, das Gewissen ablenken zu lassen, nicht zuständig zu sein, wegzuschauen, zu schweigen. Als dann am Ende des Krieges die ganze unsagbare Wahrheit des Holocaust herauskam, beriefen sich allzu viele von uns darauf, nichts gewußt oder auch nur geahnt zu haben.

Schuld oder Unschuld eines ganzen Volkes gibt es nicht. Schuld ist, wie Unschluld, nicht kollektiv, sondern persönlich.

Es gibt entdeckte und verborgen gebliebene Schuld von Menschen. Es gibt Schuld, die sich Menschen eingestanden oder abgeleugnet haben. Jeder, der die Zeit mit vollem Bewußtsein erlebt hat, frage sich heute im stillen selbst nach seiner Verstrickung.

Der ganz überwiegende Teil unserer heutigen Bevölkerung war zur damaligen Zeit entweder im Kindesalter oder noch gar nicht geboren. Sie können nicht eine eigene Schuld bekennen für Taten, die sie gar nicht begangen haben.

Kein fühlender Mensch erwartet von ihnen, ein Büßerhemd zu tragen, nur weil sie Deutsche sind. Aber die Vorfahren haben ihnen eine schwere Erbschaft hinterlassen.

Wir alle, ob schuldig oder nicht, ob alt oder jung, müssen die Vergangenheit annehmen. Wir alle sind von ihren Folgen betroffen und für sie in Haftung genommen.

Jüngere und Ältere müssen und können sich gegenseitig helfen, zu verstehen, warum es lebenswichtig ist, die Erinnerung wachzuhalten.

Es geht nicht darum, Vergangenheit zu bewältigen. Das kann man gar nicht. Sie läßt sich ja nicht nachträglich ändern oder ungeschehen machen. Wer aber vor der Vergangenheit die Augen verschließt, wird blind für die Gegenwart. Wer sich der Unmenschlichkeit nicht erinnern will, der wird wieder anfällig für neue Ansteckungsgefahren.

Das jüdische Volk erinnert sich und wird sich immer erinnern. Wir suchen als Menschen Versöhnung.

Gerade deshalb müssen wir verstehen, daß es Versöhnung ohne Erinnerung gar nicht geben kann. Die Erfahrung millionenfachen Todes ist ein Teil des Innern jedes Juden in der Welt, nicht nur deshalb, weil Menschen ein solches Grauen nicht vergessen können. Sondern die Erinnerung gehört zum jüdischen Glauben.

Das Vergessenwollen verlängert das Exil, und das Geheimnis der Erlösung heißt Erinnerung.

Diese oft zitierte jüdische Weisheit will wohl besagen, daß der Glaube an Gott ein Glaube an sein Wirken in der Geschichte ist.

Die Erinnerung ist die Erfahrung vom Wirken Gottes in der Geschichte. Sie ist die Quelle des Glaubens an die Erlösung. Diese Erfahrung schafft Hoffnung, sie schafft Glauben an Erlösung, an Wiedervereinigung des Getrennten, an Versöhnung. Wer sie vergißt, verliert den Glauben.

Würden wir unsererseits vergessen wollen, was geschehen ist, anstatt uns zu erinnern, dann wäre dies nicht nur unmenschlich. Sondern wir würden damit dem Glauben der überlebenden Juden zu nahe treten, und wir würden den Ansatz zur Versöhnung zerstören.

Für uns kommt es auf ein Mahnmal des Denkens und Fühlens in unserem eigenen Inneren an.

IV.

Der 8. Mai ist ein tiefer, historischer Einschnitt, nicht nur in der deutschen, sondern auch in der europäischen Geschichte.

Der europäische Bürgerkrieg war an sein Ende gelangt, die alte europäische Welt zu Bruch gegangen. »Europa hatte sich ausgekämpft« (M. Stürmer). Die Begegnung amerikanischer und sowjetrussischer Soldaten an der Elbe wurde zu einem Symbol für das vorläufige Ende einer europäischen Ära.

Gewiß, das alles hatte seine alten geschichtlichen Wurzeln. Großen, ja bestimmenden Einfluß hatten die Europäer in der Welt, aber ihr

Zusammenleben auf dem eigenen Kontinent zu ordnen, das vermochten sie immer schlechter. Über hundert Jahre lang hatte Europa unter dem Zusammenprall nationalsozialistischer Übersteigerungen gelitten. Am Ende des Ersten Weltkrieges war es zu Friedensverträgen gekommen. Aber ihnen hatte die Kraft gefehlt, Frieden zu stiften. Erneut waren nationalistische Leidenschaften aufgeflammt und hatten sich mit sozialen Notlagen verknüpft.

Auf dem Weg ins Unheil wurde Hitler die treibende Kraft. Er erzeugte und er nutzte Massenwahn. Eine schwache Demokratie war unfähig, ihm Einhalt zu gebieten. Und auch die europäischen Westmächte, nach Churchills Urteil »arglos, nicht schuldlos«, trugen durch Schwäche zur verhängnisvollen Entwicklung bei. Amerika hatte sich nach dem Ersten Weltkrieg wieder zurückgezogen und war in den 30er Jahren ohne Einfluß auf Europa.

Hitler wollte die Herrschaft über Europa, und zwar durch Krieg. Den Anlaß dafür suchte und fand er in Polen.

Am 23. Mai 1939 – wenige Monate vor Kriegsausbruch – erklärte er vor der deutschen Generalität:

»Weitere Erfolge können ohne Blutvergießen nicht mehr errungen werden ... Danzig ist nicht das Objekt, um das es geht.

Es handelt sich für uns um die Erweiterung des Lebensraumes im Osten und Sicherstellung der Ernährung ...

Es entfällt also die Frage, Polen zu schonen, und bleibt der Entschluß, bei erster passender Gelegenheit Polen anzugreifen ...

Hierbei spielen Recht oder Unrecht oder Verträge keine Rolle.«

Am 23. August 1939 wurde der deutsch-sowjetische Nichtangriffspakt geschlossen. Das geheime Zusatzprotokoll regelte die bevorstehende Aufteilung Polens.

Der Vertrag wurde geschlossen, um Hitler den Einmarsch in Polen zu ermöglichen. Das war der damaligen Führung der Sowjetunion voll bewußt. Allen politisch denkenden Menschen jener Zeit war klar, daß der deutsch-sowjetische Pakt Hitlers Einmarsch in Polen und damit den Zweiten Weltkrieg bedeutete.

Dadurch wird die deutsche Schuld am Ausbruch des Zweiten Weltkrieges nicht verringert. Die Sowjetunion nahm den Krieg anderer Völker in Kauf, um sich am Ertrag zu beteiligen. Die Initiative zum Krieg aber ging von Deutschland aus, nicht von der Sowjetunion.

Es war Hitler, der zur Gewalt griff. Der Ausbruch des Zweiten Weltkrieges bleibt mit dem deutschen Namen verbunden.

Während des Krieges hat das nationalsozialistische Regime viele Völker gequält und geschändet.

Am Ende blieb nur noch ein Volk übrig, um gequält, geknechtet und geschändet zu werden: das eigene, das deutsche Volk. Immer wieder hat Hitler ausgesprochen: wenn das deutsche Volk schon nicht fähig sei, in diesem Krieg zu siegen, dann möge es eben untergehen. Die anderen Völker wurden zunächst Opfer eines von Deutschland ausgehenden Krieges, bevor wir selbst zu Opfern unseres eigenen Krieges wurden.

Es folgte die von den Siegermächten verabredete Aufteilung Deutschlands in verschiedene Zonen. Inzwischen war die Sowjetunion in alle Staaten Ost- und Südwesteuropas, die während des Krieges von Deutschland besetzt worden waren, einmarschiert. Mit Ausnahme Griechenlands wurden alle diese Staaten sozialistische Staaten.

Die Spaltung Europas in zwei verschiedene politische Systeme nahm ihren Lauf. Es war erst die Nachkriegsentwicklung, die sie befestigte. Aber ohne den von Hitler begonnenen Krieg wäre sie nicht gekommen. Daran denken die betroffenen Völker zuerst, wenn sie sich des von der deutschen Führung ausgelösten Krieges erinnern.

Im Blick auf die Teilung unseres eigenen Landes und auf den Verlust großer Teile des deutschen Staatsgebietes denken auch wir daran. In seiner Predigt zum 8. Mai sagte Kardinal Meisner in Ost-Berlin: »Das trostlose Ergebnis der Sünde ist immer die Trennung.«

V.

Die Willkür der Zerstörung wirkte in der willkürlichen Verteilung der Lasten nach. Es gab Unschuldige, die verfolgt wurden, und Schuldige, die entkamen. Die einen hatten das Glück, zu Hause in vertrauter Umgebung ein neues Leben aufbauen zu können. Andere wurden aus der angestammten Heimat vertrieben. Wir in der späteren Bundesrepublik Deutschland erhielten die kostbare Chance der Freiheit. Vielen Millionen Landsleuten bleibt sie bis heute versagt.

Die Willkür der Zuteilung unterschiedlicher Schicksale ertragen zu lernen, war die erste Aufgabe im Geistigen, die sich neben der Aufgabe des materiellen Wiederaufbaus stellte. An ihr mußte sich die menschliche Kraft erproben, die Lasten anderer zu erkennen, an ihnen dauerhaft mitzutragen, sie nicht zu vergessen. In ihr mußte die Fähigkeit zum Frieden und die Bereitschaft zur Versöhnung nach innen und außen wachsen, die nicht nur andere von uns forderten, sondern nach denen es uns selbst am allermeisten verlangte.

Wir können des 8. Mai nicht gedenken, ohne uns bewußtzumachen, welche Überwindung die Bereitschaft zur Aussöhnung den ehemaligen Feinden abverlangte. Können wir uns wirklich in die Lage von Angehörigen der Opfer des Warschauer Ghettos oder des Massakers von Lidice versetzen?

Wie schwer mußte es aber auch einem Bürger in Rotterdam oder London fallen, den Wiederaufbau unseres Landes zu unterstützen, aus dem die Bomben stammten, die erst kurze Zeit zuvor auf seine Stadt gefallen waren. Dazu mußte allmählich eine Gewißheit wachsen, daß Deutsche nicht noch einmal versuchen würden, eine Niederlage mit Gewalt zu korrigieren.

Bei uns selbst wurde das Schwerste den Heimatvertriebenen abverlangt. Ihnen ist noch lange nach dem 8. Mai bitteres Leid und schweres Unrecht widerfahren. Um ihrem schweren Schicksal mit Verständnis zu begegnen, fehlt uns Einheimischen oft die Phantasie und auch das offene Herz.

Aber es gab alsbald auch große Zeichen der Hilfsbereitschaft. Viele Millionen Flüchtlinge und Vertriebene wurden aufgenommen. Im Laufe der Jahre konnten sie neue Wurzeln schlagen. Ihre Kinder und Enkel bleiben auf vielfache Weise der Kultur und der Liebe zur Heimat ihrer Vorfahren verbunden. Das ist gut so, denn das ist ein wertvoller Schatz in ihrem Leben.

Sie haben aber selbst eine neue Heimat gefunden, in der sie mit den gleichaltrigen Einheimischen aufwachsen und zusammenwachsen, ihre Mundart sprechen und ihre Gewohnheiten teilen. Ihr junges Leben ist ein Beweis für die Fähigkeit zum inneren Frieden. Ihre Großeltern oder Eltern wurden einst vertrieben, sie jedoch sind jetzt zu Hause.

Früh und beispielhaft haben sich die Heimatvertriebenen zum Gewaltverzicht bekannt. Das war keine vergängliche Erklärung im anfänglichen Stadium der Machtlosigkeit, sondern ein Bekenntnis, das seine Gültigkeit behält. Gewaltverzicht bedeutet, allseits das Vertrauen wachsen zu lassen, daß auch ein wieder zu Kräften gekommenes Deutschland daran gebunden bleibt.

Die eigene Heimat ist mittlerweile anderen zur Heimat geworden. Auf vielen alten Friedhöfen im Osten finden sich heute schon mehr polnische als deutsche Gräber.

Der erzwungenen Wanderschaft von Millionen Deutschen nach Westen folgten Millionen Polen und ihnen wiederum Millionen Russen. Es sind alles Menschen, die nicht gefragt wurden, Menschen, die Unrecht erlitten haben, Menschen, die wehrlose Objekte der politischen Ereignisse wurden und denen keine Aufrechnung von Unrecht und keine Konfrontation von Ansprüchen wiedergutmachen kann, was ihnen angetan worden ist.

Gewaltverzicht heute heißt, den Menschen dort, wo sie das Schicksal nach dem 8. Mai hingetrieben hat und wo sie nun seit Jahrzehnten leben, eine dauerhafte, politisch unangefochtene Sicherheit für ihre Zukunft zu geben. Dies heißt, den widerstreitenden Rechtsansprüchen das Verständigungsgebot überzuordnen.

Darin liegt der eigentliche, der menschliche Beitrag zu einer europäischen Friedensordnung, der von uns ausgehen kann.

Der Neuanfang in Europa nach 1945 hat dem Gedanken der Freiheit und Selbstbestimmung Siege und Niederlagen gebracht. Für uns gilt es, die Chance des Schlußstrichs unter eine lange Periode europäischer Geschichte zu nutzen, in der jedem Staat Frieden nur denkbar und sicher schien als Ergebnis eigener Überlegenheit und in der Frieden eine Zeit der Vorbereitung des nächsten Krieges bedeutete.

Die Völker Europas lieben ihre Heimat. Den Deutschen geht es nicht anders. Wer könnte der Friedensliebe eines Volkes vertrauen, das imstande wäre, seine Heimat zu vergessen?

Nein, Friedensliebe zeigt sich gerade darin, daß man seine Heimat nicht vergißt und eben deshalb entschlossen ist, alles zu tun, um immer in Frieden miteinander zu leben. Heimatliebe eines Vertriebenen ist kein Revanchismus.

VI.

Stärker als früher hat der letzte Krieg die Friedenssehnsucht im Herzen der Menschen geweckt. Die Versöhnungsarbeit von Kirchen fand eine tiefe Resonanz. Für die Verständigungsarbeit von jungen Menschen gibt es viele Beispiele. Ich denke an die »Aktion Sühnezeichen« mit ihrer Tätigkeit in Auschwitz und Israel. Eine Gemeinde der niederrheinischen Stadt Kleve erhielt neulich Brote aus polnischen Gemeinden als Zeichen der Aussöhnung und Gemeinschaft. Eines dieser Brote hat sie an einen Lehrer nach England geschickt. Denn dieser Lehrer aus England war aus der Anonymität herausgetreten und hatte geschrieben, er habe damals im Krieg als Bombenflieger Kirche und Wohnhäuser in Kleve zerstört und wünsche sich ein Zeichen der Aussöhnung.

Es hilft unendlich viel zum Frieden, nicht auf den anderen zu warten, bis er kommt, sondern auf ihn zuzugehen, wie dieser Mann es getan hat.

VII.

In seiner Folge hat der Krieg alte Gegner menschlich und auch politisch einander näher gebracht. Schon 1946 rief der amerikanische Außenminister Byrnes in seiner denkwürdigen Stuttgarter Rede zur Verständigung in Europa und dazu auf, dem deutschen Volk auf seinem Weg in eine freie und friedliebende Zukunft zu helfen.

Unzählige amerikanische Bürger haben damals mit ihren privaten Mitteln uns Deutsche, die Besiegten, unterstützt, um die Wunden des Krieges zu heilen.

Dank der Weitsicht von Franzosen wie Jean Monnet und Robert Schuman und von Deutschen wie Konrad Adenauer endete eine alte Feindschaft zwischen Franzosen und Deutschen für immer.

Ein neuer Strom von Aufbauwillen und Energie ging durch das eigene Land. Manche alte Gräben wurden zugeschüttet, konfessionelle Gegensätze und soziale Spannungen verloren an Schärfe. Partnerschaftlich ging man ans Werk.

Es gab keine »Stunde Null«, aber wir hatten die Chance zu einem

Neubeginn. Wir haben sie genutzt, so gut wir konnten. An die Stelle der Unfreiheit haben wir die demokratische Freiheit gesetzt.

Vier Jahre nach Kriegsende, 1949, am heutigen 8. Mai, beschloß der Parlamentarische Rat unser Grundgesetz. Über Parteigrenzen hinweg gaben seine Demokraten die Antwort auf Krieg und Gewaltherrschaft im Artikel 1 unserer Verfassung:

Das deutsche Volk bekennt sich darum zu unverletzlichen und unveräußerlichen Menschenrechten als Grundlage jeder menschlichen Gemeinschaft, des Friedens und der Gerechtigkeit in der Welt.

Auch an diese Bedeutung des 8. Mai gilt es heute zu erinnern.

Die Bundesrepublik Deutschland ist ein weltweit geachteter Staat geworden. Sie gehört zu den hochentwickelten Industrieländern der Welt. Mit ihrer wirtschaftlichen Kraft weiß sie sich mitverantwortlich dafür, Hunger und Not in der Welt zu bekämpfen und zu einem sozialen Ausgleich unter den Völkern beizutragen.

Wir leben seit vierzig Jahren in Frieden und Freiheit, und wir haben durch unsere Politik unter den freien Völkern des Atlantischen Bündnisses und der Europäischen Gemeinschaft dazu selbst einen großen Beitrag geleistet.

Nie gab es auf deutschem Boden einen besseren Schutz der Freiheitsrechte des Bürgers als heute. Ein dichtes soziales Netz, das den Vergleich mit keiner anderen Gesellschaft zu scheuen braucht, sichert die Lebensgrundlage der Menschen.

Hatten sich bei Kriegsende viele Deutsche noch darum bemüht, ihren Paß zu verbergen oder gegen einen anderen einzutauschen, so ist heute unsere Staatsbürgerschaft ein angesehenes Recht.

Wir haben wahrlich keinen Grund zu Überheblichkeit und Selbstgerechtigkeit. Aber wir dürfen uns der Entwicklung dieser vierzig Jahre dankbar erinnern, wenn wir das eigene historische Gedächtnis als Leitlinie für unser Verhalten in der Gegenwart und für die ungelösten Aufgaben, die auf uns warten, nutzen.

– Wenn wir uns daran erinnern, daß Geisteskranke im Dritten Reich getötet wurden, werden wir die Zuwendung zu psychisch kranken Bürgern als unsere eigene Aufgabe verstehen.

– Wenn wir uns erinnern, wie rassisch, religiös und politisch Verfolgte, die vom sicheren Tod bedroht waren, oft vor geschlossenen Grenzen anderer Staaten standen, werden wir vor denen, die heute wirklich verfolgt sind und bei uns Schutz suchen, die Tür nicht verschließen.

– Wenn wir uns der Verfolgung des freien Geistes während der Diktatur besinnen, werden wir die Freiheit jedes Gedankens und jeder Kritik schützen, so sehr sie sich auch gegen uns selbst richten mag.

– Wer über die Verhältnisse im Nahen Osten urteilt, der möge an das Schicksal denken, das Deutsche den jüdischen Mitmenschen bereiteten und das die Gründung des Staates Israel unter Bedingungen auslöste, die noch heute die Menschen in dieser Region belasten und gefährden.

– Wenn wir daran denken, was unsere östlichen Nachbarn im Kriege erleiden mußten, werden wir besser verstehen, daß der Ausgleich, die Entspannung und die friedliche Nachbarschaft mit diesen Ländern zentrale Aufgaben der deutschen Außenpolitik bleiben. Es gilt, daß beide Seiten sich erinnern und beide Seiten einander achten. Sie haben menschlich, sie haben kulturell, sie haben letzten Endes auch geschichtlich allen Grund dazu.

Der Generalsekretär der Kommunistischen Partei der Sowjetunion, Michail Gorbatschow, hat verlautbart, es ginge der sowjetischen Führung beim vierzigsten Jahrestag des Kriegsendes nicht darum, antideutsche Gefühle zu schüren. Die Sowjetunion trete für Freundschaft zwischen den Völkern ein. Gerade wenn wir Fragen auch an sowjetische Beiträge zur Verständigung zwischen Ost und West und zur Achtung von Menschenrechten in allen Teilen Europas haben, gerade dann sollten wir dieses Zeichen aus Moskau nicht überhören. Wir wollen Freundschaft mit den Völkern der Sowjetunion.

VIII.

Vierzig Jahre nach dem Ende des Krieges ist das deutsche Volk nach wir vor geteilt.

Beim Gedenkgottesdienst in der Kreuzkirche zu Dresden sagte Bischof Hempel im Februar dieses Jahres:

Es lastet, es blutet, daß zwei deutsche Staaten entstanden sind mit ihrer schweren Grenze. Es lastet und blutet die Fülle der Grenzen überhaupt. Es lasten die Waffen.

Vor kurzem wurde in Baltimore in den Vereinigten Staaten eine Ausstellung »Juden in Deutschland« eröffnet. Die Botschafter beider deutscher Staaten waren der Einladung gefolgt. Der gastgebende Präsident der Johns-Hopkins-Universität begrüßte sie zusammen. Er verwies darauf, daß alle Deutschen auf dem Boden derselben historischen Entwicklung stehen. Eine gemeinsame Vergangenheit verknüpfe sie mit einem Band. Ein solches Band könne eine Freude oder ein Problem sein – es sei immer eine Quelle der Hoffnung.

Wir Deutsche sind ein Volk und eine Nation. Wir fühlen uns zusammengehörig, weil wir dieselbe Geschichte durchlebt haben.

Auch den 8. Mai 1945 haben wir als gemeinsames Schicksal unseres Volkes erlebt, das uns eint. Wir fühlen uns zusammengehörig in unserem Willen zum Frieden. Von deutschem Boden in beiden Staaten sollen Frieden und gute Nachbarschaft mit allen Ländern ausgehen. Auch andere sollen ihn nicht zur Gefahr für den Frieden werden lassen.

Die Menschen in Deutschland wollen gemeinsam einen Frieden, der Gerechtigkeit und Menschenrecht für alle Völker einschließt, auch für das unsrige.

Nicht ein Europa der Mauern kann sich über Grenzen hinweg versöhnen, sondern ein Kontinent, der seinen Grenzen das Trennende nimmt. Gerade daran mahnt uns das Ende des Zweiten Weltkrieges.

Wir haben die Zuversicht, daß der 8. Mai nicht das letzte Datum unserer Geschichte bleibt, das für alle Deutschen verbindlich ist.

IX.

Manche junge Menschen haben sich und uns in den letzten Monaten gefragt, warum es vierzig Jahre nach Ende des Krieges zu so lebhaften Auseinandersetzungen über die Vergangenheit gekommen ist. Warum lebhafter als nach fünfundzwanzig oder dreißig Jahren? Worin liegt die innere Notwendigkeit dafür?

Es ist nicht leicht, solche Fragen zu beantworten. Aber wir sollten die Gründe dafür nicht vornehmlich in äußeren Einflüssen suchen, obwohl es diese zweifellos auch gegeben hat.

Vierzig Jahre spielen in der Zeitspanne von Menschenleben und Völkerschicksalen eine große Rolle.

Auch hier erlauben Sie mir noch einmal einen Blick auf das Alte Testament, das für jeden Menschen, unabhängig von seinem Glauben, tiefe Einsichten aufbewahrt. Dort spielen vierzig Jahre eine häufig wiederkehrende, eine wesentliche Rolle.

Vierzig Jahre sollte Israel in der Wüste bleiben, bevor der neue Abschnitt in der Geschichte mit dem Einzug ins verheißene Land begann. Vierzig Jahre waren notwendig für einen vollständigen Wechsel der damals verantwortlichen Vätergeneration.

An anderer Stelle aber (Buch der Richter) wird aufgezeichnet, wie oft die Erinnerung an erfahrene Hilfe und Rettung nur vierzig Jahre dauerte. Wenn die Erinnerung abriß, war die Ruhe zu Ende.

So bedeuten vierzig Jahre stets einen großen Einschnitt. Sie wirken sich aus im Bewußtsein der Menschen, sei es als Ende einer dunklen Zeit mit der Zuversicht auf eine neue und gute Zukunft, sei es als Gefahr des Vergessens und als Warnung vor den Folgen. Über beides lohnt es sich nachzudenken.

Bei uns ist eine neue Generation in die politische Verantwortung hereingewachsen. Die Jungen sind nicht verantwortlich für das, was damals geschah. Aber sie sind verantwortlich für das, was in der Geschichte daraus wird.

Wir Älteren schulden der Jugend nicht die Erfüllung von Träumen, sondern Aufrichtigkeit. Wir müssen den Jüngeren helfen zu verstehen, warum es lebenswichtig ist, die Erinnerung wachzuhalten. Wir wollen ihnen helfen, sich auf die geschichtliche Wahrheit nüchtern und ohne Einseitigkeit einzulassen, ohne Flucht in utopische Heilslehren, aber auch ohne moralische Überheblichkeit.

Wir lernen aus unserer eigenen Geschichte, wozu der Mensch fähig ist. Deshalb dürfen wir uns nicht einbilden, wir seien nun als Menschen anders und besser geworden.

Es gibt keine endgültig errungene moralische Vollkommenheit – für niemanden und kein Land! Wir haben als Menschen gelernt, wir bleiben als Menschen gefährdet. Aber wir haben die Kraft, Gefährdungen immer von neuem zu überwinden.

Hitler hat stets damit gearbeitet, Vorurteile, Feindschaften und Haß zu schüren.

Die Bitte an die jungen Menschen lautet:
Lassen Sie sich nicht hineintreiben in Feindschaft und Haß
gegen andere Menschen,
gegen Russen und Amerikaner,
gegen Juden oder Türken,
gegen Alternative oder Konservative,
gegen Schwarz oder Weiß.

Lernen Sie, miteinander zu leben, nicht gegeneinander.

Lassen Sie auch uns als demokratisch gewählte Politiker dies immer wieder beherzigen und ein Beispiel geben.

Ehren wir die Freiheit.

Arbeiten wir für den Frieden.

Halten wir uns an das Recht.

Dienen wir unseren inneren Maßstäben der Gerechtigkeit.

Schauen wir am heutigen 8. Mai, so gut wir es können, der Wahrheit ins Auge.

Otto F. Bollnow

Wahrheit und Wahrhaftigkeit

Die Wahrhaftigkeit

Je weiter die Betrachtung fortschreitet, desto schwerer wird es, die zu behandelnden Tugenden in eine systematische Reihenfolge zu bringen; denn mit jeder neu in Angriff genommenen treten neue Gesichtspunkte hinzu, die immer wieder den bisherigen Aufbau als ungenügend erweisen. Das spürt man sofort, wenn man jetzt zu einer Gruppe weiterer Tugenden übergeht, von denen hier die Wahrhaftigkeit und die Treue etwas genauer untersucht werden sollen. Während es sich in den bisherigen Tugenden unmittelbar um das Verhalten des Menschen in seiner Welt und zu seiner Welt handelte, heben sich diese neuen Tugenden dadurch ab, daß es in ihnen in besonderer Weise um das Verhalten des Menschen zu sich selbst geht, ja in deren Bewährung, wie noch zu zeigen ist, sich überhaupt erst das Selbst in einem spezifischen Sinn ausbildet.

Die zersetzende Wirkung der Unwahrhaftigkeit

Der andersartige Charakter dieser neuen Tugenden wird schon beim ersten Beispiel deutlich: der Wahrhaftigkeit. Wir brauchen nur an die Erfahrungen unserer politischen Vergangenheit unter der Herrschaft eines autoritären Systems zurückzudenken, um die entscheidende Bedeutung der Wahrhaftigkeit für die sittliche Gesundung des einzelnen wie der Gesellschaft im ganzen zu begreifen. Wo sie fehlt, wo der Geist der Unwahrhaftigkeit einzieht oder gar noch von oben her begünstigt wird, da ist eine allgemeine Aufweichung des sittlichen Bewußtseins, ja der menschlichen Substanz überhaupt die unausweichliche Folge. Aber es wäre falsch, das Problem der Wahrhaftigkeit mit einem besonderen politischen System in eine zu ausschließliche Beziehung zu setzen; in jedem politischen System, überhaupt wo

Menschen unter der Herrschaft einer »öffentlichen Meinung« zusammenleben, entsteht dies Problem aus der Tendenz einer Anpassung des einzelnen an die Erwartungen, die von außen her an ihn herangebracht werden. Jede Macht, jeder Staat, jede Kirche, aber auch beispielsweise jede herrschende wissenschaftliche Anschauung oder künstlerische Strömung entwickelt notwendig die Tendenz, die Anpassung an ihre Wertungen zu fordern oder zu begünstigen. Immer entsteht dann für den einzelnen die Frage, wieweit er sich diesen Forderungen anpassen kann und wo er sich ihnen entgegensetzen muß. Der Widerspruch ist immer gefährlich. Daraus entspringt die Tendenz, sich auch da anzupassen, wo man es »eigentlich« nicht mehr verantworten kann. Damit beginnt der Geist der Unwahrhaftigkeit.

Eine solche Anpassung im Geist der Unwahrhaftigkeit kann ihrerseits noch sehr verschiedene Formen haben. Sie liegt nicht nur dort vor, wo der einzelne sich bewußt verstellt und Dinge sagt oder tut, die er für falsch hält; sie besteht ebensosehr bei dem, der in kluger Berechnung vielleicht niemals eine ausdrückliche Unwahrheit gesagt hat, aber durch Zweideutigkeit und geschicktes Schweigen den Zusammenstoß zu vermeiden verstand und darum, wie es in der Sprache bezeichnend heißt, nicht »auffiel«. Aber gefährlicher noch als die Formen des äußeren sind die Formen des inneren Paktierens: wo der Mensch sich der Notwendigkeit, gegen ein geschehenes Unrecht anzukämpfen, dadurch zu entziehen versucht, daß er sich bemüht, das Unrecht vor sich selbst zu rechtfertigen. So argumentiert er dann vor sich selber, daß es vielleicht »gar nicht so schlimm« sei, daß auch »etwas Gutes« daran sei, daß die ausgesprochene Lehre nicht so wörtlich zu nehmen sei und man sie für seinen Privatgebrauch auch etwas anders auffassen dürfe, daß ein beschränktes »Mitmachen« notwendig sei, um dadurch größeres Unheil zu verhindern, und wie die Überlegungen sonst auch immer lauten.

Es ist billig, sich in pharisäerhaftem Dünkel darüber zu erheben. Niemand kann sich diesen Konflikten in entsprechenden Lagen entziehen, und oft sind solche Entscheidungen von tiefer Verantwortung getragen. Unentrinnbar sind wir alle in diesen Geist der Unwahrhaftigkeit verstrickt. Aber ebenso unentrinnbar sind wir den Wirkungen dieser Unwahrhaftigkeit ausgeliefert: der Aufweichung des gesamten sittlichen Bewußtseins, in der nichts Festes mehr zu greifen ist. Und vor diesem Hintergrund einer alles zersetzenden Unwahrhaftigkeit hebt sich dann die ganze Bedeutung einer konzessionslosen Wahrhaftigkeit ab: Nur in ihr kann der Mensch sein eignes Wesen ergreifen.

Die Forderung der Wahrhaftigkeit tritt damit in das Zentrum der sittlichen Beurteilung. Sie ist unabdingbar. Mag sie im einzelnen Fall mehr oder weniger realisiert sein, ja in verzweifelten Lagen überhaupt unrealisierbar scheinen – in der Forderung selber ist etwas Absolutes ergriffen. Sie ist unabhängig von allem sonstigen Wechsel sittlicher Wertungen.

Die späte Entstehung der Wahrhaftigkeit

Aber trotzdem ist die Vorrangstellung der Wahrhaftigkeit schwer zu begründen. Auf keinen Fall steht die Wahrhaftigkeit im zeitlichen Sinn »vor« den andern Tugenden. Das spiegelt sich schon im sprachlichen Ausdruck wider; denn das Wort Wahrhaftigkeit verrät sich schon auf den ersten Blick als eine späte Ableitung von dem ursprünglichen Eigenschaftswort wahr. Und so ist die Wahrhaftigkeit auch keine von den einfachen Tugenden wie Ehrlichkeit und Hilfsbereitschaft und viele der andern bisher behandelten Beispiele, die in einer für die einfachen sittlichen Formen bezeichnenden Weise das objektive Verhalten des Menschen bezeichnen, so wie es sich im menschlichen Zusammenleben vor aller Scheidung von innen und außen dem betrachtenden Blick darbietet. Bei Homer beispielsweise würden wir vergeblich nach einem Äquivalent für diesen Tugendbegriff suchen. Die Wahrhaftigkeit kennzeichnet nämlich das menschliche Verhalten vom Subjektiven her und setzt also den Übergang von dem äußeren Anblick zu einer »psychologischen« Betrachtung voraus. Die Wertung der Wahrhaftigkeit ist also erst nach der Ausbildung einer ihrer selbst bewußten Subjektivität möglich.

Wir verdeutlichen dies an der eben genannten Situation, wo der Mensch durch eine opportunistische Anpassung an die Forderungen der faktischen Machthaber in den Geist der Unwahrhaftigkeit hineingetrieben wird. Wo eine solche Anpassung noch in unbewußten Formen geschieht, da gibt es noch gar nicht das Problem der Wahrhaftig- oder Unwahrhaftigkeit, denn der Mensch lebt noch ganz in der für ihn selbstverständlichen Übereinstimmung mit dem herrschenden Geist. Erst wo es zur Spannung zwischen dem individuellen Bewußtsein und dem kollektiven Geist gekommen ist und wo der einzelne diese Spannung auf sich nehmen muß, erst dort ergibt sich für ihn die Entscheidung zwischen Anpassung und Selbstbehauptung und damit zwischen Unwahrhaftigkeit und Wahrhaftigkeit. Von dieser Spannung zwischen dem einsamen Bewußtsein und einer ihm fremd gewordenen gesellschaftlichen Welt wird man daher bei der Erfassung der Wahrhaftigkeit ausgehen müssen. Nur von da aus läßt sich dann auch das Andersartige gegenüber den bisherigen Tugenden richtig begreifen.

Wahrheit und Wahrhaftigkeit

Daraus ergibt sich die Notwendigkeit, den bisher unbestimmt aufgenommenen Begriff der Wahrhaftigkeit genauer zu bestimmen. Auf den ersten Blick scheinen die Verhältnisse sehr einfach zu liegen: Während die Wahrheit (nach der überkommenen, aber für den gegenwärtigen Zusammenhang völlig ausreichenden Bestimmung) die (objektive) Übereinstimmung einer Aussage mit ihrem Gegenstand bedeutet, meint die Wahrhaftigkeit ihre (subjektive) Übereinstimmung mit der Meinung des Sprechenden. Der Gegenbegriff zur Wahrheit ist die Unwahrheit im Sinn der Unrichtigkeit oder Falschheit (in der objektiven Bedeutung dieses Worts); der Gegenbegriff zur Wahrhaftigkeit ist die Unwahrhaftigkeit im Sinn der Verlogenheit oder Heuchelei oder Verstellung. Aber schon der einfache Versuch einer solchen Gegenüberstellung zeigt, daß die Verhältnisse in Wirklichkeit nicht so einfach liegen. Der sachlich unwahren Aussage entspricht auf der subjektiven Seite nicht etwa die unwahrhaftige Aussage, sondern die Lüge, und Lüge ist etwas andres als Unwahrhaftigkeit. Während Wahrheit und Lüge der einzelnen Aussage zukommen, insofern der Mensch entweder in ihr zum angemessenen Ausdruck bringt, was er für wahr hält, oder etwas anderes vorgibt, von dem er weiß, daß es nicht wahr ist, charakterisieren die Begriffe der Wahrhaftigkeit oder Unwahrhaftigkeit überhaupt nicht den Menschen in bezug auf diese oder jene bestimmte Aussage, sondern sie treffen den Menschen im ganzen. Sie bezeichnen zwei verschiedene Haltungen des betreffenden Menschen.

Aber auch so sind die Verhältnisse noch zu einfach gesehen. Auch ein gewohnheitsmäßiger Lügner ist noch etwas andres als ein unwahrhaftiger Mensch. Die Lüge wendet sich nach außen. Sie will täuschen. Sie will überhaupt einen bestimmten Zweck in der Welt erreichen. Sie will mit Hilfe der unwahren Aussage einen bestimmten Vorteil erreichen oder einen bestimmten Nachteil vermeiden (oder in pathologischen Fällen vielleicht auch die Täuschung des andern als Selbstzweck genießen). Die Wahrhaftigkeit aber (oder Unwahrhaftigkeit) wendet sich nach innen, d. h. sie lebt in der Beziehung des Menschen zu sich selbst. Man spricht daher in einem betonten Sinn auch von einer inneren Wahrhaftigkeit. So etwa, wenn seinerzeit die Jugendbewegung in der bekannten Meißnerformel ihr Ziel dahin bestimmte, »in innerer Wahrhaftigkeit und aus eigener Verantwortung« zu leben. Die »innere Wahrhaftigkeit«, die hier, sehr bezeichnend für die genannte Spannung zu den kollektiven Mächten, mit der »eigenen Verantwortung« zusammengebracht wird, steht nicht etwa einer »äußeren Wahrhaftigkeit« gegenüber, sondern der Zusatz »innere« hebt nur mit besonderem Nachdruck eine Seite hervor, die an sich im Begriff der Wahrhaftigkeit selber schon mitgesetzt ist. Eine innere Wahrhaftigkeit ist wie ein runder Kreis, d. h. jede Wahrhaftigkeit ist ihrem Wesen zufolge schon immer eine innere. Es gibt keine andre.

Die Wahrhaftigkeit geht also auf das Verhalten des Menschen zu sich selbst. Sie bedeutet die innere Durchsichtigkeit und das freie Einstehen des Menschen für sich selbst. Und wenn man die Verhältnisse übersteigern wollte, so könnte man gradezu sagen, daß auch der innerlich wahrhaftige Mensch lügen kann. Eine ehrliche Lüge ist etwas andres als eine Unwahrhaftigkeit. Eine ehrliche Lüge, das bedeutet, daß der Mensch sich nichts darüber vormacht, daß er lügt – daß er weiß, daß er damit etwas Unrechtes tut und trotzdem die Verantwortung für diese Lüge auf sich nimmt. Die Unwahrhaftigkeit aber setzt da ein, wo der Mensch sich selbst etwas vormacht, wo er auch sich selbst gegenüber nicht zugibt, daß er lügt, wo er sich die Verhältnisse vielmehr so zurechtlegt, daß er auch sich selbst gegenüber den Schein der Ehrlichkeit wahrt. Das zweideutige Schweigen gehört zu den primitiveren Kunstgriffen dieses Verhaltens. Es kann innerlich noch ehrlich sein, solange der Betreffende sich seiner Täuschungsabsicht klar bewußt ist. Viel gefährlicher aber wird es, wenn er sich die Verhältnisse so zurechtlegt, daß er seine Aussage und sein Verhalten verantworten zu können glaubt. Kant spricht gelegentlich von einer gefährlichen Neigung des menschlichen Herzens, zu »vernünfteln«, d. h. an den Verhältnissen so lange herumzudeuteln, bis ihm das ihm bequemere Verhalten zugleich als das objektiv gerechtfertigte erscheint. Weil aber der Mensch so die an ihn herantretenden Fragen nicht sauber zu Ende zu denken wagt, sondern den ihm unbequemen Zusammenhängen halb bewußt, halb unbewußt aus dem Wege geht, und immer dabei ein uneingestandenes dunkles Gefühl seines Unrechts behält, entsteht jenes Verhältnis schwebender Unbestimmtheit im Verhältnis des Menschen zu sich selbst, das allgemein das Wesen der Unwahrhaftigkeit ausmacht. Daraus folgt dann umgekehrt für das Wesen der Wahrhaftigkeit, daß sie im klaren und entschiedenen Verhalten des Menschen zu sich selbst begründet ist.

Die Ehrlichkeit

Wir nähern uns dem Wesen der Wahrhaftigkeit am besten, wenn wir von jenen einfachen Tugenden ausgehen, die der Wahrhaftigkeit in gewisser Weise verwandt sind, aber die ihr eigentümliche Wendung zum Subjektiven noch nicht vollzogen haben. Dahin gehören die Offenheit und Ehrlichkeit des Verhaltens, die Aufrichtigkeit und in gewisser Weise auch die Echtheit. Sie alle berühren sich mit dem Begriff der Wahrhaftigkeit, ohne sich doch mit ihm zu decken, und sie alle scheinen zugleich dem einfachen sittlichen Bewußtsein näher zu stehen, sie scheinen einen analogen Tatbestand in einer einfacheren Schicht zu treffen und darum zu einem tieferen Verständnis vorzubereiten.

Die vielleicht einfachste Erscheinung liegt in der Ehrlichkeit vor. Sie beschränkt sich allerdings nicht auf die Wahrheit dessen, was der Mensch sagt, sondern umfaßt zugleich sein Verhalten in einem sehr viel allgemeineren Sinn. Wenn man von einigen handgreiflich einfachen Beispielen ausgeht, in denen der allgemeine Sprachgebrauch den Begriff der Ehrlichkeit anzuwenden pflegt, so gehört dahin, daß der Mensch nicht stiehlt, nichts unterschlägt usw. Ehrlichkeit geht hier auf die Treue, mit der er seine Aufgaben verrichtet, ohne dabei etwas zu »veruntreuen«, d. h. zum eignen Vorteil zu verwenden, was ihm zur Erfüllung eines bestimmten Auftrags anvertraut war. Wollte man allgemein sagen, die Ehrlichkeit bestünde darin, daß der Mensch auch wirklich das sei, als was er sich nach außen hin gäbe, so wäre diese Bestimmung schon wieder zu allgemein, denn sie würde ebensosehr von der Offenheit und von der Echtheit gelten, mit denen sich die Ehrlichkeit hier berührt, ohne doch mit ihnen zusammenzufallen. »Offen und ehrlich« werden ja in der sprachlichen Wendung häufig zusammengestellt. Aber doch ist der Unterschied unverkennbar. Offen ist der Mensch, indem er nichts verbirgt, ehrlich aber ist er, insofern man sich auf ihn verlassen kann, aber auch dieses nicht im unbestimmten Sinn einer beliebigen Zuverlässigkeit, sondern in dem bestimmteren Sinn: daß er einen übernommenen Auftrag, ohne den eignen Vorteil wahrzunehmen, im Sinne des Auftraggebers sachlich zu Ende führt.

Im ehrlichen Menschen ist kein Falsch. Dabei bezieht sich die Ehrlichkeit weniger auf die Gesinnung, die der Mensch verbergen oder offen zeigen kann, sondern mehr auf das Verhalten im ganzen, wenn wir diesen Begriff in seinem strengen Sinn nehmen, ein Verhalten, das die Trennung von innen und außen noch nicht kennt. Ehrlichkeit betrachtet also den Menschen gar nicht auf die Innerlichkeit seiner Seele hin, sondern ganz einfach in dieser noch unentschiedenen Ebene. Die Ehrlichkeit sieht das Verhalten des Menschen von außen her. Und das spiegelt sich auch in der sprachlichen Herkunft des Worts: Ehrlich ist der Mensch, sofern er Ehre hat, und in seinem besonderen Tun verhält er sich dann ehrlich, insofern er in ihm seine Ehre wahrt, und unehrlich, insofern er die Ehre verletzt.

Ehrlich ist in dieser Beurteilung der Mensch gar nicht von sich selber her, sondern in den Augen der andern Menschen. Es bezeichnet eine Stellung, fast könnte man schon sagen: einen Stand in der menschlichen Gemeinschaftsordnung. Im alten Sprachgebrauch ist das ganz deutlich, wenn dort von einem ehrlichen oder unehrlichen

Gewerbe (beispielsweise dem des Henkers oder des Schinders) oder von einem ehrlichen Begräbnis (im Gegensatz zu dem eines Selbstmörders) die Rede ist. Aber dieser Zusammenhang wirkt auch in der heutigen Bedeutung des Worts noch ganz deutlich als Unterton nach, wo es weitgehend zur Kennzeichnung des Verhaltens von Dienstboten und niederen Ständen in den Augen ihrer »Dienstherrschaft« abgesunken ist. Der Grund für diese Erscheinung dürfte darin liegen, daß sich nur hier der Mensch das Recht nimmt, nach der Ehrlichkeit unbedenklich zu fragen und damit dem andern die Möglichkeit der Unehrlichkeit zuzumuten, während sonst die Ehrlichkeit mit einer solchen Selbstverständlichkeit vorausgesetzt wird, daß schon die bloße Frage danach beleidigend ist. Grade dieser enge Bezug zur Ehre macht deutlich, daß sich die Ehrlichkeit auf ein von der gesellschaftlich äußeren Ebene gesehenes Verhalten des Menschen bezieht, das noch vor der Ausbildung einer besonderen Innerlichkeit liegt.

Die Aufrichtigkeit

Verwandt – und zwar grade in dieser Zugehörigkeit zur Ebene des von außen her gesehenen Verhaltens – ist auch der Begriff der Aufrichtigkeit. Wie aus der hier gleichfalls noch unmittelbar durchzuspürenden wörtlichen Bedeutung hervorgeht, bezeichnet dies Wort in betontem Sinn eine Haltung, nämlich die aufrechte Körperhaltung, die sich nicht beugt und die auch im übertragenen Sinn nicht schmeichelt und zu Gefallen redet oder handelt. Der Gegenbegriff zur Aufrichtigkeit ist die Heuchelei, die eine in Wirklichkeit nicht vorhandene freundliche Gesinnung vortäuscht, oder vielleicht besser noch die Schmeichelei, die alles in einer dem Angeredeten freundlichen Beleuchtung erscheinen läßt. Die Aufrichtigkeit ist so das Kennzeichen eines freien Mannes und hierin im Gegensatz zur knechtischen und kriecherischen Gesinnung.

Die Aufrichtigkeit hat leicht etwas Derbes. Sie ist gradezu und versteht sich schlecht auf die Künste, einem andern eine Meinung schmackhaft zu machen. Darum kann auch ein Verhalten, das in einem formalen Sinn jede Unwahrheit zu vermeiden versteht, in einem tieferen Sinn doch völlig unaufrichtig sein, insofern es nämlich das

»heiße Eisen« geschickt zu umgehen versteht. Das Problem der Aufrichtigkeit entsteht überhaupt erst, wo es darauf ankommt, gegenüber den Anforderungen und Erwartungen eines andern und in der Regel mächtigeren Menschen unnachgiebig zu bleiben. Die Aufrichtigkeit muß sich immer erst gegen einen Widerstand durchsetzen. Zu ihr gehört Mut und Charakterstärke, nämlich das für recht Gehaltene auch dann zu vertreten, wenn man dadurch den andern zu erzürnen und sich selbst dadurch zu schädigen fürchten muß.

In der Art, wie sich die Aufrichtigkeit dem Anspruch des andern Menschen gegenüber behaupten muß, ist sie zugleich doch wieder etwas andres als Bekennermut. Beide berühren sich in der Art, wie sie auch gegen Widerstände zur Wahrheit stehen, aber sie unterscheiden sich darin, daß der Bekennermut, bis hin zu seiner letzten Steigerung im Märtyrertum, um der von ihm vertretenen Sache willen für seine Überzeugung eintritt, dabei also ganz vom sachlichen Verhältnis zu seiner Überzeugung bestimmt ist und diese auch mehr gegenüber einer allgemein widerstrebenden Umwelt als gegenüber einem bestimmten einzelnen Menschen vertritt, während die Aufrichtigkeit mehr das Verhalten zu einem bestimmten einzelnen Menschen kennzeichnet.

Die Aufrichtigkeit verbindet sich so mit dem unbeugsamen Stolz. Ihr Gegensatz ist weniger die Verlogenheit, die den andern ausdrücklich zu täuschen sucht, als die schwächliche Nachgiebigkeit, die sich jeder Anforderung sogleich anpaßt und wenigstens für den Augenblick nachzugeben scheint. Ihr mimischer Ausdruck ist die Unsicherheit, die dem andern nicht frei ins Auge zu sehen wagt. Die Aufrichtigkeit setzt demgegenüber schon immer das freie Vertrauen zur eignen Kraft voraus. Aufrichtig kann also immer nur ein Wesen sein, das die doppelte Möglichkeit in sich hat, frei zu sich selber zu stehen oder sich selbst aufzugeben.

In diesen Bestimmungen ist zugleich ein weiteres enthalten, was die Aufrichtigkeit jetzt auch in der Art ihrer Verwurzlung in der menschlichen Gesamtpersönlichkeit von der bloßen Ehrlichkeit unterscheidet. Sie charakterisiert nicht nur in einer von außen her gesehenen Weise das Verhalten eines Menschen, sondern in einem tieferen Sinn zugleich seine Gesinnung, die dahinter steht.

Die Offenheit

Durch die Festigkeit, die in der Treue zum eignen Wesen gefordert wird, unterscheidet sich die Aufrichtigkeit ferner von dem Gegensatz von Offenheit und Verschlossenheit. Die Offenheit ist im Menschen der Zustand eines natürlichen Geöffnet-seins. Dadurch unterscheidet sie sich sowohl von der Ehrlichkeit wie von der Aufrichtigkeit, die beide erst durch den sittlichen Willen entgegen allen Widerständen erkämpft werden müssen. Offen dagegen ist der Mensch schon von Natur aus und nicht erst durch den sittlichen Willen. Die Offenheit untersteht also auch nicht einer primär sittlichen Wertung, und wenn sie in der weiteren Ausbildung dann auch zu einem wichtigen sittlichen Problem wird, dann erst auf eine indirekte Weise. Die Offenheit kennzeichnet darum auch nicht eigentlich ein Verhalten (der Mensch ist höchstens »in« seinem Verhalten offen) und noch weniger eine Gesinnung (sie wird höchstens offen gezeigt), sondern den Menschen selbst in seinem – dauernden oder auch nur augenblicklichen – Sosein.

Nicht umsonst hängt der Gegensatz von Offenheit und Verschlossenheit mit dem Wechselverhältnis der gehobenen und gedrückten Stimmungen zusammen. Der freudig gehobene Mensch öffnet sich von selbst, und der von Gram gebeugte verschließt sich ebensosehr von selbst. So wechseln im Menschen Zustände verhältnismäßiger Offenheit mit solchen verhältnismäßiger Verschlossenheit. Aber entsprechend einer im Menschen vorherrschenden Grundstimmung kann der Gegensatz von Offenheit und Verschlossenheit dann auch einen Unterschied in der natürlichen Veranlagung der Menschen ausmachen.

Darum ist es auch nicht nötig, daß Aufrichtigkeit und Offenheit bei demselben Menschen vereinigt auftreten. Wohl ist der Aufrechte in der Regel auch offen, aber der Offene braucht darum noch lange nicht aufrichtig zu sein. Die Aufrichtigkeit zeigt sich erst, wo sich ihr Widerstände entgegensetzen, und grade die naturhafte Offenheit kann dort verloren gehen, wo sie sich gegenüber Widerständen behaupten soll. Erst wo die naturhafte Selbstverständlichkeit verloren gegangen ist, entsteht die Aufgabe, das Wagnis einer solchen Offenheit im vollen Bewußtsein ihrer Gefahren auf sich zu nehmen, aber das führt in eine sehr viel andre Richtung, die hier nicht verfolgt werden kann.

Über Offenheit und Verschlossenheit wäre überhaupt noch vieles zu sagen, was an dieser Stelle zu weit führen würde. Man könnte auch in diesem Fall besonders an die aristotelische Tugend der rechten Mitte denken (obgleich auch hier, wie so oft, die rechte Mitte keinen eignen Namen als Tugend hat), aber es handelt sich auch hier um keine Tugend des Ausgleichs, sondern um eine solche, bei der beide Extreme gleich fern sind. Die Verhältnisse werden dadurch schwierig, daß es eine gute und eine schlechte Offenheit wie auch eine gute und eine schlechte Verschlossenheit gibt. Und die gute Offenheit und die gute Verschlossenheit sind sehr wohl vereinbar. Die schlechte Offenheit, das ist die Geschwätzigkeit, die das Herz auf der Zunge führt, und die plumpe Vertraulichkeit, die die Ehrfurcht des Abstands nicht kennt. Die schlechte Verschlossenheit ist demgegenüber nicht nur die Eingebildetheit, die sich bewußt vom andern abzusetzen sucht, sondern vor allem auch die Ängstlichkeit, die sich nicht anzuvertrauen wagt und die sich als eine verkrampfte Schutzmaßnahme in sich selber zurückzieht. Demgegenüber ist die echte Offenheit durch den Mut gekennzeichnet, mit dem sie sich einsetzt. Natürliche Offenheit ist daher das Zeichen einer großen, sich selbst vertrauenden Seele. Offenheit kann aber auch von der verletzlichen Seele in höchster sittlicher Anstrengung erworben werden, wenn diese – erzieherisch, menschlich oder wie immer – die Notwendigkeit einsieht, für den andern Menschen durchsichtig zu leben, ja wenn diese überhaupt die Kleinlichkeit einer vorsichtigen Sicherung von sich abtut.

Die Echtheit

In ganz andre Richtung wieder führt der Begriff der Echtheit, obgleich auch für ihn die erste oberflächliche Bestimmung der Wahrheit als der Übereinstimmung von außen und innen in genau der gleichen Weise gilt. Man geht dazu am besten von der Bedeutung aus, wo die Wahrheit nicht von einer Aussage, sondern vom Menschen im ganzen behauptet wird. Jemand ist ein wahrer Mensch, das bedeutet: ein Mensch, so wie er sein soll, von einer echten und tiefen Menschlichkeit getragen. Oder man spricht auch von wahrem Gold im Unterschied zum scheinbaren oder verfälschten. Wahr wird hier gleichbedeutend mit echt, und echt ist, was innerlich auch wirklich so ist, wie es nach außen hin zu sein scheint; unecht entsprechend, was anders ist, als es sich gibt. Eine Münze, eine Unterschrift, ein Kunstwerk können in diesem Sinne echt oder gefälscht sein. Angewandt auf den Menschen, bedeutet dieser Begriff dann die Übereinstimmung seines inneren Seins mit seinem äußeren Ausdruck. Eine Freude oder eine Trauer, eine Art, sich zu geben, sich zu bewegen oder zu sprechen, allgemein eine Interessenrichtung oder ein Lebensstil können echt oder unecht sein. Echt ist also alles, was unmittelbar und ursprünglich aus den innersten Tiefen der menschlichen Seele emporsteigt, was darum so sein muß und gar nicht anders sein kann. Unecht ist demgegenüber dann alles, wenn diese innere Einheit des Ausdrucks mit dem kernhaft-innerlichen seelischen Leben fehlt.

Unechtheit ist also etwas andres als Unehrlichkeit oder Heuchelei. Das Unechte ist nicht etwa erlogen oder absichtlich verstellt. Es handelt sich hier überhaupt nicht um den Willen zur Täuschung. Das Unechte unterscheidet sich von diesen anderen und einfacheren Erscheinungen dadurch, daß das Verhalten nicht als solches gewollt wird – gewollt wird es vielmehr als ein echtes –, sondern sich ungewollt und meistens auch unbemerkt einstellt, wo das erstrebte Ziel nicht erreicht wird. Unecht ist das Erkünstelte, Anempfundene, allgemein das nur von außen her Angenommene, das nicht innerlich angeeignet ist. So kann man etwa bei der Art eines Menschen zu sprechen sich fragen, welchem Vorbild er seine Sprechweise nachgebildet hat und wie er »eigentlich« spräche, wenn er natürlich sprechen würde. Der ursprüngliche Stil entartet in der Unechtheit zur bloßen Manier.

Der Begriff der Unechtheit führt also in eine ganz andre Ebene: Es handelt sich nicht mehr um die inhaltliche Übereinstimmung zwischen einer Aussage oder einem Verhalten und einer unabhängig davon betrachteten wirklichen Meinung, sondern um den Grad der inneren Einheit zwischen innen und außen, um das also, was das menschliche Verhalten im prägnanten Sinn zum Ausdruck seines Innern macht. Echt ist ein Verhalten, wenn es unmittelbar aus dem Innern quillt, unecht dagegen, wenn es wie eine äußere Schale sich ihm entfremdet hat. Unecht ist daher jenseits jeder Täuschungsabsicht das Nachgeahmte und Anempfundene, grade auch das, wo es sich von dem betreffenden Menschen unbemerkt vollzieht; unecht ist vor allem das gespreizte und manirierte Wesen, kurz alles Künstliche. Echt ist demgegenüber die natürliche oder wiederhergestellte Ursprünglichkeit des Lebens. Das bedeutet, daß die Echtheit überhaupt nicht im eigentlichen Sinn eine Tugend ist wie die Ehrlichkeit und Aufrichtigkeit; denn man kann sie nicht durch Verdienst erwerben (und höchstens in einem sehr eingeschränkten und indirekten Sinn danach streben).

Darin ist zugleich enthalten, daß die Anwendung dieses Begriffs auf den Menschen immer eine gewisse Künstlichkeit behalten hat. Die Bewertung des menschlichen Verhaltens unter dem Gesichtspunkt der Echtheit oder Unechtheit ist darum auch gar nicht für alle Zeiten gleichmäßig möglich gewesen, sondern hat sich erst in dem besonderen geschichtlichen Zusammenhang entwickelt, in dem sie uns an früherer Stelle schon früher begegnet war: nämlich in der irrationalen Bewegung, die vom Sturm und Drang bis zum Expressionismus hin gegenüber allen äußerlich angenommenen Formen die Unmittelbarkeit und Ursprünglichkeit des Lebens als höchsten Wert setzt. So ist die Echtheit einer der Lieblingsbegriffe Nietzsches und ist von hier aus, wie Wandruszka neuerdings einleuchtend gezeigt hat, von Gide und dann vor allem von Sartre (zugleich auch als Wiedergabe des ihr nahestehenden Heideggerschen Begriffs der »Eigentlichkeit«), mit *authenticité* übersetzt worden und von da aus als viel gebrauchtes Modewort auch in den modernen französischen Sprachgebrauch übergegangen.

Die Echtheit des Lebens gründet in dieser Weise also in den Schichten des Unbewußten. Je unbewußter ein Leben verläuft, um so besser ist die Echtheit jeder seiner Äußerungen gesichert: je bewußter dagegen, um so mehr entsteht die Gefahr, daß sich ein unechtes Verhalten einschleicht. Aber wenn sich die Echtheit auch nicht direkt erstreben läßt, sondern gegeben sein muß oder fehlt, so besteht doch die Möglichkeit, daß dem Menschen (wie es eben in der Sturm-und-Drang-Situation der Fall war) die Unechtheit seines ganzen Daseins erschütternd zum Bewußtsein kommt und daß er aus dem Bewußtsein dieser Unechtheit heraus das Falsche von sich abzutun versucht und indirekt so doch wieder zur Echtheit zurückkehrt. An dieser Stelle berührt sich dann die Frage der Echtheit mit der der Wahrhaftigkeit.

Das Besondere der Wahrhaftigkeit

Alle diese Begriffe, die Ehrlichkeit und die Aufrichtigkeit, wie in andrer Weise auch wieder die Offenheit und die Echtheit berühren sich eng mit der Wahrhaftigkeit und erscheinen in gewisser Weise als Abwandlungen dieses Zentralbegriffes, und dennoch wird das eigentliche Wesen der Wahrhaftigkeit von ihnen noch nicht getroffen. Die Stelle des Übergangs wurde in den bisherigen Überlegungen verschiedentlich berührt. Und darum entsteht die Frage: Was unterscheidet alle diese Begriffe von der Wahrhaftigkeit im eigentlichen und strengen Sinn?

Ehrlich und aufrecht ist der Mensch im Verhalten zum andern Menschen, und die hierin zielende Bewertung entspringt auch im Blick vom andern Menschen her. Und auch die Bewertung des natürlichen Zustands als offen oder echt entspringt im Blick von außen her. Wahrhaftig aber ist der Mensch vor sich selber. Wahrhaftigkeit ist eine Art, wie sich der Mensch zu sich selbst verhält. Darum genügt es auch nicht, die Wahrhaftigkeit als Übereinstimmung von Gesagtem und Gemeintem zu bezeichnen. Dafür würde bloße Ehrlichkeit genügen. Wahrhaftig ist ein Verhalten erst, wo sich der Mensch mit dem Mut des Bekenntnisses dahinterstellt. Und auch die Offenheit oder Echtheit eines Lebensausdrucks bedeuten noch keine Wahrhaftigkeit, denn der Ausdruck ist unbewußt. Auch eine ehrlich geäußerte Überzeugung beweist noch keine Wahrhaftigkeit, sondern diese entspringt erst da, wo Offenheit und Echtheit dem Menschen zum frei gewählten Ziel werden. Wahrhaftigkeit ist die einem Widerstand abgenötigte Durchsichtigkeit eines Menschen für sich selbst.

Damit nähern wir uns dem Punkt, wo die besondere Stellung der Wahrhaftigkeit im inneren Aufbau des menschlichen Charakters deutlich wird. Sie ist nicht eine Tugend neben möglichen andran, sie ist nicht einmal nur eine aus der Reihe der andern durch ihre besondere Wichtigkeit herausgehobene Tugend. Die andern hier kurz vergleichend herangezogenen Tugenden sind Vorbedingungen und Folgen zugleich der Wahrhaftigkeit, nicht aber die Wahrhaftigkeit selbst; denn diese ist ihnen vorgeordnet als die Bedingung ihrer Möglichkeit. Greifen wir noch einmal zurück auf die eingangs berührten Erscheinungsformen der Unwahrhaftigkeit im öffentlichen Leben der jüngsten Vergangenheit: Die zersetzende Wirkung der fehlenden Wahrhaftigkeit lag nicht so sehr darin, daß der Mensch in diesem oder jenem Falle die Unwahrheit gesagt hat oder in dieser oder jener Meinung unklar oder unsicher wurde, sondern sie lag ursprünglicher als alle diese einzelnen Wirkungen in der dadurch bedingten inneren Erweichung, die dem Menschen überhaupt jede Festigkeit nahm. Nur im Medium der inneren Wahrhaftigkeit wird der Mensch erst er selbst, und es gibt grundsätzlich keine andre Möglichkeit eigentlichen Selbstseins für den, der sich an der Forderung der Wahrhaftigkeit vorbeizuschleichen versucht.

Hier berührt sich der Gegensatz von Wahrhaftigkeit und Unwahrhaftigkeit mit dem Grundgegensatz, der in der neueren Existenzphilosophie zwischen der Eigentlichkeit menschlichen Existierens und der Verschwommenheit eines verantwortungslosen Massendaseins herausgearbeitet ist, ja er ist tief innerlich mit ihm identisch. Denn die rückhaltlose Verwirklichung der inneren Wahrhaftigkeit ist die Form, in der allein eigentliche Existenz errungen werden kann. Nicht daß der Mensch diese oder jene besondre Schuld auf sich geladen hat, ist das gefährliche, sondern daß er auch beim kleinsten Verrat an der Wahrhaftigkeit von der Substanz seines Selbstseins verliert. Der Bösewicht hat einen schlimmen Charakter, er ist schlecht in seiner Substanz, aber er hat noch eine Substanz; der Unwahrhaftige aber hat die Substanz überhaupt verloren. Er versinkt in der Unentschiedenheit eines leeren Nichts. Darum ist die Entscheidung, ob ein Mensch wahrhaftig oder unwahrhaftig ist, nicht die von gut und böse, sondern die viel elementarere von Selbst-sein und Wesenlos-sein, von Substanzlosigkeit. Daher ist die Erziehung zur Wahrhaftigkeit der entscheidende Ansatzpunkt, um den Menschen zum freien Selbstsein zu führen.

DIETER WANDSCHNEIDER

Das Gutachtendilemma –
über das Unethische partikularer Wahrheit

Die moderne Lebenswelt ist mehr denn je durch Wissenschaft und Technik geprägt. Das bedeutet, daß die für unser Leben relevanten Sachverhalte unserem Alltagsverständnis immer weniger durchsichtig sind und die anstehenden Entscheidungen in Wirtschaft und Politik nur noch mit Hilfe von *Sachverständigen* gefällt werden können. Der Sachverständige gewinnt so zunehmend an Einfluß auf die gesellschaftlichen Entscheidungsprozesse, und im selben Maße wächst auch seine Verantwortung gegenüber der Gesellschaft.

Diese Entwicklung hat freilich auch zu einer sehr bedenklichen Folgeerscheinung geführt, die ich hier als *Gutachtendilemma* bezeichnen möchte. Ich meine damit die Situation, daß zu einem Projekt verschiedene Gutachten eingeholt werden, die zu völlig divergierenden Resultaten kommen. Daß dieser Fall eintritt, ist geradezu schon die Regel, wann immer Sachverständige gehört werden – ein Umstand, der von der Öffentlichkeit als außerordentlich quälend empfunden werden muß angesichts ihrer eigenen Inkompetenz in diesen Fragen und der hoffnungslosen Aussicht, durch Heranziehung weiterer Sachverständiger die Ratlosigkeit nur noch zu vermehren.

Schlimmer noch: Unabhängig vom konkreten Einzelfall muß sich, mit der sich wiederholenden Erfahrung einander widersprechender Expertenmeinungen, wissenschaftliche Rationalität selber als eine höchst fragwürdige Instanz darstellen: Es muß der Eindruck entstehen, daß für ein Projekt stets gute Gründe und ebenso gute Gegengründe existieren. Damit wäre das Verfahren, Begründungen zu geben, freilich obsolet.* Tatsächlich gewinnt die Überzeugung, daß sich für alles und jedes wohlfeile Argumente finden lassen, an Boden, und

---

* Nach dem Fraglichwerden der religiösen und ethischen Wertvorstellungen durch die zunehmende ›Rationalisierung‹ aller Lebensbereiche scheint nun auch die Rationalität selbst der Verbindlichkeit beraubt zu sein.

in politischen Auseinandersetzungen wird längst dementsprechend verfahren. Gründe und Gegengründe scheinen so eher die Funktion zu haben, hinter ihnen stehende *Interessen* zu legitimieren.

(...)

Es liegt auf der Hand, daß dies nun auch höchst bedenkliche *ethische Konsequenzen* haben muß: Wenn nämlich *Rationalität als die alleinige Grundlage der Ethik* zu begreifen ist, dann ist auch die Ethik vom Ansehensverlust der Rationalität mitbedroht. Denn kann, wie es danach den Anschein hat, *Beliebiges* gerechtfertigt werden, so wäre das die Aufhebung des Universalisierungsprinzips selbst und damit von Ethik überhaupt.

Daß andererseits durch konfligierende Gutachten gleichwohl mehr und mehr die *ganze* Wahrheit zum Vorschein kommt, ist sozusagen eine *List der Vernunft*: Gerade die Vielheit der vorgeblichen Wahrheiten führt eben zur Relativierung ihres Anspruchs, je für sich die ganze Wahrheit zu sein, so daß sie nunmehr als das erscheinen, was sie tatsächlich sind: Teilwahrheiten, die sich als solche durch Universalisierung aufheben und so die durch sie verdrängte ganze Wahrheit wieder zur Geltung bringen. Aber das ist nur eine gewissermaßen nachträgliche Folgewirkung einer per se ethisch verwerflichen Diskreditierung von Rationalität und damit wesentlich von Ethik selbst. Daß hier, über die je anstehende Einzelentscheidung hinaus, letztlich auch die Reputation der Ethik überhaupt auf dem Spiele steht, macht, denke ich, eine wesentliche und ganz *spezifische Verantwortung des Wissenschaftlers als Wissenschaftler* sichtbar.

Welche konkreten *Forderungen* ergeben sich nun aus diesen Überlegungen für das Gutachtergeschäft? Vor allem, denke ich, *Prämissendeutlichkeit*, und das heißt: Selbstkritik und intellektuelle Redlichkeit des Gutachters bezüglich der *Bedingungen*, unter denen sein Gutachten steht. Es ist solchermaßen auch und gerade *ethisch gefordert*, daß der Sachverständige seine eigenen Voraussetzungen in theoretischer und wertmäßiger Hinsicht mitreflektiert und auch öffentlich macht; also seine eigenen spezialistischen Einschränkungen sieht, die Attitüde des Allwissenden zurücknimmt, seine Finitheit eingesteht und schließlich auch das Eingehen persönlicher Wertvorstellungen offenlegt. Der Sachverständige, der zugibt, daß er gewisse Möglichkeiten und Risiken eines Projekts *gar nicht überblickt* oder in bestimmter Weise *persönlich bewertet*, sagt damit etwas für dessen Beurteilung sehr Wichtiges, das zu konkreten Konsequenzen nötigt, z. B. zur Heranziehung weiterer Gutachter, zur Durchführung neuer, gezielter Experimente usf.

Der Gutachter, der diesen Forderungen Rechnung trät, reduziert dadurch, recht verstanden, seine Aussage nicht nur nicht, sondern *erweitert* sie in einem wesentlichen Sinne sogar: Wer die Prämissen seines Urteils verschweigt, sagt im Grunde eine *Teilwahrheit*; fügt er die Prämissen aber hinzu, so transformiert er die Teilwahrheit in eine *verbindliche Wahrheit*, wenn auch negativen Inhalts: Die Aussage ›Unter den gegebenen Umständen vermag ich das Restrisiko eines nuklearen Unfalls *nicht sicher* abzuschätzen‹ ist ja ihrerseits eine *absolut sichere* Aussage.

Das Prinzip der *Prämissendeutlichkeit* muß somit als konstitutiv für das Gutachtergeschäft betrachtet werden. Was lediglich eine geringfügige logische Modifikation zu sein scheint, hat, wie dargelegt, gravierende sachliche und selbst ethische Konsequenzen: Scheinbar *einander widersprechende* Gutachten erweisen sich unter diesem Aspekt, sofern stringent argumentiert wurde, als *wechselseitig einander ergänzende* Aussagen. Der Widerspruch verschwindet, wenn deutlich gemacht wird, daß hier von ganz unterschiedlichen Standorten aus geurteilt wurde. Was zunächst heillos *kontrovers* erschien, wird so als *komplementär* begreiflich.

Das Gutachtendilemma ist kein Fatum der Vernunft, sondern grundsätzlich aufklärbar und behebbar. Gerade in einer Zeit fortgeschrittenster wissenschaftlicher Spezialisierung ist das Prinzip der Prämissendeutlichkeit unverzichtbar. Nur so kann die *Partikularität* von Expertenaussagen sichtbar und die Forderung einer *umfassenderen* Beurteilung realisiert werden. Nur so kann auch der drohende Vertrauensverlust wissenschaftlicher Rationalität aufgefangen werden, der, eine *ethisch* außerordentlich bedenkliche Nebenfolge des Gutachtendilemmas darstellt; bedenklich vor allem deshalb, weil Rationalität, so war argumentiert worden, letztlich wohl die einzige Chance für Menschen bedeutet, als vernünftige Wesen in vernünftiger Weise miteinander umzugehen. In diesem Sinne ist Prämissendeutlichkeit eine nicht nur logische, sondern darüber hinaus auch und gerade *ethische Forderung, die speziell an den Wissenschaftler zu richten ist.* Entzieht er sich dieser Verpflichtung, hat er die eminente Reputation, die der Experte in unserer Gesellschaft genießt, entschieden nicht verdient.

Jan Feddersen

Recht auf Nichtwissen

Müssen sich Menschen einem HIV-Test unterziehen, wenn sie ihre Zustimmung dazu nicht gegeben haben? Eine Zivilkammer des Kölner Landgerichts hat nun entschieden: Nein!

Sie verurteilte einen Arzt zu einem Schmerzensgeld von 1500 Mark. Der offenbar gedankenlose Mediziner hatte das Blut des inzwischen verstorbenen Klägers ohne dessen Wissen auch darauf untersucht, ob es HIV-positive Antikörper aufweist. Das Ergebnis teilte er seinem Patienten ebenso nüchtern wie umgehend mit: positiv.

Nicht berücksichtigt hatte der Doktor, daß der untersuchte Mann diese Diagnose als Todesurteil empfand. Wenige Tage nach Offenbarung des Testergebnisses bekam der Patient die erste, zum Aids-Vollbild zu zählende Lungenentzündung.

Die Richter erkannten strikt auf Körperverletzung und auf die Verletzung des Patientenselbstbestimmungsrechts. Selbst der ärztliche Verdacht, daß der Patient irgendwann an Aids leiden könnte, reiche nicht aus, heimlich zu testen: Das Persönlichkeitsrecht habe allemal Vorrang vor ärztlichem Eifer.

Das Urteil verdient als bemerkenswert notiert zu werden: Erstmals wird der medizinische Testwahn aus Sicht der Patienten kritisiert. Seit langem kann beobachtet werden, daß Menschen, die von einer unheilbaren Krankheit erfahren, in Depressionen fallen – und damit ihre eigenen Immunkräfte schwächen.

Die hohe Zahl von Selbstmorden von Männern und Frauen, denen oft nur *en passant* mitgeteilt wurde, eigentlich zum Tode verurteilt zu sein, gehört in der Arbeit der deutschen Aids-Hilfegruppen zu den traurigeren Kapiteln.

Auch in den USA wird mit dem Massenscreening Schindluder getrieben. Dort sind Hunderte von Frauen auf das neu entdeckte Brustkrebsgen BRCA-1 untersucht worden. Psychologen haben dort die Folgen des Testwahns auszubaden: Depressionen, präventive Brustamputationen und Todesängste bis hin zur völligen Lähmung aller Antriebskräfte.

Das Kölner Urteil ermöglicht eine menschliche Haltung, die uns auf vertrackte Weise erst lebensfähig macht: das segensreiche Recht auf Ahnungslosigkeit nämlich. Daß wir sterben müssen, ist gewiß. Wann das sein wird, möchten wir alle nicht so genau wissen.

Kapitel 3

Vernunft, Weisheit und Klugheit

Vernunft, Weisheit und *Klugheit* haben mit gleichen Elementen zu tun: mit Erkennen und mit Denken. Dies trifft auf jeden dieser drei Begriffe auf seine Weise zu. Den alten Griechen galt die *Klugheit* als erste der vier Grundtugenden, ja gar als die übergeordnete, da sie das rechte Maß erkennt und festlegt, welches die richtige Entscheidung sei, um tugendhaft zu handeln. *Klugheit* setzt Wissen voraus, Einsicht in Zusammenhänge, Erfahrung und Denken. Wenn auch der Intellekt Maßstab der *Klugheit* ist, so wird man dennoch einen Albert Einstein wegen seiner überragenden wissenschaftlichen Fähigkeiten nicht klug nennen. Ein »kluger Kopf« ist im Sprachgebrauch eher eine Person, die in praktischen Fällen richtige Ratschläge gibt oder selbst richtig entscheidet. Im Märchen sind Frauen klug. Ein beliebtes Motiv ist, daß eine besonders schöne und kluge vom König um Rat gefragt und, wenn sie die richtige Antwort gibt, natürlich geheiratet wird – wie das gute Ende es erforderlich macht. *Klugheit* wurde lange Zeit als eine weibliche Eigenschaft betrachtet.

Ethik ist ein philosophisches Gedankenkonzept, das auf der Erkenntnis beruht, was gut und böse ist. Das allein reicht aber noch nicht aus, um Ethik mit dem Leben einer Gesellschaft zu verbinden. Zur Theorie gehört die Praxis, und in diese praktische Sphäre wird die *Klugheit* als jenes Element gestellt, das die Einsicht in sittliches Handeln im Einzelfall gestaltet. Die *Klugheit*, als Kunst, sich sachgerecht zu entscheiden, unterscheidet sich von der *Weisheit*, die als Vollendung des theoretischen Wissens angesehen wird. Während derjenige weise ist, der aufgrund seines großen Wissens in der Lage ist, einen Einzelfall zu »überhöhen« und in ihm das Grundsätzliche zu finden, handelt jener klug, der im Einzelfall entscheidet, wie vernünftig zu handeln sei.

Sowohl der Kluge als auch der Weise haben aus der Erfahrung gelernt. Doch der Weise verwendet seine Erkenntnis anders als der Kluge. Der Kluge gibt vielleicht einen Ratschlag, welcher Weg der richtige sei. Der Weise stellt die Durchführung eines Vorhabens eher in

Frage, denn er überträgt den Einzelfall ins Grundsätzliche und nimmt so Abstand. »Und mag die *Klugheit* in ihrem Ratschlag bis zu einem gewissen Grad sittlich neutral sein, so ist es die *Weisheit* niemals. Der weise Rat steht notwendig im Angesicht einer tieferen sittlichen Verantwortung« (siehe Bollnow, S. 239 ff., und Bloch, S. 297 ff.). Die *Weisheit* nimmt für sich in Anspruch, kritisch zu sein.

Aus Schaden wird man klug, sagt das Sprichwort. Dies weist darauf hin, daß in unserem Sprachgebrauch *Klugheit* nicht nur aus Wissen, sondern auch aus Erfahren und Lernen entsteht. Allerdings haftet der *Klugheit* an, daß sie selbstbezogen sein kann: Der kluge Mann baut vor, weil er aus eigener Erfahrung gelernt hat, Vorsorge zu treffen. Und der Klügere gibt nach, weil er einsieht, daß er beim Streit nicht gewinnen kann. Wenn Carl Orff seine »Kluge« überlegen läßt, klug sein und lieben könne keiner gleichzeitig, so meint er, der Verstand und das Gefühl schlössen einander aus. Die Liebe läßt den Klugen Torheiten begehen. Und weil sie von egoistischen Motiven geleitet werden kann, hat Immanuel Kant der *Klugheit* den Rang einer Tugend überhaupt abgesprochen.

Im ursprünglichen Sinn war es für die Tugend *Klugheit* unerläßlich, daß der Handelnde sein persönliches Interesse nicht berücksichtigte. Nur damit war die Voraussetzung für moralisches Handeln gegeben. Moralisch handelt man eben nicht, weil es für einen selbst gut ist, sondern weil die gesellschaftlich anerkannten Werte es so wollen. Voraussetzung für *Vernunft, Weisheit* und *Klugheit* ist, daß man seine eigenen Interessen zum Schweigen bringt, um sich selbst in die Lage zu versetzen, zu erkennen. Wer nur sich selbst wahrnimmt, wird weder klug, weise noch vernünftig.

Welche Rolle spielt nun die *Vernunft*? Sie ist neben der Wahrnehmung Voraussetzung für die Erkenntnis.[20] Tiere besitzen zwar die Fähigkeit der Wahrnehmung, aber der Mensch unterscheidet sich von ihnen durch die Fähigkeit zur *Vernunft*. Die *Vernunft* ermöglicht es, den Willen zu steuern und so zu entscheiden, ob gut oder böse gehandelt werden soll. Das Prinzip des Handelns ist der Wille, und der richtet sich nach dem Gewollten, nach dem angestrebten Zweck. Deshalb wird die Willensentscheidung von der *Vernunft* geprägt. Und da ein Entschluß nach gut und böse beurteilt wird, muß er sich an einem ethischen Maßstab messen lassen.

Das Wort *Vernunft* hat in alle Lebensbereiche Einzug gehalten: Da ist etwa die Rede von »vernünftigen« Preisen. Aber im ethischen Sinn gilt die Vernunft als absolute Rationalität. Doch: »Der Geist ist willig, das Fleisch ist schwach.« Über die menschlichen Schwächen sehen Philosophen immer wieder hinweg, da sie das Absolute denken wollen. Und wäre der Wille nicht der Lust und dem Verlangen unterworfen, würde der Mensch vermutlich der *Vernunft* und der moralischen Entscheidung folgen. Dann wäre sein Wille autonom und sein Handeln völlig freiwillig. Aber wir sind eben keine reinen Vernunftwesen, weshalb die Erkenntnis des Guten und Bösen immer wieder von menschlichen Schwächen begrenzt wird. Folgerichtig gibt es keine absolute *Vernunft*. Sie kann nur das Absolute anstreben, indem sie das Allgemeine und das Unpersönliche zum Maßstab macht.

Die Schwierigkeit, Moral in einer Gesellschaft am Leben zu erhalten, liegt im Widerspruch zwischen dem Gesetz der *Vernunft* und dem Gefühl, das das Individuum zu privaten, irrationalen, oft unmoralischen Zielen zieht. Damit die Moral siegt, muß es der *Vernunft* gelingen, das Gefühl zu bändigen. Das kann aber nur dann gelingen, wenn jedem die Grundlage seines Handelns vollständig bewußt und für jeden spürbar ist. So wird in einer aufgeklärten Demokratie »die Intelligenz ein Element der Moralität« (Durkheim[21]). Da aber liegt die Crux dieser Zeit: Die *Vernunft* hat es immer schwerer. Denn was gut und böse ist, wird immer weniger vermittelt: weder durch das Erziehungssystem noch von einer Generation auf die andere. In unserer Gesellschaft ist ein Versagen der Vorbilder zu beobachten, insbesondere in den staatlichen Institutionen, deren Aufgabe die Vorbildfunktion zuallererst wäre.

AESOP

Fabel von dem Fuchs und der Katze

Der Einfältige ist manches Mal weiser als der Überkluge, wie diese Fabel bezeuget.

    Ein Fuchs begegnete einer Katze und fing an, mit ihr zu reden und sprach: ich grüß dich, Schwester. Die Katz antwortet: Heil sei mit dir. Der Fuchs drauf: was kannst du? Die Katz: ich hab allein ein wenig Kunst zu springen. Da sprach der Fuchs: bei meinem Haupt, so währt dein Leben nicht lang, da du unweise zu allen Dingen bist. Antwortet die Katz: ja, Herr Fuchs, dem ist also, wie du sagest, aber ich bitt dich, sei so gütig und sag mir, wieviel kannst du Künste? Darauf sagte der Fuchs: ich kann wohl hundert Künste und nicht mittelmäßige, und jede kann mich ernähren und von Sorg und Angst befreien. – So gebührt dir billig langes Leben, sprach die Katz. – So gebührt dir billig langes Leben, sprach die Katz. Dieweil sie aber also miteinander redeten, sahen sie einen Reiter daherkommen mit zwei feurigen Hunden, da die den Fuchs und die Katz erblickten, fingen sie an schnell wider sie zu laufen. Da sprach der Fuchs: wir müssen fliehen, die Katz aber: es tut nicht not. Der Fuchs wieder: fürwahr, es wird not sein, als ich sehe; die Katz aber: es mag sein, sorge ein jeder für sich selbst. Da nahmen sie beide die Flucht, aber die Katz fand einen großen Baum, auf den sprang sie und war erlöst von aller Sorge und schrie aus der Höhe dem Fuchsen nach: o Bruder Fuchs, such herfür eine von den hundert Künsten, die du kannst. Aber die Hunde fingen den Fuchs und töteten ihn.

Brüder Grimm

Die kluge Bauerntochter

Es war einmal ein armer Bauer, der hatte kein Land, nur ein kleines Häuschen und eine alleinige Tochter, da sprach die Tochter »wir sollten den Herrn König um ein Stückchen Rottland bitten.« Da der König ihre Armut hörte, schenkte er ihnen auch ein Eckchen Rasen, den hackten sie und ihr Vater um, und wollten ein wenig Korn und der Art Frucht darauf säen. Als sie den Acker beinah herum hatten, so fanden sie in der Erde einen Mörsel von purem Gold. »Hör«, sagte der Vater zu dem Mädchen, »weil unser König ist so gnädig gewesen und hat uns diesen Acker geschenkt, so müssen wir ihm den Mörsel dafür geben.« Die Tochter aber wollte es nicht bewilligen und sagte »Vater, wenn wir den Mörsel haben und haben den Stößer nicht, dann müssen wir auch den Stößer herbeischaffen, darum schweigt lieber still.« Er wollt ihr aber nicht gehorchen, nahm den Mörsel, trug ihn zum Herrn König und sagte, den hätte er gefunden in der Heide, ob er ihn als eine Verehrung annehmen wollte. Der König nahm den Mörsel und fragte, ob er nichts mehr gefunden hätte. »Nein«, antwortete der Bauer. Da sagte der König, er solle nun auch den Stößer herbeischaffen. Der Bauer sprach, den hätten sie nicht gefunden; aber das half ihm so viel, als hätt ers in den Wind gesagt, er ward ins Gefängnis gesetzt und sollte so lange da sitzen, bis er den Stößer herbeigeschafft hätte. Die Bedienten mußten ihm täglich Wasser und Brot bringen, was man so in dem Gefängnis kriegt, da hörten sie, wie der Mann als fort schrie »ach, hätt ich meiner Tochter gehört! ach, ach, hätt ich meiner Tochter gehört!« Da gingen die Bedienten zum König und sprachen das, wie der Gefangene als fort schrie »ach, hätt ich doch meiner Tochter gehört!« und wollte nicht essen und trinken. Da befahl er den Bedienten, sie sollten den Gefangenen vor ihn bringen, und da fragte ihn der Herr König, warum er also fort schrie »ach, hätt ich meiner Tochter gehört!« »Was hat Eure Tochter denn gesagt?« »Ja, sie hat gesprochen, ich sollte den Mörsel nicht bringen, sonst müßt ich auch den Stößer schaffen.« »Habt Ihr so eine kluge Tochter, so laßt sie einmal herkommen.« Also mußte sie vor den König kommen, der fragte sie, ob sie denn so klug wäre, und sagte, er wollte ihr ein Rätsel aufgeben, wenn sie das treffen könnte, dann wollte er sie heiraten. Da sprach sie gleich ja, sie wollts erraten. Da sagte der König »komm zu mir, nicht gekleidet, nicht nackend, nicht geritten, nicht gefahren, nicht in dem Weg, nicht außer dem Weg, und wenn du das kannst, will ich dich heiraten.« Da ging sie hin, und zog sich aus splinternackend, da war sie nicht gekleidet, und nahm ein großes Fischgarn, und setzte sich hinein und wickelte es ganz um sich herum, da war sie nicht nackend: und borgte einen Esel fürs Geld und band dem Esel das Fischgarn an den Schwanz, darin er sie fortschleppen mußte, und war das nicht geritten und nicht gefahren: der Esel mußte sie aber in der Fahrgleise schleppen, so daß sie nur mit der großen Zehe auf die Erde kam, und war das nicht in dem Weg und nicht außer dem Wege. Und wie sie so daherkam, sagte der König, sie hätte das Rätsel getroffen, und es wäre alles erfüllt. Da ließ er ihren Vater los aus dem Gefängnis, und nahm sie bei sich als seine Gemahlin und befahl ihr das ganze königliche Gut an.

Nun waren etliche Jahre herum, als der Herr König einmal auf die Parade zog, da trug es sich zu, daß Bauern mit ihren Wagen vor dem Schloß hielten, die hatten Holz verkauft; etliche hatten Ochsen vorgespannt, und etliche Pferde. Da war ein Bauer, der hatte drei Pferde, davon kriegte eins ein junges Füllchen, das lief weg und legte sich mitten zwischen zwei Ochsen, die vor dem Wagen waren. Als nun die Bauern zusammenkamen, fingen sie an sich zu zanken, zu schmeißen und zu lärmen, und der Ochsenbauer wollte das Füllchen behalten und sagte, die Ochsen hättens gehabt: und der andere sagte nein, seine Pferde hättens gehabt, und es wäre sein. Der Zank kam vor den König, und er tat den Ausspruch, wo das Füllen gelegen hätte, da sollt es bleiben; und also bekams der Ochsenbauer, dems doch nicht gehörte. Da ging der andere weg, weinte und lamentierte über sein Füllchen. Nun hatte er gehört, wie daß die Frau Königin so gnädig wäre, weil sie auch von armen Bauersleuten gekommen wäre: ging er zu ihr und bat sie, ob sie ihm nicht helfen könnte, daß er sein Füllchen wiederbekäme. Sagte sie »ja, wenn Ihr mir versprecht, daß Ihr mich nicht verraten wollt, so will ichs Euch sagen. Morgen früh, wenn der König auf der Wachtparade ist, so stellt Euch hin mitten in die Straße, wo er vorbeikommen muß, nehmt ein großes Fischgarn und tut, als fischtet Ihr, und fischt also fort und schüttet das Garn aus, als wenn Ihrs voll hättet«, und sagte ihm auch, was er antworten sollte, wenn er vom König gefragt würde. Also stand der Bauer am andern Tag da und fischte auf einem trockenen Platz. Wie der König vorbeikam und das sah, schickte er seinen Laufer hin, der sollte fragen, was der närrische Mann vorhätte. Da gab er zur Antwort »ich fische.« Fragte der Laufer, wie er fischen könnte, es wäre ja kein Wasser da. Sagte der Bauer »so gut als zwei Ochsen können ein Füllen kriegen, so gut kann ich auch auf dem trockenen Platz fischen.« Der Laufer ging hin und brachte dem König die Antwort, da ließ er den Bauer vor sich kommen und sagte ihm, das hätte er nicht von sich, von wem er das hätte: und sollts gleich bekennen. Der Bauer aber wollts nicht tun und sagte immer: Gott bewahr! er hätt es von sich. Sie legten ihn aber auf ein Gebund Stroh und schlugen und drangsalten ihn so lange, bis ers bekannte, daß ers von der Frau Königin hätte. Als der König nach Haus kam, sagte er zu seiner Frau »warum bist du so falsch mit mir, ich will dich nicht mehr zur Gemahlin: deine Zeit ist um, geh wieder hin, woher du gekommen bist, in dein Bauernhäuschen.« Doch erlaubte er ihr eins, sie sollte sich das Liebste und Beste mitnehmen, was sie wüßte, und das sollte ihr Abschied sein. Sie sagte »ja lieber Mann, wenn du so befiehlst, will ich es auch tun«, und fiel über ihn her und küßte ihn und sprach, sie wollte Abschied von ihm nehmen. Da ließ sie einen starken Schlaftrunk kommen, Abschied mit ihm zu trinken: der König tat einen großen Zug, sie aber trank nur ein wenig. Da geriet er bald in einen tiefen Schlaf, und als sie das sah, rief sie einen Bedienten und nahm ein schönes weißes Leinentuch und schlug ihn da hinein, und die Bedienten mußten ihn in einen Wagen vor die Türe tragen, und fuhr sie ihn heim in ihr Häuschen. Da legte sie ihn in ihr Bettchen, und er schlief Tag und Nacht in einem fort, und als er aufwachte, sah er sich um und sagte »ach Gott, wo bin ich denn?« rief seinen Bedienten, aber es war keiner da. Endlich kam seine Frau vors Bett und sagte »lieber Herr König, Ihr habt mir befohlen, ich sollte das Liebste und Beste aus dem Schloß mitnehmen, nun hab ich nichts Besseres und Lieberes als dich, da hab ich dich mitgenommen.« Dem König stiegen die Tränen in die Augen, und er sagte »liebe Frau, du sollst mein sein und ich dein« und nahm sie wieder mit ins königliche Schloß und ließ sich aufs neue mit ihr vermählen.

Josef Pieper

Die Kunst, sich richtig zu entscheiden

Die ranghöchste unter den vier Grundtugenden ist die Klugheit – eine Vorstellung, die uns ziemlich fernliegt, wofern sie uns überhaupt etwas sagt. Dabei habe ich noch nicht einmal genau formuliert. Die Klugheit gehört, strenggenommen, gar nicht in die gleiche Reihe mit Gerechtigkeit, Tapferkeit und Maß; sie ist nicht die älteste [oder die schönste] von vier Schwestern [sozusagen]; vielmehr ist sie, die Klugheit, wenn man in diesem Bilde zunächst noch bleiben will, die Mutter der übrigen Tugenden, die, wie es bei Thomas wörtlich heißt, *genitrix virtutum*, die Gebärerin. Das besagt, nun einmal ohne Bild gesprochen: Gerechtigkeit, Tapferkeit, Maß gibt es nur auf Grund von Klugheit! Klugheit ist die Voraussetzung für sittliches Gutsein überhaupt. Wiederum ist uns hier zunächst der faktisch heute geltende Sprachgebrauch im Wege, wonach Klugheit eher so etwas wie die Geschicklichkeit besagt, das Gutsein gerade zu umgehen [»Glaubst du, der wird für seine Überzeugung einstehen? Dazu ist er doch viel zu klug«!]. Aber ich lasse diesen linguistischen Aspekt jetzt einmal auf sich beruhen. Die Frage ist: Was ist *gemeint*, wenn die alte Lebenslehre behauptet, der Mensch ist, notwendig und immer, beides zugleich: gut und klug, ja sogar: zuvor klug und dann erst, auf Grund von Klugheit, gut? Gemeint ist etwas, das unserem alltäglichen Denken und Reden gar nicht so fern ist, nämlich: Die Verwirklichung des Guten setzt das Wissen um die Wirklichkeit voraus; wer nicht weiß, wie die Dinge sind und liegen, der kann *in concreto* gar nicht das Gute tun. Die bloße »gute Absicht«, das Gerechtsein-Wollen zum Beispiel, genügt dazu noch nicht! – Jenes »Sehen dessen, was ist« soll man allerdings nur ja nicht für eine Kleinigkeit halten: es handelt sich um ein höchst anspruchsvolles und um ein auf vielfache Weise gefährdetes Unternehmen. Bei Goethe gibt es die Sentenz: »Im Tun und Handeln kommt alles darauf an, daß die Objekte rein aufgefaßt und ihrer Natur gemäß behandelt werden.« Schön und gut, aber diese Objekte sind ja durchweg nicht neutrale Gegenstände der »Naturbetrachtung«; es sind die Dinge, welche die Situation der Entscheidung »umstehen« und ausmachen; es ist das im drastischen Sinn Konkrete, das sich unablässig wandelt, bei dem aber unser Interesse sehr unmittelbar im Spiel zu sein pflegt. Und was hier von uns verlangt wird, das ist: dieses unser Interesse zu jenem Schweigen zu bringen, das einfach eine Voraussetzung dafür ist, daß man etwas hört und vernimmt. Dies aber weiß jedermann, ob es nun um die Rekonstruktion eines Verkehrsunfalles geht oder sonst darum, etwa in einem Konfliktsfall, zu einer gerechten Beurteilung zu kommen: Wenn einer der Beteiligten es nicht zustande bringt, zunächst einmal die Geschehnisse so zu sehen, wie sie sich wirklich abgespielt haben, dann ist die Sache schlechterdings hoffnungslos; dann ist die Vorbedingung für alles Weitere eben nicht erfüllt. Diese Vorbedingung – für *jede* sittliche Entscheidung – ist, daß die Realität gesehen und bedacht wird. Freilich ist das Sehen erst die Hälfte der Klugheit; die andere Hälfte der Klugheit besteht darin, das Wirklichkeitswissen zu »übersetzen« in das Beschließen und Tun. Man könnte sagen: Klugheit ist die Kunst, sich richtig, sachgerecht zu entscheiden – handle es sich nun um Gerechtigkeit, Tapferkeit oder Maß. – Ist aber damit, so könnte man fragen, der Durchschnittsmensch nicht einfach überfordert? Darauf würde zweierlei zu antworten sein. Erstens [obwohl es letztlich immer der mündige Einzelne, die sittliche Person, bleibt, die zur Entscheidung allein befugt und genötigt ist und die aus dieser Verantwortung nicht entlassen werden kann]: Wirklichkeitswissen ist dennoch natürlicherweise eine *solidarisch* anzupackende Aufgabe; jeder Einzelne ist auf den Anderen dabei angewiesen – weswegen die Alten die Belehrbarkeit, das Sich-etwas-Sagen-lassen-Können, immer als ein wesentliches Bestandstück der Tugend der Klugheit betrachtet haben. Aber natürlich darf diese Bereitschaft, sich etwas sagen zu lassen, die dennoch in die Entscheidung des Einzelnen, der sittlichen Person, gestellt bleibt, nicht verraten und im Stich gelassen werden; anders ausgedrückt, es zeigt sich hier, was die öffentliche Präsenz der Wahrheit, freilich auch, im Negativen, das öffentliche Unkenntlichwerden der Realität [zum Beispiel durch den publizistischen Mißbrauch der Sprache und der Kommunikationsmittel] bedeutet, und zwar nicht nur für das Gemeinwesen selbst, sondern auch für den sich entscheidenden Einzelnen. – Zweiter Punkt meiner Antwort [auf die Frage, ob nicht der Durchschnittsmensch durch die Forderung, »klug« sein zu müssen, überfordert sei]: Mit dem Klugen ist nicht der »Studierte« oder der Gebildete gemeint. Eine bestimmte Art von »Weisheit« allerdings ist von ihm dennoch verlangt; und die ist auch jedermann zumutbar, nämlich jene Art von selbstloser Sachlichkeit, von der ein Wortspiel spricht, das einige Jahrhunderte hindurch in Europa so etwas wie ein Gemeinplatz gewesen ist: *Cui sapiunt omnia prout sunt, hic est vere sapiens* – wem alle Dinge so schmecken, wie sie wirklich sind, der ist wahrhaft weise.

CHRISTIAN MEIER

»Denkverbote« als Nachhut des Fortschritts?
Über den Terror der Gutwilligen und
die neue Unbequemlichkeit beim Denken der Zukunft

Gesellschaften wollen, in aller Regel jedenfalls, überleben. Und zwar zumindest als das, was sie sind, möglichst besser. Sie wollen handeln und Voraussetzungen für das Handeln ihrer Mitglieder gewährleisten. Sie brauchen dazu unter anderm eine einigermaßen verläßliche Basis, nicht nur in Verfassung, Wirtschaft, Verkehr etc., sondern auch in gewissen gemeinsamen Überzeugungen. Sie können nicht wollen, daß alles – oder gar: alles immer wieder – in Frage gestellt wird.

Durch Erziehung, Debatten, Erzeugung kräftiger Erwartungen und Erwartungserwartungen, durch immer neue Einschärfungen suchen sie normalerweise diese Basis zu sichern; suchen sie Gedanken, die sie bedrohen könnten, gar nicht erst aufkommen, jedenfalls nicht Boden gewinnen zu lassen.

Zentrale Teile der politischen, gesellschaftlichen und wirtschaftlichen Ordnung, oft auch des religiösen Glaubens, Regeln des Denkens und Handelns, des Umgangs und vieles andere mehr ist man bestrebt, frei von nachhaltiger Bezweiflung zu halten; sie vielleicht zu diskutieren, aber in der Diskussion drängen dann starke Kräfte auf Bestätigung oder äußerstenfalls darauf, daß am Bestehenden nur Modifizierungen vorgenommen werden. Wenn Teile der Gesellschaft grundlegende Änderungen anstreben, so bleiben auch die in der Regel, abgesehen von Revolutionen jedenfalls, begrenzt, obzwar diejenigen, die sie bekämpfen, gern das Gegenteil behaupten.

Insgesamt also pflegen Gesellschaften normalerweise die Spielräume des Denkens irgendwie einzuschränken; auf verschiedenste Weisen und indem sie die Grenzen mehr oder weniger weit ziehen und mehr oder weniger elastisch verteidigen, die sie gewahrt wissen möchten.

Wenn sie ihren Bürgern große Freiheiten einräumen – selten genug in der Weltgeschichte, aber immerhin: heute ist es verbreitet –, so geschieht dies unter der Voraussetzung, daß deren Gedanken, aufs Ganze gesehen, entweder folgenlos bleiben oder für viele zu Verbesserungen führen. Tun sie das nicht, so setzt normalerweise eine Gegenbewegung ein, die im Effekt auf Begrenzung, auf Lähmung (und sei es auf dem Wege der Resonanzversagung) nicht nur der Äußerungen des Denkens, sondern auch des Denkens selbst zielt. Im Lauf der Weltgeschichte, aber auch heute kann man verschiedenste Arten solcher Einschränkungen und Lähmungen des Denkens beobachten.

Ob es sinnvoll ist, von Denk*verboten* zu sprechen, mag zu fragen sein. Eindeutig ist die Antwort, wenn man agitieren will: dann eignet sich das Wort sehr gut als Knüppel. Will man dagegen etwas differenzierter urteilen, so kommt es auf die Definition an.

Einerseits ist es richtig, daß man Denken schlecht *verhindern* kann. Aber verbieten kann man gewisse Gedanken trotzdem, es ist nicht selten geschehen, und sicher nicht ohne jeden Erfolg. Jean Paul hat die Sache zu leicht genommen, als er 1805 in Hinsicht auf den »Unterschied der Denk-, Schreib-, Druck- und Lese-Freiheit« schrieb: »Die erste, die Denkfreiheit, hat meines Wissens bisher niemand verboten als der Schlaf, der Rausch und die Tollheit.« Denn bestimmte Gedanken – und keineswegs nur solche sexuellen Inhalts – waren in bestimmten Gesellschaften zu bestimmten Zeiten eben doch sündig, sie durften nicht nur nicht geäußert, sondern gar nicht erst gedacht werden. Sonst bekam man es etwa mit der Inquisition zu tun.

Die berühmte Forderung des Marquis Posa bei Schiller: »Geben Sie Gedankenfreiheit!«, hatte insofern sehr wohl ihren Sinn. R. Watson, dessen Geschichte Philipps II. (1777) zu Schillers Vorlagen gehörte, sah nicht nur die Freiheit des Redens, sondern auch die des Denkens *(freedom of thought and speech)* zu jener Zeit bedroht. In der von Schiller benutzten Übersetzung wird von dem Versuch gesprochen, *à bannir toute liberté de parole et de pensées*. Mutatis mutandis gilt dasselbe von späteren »Gehirnwäschen«. Wieweit »Denkverbote« im Zeichen der political correctness hier anzuschließen sind, mag dahingestellt bleiben.

Solche Denkverbote können sich gerade im christlichen Abendland nahelegen, wo so viel auf das Innere, die Gesinnung der Menschen ankommt. Sie sind besonders wirksam, wo der Drang zum Bekenntnis stark ist, wohl auch dort, wo zwischen Denken und Reden nur vergleichsweise geringe Barrieren sich aufbauen lassen, negativ gesagt: wo die Fähigkeit gering ist, das, was man denkt (und eventuell in vertrautem Kreise äußert), von dem, was man nach außen zu denken vorgibt, zu trennen. Zumindest in Hinsicht auf wichtige Überzeugungen; denn taktisch und von Situation zu Situation ist solche Fähigkeit ja weit verbreitet. Doch so folgenreich gewisse Denkverbote auch sein mögen, speziell in der europäischen Neuzeit hat sich eine solche Dynamik entwickelt, daß auch die stärksten unter ihnen höchstens vorübergehend oder nur in Teilen Europas sich durchsetzen ließen. Sehr viel weiter verbreitet aber sind andere Begrenzungen und Behinderungen des Denkens, welche nicht gerade die Form des Denkverbots annehmen.

Vielleicht sollte man mit denen beginnen, die in der objektiven Undenkbarkeit bestimmter Dinge bestehen. Durch lange Perioden der Weltgeschichte hindurch war zum Beispiel gar kein Gedanke an eine Demokratie möglich. Hier brauchte man nichts zu verbieten, während andere Dinge, die ebenfalls praktisch nicht zu verwirklichen waren, normalerweise wenigstens im Geheimen gewünscht oder erträumt werden können (wozu durchaus auch der soziale Umbruch, daß die Ersten die Letzten und die Letzten die Ersten sein werden, gehören kann; aber eben nicht Demokratie). In einem Zwischenbereich sind – in bestimmten Phasen der Geschichte – Utopien angesiedelt, die immerhin einiges Unmögliche denkbar gemacht haben.

Eine Form relativer Undenkbarkeit bestimmter Dinge besteht in aller Regel darin, daß alle Gesellschaften einen Bereich undiskutierter Selbstverständlichkeiten kennen. Da kommt man, außer vielleicht in marginalen Grüppchen, gar nicht darauf, daß es sich anders verhalten könnte, obwohl man theoretisch durch Historie oder Ethnographie durchaus von noch andern Möglichkeiten wissen könnte und weiß.

Als nächstes würde ich Formen der Tabuisierung nennen wollen. Hier geht es um Dinge, die sehr wohl und sehr spürbar zu denken, zumindest vorzustellen sind, die aber durch Erziehung und Comment, vielleicht auch durch schärfere Maßnahmen derart als »unmöglich« dargestellt werden, daß sie nicht zu diskutieren sind. Von so etwas spricht man nicht, so etwas ignoriert man noch nicht mal. Und sollte doch einmal darauf die Rede kommen, blickt man drein wie eine viktorianische Lady, in deren Anwesenheit das Wort »Geschlecht« gefallen ist.

Darüber hinaus gibt es Grenzsetzungen, die bestimmte Auffassungen, welche nicht völlig aus der öffentlichen Diskussion ausgegrenzt sind, doch vor jedem Zweifel einigermaßen wirksam zu schützen vermögen. Die aufklärerische Forderung nach Glaubensfreiheit etwa hatte in verschiedenen Gesellschaften eine einigermaßen klare Grenze dort, wo jeder Glaube an Gott aufhörte und der Atheismus begann. Aber der Verlauf solcher Grenzen braucht nicht völlig klar markiert zu sein, kann es wohl auch nicht.

Von hier aus gibt es einen fließenden Übergang zu bestimmten Grundüberzeugungen, die auch Demokratien, auch gegenwärtige Gesellschaften hegen und auf die sie Wert legen, so daß sie sie zu schützen suchen. Zweifel etwa an der Demokratie sind in der Bundesrepublik keineswegs verboten oder auf irgendeine Weise ausgeschlossen. Aber so, wie die Dinge, bisher jedenfalls, liegen, rufen sie doch, wenn sie eine gewisse Stärke und Grundsätzlichkeit annehmen, ein gewisses Erschrecken hervor. Hier sind gleichsam die Grenzen nicht durchweg gesichert, aber es werden bestimmte Bastionen verteidigt – was bedeutet, daß zumindest mancher Zweifel unterbleibt oder nicht oder nur zaghaft geäußert wird (eventuell unter dem Beisatz, man werde doch wohl noch fragen dürfen, eventuell auch in der Form, daß man etwas eher für sich feststellt, ohne im mindesten auf Zustimmung oder gar darauf zu rechnen, daß man andere überzeugt). Gewisse gesellschaftliche Sanktionen könnten sonst drohen, die Gefahr einer Marginalisierung sich auftun.

Wieder andere (in diesem Fall nicht so sehr: Begrenzungen, sondern) Behinderungen respektive Lähmungen des Denkens können von bestimmten gesellschaftlich-intellektuellen Lagen ausgehen. Wo eine Gesellschaft keine halbwegs funktionierende intellektuelle Öffentlichkeit hat, besteht wenig Anreiz zum öffentlichen Nachdenken über viele, unter Umständen auch brennende Probleme. Die geringe Bereitschaft zur Wahrnehmung von Gedanken lähmt deren Entfaltung. Dann kann es entweder zu ideologisch verhärteten Fronten kommen, in denen »linke« und »rechte« Denkweisen sich gegeneinander absetzen; dergestalt, daß Gedanken, die sich diesen Frontstellungen nicht fügen, gar nicht erst wahrgenommen werden. Es geht dann bei ihrer Rezeption nur mehr darum, festzustellen, ob der, der sie äußert, links oder rechts abgeheftet werden kann (oder ob er in Hinsicht auf seine Zuweisung bestimmte Veränderungen beobachten läßt). Der Inhalt der Gedanken ist damit mehr oder weniger erledigt. Oder die Fronten werden durchlöchert und verwirrt, Ratlosigkeit tritt ein, ohne daß so rasch wieder Linien sich formieren, also Übersicht und Ordnung in das allgemeine Denken kämen.

Dann bildet sich jener Meinungsbrei, in dem jede Äußerung nur mehr einen Blubber bedeutet, also eine Luftblase, die vorübergehend eine kleine Erhebung auftreibt, um dann spurlos in sich zusammenzufallen – und andern Blubbern, denen das gleiche droht, Platz zu machen. Und dieser Brei wird gleichsam immer neu produziert, wie der süße Brei in Grimms Märchen, der quillt und quillt, weil der Mutter das Zauberwort »Töpfchen, steh!« entfallen ist. Was immer gedacht wird, es kann nirgends in Mechanismen der gesellschaftlichen Intellektualität eingreifen, weil deren Räder sich ohnehin im Leeren drehen.

Die in dieser Lage spürbare Denklähmung kann in ein schmerzhaftes Mißverhältnis zu der Notwendigkeit geraten, sich über vieles klarzuwerden, was ansteht oder sich gerade aufdrängt.

Das genaue Gegenteil dieser Lage bietet sich in Zeiten dar, in denen ganz neue Möglichkeiten sich erschließen und von starken Kräften innerhalb der Gesellschaft wahrgenommen werden – weil sie in deren Sinne sind –, so daß sich neue Horizonte auftun, eine neue Ordnung der Phänomene sich anbietet und alles mögliche Denken geradezu herausgefordert wird.

Solche Zeiten sind durch Denkströmungen gekennzeichnet. Bestimmte intellektuelle Positionen haben das Übergewicht. Andere sind dadurch noch nicht mundtot gemacht, aber sie haben es schwer. Sie zu verfechten erfordert einen besonderen Aufwand, kann dafür aber auch gute Ergebnisse zeitigen – auf die Dauer. Zunächst aber entstehen schweigende Mehrheiten, deren Angehörige sich nur noch in bestimmten Zirkeln von Gleichgesinnten über die zentral strittigen Gegenstände äußern. 1968 und in den darauffolgenden Jahren hat man es zum letztenmal vielfach erlebt.

Man könnte noch viele weitere Formen der Begrenzung oder Lähmung des Denkens über bestimmte Gegenstände im großen wie im kleinen anführen; könnte auch auf die Besonderheiten von Revolutionsepochen und solchen des ideologischen Bürgerkriegs oder von totalitären Regimen zu sprechen kommen. Das braucht hier aber nicht zu geschehen. Denn es müßte schon deutlich geworden sein, wie vielfältig die Apparatur der gesellschaftlichen Beschränkung oder Lähmung des Denkens ist – und wie unterschiedlich dessen gesellschaftliche Bedingungen sein können. Übrigens auch, wieviel die Frage danach für verschiedene Gesellschaften, Kulturkreise und Epochen erschließen kann. Sie scheint nicht zuletzt für unsere Zeit interessante Einsichten – oder zumindest Vermutungen – zutage zu fördern.

Neben den Lähmungen, Behinderungen, Einschränkungen des Denkens gibt es, um dies nur am Rande zu erwähnen, solche des Erinnerns. Gesellschaften können starken Druck ausüben, um das Vergessen bestimmter Ereignisse, Unglücksfälle, Verbrechen zu bewirken, jedenfalls zu fördern. Internationale Verträge enthielten früher oft Formeln, die die gegenseitige Erinnerung an Untaten verhindern sollten. Im klassischen Athen hat man nach dem Bürgerkrieg, der auf die Niederlage im Peloponnesischen Krieg folgte, sich darauf geeinigt, »vergangenes Unrecht nicht zu erinnern« (was freilich die strafrechtliche Verfolgung bestimmter Verbrechen nicht ausschloß). Unter Ludwig XVIII. wurde 1814 den Gerichten und Bürgern »Vergessen« auferlegt. Aber auch abgesehen davon können Gesellschaften darauf achten, daß solche Erinnerung nicht öffentlich aufgeführt wird, indem sie etwa Anlässe dazu gar nicht erst entstehen lassen. Oder Politiker tun es. Bestes Beispiel dafür ist die langjährige Verhinderung des Prozesses gegen den Polizeipräsidenten von Paris, René Bousquet, auf dessen Konto die Verfolgung und Einsammlung so vieler Juden kommt, durch François Mitterrand: Ganz im Sinne einer schon seit der Französischen Revolution eingebürgerten Praxis französischer Politik war er, sagt er, darum besorgt, daß die inneren Gegensätze durch das Aufrühren vergangener Auseinandersetzungen nicht verschärft würden.

Einen Grenzfall in diesem Zusammenhang stellt die Strafbestimmung gegen die »Auschwitzlüge« dar. Hier geht es primär um den Ausschluß der Verunglimpfung ganzer Völker, der Juden vor allem, aber auch der Roma und Sinti; eine Einschränkung der Wissenschaftsfreiheit ist damit, sofern es sich um ernsthaft betriebene Wissenschaft handelt, nicht verbunden. Denn die Tatsache der Judenvernichtung ist hinlänglich gut erwiesen. Nur soweit unter Wissenschaftsfreiheit die Freiheit, alles mögliche gegen die gesicherte Wahrheit zu behaupten, verstanden wird, ist diese Freiheit an diesem Punkt eingeschränkt. Um von den offensichtlich tendenziösen, wenn auch in scheinbar wissenschaftlichem Gewand daherkommenden simplen Leugnungen zu schweigen.

Einschränkungen des Denkens nun pflegen von denen auszugehen, denen an der Erhaltung des Bestehenden gelegen ist. Das sind normalerweise die herrschenden Kreise, zum Teil im Zusammenwirken politischer und religiöser Instanzen mit gesellschaftlichen Eliten. Es kann aber auch ein breiterer Konsens bestehen, der dann aber ebenfalls in deren Sinne sein muß.

Kräfte, welche auf Veränderung drängen, pflegen dagegen in aller Regel auf Freiheit von alten Denkzwängen, -einschränkungen und -verboten hinzuwirken. Jedenfalls solange sie sich nicht durchgesetzt haben. Wo es sich um mächtige Strömungen handelt, eröffnet die In-Frage-Stellung bisheriger Ordnung zugleich neue intellektuelle (und künstlerische) Möglichkeiten, stellt sie geradezu eine Herausforderung zu deren Entfaltung dar, nicht nur auf der einen Seite. Daß infolge der Durchsetzung solcher Strömungen die Konservativen sich mitsamt manchen Anschauungen in die Ecke gedrängt sehen, ist verständlich; auch daß dadurch, sei es mit Gewalt, sei es durch Meinungsdruck oder Suggestion deren Meinungsfreiheit eingeschränkt wird (zumindest durch Selbstzensur). Und das kann natürlich auch Auswirkungen auf die Freiheit ihres Denkens haben; und sei es, daß es zu Verkrampfungen führt.

Das Bemerkenswerte an den heute so vielfach beklagten »Denkverboten« ist dagegen, daß sie von Minderheiten ausgehen, respektive daß im Sinne von Minderheiten Einfluß auf das Denken genommen werden soll. Seien es nun Homosexuelle, Behinderte, Farbige oder Ausländer überhaupt. Einen Sonderfall stellen die Frauen dar, die zwar keineswegs eine Minderheit, aber daran gehindert sind, eine politisch einheitliche Kraft zu bilden. Frauenparteien sind entweder unmöglich oder sie kommen nicht weit. Wohl kann man mehr oder weniger lautstark für die Gleichberechtigung seine Stimme erheben, kann demonstrieren und als Lobby wirken; und wieviel Macht dabei entfaltet werden kann, hat sich ja schon verschiedentlich erwiesen. Angesichts der Gliederung der politischen Parteien bleibt aber bestehen, daß die Frauen letztlich nur wie eine Minderheit wirken können, wenn auch unter Umständen kraftvoll. Und die Zugehörigkeit zu diesen Minderheiten ist unausweichlich: Man kann nicht zu ihnen überwechseln, muß zumindest (im einen Fall) bestimmte Anlagen haben oder (im andern Fall) das eigene Land verlassen.

Es ist also etwas Neues eingetreten: Die längste Zeit über war der große Prozeß, dem der immer weitere Abbau von Ungleichheit und parallel dazu die Befreiung aus vielen Bindungen (»Emanzipation«) verdankt wird, von Schichten getragen, die der Zahl nach den jeweils Herrschenden überlegen waren; denen sich jeder, der wollte, anschließen konnte, die in Hinsicht auf bestimmte Grundinteressen ihr Gewicht geschlossen in die Waagschale zu werfen vermochten: so das Bürgertum gegenüber dem Adel, das Proletariat gegenüber dem Bürgertum. Eben das ist bei denen, zu deren Gunsten heute Einschränkungen des Denkens wirken sollen, nicht mehr der Fall.

Könnte es sein, daß damit der große Fortschrittsprozeß, der seit dem Ende des 18. Jahrhunderts, wenn auch mit vielen Rückschlägen, die Geschichte zumindest der westlichen Länder Europas und diejenige Nordamerikas bestimmt hat, eine neue Stufe erreicht?

Mit dem Fortschrittsbegriff ist eine umfassende Verbesserung zugunsten eines immer weiteren Kreises von Menschen gemeint: wissenschaftlich und technisch (auch medizinisch) sowie wirtschaftlich, in Bildung und Erziehung, in Hinsicht auf die Freiheitsrechte, überhaupt die soziale Stellung der Einzelnen, aber auch auf die Verfassung, die Politik, die Wahrung des Friedens, ja die allgemeine Moral.

Zu diesem Prozeß gehörten die Ausweitung und Vertiefung universaler Rechte und Anschauungen. Sie erfuhr eine letzte Steigerung in den großen weltpolitischen Blöcken der Zeit nach 1945, deren westlicher Menschenrechte und Demokratie auf seine Fahnen schrieb und zuletzt wirklich damit vorankam, ja siegte – wie immer das nun weitergehen wird.

Könnte es also zum moralischen Ertrag dieses Prozesses gehören, daß jetzt auch für benachteiligte Minderheiten zunehmend gesorgt wird? Sie sind (vielleicht mit partieller Ausnahme der Frauen) zu schwach, um allein das nötige Gewicht für die Durchsetzung ihrer Interessen aufzubringen. Könnte ihnen heute also in Konsequenz und Folge des Fortschrittsprozesses aus der Moral der Gesellschaft so viel zusätzliche Unterstützung zukommen, wie sie zum Erfolg brauchen?

Könnte die »Moral« mithin jetzt Mehrheiten dazu bewegen, sich die Interessen von, zum Teil kleinen, Minderheiten zu eigen zu machen? Vielleicht weil sie sonst störend ihre Stimmen erhöben, vielleicht aus einem gewissen Gerechtigkeitsstreben, der Konsequenz der Gleichheitsideologie oder jener Wahrnehmung indirekter Interessen, die darauf hinausläuft, daß man Ansehen gewinnt, indem man den Interessen anderer dient? Aber wer will das so genau trennen?

Die Durchsetzungskraft der political correctness ist gewiß weitgehend moralischer Natur. Man bekommt ein schlechtes Gewissen, wenn man »Zigeuner« statt »Roma und Sinti« sagen will oder sich zu der Frage veranlaßt sieht, ob Männer und Frauen vielleicht doch in manchem unterschiedlich begabt sind. Man glaubt, es den ausländischen Miteinwohnern schuldig zu sein, von ihnen gleich als *Mitbürgern* zu sprechen. In andern Fällen mag freilich Opportunismus am Werk sein, wenn man etwa als Brandenburger nicht mehr die Brandenburger, sondern nur mehr die brandenburgischen Männer begreift, so daß man die Brandenburger elfsilbig (und, was die Reihenfolge angeht, noch dazu unhöflich) als »Brandenburger und Brandenburgerinnen« bezeichnen zu müssen meint. Und in wieder anderen Fällen ist bloß Albernheit am Werk, wie bei den »StudentInnen«.

Doch wie immer dem im einzelnen sei, eines steht jedenfalls fest: Die Sprachregelungen zugunsten von Minderheiten sind grundsätzlich nur allzu berechtigt. Es sprechen starke Argumente dafür, Selbst- und Fremdbezeichnungen in Einklang zu bringen (auch wenn dann bei den »Schwarzafrikanern« gelegentlich mit der Selbst- auch die Fremdbezeichnung wechseln muß). Manches mutet eigentümlich an, so wenn eine dieser Gruppen, die »Schwulen«, die negative Fremdbezeichnung zum Ehrentitel umstilisiert – wie dermaleinst die Geusen in den Niederlanden.

Und gewisse Dinge sind zweifellos übertrieben. Man sollte sie vermutlich, im Interesse der Sache, um die es geht, also der Gleichheit für Benachteiligte und Minderheiten, kritisieren und beseitigen dürfen. So etwa die Schließung von Museen, nur weil kein Fahrstuhl für Behinderte da ist, oder die gelegentlich von feministischer Seite propagierte Prüderie oder die Sprachschändung, die sich in manchen Formulierungen niederschlägt, für die das folgende Beratungsergebnis des Ausschusses für Wissenschaft und Kultur (sic!) des saarländischen Landtags nur eins von vielen Beispielen darstellt: »Üben infolge vorzeitiger Beendigung der Amtszeit weder die Rektorin bzw. der Rektor noch die Prorektorin bzw. der Prorektor ihr bzw. sein Amt aus und kann die Wahrnehmung der Geschäfte nicht ohne schweren Nachteil für die Fachhochschule bis zur Neuwahl einer Rektorin bzw. eines Rektors ruhen, so bestellt die Ministerin bzw. der Minister für Wissenschaft ud Kultur eine Professorin auf Lebenszeit bzw. einen Professor auf Lebenszeit der Fachhochschule als kommissarische Leiterin bzw. kommissarischen Leiter. Sie bzw. er ...«

Doch sind ja die Sprachregelungen nur ein Symptom. Die Tatsache, daß man sich ihnen weithin fügt, die weitere Tatsache, daß – wenn auch unter vielen Verzögerungen und gegen zahlreiche Widerstände – die Stellung der genannten Minderheiten vielerorts schon wesentlich verbessert ist, reiht sich ein in einen sehr umfassenden Komplex von »Gutwilligkeit«, der die westliche Öffentlichkeit beherrscht, auch wenn er zunehmend bedroht wird.

In dieser Gesinnung, so scheint es, bestärkt man sich gegenseitig; verurteilt, was ihr widerspricht, ja schließt es nach Möglichkeit aus der

Wahrnehmung aus. Gegebenenfalls geht man mit Kerzen auf die Straße, um den Anfängen zu wehren; zeigt sich betroffen. Um nur ein Beispiel zu nennen: Zur Premiere des neuen Stücks von Franz Xaver Kroetz »Ich bin das Volk« bemerkte die Rezensentin der *Neuen Zürcher Zeitung*, tatsächlich enthalte es vor allem »ein großes ›Wir‹. Wir, das sind Autor, Theatermacher und Publikum, wir verständigen uns über ein Thema, über das wir ohnehin einer Meinung sind. Wir sind ... gegen ›Ausländerhaß, Neonazitum, Not und Feigheit‹, natürlich. Die Schauspieler distanzieren sich von ihren Rollen, lassen durchblicken, daß sie nie sagen würden, was sie da auf der Bühne sagen. So sieht das Böse, politisch korrekter Absicht zum Trotz, in Wuppertal sehr harmlos und einfältig aus. Weil man selbst so gut ist.«

Dadurch entsteht ein bemerkenswerter Meinungsdruck. Wer die Probleme anders sieht, sehr viel größer und schwieriger, wer fürchtet, daß die massierte Gutwilligkeit dabei ist, sich angesichts einer ihr zunehmend weniger entsprechenden Realität zu verschleißen, sieht sich zwar nicht geradezu Denkverboten, aber doch allen möglichen Drohungen, wenn nicht gar Verleumdungen preisgegeben, wie etwa Botho Strauß sie inzwischen so vielfältig hat erfahren müssen, wie früher schon Martin Walser; zuallermindest ist man der Verständnislosigkeit ausgesetzt. Man erscheint als Pessimist, Miesmacher, wenn nicht als Nationalist oder gar Faschist, ja, es kann durchaus der Eindruck entstehen, daß man mit seinen Hinweisen die Probleme und Schwierigkeiten im Sinne einer self fulfilling prophecy derart fördern wolle, daß sie am Ende eintreten.

Man darf gewisse Möglichkeiten gar nicht für möglich halten, oder nur im stillsten Kämmerlein; die Dinge sind längst in einen magischen Zusammenhang geraten: als ob man das, was man an Unangenehmem in aller Nüchternheit (freilich auch mit Besorgnis) für möglich hielte, geradezu beschwöre.

So könnten wir uns in einer neuen Lage befinden. Um es zu wiederholen: Normalerweise haben diejenigen, die den Prozeß der Veränderung, der Verbesserung für immer breitere Schichten im Sinne der alten Fortschrittshoffnungen vorantrieben, grob gesagt die »Linken«, nicht mit Verboten gearbeitet, sondern eher die Freiheit auf ihre Fahnen geschrieben; auch diejenige, sich auszudrücken und zu denken. Gewiß, wenn sie siegreich waren, konnten sie eher »konservativ«

reagieren. Gewiß auch: zwischen Tugend und Terror kann ein fataler Zusammenhang bestehen. Und auch an der herrschenden »Gutwilligkeit« sind Interessen intellektueller Machtbehauptung beteiligt. Aber damit kann man nicht alles erklären. Hat hier also eine Umkehr stattgefunden? Sind die Linken so weit in die Ecke gedrängt, daß sie sich anders als mit Denkverboten und Tabuisierungen nicht mehr behelfen können? Jetzt nicht weil sie herrschen, sondern weil sie etwas behaupten wollen, was es nicht mehr gibt? Sollen wir daran gehindert werden, zu erkennen, daß sie nur noch des Kaisers neue Kleider tragen?

Könnte diese Umkehrung also vielleicht gar nicht so sehr dafür sprechen, daß der Fortschrittsprozeß eine neue Stufe erreicht hat, sondern eher ein Zeichen dafür sein, daß er ausläuft?

Es wäre ja nicht das einzige. An vielen Stellen erwachsen uns mehr Kosten als Gewinn aus seinem Lauf. Produktionssteigerungen und die Ausdehnung westlicher Zivilisation, nicht zuletzt das immer weitere explosionsartige Anwachsen der Weltbevölkerung bringen so große Gefahren für die Umwelt und das Zusammenleben auf dem Globus mit sich, daß alle im Moment erwogenen Gegenmaßnahmen kaum mehr als Tropfen auf den heißen Stein zu sein scheinen. Selbst die wundervollen Fortschritte der Medizin sind, aufs Ganze gesehen, ambivalent. Die Zahl der Arbeitslosen, der Armen, der Sozialfürsorgeempfänger ist gar so groß, daß das, was noch fortschreitet, jedenfalls nicht auf die Begünstigung einer wachsenden Zahl von Menschen hinausläuft. Und es scheint sich da nicht um einen vorübergehenden Rückschlag zu handeln. Um von dem »aufgegebenen« Afrika und andern Weltgegenden zu schweigen, zu denen wir in eine schreiende und immer noch wachsende Diskrepanz geraten. Wirkt angesichts all dessen die »geschlossene Gesellschaft« von uns Gutwilligen, aus einiger Entfernung betrachtet, nicht schon so komisch wie im Jahre 1945 jene Offiziersschulen der Deutschen Wehrmacht, in denen man unter dem durchaus vernehmbaren Grollen sowjetischer Artillerie noch den Handkuß übte?

Wenn die Staatenwelt, in der sich der große Fortschrittsprozeß der Neuzeit entwickelte und fortsetzte, weithin auf die Mehrung der eigenen Gesellschaft, schließlich der eigenen Nation bedacht war, so kann es heute, freilich für andere Staaten, eher naheliegen, die eigenen Menschen, die überflüssig, wenn nicht lästig sind, in großen Scharen auswandern zu lassen – in ganz neuen Formen der Invasion, die genaugenommen Evasionen sind und nicht auf Eroberung, aber sehr wohl darauf hinauslaufen können, andere erheblich unter Druck zu setzen, wenn nicht: sie zu erpressen.

Die Demokratisierung hat längst ihre Grenzen erreicht und ist eher rückläufig, indem die demokratischen Strukturen durch Klientelismus überwuchert werden, auch in Deutschland. Die Tatsache, daß man immer weniger Parteien, aber immer mehr Persönlichkeiten wählt, zuletzt bei der Bundestagswahl vom 16. Oktober 1994, spiegelt den Rückgang der Bedeutung politischer Programme, sachlicher Aussagen, bestimmter Vorhaben also.

Zusätzlich schreitet der Aufbau von fast neofeudalen Zwischengewalten (Mafia) zügig voran; man sieht im Moment noch nicht, wie er aufgehalten werden soll. Es ist bisher noch nicht auszumachen, wie die Demokratien es schaffen wollen, aus sich heraus jene Maßstäbe, jene bindenden Gemeinsamkeiten, Solidaritäten, ja jene Pflichtorientierung hervorzubringen, die früher durch die aus der frühen Neuzeit überkommene Staatlichkeit – bei demokratischen Modifikationen – einigermaßen gesichert waren. Gewiß, wenn jeder an sich denkt, ist an alle gedacht. Aber doch jeweils auf sehr verschiedene Weise – und dergestalt, daß die Korruption gelegentlich unaufhaltsam zu sein scheint.

Die Liberalität, die dank der günstigen Verhältnisse zuletzt mehr und mehr zur Bequemlichkeit geworden war, wird in diesem Ausmaß gar nicht aufrechtzuerhalten sein – angesichts etwa der Migrationsproblematik, auch der zunehmenden Kriminalität. Man wird froh sein müssen, wenn sich wesentliche Teile dieser Liberalität verteidigen lassen; aber an Fortschritte wird schwerlich mehr zu denken sein.

Verschiedene Verfassungsbestimmungen und Handlungen, auf die wir stolz waren, etwa die großzügige Asylgewährung, sind im überkommenen Ausmaß, angesichts der Mißbrauchsmöglichkeiten, kaum mehr durchzuhalten. Hier schieben sich, übrigens ja nicht nur in Deutschland, mit Notwendigkeit nationale – oder soll man sagen: gesellschaftliche, staatliche? – Interessen in den Vordergrund, die der einfachen Fortsetzung des guten, universalen Denkens widerstreiten;

und dies droht auch in anderen Hinsichten zunehmend der Fall zu sein. Es wird große Mühe kosten, ein gutes Maß an Toleranz zu behaupten, den Ausländerhaß einzudämmen, und wieweit man der Tendenz zur Multikulturalisierung (soweit sie überhaupt ernsthaft im Gange ist) weiter nachgeben kann, wird sehr zu fragen sein. Können wir es uns wirklich erlauben, ein Doppelbürgerrecht zu gewähren, wo es sich nicht nur um eine überschaubare Zahl von Einzelfällen, sondern um Millionen handelt? Millionen zudem, die bei den schon bestehenden Spannungen zwischen ihnen und der deutschen Bevölkerung nolens volens immer stärker dazu gebracht werden könnten, daß sie sich in ihrer eigenen Art verschanzen, also nicht assimilierungsfähig sind? Und die Reihe dieser Fragen kann man noch beliebig verlängern. Sie laufen darauf hinaus, daß sich vor allem die Frage aufdrängt, wieweit und wie lange wir es uns noch erlauben können, die Erörterung solcher Probleme unter den Verdacht der Ewig-Gestrigkeit, des Faschismus oder wie immer es heißen mag, zu stellen – statt sie in aller Offenheit, und das heißt vor allem auch: kritisch gegen allzu große Gutwilligkeit und die davon ausgehenden Denkverbote zu diskutieren.

Vielleicht hat sich der Fortschrittsprozeß längst von uns abgelöst, vielleicht ist er längst dabei, die Grenze zur Vergangenheit zu überschreiten, so daß wir nur mehr von hinten seiner Nachhut ansichtig werden und – allerdings – all dessen, was er uns hinterläßt: an Großem, Bedeutendem, mit aller Kraft zu Verteidigendem und – an Trümmern und unabsehbar steigenden Kosten.

Sind also die Denkverbote gleichsam die Nachhut dieses Prozesses? Zeigt die Umkehrung der Rolle der Linken, wenn sie hier denn richtig beobachtet und bewertet worden ist, vielleicht, daß diese längst mit dem Gesicht nach hinten kämpfen, um etwas zu sichern, was zu einem guten Teil schon vorbei ist? Was mit ihnen davonzieht?

Jedenfalls halte ich es nicht für gut, daß wir unsere Aufmerksamkeit im Hinblick auf den ganzen Komplex, der mit dem Wort »Denkverbote« verbunden ist, auf Sprachregelungen und dergleichen, ja überhaupt auf den, wie nett auch immer gemeinten, Terror der Gutwilligen beschränken. Das alles ist zweifellos wichtig, aber nicht das eigentlich Bemerkenswerte in diesem Zusammenhang.

Ganz andere Beschränkungen unseres Denkens sind wesentlich alarmierender, schlimmer und folgenreicher, bilden den eigentlichen Kern der Malaise. Sie sind ganz einfach zu charakterisieren. Wenn es richtig ist, daß der Prozeß des Fortschritts zugunsten einer immer größeren Zahl von Menschen hinter uns liegt, werden die notwendigen Veränderungen mit größeren Kosten verknüpft sein. Man muß sich also darauf einrichten, daß all die Verkrustungen im Rahmen der »Besitzstandswahrung« aufgebrochen oder zumindest gelockert werden müssen. Zukunft läßt sich nicht mehr ohne tiefe Eingriffe in das Gewohnte, in geheiligte Besitzstände ernsthaft denken. Und eben weil dem so ist, denken wir sie lieber nicht. Möchten wir aber auch nicht, daß andere sie denken. Halten wir uns lieber die Ohren zu. Beschimpfen die, deren Fragen unbequem sind: Erklären, in Abwandlung eines bewährten Musters, die Ruhe zur ersten Intellektuellenpflicht.

Das ist die größte Einschränkung unseres Denkens. Wo man sich früher, zugegebenermaßen gelegentlich etwas flach, unter Zukunft Verbesserungen vorstellte, ist man beim Gedanken an sie jetzt überall mit möglichen Unerfreulichkeiten konfrontiert, Unzulänglichkeiten unserer Ausrüstung, ihnen zu begegnen; es legt sich der Verdacht nahe, daß die Bemühung darum mit großen Einschränkungen verbunden sein wird, daß eventuell gar wieder Pflichten größer und Rechte kleiner geschrieben werden müssen. Wie dem auch sei, es braucht ja nicht gleich das Schlimmste herauszukommen. Und man braucht keineswegs den Mut zu verlieren. Aber es kann schon manches lähmend wirken, worauf man kommt, wenn man nachdenkt. Trotzdem tut man gut daran, statt Nachhutgefechte auszutragen, sich einer offenen Diskussion über das zu stellen, was vor uns liegt.

Hermann Hesse

Die Weisheit bleibt

Die Zeit vergeht, und die Weisheit bleibt. Sie wechselt ihre Formen und Riten, aber sie beruht zu allen Zeiten auf demselben Fundament: auf der Einordnung des Menschen in die Natur, in den kosmischen Rhythmus. Mögen unruhige Zeiten immer wieder die Emanzipierung des Menschen von diesen Ordnungen anstreben, stets führt diese Scheinbefreiung zur Sklaverei, wie ja auch der heutige, sehr emanzipierte Mensch ein willenloser Sklave des Geldes und der Maschine ist.

Christa Wolf

»Nimm doch Vernunft an!«

Mit Gewalt ist kein Bulle zu melken: Beliebter Ausspruch von Charlotte Jordan.

Die Schicksale der Vernunft – Vernunft als Übereinstimmung – über die Jahrzehnte hin. Vernunft als Dämpfer: Ein Regelungssystem, das, einmal eingebaut, hartnäckig darauf besteht, das Signal für »Glück« nur im Zustand vernünftiger Übereinstimmung aufleuchten zu lassen ...

Ein vernünftiges Kind bekommt auch seinen Gutenachtkuß. Einmal wirft Nelly alle fünf Geranientöpfe, die vor dem Fenster ihres Kinderzimmers stehen, nacheinander hinunter auf den Bürgersteig und weigert sich dann, die Scherben zusammenzufegen. Sie muß verrückt geworden sein. Spätabends ist sie imstande, eine Erklärung abzugeben: Sie hat eine solche Wut gehabt, weil Herr Warsinski behauptet, man schreibe »Führer« groß. – Aber erbarm dich, das tut man doch! – Wieso! Zuerst hat er gesagt, man schreibt groß, was man sehen und anfassen kann. Den Führer kann Nelly weder sehen noch anfassen (es war im Jahr 36, vor der Erfindung, jedenfalls vor der allgemeinen Verbreitung des Fernsehens). – Nimm doch Vernunft an! Du kannst nicht, aber du könntest. Dummchen. – Dummchen hat Herr Warsinski auch gesagt. Nelly aber kann es auf den Tod nicht leiden, wenn ihr Lehrer sich selbst widerspricht. Als Probe für ihn, nicht ohne böse Vorahnung, schreibt sie »Wolke« klein (sehen, aber nicht anfassen...), gegen den erbitterten Widerstand der Eltern. Lehrer Warsinski lügt nicht. Er vergißt auch nichts. Wie soll Nelly nachgeben, wenn sie recht hat?

Bald stellt sich heraus, daß es in der Klasse kein zweites Dummchen wie Nelly gibt, das »Wolke« klein schreibt. Da dürfen alle mal tüchtig über sie lachen: Eins zwei drei: los! – »Wut« schrieb Nelly schon auf eigene Verantwortung groß, obwohl sie Wut nicht sehen und anfassen, nicht hören, riechen oder schmecken kann. Jetzt hat sie endlich Vernunft angenommen.

Einsicht haben und Vernunft annehmen. Auch: Zu sich kommen. (Komm zu dir.) Die Episode mit den Geranientöpfen war die letzte, die dir am Sonnenplatz einfiel, als ihr schon wieder in das glutheiße Auto einstiegt, und Lenka zeigte kein Interesse. Erst etwas später – ihr fuhrt nun die ehemalige Friedrichstraße hinunter, Nellys ersten Schulweg – erkanntest du, nicht ohne inneren Widerstand, die Wiederholung: Nellys Abwehr gegen gewisse Erinnerungen ihrer Mutter. Du verlorst dich in Betrachtungen über die Wechselfälle, denen Vernunft ausgesetzt sein kann; wie, beim Umschlag der Zeiten, Vernunft und Unvernunft plötzlich die Plätze wechseln; wie, ehe sie jede ihren festen Platz wieder eingenommen haben, ein Unmaß an Unsicherheit sich ausbreitet. Aber das alles gehört nicht hierher; daß unbenutzte Vernunft verkümmert wie irgendein untrainiertes Organ; daß sie, unmerklich zuerst, sich zurückzieht; daß eines Tages, zum Beispiel bei einer unerwarteten Frage, sich erweisen kann: Wichtige Zonen der inneren Landschaft sind von Resignation besetzt, zumindest von Gleichgültigkeit (die Frage, Lenkas Frage, auf die eine Antwort aussteht: Woran ihr eigentlich glaubt. Das wollte sie wissen, nicht herausfordernd übrigens) – das alles gehört wohl nicht hierher.

WERNER FINCK

Gedanken zum Nachdenken

Störungssuche [Juli 1945]
Mit welcher Stelle unseres Vaterlandes wir auch verbunden werden möchten, aus allen Gebieten tönt es zurück: »Besetzt! Bitte, später rufen.« Und keiner darf entgegnen: »Faßt euch kurz, nehmt Rücksicht auf die Wartenden.«

Wie lange werden wir wohl warten müssen, bis man die Leitung wieder für uns freigibt? Und wenn wir wieder etwas zu sagen haben werden, werden wir uns dann etwas zu sagen haben? Und was? Grobheiten? Vorwürfe, Beschuldigungen? – Oder Gedanken?

Zur Zeit haben die andern allein das Wort, und was wir davon zu halten haben, wird den Letzten wohl klargeworden sein: Den Mund. (Wie gut, daß wir es so gründlich gelernt haben, das »Mund-Halten«.) Wenn unser Aufsichtsrat nur nicht so bald dahinterkäme, mit welcher heimlichen Freude wir diesen Zwang genießen; er wäre sonst imstande, uns die volle Redefreiheit wiederzugeben.

Wo in aller Welt, die über uns zu Gericht sitzt, gibt es noch ein Volk, dem das Kommando: Stillgestanden! nicht nur in die Knochen fährt, was ganz in der Ordnung wäre, sondern auch in den Verstand.

Hallo, hallo! Hier ist das Lernamt. Denken Sie noch? Wird noch gedacht? Ich trenne.

Das deutsche Problem [August 1945]
Michael Kohlhaas, dem man seinen berechtigten Anspruch vorenthielt und der dadurch zum Landverwüster, Raubbrenner und Mörder wurde, bis man ihn überwältigte und vor ein Gericht stellte, das ihn mit Recht zum Tode verurteilte: Hat diese deutsche Geschichte nicht Ähnlichkeit mit der deutschen Geschichte? In der Geschichte von Kohlhaas triumphiert das Recht! Kohlhaas verliert das Leben, das er verwirkt hat, denn er hat Gewalt vor Recht gehen lassen. Im gleichen Urteilsspruch wird aber auch seine Forderung voll anerkannt, denn sie bestand zu Recht.

Pablo Neruda

Lebensweisheit

Erwiesen ist, es gibt ihn,
den Baum, der grünt im Frühling,
und die Kruste um die Erde:
Die Planeten geben uns Nahrung
trotz ihrer Eruptionen,
und das Meer liefert uns Fische
trotz seiner Meeresbeben:
Sklaven sind wir der Erde,
sie gebietet auch der Luft.

Ein Flaneur auf der Orange,
fuhr mehrmals ich im Leben
rund um den alten Erdball:
Weltenreise, Götterspeise,
Fruchtsäfte hyazinthrot,
ein Duften weiß nach Frauen,
den Blüten gleich des Mehls.

Fliegen hilft nicht, vom Globus
gibt es halt kein Entrinnen,
er hält dich von Geburt an.
Hoffen mußt du, bekennen,
daß Liebe und Verständnis
dem Grund entsteigen, der Tiefe,
und in unserem Innern wachsen
wie die Zwiebeln, wie die Eichen,
wie die Schildkröten oder Blumen,
wie die Länder, Völkerstämme,
wie die Straßen und Geschicke.

George Orwell

Die Sieben Gebote

1. Alles, was auf zwei Beinen geht, ist ein Feind.
2. Alles, was auf vier Beinen geht oder Flügel hat, ist ein Freund.
3. Kein Tier soll Kleider tragen.
4. Kein Tier soll in einem Bett schlafen.
5. Kein Tier soll Alkohol trinken.
6. Kein Tier soll ein anderes Tier töten.
7. Alle Tiere sind gleich.

(…)

Jahre zogen ins Land. Die Jahreszeiten kamen und gingen, die kurzen Tierleben verflossen. Es kam eine Zeit, da erinnerte sich niemand mehr an die alten Tage vor der Rebellion, außer Kleeblatt, Benjamin, Moses, dem Raben und einer Anzahl von Schweinen.

(…)

Kleeblatt war jetzt eine alte, korpulente Stute mit steifen Gelenken und einer Neigung zu Triefaugen. Sie war schon zwei Jahre über die Altersgrenze hinaus, doch tatsächlich in den Ruhestand getreten war noch kein Tier. Das Thema, eine Ecke der Weide für die ausgedienten Tiere zu reservieren, war schon lange fallengelassen worden. Napoleon war jetzt ein ausgewachsener Drei-Zentner-Keiler. Schwatzwutz war so fett, daß er kaum noch aus den Augen gucken konnte. Nur der alte Benjamin war noch so ziemlich derselbe, bloß ein bißchen grauer um die Schnute und seit Boxers Tod mürrischer und wortkarger denn je.

Es gab jetzt viel mehr Tiere auf der Farm, obwohl der Zuwachs nicht ganz so groß war, wie man in früheren Jahren erwartet hatte. Viele Tiere waren geboren worden, denen die Rebellion nur eine mündlich überlieferte, trübe Tradition bedeutete, und es waren andere gekauft worden, die vor ihrer Ankunft noch niemals etwas davon gehört hatten. Die Farm besaß jetzt außer Kleeblatt noch drei Pferde. Es waren prächtige, hochgewachsene Tiere, willige Arbeiter und gute Genossen, aber strohdumm. Keines von ihnen vermochte das Alphabet über den Buchstaben B hinaus zu erlernen. Sie akzeptierten alles, was ihnen über die Rebellion und die Prinzipien des Animalismus erzählt wurde, besonders wenn es von Kleeblatt stammte, vor der sie einen fast kindlichen Respekt empfanden; doch es fragte sich noch, ob sie auch sehr viel davon begriffen.

Die Farm war jetzt wohlhabender und besser organisiert: sie war um zwei Felder vergrößert worden, die man Mr. Pilkington abgekauft hatte. Die Windmühle war endlich mit Erfolg fertiggestellt worden, und die Farm verfügte über eine eigene Dreschmaschine, einen Heuaufzug, und überdies waren ihr auch noch weitere Gebäude hinzugefügt worden. Whymper hatte sich einen Dogcart zugelegt. Die Windmühle indes war schließlich doch nicht zur Stromerzeugung genutzt worden. Sie wurde zum Kornmahlen benutzt und warf einen netten Profit ab. Die Tiere arbeiteten hart am Bau einer weiteren Windmühle; nach ihrer Fertigstellung, so hieß es, würden die Dynamos installiert werden. Doch von dem Luxus, von dem Schneeball die Tiere einst zu träumen gelehrt hatte, von den Ställen mit elektrischem Licht und fließend warm und kalt Wasser und von der Drei-Tage-Woche war nicht mehr die Rede. Napoleon hatte solche Ideen als dem Geiste des Animalismus zuwiderlaufend angeprangert. Das wahre Glück, sagte er, liege in harter Arbeit und kargem Leben.

Irgendwie hatte es den Anschein, als sei die Farm reicher geworden, ohne doch die Tiere selbst reicher zu machen – ausgenommen natürlich die Schweine und Hunde. Das lag vielleicht zum Teil daran, daß es so viele Schweine und so viele Hunde gab. Es war nun etwa nicht so, daß diese Tiere nicht gearbeitet hätten, nur taten sie das eben auf ihre Weise. Es steckte, wie Schwatzwutz nie müde wurde zu erklären, unendlich viel Arbeit in der Überwachung und Organisation der Farm. Und vieles von dieser Arbeit begriffen die anderen Tiere nicht, weil sie zu dumm dazu waren. So erzählte ihnen Schwatzwutz zum Beispiel, daß die Schweine täglich ungeheure Mühen an geheimnisvolle ›Akten‹, ›Rapporte‹, ›Protokolle‹ und ›Memoranda‹ genannte Dinge wenden mußten. Das waren dann große Bogen Papier, die eng beschrieben werden mußten und die, sobald dies geschehen war, im Ofen verbrannt wurden. Dies war für das Wohlergehen der Farm von höchster Wichtigkeit, sagte Schwatzwutz. Aber dennoch, weder die Schweine noch die Hunde produzierten durch ihre eigene Arbeit irgendwelches Futter; und es waren ihrer sehr viele, und ihr Appetit war immer ausgezeichnet.

Den übrigen erschien ihr Leben so, wie es schon immer gewesen war. Sie waren für gewöhnlich hungrig, sie schliefen auf Stroh, sie tranken aus dem Teich, sie rackerten sich auf den Feldern ab; winters wurden sie von der Kälte geplagt und sommers von den Fliegen. Manchmal zermarterten sich die älteren unter ihnen die getrübte Erinnerung und versuchten herauszufinden, ob die Dinge in den ersten Tagen der Rebellion, kurz nach Jones' Vertreibung, besser oder schlechter gestanden hätten als jetzt. Sie konnten sich nicht erinnern. Es gab nichts, womit sie ihr augenblickliches Leben vergleichen konnten: sie hatten keine Anhaltspunkte außer Schwatzwutz' Zahlenkolonnen, die unwandelbar dartaten, daß alles immer besser und besser wurde. Die Tiere standen vor einem unlösbaren Problem; sie hatten jetzt ohnehin wenig Zeit, um über solche Dinge nachzudenken. Nur der alte Benjamin behauptete, sich an jede Einzelheit seines langen Lebens zu erinnern und zu wissen, daß die Dinge weder jemals viel besser oder schlechter gewesen wären noch jemals viel besser oder schlechter werden könnten – Hunger, Mühsal und Enttäuschung seien nun einmal, so sagte er, das unabänderliche Gesetz des Lebens.

Und trotzdem gaben die Tiere die Hoffnung nie auf. Mehr noch, sie verloren nie, nicht einmal für einen Augenblick, ihr Gefühl, daß es eine Ehre und ein Privileg war, der Farm der Tiere anzugehören. Sie waren noch immer die einzige Farm in der gesamten Grafschaft – in ganz England! –, die Tieren gehörte und von ihnen geleitet wurde. Nicht eines unter ihnen, nicht einmal das Jüngste, nicht einmal die Neulinge, die man von zehn oder zwanzig Meilen entfernten Farmen gekauft hatte, hörten je auf, darüber zu staunen. Und wenn sie das Gewehr krachen hörten und die grüne Flagge an der Spitze des Fahnenmastes flattern sahen, schwollen ihre Herzen vor unvergänglichem Stolz, und das Gespräch neigte sich stets den alten Tagen zu, der Vertreibung von Jones, dem Aufschreiben der Sieben Gebote, den großen Schlachten, in denen die menschlichen Eindringlinge geschlagen worden waren. Keiner der alten Träume war aufgegeben worden. Man glaubte noch immer an die Republik der Tiere, die Major vorausgesagt hatte, an die Zeit, wo keines Menschen Fuß Englands grüne Fluren mehr betreten werde. Eines Tages würde sie kommen: womöglich nicht so bald, womöglich nicht zu Lebzeiten irgendeines jetzt lebenden Tieres, aber kommen würde sie. Sogar die Melodie von ›Tiere Englands‹ wurde vielleicht insgeheim hier und dort gesummt: Tatsache war jedenfalls, daß sie jedes Tier auf der Farm kannte, obwohl es nicht eines gewagt haben würde, sie laut zu singen. Es mochte sein, daß ihr Leben hart war und daß sich nicht alle ihre Hoffnungen erfüllt hatten; aber sie waren sich dessen bewußt, daß sie nicht so wie andere Tiere waren. Wenn sie darbten, dann nicht deswegen, weil sie tyrannische Menschen ernähren mußten; wenn sie hart arbeiteten, dann arbeiteten sie wenigstens für sich selber. Kein Geschöpf unter ihnen ging auf zwei Beinen. Kein Geschöpf nannte ein anderes seinen ›Herrn‹. Alle Tiere waren gleich.

Eines Tages im Frühsommer befahl Schwatzwutz den Schafen, ihm zu folgen, und er führte sie hinaus auf ein Stück Brachland am anderen Ende der Farm, das von jungen Birken überwachsen stand. Die Schafe verbrachten den ganzen Tag dort und weideten sich unter Schwatzwutz' Aufsicht an den Blättern. Er selbst kehrte am Abend zum Farmhaus zurück, den Schafen jedoch riet er, angesichts des warmen Wetters, dort zu bleiben, wo sie waren. Es endete damit, daß sie eine volle Woche dort blieben, während der die anderen Tiere sie nicht zu Gesicht bekamen. Schwatzwutz war die meiste Zeit bei ihnen. Er lehre sie, so sagte er, ein neues Lied zu singen, wozu es der Ungestörtheit bedürfe.

Es war just nach der Rückkehr der Schafe, an einem lauen Abend, als die Tiere ihre Arbeit beendet hatten und sich auf dem Rückweg zur Farm befanden, da ertönte vom Hof das entsetzte Wiehern eines Pferdes. Verblüfft blieben die Tiere stehen. Es war Kleeblatts Stimme. Abermals wieherte sie, und alle Tiere galoppierten los und stürmten in den Hof. Dann sahen sie, was Kleeblatt gesehen hatte.

Es war ein Schwein, das auf den Hinterbeinen lief. Ja, es war Schwatzwutz. Ein wenig unbeholfen, als wäre es ihm noch ungewohnt, seinen ansehnlichen Wanst in dieser Position aufrechtzuhalten, doch mit perfekter Balance, so schlenderte er über den Hof. Und einen Augenblick später kam aus der Tür des Farmhauses eine lange Reihe von Schweinen, die allesamt auf den Hinterbeinen liefen. Einige machten es besser als andere, ein paar schwankten sogar ein Spürchen und sahen so aus, als hätten sie sich gerne auf einen Stock gestützt, doch jedes von ihnen schaffte es, einmal erfolgreich den Hof zu umrunden. Und schließlich erscholl ungeheures Hundegebell und ein schrilles Krähen des schwarzen Junghahns, und heraus trat Napoleon persönlich, in majestätisch aufrechter Haltung, und verschoß nach allen Seiten hochmütige Blicke, und seine Hunde umsprangen ihn.

In seiner Schweinshaxe hielt er eine Peitsche.

Es herrschte tödliches Schweigen. Verblüfft, entsetzt, dicht aneinander gedrängt beobachteten die Tiere, wie die lange Schweinereihe langsam um den Hof herummarschierte. Es war so, als wäre die Welt auf den Kopf gestellt. Dann kam ein Augenblick, als der erste Schock abgeklungen war und in dem sie trotz allem – trotz ihres Entsetzens vor den Hunden und trotz der in langen Jahren erworbenen Gewohnheit, sich nie zu beschweren, nie zu kritisieren, egal was geschah – vielleicht ein Wort des Protestes geäußert hätten. Doch gerade in diesem Augenblick brachen alle Schafe wie auf ein Signal hin in das ungeheure Geblöke aus –

»Vierbeiner gut, Zweibeiner *besser*! Vierbeiner gut, Zweibeiner *besser*! Vierbeiner gut, Zweibeiner *besser*!«

Und so ging es fünf Minuten lang pausenlos weiter. Und als die Schafe sich beruhigt hatten, war die Chance zum Protest verpaßt, denn die Schweine waren zurück ins Farmhaus marschiert.

Benjamin fühlte, wie ihn eine Nase an der Schulter stupste. Er sah sich um. Es war Kleeblatt. Ihre alten Augen blickten trüber denn je. Wortlos zupfte sie ihn sanft an der Mähne und führte ihn zum Ende der großen Scheune, wo die Sieben Gebote angeschrieben standen. Sie verharrten dort eine oder zwei Minuten lang und schauten auf die geteerte Wand mit den weißen Buchstaben.

»Mein Augenlicht läßt nach«, sagte sie schließlich. »Selbst als ich noch jung war, habe ich nicht lesen können, was da geschrieben stand. Aber mir scheint, daß diese Wand irgendwie anders aussieht. Sind die Sieben Gebote noch dieselben wie einst, Benjamin?«

Dies eine Mal fand sich Benjamin dazu bereit, mit seiner Regel zu brechen, und er las vor, was auf der Wand geschrieben stand. Jetzt war da bloß noch ein einziges Gebot. Es lautete:

Alle Tiere sind gleich,
aber manche sind gleicher

Danach erschien es nicht weiter befremdlich, als am nächsten Tag die Schweine, die die Farmarbeit beaufsichtigten, Peitschen in den Haxen trugen. Es erschien auch nicht weiter befremdlich zu erfahren, daß sich die Schweine einen Rundfunkempfänger gekauft hatten, Schritte zum Anschluß eines Telefons unternahmen und auf die Zeitschriften *John Bull, Tit-Bits* und den *Daily Mirror* abonniert waren. Es erschien nicht weiter befremdlich, als man Napoleon mit einer Pfeife im Maul im Farmhausgarten schlendern sah – nein, nicht einmal, als die Schweine Mr. Jones' Garderobe aus dem Kleiderschrank holten und sie anlegten; Napoleon präsentierte sich in einer schwarzen Joppe, gelbbraunen Breeches und Ledergamaschen, wohingegen sich seine Lieblingssau in einem moirierten Seidenkleid sehen ließ, das Mrs. Jones an Sonntagen zu tragen gepflegt hatte.

Eine Woche später fuhren nachmittags eine Anzahl Dogcarts zur Farm hinauf. Man hatte eine Abordnung benachbarter Farmer zu einem Inspektionsbesuch eingeladen. Man führte sie überall auf der Farm herum, und sie drückten für alles, was sie sahen, große Bewunderung aus, besonders aber für die Windmühle. Die Tiere jäteten im Rübenfeld. Sie arbeiteten emsig, hoben kaum den Blick vom Boden und wußten nicht, ob sie sich mehr vor den Schweinen oder mehr vor den menschlichen Besuchern fürchten sollten.

An diesem Abend kam vom Farmhaus lautes Gelächter und Gegröle. Und beim Klang des Stimmengewirrs wurden die Tiere plötzlich von der Neugier gepackt. Was mochte da drinnen wohl vorgehen, jetzt, wo sich Tiere und Menschen zum ersten Mal auf gleicher Stufe begegneten? Einmütig schlichen sie sich so leise wie möglich in den Farmhausgarten.

Am Tor zögerten sie und fürchteten sich beinahe weiterzulaufen, doch Kleeblatt ging ihnen in den Garten voraus. Sie zehenspitzten zum Haus, und diejenigen Tiere, die groß genug waren, lugten zum Eßzimmerfenster hinein. Dort saßen um den langen Tisch ein halbes Dutzend Farmer und ein halbes Dutzend der wichtigsten Schweine, und Napoleon selbst hatte den Ehrenplatz am Kopfende der Tafel inne. Die Schweine schienen sich auf ihren Stühlen absolut wohl zu fühlen. Die Gesellschaft hatte sich beim Kartenspiel vergnügt, dieses jedoch just für einen Moment unterbrochen, um offenkundig einen Toast auszubringen. Eine große Kanne kreiste, und die Krüge wurden mit Bier nachgefüllt. Keiner bemerkte die verwunderten Gesichter der Tiere, die zum Fenster hineinschauten.

Mr. Pilkington von Fuchswald hatte sich eben mit dem Krug in der Hand erhoben. Gleich, so sagte er, werde er die Anwesenden bitten, auf einen Toast zu trinken. Doch zuvor, so fühle er, obliege ihm noch die Pflicht, einige Worte zu sagen.

Es bedeutete ihm – und wie er zuversichtlich glaube, auch allen übrigen Anwesenden – eine Quelle großer Befriedigung, sagte er, daß nunmehr eine lange Periode des Mißtrauens und Mißverständnisses ihr Ende gefunden habe. Es habe eine Zeit gegeben – nicht, daß etwa er oder einer der Anwesenden diese Befürchtungen geteilt hätten –, nein, aber es habe eine Zeit gegeben, wo die geehrten Besitzer der Farm der Tiere von ihren menschlichen Nachbarn, er wolle nicht eben sagen mit Feindseligkeit, aber doch vielleicht mit einem gewissen Grad an Zweifel betrachtet worden seien. Es sei zu bedauerlichen Mißverständnissen gekommen, verkannte Ideen hätten kursiert. Die Existenz einer von Schweinen besessenen und geführten Farm sei als irgendwie abnormal empfunden worden und dazu angetan, Unruhe in der Nachbarschaft zu stiften. Zu viele Farmer hätten ohne die gebotene Prüfung der Verhältnisse vermutet, auf einer solchen Farm müsse eine zügellose und undisziplinierte Gesinnung herrschen. Sie hätten sich um die möglichen Auswirkungen auf ihre eigenen Tiere, ja, gar auf ihre menschlichen Angestellten gesorgt. Doch alle diese Bedenken seien jetzt zerstreut. Heute hatten er und seine Freunde die Farm der Tiere besucht und jeden Zoll davon mit eigenen Augen inspiziert, und was hatte man gefunden? Nicht nur die allermodernsten Methoden, sondern auch eine Zucht und Ordnung, an der sich alle Farmer allerorts ein Beispiel nehmen sollten. Er glaube mit Fug und Recht sagen zu dürfen, daß die niederen Tiere auf der Farm der Tiere mehr arbeiteten und weniger Futter bekamen als irgendwelche sonst in der Grafschaft. Ihm und seinen Mitbesuchern waren heute wahrhaftig viele Dinge aufgegangen, die sie gedächten, sofort auf ihren eigenen Farmen einzuführen.

Zum Schluß seiner Ausführungen, sagte er, wollte er noch einmal die freundschaftlichen Gefühle betonen, die zwischen der Farm der Tiere und ihren Nachbarn beständen und auch weiterbestehen sollten. Zwischen Schweinen und Menschen gebe es keinen, wie auch immer gearteten, Interessenkonflikt, und es müsse ihn auch nicht geben. Ihre Kämpfe und Schwierigkeiten seien die nämlichen. Herrsche denn nicht überall dieselbe Arbeitsproblematik? Hier wurde ersichtlich, daß Mr. Pilkington einen sorgfältig vorbereiteten Witz vom Stapel lassen wollte, doch für einen Augenblick war er selbst zu amüsiert, um ihn von sich zu geben. Nach vielem Prusten, währenddem sich seine diversen Kinne lila färbten, schaffte er es, ihn herauszubringen: »Sie müssen sich mit Ihren unteren Tieren herumstreiten«, sagte er, »und wir mit unseren unteren Klassen!« Dieses *bon mot* versetzte die Gesellschaft in schallendes Gelächter; und Mr. Pilkington beglückwünschte die Schweine zu den knappen Rationen, den langen Arbeitsstunden sowie zu der generellen Unverzärteltheit, die er auf der Farm der Tiere beobachtet habe.

Und nun, sagte er schließlich, bitte er die Anwesenden, sich zu erheben und für gefüllte Krüge Sorge zu tragen. »Gentlemen«, schloß Mr. Pilkington, »Gentlemen, ich bringe einen Toast aus: Auf das Gedeihen der Farm der Tiere!«

Es gab begeisterte Hochrufe und Fußgetrampel. Napoleon war so erfreut, daß er seinen Platz verließ und um den Tisch herumkam, um mit Mr. Pilkington anzustoßen, ehe er seinen Krug leerte. Als die Hochrufe verklungen waren, deutete Napoleon, der nicht wieder Platz genommen hatte, an, daß auch er ein paar Worte zu sagen habe.

Wie alle Reden Napoleons, so war auch diese kurz und bündig. Auch er, sagte er, schätze sich glücklich, daß die Periode der Mißverständnisse zu Ende sei. Lange Zeit hätten Gerüchte kursiert – in Umlauf gebracht, wie er begründet glaube, von einem übelwollenden Feind –, nach denen seiner Einstellung und der seiner Kollegen etwas Subversives, ja sogar Revolutionäres anhaften sollte. Man habe sie des Versuchs bezichtigt, unter den Tieren der Nachbarfarmen die Rebellion zu schüren. Nichts könne weiter von der Wahrheit entfernt liegen! Ihr einziger Wunsch, jetzt und ehedem, sei es, in Frieden und normalen Geschäftsbeziehungen mit ihren Nachbarn zu leben. Diese Farm, die er zu kontrollieren die Ehre habe, fügte er hinzu, sei ein Genossenschaftsunternehmen. Die Eigentumsurkunden, die er in seinem Besitz halte, gehörten allen Schweinen gemeinschaftlich.

Er glaube zwar nicht, sagte er, daß es noch Reste des alten Argwohns gebe, doch habe die Farmroutine in jüngster Zeit bestimmte Veränderungen erfahren, die eigentlich noch weiter vertrauensbildend wirken sollten. Bislang hätten die Tiere auf der Farm die ziemlich alberne Sitte gehabt, einander mit »Genosse« anzureden. Dies sollte abgeschafft werden. Weiterhin hätte es auch den seltsamen Brauch unbekannten Ursprungs gegeben, an jedem Sonntagmorgen an einem Keilerschädel vorbeizumarschieren, der im Garten an einen Pfosten genagelt war. Auch dies werde abgeschafft, und der Schädel sei bereits vergraben worden. Auch sei seinen Besuchern vielleicht die grüne Flagge aufgefallen, die von der Fahnenstange wehe. Wenn ja, so hätten sie vielleicht bemerkt, daß der weiße Huf und das weiße Horn, die früher darauf zu sehen gewesen waren, jetzt entfernt worden seien. Von nun an würde es eine schlichtgrüne Flagge sein.

Nur in einem Punkt müsse er, wie er sagte, Mr. Pilkingtons ausgezeichnete und nachbarschaftliche Rede kritisieren. Mr. Pilkington habe durchweg von der Farm der Tiere gesprochen. Er könne nun natürlich nicht wissen – denn er, Napoleon, verkünde es jetzt zum erstenmal –, daß der Name ›Farm der Tiere‹ abgeschafft worden sei. Fürderhin werde die Farm als die ›Herren-Farm‹ bekannt sein – was, wie er glaube, ihr korrekter und ursprünglicher Name sei.

»Gentlemen«, schloß Napoleon, »ich möchte den voraufgegangenen Toast wiederholen, nur in abgewandelter Form. Füllen Sie Ihre Krüge bis zum Rand. Gentlemen, hier ist mein Toast: Auf das Gedeihen der Herren-Farm!«

Es gab dieselben kräftigen Hochrufe wie zuvor, und die Krüge wurden bis zur Neige geleert. Doch als die Tiere draußen dem Ereignis zusahen, schien es ihnen, als geschähe etwas Sonderbares. Was hatte sich bloß in den Gesichtern der Schweine verändert? Kleeblatts alte, trübe Augen huschten von einem Gesicht zum anderen. Manche von ihnen hatten fünf Kinne, manche vier und manche drei. Aber was war es denn bloß, das sich zu verschmelzen und verändern schien? Als der Beifall verklungen war, griff die Gesellschaft wieder zu den Karten und setzte das unterbrochene Spiel fort, und die Tiere schlichen stumm davon.

Doch sie waren noch keine zwanzig Schritt weit gegangen, da blieben sie wie angewurzelt stehen. Aus dem Farmhaus drang lautes

Stimmengebrüll. Sie eilten zurück und sahen wieder durch das Fenster. Ja, es war ein heftiger Streit im Gange. Es gab Geschrei, Fäuste krachten auf den Tisch, scharfe Mißtrauensblicke flogen, wütende Leugnungen ertönten. Die Ursache des Ärgers lag sichtlich darin, daß Napoleon und Mr. Pilkington beide gleichzeitig ein Pik-As ausgespielt hatten.

Zwölf Stimmen schrien zornig, und alle klangen sie gleich. Und jetzt stand außer Frage, was mit den Gesichtern der Schweine passiert war. Die Tiere draußen blickten von Schwein zu Mensch und von Mensch zu Schwein, und dann wieder von Schwein zu Mensch; doch es war bereits unmöglich zu sagen, wer was war.

HANS MAGNUS ENZENSBERGER

Lock Lied

Meine Weisheit ist eine Binse,
Schneide dich in den Finger damit
um ein rotes Ideogramm zu pinseln
auf meine Schulter
Ki wit   Ki wit

Meine Schulter ist ein schnelles Schiff
Leg dich auf das sonnige Deck
um zu einer Insel zu schaukeln
aus Glas   aus Rauch
Ki wit

Meine Stimme ist ein sanftes Verlies
Laß dich nicht fangen
Meine Binse ist ein seidener Dolch
Hör nicht zu
Ki wit   Ki wit   Ki wit

Georg Christoph Lichtenberg

Soll man nicht der Natur zuweilen die Hand führen?

Das sehe ich gar nicht ein. Wenn ich zwei Sätze verbinden will, und sie wollen nicht zusammengehen, und ich gebe einem einen kleinen Tritt, was ist denn das? Die Leute, die so räsonieren, denken immer an die Wahrheit. Sind denn Systeme gar nichts? Die Wahrheit wird nicht ärmer, wenn ich aus einer Drei eine Zwei mache, aber mein System kann wohl gar fallieren. Es freut mich daher immer, wenn ich bei unseren besten physikalischen Schriftstellern den wackeren philosophischen Ausdruck lese, daß der Versuch, den sie zur Bestätigung eines Satzes angestellt haben, über alle Erwartung gut ausgefallen sei. Es ist etwas darin, das sich besser fühlen als sagen läßt. Ich kann gar nicht begreifen, wie Leute über so etwas spotten können. Mir kommen die Freudentränen in die Augen.

(...)

Wenn ich die Genealogie der Dame Wissenschaft recht kenne, so ist die Unwissenheit ihre ältere Schwester, und ist denn das etwas so Himmelschreiendes, die ältere Schwester zu nehmen, wenn einem die jüngere auch zu Befehl steht? Von allen denen, die sie gekannt haben, habe ich gehört, daß die älteste ihre eigenen Reize habe, daß sie ein fettes gutes Mädchen sei, die eben deswegen, weil sie mehr schläft als wacht, eine vortreffliche Gattin abgibt.

(...)

Ich habe oft bemerkt, wenn Leute einen mathematischen Satz von einer anderen Seite her verstehen lernen, als durch die gewöhnliche Demonstration, so sagen sie gerne, *oh, ich seh es, es muß so sein.* Es ist dieses ein Zeichen, daß sie es sich aus ihrem System erklären.

(...)

Die hitzigsten Verteidiger einer Wissenschaft, die nicht den geringsten scheelen Seitenblick auf dieselbe vertragen können, sind gemeiniglich solche Personen, die es nicht sehr weit in derselben gebracht haben und sich dieses Mangels heimlich bewußt sind.

Jürgen Habermas

Faktizität und Geltung

Eine Vernunftmoral verhält sich grundsätzlich kritisch zu allen naturwüchsigen, von Haus aus selbstverständlichen, institutionell auf Dauer gestellten, über Sozialisationsmuster motivational verankerten Handlungsorientierungen. Sobald eine Handlungsalternative mit ihrem normativen Hintergrund dem prüfenden Blick einer solchen Moral ausgesetzt wird, gerät sie in den Sog der Problematisierung. Die Vernunftmoral ist auf Fragen der Gerechtigkeit spezialisiert und betrachtet grundsätzlich *alles* im scharfen, aber engen Lichtkegel der Universalisierbarkeit. Sie hat ihr Telos in der unparteilichen Beurteilung von moralisch relevanten Handlungskonflikten, ermöglicht also ein Wissen, das zwar der Orientierung im Handeln dienen soll, aber zum richtigen Handeln nicht auch schon *disponiert*. Die zum Wissen sublimierte Vernunftmoral ist, wie alles Wissen, auf der kulturellen Ebene repräsentiert; sie existiert zunächst nur im Modus des Bedeutungsgehalts kultureller Symbole, die verstanden und interpretiert, überliefert und kritisch fortgebildet werden können. Natürlich bezieht sich auch die kulturell freischwebende Moral auf *mögliche* Handlungen; aber mit den Motiven, die den moralischen Urteilen Schubkraft für die Praxis verleihen, und mit den Institutionen, die dafür sorgen, daß berechtigte moralische Erwartungen tatsächlich erfüllt werden, unterhält sie sozusagen von sich aus keinen Kontakt mehr. Der Handlungsbezug einer solchen, ins kulturelle System zurückgezogenen Moral bleibt solange virtuell, wie er nicht durch die motivierten Handelnden *selbst* aktualisiert wird. Diese müssen dazu disponiert sein, gewissenhaft zu handeln. Eine Vernunftmoral ist deshalb auf entgegenkommende Sozialisationsprozesse angewiesen, die korrespondierende Gewissensinstanzen, nämlich die ihr entsprechenden Formationen des Über-Ichs hervorbringen. Über die schwache Motivationskraft guter Gründe hinaus erlangt sie Handlungswirksamkeit einzig über die internalisierende Verankerung moralischer Grundsätze im Persönlichkeitssystem.

Der Transfer vom Wissen zum Handeln bleibt ungewiß – wegen der Anfälligkeit einer riskanten, über hohe Abstraktionen laufenden Selbststeuerung des moralisch handelnden Subjekts, überhaupt wegen der Unwahrscheinlichkeit von Sozialisationsprozessen, die derart anspruchsvolle Kompetenzen fördern. Eine Moral, die auf das entgegenkommende Substrat geeigneter Persönlichkeitsstrukturen angewiesen bleibt, bliebe in ihrer Wirksamkeit beschränkt, wenn sie die Motive der Handelnden nicht auch noch auf einem *anderen* Wege als dem der Internalisierung erreichen könnte, eben auf dem Wege der Institutionalisierung eines Rechtssystems, das die Vernunftmoral handlungswirksam *ergänzt*. Das Recht ist beides zugleich: Wissenssystem und Handlungssystem; es läßt sich ebensosehr als ein Text von Normsätzen und -interpretationen wie als Institution, d. h. als ein Komplex von Handlungsregulativen verstehen. Weil Motive und Wertorientierungen im Recht als Handlungssystem miteinander verschränkt sind, kommt den Rechtssätzen die unmittelbare Handlungswirksamkeit zu, die moralischen Urteilen als solchen fehlt. Auf der anderen Seite unterscheiden sich Rechtsinstitutionen von naturwüchsigen institutionellen Ordnungen durch ihre vergleichsweise hohe Rationalität; denn in ihnen gewinnt ein dogmatisch durchgestaltetes und mit einer prinzipiengeleiteten Moral verknüpftes Wissenssystem feste Gestalt. Weil das Recht in dieser Weise auf den Ebenen von Kultur und Gesellschaft gleichzeitig etabliert ist, kann es die Schwächen einer primär als Wissen gegenwärtigen Vernunftmoral *ausgleichen*.

Die moralisch urteilende und handelnde Person muß sich dieses Wissen selbständig aneignen, verarbeiten und in die Praxis umsetzen. Sie steht unter unerhörten (a) kognitiven, (b) motivationalen und (c) organisatorischen Anforderungen, von denen sie als Rechtsperson *entlastet* wird.

(a) Die Vernunftmoral gibt nur noch ein Verfahren zur unparteilichen Beurteilung strittiger Fragen an. Sie kann keinen Pflichtenkatalog, nicht einmal eine Reihe hierarchisch geordneter Normen auszeichnen, sondern mutet den Subjekten zu, sich ein eigenes Urteil zu bilden. Deren in moralischen Diskursen entfesselte kommunikative Freiheit führt zudem nur zu falliblen Einsichten im Streit der Interpretationen. Es sind nicht einmal in erster Linie die Probleme der

Begründung von Normen, die schwer zu bearbeiten sind. Denn strittig sind ja normalerweise nicht die Grundsätze selbst, die gleichen Respekt für jeden, distributive Gerechtigkeit, Benevolenz gegenüber Hilfsbedürftigen, Loyalität, Aufrichtigkeit usw. zur Pflicht machen. Vielmehr wirft die Abstraktheit dieser hoch verallgemeinerten Normen Anwendungsprobleme auf, sobald ein drängender Konflikt den Nahbereich eingespielter, in gewohnte Kontexte eingelassener Interaktionen überschreitet. Die Entscheidung eines solchen konkreten, aber schwer überschaubaren Falles verlangt komplexe Operationen. Einerseits müssen die relevanten Merkmale der Situation im Lichte konkurrierender, aber noch unbestimmter Normkandidaten entdeckt und beschrieben, andererseits muß die im Lichte einer möglichst vollständigen Situationsbeschreibung jeweils angemessene Norm ausgewählt, interpretiert und angewendet werden. Begründungs- und Anwendungsprobleme überfordern bei komplexen Fragen oft die analytische Kapazität des Einzelnen. Diese *kognitive Unbestimmtheit* wird durch die Faktizität der Rechtsetzung absorbiert. Der politische Gesetzgeber beschließt, welche Normen als Recht gelten, und die Gerichte schlichten den Interpretationsstreit über die Anwendung gültiger, aber auslegungsbedürftiger Normen für alle Seiten zugleich einsichtig und definitiv. Das Rechtssystem entzieht den Rechtspersonen in ihrer Adressatenrolle die Definitionsmacht für die Kriterien der Beurteilung von Recht und Unrecht. Unter dem Gesichtspunkt der Komplementarität von Recht und Moral bedeuten das parlamentarische Gesetzgebungsverfahren, die gerichtlich institutionalisierte Entscheidungspraxis und die professionelle Arbeit einer Rechtsdogmatik, die Regeln präzisiert und Entscheidungen systematisiert, für den Einzelnen eine Entlastung von den kognitiven Bürden der eigenen moralischen Urteilsbildung.

(b) Die Vernunftmoral belastet aber den Einzelnen nicht nur mit dem Problem der Entscheidung von Handlungskonflikten, sondern mit Erwartungen an seine Willensstärke. Zum einen soll er in Konfliktsituationen bereit sein, überhaupt nach einer konsensuellen Lösung zu suchen, d. h. in Diskurse einzutreten oder solche advokatorisch durchzuspielen. Zum anderen soll er die Kraft aufbringen, nach moralischen Einsichten, gegebenenfalls auch gegen eigene Interessen, zu handeln, also Pflicht und Neigung in Einklang zu bringen. Der

Aktor soll sich als den Urheber mit sich als dem Adressaten von Geboten in Übereinstimmung bringen. Zur kognitiven Unbestimmtheit des prinzipiengeleiteten Urteils kommt die *motivationale Ungewißheit* über das von erkannten Prinzipien geleitete Handeln hinzu. Diese wird durch die Faktizität der Rechtsdurchsetzung absorbiert. Eine Vernunftmoral ist in dem Maße, wie sie in den Motiven und Einstellungen ihrer Adressaten nicht hinreichend verankert ist, auf ein Recht angewiesen, das normenkonformes Verhalten bei Freistellung der Motive und Einstellungen erzwingt. Das zwingende Recht belegt normative Erwartungen derart mit Sanktionsdrohungen, daß sich die Adressaten auf folgenorientierte Klugheitserwägungen beschränken dürfen.

Zudem ergibt sich aus dem Problem der Willensschwäche das Folgeproblem der *Zumutbarkeit*. Nach Maßgabe einer Vernunftmoral prüfen ja die Einzelnen die Gültigkeit von Normen unter der Voraussetzung, daß diese faktisch von jedermann befolgt werden. Wenn aber genau diejenigen Normen gültig sein sollen, die unter der Bedingung einer Praxis *allgemeiner* Normbefolgung die rational motivierte Zustimmung aller Betroffenen verdienen, ist niemandem *zuzumuten*, sich an gültige Normen zu halten, sofern nicht die genannte Bedingung erfüllt ist. Jeder muß von allen die Befolgung gültiger Normen erwarten dürfen. Gültige Normen sind nur dann zumutbar, wenn sie gegen abweichendes Verhalten faktisch durchgesetzt werden können.

(c) Ein drittes Problem, nämlich das der *Zurechenbarkeit von Verpflichtungen*, ergibt sich aus dem universalistischen Charakter der Vernunftmoral, insbesondere im Hinblick auf positive Pflichten, die oft – und je komplexer eine Gesellschaft wird, um so häufiger – kooperative Anstrengungen oder Organisationsleistungen erfordern. Die unmißverständliche Pflicht beispielsweise, auch den anonymen Nächsten vor dem Hungertod zu bewahren, kontrastiert augenfällig mit der Tatsache, daß Millionen Bewohner der Ersten Welt Hunderttausende in den Armutsregionen der Dritten Welt verenden lassen. Bereits die karitative Hilfe kann nur über organisierte Bahnen geleitet werden; die Umleitung von Nahrung und Medikamenten, Bekleidung und Infrastrukturen übersteigt bei weitem Initiative und Handlungsspielraum von Individuen. Eine strukturelle Verbesserung würde sogar, wie viele Studien zeigen, eine neue Weltwirtschaftsordnung erfordern. Ähnliche Probleme, die nur von Institutionen bewältigt werden können, stellen sich natürlich in der eigenen Region, sogar in der Nachbarschaft. Je mehr sich das moralische Bewußtsein auf universalistische Wertorientierungen einstellt, um so größer werden die Diskrepanzen zwischen unbestrittenen moralischen Forderungen einerseits, organisatorischen Zwängen und Änderungswiderständen andererseits. So finden jene moralischen Forderungen, die nur über anonyme Handlungsketten und Organisationsleistungen erfüllt werden können, eindeutige Adressaten erst innerhalb eines Systems von Regeln, die auf sich selber angewendet werden können. Nur das Recht ist *von Haus aus* reflexiv; es enthält sekundäre Regeln, die der Erzeugung von primären Regeln der Verhaltenssteuerung dienen. Es kann Kompetenzen festlegen und Organisationen gründen, kurz ein System von Zurechnungen herstellen, das sich nicht nur auf natürliche Rechtspersonen, sondern auf fingierte Rechtssubjekte wie Körperschaften und Anstalten bezieht.

Diese Frage der moralischen Arbeitsteilung* signalisiert auf ähnliche Weise wie die Probleme der Zumutbarkeit, der Willensschwäche und der Entscheidbarkeit Grenzen einer postkonventionellen Moral, die eine Ergänzung durch Recht funktional begründen. Ein weiteres Problem ergibt sich daraus, daß das postkonventionelle Begründungsniveau der Vernunftmoral den anderen, bisher traditional beglaubigten Institutionen die Grundlage ihrer Legitimität entzieht. Sobald die anspruchsvolleren moralischen Maßstäbe nicht mehr naiv eingewöhnt werden können, setzt ein Problematisierungsschub ein und bringt die entwerteten Institutionen unter Rechtfertigungsdruck. Aber die Moral, die die Gesichtspunkte zur ernüchternden Beurteilung der bestehenden Institutionen liefert, bietet selbst keine *operative* Handhabe für deren Rekonstruktion. Dafür steht das positive Recht als ein Handlungssystem, das an die Stelle anderer Institutionen treten kann, in Reserve.

Das Recht empfiehlt sich freilich nicht nur für die Rekonstruktion der wegen Legitimationsentzuges baufällig gewordenen Komplexe naturwüchsiger Institutionen. Im Zuge der gesellschaftlichen Modernisierung entsteht ein Organisationsbedarf *neuer* Art, der nur

* H. Shue, Mediating Duties, Ethics 98, 1988, 687–704.

konstruktiv bewältigt werden kann. Herkömmliche Interaktionsbereiche wie Familie oder Schule werden in ihrem institutionellen Substrat rechtlich überformt, formal organisierte Handlungssysteme wie Märkte, Unternehmen und Verwaltungen durch rechtliche Konstituierung erst *geschaffen*. Die über Geld gesteuerte kapitalistische Wirtschaft oder die kompetenzförmig organisierte staatliche Bürokratie entsteht erst im Medium ihrer rechtlichen Institutionalisierung.

Die spezifischen Leistungen des Rechtskodes, mit dem ein wachsender Regelungs- und Organisationsbedarf immer komplexer werdender Gesellschaften beantwortet werden muß, lassen sich freilich nicht allein, wie die bisher betrachteten Probleme nahelegen, aus dem Kompensationsbedarf der Moral erklären. Die wirklichen Proportionen erkennt man erst, wenn man auch umgekehrt die Moral aus dem Blickwinkel des Rechtssystems betrachtet. Eine Vernunftmoral, die allein über Sozialisationsprozesse und das Bewußtsein der Individuen Wirksamkeit erlangte, bliebe auf einen engen Handlungsradius beschränkt. Die Moral kann aber über ein Rechtssystem, mit dem sie intern verknüpft bleibt, auf *alle* Handlungsbereiche ausstrahlen, sogar auf jene systemisch verselbständigten Bereiche mediengesteuerter Interaktionen, die die Akteure von allen moralischen Zumutungen, außer der einzigen eines generalisierten Rechtsgehorsams, entlasten. In weniger komplexen Verhältnissen kommt dem Ethos einer Lebensform dadurch sozialintegrative Kraft zu, daß in dieser integralen Sittlichkeit alle Komponenten der Lebenswelt miteinander verklammert, die konkreten Pflichten auf die Institutionen abgestimmt und in den Motiven verwurzelt sind. Wie sich moralische Gehalte unter Bedingungen hoher Komplexität über die Kanäle rechtlicher Regelungen gesellschaftsweit verbreiten können, werden wir freilich erst beurteilen können, wenn uns das Rechtssystem im ganzen vor Augen steht.

Ernst Bloch

Weisheit in unserer Zeit

Man hat gesagt, unsere jetzigen Tage machten es schwer, freundlich zu sein. Und zweifellos gilt, was eingangs betont wurde und nun spruchreif werden mag: *Weisheit in unserer Zeit* sei mit der überlieferten so präzis verbunden wie nicht minder präzis von ihr abgetrennt. Denn kein Mensch erweist sich heute als reif, indem er sich aus den Händeln der Welt heraushält. Er macht sich damit, mehr als je, zum pharisäischen Spießbürger und trägt von dem sauren Wein seiner Betrachterei selber große Abschwächung davon. Auch in der Vergangenheit war kaum alles eine höhere Warte, was verschmähte, auf den Zinnen einer Partei zu stehen; solche Lauheit ist abgestanden, nicht abgeklärt. Weiter hat das Alter, ein überlieferter Standort der Reife und Weisheit, heute vieles von seinem Überblick verloren. Die Zeiten sind um, wo ein Greis, indem ihm die Zukunft überhaupt nichts Neues zu versprechen scheint, das von ihm in langem Leben Erfahrene als ewig Wesentliches, gleichsam ein für allemal, ausbieten kann. Der Satz der Bibel: Abraham starb alt und lebenssatt, ist nicht einmal mehr subjektiv haltbar, in der Gewalt des sich reißend verändernden Lebens. Und die Bekundung Mark Aurels, daß ein Mann von vierzig Jahren, in genügend hoher Stellung, alles Wesentliche erfahren habe, was je erfahren wurde und noch zu erfahren sein wird – diese allzu abgeklärte Lehre ist vor der Geschichte auch objektiv zuschanden geworden. Verliefe die Geschichte wie die Jahreszeiten, oder wiederholten sich gar die wechselnden Zustände dieser ihrer Jahreszeiten, dann allerdings könnte eine genügend lange Lebensspanne sich als eine Art hundertjähriger Kalender höherer Ordnung beschriften; und in der Tat hat alles Nestorische von *hierher* seinen Rat verkündet. Jedoch in jeder reißenden Bewegung hört das Statische dieser Erfahrenheit sinngemäß auf; es findet am *Novum* seine Grenze. Und dieses Novum wird nicht durch *individuelle* Erfahrenheit gemeistert oder mindestens nicht durch sie allein, sondern durch eine Kenntnis *historisch-dialektischer Gesetzmäßigkeiten*, die sich statt der kurzen eigenen

Lebensjahre dreitausend begriffene, tendenzhaft offen gehaltene Geschichtsjahre zuschlägt und mit ihnen gerade in die *Zukunft* fährt. In eine Zukunft, die nicht mehr unter die Statik einer bloß kontemplierten Vergangenheit gebeugt ist und so – durch puren Historismus der Weisheit – unbekannt, unbeherrscht, dauernd überraschend bleibt. Neu fällige Weisheit, Weisheit des Neuen kennt auch keine sogenannten ewigen Wahrheiten mehr, am wenigsten solche geschichtlich-moralischer Art. Die ewigen Wahrheiten historisch-abstrahierter Art, die der Weisheit bisher liebstes Kind waren, sind so ziemlich abgelaufen oder, wo sie noch stehengeblieben sind, auf Banalitäten beschränkt. »Wir weisen demnach«, sagt Engels im Anti-Dühring, »eine jede Zumutung zurück, uns irgendwelche Moraldogmatik als ewiges, endgültiges, fernerhin unwandelbares Sittengesetz aufzudrängen, unter dem Vorwand, auch die moralische Welt habe ihre bleibenden Prinzipien, die über der Geschichte und den Völkerverschiedenheiten stehen.« Jene Weisheit aber, die dergestalt trotzdem stagniert, also längst keine wahre mehr ist, kann nicht umhin, auf ein Niveau tief unter ihrer Würde zu sinken. Daher fährt Engels an der angegebenen Stelle fort: »Und nun ermesse man die Selbstüberhebung des Herr Dühring, der mitten aus der alten Klassengesellschaft heraus den Anspruch macht, am Vorabend einer sozialen Revolution der künftigen klassenlosen Gesellschaft eine ewige, von der Zeit und den realen Veränderungen unabhängige Moral aufzuzwingen.« Gerade der wirklich weise Rat ist dauernd weiterlernend geworden, unabgeschlossen und keine Abstraktion aus abgeschlossener Vergangenheit. Er verhält sich statt dessen so individuierend wie dem Neuen aufgeschlossen – aus einem Überblick, der von Anfang an Tendenz in ihrer Ganzheit, nicht Statik in ihrer Abgeschlossenheit faßt. Item, Weisheit ist Marxismus geworden, sie gewinnt mit ihm endlich öffentlich-tätige Funktion. Vor allem ist darum zu spät, über Helfendes nur zu reden, es nur zu bereden. Wie das so oft die Lust der Weisen war, wenn ein Mensch den anderen mit gutem Rat ermunterte, der andere gab den Rat fortlaufend weiter, und, wie Jean Paul sagt, kein Pfennig ward dabei ausgegeben. Weisheit in unserer Zeit ist von der überlieferten durch eine völlig verwandelte *Praxis* abgetrennt. Gewiß, auch der vergangene Weise wollte sein Tun und Lassen ebenso wie seinen Verstand mit dem als recht Erkannten durchdringen. Er sah auf Einheit von

Leben und Lehre, fast mehr noch sahen die Nichtweisen bei ihm darauf und ob er ihnen gerade hierin ein Vorbild sei. Aber nicht immer gelang dieses Vorbild; selbst Sokrates, Lehrer des Guten, wich der Frage, ob er selber gut sei, recht wenig bewährungswillig aus. Er antwortete mit der Gegenfrage, ob ein Bildhauer, der schöne Menschen herstellt, selber schön sein müsse; so schob er mittels eines Vergleichs, der den Sophos keineswegs auch zum praktischen Handwerker seiner selber machte, die Frage von sich ab. Einige Stoiker lehrten gar, fast mit lutherisch-doppelter Buchführung, der Weise könne Diebstahl, Verrat, auch noch Mord begehen und bleibe dennoch im Stand der Weisheit, der durch Werke dieser Welt nicht erwerbbaren, nicht vernichtbaren. Jedoch selbst wo Deckung zwischen Leben und Lehre eintrat, wie beim seltenen Vorbild Spinoza, war der Umkreis dieser Bewährung lediglich individuell; das am Vorbild wie noch in der möglichen Nachfolge des Anderen. Meist blieb diese Art Parxis die eines edlen, rechtlichen Privatmannes; auch Mark Aurel, der stoische Kaiser, mit allen »Meditationes ad se ipsum«, wo nicht wegen ihrer, hat den Zustand des römischen Reiches nicht verändert. Erst recht haben die Selbstvollendungen anderer Weiser, von geringerer Art, die größte Roheit und Torheit der Welt zwar beklagt und durchschaut, aber geduldet. Wo Ausnahmen vorliegen, wie bei Gracchus, dem Schüler eines sozialreformatorischen Stoikers, ist diese tätige Intention rückwärts wie vorwärts vereinsamt; kein Weisheitsschüler alten Stils hat Revolte gegen das Unrecht begangen. Es sei denn durch die erhabene Loslösung aus dem Weltstatus überhaupt, die bei vielen stoischen Weisen bis zum Selbstmord führen mochte, die aber auch den Sklaven Epiktet, bei aller Edel-Sophia, niemals an die Seite der Spartakusse hätte führen können. Und an dieser Stelle macht sich außer der Privatheit erst die allerstärkste Sperre gegen wahre Praxis in der überlieferten Weisheit geltend: die Sperre heißt *amor fati*. Das Sich-Schicken vor dem Zu-Geschickten, der Pantheismus vor jeder Notwendigkeit, also auch vor der ganz oder gar unnotwendigen, durchschaubar-beherrschbaren, hemmte die Abänderung der Welt durch eine dergestalt fixierte Weisheit. Die mangelnde Differenzierung und gleichzeitige Übersteigerung des Fatum sperrte jede Zukunft hinter die Mauern von Vergangenheit, Beschlossenheit, gleich als sei Zukünftiges ebensowenig anders geschehend zu machen, wie es gelingt, Vergangenes anders geschehen seiend zu machen. Vor unentrinnbarer Notwendigkeit der zukünftigen Ereignisse blieb also dem Weisen nur der Schluß, sie untätig zu erwarten, des Bösen wie des Guten fatalistisch gewärtig, das da ohne den Menschen kommen soll. Kein Wille in der bisherigen Weisheit rührt so an den Schlaf der Welt; amor fati verhindert gerade jenseits der privaten Sphäre den Gegenzug zum bloß empfangenden, nicht beherrschten Geschick. Auf diese Art schloß sich die bisherige Weisheit auch nicht dem Wissen an oder entband es: dem Wissen um mindestens jenen Teil der Notwendigkeit, der von den Menschen sozialhistorisch selber produziert ist und der aus ihrer eigenen Unwissenheit darüber nun den Menschen als Unentrinnbares gegenübertritt. Dieser Teil der Notwendigkeit macht eben das Hauptstück an jenem Weltstatus aus, dem sich der stoische Weise (mit einem amor, der sich vor dem geliebten Fatum nun gerade wieder auf der Flucht befindet) durch Einsamkeit und Ataraxie entzog. Nicht unmittelbare, unvermittelte, nur jakobinische Sprengung der Notwendigkeit ist demgegenüber die Parole, das wäre zum undifferenzierten, abstrakten amor fati ein ebenso undifferenzierter, abstrakter Gegensatz. Dieser Gegensatz würde sich nicht nur vom Fatum der überlieferten Weisheit entfernen, sondern – als anarchistisch-wilder – vom Weltkorrelat möglicher Weisheit schlechthin. Wohl aber verlangt die Weisheit, die mit Wissen und Tat die Welt verändern will, *Beherrschung* der Notwendigkeit, als einer *durchschauten*. Das schließt eine Weltfrömmigkeit des Weisen nicht aus, sondern ein, jedoch die neue Weltfrömmigkeit, welche revolutionäre Immanenz heißt, macht nicht mehr Frieden mit jeder Welt, als einer gleichmäßig aus »ewiger Notwendigkeit« erflossenen. Statt dessen pointiert Weisheit in unserer Zeit Notwendigkeit nicht anders denn als Gesetz der Tendenz, und zwar als einer in die Zukunft strömenden, einer mit den objektiv-realen Möglichkeiten der Zukunft versehenen. Und die Geborgenheit, die Ruhe, die der derart *konkreten* Weisheit nirgends mangelt, ist eine tätige Geborgenheit, eine handelnde Ruhe. Als handelnde macht sich eben ihre Erscheinung sogleich öffentlich und nicht privat; statt bloßer Selbstvollendung steht Weltvollendung auf der zu erbrechenden Order des Ziels. Desgleichen ist der Garant der Ruhe nicht amor fati, sondern docta spes, materialistisch begriffene Hoffnung.

Bei alledem muß aber stets ein Mensch dabei sein, den man beruhigt ansehen kann. Das ist geblieben, wie eh und je braucht auch die neue Art, weise zu sein, obwohl sie nirgends mehr privat ist, einen Träger. Viele solcher Träger hat es ohnehin nie gegeben, und werden sie kenntlich, so wird man ihnen gegenüber erkenntlich. So liegt eine untrügliche Überzeugung des Rechten, eben des gewandelt Rechten darin, wenn Lenin weise genannt ward und wird. Durchaus ein Mann ohne alles sich in Szene Setzen, kühn und bedachtsam zugleich, trat er als Träger einer neuen Sophrosyne vor. Elastisch, individuierend und eisern standhaft in einem, Gegner der Schablone, weil diese nicht nur unweise, sondern schlechthin dumm ist und das Schild der Subalternen, voll Humor des Durchblicks, voll Meeresstille im Zentrum, mitten also in seiner äußersten Dynamik und Dialektik auch weise. Dazu tritt in dieser Weisheit ein Zug hervor, der allerletzt als neuer hier ausgezeichnet werden muß: der Zug der *Parteilichkeit*. Dieser freilich scheint das überlieferte Weisheitsbild nicht nur wie die anderen Neubestimmungen zu berichtigen und zu vermehren, sondern nach Meinung aller Objektivisten (aus mangelnder Objektivität) scheint er es zu verneinen und zu sprengen. Er kommt ihnen als unverträglich mit der Weisheit vor, mit deren Gelassenheit, die ihnen Neutralität geworden ist. Und doch wäre es ein leichtes, gerade in dieser Parteilichkeit nicht nur ein Synonym mit *Wissenschaftlichkeit* zu erkennen (zum Unterschied von Schalheit, die an schalem Zeuge klebt), sondern ebenso ein Synonym mit *Weisheit*, auch mit der überlieferten, ja mit dem wichtigsten Begriff der überlieferten. Denn Parteilichkeit ist nicht nur Interesse und sozialer Auftrag (ohne den noch nie ein Gedanke gedacht worden ist), sie ist vor allem auch *Bezogenheit auf ein Ziel*. Dieses Ziel hieß der alten Weisheit höchstes Gut; darauf war die Weisheit ausgerichtet, dafür ergriff sie schlechthin Partei. Zweifellos: das Eine, was not tut und was damit zusammenhängt, fand je nach der Gesellschaft und ihrem Horizont verschiedene Versuche der Bestimmung; sie sind seitdem ausgezogen oder näher zu der Praxis gezogen. »Deum et animam scire cupio, nihilne plus? nihil omnino«, hatte Augustin bekundet, »Gott und die Seele wünsche ich zu wissen, sonst nichts? sonst durchaus nichts«; Kant hatte bekundet: »Gott und die andere Welt sind das einzige Ziel meiner philosophischen Untersuchungen, und wenn Gott und die andere Welt nicht mit der Moralität zusammenhängen, so wären sie zu nichts nütze.« Kein Zweifel hierbei, wie sich von selbst versteckt, das höchste Gut (wenn sich der Terminus übertragen läßt) blickt im Marxismus bedeutend anders drein; Gott und die andere Welt sind verschwunden, und die Moralität hängt nicht mit ihnen zusammen. Jedoch die Intention aufs höchste Gut hatte mit der Parteilichkeit eben das gemein, daß die Intention standhaft auf ein Ziel bezogen blieb, daß sie die Weisheit lehrte, was zu suchen, was zu fliehen sei. Das marxistische Zielanliegen ist zunächst die Herstellung der Bedingungen zum Sieg der Arbeiterklasse, sodann die sozialistische, sodann die kommunistische Ordnung der Gesellschaft zu einem Reich der Freiheit. Keine Verbindung kann also enger sein als die der marxistischen Parteilichkeit mit dem Reich der Freiheit, als dem marxistisch höchsten Gut, und keine kann gerade der Weisheit, der präzis gewordenen, präziser entsprechen. Die erlangbare, eigene Weisheit des Marxismus ist Maß ohne Entsagung, Geborgenheit ohne Gehäuse, Ruhe ohne Stillstand. Diese Weisheit hat durchaus ihr höchstes Gut oder das ihm Entsprechende, aber gewiß nicht als fertiges, das als Vorhandenheit bereits in der Welt, gar in einer Überwelt stünde, ein Ding unter Dingen, und so nur vorgezeigt zu werden brauchte. Das höchste Gut ist, als Aufhebung der Entfremdung, als Naturalisierung des Menschen, Humanisierung der Natur, vielmehr ein Ziel, das sich faktisch wie inhaltlich durch die Arbeit der Weisheit, die Weisheit der Arbeit erst bildet. Das Eine, Notwendige steht fest wie nie, gerade weil es selber nicht bereits fest steht, das heißt, weil es die Entwicklung nicht schon hinter sich hat. Reife, Besorgtheit, Unerschütterlichkeit im stoischen Einklang, Einfachheit, unverworrene Idee, Übereinstimmung des Willens mit dem Endzweck, Humor – alle diese oben herausgestellten, bisher erlangten Bestimmungen der Weisheit zusammen machen so endlich scharf zum Zweck.

Kapitel 4

GERECHTIGKEIT

Die Gerechtigkeit gehört zu den Tugenden, die schon im Altertum von der Kunst als Figur dargestellt wurden: meist als Frau mit verbundenen Augen, die in der einen Hand eine Waage und in der anderen ein Schwert hält. Das Schwert deutet an, daß Justitia auch straft. Die verbundenen Augen sollen gewährleisten, daß sie gerecht entscheidet – ohne Ansehen der Person.

Dieser Grundgedanke findet sich auch in dem lateinischen Spruch *fiat iustitia, pereat mundus.* Diese Aussage machte Papst Hadrian VI., als er es ablehnte, das Verfahren gegen einen Mörder niederzuschlagen, nur weil dieser von hoher Geburt war. Der von Hadrian erzogene Kaiser Ferdinand I. erhob dessen Maxime zu seinem Wahlspruch. Er besagt nichts anderes, als daß die *Gerechtigkeit* walten soll, wer auch immer vor ihr steht (*mundus* meint hier nicht die Welt, sondern die weltliche Macht: *Gerechtigkeit* darf vor der weltlichen Macht nicht haltmachen). Das kann aber auch bedeuten, daß der Richter, daß jeder, der gerecht sein will, Mut oder Zivilcourage – auch sie »Tugenden« – besitzen muß, um seines Amtes zu walten.

Dafür gibt es sogar in der angeblich so gerechten Bundesrepublik Deutschland zahlreiche Beispiele. So wurde etwa der Beamte, der die illegale Beschaffung von Parteispenden in Bonn aufdeckte, so lange unter Druck gesetzt, bis er sein Amt aufgab. Allerdings hielt er aus, bis er die Gesetzesverstöße zahlreicher Politiker publik gemacht hatte.

Die Waage zeigt an, daß zwischen zwei Interessen entschieden wird. Das wiederum heißt – ja, es gehört zum »Wesen« der *Gerechtigkeit* –, daß stets von mindestens drei Personen ausgegangen werden muß: Zwei haben unterschiedliche Ansichten, und die dritte trifft das rechte Maß. Denn *erstens* darf niemand in eigener Sache urteilen, damit es zu gerechten Urteilen kommt. *Zweitens* gilt als Voraussetzung, daß beide Seiten angehört werden. Und *drittens* darf nicht mit zweierlei Maß gemessen werden.

Die *Gerechtigkeit* betrifft die Beziehung der Menschen untereinander, sei es im privaten Bereich, sei es im staatlichen Gefüge. Sie setzt Streitigkeiten voraus, die es entweder zu lösen oder aber durch das staatliche Recht zu verhindern gilt. Im privaten Bereich wird die *Gerechtigkeit* häufig als die Tugend der Starken bezeichnet. Der Starke ist derjenige, der auf Grund seiner Fähigkeiten mehr Macht hat als der Schwache; doch vom Starken wird erwartet, daß er trotz seiner Macht den Schwächeren nicht zu übervorteilen sucht. Von diesem Gedanken aus hat der Amerikaner John Rawls seine »Theorie der *Gerechtigkeit*« entwickelt, die *Gerechtigkeit* als Fairneß definiert.[22] Sein Prinzip lautet: Soziale und wirtschaftliche Ungleichheiten sollen so geregelt werden, daß sie dem am wenigsten Bevorteilten am meisten nutzen.

Wie keine andere Tugend ist die *Gerechtigkeit* ein Scharnier im Gefüge der zahlreichen Werte und Tugenden, eine Kardinaltugend, und der Mensch hat Anspruch auf ihre Anwendung. Deshalb darf man *Gerechtigkeit* fordern, während man Hilfe erbittet.

Es kann ohne Freiheit keine *Gerechtigkeit* geben. Und Ausfluß der *Gerechtigkeit* ist wiederum die Gleichheit. Dieser Gedanke findet sich sowohl in der Goldenen Regel wieder – »Was du nicht willst, daß man dir tu', das füg auch keinem andern zu« – als auch im kategorischen Imperativ von Immanuel Kant – »Handle so, daß die Maxime deines Willens jederzeit zugleich als Prinzip einer allgemeinen Gesetzgebung gelten könne.« Der Gerechtigkeitssinn führt zum Gleichheitsprinzip, das in Verfassungen alle drei Gewalten bindet.[23]

Die *Gerechtigkeit* wird aber auch dort eine soziale Tugend, wo sie im Sinn der Solidarität der Gemeinschaft die Verteilung der beschränkt vorhandenen Güter vornimmt, nach dem Prinzip: Jedem kommt das gleiche zu. Der wohl kaum mehr als hundert Jahre alte Begriff der *sozialen Gerechtigkeit* ist jedoch bis heute heftig umstritten. Die Diskussion dreht sich darum, festzulegen, was der Satz »Jedem komme das gleiche zu« bedeutet. Während wirtschaftsliberale Denker den Begriff der sozialen *Gerechtigkeit* ablehnen[24], da er nicht auf das Ergebnis eines spontanen Wirtschaftsablaufs angewendet werden könne, wird er von denen bejaht, die *soziale Gerechtigkeit* nicht ausschließlich als Frage der Verteilung, sondern als solidarische Pflicht in einer Gesellschaft, als Sozialpolitik verstehen.[25]

Gerechtigkeit ist die Grundlage dessen, was als Generationenvertrag umschrieben wird. Hilflos kommt das Kind auf die Welt und kann nur überleben, weil die Eltern ihm helfen. Dafür werden die Eltern im Alter die Hilfe der nun erwachsenen Kinder benötigen, die sie ihnen – so ist es gerecht – im Tausch für die empfangene Hilfe wiedergeben.

Aber die *Gerechtigkeit* zwischen den Generationen geht sehr viel weiter und betrifft auch den Umgang mit der Erde. Da die Natur endlich ist, verlangt es die *Gerechtigkeit*, daß eine Generation der kommenden die Welt in dem Zustand überläßt, in dem sie sie selbst übernommen hat. Diesen Gedanken kann man auch auf andere Bereiche übertragen: Es ist ungerecht, wenn eine Generation über ihre Verhältnisse lebt und der nächsten eine unangemessene Staatsverschuldung hinterläßt. Politiker, die dies hinnehmen, verstoßen gegen die Tugend der *Gerechtigkeit*.

Als die Diktatur der DDR zerfallen war, hofften die ostdeutschen Bürgerrechtler, nun in der Bundesrepublik einen gerechten Staat zu finden. Doch der Satz von Bärbel Bohley zeigt die große Enttäuschung: »Wir erwarteten *Gerechtigkeit*, und es kam der Rechtsstaat.« Damit drückte sie aus, was sicherlich viele denken: *Gerechtigkeit* empfinden wir persönlich, der Rechtsstaat ist anonym. Seine Entscheidungen sind häufig nicht nachzuvollziehen. Wenn dies so ist, hat der Staat einen Teil seiner moralischen Glaubwürdigkeit verloren.

Manchmal fühlt der Bürger sein persönliches Gerechtigkeitsempfinden durch den Staat verletzt. Besonders dann, wenn eine Entscheidung nach einem allgemeinen Maßstab gefällt wird, das Ergebnis aber – in diesem besonderen Fall – ungerecht erscheint. Doch der Staat ist zur Gleichbehandlung verpflichtet und muß seine Regelungen allgemein und nicht auf den Einzelfall ausrichten. Nehmen wir an, ein Soldat hat im Zweiten Weltkrieg den Befehl verweigert, als er Frauen und Kinder in einem feindlichen Dorf nicht erschießen wollte. Dafür riskierte er die Todesstrafe, aber glücklicherweise kam er nur für einige Jahre ins Zuchthaus. Jahrzehnte später, als er in Rente ging, wurden ihm die Zuchthausjahre bei der Berechnung abgezogen. Er erhielt weniger als derjenige, der dem Befehl gehorchte und auf Frauen und Kinder schoß; denn dem wurden die

Kriegsjahre voll angerechnet. Schließlich erhält man im Regelfall Rente nur für die Zeit, die »anzurechnen« ist. Und dazu gehören keine Zuchthausjahre. Das entspricht dem Recht, ist aber ungerecht.

Von allen Tugenden ist die *Gerechtigkeit* mit Sicherheit die schwerste – und vielleicht auch die seltenste.

Volksmoral
Altchinesische Staatsweisheit

Der berühmte Philosoph Mong tse (372–289), dessen Buch zu den klassischen Schriften zählt, kam einst an den Hof des Fürsten von Weh, um ihm seine Dienste anzubieten. Der Fürst sprach zu ihm:
»Da Ihr tausend Meilen zurückgelegt habt, um in mein Land zu kommen, wollt Ihr zweifellos besonders eifrig für meinen Vorteil tätig sein.«
Mong tse erwiderte:
»Was sprecht Ihr von Vorteil? Hebung der bürgerlichen Moral, darauf kommt es an. Wenn der Fürst bei den Staatsgeschäften nur an seinen Vorteil denkt, dann arbeiten auch Minister, Beamte und jeder einzelne Bürger lediglich für ihren privaten Vorteil. Man kann ohne Übertreibung behaupten, ein solcher Staat ist in Auflösung. Sorgt dagegen der Fürst für Hebung der allgemeinen Moral, so wächst der Zusammenhalt in der Familie und damit von selbst auch die Opferbereitschaft für den Staat.«

Übertragen und
übermittelt von Franz Kuhn

Fiat Justitia ...

Fiat justitia et pereat mundus. Gerechtigkeit werde geübt, und sollte die Welt dabei untergehn.
Wahlspruch Kaiser Ferdinands I.

Ein Jurist, der nicht mehr denn ein Jurist ist, ist ein arm Ding.
Martin Luther

Gerechtigkeit: Eigenschaft und Phantom der Deutschen.
Johann Wolfgang von Goethe

Ich bin peinlich gerecht, weil es die Distanz aufrecht erhält.
  Jedem das Seine geben: Das wäre die Gerechtigkeit wollen und das Chaos erreichen.
Friedrich Nietzsche

Wer vermißt noch die vergeltende Gerechtigkeit? Was der Böseste am meisten fürchtet, ist ihm gewiß: der Tod. Dem Besten ist er wohl auch gewiß, aber er fürchtet ihn nicht, weil er das Leben nicht will. Der Böseste sein heißt ja nichts, als am meisten leben wollen.
Arthur Schopenhauer

Trotz der relativen Rechtssicherheit in prosperity ist ein Rechtsstaat für arm und reich zugleich doch ein Verkleidungsstück und muß es sein ..., denn wie kein anderer ist der Begriff Rechtsstaat dazu tauglich, dem interessierten Formalismus auch noch den Anschein einer besonderen Objektivität zu verleihen, den der Unparteiischkeit und ihrer Gerechtigkeit.
Ernst Bloch

Im Gang der Dinge scheint stets der Überlebende recht zu haben. Wer oben schwimmt, meint bei der Wahrheit der guten Sache zu sein. Darin liegt die tiefe Ungerechtigkeit der Blindheit für die Scheiternden ... welche durch die Ereignisse zertreten werden.
Karl Jaspers

Voltaire

*Über den Unterschied zwischen
politischen und natürlichen Gesetzen*

Natürliche Gesetze nenne ich diejenigen, welche die Natur zu allen Zeiten alle Menschen zur Aufrechterhaltung der Gerechtigkeit lehrt, deren Idee die Natur, was auch immer man über sie sagen möge, in unsere Herzen geprägt hat. Überall sind der Diebstahl, die Gewalt, der Mord, die Undankbarkeit gegenüber wohltätigen Verwandten, der Meineid, wenn er geleistet wird, um zu schaden, nicht um einem Unschuldigen zu helfen, die Verschwörung gegen das eigene Vaterland unleugbar Verbrechen, die bald strenger, bald milder, aber immer rechtmäßig bestraft werden.

Politische Gesetze aber nenne ich die Gesetze, welche nach einem gegenwärtigen Bedürfnis, sei es um die Staatsgewalt zu stärken, sei es um Unglücksfällen vorzubeugen, erlassen werden.

Man will nicht, daß der Feind Kundschaft von einer Stadt erhalte. So verschließt man die Tore und verbietet bei Todesstrafe, sie über die Wälle zu verlassen.

Man fürchtet eine neue Sekte, die sich in der Öffentlichkeit mit ihrem Gehorsam gegenüber der Obrigkeit schmückt, im geheimen aber Ränke schmiedet, um sich diesem Gehorsam zu entziehen; die lehrt, daß alle Menschen gleich seien, um sie alle gleichermaßen ihren neuen Riten zu unterwerfen; und die endlich mit der Begründung, man müsse Gott mehr gehorchen als den Menschen und die herrschende Sekte stecke voller Aberglauben und lächerlichen Zeremonien, das zerstören will, was vom Staat für heilig gehalten wird. Man ordnet die Todesstrafe für diejenigen an, welche öffentlich die Lehren dieser Sekte verbreiten und damit das Volk zum Aufruhr reizen können.

Zwei Herrschsüchtige streiten miteinander um einen Thron. Der Stärkere trägt den Sieg davon und verhängt die Todesstrafe für die Anhänger des Schwächeren. Die Richter werden zu Werkzeugen der Rache des neuen Herrschers und die Stützen seiner Macht. Wer auch immer zur Zeit Hugo Capets mit Karl von Lothringen in Verbindung stand, lief Gefahr, zum Tode verurteilt zu werden, wenn er nicht sehr mächtig war.

Als Richard III., der Mörder seiner beiden Neffen, als König von England anerkannt war, ließ der oberste Gerichtshof den Ritter William Colingbourne vierteilen, weil er einem Freund des Grafen von Richemond, welcher damals Truppen anwarb und der später unter dem Namen Heinrich VII. regierte, geschrieben hatte. Man fand zwei Zeilen von seiner Hand, die von großer Lächerlichkeit waren, und dies reichte aus, um diesen Edelmann auf eine abscheuliche Art umzubringen. Die Geschichte ist voll von ähnlichen Beispielen der Gerechtigkeit.

Das Recht auf Vergeltung ist ein weiteres dieser Gesetze, die von den Völkern angenommen wurden. Euer Feind hat einen eurer tapferen Hauptleute, die einige Zeit eine kleine baufällige Festung gegen eine ganze Armee verteidigte, hängen lassen. Nun fällt einer seiner Hauptleute in eure Hände; es ist ein tapferer Mann, den ihr schätzt und liebt: ihr laßt ihn nach dem Vergeltungsrecht hängen. So ist das Gesetz, sagt ihr; das heißt, wenn euer Feind sich mit einem ungeheuren Verbrechen besudelt hat, so müßt ihr unbedingt ein ähnliches begehen!

Alle diese Gesetze einer blutigen Staatskunst gelten nur eine gewisse Zeit, und man sieht sehr wohl, daß es keine wahrhaften Gesetze sind, denn sie sind vergänglich. Sie ähneln der Notwendigkeit, der man sich während äußerster Hungersnot ausgesetzt sah, Menschen zu fressen; man frißt sie nicht mehr, seit man Brot hat.

Wenn der weise Gesetzgeber eine Drohung ausgesprochen und gewissermaßen eine Strafe versprochen hat, dann gehört es zu seiner Beharrlichkeit, die Tat nicht völlig unbestraft zu lassen, selbst wenn die Strafe niemandem mehr zur Besserung dienen würde. Hätte er aber nichts versprochen, dann genügt es, daß eine Angemessenheit besteht, die ihn zu diesem Versprechen hätte bewegen können; denn der Weise verspricht ja auch nur, was angemessen ist.

Gerechtigkeit ist »die der Weisheit entsprechende Güte.«

Gottfried Wilhelm von Leibniz

Johann Heinrich Pestalozzi

Die Katzengerechtigkeit

»Wo wir uns nur zeigen, da heißt es: ›Hier sind die untreuen, diebischen Katzen!‹ Könnten wir nicht auch zu Futter und Mahl kommen, ohne diesen bösen Namen?« Also sprach neulich eine Katzenschar, da ein paar von ihnen über der Tat ertappt, mit wundem Felle ihrer Strafe entronnen. Eine fette Schoßkatze antwortete ihnen: »Kinder! Schmeichelt den Menschen, und sie werden euch füttern wie mich die Tante, die mir alle Sorge des Stehlens und alle Mühe des Mausens mit ihrem eignen Brot und mit ihrem eignen Braten erspart.«

»Das hilft nur«, sagte eine arme, magere, »wenn man ein Fell hat, das dem lüsternen Manntier gefällt, oder sonst so glücklich ist, eine Katzentante zu finden, wie du eine hast.«

»Ja! Ja! Die Schoßkatzen haben gut reden«, schrien jetzt alle magern Katzen, »wir andere mögen lange miauen, es bringt uns dafür niemand weder Braten noch Brot.«

Das verdroß die alte Schoßkatze; sie sagte zu ihrer Nachbarin: »Das Bettelvolk ist allenthalben gleich, es läßt sich nie raten; wenn sie Verstand hätten, so würden sie doch an meinem Sessel und an meinem Tische merken, daß ich es wohl verstanden habe, mich durch die Welt zu ziehen.« – Mit dem schlich sie sich fort. Darauf sagte die alte, arme magere, die aber auch nur auf eine andere Art als die Schoßkatze einen verdrehten Kopf voll der dünnsten, träumerischen Einbildungen hatte, zu ihren magern Gespielen: »Ärgert euch nicht! Sie meint es nicht böse, aber das Sesselsitzen macht alle Katzen zu Narren: Mich hat es nicht verdorbt; mein mageres Fell zeuget, daß ich alles Katzenelend selbst erfahren und selbst getragen habe.

Ich weiß also aus sichern, eigenen Erfahrungen nicht bloß, wo es uns fehlt, sondern auch noch, wo es uns in Zukunft fehlen wird.

Auf diese Erfahrungen gestützt, glaube ich, es sei ein einziges Mittel zu unserer Errettung übrig. Wir müssen uns nämlich mit den Mäusen vergleichen, daß sie uns Futter und Mahl selbst zusammentragen und wir hingegen sie dann auch nicht mehr fressen.«

Erstaunt stand die Katzenschar da. Der Vorschlag schien ihr eine wesentliche Neuerung gegen die uralte Verfassung der Welt und gegen die ursprünglichen Naturansprüche und Gewaltsrechte ihres Standes.

Doch allmählich wurden sie mit dem Gedanken an eine solche Vereinigung vertrauter und fingen an, ihn allerdings mit dem Geist der Zeit und der Umstände übereinstimmend zu finden. Er gefiel vorzüglich den Armen und Magern. Von den Jungen und Starken hingegen sagten einige: »Die so allenthalben zusammengetragene Mäusespeise kann uns nicht dienen, und es ist uns ewige Schande, also an der Mäuse Kost zu kommen und von ihnen das Gnadenbrot zu essen.«

Andere hingegen behaupteten: »Diese Ehrenbedenklichkeiten gegen Mäuse sind weit unter uns, und jetzo gar zur Unzeit. Was uns Tiere bringen, die wir fressen könnten, kann uns in Ewigkeit keine Schande sein.«

Eine arme, magere, die diese Ehrenbedenklichkeiten auch zur Unzeit angebracht fand, sagte dennoch: »Glaubet mir, ich habe es erfahren, Mäusespeisen sind Leckerbissen, und wenn sie es auch nicht wären, so bedenket, wenn wir uns forthin ohne eine Nachhilfe, bloß mit Mäusefleisch erhalten wollen, so müssen diese Tiere, sie können nicht anders, nach und nach aussterben, und dann wird das hartherzige Manntier, das uns nicht ferner brauchen kann, uns zu Tausenden zu Tode schlagen.«

Vor diesem Gedanken entsetzten sich alle Katzen, und hoch schwoll jetzt in ihrem Herzen der Wunsch, mit Mäusebrot versorget, ein ehrliches und gerechtes Auskommen zu haben, und die Mäuse dann nicht mehr zu fressen.

Diese wurden also versammelt; die mürben Katzen gaben ihnen Geleitbriefe, und ein katzenfeindlicher Dogge war ihnen für das Worthalten der untreuen Mäuserinnen Gewährmann.

Indessen hatten es die schlauen Tiere durch Hoffnungen, die sie bei einigen Mäusen erregten, beim einzuführenden Katzentribut als Kommissäres angestellt zu werden, dahin gebracht, daß ihre Gesandtschaft mit großen Ehren empfangen und mit einer feierlichen Anrede bekomplimentiert wurde, deren Auszug den Akten beigefügt ist.

Sobald die Komplimentiermaus ausgeredet hatte, so trat dann der Katzengesandte mit gemessenem Schritte hervor, stellte sich ganz bescheiden an die Seite seines Gewährmannes, dankte vorläufig für den freundlichen, ehrenhaften Empfang, und versicherte darauf von aller Katzen wegen, ihr jetzt lebendes Geschlecht sei mit dem Geiste der Zeit unendlich vorgeschritten und habe selbiges an der Liebe, die nunmehr alle Tiergeschlechter zur Gerechtigkeit, zur Mäßigung und zur Sittlichkeit zu zeigen anfangen, sein größtes Wohlgefallen, sie wünschen auch nichts mehr und nichts sehnlicher, als das goldene Zeitalter, in welchem alle Tiere friedlich untereinander lebten, wieder herzustellen und besonders schickliche Mittel ausfindig zu machen, den alten Zwist, der zwischen ihrem gewaltigen und starken Geschlechte und dem gutmütigen, bescheidenen, aber schwächern Mäusegeschlecht seit der Erschaffung der Welt unglücklicherweise obgewaltet hat, wenn es immer möglich wäre, ein beförderliches und glückliches Ende zu machen; sie seien auch ihrerseits fest entschlossen, das Mäusegeschlecht von nun an nicht mehr als ein ihnen mit Leib und Blut zu dienender Fraß, sondern als ein mit ihnen freiwillig und rechtlich verbundenes Volk anzusehen und zu betrachten; hoffen dann aber, daß die Mäuse hierin ihren Edelmut ganz erkennen und auch ihrerseits alles dasjenige tun werden, was unumgänglich erfordert werde, eine so glückliche Vereinigung des gegenseitigen Interesses beider Geschlechter zustandezubringen.

Darauf ließ sie von der Spitzmaus, welche die Feder führte, das weitläufige Projekt dieser ewigen Vereinigung ablesen; und nachdem dieses geschehen war, sagte sie dann noch mit katzenfreundlichen Worten: »Es ist ja nur eine ganz unbedeutende Kleinigkeit, was die mächtigen und edelmütigen Katzen von euch zu fordern geruhen, und ihr könnet jetzo, was ihr nie hattet hoffen dürfen, Sicherheit, Leben und häusliche Ruhe mit unglaublich kleinen Dienstleistungen erkaufen.«

Aber kaum hatte sie ausgeredet, so trat eine Maus, deren Kühnheit sie zum Sprecher ihres Geschlechts machte, auf und sagte: »Brüder und Schwestern! Bisher fing uns doch nur das Manntier mit Speck; laßt uns nicht dahin versinken, selbst am Katzenspeck anzubeißen und uns durch Verräter aus unserer Mitte und ihre freche Beredsamkeit selbst dahin verführen, uns, unsere Kinder und Nachkommen zu ewigen Katzenknechten zu machen. Die Natur«, fuhr sie fort, »hat uns gelehrt, unser Heil in unsern Löchern zu suchen und es unserm

Herzen verboten, dasselbe jemals von Katzengunst und Katzengnade zu erwarten.«

Das war allen guten Mäusen wie aus dem Herzen geredet; sie flohen in ihre Löcher, und was auch die Komplimentiermaus immer tat, es zu verhüten, so konnte sie die Mäuse nicht mehr zum Stehenbleiben bringen und die deputierte Katze mußte mit dem Bericht zurück; wenn sie leben wollen, so müssen sie sich forthin allen Beschwerden des Lauerns, allen Mühseligkeiten des Mausens und allen Gefahren des Stehlens unterziehen. Die unnatürlichen und verstockten Maustiere seien ganz unmöglich dahin zu bringen, ihnen aus freiem Willen ein ehrliches und gerechtes Auskommen zu versichern.

Das hatten die stolzen Katzen nicht erwartet; sie glaubten im Gegenteil, die Mäuse würden alles in der Welt tun, um sich von ihrem Blutrecht loszukaufen. Da es aber also nicht geschah, schrien sie aus einem Munde: »Es ist nichts daran gelegen, wir wollen es ihnen jetzo schon machen.« Doch miaute noch eine zwischen hinein: »Es ist verflucht, daß wir mit diesem unvorsichtigen Antrage unsern ganzen Katzenstand kompromittiert haben, aber wenn ich dabei gewesen wäre, so wäre es gewiß nicht geschehen.«

Gerechtigkeit erhöht ein Volk. *Sprüche Salomos 14,34*

... Gerechtigkeit ist die vollkommene Tugend, zwar nicht in ihrer Gänze, wohl aber in ihrem Bezuge auf den anderen. Daher gilt die Gerechtigkeit oft für die vorzüglichste unter den Tugenden.

Aristoteles

Der Gerechtigkeit kommt an sich kein Sinn zu, vielmehr ist sie nur ein im gegenseitigen Verkehr in beliebigen Erdgegenden getroffenes Übereinkommen zur Verhütung gegenseitiger Schädigung.

Epikur

Arthur Schopenhauer

Die Tugend der Gerechtigkeit

Bei näherer Betrachtung des Urphänomens Mitleid ist auf den ersten Blick ersichtlich, daß es zwei deutlich getrennte Grade gibt, in welchen das Leiden eines andern unmittelbar mein Motiv werden, d. h. mich zum Tun oder Lassen bestimmen kann: nämlich zuerst nur in dem Grade, daß es, egoistischen oder boshaften Motiven entgegenwirkend, mich abhält, dem andern ein Leiden zu verursachen, also herbeizuführen, was noch nicht ist, selbst Ursache fremder Schmerzen zu werden; sodann aber in dem höhern Grade, wo das Mitleid, positiv wirkend, mich zu tätiger Hülfe antreibt. Die Trennung zwischen sogenannten Rechts- und Tugendpflichten, richtiger zwischen Gerechtigkeit und Menschenliebe, welche bei *Kant* so gezwungen herauskam, ergibt sich hier ganz und gar von selbst und bezeugt dadurch die Richtigkeit des Prinzips: es ist die natürliche, unverkennbare und scharfe Grenze zwischen dem Negativen und Positiven, zwischen Nichtverletzen und Helfen. Die bisherige Benennung ›Rechts- und Tugendpflichten‹, letztere auch Liebespflichten, unvollkommene Pflichten genannt, hat zuvörderst den Fehler, daß sie das Genus der Spezies koordiniert: denn die Gerechtigkeit ist auch eine Tugend. Sodann liegt derselben die viel zu weite Ausdehnung des Begriffes *Pflicht* zum Grunde. An die Stelle obiger zwei Pflichten setze ich daher zwei Tugenden: die der Gerechtigkeit und die der Menschenliebe, welche ich Kardinaltugenden nenne, weil aus ihnen alle übrigen praktisch hervorgehn und theoretisch sich ableiten lassen. Beide wurzeln in dem natürlichen Mitleid. Dieses Mitleid selbst aber ist eine unleugbare Tatsache des menschlichen Bewußtseins, ist diesem wesentlich eigen, beruht nicht auf Voraussetzungen, Begriffen, Religionen, Dogmen, Mythen, Erziehung und Bildung; sondern ist ursprünglich und unmittelbar, liegt in der menschlichen Natur selbst, hält ebendeshalb unter allen Verhältnissen stich und zeigt sich in allen Ländern und Zeiten; daher an dasselbe als an etwas in jedem Menschen notwendig Vorhandenes überall zuversichtlich appelliert wird, und nirgends gehört es zu den ›fremden Göttern‹. Hingegen nennt man den, dem es zu mangeln scheint, einen Unmenschen; wie auch ›Menschlichkeit‹ oft als Synonym von Mitleid gebraucht wird.

Der erste Grad der Wirksamkeit dieser echten und natürlichen moralischen Triebfeder ist also nur *negativ*. Ursprünglich sind wir alle zur Ungerechtigkeit und Gewalt geneigt, weil unser Bedürfnis, unsere Begierde, unser Zorn und Haß unmittelbar ins Bewußtsein treten und daher das ius primi occupantis [das Recht der ersten Besitzergreifung] haben; hingegen die fremden Leiden, welche unsere Ungerechtigkeit und Gewalt verursacht, nur auf dem sekundären Wege der *Vorstellung* und erst durch die Erfahrung, also *mittelbar* ins Bewußtsein kommen: daher sagt *Seneca*: ›Ad neminem ante bona mens venit quam mala.‹ [Keinem frommt die gute Gesinnung früher als die böse.] (›Epistulae‹ 50 [7]). Der erste Grad der Wirkung des Mitleids ist also, daß es den von mir selbst infolge der mir einwohnenden antimoralischen Potenzen andern zu verursachenden Leiden hemmend entgegentritt, mir ›Halt!‹ zuruft und sich als eine Schutzwehr vor den andern stellt, die ihn vor der Verletzung bewahrt, zu welcher außerdem mein Egoismus oder [meine] Bosheit mich treiben würde. Dergestalt entspringt aus diesem ersten Grade des Mitleids die Maxime ›neminem laede‹, d. i. der Grundsatz der *Gerechtigkeit,* welche Tugend ihren lautern, rein moralischen, von aller Beimischung freien Ursprung allein hier hat und nirgends außerdem haben kann, weil sie sonst auf Egoismus beruhen müßte. Ist mein Gemüt bis zu jenem Grade für das Mitleid empfänglich, so wird dasselbe mich zurückhalten, wo und wann ich, um meine Zwecke zu erreichen, fremdes Leiden als Mittel gebrauchen möchte; gleichviel, ob dieses Leiden ein augenblickliches oder später eintretendes, ein direktes oder indirektes, durch Zwischenglieder vermitteltes sei. Folglich werde ich dann sowenig das Eigentum als die Person des andern angreifen, ihm sowenig geistige als körperliche Leiden verursachen, also nicht nur mich jeder physischen Verletzung enthalten; sondern auch ebensowenig auf geistigem Wege ihm Schmerz bereiten, durch Kränkung, Ängstigung, Ärger oder Verleumdung. Dasselbe Mitleid wird mich abhalten, die Befriedigung meiner Lüste auf Kosten des Lebensglückes weiblicher Individuen zu suchen oder das Weib eines andern zu verführen oder auch Jünglinge moralisch und physisch zu verderben durch Verleitung zur

Päderastie. Jedoch ist keineswegs erforderlich, daß in jedem einzelnen Fall das Mitleid wirklich erregt werde; wo es auch oft zu spät käme: sondern aus der *ein für allemal* erlangten Kenntnis von dem Leiden, welches jede ungerechte Handlung notwendig über andere bringt und welches durch das Gefühl des Unrechterduldens, d. h. der fremden Übermacht geschärft wird, geht in edeln Gemütern die Maxime ›neminem laede‹ hervor, und die vernünftige Überlegung erhebt sie zu dem *ein für allemal* gefaßten festen Vorsatz, die Rechte eines jeden zu achten, sich keinen Eingriff in dieselben zu erlauben, sich von dem Selbstvorwurf, die Ursache fremder Leiden zu sein, frei zu erhalten und demnach nicht die Lasten und Leiden des Lebens, welche die Umstände jedem zuführen, durch Gewalt oder List auf andere zu wälzen, sondern sein beschiedenes Teil selbst zu tragen, um nicht das eines andern zu verdoppeln. Denn obwohl *Grundsätze* und abstrakte Erkenntnis überhaupt keineswegs die Urquelle oder erste Grundlage der Moralität sind; so sind sie doch zu einem moralischen Lebenswandel unentbehrlich als das Behältnis, das Reservoir, in welchem die aus der Quelle aller Moralität, als welche nicht in jedem Augenblicke fließt, entsprungene Gesinnung aufbewahrt wird, um, wenn der Fall der Anwendung kommt, durch Ableitungskanäle dahin zu fließen. Es verhält sich also im Moralischen wie im Physiologischen, wo z. B. die Gallenblase als Reservoir des Produkts der Leber notwendig ist, und in vielen ähnlichen Fällen. Ohne fest gefaßte *Grundsätze* würden wir den antimoralischen Triebfedern, wenn sie durch äußere Eindrücke zu Affekten erregt sind, unwiderstehlich preisgegeben sein. Das Festhalten und Befolgen der Grundsätze, den ihnen entgegenwirkenden Motiven zum Trotz, ist *Selbstbeherrschung*. Hier liegt auch die Ursache, warum die Weiber, als welche wegen der Schwäche ihrer Vernunft, allgemeine *Grundsätze* zu verstehn, festzuhalten und zur Richtschnur zu nehmen, weit weniger als die Männer fähig sind, in der Tugend der Gerechtigkeit, also auch [der] Redlichkeit und Gewissenhaftigkeit diesen in der Regel nachstehn; daher Ungerechtigkeit und Falschheit ihre häufigsten Laster sind und Lügen ihr eigentliches Element: hingegen übertreffen sie die Männer in der Tugend der *Menschenliebe*; denn zu dieser ist der Anlaß meistens *anschaulich* und redet daher unmittelbar zum Mitleid, für welches die Weiber entschieden leichter empfänglich sind. Aber nur das Anschauliche, Gegenwärtige, unmittelbar Reale hat wahre Existenz für sie: das nur mittelst der Begriffe erkennbare Entfernte, Abwesende, Vergangene, Zukünftige ist ihnen nicht wohl faßlich. Also ist auch hier Kompensation: Gerechtigkeit ist mehr die männliche, Menschenliebe mehr die weibliche Tugend. Der Gedanke, Weiber das Richteramt verwalten zu sehn, erregt Lachen; aber die Barmherzigen Schwestern übertreffen sogar die Barmherzigen Brüder. Nun aber gar das *Tier* ist, da ihm die abstrakte oder Vernunft-Erkenntnis gänzlich fehlt, durchaus keiner Vorsätze, geschweige Grundsätze und mithin keiner *Selbstbeherrschung* fähig, sondern dem Eindruck und Affekt wehrlos hingegeben. Daher eben hat es keine bewußte *Moralität*; wiewohl die Spezies große Unterschiede der Bosheit und Güte des Charakters zeigen und in den obersten Geschlechtern selbst die Individuen. – Dem Gesagten zufolge wirkt in den einzelnen Handlungen des Gerechten das Mitleid nur noch indirekt, mittelst der Grundsätze, und nicht sowohl actu als potentia; etwan so, wie in der Statik die durch größere Länge des einen Waagebalkens bewirkte größere *Geschwindigkeit*, vermöge welcher die kleinere Masse der größeren das Gleichgewicht hält, im Zustand der Ruhe nur potentia und doch völlig sogut wie actu wirkt. Jedoch bleibt dabei das Mitleid stets bereit, auch actu hervorzutreten: daher, wenn etwan in einzelnen Fällen die erwählte Maxime der Gerechtigkeit wankt, zur Unterstützung derselben und zur Belebung der gerechten Vorsätze kein Motiv (die egoistischen beiseite gesetzt) wirksamer ist als das aus der Urquelle selbst, dem Mitleid, geschöpfte. Dies gilt nicht etwan bloß, wo es die Verletzung der Person, sondern auch, wo es die des Eigentums betrifft, z. B. wenn jemand eine gefundene Sache von Wert zu behalten Lust spürt; so wird – mit Ausschluß aller Klugheits- und aller Religionsmotive dagegen – nichts ihn so leicht auf die Bahn der Gerechtigkeit zurückbringen wie die Vorstellung der Sorge, des Herzeleids und der Wehklage des Verlierers. Im Gefühl dieser Wahrheit geschieht es oft, daß dem öffentlichen Aufruf zur Wiederbringung verlorenen Geldes die Versicherung hinzugefügt wird, der Verlierer sei ein armer Mensch, ein Dienstbote u. dgl.

Georg Wilhelm Friedrich Hegel

Individuum und Recht

... (Als) Rechtspflege ist (sie) die Totalität aller Rechte, aber mit völliger Indifferenz für das Interesse der Beziehung der Sache auf das Bedürfnis dieses bestimmten Individuums. Dieses Individuum ist für sie eine völlig indifferente allgemeine Person. Es kommt bloß das Allgemeine, das Abstrakte der Art des Besitzes und Erwerbs bei der reinen Gerechtigkeit in Rücksicht. Aber die Gerechtigkeit muß selbst ein Lebendiges sein und die Person ansehen.

Franz Kafka

Vor dem Gesetz

Vor dem Gesetz steht ein Türhüter. Zu diesem Türhüter kommt ein Mann vom Lande und bittet um Eintritt in das Gesetz. Aber der Türhüter sagt, daß er ihm jetzt den Eintritt nicht gewähren könne. Der Mann überlegt und fragt dann, ob er also später werde eintreten dürfen. »Es ist möglich«, sagt der Türhüter, »jetzt aber nicht.« Da das Tor zum Gesetz offensteht wie immer und der Türhüter beiseite tritt, bückt sich der Mann, um durch das Tor in das Innere zu sehn. Als der Türhüter das merkt, lacht er und sagt: »Wenn es dich so lockt, versuche es doch, trotz meines Verbotes hineinzugehn. Merke aber: Ich bin mächtig. Und ich bin nur der unterste Türhüter. Von Saal zu Saal stehn aber Türhüter, einer mächtiger als der andere. Schon den Anblick des dritten kann nicht einmal ich mehr ertragen.« Solche Schwierigkeiten hat der Mann vom Lande nicht erwartet; das Gesetz soll doch jedem und immer zugänglich sein, denkt er, aber als er jetzt den Türhüter in seinem Pelzmantel genauer ansieht, seine große Spitznase, den langen, dünnen, schwarzen tatarischen Bart, entschließt er sich, doch lieber zu warten, bis er die Erlaubnis zum Eintritt bekommt. Der Türhüter gibt ihm einen Schemel und läßt ihn seitwärts von der Tür sich niedersetzen. Dort sitzt er Tage und Jahre. Er macht viele Versuche, eingelassen zu werden, und ermüdet den Türhüter durch seine Bitten. Der Türhüter stellt öfters kleine Verhöre mit ihm an, fragt ihn über seine Heimat aus und nach vielem andern, es sind aber teilnahmslose Fragen, wie sie große Herren stellen, und zum Schlusse sagt er ihm immer wieder, daß er ihn noch nicht einlassen könne. Der Mann, der sich für seine Reise mit vielem ausgerüstet hat, verwendet alles, und sei es noch so wertvoll, um den Türhüter zu bestechen. Dieser nimmt zwar alles an, aber sagt dabei: »Ich nehme es nur an, damit du nicht glaubst, etwas versäumt zu haben.« Während der vielen Jahre beobachtet der Mann den Türhüter fast ununterbrochen. Er vergißt die andern Türhüter, und dieser erste scheint ihm das einzige Hindernis für den Eintritt in das Gesetz. Er verflucht den unglücklichen Zufall, in den ersten Jahren rücksichtslos und laut, später, als er alt wird, brummt er nur noch vor sich hin. Er wird kindisch, und da er in dem jahrelangen Studium des Türhüters auch die Flöhe in seinem Pelzkragen erkannt hat, bittet er auch die Flöhe, ihm zu helfen und den Türhüter umzustimmen. Schließlich wird sein Augenlicht schwach, und er weiß nicht, ob es um ihn wirklich dunkler wird, oder ob ihn nur seine Augen täuschen. Wohl aber erkennt er jetzt im Dunkel einen Glanz, der unverlöschlich aus der Türe des Gesetzes bricht. Nun lebt er nicht mehr lange. Vor seinem Tode sammeln sich in seinem Kopfe alle Erfahrungen der ganzen Zeit zu einer Frage, die er bisher an den Türhüter noch nicht gestellt hat. Er winkt ihm zu, da er seinen erstarrenden Körper nicht mehr aufrichten kann. Der Türhüter muß sich tief zu ihm hinunterneigen, denn der Größenunterschied hat sich sehr zuungunsten des Mannes verändert. »Was willst du denn jetzt noch wissen?« fragt der Türhüter, »du bist unersättlich.« »Alle streben doch nach dem Gesetz«, sagt der Mann, »wieso kommt es, daß in den vielen Jahren niemand außer mir Einlaß verlangt hat?« Der Türhüter erkennt, daß der Mann schon an seinem Ende ist, und um sein vergehendes Gehör noch zu erreichen, brüllt er ihn an: »Hier konnte niemand sonst Einlaß erhalten, denn dieser Eingang war nur für dich bestimmt. Ich gehe jetzt und schließe ihn.«

Bertolt Brecht

Die Tugend der Gerechtigkeit

Es gibt Staaten, in denen die Gerechtigkeit zu sehr gerühmt wird. In solchen Staaten ist es, wie man vermuten darf, besonders schwer, Gerechtigkeit zu üben. Viele Menschen scheiden dafür aus, weil sie entweder zu arm und zu benachteiligt sind, um gerecht sein zu können oder um unter Gerechtigkeit etwas anderes zu verstehen als Hilfe für sie selber. Jene Gerechtigkeit, die für einen selber gefordert wird, gilt aber wenig. Diese Unterdrückten werden selten als Freunde der Gerechtigkeit gerühmt; es fehlt ihnen die Selbstlosigkeit. Die aber haben sie nicht, weil sie eben selber darben und unterdrückt sind. Die Gerechtigkeit der andern wiederum erweckt das Mißtrauen, sie seien eben bloß für den Augenblick gesättigt, sorgten also jetzt für ihre nächsten Wochen oder Jahre. Andere fürchten für die Zustände, die ihnen ständige Sättigung verbürgen, die Empörung der ungerecht Behandelten. Wieder andere treten für das Recht derjenigen ein, die sie selber auszubeuten wünschen.

In Ländern, die gut verwaltet sind, braucht es keine besondere Gerechtigkeit. Dem Gerechten fehlt dort die Ungerechtigkeit, wie dem Klagenden der Schmerz. In solchen Ländern versteht man dann unter Gerechtigkeit etwas Erfinderisches, ein fruchtbares Vorgehen, das die Interessen verschiedener gleichrichtet.

Wo keine Gerechtigkeit ist, ist keine Freiheit, und wo keine Freiheit ist, ist keine Gerechtigkeit. *Johann Gottfried Seume*

Von allen Tugenden die schwerste und seltenste ist die Gerechtigkeit. Man findet zehn Großmütige gegen einen Gerechten.
Franz Grillparzer

Robert Spaemann

*Gerechtigkeit
Oder: Ich und die anderen*

(...)
Zuerst und vor allem ist Gerechtigkeit eine Tugend. Das heißt: eine Haltung von Menschen. Gerechtigkeit kann jedem jederzeit und gegenüber jedermann abverlangt werden; denn die Forderung der Gerechtigkeit verlangt nichts anderes als die Relativierung der eigenen Sympathien, Wünsche, Vorlieben und Interessen. Es ist kein hinreichender Rechtfertigungsgrund für mein Handeln, daß es meinen Interessen dient – wenn nämlich auch die Interessen anderer von ihm betroffen sind. Es mag sein, daß meine Interessen den Vorrang vor denen anderer haben; aber dann nicht, weil es meine sind, sondern weil es inhaltlich wichtigere sind. Das aber heißt: Wenn die eines anderen wichtiger wären, dann müßten diese den Vorrang haben. Gerecht nennen wir den, der bei Interessenkonflikten darauf sieht, um *welche* Interessen es sich handelt und bereit ist, davon abzusehen, *wessen* Interessen auf dem Spiel stehen. Und da wir immer versucht sind, uns in der Bewertung von Interessen etwas vorzumachen und uns selbst zu privilegieren, so gehört zur Gerechtigkeit die Bereitschaft, sich im Zweifelsfall einer unparteiischen Instanz zu unterwerfen. Das heißt also zum Beispiel: zur Gerechtigkeit gehört die Bereitschaft, sich staatlichen Gesetzen und einer öffentlichen Gerichtsbarkeit zu unterwerfen.

Das Phänomen, das aller Gerechtigkeit zugrunde liegt, ist das der Verteilung oder der Beanspruchung knapper Güter. Die Verteilung von Gütern, an denen Überfluß herrscht, unterliegt keinen Gerechtigkeitskriterien. Es ist das Eigentümliche der Zukunftsvision von Karl Marx, daß es in ihr nicht eigentlich um Gerechtigkeit geht, sondern um die Herstellung eines Zustandes, in dem es der Gerechtigkeit nicht mehr bedarf, eines Überflußzustandes, in dem jeder nur noch zuzugreifen braucht: der universelle Nulltarif. Die Produktion des Überflusses soll dann nur noch so wenig Arbeitszeit beanspruchen, daß auch bei deren Verteilung auf Gerechtigkeitskriterien verzichtet werden kann. Dieser Zustand erst heißt: Kommunismus. In ihm gilt das Prinzip ›Jedem nach seinen Bedürfnissen‹.

Der Weg dahin steht allerdings für Marx ganz unter dem Diktat der Effizienz. Auf diesem Weg gilt als einziger Maßstab das Leistungsprinzip: ›Jeder nach seinen Fähigkeiten, jedem nach seiner Leistung.‹ Gerechtigkeit ist die Anerkennung einer fundamentalen Symmetrie in den Beziehungen von Menschen, und zwar dort, wo es um die Verteilung knapper Güter geht. Diese Symmetrie besteht nicht in einfacher Gleichheit aller, sondern darin, daß Asymmetrien der Rechtfertigung bedürfen. Die Rechtfertigung aber muß von der Art sein, daß jeder, der selbst bereit ist, gerecht zu denken, dieser Asymmetrie zustimmen kann. Wo ein Mensch diskriminierenden Maßnahmen unterworfen wird, die ihm selbst gegenüber gar nicht gerechtfertigt werden und auch gar nicht gerechtfertigt werden können, wo er als Staatsbürger benachteiligt wird, weil er zum Beispiel Jude, Neger oder Sohn eines Großgrundbesitzers ist, da ist jene fundamentale Symmetrie verletzt, ohne die es keine Gerechtigkeit gibt. Gerechtigkeit heißt, wie gesagt, nicht, daß jeder das Gleiche bekommt oder das Gleiche leisten muß. Es heißt, daß der Maßstab bei der Verteilung von Lasten und Entschädigungen, wie immer er aussehen mag, nicht von vornherein zugunsten bestimmter Personen oder Personengruppen entworfen und bei der Anwendung nicht zugunsten oder ungunsten bestimmter Personen manipuliert wird. Darum wird Justitia mit einer Binde vor den Augen dargestellt. Gerechtigkeit heißt immer auch: Unparteilichkeit.

Gerechtigkeit ist die Tugend dessen, der über Macht verfügt: die Tugend des Stärkeren. Der Schwächere braucht keine Tugend, um an Symmetrie interessiert zu sein. Er ist ohnehin daran interessiert, denn er verbessert sich dadurch; aber er kann die Symmetrie nicht herstellen, eben weil er der Schwächere ist. Und wo Gleichheit herrscht, wie bei einem vollkommen funktionierenden freien Markt, da wird keine Gerechtigkeit verletzt, wenn jeder nimmt, was er bekommen kann. Aber es ist das Privileg des Mächtigen, andere Maßstäbe als die des eigenen Vorteils anzulegen, das heißt, verteilen zu können. Wer eine Stradivari-Geige zu versteigern hat und nicht selbst so arm ist, daß er sie unbedingt dem Meistbietenden geben muß, der ist in einer privilegierten Lage; er handelt gerecht, wenn er sie nicht dem reichen Sammler, sondern einem hervorragenden Geiger verkauft, der vielleicht nur die Hälfte zahlt, aber in dessen Hände sie gehört.

Gerechtigkeit ist in erster Linie ein Gesichtspunkt bei der Verteilung knapper Güter innerhalb bereits bestehender und institutionalisierter Beziehungen. Gerechtigkeit stiftet nicht diese Beziehungen. Niemand ist verpflichtet, einem anderen Menschen Treue zu versprechen; aber wer es getan hat, der gibt dem anderen damit das Recht, sich auf seine Treue zu verlassen. Kein Land ist Ausländern Rechenschaft schuldig für seine Maßnahmen und Maßstäbe, die es bei der Einbürgerung zugrunde legt; aber sehr wohl kann jeder Bürger verlangen, nicht ohne gesetzliche Grundlage und eigene Schuld ausgebürgert zu werden. Gewisse fundamentale Gerechtigkeitspflichten hat allerdings jeder Mensch gegen jeden anderen Menschen einfach aufgrund der Tatsache, daß beide dem Menschengeschlecht angehören.

Die Einheit, die wir mit »Menschengeschlecht« bezeichnen, ist anfänglich eine ganz abstrakte Einheit gewesen, die bloße Einheit einer Gattung, deren Mitglieder durch nichts als durch ihre Ähnlichkeit miteinander verbunden sind. In der heutigen Welt aber besteht längst ein reales Beziehungsgeflecht zwischen den verschiedenen Menschengruppen der Welt, insbesondere ein ökonomisches Beziehungsgeflecht. Wäre dieses Beziehungsgeflecht annähernd symmetrisch, so stellte sich das Problem der Gerechtigkeit nicht. In dem Maße aber, wo es innerhalb dieses Systems, das heißt vor allem des Weltmarktes, echte Machtpositionen gibt, vor allem eine Machtstellung der Industrieländer und der Öl exportierenden Länder, da taucht der Appell an Gerechtigkeit gegenüber den Inhabern dieser Machtposition auf. Sie sind nämlich tatsächlich noch etwas anderes als Tauschpartner, sie sind Verteiler, und als solche muß man von ihnen verlangen, daß sie Gesichtspunkte der Verteilungsgerechtigkeit berücksichtigen.

Aber nicht genug damit. Obgleich es immer ein Machtgefälle gibt und daher immer die Tugend der Gerechtigkeit erforderlich sein wird, so gehört doch zu dieser Tugend die Mitwirkung daran, sich selbst überflüssig zu machen; denn es ist gegen die fundamentale Symmetrie-Forderung, daß Menschen anderen Menschen auf Gnade und Ungnade bedingungslos ausgeliefert und davon abhängig sind, daß diese anderen Menschen gerecht sind. Darum gehört zur Gerechtigkeit als Zustand die Kontrolle der Macht, die Teilung der Gewalten, und zur Gerechtigkeit der Mächtigen die Bereitschaft, der Beschränkung ihrer Macht durch rechtliche Institutionen zuzustimmen.

Wenn wir nun genauer fragen, worin denn nun die Verteilungsgerechtigkeit besteht, so fällt die Antwort zunächst wieder sehr formal aus. Deshalb ist immer wieder gerade auch von Vertretern der neoliberalen Schule die Meinung vertreten worden, es gäbe so etwas wie Verteilungsgerechtigkeit überhaupt nicht. Die inhaltlichen Gesichtspunkte, unter denen verteilt werden kann, seien so verschieden, daß darüber immer Streit entstehe. Es komme nur darauf an, daß dieser Steit durch rechtsstaatliche Institutionen ermöglicht und alle Lösungen für Korrekturen offengehalten würden, im Gegensatz zu totalitären Staaten, die solche Revision der Verteilungsgesichtspunkte sehr erschweren und damit die Privilegien einer einmal privilegierten Schicht ungebührlich absichern. Indem die Vertreter solcher Schule solche Unveränderlichkeit von Privilegien kritisieren und fordern, die Diskussion über Verteilungsfragen müsse offengehalten werden, zeigen sie aber in Wirklichkeit, daß sie, obwohl sie leugnen, daß es so etwas wie Gerechtigkeit gibt, doch sehr wohl bestimmte Lösungen des Verteilungsproblems für ungerecht halten; also zum Beispiel jene Lösung, die auf der Ausnutzung der politischen Schwäche und Unterdrückung einer bestimmten Schicht von Unterprivilegierten beruht. Und wenn sie sagen, über Verteilung müsse eben gestritten werden, so muß man doch fragen, wie denn ein solcher Streit aussehen soll? Er sieht ja nicht so aus, daß der eine sagt: »Ich will so viel« und der andere: »Ich will aber so viel.« Sondern beide *begründen* ihre Position. Sie legen relevante Gesichtspunkte vor. Sie sprechen über Zumutbarkeit usw. Mit anderen Worten: Sie reden über Gerechtigkeit. Der Streit ist sogar ein wesentliches Mittel für die Auffindung des Gerechten.

Gerade weil in Zivilprozessen die Anwälte der beiden Parteien zunächst einmal entgegengesetzte Vorschläge für ein gerechtes Urteil machen, einseitige Vorschläge und unter einseitigen Gesichtspunkten, gerade deshalb hat der Richter am Ende alle relevanten Gesichtspunkte wirklich vor Augen und kann versuchen, sie unparteiisch zu gewichten und so zu einem gerechten Urteil zu kommen. Also noch einmal: Was sind denn nun eigentlich relevante Verteilungsgesichtspunkte? Fassen wir zunächst zwei extreme Antworten ins Auge. Die erste Antwort lautet: Es gibt überhaupt nur *einen* relevanten Gesichtspunkt, den der tatsächlichen Durchsetzungkraft, das heißt das Recht des Stärkeren. Die zweite Antwort lautet: Man kann unter beliebigen Gesichtspunkten verteilen. Gerechtigkeit verlangt nur Unparteilichkeit bei der Anwendung des jeweiligen Maßstabes.

Betrachten wir zunächst das Recht des Stärkeren, das schon im 5. Jahrhundert vor Christus in Athen theoretisch und praktisch formuliert wurde. Die sophistischen Lehrer der Politikwissenschaft der damaligen Zeit lehrten, eben dies sei die Gerechtigkeit, daß der Starke tut, was ihm nützt. Platon erwiderte darauf:»Ist gerecht, was dem Starken nützt, oder das, wovon er *denkt*, daß es ihm nützt?« Und er fragte weiter: Was nützt denn eigentlich dem Menschen? Um dieses zu wissen, muß man wissen, was der Mensch ist. Essen kann der Starke schließlich auch nicht viel mehr, als bis er satt ist. Es könnte ja sein, daß es ihm nützt, das heißt, das es ihn in seinem Menschsein fördert, der Wirklichkeit gerecht zu werden, sie in ihrem Wertgehalt zu sehen und lieben zu lernen. Das Recht des Stärkeren wäre dann vielleicht gerade das Recht und die Möglichkeit – die der Schwache nicht im gleichen Maße hat –, von seinem eigenen Interesse abzusehen, das heißt, gerecht sein zu können. Denn Gerechtigkeit ist die Tugend der Mächtigen. In jedem Tierrudel gilt, daß die Stärkeren die Stärke zwar einerseits dazu benutzen, ihre eigene Autorität zu festigen, die Autorität aber setzen sie andererseits dazu ein, die Schwächsten im Rudel zu schützen und die Interessen des Rudels gegenüber der feindlichen Umwelt zu verteidigen. Auch in der menschlichen Gesellschaft ist es unvermeidlich, daß die Stärkeren die Macht haben, denn wenn sie nicht stärker, durch Glück begünstigter, klüger, geschickter, redegewandter usw. wären, wie wären sie sonst an die Macht gekommen? Insofern ist die Rede vom Recht des Stärkeren eine Trivialität. Die Frage ist nur, was der, der sich durch den Besitz von Macht als der Stärkere erwiesen hat, mit dieser Macht anfängt: ob er sein Handeln objektiven Wertrangordnungen unterstellt oder nur subjektiven Interessengesichtspunkten.

Und da lautet die andere extreme Antwort: Verteilungsgesichtspunkte sind beliebig; Gerechtigkeit heißt nur, daß sie allgemein gelten und nicht von subjektiven Interessen diktiert werden. Auch an dieser Antwort ist etwas Richtiges. Wenn die Tibetaner zum Dalai Lama dasjenige Kind erwählten, das ein bestimmtes Muttermal hatte, dann hat es keinen Sinn, dieses Verfahren von vornherein für ungerecht zu erklären. Solange dahinter die allgemein geteilte Überzeugung steht, daß eine göttliche Macht durch dieses Zeichen den Träger der geistlichen und weltlichen Macht zu erkennen gibt, kann man höchstens die Wahrheit dieses Glaubens bestreiten, nicht aber die Gerechtigkeit des Auswahlkriteriums. Ungerecht wäre es nur, wenn die untersuchenden Priester das Kind einer bestimmten Familie zum Dalai Lama proklamierten, obwohl es das Muttermal nicht hat. Die Gerechtigkeit liegt also tatsächlich in erster Linie in der Unparteilichkeit.

Dennoch gibt es in einer aufgeklärten Zivilisation – und für die meisten Bereiche in jeder Zivilisation – durchaus die Möglichkeit, relevante Verteilungskriterien von nichtrelevanten zu unterscheiden. Wer soll Medizin studieren? Reichtum der Eltern, ein Parteifunktionär als Vater, politische Betätigung in einer Staatsjugendorganisation sind offenbar keine relevanten Gesichtspunkte, und das Abiturzeugnis ist es auch nicht. Darum denkt man heute nach über Eignungstests. Relevant wäre auch die Bewährung als Pfleger in einem Krankenhaus, verbunden mit der erforderlichen Intelligenz. Sogar die Tatsache, daß Vater oder Mutter Ärzte sind, könnte als zusätzlicher Gesichtspunkt nicht ungerecht genannt werden; jedenfalls nicht so ungerecht wie die Eigenschaft, in einem Losverfahren Gewinner zu sein. Oft konkurrieren relevante Gesichtspunkte miteinander, und es ist schwer, sie in eine Rangordnung zu bringen. Ich nenne als Beispiel die Diskussion um das Kindergeld oder den steuerfreien Betrag für Kinder. Die Befürworter des Kindergeldes sagen, daß reiche Leute beim steuerfreien Betrag viel mehr für ihre Kinder herausbekommen als weniger begüterte, daß aber doch alle Kinder gleich viel wert sind und daß zudem ärmere Leute das Geld für die Kinder dringender brauchen als reiche. Die andere Partei macht geltend, daß wohlhabende Leute sowieso nicht nur absolut, sondern auch prozentual viel mehr Steuern zahlen als weniger wohlhabende; daß Steuerersparnisse für Kinder kein Geschenk, sondern nur die Ermäßigung einer Last sind, und schließlich, daß tatsächlich die Aufwendungen reicher Leute für ihre Kinder unvermeidlich höher sind, weil die Kinder am Lebensstandard der Familie partizipieren. Ohne den steuerfreien Betrag zwinge man die wohlhabenden Leute, zur Strafe für ihre Kinder ihren Lebensstandard unverhältnismäßig zu senken. Ich diskutiere hier nicht diese beiden Gesichtspunkte, sondern weise nur darauf hin, daß hier zwei verschiedene Gleichheitsprinzipien miteinander konkurrieren.

Diese Konkurrenz ist schon den Philosophen der Antike aufgefallen. Sie haben gesprochen von proportionaler und arithmetischer Gleichheit. Arithmetische Gleichheit, das hieße: jeder bekommt das gleiche. Also nicht gleicher Lohn für gleiche Leistung, sondern für alle der gleiche Lohn ohne Rücksicht auf die Leistung, und für alle die gleiche Chance auf Bekleidung eines Staatsamtes ohne Rücksicht auf Qualifikation. Daß das ungerecht wäre, leuchtet leicht ein. Niemand möchte in einem Staat leben, in dem die Ärzte nicht durch ein medizinisches Studium, das sehr mühevoll ist, qualifiziert sind, sondern durch die Tatsache, daß sie in einem Losverfahren gewonnen haben, an dem alle sich beteiligen durften.

Das umgekehrte Prinzip ist das der proportionalen Gleichheit. Marx drückt das mit der Formel aus: Jeder nach seinen Fähigkeiten, jedem nach seiner Leistung. Dieses Prinzip »jedem das Seine« statt »jedem das Gleiche« ist in gewisser Weise der Gerechtigkeit näher als das arithmetische, aber es befriedigt allein auch nicht. Denn erstens bleibt die Frage offen, wie Leistung zu bewerten ist: nach der aufgewendeten Mühe, nach der Unannehmlichkeit, nach der erforderlichen Qualifikation oder wonach sonst? Und dann bleibt die Tatsache bestehen, daß die Qualifikation für bestimmte hochbewertete Leistungen selbst wieder teilweise eine Folge von Glückschancen ist; angefangen von der Begabung bis hin zu der Tatsache, daß der eine durch physische oder psychische Beeinträchtigung daran gehindert ist, etwas zu leisten und der andere nicht. Deshalb schreibt Platon, nur Gott könne ausschließlich nach proportionaler Gerechtigkeit verfahren, da er allein den absoluten Wert eines jeden einzelnen und seiner Leistung beurteilen könne. Menschen aber müßten die verschiedenen konkurrierenden Maßstäbe stets durch eine Zutat von arithmetischer Gleichheit abmildern, da sonst die Gerechtigkeit sehr leicht zur Ungerechtigkeit werde. Die reine Leistungsgesellschaft ist ebenso ungerecht wie die Gesellschaft, die die Leistung ignoriert und unbelohnt läßt.

Es gibt aber außer der arithmetischen Gleichheit und der Leistungsporportionalität noch eine andere Proportionalität, die zu einer gerechten Gesellschaft gehört: die Proportionalität im Verhältnis zu den

Bedürfnissen eines Menschen. Dieses Prinzip ist erst durch das Christentum in die Welt gekommen. Es besagt, daß dem, der sich nicht selbst helfen kann, geholfen werden muß nach Maßgabe seiner Bedürfnisse. Es besagt, daß es nicht ungerecht ist, der Mehrheit die Aufgabe für Aufwendungen hierfür abzuverlangen, und dies nicht erst in der Überflußgesellschaft einer imaginären Zukunft, sondern hier und heute. Diese Proportionalität hat schon etwas mit dem zu tun, was wir Nächstenliebe nennen; ein gewisses Maß an Nächstenliebe ist zweifellos in unsere Gerechtigkeitsvorstellung eingegangen. Was der barmherzige Samariter tat, als er den Schwerverletzten auf eigene Kosten in der Herberge in Pflege gab, geht zweifellos über bloße Gerechtigkeit hinaus. Aber Priester und Levit, die den Verletzten sahen und vorübergingen, würden nach unserem Strafgesetzbuch wegen unterlassener Hilfeleistung vor Gericht gestellt. Das ist ein Fortschritt.

Otto Schily

Wodurch wird Legitimation erreicht?

Generationen von Juristen haben behauptet, die Geltung von Normen sei darauf zurückzuführen, daß bei Nichteinhaltung Sanktionen verhängt werden. Das ist falsch, so wichtig und notwendig Sanktionen sein mögen. Gebote und Verbote sind – wie das Recht überhaupt – Formen der zwischen den Menschen vorhandenen und sich in einem kommunikativen Prozeß ständig verändernden Gefühle. Im lateinischen Wort Konsens kommt das sehr gut zum Ausdruck. Recht ist in erster Linie Konsens, Zusammenfühlen. Demokratie gehört zu diesem Konsens; die demokratische Verfassung ist der Grundkonsens. Wer es gewohnt ist, Gefühle nur als eine höchst private, gewissermaßen flatterhafte Angelegenheit zu betrachten, dem wird der Gedanke schwer zugänglich sein, das Recht ausgerechnet dem Gefühlsleben zuzuweisen. Ein gemeinsames Gefühl, das Menschen miteinander verbindet, wird dadurch aber durchaus zu etwas Objektivem.

Friedrich Dürrenmatt

*Monstervortrag über Gerechtigkeit und Recht,
nebst einem helvetischen Zwischenspiel.
Eine kleine Dramaturgie der Politik*

(...) 1969
Wollen wir eine gerechte Gesellschaftsordnung konstruieren, gibt es daher vom Material Mensch her, das uns zum Bau zur Verfügung steht, zwei Konstruktionsmöglichkeiten. Wir können vom besonderen Begriff des Menschen ausgehen, vom Individuum, oder vom allgemeinen Begriff des Menschen, von der Gesellschaft. Wir müssen wählen. Doch bevor wir wählen, müssen wir uns über die Gerechtigkeit klar werden, die wir durch eine Gesellschaftsordnung verwirklichen können. Doch wie der Mensch zwei Begriffe von sich aufstellt, besitzt er auch zwei Ideen von der Gerechtigkeit. Das Recht des Einzelnen besteht darin, er selbst zu sein: dieses Recht nennen wir Freiheit. Sie ist der besondere Begriff der Gerechtigkeit, den ein jeder von sich macht, die existentielle Idee der Gerechtigkeit. Das Recht der Gesellschaft besteht dagegen darin, die Freiheit eines jeden einzelnen zu garantieren, was sie nur vermag, wenn sie die Freiheit eines jeden einzelnen beschränkt. Dieses Recht nennen wir Gerechtigkeit, sie ist der allgemeine Begriff der Gerechtigkeit, eine logische Idee.

Die Freiheit und die Gerechtigkeit stellen die beiden Ideen dar, mit denen die Politik operiert, durch die sie den Menschen insoweit in den Griff bekommt, als sie beide Ideen berücksichtigt. Läßt die Politik eine der Ideen fallen, wird sie fragwürdig. Ohne Freiheit wird sie unmenschlich und ohne Gerechtigkeit ebenfalls. Dennoch ist die Beziehung der Freiheit zur Gerechtigkeit problematisch. Eine allgemeine Phrase definiert die Politik als die Kunst des Möglichen; sieht man jedoch genauer hin, erweist sie sich als die Kunst des Unmöglichen. Die Freiheit und die Gerechtigkeit bedingen einander nur scheinbar. Die existentielle Idee der Freiheit steht auf einer anderen Ebene als die logische Idee der Gerechtigkeit. Eine existentielle Idee ist emotional gegeben, eine logische Idee konzipiert. Es läßt sich eine Welt der absoluten Freiheit denken und eine Welt der absoluten Gerechtigkeit. Diese beiden Welten würden sich nicht decken, sondern einander widersprechen. Beide würden zwar eine Hölle darstellen, die Welt der absoluten Freiheit einen Dschungel, wo der Mensch wie ein Wild gejagt, die Welt der absoluten Gerechtigkeit ein Gefängnis, wo der Mensch zu Tode gefoltert wird. Die unmögliche Kunst der Politik besteht darin, die emotionale Idee der Freiheit mit der konzipierten Idee der Gerechtigkeit zu versöhnen; das ist nur auf der Ebene des Moralischen möglich und nicht auf der Ebene des Logischen. Anders gesagt: Die Politik vermag nie eine reine Wissenschaft zu sein.

Den Konstruktionsversuch einer gerechten Gesellschaftsordnung vom Individuellen her können wir vereinfachend mit dem Wolfsspiel gleichsetzen, jenen vom Allgemeinen her mit dem Gute-Hirte-Spiel. Halte ich das Wolfsspiel für gerecht, so besteht für mich dessen Gerechtigkeit darin, daß es jeden Spieler und dessen Beute sichert, insofern er sich an die Spielregeln hält. Die Freiheit eines jeden einzelnen ist dabei dadurch gewahrt, daß die Spielregeln ein geschicktes, aber nicht ein falsches Spiel erlauben. Gerechtigkeit und Freiheit des Wolfsspiels decken sich somit nur für die spielsteinreichen Spieler oder für jene, die hoffen können, durch ein geschicktes Spiel spielsteinreiche Spieler zu werden. Für die spielsteinarmen Spieler dagegen, die keine Hoffnung mehr haben, spielsteinreiche zu werden, oder für diejenigen, die nicht geschickt zu spielen verstehen, decken sich Freiheit und Gerechtigkeit des Wolfsspiels nicht: Sie sind zwar frei, doch nicht in der Lage, ihre Freiheit auszunützen, so daß ihnen ihre Freiheit als eine Unfreiheit und die Gerechtigkeit des Spiels als eine Ungerechtigkeit vorkommt. Sie neigen dazu, ihre Hoffnung auf das Gute-Hirte-Spiel zu setzen, oder beginnen regelwidrig zu spielen. Der einsichtige Spieler fordert daher vom Schiedsrichter, das Spiel gerechter zu führen oder für die meisten gerechter zu machen. Gerechter, indem der Schiedsrichter von den spielsteinreichen Spielern höhere Abgaben von ihrer Beute verlangt, oder für die meisten gerechter, indem dafür gesorgt wird, daß sich die spielsteinreichen Spieler und diejenigen, die hoffen können, spielsteinreiche zu werden, in der Mehrheit befinden. Ist das unmöglich, bilden die spielsteinreichen

Spieler eine Minderheit. Sie gehen, um das Wolfsspiel weiterhin möglich zu machen, dazu über, den Schiedsrichter selbst zu stellen. Damit werden die Freiheit und die Gerechtigkeit des Wolfsspiels illusorisch: die spielsteinarmen sind von den spielsteinreichen Spielern abhängig. Gerechtigkeit und Freiheit sind nur für die nützlich, die davon profitieren, die Moral wird ein Vorrecht der spielsteinreichen Spieler. Wird jedoch der Schiedsrichter allmächtig, indem er durch erhöhte Abgaben, die ihm die spielsteinreichen Spieler entrichten müssen, das Spiel derart nivelliert, daß alle Spieler von ihm abhängig werden, so wird das Wolfsspiel selbst illusorisch und zum versteckten Gute-Hirte-Spiel. Diese Schwierigkeiten, in die das Wolfsspiel immer wieder gerät, zwingen es dazu, die Idee von einer gerechten und freien Gesellschaftsordnung, die es ursprünglich verwirklichen wollte und die zu einer ungerechten und unfreien Ordnung führte, als Argument einzusetzen, die ungerechte Gesellschaftsordnung beizubehalten. Das Wolfsspiel wird ideologisch. Eine Gesellschaftsordnung braucht dann eine Ideologie, wenn sie nicht mehr stimmt.

Otfried Höffe

Gerechtigkeit gegen Tiere

Soll der Mensch, wozu er fähig ist, auch leisten und die Interessen Artfremder als solche berücksichtigen? Wir erörtern den einfacheren Fall, den der Tiere. Daß sie überhaupt rechtlich zu schützen sind, können wir übergehen, denn dieser Schutz, seit Jahrtausenden gepflegt, dient menschlichen Interessen in vielfältiger Weise. Neu zu überlegen ist, ob wir den Tieren über diesen anthropozentrischen Schutz hinaus einen Schutz um ihrer selbst willen schulden, einen rechtlichen Selbstwert also.

(...)

Daß das europäische Recht das Tier als Sache (res) behandelt, ist dem Tierschutz ein Ärgernis, befürchtet er doch, das Tier werde zum bloßen Gebrauchs- und Verbrauchsgut degradiert. Schlechthin abwegig ist diese Behandlung aber nicht, denn bei Tieren soll erlaubt sein, was sich erst beim Menschen grundsätzlich verbietet: sie zu kaufen, zu verkaufen oder gegen ein Entgelt zu verleihen, ferner sie zu vererben und zu verschenken. Nun muß, was im Zivilrecht recht ist, im Strafrecht mindestens teilweise billig sein; mit gutem Grund sind Tiere ein Gegenstand von Eigentumsdelikten. Es kann deshalb nicht darum gehen, die bisherige Tradition schlicht umzustürzen und das Tier statt zur bloßen Sache jetzt zur bloßen Person zu erklären. Sinnvoll ist lediglich, daß man die Einseitigkeit aufhebt und das Tier nicht ausschließlich wie ein an sich selbst rechtloses Objekt behandelt.

Ein nur anthropozentrischer Tierschutz beruft sich auf ein zweiteiliges Argument: auf ein Kriterium für Selbstwert, den Personenstatus, und auf die These, daß Tiere das Kriterium nicht erfüllen. Der Alternative stehen, denkbar einfach, nur zwei Strategien offen; entweder spricht sie den Selbstwert auch Nichtpersonen zu, oder sie sieht auch Tiere als Personen an.

Bekanntlich war das Recht ursprünglich sehr restriktiv. Erst im Zuge der entsprechenden Emanzipationsprozesse erlangten auch Frauen, Kinder und Sklaven jene Personenrechte, die zunächst lediglich den freien Bürgern, die zugleich Familienväter waren, zukamen. Fragen kann man sich, ob der Emanzipationsprozeß nicht weitergeführt und auch das Tier zu einer Person, zumindest zu einem personenanalogen Wesen erklärt werden müßte (vgl. Stone 1987, 25 ff.).

Dagegen spricht nicht nur, daß man dann die genannten zivilrechtlichen Optionen verbieten müßte, sondern auch der Personenbegriff. Das Personsein ist zwar keine naturale Eigenschaft, die man – wie etwa die Farbe oder Gestalt eines Objektes – leicht verifizieren oder falsifizieren könnte. Trotz eines gewissen Spielraums, den der Begriff läßt, hängt seine Anwendung aber nicht nur von der Großzügigkeit des Interpreten ab. Das in Frage stehende Subjekt muß auch wie eine Person sich verhalten und wie eine Person behandelt werden können; dort geht es um Eigenschaften des Subjektes selbst, insbesondere um die Zurechnungsfähigkeit, hier um die Beziehungen, die es eingeht, dabei vor allem um Rechtsbeziehungen. In beiden Hinsichten liegt ein praktischer Begriff vor – ob man eine Person ist, entscheidet sich an der Art des Handelns –, und in beiden Fällen stellt der Begriff so strenge Anforderungen, daß das Tier ihnen offensichtlich nicht genügt. Weder ist es, an sich selbst betrachtet, zu einem zurechenbaren Handeln fähig, noch kann es – aufgrund einer Zurechnungsfähigkeit – von sich aus Rechtsbeziehungen eingehen.

Weil ein praktischer, näherhin ein rechtlich-praktischer Begriff vorliegt, erfolgt die negative Antwort durch einen Tatbeweis. Selbst engagierte Tierschützer zweifeln nicht daran, daß Tiere die entsprechenden Zivilrechtsbeziehungen nicht eingehen; weder können sie Verträge abschließen noch heiraten noch ihren Kindern ein Erbe hinterlassen. Ein weiterer Beleg: Tiere werden gebändigt, gezähmt oder abgerichtet, aber nicht erzogen. Außerdem werden sie zwar belohnt und bestraft, aber sinnvollerweise nicht einem Zivil- oder Strafgerichtsverfahren ausgesetzt.

In früheren Jahrhunderten wurde allerdings anders geurteilt. Im Buch *Exodus* (21,28) lesen wir für Israel:»Wenn ein Rind einen Mann oder eine Frau so stößt, daß der Betreffende stirbt, dann muß man das Rind steinigen und sein Fleisch darf man nicht essen; der Eigentümer des Rinds aber bleibt straffrei.« Oder: nach dem Buch *Leviticus* (20,15–16) soll im Fall von Sodomie das Tier ebenfalls sterben. Auch vom römischen Recht kennen wir Bestimmungen, die bei einem bloßen Sachenrecht sinnlos wären und die Ansicht korrigieren, dem Tier einen personenanalogen Status zuzuschreiben, sei eine grundlegend neue Errungenschaft. Nach dem Rechtsinstitut der *noxae deditio* kann sich ein Eigentümer, dessen Tier Schaden (noxa) angerichtet hat, durch Übergabe (deditio) des Tieres von jeder Verbindlichkeit befreien. Da die Befreiung unabhängig von der Schadenshöhe erfolgt, wird dem Tier offensichtlich eine gewisse Schuldfähigkeit zugesprochen.

Der Sachsenspiegel, das einflußreichste Rechtsbuch des deutschen Mittelalters, verbleibt in dieser Tradition, wenn für ein zu Unrecht erschlagenes Tier Wergeld zu zahlen ist. Gemeint ist nicht etwa ein Schadensersatz, sondern – »wer« heißt im Althochdeutschen »Mensch« oder »Mann« – ein Sühnegeld, das, um die Blutrache abzulösen, bei einem Totschlag fällig ist. Zu erinnern ist auch an die lange Tradition der entsprechenden Strafprozesse; die Gleichstellung von Mensch und Tier, eine falsch verstandene Mitgeschöpflichkeit, wird hier absurd:»Tiere wurden gehenkt, verbrannt, ertränkt, erwürgt oder lebendig begraben« (Schild 1980, 66); im Jahre 1470 wird ein Pferd sogar der Hexerei für schuldig befunden und auf dem Scheiterhaufen verbrannt. Selbst unser Jahrhundert ist von solcher Rechtspraxis nicht frei; noch im Jahr 1962 verurteilt ein amerikanisches Gericht einen Collie-Rüden zu zwanzig Monaten Gefängnis, weil er an einem Einbruch beteiligt war. (Beide Beispiele nach Kotter 1966.)

Die personenanaloge Behandlung ist nicht nur in einem elementaren Sinn ungerecht, weil sie dem Tier die »Kosten« für Rechtsbeziehungen, das Strafrecht, aufbürdet, ohne es an dessen Nutzen, dem genuinen Schutz seiner Interessen, zu beteiligen. Sie widerspricht auch seinem Wesen, da ihm jene elaborierte Sprachfähigkeit fehlt, die man braucht, um Rechtsgeschäfte eingehen und Rechtsgrundsätze entwickeln zu können. Bildet man für »Unschuld« einen strengen Begriff, dann hat Hegel recht, wenn er in den *Vorlesungen über die Philosophie der Geschichte* (Werke 12, 51) sagt: »Nur das Tier allein ist wahrhaft unschuldig.« Da ihm die Begriffe von Recht und Unrecht fehlen, lebt es frei sowohl von Recht wie von Moral.

Nun vergleichen Tierschützer, hier vorsichtig genug, die Tiere nicht mit sogenannten paradigmatischen Menschen, sondern nur mit Unmündigen und erinnern daran, daß diese trotzdem einen uneingeschränkten Rechtsschutz erhalten. Im Unterschied zu Kindern und Geisteskranken sind Tiere aber nicht nur vorläufig oder aufgrund außergewöhnlicher Schäden, sondern auf irreversible Weise, als Spezies nämlich, zu einem zurechenbaren Handeln nicht fähig. Selbst wenn sie über ein beachtliches Maß an Intelligenz verfügen, bleiben sie nach Maßgabe ihrer Sinnesorgane, Bewegungsmöglichkeiten und »Instinkte« an eine Lebensweise gebunden, der nach all unserem bisherigen Wissen zwar nicht enge Sozialbeziehungen, wohl aber Rechtsbeziehungen (untereinander und mit Menschen) fremd sind. Kurz: wer den Selbstwert der Tiere an den Personenstatus bindet, koppelt ihren genuinen Schutz an eine Fähigkeit, mit der er das Tier prinzipiell überfordert, an die Rechtsfähigkeit.

Es ist das Wesen der Gerechtigkeit, mehr zu sein als die Gerechtigkeit.
Gabriel Marcel

Alfred Polgar

*Gespräch über Gerechtigkeit
zwischen einem unerfahrenen und
einem bewanderten Zeitgenossen*

Sie verstehen also, daß die sieben Neger sterben mußten. Vergewaltiger einer Frau schickt das Gesetz von Virginia auf den elektrischen Stuhl.«
»Wann wurden sie zum Tod verurteilt?«
»Vor zwei Jahren etwa. Aber wenn's auch noch viel länger her gewesen wäre, hätte man sie deshalb nicht hinrichten sollen?«
»Ich weiß nicht. Immerhin schrieb die ›New York Times‹ am Tage der Exekution: ›Die Gefangenen müssen (während der Jahre des Wartens auf ihre Hinrichtung) kaum vorstellbare seelische Qualen erlitten haben‹, und weiter: ›Zivilisierten Menschen fällt es schwer, so lange nach Verübung der Tat den Täter kaltblütig zu töten.‹«
»Halt, einen Augenblick! die ›N.Y.T.‹ schrieb das, richtig. Aber die Erörterung galt nicht den sieben von Virginia, sondern den 21 Nazi, denen die amerikanischen Autoritäten die Todesstrafe erlassen haben.«
»Und warum das?«
»Warum! Lieber Freund, haben Sie nie etwas von Geboten der Humanität gehört? Von Gnade? Was wären das für oberste Hüter der Ordnung, deren Entschlüsse von Erwägungen des Hasses und der Rache bestimmt würden?«
»Und dennoch hat man sie hingerichtet!«
»Aber nein. Man hat eben nicht.«
»Ich meine die Neger.«
»Ach so. Lieber Freund, haben Sie nie etwas von Geboten des Rechts gehört? Von Sühne? Was wären das für oberste Hüter der Ordnung, deren Entschlüsse von sentimentalen Erwägungen bestimmt würden?«
»Wie viele Menschen fielen den Kerlen zum Opfer?«
»Einer.«
»Einer??«

»Ja. Sie sprechen doch von den hingerichteten Negern?«
»Nein. Von den begnadigten Nazi.«
»Bei denen waren es ein bißchen mehr. Hübsch ein paar tausend. Dafür müssen aber auch etliche von den 21 noch ein Weilchen sitzen. Und selbst die, die man jetzt freigelassen hat, haben fünf Jahre Gefängnis hinter sich. Bedenken Sie, fünf Jahre!«
»Da kam auf den einzelnen also zirka ein Tag Gefängnis pro Mord?«
»Kleinliche Arithmetik ist in solchen Fällen nicht am Platz. Derlei Nazi-Sachen müssen en bloc betrachtet und eingeschätzt werden. Verbrechen in großem Stil verlangen auch nach einer Behandlung großen Stils. Übrigens haben schon vorher sehr gewichtige Leute Stellung genommen gegen eine Exekution der Verurteilten. Auch kirchliche Kreise. Sogar Bischöfe.«
»Und in Amerika?«
(Zerstreut.) »Wie bitte?«
»Ich frage, ob auch in Amerika Kleriker protestiert haben?«
(Noch immer zerstreut.) »Doch. Dieser ›Mirakel‹-Film ist ja wirklich, vom Standpunkt der Kirche, ein bißchen fragwürdig.«
»Ich rede von den sieben Negern.«
»Oh, entschuldigen Sie ... Ja, auch in deren Fall ist von Geistlichen gegen die Hinrichtung Einspruch erhoben worden. Von Neger-Geistlichen.«
»Haben in Deutschland die Begnadigungen von Massenmördern zu Gefängnisstrafen nicht Unwillen hervorgerufen?«
»Und ob! Sogar Erbitterung. Rechtschaffene Erbitterung darüber, daß man nicht alle von den 21 gleich freigelassen hat.«
»Finden Sie die Großmut der Besatzungsautoritäten gegen die Menschenschinder richtig? Von praktisch-politischen Gesichtspunkten aus?«
»Unbedingt. Wie Sie wissen werden, wird man die Deutschen mit Bitten, Drohungen und Bestechungen dahin bringen, daß sie den martialischen Geist wieder in sich fahren lassen, den man ihnen vor ein paar Jahren mit Feuer und Schwert ausgetrieben hat. Und zwar deshalb will man das, weil eine deutsche Wehrmacht gebraucht wird: als unentbehrliches Glied in der Kette der Verteidiger von Freiheit, Menschenrecht, Menschenwürde und Kultur.«
»Wie, bitte? Ich begreife nicht recht.«

»Versuchen Sie's nur, es wird schon gehen. Heutzutage muß man imstande sein, flexibel zu denken und zu fühlen. Ja, also, eine deutsche Armee ist notwendig. Aber was braucht eine Armee? Soldaten. Und was für Soldaten? Keineswegs Weichlinge, die es am Ende nicht über ihr Herz bringen, in das eines anderen ein Bajonett zu stoßen. Ich meine: was eine schlagkräftige Kriegstruppe braucht, sind gute Killer. Und wo ließen sich deren tüchtigere finden, besser in diesem Geschäft bewährte, mit mehr Lust an der Sache und umfangreicherer Praxis hinter sich als unter SS-Männern und Konzentrationslagerfunktionären, wie man sie jetzt aus dem Gefängnis entlassen hat und noch weiterhin entlassen wird? Mordskerle das, in jedem Sinn des Wortes! Sogar Sie mit Ihren altbackenen Vorurteilen gegen diese Leute werden das zugeben müssen. Wenn Sie der Gerechtigkeit die Ehre geben wollen, heißt das.«

»Ich will schon. Aber ›Gerechtigkeit‹ – das Wort macht mir Kopfzerbrechen. Ich weiß nicht mehr genau, was man darunter zu verstehen hat.«

»Gerechtigkeit, lieber Freund, ist (nicht der Form, aber dem Sinn nach) ein unregelmäßiges Substantivum, eines der unregelmäßigsten, die wir haben. Es kann sowohl stark wie schwach abgewandelt werden und bedeutet in seinen verschiedenen Kasus (Fällen) Verschiedenes. Lernen Sie das Wort abwandeln, lieber Freund, damit Sie nicht mit der Sprache, die unsere Zeit redet, Schwierigkeiten haben. Lernen Sie die Gerechtigkeit deklinieren.«

Franz Furger

Gerechtigkeit im Rechtsstaat

Sosehr von den antik-griechischen Ursprüngen her Politik Teil der Ethik, sogar deren Erfüllung ist, so sehr gilt vielen Politik dennoch als bloßer Opportunismus zur Erhaltung von Macht bzw. von Privilegien einer »classe politica«. Politik gilt nach diesem weitverbreiteten

Verständnis als das Gegenteil von Moral, die dann bestenfalls noch als Deckmantel für die Kaschierung manifester Eigeninteressen herhalten muß. Verschiedenste Skandale von Waffenschiebereien bis zu Beziehungen zu Kreisen der Drogenmafia, von denen sich selbst christliche politische Gruppen alles andere als zurückhielten, schienen den Verdacht auch in neuester Zeit zu bestätigen. Dazu kommt, daß manche u. U. auch nötige und verantwortbare Kompromisse den davon irgendwie nachteilig Betroffenen, aber auch sozial engagierten Idealisten als Opportunismus und damit als blanker Hohn auf jede Moral vorkommen müssen. Die Ursache dafür liegt einerseits darin, daß komplexe gesellschaftliche Sachverhalte sich nur schwer vereinfachen und damit breit vermitteln lassen, aber auch weil parteiinterne Politik – u. U. bis hin zur Festlegung der Wahllisten – von den Regierenden häufig alles andere als hinreichend transparent gemacht werden.

Dennoch gilt das Wort des englischen Politikers William E. Gladstone († 1898): »Was moralisch falsch ist, kann (zumindest langfristig) politisch nicht richtig sein.« Denn Menschsein geht daran zugrunde und kurz- oder langfristig – man denke an den weitgehend gewaltlosen Zerfall des Weltkommunismus nach 1989 – wird eine Änderung der politischen Verhältnisse dann von selbst erzwungen. Dabei ist stets die Forderung nach Rechtssicherheit, d. h. die Sicherheit, nicht der Beliebigkeit der Herrschenden ausgesetzt zu sein, ein grundlegendes Element, damit überhaupt von Moral geredet werden kann. Genau dies bewog seinerzeit schon Machiavelli und Hobbes, einen unbedingten, aber stabilen Despoten als staatlichen Machtträger vorzuschlagen, um dem Krieg aller gegen alle ein Ende zu setzen. Die Frage ist aber nicht, ob Rechtssicherheit überhaupt nötig ist, sondern ob sie allein und unabhängig von ihren Inhalten für eine sozialethisch verantwortete Politik auch schon genügt.

Die majestätische Gleichheit der Gesetze untersagt es dem Reichen ebenso wie dem Armen, unter den Brücken zu schlafen, auf den Straßen zu betteln und Brot zu stehlen. *Anatol France*

Friedrich Schorlemmer

*Gerechtigkeit und Utopien
der Bürgerbewegung*

(...)
Gerechtigkeit – darunter verstehe ich nun den Versuch, die Würde, die jedem Menschen in gleicher Weise zukommen sollte, in die gesellschaftlichen Beziehungen so einzubringen, daß das Recht – das geschriebene Recht – dafür einen zumutbaren und durchsetzbaren Rahmen schafft. Dabei bleibt jedoch eine Differenz von Recht und Gerechtigkeit erhalten. In der Erwartung der Gerechtigkeit liegt zwar ein Überschuß gegenüber dem Recht, deshalb darf man aber nicht meinen, man könnte das Recht erübrigen. Insofern ist der berühmte Satz von Bärbel Bohley »Wir erwarten Gerechtigkeit, und es kam der Rechtsstaat« gefährlich. Denn es war ein Glück, daß wenigstens der Rechtsstaat kam. Natürlich hatte auch ich ein bißchen mehr erwartet als den Rechtsstaat, doch mindestens gab es dann diesen Rechtsstaat und nicht die Herrschaft der vermeintlich »Gerechten«.

Gerechtigkeit – das heißt zunächst, abstrakt gesagt, gleiche Chancen für alle und reelle Vergütung für eine erbrachte Leistung. Wie weit wir davon entfernt sind, können wir an der Differenz zwischen einem normalen Gehalt und einem Ministergehalt recht einfach sehen. Ich frage mich manchmal: Kann ein Mensch wirklich so viel arbeiten, daß er 27 000 DM verdient? Von der Vergütung, die andere erhalten, rede ich jetzt gar nicht, in anderen Bereichen ist der Unterschied ja noch weit größer. Hier kann von der Einhaltung des Leistungsprinzips keine Rede mehr sein; in der Tat ist diese Gesellschaft keine Leistungsgesellschaft, vielmehr ganz und gar eine Marktgesellschaft.

Gerechtigkeit – das meint zum Negativen hin: die Wiedergutmachung für eine Schädigung an Leib, Gut und Seele. Wie schwierig sie herzustellen ist, können wir jetzt an dem sogenannten Stasiunterlagen-Gesetz erfahren. – Gerechtigkeit ist schließlich auch umgekehrt die Verhängung einer Strafe für eine Verletzung der Gerechtigkeit.

Die Realität ist, daß das Recht stets weniger ist als die Gerechtigkeit, daß es egalisiert und formalisiert; immerhin kann es aber bei einer funktionierenden Gewaltenteilung relativ objektiv sein. Am Ende gibt es – und dies zu akzeptieren fällt Menschen schwer, die mehr im Traum leben als in der Wirklichkeit – strukturelle und schicksalhafte Ungerechtigkeiten: Ich werde gesund oder krank geboren, begabt oder unbegabt, in eine reiche Familie geboren oder in eine arme; ich habe das Recht des Ersteren, des Zuerstgekommenen, oder ich bin der Letzte, die Letzte; ich bin in einem reichen Land oder einem armen Land, in der befriedeten Zeit oder in der Kriegszeit geboren. All dies ist letztlich Gnade, Unverfügbarkeit. Man kann auch sagen: Es gibt schicksalhafte Ungerechtigkeit.

Die Frage ist, wie wir mit unserem Recht das, was einfach vorgegeben ist, eindämmen, verändern, minimieren können. Jedenfalls aber läßt sich nicht schlechterdings Gerechtigkeit *herstellen*. Was wir freilich gegenwärtig in diesem Lande erleben, ist noch nicht einmal jener Versuch richtigen Ausgleichs, sondern eher das Recht des Siegers, des Stärkeren sowohl über die Geschichte wie über die Güter eines anderen Landes.

Von hier aus eröffnet sich wieder ein Zugang zum Begriff Utopie, auch zu dem Adjektiv »utopisch«. Ich glaube, im Volksbewußtsein hört man, wenn das Wort »Utopie« fällt, sofort das Wort »utopisch« mit und meint damit »unrealistisch«. Auf diese Weise wird vieles von selbsternannten Realisten einfach abgetan. Alles, was Menschen einmal als ihre gemeinsamen Zielvorstellungen mit Überschuß formuliert haben, wird dann als Spinnerei abgetan, und es herrscht die nackte Realität. Und deswegen redet man heute vom Ende der Utopie.

Umgekehrt wäre dies die totale Herrschaft der gegebenen Realität. Von daher ließe sich dann die schwierige Aufgabe, für Gerechtigkeit zu sorgen, damit abtun, daß es Gerechtigkeit sowieso nie gebe; so spricht ja schon der sture Volksmund. Wenn dies stimmte, gäbe es natürlich auch nicht die relative, müßte auch nicht im einzelnen, im kleinen etwas getan werden. Am Ende bedeutete dies, daß man aufhörte, sich für diejenigen einzusetzen, die Ungerechtigkeit erfahren.

Woran aber soll dann Gerechtigkeit gemessen werden? Der Maßstab ist die letztlich unbegründbare, aus dem humanen Entschluß über

Menschen kommende Überzeugung, daß jedem Menschen ein gleiches Recht auf geistige und körperliche Unversehrtheit zukommt und daß die Güter dieser Erde letztlich allen gehören und zukommen. Diese Einsicht gilt auch dann noch, wenn wir sehen, daß wir praktisch in verschiedenen Eigentumsverhältnissen und auch in durchaus unterschiedlichen Akkumulationsmöglichkeiten leben. Einstweilen befinden wir uns also auf der Gratwanderung, einerseits theoretisch zu sagen, die Erde gehöre allen, andererseits praktisch zu akzeptieren, daß zwar alle Menschen »gleich« sind, aber einige doch »gleicher« – und dies gilt nicht nur für die kommunistische Gesellschaft.

Jede Gesellschaft muß ein vernünftiges Ausgleichsreglement zwischen Eigennutz und Gemeinnutz oder Gemeinsinn suchen. Gelingt ihr dies nicht, geht sie ökonomisch oder politisch oder in beiden Bereichen zugrunde. Der Versuch, die klassischen Glitzerbegriffe der Französischen Revolution – Freiheit, Gleichheit, Brüderlichkeit – gleichzeitig zu verwirklichen, ist zum Scheitern verurteilt und bleibt doch notwendig: als beständige Bemühung um ein Fließgleichgewicht der Menschlichkeit. Dabei gilt: Je mehr Freiheit, desto weniger Gleichheit; je weniger Gleichheit, desto weniger Brüderlichkeit; je mehr Gleichheit, desto weniger Freiheit.

Brüderlichkeit, Geschwisterlichkeit, Solidarität, Mitmenschlichkeit – wie man es auch nennen mag – ist die eigentliche Voraussetzung für Freiheit mit Gleichheit. Aber Brüderlichkeit ist dem Revierkämpfer Mensch, der um das Besser- oder Überleben kämpft, nicht angeboren. Sie ist auch nicht von oben her zu verordnen, in einer Rechtsordnung zu fixieren oder als Kollektivgeist zu befehlen. Es mag höchstens denkbar sein, sie als moralisches Gesetz im Menschen zu verankern; genau dafür sind auch die klassischen Moralinstitutionen dagewesen. Wenn sie völlig fehlen, kommen wir zu einer kalten Durchsetzungsgesellschaft – in jüngerer Zeit ausgestattet mit sehr kultivierten Zynismen.

Die Brüderlichkeit ist die Atmosphäre, das Grundethos einer Gesellschaft, das gemeinsam geteilt werden muß, wenn es sie überhaupt geben soll. Gerechtigkeit wird zuallermeist und zuallererst von denen eingefordert, denen sie vorenthalten wurde. Die anderen sprechen kaum darüber. Sie haben es nicht mehr nötig. Wenn Gerechtigkeit nicht zu einer intellektuellen Annonce in den Feuilletons verkommen soll, so muß sie von denen erkämpft werden, denen sie vorenthalten wird. Kämpfen sie nicht dafür, werden sie kaum Anwälte finden, die dies an ihrer Statt tun.

Voraussetzung für diesen Kampf ist freilich, daß sich die Menschen zusammentun. Vereinzelung befestigt und befördert Ungerechtigkeit. Ich glaube, daß nach dem Zusammenschluß der Menschen in diesem Lande die sogleich folgende Vereinzelung auch dazu beigetragen hat, daß wir mit so viel Ungerechtigkeit zu kämpfen haben. Die Institutionen, in denen »die anderen« sich sammelten, funktionierten, aber unsere im Osten nicht.

Wer nur über die Ungerechtigkeit, die er erleidet, jammert und nicht die demokratischen Institutionen nutzt, um Maßnahmen dagegen einzufordern, wird nichts bewirken. Damit es beim Kampf um Gerechtigkeit aber nicht zu einer bloßen Umkehrung der Ungerechtigkeit kommt, ist Recht nötig, ein Recht, das relativen Ausgleich schafft – nicht mehr und nicht weniger. Wer mehr will als die Gerechtigkeit, die eine soziale Rechtsordnung herstellen kann, kommt beinahe zwangsläufig zu einer Diktatur der »Gerechten«. Und davor – das ist für mich keine Redewendung – bewahre uns Gott!

Gerechtigkeit ist also nur dann zu erreichen, wenn es Solidarität gibt – nicht nur immer mit sich selbst, sondern mit anderen, nicht nur bei akuter eigener Bedrohung, sondern auch vorausschauend und im Einsatz für andere. Was wir bei dem Kampf der letzten vier Jahre erlebt haben, ist das Prinzip »Teile und herrsche«, weil Solidarität nicht eintrat zwischen den Menschen in Chemnitz und Rostock. Die Menschen in dieser Gesellschaft, der ehemaligen DDR, versuchten, in der neuen Gesellschaft mitzuhalten, indem sie sagten: »Jeder muß sehen, wo er bleibt.« Es war also durchaus »jeder« gemeint, aber nur jeder für sich.

»Wir erwarteten Gerechtigkeit, und es kam der Rechtsstaat.«
Bärbel Bohley

Reymer Klüver

Haß wird neuen Haß gebären

In Ruanda herrscht das Gesetz der Rache. Nur ein Jahr nach dem großen Völkermord in Ruanda sind wieder Zehntausende auf der Flucht, sind wieder Tausende gewaltsam zu Tode gekommen. Und das Schlimme ist: Das Massensterben in den Camps bei Kibeho war seit Tagen abzusehen, spätestens von dem Moment an, als die neue Regierung in Kigali die Armee vor den Lagern hat aufmarschieren lassen. Die Flüchtlinge dort – in der ehemaligen französischen Schutzzone – sind Hutus, und die Regierung vermutet unter ihnen sicher nicht zu Unrecht zahlreiche Schergen des alten Regimes, die für die Massenmorde im vergangenen Jahre verantwortlich wird. Es ist legitim, daß die Regierung ihrer habhaft werden will.

Doch haben die neuen Herren in Kigali längst ihre Unschuld verloren. Es wird zu klären sein, ob die Panik im Hutu-Lager Kibeho kühl geplant und von der Tutsi-dominierten Armee vorsätzlich ausgelöst worden ist oder ob sie nach Provokationen durch militante Hutus nicht zu verhindern war. In jedem Fall ist der Massentod von Kibeho Konsequenz eines Fehlverhaltens: Die Regierung hat Macht demonstrieren wollen und billigend in Kauf genommen, daß es zu Gewaltausbrüchen kommt. Sie hat nicht die UNO-Truppe gebeten, bei der Auflösung des Lagers und der Rückführung der Flüchtlinge zu helfen.

Natürlich darf man zwei – auch psychologisch wichtige – Tatsachen nicht übersehen: Hunderttausende Tutsi wurden von Hutu-Horden bestialisch ermordet. Die Schlächter leben. Zudem haben die alten Herren die Macht über die Massen in den Lagern nie aufgegeben. In den berüchtigten Camps von Bukavu und Goma in Zaire kontrolliert die alte Hutu-Regierung noch schätzungsweise 750 000 Menschen.

Auch in Ruanda selbst leben noch immer – ein Jahr nach Beginn des Genozids – Hunderttausende Kriegsvertriebene in Camps so wie in Kibeho. Und nicht nur dort sinnen die alten Kämpen des Hutu-Regimes auf Rache. Es gibt deutliche Anzeichen dafür, daß ein militärischer Gegenschlag gegen die siegreichen Tutsi systematisch geplant wird.

Gerade in dieser aufgeputschten Atmosphäre war es dennoch ein Fehler der Regierung in Kigali, ausgerechnet die Armee auf die Suche nach den Massenmördern zu schicken. Die Soldaten werden sich bei der Überprüfung der Flüchtlinge eher als Sendboten der Vergeltung fühlen denn als Hilfspolizisten, die Verdächtige ergreifen und sie den Gerichten übergeben. Welche Gerichte überhaupt? Die Justiz in Ruanda ist noch immer wie gelähmt. Ein Oberster Gerichtshof ist nicht installiert, das Gerichtswesen funktioniert nicht. In den Gefängnissen werden 30 000 der Mittäterschaft am Massenmord beschuldigte Menschen wie Tiere gehalten – ohne daß Anstalten gemacht werden, sie anzuklagen. So kommen viele eben ohne Gerichtsverfahren zu Tode.

In Ruanda gilt das Gesetz der Rache auch deshalb weiter, weil die Regierenden es nicht verstanden haben, Gerechtigkeit zu schaffen. Haß wird neuen Haß gebären. Und die Hoffnung auf eine friedliche Zukunft schwindet.

ERNST-WOLFGANG BÖCKENFÖRDE

Nicht Machterhalt ist das Ziel der Politik, sondern Gerechtigkeit

Politik, so lautet die Ausgangsthese, läßt sich nicht auf Machterwerb und Machterhalt reduzieren, sie hat es notwendig mit der Verwirklichung von Gerechtigkeit zu tun. Ob und in welcher Weise Gerechtigkeit in einem politischen Gemeinwesen herrscht oder auch nicht herrscht, wird wesentlich von politischem Handeln beeinflußt.

In der Gegenwart stellt besonders die deutsch-deutsche Vereinigung den Politiker vor neue Herausforderungen. Doch wie löst der politisch Handelnde diese neuen Aufgaben? Versteht er Politik als reines Zweckhandeln, oder geht es ihm auch und gerade um ein anderes Ziel: die Herstellung und Verwirklichung von Gerechtigkeit? Nehmen wir konkrete Beispiele: Soll den nach 1945 enteigneten

Eigentümern ihr Land ganz oder teilweise zurückgegeben werden, oder reicht eine Entschädigung? Müßten, im Vergleich zur Rückgabe, Investitionen nicht eindeutig den Vorrang haben zur Erreichung wirtschaftlicher Produktivität, die für alle notwendig ist? Andererseits ist zu fragen, inwieweit überhaupt eine Rechtfertigung besteht, gerade die Eigentümer von Grund und Boden herauszugreifen und zu entschädigen, wo doch viele andere etwas Unwiederbringliches verloren haben: ihre Lebenschancen. Wie viele hatten nie eine Chance, durch eigenes Tun Eigentum und Kapital zu erwerben; der Besuch höherer Schulen und ein Universitätsstudium waren ihnen versperrt, sie konnten den Beruf, für den sie eigentlich prädestiniert waren, nicht ergreifen. Schließlich auch diese Frage: Wie soll mit all denen umgegangen werden, die das System der ehemaligen DDR mittrugen, ohne allerdings persönlich ein Verbrechen begangen zu haben, und mit denen, die in die Netze der Staatssicherheit verstrickt waren, sich in deren Machenschaften hineinziehen ließen?

I.

Fragen dieser Art, die auch für die Vergangenheit gestellt werden können, etwa mit Blick auf den Januar 1933, lassen den Zusammenhang von politischem Handeln und der Verwirklichung von Gerechtigkeit deutlich hervortreten. Was aber ist der sachliche Grund dafür, daß die Verwirklichung von Gerechtigkeit auf politisches Handeln angewiesen ist, umgekehrt politisches Handeln der Bezogenheit auf die Gerechtigkeitsfrage nicht entrinnen kann?

Greifen wir zunächst auf die Alten, etwa Aristoteles und Thomas von Aquin, zurück. Gerechtigkeit erscheint bei beiden als Tugend, als ein Verhalten, das jeweils auf den anderen bezogen ist. Gerechtigkeit ist demnach ein soziales Richtmaß, sie regelt das Handeln der Menschen im Verhältnis zueinander. Das Verhältnis zum anderen tritt, da der Mensch *animal sociale et politicum* ist, in dreifacher Gestalt auf: als Verhältnis der einzelnen zueinander, als Verhältnis des einzelnen zur sozialen und politischen Gemeinschaft, schließlich als Verhältnis der sozialen und politischen Gemeinschaft zum einzelnen. Dem entsprechen drei Arten von Gerechtigkeit: die ausgleichende Gerechtigkeit *(iustitia commutativa)*, die austeilende Gerechtigkeit *(iustitia distribu-*

tiva) und die Gesetzes- und Gemeinwohlgerechtigkeit *(iustitia legalis/ generalis)*. Gemeinsames Ziel ist die Herstellung einer Gleichheit im Sinne von Angemessenheit *(aequalitas)*. Dabei geht es im Verhältnis der einzelnen untereinander um die Gleichheit beim Austausch von Gütern und Leistungen; im Verhältnis der einzelnen zur sozialen und politischen Gemeinschaft um die Angemessenheit der Leistungen der Glieder an und für diese Gemeinschaft; im Verhältnis der Gemeinschaft zu den einzelnen um gleichmäßige Leistungen der Gemeinschaft an ihre Glieder, was insbesonders die gleichmäßige Teilhabe an öffentlichen Gütern und Lasten betrifft. An dieser Lehre der Alten ist aufschlußreich, daß in ihr der Staat, die politische Gemeinschaft, selbst als Subjekt, als Anspruchsträger und Anspruchsverpflichteter von Gerechtigkeit auftritt. Die Gesamtheit der einzelnen tritt dem einzelnen als eigenständiges Subjekt gegenüber. Das Handeln des Staates im Hinblick auf Gerechtigkeit erscheint dabei als Gerechtigkeit des Regierens. Sie hat ihren Bezugspunkt vor allem in der *iustitia legalis/ generalis*, erst sekundär in der *iustitia distributiva*. Die *iustitia legalis/ generalis* ist gerichtet auf das für das Wohlergehen der politischen Gemeinschaft Angemessene, das ihr insofern Geschuldete. Dieses allgemeine Wohl ist weder die Summe von Einzelwohlen, etwa im Sinne des größten Glücks der größten Zahl, noch ist es abgelöst vom Einzelwohl: Es ist der Inbegriff der Bedingungen, die dem einzelnen und dem Volk ein Leben in Sicherheit, Freiheit und Wohlfahrt ermöglichen. Nur ein Teil, aber nicht das Ganze dieses Gemeinwohls ist die gerechte, gleichmäßige Verteilung der öffentlichen Güter, Leistungen und Lasten, die den einzelnen als Mitglieder der politischen Gemeinschaft gewährt und auferlegt werden.

Der Beitrag zur Verwirklichung dieser Gerechtigkeit des Regierens ist unterschiedlich je nach der Stellung und Funktion, die die Menschen im politischen Gemeinwesen haben. Bei den Regierenden, den Inhabern der Leitungsgewalt, ist er schöpferisch gestaltend; Thomas von Aquin sagt architektonisch. Bei den Bürgern, die dieser Leitungsgewalt unterworfen sind, ist er vollziehend und befolgend. Für die Demokratie bedeutet das, daß die Bürger, die als Gesamtheit Inhaber politischer Leitungsgewalt und als einzelne ihr unterworfen sind, durch die *iustitia generalis* in doppelter Weise in Anspruch genommen werden: Als Beteiligten an materieller Regierungstätigkeit durch ihre

Wahlentscheidungen und die Teilnahme an der öffentlichen politischen Willensbildung obliegt ihnen Mitgestaltung, Abwägung, Prioritätssetzung und Auswahlentscheidung in Blick auf das allgemeine Wohl; als der politischen Leitungsgewalt Untergeordnete haben sie die Pflicht zu Bürgerloyalität und Gesetzesgehorsam.

II.

Wenn so der Gerechtigkeitsbezug politischen Handelns primär in der Orientierung auf das Gemeinwohl liegt, was ist damit gewonnen? Ist es nicht die Schwäche des Gemeinwohls, ein so offener, vielfältig interpretierbarer Begriff zu sein, daß die durch ihn angestrebte normative Orientierung und Bindung des Handelns am Ende wieder in die Beliebigkeit zurückfällt, ja diese letztendlich nur verhüllt? Und ist die Politik nicht notwendigerweise das Reich vielfältiger Zwecke, auf praktischen Erfolg gerichteten Handelns, und muß sie dies nicht bleiben?

Sehen wir das Problem von Politik und Gemeinwohl zunächst von der praktischen Seite. In der Demokratie sind grundsätzlich alle an der politischen Willensbildung beteiligt, deswegen gibt es auch zahlreiche Träger politischen Handelns. Nicht nur das: Sie sind nicht nur Träger, sondern auch Verantwortliche politischen Handelns im Hinblick auf das Erreichen von Gemeinwohl und Gerechtigkeit. Dazu zählen die Bürger als politisch Handelnde bei Wahlen, Abstimmungen und politischen Initiativen; die Regierenden in weiterem Sinn als Inhaber politischer Entscheidungs- und Führungsmacht in Parlament, Regierung und Verwaltung, in den politischen Parteien; die Vertreter gesellschaftlicher und wirtschaftlicher Interessen als Teilnehmer an der politischen Willensbildung im Vorfeld politischer Entscheidungen – sie bereiten Interessen im politischen Prozeß auf, machen sie geltend und suchen sie durchzusetzen; schließlich die Kirchen als Träger politischen Einflusses – sie verfügen darüber einerseits als organisierte Institution, die, wiewohl im Staat lebend, Staat und Gesellschaft gegenübertritt, andererseits haben sie Wirkkraft auf die Gläubigen, deren Verhalten als Bürger sie durch ihre Verkündigung und Einflußnahme mitbestimmen.

Inwieweit den Trägern politischen Handelns Verantwortung für die Verwirklichung des Gemeinwohls zukommt, hängt ab von der Beteiligung und der Aufgabe im und für den demokratischen Prozeß. Hier gilt es zu unterscheiden: Für die Bürger steht (bei Wahlentscheidungen und Abstimmungen) im Mittelpunkt das Überschreiten des eigenen Interessenhorizonts und eigener Betroffenheit. Diese können und sollen zwar ein Ausgangspunkt der Meinungs- und Urteilsbildung sein. Entscheidend ist aber, daß sie nicht allein bestimmend sind, sondern als Faktor eingebracht werden in weiterführende Überlegungen, die auch an den allgemeinen Belangen und dem Verbindenden der politischen Gemeinschaft orientiert sind. Darin liegt die Anforderung an den politisch handelnden Bürger: herauszutreten aus der Begrenzung funktionaler Systemrollen, in die er mehrfach eingebunden ist – zum Beispiel als Angestellter, als Familienvater oder -mutter, als Großstadtbewohner –, und einen übergeordneten Standpunkt zu beziehen. Dies führt zur Gewichtung und Relativierung der eigenen im Blick auf andere Interessen und die Belange des Ganzen. Es ist auch die Grundlage für Abwägung und Kompromißbereitschaft, die dann nicht als Inkonsequenz oder gar als »Verrat« an den eigenen Interessen oder Grundhaltungen erscheinen. In diesem Sinne handeln die Bürger hier als Regenten in einem öffentlichen Amt, nicht als Privatpersonen. Nehmen sie diese Aufgabe und Verantwortung nicht wahr und schieben sie auf andere, speziell auf die Regierenden, ab, so können sie schwerlich bei diesen gelingen, sind sie doch von den Bürgern als ihren Wählern abhängig und suchen deren Erwartungen zu entsprechen.

In gleicher Weise aber kommt es bei den Inhabern politischer Führungsämter in Staat und Parteien auf das Bedenken des Allgemeinen an, wozu die Antwort auf bestehende oder erkennbar werdende Herausforderungen gehört, der Ausgleich und die Integration divergierender Interessen und Positionen oder auch die Bewahrung und Fortentwicklung dessen, was das politische Gemeinwesen verbindet. Dies jedoch in differenzierter, je nach ihrem Auftrag und ihrer Aufgabe entsprechender Weise. Drei Gesichtspunkte gilt es zu bedenken: Die politische Auseinandersetzung lebt von unterschiedlichen Sichtweisen, Zielvorstellungen und Gewichtungen im Hinblick auf das, was dem Gemeinwohl dienlich ist und es konkret ausmacht; daraus leitet sich der Widerstreit politischer Konzeptionen ab. Entscheidend jedoch ist die Bereitschaft, die Begründungslast im Hinblick auf das Gemeinwohl anzunehmen und wahrzunehmen. Die Politiker müssen sich dem Streit darüber stellen, ob ihre eigenen Konzeptionen verallgemeinerungsfähig sind in dem Sinne, daß die Konsequenzen dieser Konzeption oder Forderung von allen davon Betroffenen als akzeptabel gedacht werden können. Erst dadurch erhält die politische Auseinandersetzung einen produktiven Charakter.

Hinzu kommt das Bemühen um die Gerechtigkeit der Verteilungsentscheidungen im Sinne der *iustitia distributiva*. Das gilt für Steuern und Lasten, aber auch für Subventionen. Bedeutsam ist dies auch und gerade dann, wenn bestimmte Lasten dem Grunde nach vom Gemeinwohl her gerechtfertigt oder gar geboten sind. Entscheidend wird dann der Weg der Durchführung, die gleichmäßige, gerechte Verteilung der notwendigen Last oder gebotenen Hilfe. Beispiele dafür gibt es zahllose, angefangen von den Kosten der Einheit über den Ausgleich der Familienlasten bis hin zu den Lasten der Umweltschonung.

Schließlich aber geht es um die richtige und ehrliche Fragestellung der politisch Führenden an die Bürger. Politisch konkret können sich die Bürger insgesamt, als Einheit, nur durch Antwort auf Fragen hin artikulieren. Auf falsche Fragen, die gar nicht das betreffen, was eigentlich ansteht, oder auf Fragen, die nicht am Gemeinwohl orientiert sind, können sie keine entsprechenden Antworten geben. Ein akuter Fall sind die Kosten der deutschen Einheit. Wenn den Bürgern monatelang von den politisch Führenden nahegebracht und eingeredet wurde, die Verwirklichung der deutschen Einheit koste nichts, bringe keine (steuerlichen) Lasten, kann von den Bürgern nicht die Antwort gegeben und erwartet werden, sie seien bereit, die Kosten der Einheit zu tragen. Nur andersherum wird ein Schuh daraus.

Die richtige und ehrliche Fragestellung an die Bürger ist kein Randbereich, sondern ein wesentlicher Teil der Gemeinwohl- und Gerechtigkeitsverantwortung der Politiker und bezeichnet in unserer Gegenwart die größte Ausfallstelle der Politik – die Bürger spüren es und reagieren darauf verärgert oder gar empört. Zwischen politischer Führung und Volk besteht eine notwendige Wechselbeziehung. Erst in dieser Wechselbeziehung erhalten die Bürger die Möglichkeit, sich selbst als politisches Subjekt zu artikulieren, als Citoyens verantwortlich zu handeln. Eine klassische Fehlleistung ist immer dann gegeben, wenn die Politiker bei Demoskopen zu erfragen suchen, was sie wollen sollen, um die nächste Wahl zu gewinnen.

Daß die Vertreter gesellschaftlicher und wirtschaftlicher Interessen diese geltend machen, gehört zum Prozeß offener politischer Willensbildung, ist auch eine Grundlage für den Ausgleich und die Integration der Interessen im Blick auf das Gemeinwohl. Die spezifische Aufgabe und Anforderung auf das Gemeinwohl hin bestehen hier in der Bereitschaft, sich auf allgemeine Interessen hin zu vermitteln, die Sichtweise der bloßen Pressure-group zu überschreiten aus der Erkenntnis, daß die eigenen Interessen nur Teil des Ganzen sind.

Auch hier darf die Frage nach der Verallgemeinerungsfähigkeit nicht außer acht gelassen werden. Wenn dies gelingt, zieht das Konsequenzen nach sich: Die Lobbyisten werden aus reinen Interessenträgern in ihrem »System« zu Institutionen der Vermittlung zwischen Wirtschaft und Gesellschaft einerseits und den staatlichen Aufgaben andererseits.

Vermittlungsinstitutionen auf das Allgemeine hin sind in einem demokratisch organisierten Gemeinwesen generell notwendig. Gibt es solche Vermittlungsinstanzen nicht, kommt es zwangsläufig zur Überanstrengung der Repräsentanten in Parlament und Regierung, die dann die alleinige und einzige Instanz für Ausgleich, Koordination und Integration gegenüber den egoistisch-selbstbezogen agierenden gesellschaftlichen Kräften und Gruppierungen sind. Eine stufenweise Annäherung an das Gemeinwohl von unten nach oben ist so nicht nur ein notwendiges politisches Postulat, sie entspricht auch einem Grundbedürfnis der Bürger: Sie streben nach einem auch allgemeinen Leben, wollen ein Leben auch als verantwortlicher Citoyen, nicht nur als selbstbezogener Homme führen.

III.

Kehren wir zurück zum Inhalt des Begriffs »Gemeinwohl«. Die These, das »Gemeinwohl« sei eine inhaltslose Leerformel, ist verbreitet, sachlich aber trifft sie nicht zu. Schon die im Begriff angelegte Ausrichtung auf das Allgemeine, das Wohl aller, steht der inhaltlichen Beliebigkeit entgegen. Der Begriff »Gemeinwohl« trägt einen positiven Gehalt in sich, der einerseits zwar durch eine dynamische, zweckorientierte, andererseits aber auch durch eine statisch-prinzipienorientierte Komponente inhaltlich bestimmt wird. Was ist darunter zu verstehen?

Diese Zweckorientierung des Handelns besteht aber nicht isoliert und absolut, gleichsam prinzipienthoben; die statisch-prinzipiellen Faktoren des Gemeinwohls müssen in sie eingehen, sie sind die Bedingungen der Möglichkeit von Zweckhandeln und Zweckorientierung. Um es an einem Beispiel zu zeigen: Die Einführung der Marktwirtschaft in den von kommunistischer Herrschaft befreiten Ländern Mittel- und Osteuropas mag aus zweckorientierten Gemeinwohlerwägungen dringend geboten sein. Wird sie aber eingeführt, ohne daß vorab und gleichzeitig die dort lebenden Menschen beispielsweise durch sozialstrukturelle Maßnahmen, durch Förderungs- und Übergangsregelungen, durch soziale Sicherung in die Lage versetzt werden, auch Marktteilnehmer statt bloßer Marktobjekte zu sein, werden fundamentale Menschenrechte von ihnen verletzt, wird ihre Subjektstellung hintergangen.

IV.

Politisches Handeln, das Gemeinwohl und damit Gerechtigkeit verwirklichen will, geschieht immer in einer gegebenen historisch-politischen Situation, die geprägt wird von der bestehenden Staats- und Regierungsform, weiter gefaßt: von der konkreten Verfaßtheit des politischen Gemeinwesens. Handlungsformen und -bedingungen politischen Handelns werden davon bestimmt; sie sind unterschiedlich in einer Monarchie, einer Demokratie oder in einem totalitären Regime. Politisches Handeln ist ferner, konkret betrachtet, nicht nur an Inhalten orientiert, sondern auch und gerade an Verfahren: Verfahren, die der Entscheidungsfindung und dem Umgang der Menschen miteinander dienen. Nicht nur das »Was«, auch das »Wie«, welcher Weg, welche Form, all das spielt eine Rolle bei der Verwirklichung von Gemeinwohl und Gerechtigkeit. Der Grund dafür liegt auf der Hand: Allzu oft wird unterschätzt, daß Politik und politisches Handeln wesentlich auch Umgang von Menschen und Menschengruppen miteinander bedeutet, ein Feld personaler Interaktion.

In der Demokratie ist es ein Erfordernis des Gemeinwohls, daß politisches Handeln an den Strukturprinzipien dieser Staatsform ausgerichtet ist. Sie bestimmen die Art und Weise der Verwirklichung von Gemeinwohlinhalten, den Umgang der Menschen miteinander, sie legen fest die Verfahren ihres Zusammenwirkens im Bemühen und in der Auseinandersetzung um Politik. Hierin zeigen sie sich selbst als Bestandteil des Gemeinwohls.

Was aber macht die Strukturprinzipien freiheitlicher Demokratie aus? Zu ihnen gehört zunächst die Legitimation aller politischen Leitungsgewalt vom Volk her, das heißt von den Bürgern in ihrer Gesamtheit. Nichts anderes meint der Satz: Alle Staatsgewalt geht vom Volk aus. Die Bürger selbst sind Träger, Subjekt der Staatsgewalt. Dies heißt aber, daß grundsätzlich alle als Träger und Inhaber politischer Entscheidungsgewalt beteiligt sind, nicht nur bestimmte Gruppen, Schichten oder Klassen. Demgemäß ist ein Strukturprinzip der Demokratie die Gleichheit der politischen Mitwirkungsrechte; es gibt keine Differenzierung dieser Rechte nach Alter sozialer Schicht, Bildung, Familienstand. Die Demokratie wägt nicht, sondern zählt Stimmen.

Auch Freiheit und Selbstbestimmung der einzelnen und des Volkes als der Gesamtheit der Bürger stellen ein Strukturprinzip unserer Demokratie dar. Im Prozeß der politischen Willensbildung und Entscheidungsfindung geht die individuell-autonome Freiheit der einzelnen über in ihre demokratische Mitwirkungsfreiheit, die ihrerseits zur kollektiv-autonomen Freiheit der Bürger insgesamt führt (Selbstbestimmung durch und in Parlament und Regierung). Praktischer Ausdruck dieses Freiheitsprinzips sind die Grundrechte der Meinungs-, Presse-, Versammlungs- und Vereinigungsfreiheit. Sie sind ebenso liberale wie auch fundamental demokratische Grundrechte, die von der freiheitlichen Demokratie nicht ablösbar sind.

Schließlich gehört dazu das Mehrheitsprinzip als Regel für das Treffen politischer Entscheidungen. Daß es bloß ein technischer Notbehelf sei, weil man anders zu keinen Ergebnissen komme, gehört zu den verbreiteten Mißverständnissen. Das Mehrheitsprinzip ist der Demokratie strukturell angemessen, es findet seinen Grund und seine Grenze in der Verbindung der Prinzipien politischer Gleichheit und individuell-politischer Freiheit und Selbstbestimmung. Ist ein Teil der Bürger für, ein anderer Teil gegen den Erlaß bestimmter Maßnahmen oder Rechtsregeln, bedeutet die Notwendigkeit von fünfzig Prozent plus eins exakt die Mitte, die der Freiheit und Gleichheit aller entspricht und weder Gegner noch Befürworter der Maßnahme bevorteilt. Das Mehrheitsprinzip greift so ein Stück weiter. Es bedeutet einerseits die Anerkennung der Mehrheitsentscheidung, andererseits das Verbot für die jeweilige Mehrheit, sich absolut zu setzen; die gleiche Chance politischer Machtgewinnung für die Minderheit von heute ist eine unverbrüchliche Grundlage für die Verbindlichkeit und die Verpflichtungskraft der Mehrheitsentscheidungen, solange sie gelten.

Die Achtung und Akzeptanz dieser Strukturprinzipien, ihre Beobachtung im praktisch-politischen Handeln lassen sich als »Ethos der Demokratie« kennzeichnen. Es ist letztendlich ein Ethos der Partnerschaft. Es prägt und trägt die Auseinandersetzung um Politik und das Finden politischer Entscheidungen auf der Grundlage der Freiheit und Gleichheit aller Bürger. Insofern ist es eine auf das konkrete Gemeinwohl bezogene und daher gerechte Verhaltensweise. Entgegengesetztes Verhalten bedeutet Ungerechtigkeit.

V.

Allerdings bleibt ein Einwand zu klären: Können denn die Anerkennung und Beachtung demokratischer Strukturen, besonders der sogenannten demokratischen Spielregeln politischer Willensbildung, vorbehaltlos erwartet werden? Es ist ja richtig, daß die demokratischen Spielregeln allein, insbesondere das Mehrheitsprinzip, nicht schon aus sich heraus das Erreichen des Gemeinwohls, die Verwirklichung von Gerechtigkeit verbürgen. Dazu sind die weiteren, zuvor genannten Anstrengungen der verschiedenen Träger und Beteiligten an der politischen Entscheidungsgewalt nötig. Was aber geschieht, wenn solche Anstrengungen ausbleiben? Ist es dann nicht legitim, die Spielregeln zu durchbrechen, damit nicht dringliche Gemeinwohlforderungen oder gar das Gemeinwohl selbst auf der Strecke bleiben?

Schon die Frage zeigt, daß das Problem kein fiktives, sondern ein reales und gegenwärtig nicht ohne Aktualität ist. Anstelle von Patentlösungen, die es nicht gibt, bedarf es der stufenweisen Abarbeitung. Zunächst bleibt zu wiederholen, daß demokratische Formen und Verfahren, die der Suche und Findung politischer Entscheidungen dienen, selbst ein Teil des konkreten Gemeinwohls der staatlich organisierten Gemeinschaft sind. Es geht daher nicht an, daß einzelne Gruppen für ihre »absoluten« Ziele und Forderungen (oder was sie dafür halten) den politischen Prozeß der Demokratie partiell ausschalten und ihn nur insofern akzeptieren, als ihre »Absoluta« schon vorab konzediert werden. Damit würde der Grundsatz geleugnet, auf dem die Demokratie als freiheitliche beruht, nämlich Menschen verschiedener Auffassungen und Überzeugungen auf der Grundlage der gleichen Beteiligung aller in einer gemeinsamen Ordnung zu verbinden.

Dies trifft auch auf die Verwirklichung konkreter Forderungen zu, die eine naturrechtliche Grundlage haben. Deren Umsetzung in geltendes positives Recht geschieht nicht von selbst durch eine Art Geltungsautomatismus, sie kann auch nicht als eine dem demokratischen Prozeß vorausliegende Vorab-Anerkennung verlangt werden. Vielmehr bedarf es im politischen Prozeß der Überzeugungsarbeit und des politischen Eintretens für naturrechtskonforme Lösungen, es bedarf der »Anwälte des Naturrechts«.

Das Problem wird zusätzlich entschärft, wenn die Grundelemente demokratischer und rechtsstaatlicher Ordnung – Grundrechte, Gewaltenteilung, demokratische Legitimation und Verantwortlichkeit von Parlament und Regierung – in der Verfassung festgelegt sind. Sie gewinnen dadurch erhöhte Bestandskraft und werden zum Ausdruck dessen, worin die Menschen, die das politische Gemeinwesen bilden, sich einig sind.

Daß Einigkeit darüber besteht, was unabstimmbar ist, gehört zu den Voraussetzungen für die Funktionsfähigkeit und die Akzeptanz des Mehrheitsprinzips. Freilich muß diese Einigkeit gemeinsam bestimmt, sie kann nicht einseitig dekretiert werden. Besonders gilt dies bei der Ausarbeitung einer Verfassung. Sie gibt den festen Rahmen und eine Grundorientierung für das politische Leben und den politischen Prozeß vor, aber auch nicht mehr. Die Verfassung ist kein Ort für jeweilige »Heiligtümer« und konkrete politische Programme, um diese der Verfügung der Mehrheit zu entziehen. Wird sie dazu benutzt, bedeutet dies einen Mißbrauch ihres eigentlichen »telos«.

Auch im Rahmen einer demokratisch-rechtsstaatlichen Verfassung bleibt allerdings die Möglichkeit bestehen, daß die Verwirklichung von Gemeinwohl und Gerechtigkeit Not leidet: So kann die Gemeinwohlorientierung demokratischer Repräsentanten ganz ausfallen oder sehr schwach werden, an ihre Stelle kann die Vorherrschaft bestimmter (Gruppen-)Interessen treten, abgestützt durch eine parlamentarische Mehrheit. Interessenkartelle können sich bilden, gegenüber denen Ausgleich, Verteilungsgerechtigkeit und gemeinsame Interessen aller nicht zur Geltung kommen. Schließlich kann sich Trägheit und ein Ausweichen gegenüber drängenden Herausforderungen, die sich im Blick auf das Gemeinwohl stellen, breitmachen, weil daraus kein politischer Naherfolg zu erwarten ist.

Wie kann hier Abhilfe geschaffen werden, um Gemeinwohl *und* Gerechtigkeit eine Chance zu bewahren? Ist eine Abhilfe im Rahmen des demokratischen politischen Systems überhaupt möglich?

Drei Wege seien dazu genannt. Zunächst: In gewissem Umfang werden plebiszitäre Elemente in den demokratischen Prozeß eingebaut. Das heißt nicht, daß Volksbegehren und Volksentscheide das eigentliche Vehikel der Demokratie sein können. Aber als begrenztes Kontroll- und Balancierungselement sind sie sinnvoll, und jedenfalls Verfassungsänderungen sollten der Bestätigung durch Volksentscheid unterworfen werden. Solche begrenzten plebiszitären Elemente bieten die Möglichkeit, die Dominanz von Interessen zu brechen, zu korrigieren, sie können die Politik »auf Trab« bringen und Problemlösungen anzeigen, die zuvor von den Repräsentanten der Politik nicht gewagt wurden. Wesentlich dabei ist freilich die Regelung der Initiative, das heißt des Rechts der Fragestellung an die Bürger: Wer kann wann, worüber und unter welchen Voraussetzungen den Bürgern insgesamt eine Frage stellen?

Ein anderer Weg besteht im Aufkommen und in der Aktivität politischer Bewegungen aus der Gesellschaft heraus, wodurch die Defizite der etablierten Politik zum Thema gemacht werden. Genau dies kann den Boden bereiten für die Änderung eingefahrener Denkmuster und neue Schneisen schlagen für die Verwirklichung von Gemeinwohl gegen die Trägheit und das Besitzstandsdenken der Etablierten. Auch darin liegt politisches Handeln in Richtung auf das Gemeinwohl. Die ökologische Bewegung der siebziger Jahre ist ein sichtbares Beispiel.

Schließlich ist, in Ausnahmesituationen, auch der zivile Ungehorsam ein Mittel, dem Gemeinwohl und der Gerechtigkeit eine Chance zu erhalten. Sinn und Funktion des zivilen Ungehorsams liegen im herausfordernden Protest gegen anders nicht bewußt zu machende oder zu beseitigende evidente Gemeinwohlwidrigkeit. Dazu gehört dann allerdings auch die Inkaufnahme der Sanktionsfolgen für begangenen Gesetzesungehorsam. Erst dadurch erhält ziviler Ungehorsam seinen provozierenden Charakter; als vorgebliche Grundrechtsausübung, sozusagen mit freier Rückfahrkarte, stellt er die Dinge auf den Kopf. Ebendies macht seinen Unterschied zu Anarchie und Widerstand aus. Ziviler Ungehorsam bleibt auf dem Boden der bestehenden Ordnung und bejaht diese grundsätzlich.

Die hier genannten Wege sind freilich relative Mittel. Sie haben eine begründete Erfolgschance, aber keine Erfolgsgarantie. Politisches Handeln sucht hier stets nach dem relativen Optimum, auch bei der Verwirklichung von Gerechtigkeit. Der äußerste Fall – die Widerstandslage im totalitären Regime – kann nicht der Orientierungspunkt sein für das Handeln in einer Situation, die noch einer – wenngleich defizitären – Normallage zugehört.

VI.

Es bleibt dem Zusammenhang von Politik und Gerechtigkeit abschließend eine Frage zu stellen: Ist denn Gerechtigkeit das Alpha und Omega für das Leben in einer politischen Gemeinschaft? Reicht die Suche nach und die Verwirklichung von Gerechtigkeit in jedem Fall aus, oder kann es sein, daß Gerechtigkeit überschritten werden muß?

Im Leben des einzelnen gibt es Situationen, wo ein Verfahren nach Recht und Gerechtigkeit, das Bestehen auf der Herstellung von Gerechtigkeit, die Lebenschancen zerstört. In solchen Situationen bedarf es der Verzeihung, religiös gesehen der Vergebung, ist ein Verzicht auf die Einforderung des Rechts nötig, um dadurch neuen Boden zu gewinnen. Beispiele sind etwa eine gravierende Verfehlung in der ehelichen Partnerschaft oder die massive Überschuldung im Geschäftsleben.

Fragen wir weiter: Sind solche Situationen auch im Zusammenleben einer politischen Gemeinschaft möglich? Ich meine: ja. Die staatliche Gemeinschaft ist eine Handlungs- und Wirkungseinheit von Menschen. Als solche ist sie den Gegebenheiten und Verfangenheiten des menschlichen Lebens nicht enthoben, vielmehr spiegeln diese sich auch auf der Ebene des organisierten Zusammenlebens wider. Wie sollte es anders sein? Jüngstes Beispiel ist der politische Umbruch, wie er sich in der Abwendung vom zusammengebrochenen totalitären Regime der ehemaligen DDR erweist.

Wie soll man damit verfahren? Nachträglich das geschehene Unrecht dieser Zeit aufarbeiten und verfolgen? Kann also die Herstellung des Rechtszustandes, wie er vor der Herrschaft des totalitären Systems bestand, die einzige Antwort sein? Oder aber sind wir – entsprechend dem Verzicht auf die Einforderung des Rechts im einzelmenschlichen Leben – angewiesen auf eine politische Amnestie, eine zwar nicht totale, sondern begrenzte Amnestie? Das wäre ein auferlegtes Vergessen und Hinwegsehen über bestimmte Formen unrechten Handelns und der Verstrickung in das Unrechtssystem. Gehört dies zu einer befriedigenden, befriedenden Antwort?

Die Menschen im Westen sollten wissen, wenn nicht aus Einsicht, so wenigstens aus der – leidvollen – Erfahrung mit der NS-Zeit: Überlebenwollen im totalitären Regime ist keine Schande, auch wenn es dabei zu Anpassung und Mitläufertum kommt; es macht die Menschen nicht schon ehrlos. Ferner gilt es zu bedenken: Mit längerer Dauer eines solchen Regimes werden die Verstrickungen größer und intensiver, sofern die Kraft zum Widerstand fehlt. Das ist unvermeidlich. Reicht dies aber aus, um den Stab zu brechen? Widerstand ist kein allgemeines Moralprinzip, keine allgemein einforderbare Pflicht, sondern stets eine Tat weniger – auf volles eigenes Risiko, die gerade deswegen höchste Anerkennung verdient.

Wer über solche Verstrickungen hinwegsieht, wovon freilich vorsätzlich begangene Verbrechen ausgenommen sein sollen, kann durchaus die innere Aufarbeitung des Geschehen bei den Beteiligten positiv beeinflussen. Noch weiter gefragt: Könnte daraus nicht eine ganz neue moralische Kraft entstehen, die die Grundlage einer Versöhnung ist, ohne die ein politisches Gemeinwesen nach einem solchen Umbruch gar nicht auskommt? Hierfür spricht vieles. Um so mehr liegt dann aber ein solches Hinwegsehen gerade im Interesse des Gemeinwohls. Es bedeutete auch nicht eine Verneinung der Gerechtigkeit, sondern nur (aber auch) ein Überschreiten der Gerechtigkeit im Blick auf Neuanfang und Versöhnung. Die Bereitschaft dazu muß eine allgemeine sein, auch die Betroffenen und Opfer des SED-Regimes einschließen. Es wäre ein Schritt in Richtung auf eine »Zivilisation der Liebe«, von der Papst Johannes Paul II. gesagt hat, daß es sie in unserer Zeit aufzurichten gelte.

Kapitel 5

Pflicht, Selbstverpflichtung und Verantwortung

»Tu deine Pflicht!« kann man heute kaum noch einem jungen Menschen sagen, ohne Gelächter zu ernten. Denn *Pflicht* erinnert an Kadavergehorsam und damit an die dunklen Abschnitte der deutschen Geschichte. Friedrich Wilhelm von Preußen zwang seinen Sohn Friedrich, der später der Große genannt wurde, äußerst brutal »in die Pflicht«. Der Wächter im Konzentrationslager erfüllte seine »Pflicht« und führte die Menschen in die Gaskammern. Doch dieses blinde Ausführen von »Pflicht« ist nicht gemeint, wenn in der Ethik von *Pflicht* gesprochen wird.

Pflicht ist ein Grundelement der Ethik, ohne sie kann keine Moral funktionieren. Wenn wir davon ausgehen, daß die Moral aus einer Summe von Werten und Handlungsanweisungen besteht, die das gute Zusammenleben in einer Gemeinschaft zum Ziel haben, dann bedarf es, wie wir gesehen haben, mehrerer Elemente, um die theoretischen Vorstellungen dessen, was das Gute ist, in die Praxis umzusetzen. Eine Voraussetzung ist die Einsicht, daß die Werte und Tugenden, auf die eine Gesellschaft sich geeinigt hat, auch der Erkenntnis des Guten entsprechen. Wer zu dieser Einsicht gelangt ist, daß die Handlungsregelungen der Moral richtig sind, dem bleibt, wenn er vernünftig ist, nichts anderes übrig, als sich nach den moralischen Werten zu richten.

Das Verhalten zu regulieren ist eine wesentliche Aufgabe der Moral. Sie muß festlegen, was gut und böse ist, und dann Mittel finden, die das Handeln des einzelnen der individuellen Willkürlichkeit entzieht. Denn, auch daran sei erinnert, moralisches Tun ist der privaten Entscheidung entzogen, weil die Moral unpersönlich ist. In moralischem Handeln steckt eine unbedingte Regelmäßigkeit, die über die Willkür triumphiert. Deshalb bestimmen die Tugenden, wie man sich im Regelfall zu verhalten hat: Gut handeln heißt dann, gut gehorchen – oder: der Tugend folgen. Jeder kann zwischen Handlungen unterscheiden, die er ausführt, weil er sie gerne tut, und anderen, zu denen er sich verpflichtet fühlt.

Die *Pflicht* bringt zum Ausdruck, daß die agierende Person mittels Einsicht in die Moral weiß, daß sie freiwillig handelt. Allerdings folgt ihr freier Wille einem unbedingten Sollen, das möglicherweise ihren egoistischen Gefühlen widerspricht. Damit ist die Handlung zwar freiwillig, aber nur, weil sie der Einsicht in die Notwendigkeit der Moral folgt. Sie ist gleichzeitig ein Zwang, weil sie keine andere – vielleicht privat bevorzugte – Wahl zuläßt, und somit ist sie *Pflicht*.

Die Gesellschaft achtet eine Person besonders dann als moralisch hochstehend, wenn sie im Konfliktfall gegen ihre persönliche Neigung zugunsten des Wohls der Gesellschaft entscheidet. Doch was verleitet jemanden, seine persönliche Lust zurückzustellen? Es ist die Autorität, die in der Moral steckt. Wir erkennen sie als uns überlegen an, und darin besteht der freiwillige Gehorsam, daraus ergibt sich die *Pflicht*. Und diese *Pflicht* kann sich auf das Verhalten des Menschen zu sich selbst auswirken, was zu der moralisch, nicht egoistisch begründeten Äußerung führen kann: »Ich bin mir das selbst schuldig« (siehe Kant in diesem Kapitel, S. 368 ff.). Viele moralische Beispiele klingen banal, weil sie mitten aus dem Leben gegriffen sind, aber dorthin gehört die Moral ja als allererstes. So ist es eine moralische Pflicht jedes einzelnen gegen sich selbst, seinen Körper nicht durch Drogen oder einen unvernünftigen Lebenswandel zu zerstören. Viele, die an Aids erkrankten, sind dafür nicht verantwortlich. Doch viele haben auch die notwendigen Vorsichtsmaßnahmen aus Leichtsinn außer acht gelassen, obwohl sie von der Gefahr wußten. So zu handeln ist unmoralisch. Denn jeder schuldet sich und der Gesellschaft, gesund zu bleiben. Zwar kann man sich nicht gegen alle Krankheiten wehren, doch darf man sie auch nicht willentlich herbeiführen oder in Kauf nehmen. Ein Kranker belastet nicht nur sich selbst durch seine Schwäche, sondern auch die Gemeinschaft.

Nun kann es zu Konflikten zwischen mehreren *Pflichten* kommen, und es ist in jedem einzelnen Fall schwer, die Entscheidung zu treffen, welche Vorrang hat, da es keine Tabelle der Wertigkeiten gibt. Darf eine Frau einen medizinischen Eingriff erlauben, der ihr hilft, aber im Hinblick auf das Wohl eines zukünftigen Kindes bedenklich ist?[26]

Die *Pflicht* gilt es allerdings zu ergänzen um die *Verantwortung*. Denn es reicht nicht, etwas aus *Pflicht* zu tun, ohne die vorhersehbaren Folgen in Betracht zu ziehen. Max Weber macht einen Unterschied zwischen der Gesinnungsethik, »tu Gutes, was auch immer dabei heraus kommt«, und der Verantwortungsethik (siehe Weber in diesem Kapitel, S. 380 ff.): »Handle nicht, ohne die Folgen deines Tuns für die Gesellschaft bedacht zu haben.«

Verantwortung bedeutet, daß eine Person für die übernommene Aufgabe zur Rechenschaft gezogen wird, etwa vom eigenen Gewissen, den Mitmenschen oder einem Gericht. Die *Verantwortung* gerade der Politiker als Machthabenden ist in diesem Jahrhundert so stark gefordert worden, daß Hans Jonas (siehe S. 384 ff.) meint, *Verantwortung* sei eine *Pflicht* derjenigen, die die Macht ausüben. Allerdings kann dann auch – im Umkehrschluß – der zivile Ungehorsam aus Verantwortung zur Pflicht werden.

Die *Verantwortung* des Handelnden hat aus mehreren Gründen eine wachsende Bedeutung in der Ethik erhalten: Zum einen hat sich im Westen die Demokratie zunehmend durchgesetzt. Demokratische Politiker werden vom Volk gewählt, dem gegenüber sie verantwortlich sein sollten. Bisher konnten weder Kaiser, König noch Tyrann von ihren Untertanen zur Rechenschaft gezogen werden, da sie ihre Autorität nicht vom Volk bezogen. Verantwortliches Handeln muß aber nicht nur von Politikern, sondern von all jenen, die in den Bereich der Macht gezählt werden können, gefordert werden. Das betrifft heute auch die Medien und jene NGO, Non Governmental Organizations, die in der Öffentlichkeit eine große Glaubwürdigkeit besitzen und mit ihren moralischen Aufrufen zum Schutz bedrohter Wälder, Völker, Wale, Meere etc. zunehmend Einfluß auf gesellschaftliche Entscheidungen erhalten.

Da heute die Mehrheit der Menschen nicht genügend Spezialwissen besitzt, um gewisse Vorgänge beurteilen zu können, erhalten diejenigen für ihre Behauptungen mehr Vertrauen, die über eine größere Glaubwürdigkeit verfügen, und das sind meist nicht die Politiker. Das aber veranlaßt manch eine Vereinigung zu spektakulären Aktionen mit großen Wirkungen: Greenpeace gelang es, die Versenkung der Ölplattform Brent Spar, durch die Schadstoffe ins Meer gelangt wären, zu verhindern. Niemand hatte eine rechte Ahnung, wie sich die Versenkung auf die Umwelt auswirken könnte, auch jene Politiker nicht, die sich dem Druck der Öffentlichkeit beugten. Wissenschaftler veröffentlichten wenige Wochen später Forschungsergebnisse die besagen, daß ähnliche Stoffe zu Unmengen aus dem Erdboden in die Meere dringen und zum ökologischen Gleichgewicht beitragen.

Zum zweiten hat der technologische Fortschritt so viel Neues ermöglicht und Bestehendes verändert, daß die Handlungen des Menschen nicht nur die Gegenwart beeinflussen, sondern auf Jahrtausende wirksam bleiben werden. Man denke nur an die Strahlung des vom Menschen geschaffenen Atommülls.

Wissenschaftler stehen immer häufiger vor der Frage, wie sich ihre Forschungsergebnisse auswirken werden. Diejenigen, die an der Atombombe gearbeitet haben – beseelt von dem Gedanken, den Faschismus zu besiegen –, machten eine furchtbare Erfahrung: Sie haben die Folgen erst hinterher überdacht, (siehe S. 415 ff.), genauso wie diejenigen, die die Atombombe über Japan abgeworfen haben (siehe S. 394 ff.). Wenn es die Tugend der *Gerechtigkeit* fordert, daß jede Generation der nächsten die Erde in dem Zustand übergibt, wie sie sie empfangen hat, dann ist verantwortliches Handeln in Fragen der Umwelt erstes Gebot. Und das bedeutet, nach all den Schäden, die schon angerichtet worden sind: Sofort mit der Reparatur beginnen!

Epiktet

Tu immer deine Pflicht!

Unsere Pflichten bemessen sich im allgemeinen nach unseren sozialen Beziehungen. Da ist ein Vater: es ist einem auferlegt, sich um ihn zu kümmern, ihm in allem den Vortritt zu lassen, es zu ertragen, wenn er schimpft und einen schlägt. »Aber er ist ein schlechter Vater.« Hat dich die Natur etwa mit einem *guten* Vater in Beziehung gebracht? Nein, nur mit einem Vater. »Mein Bruder tut mir unrecht.« Gut, aber halte an deiner Einstellung ihm gegenüber fest; gib nicht darauf acht, was er tut, sondern was du tun mußt, wenn deine sittlichen Grundsätze mit der Natur übereinstimmen sollen. Denn kein anderer wird dir schaden, wenn du es nicht willst. Dann aber wirst du geschädigt sein, wenn du annimmst, daß du geschädigt wirst.

So wirst du auch die Pflichten deines Nachbarn, deines Mitbürgers und deines Feldherrn dir gegenüber erkennen, wenn du dich daran gewöhnst, deine sozialen Beziehungen zu ihnen richtig zu sehen.

Immanuel Kant

Anfangsgründe der Tugendlehre: Pflicht

§ 1
Der Begriff einer Pflicht gegen sich selbst enthält (dem ersten Anscheine nach) einen Widerspruch

Wenn das verpflichtende Ich mit dem verpflichteten in einerlei Sinn genommen wird, so ist Pflicht gegen sich selbst ein sich widersprechender Begriff. Denn in dem Begriffe der Pflicht ist der einer passiven Nötigung enthalten (ich werde verbunden). Darin aber, daß es eine Pflicht gegen mich selbst ist, stelle ich mich als verbindend, mithin in einer aktiven Nötigung vor (Ich, ebendasselbe Subjekt, bin der Verbindende); und der Satz, der eine Pflicht gegen sich selbst ausspricht (ich soll mich selbst verbinden), würde eine Verbindlichkeit, verbunden zu sein (passive Obligation, die doch zugleich, in demselben Sinne des Verhältnisses, eine aktive wäre), mithin einen Widerspruch enthalten. – Man kann diesen Widerspruch auch dadurch ins Licht stellen, daß man zeigt, der Verbindende *(auctor obligationis)* könne den Verbundenen *(subiectum obligationis)* jederzeit von der Verbindlichkeit *(terminus obligationis)* lossprechen; mithin (wenn beide einunddasselbe Subjekt sind) er sei an eine Pflicht, die er sich auferlegt, gar nicht gebunden; welches einen Widerspruch enthält.

§ 2
Es gibt doch Pflichten des Menschen gegen sich selbst

Denn setzet: es gebe keine solche Pflichten, so würde es überall gar keine, auch keine äußeren Pflichten geben. – Denn ich kann mich gegen Andere nicht für verbunden erkennen, als nur sofern ich zugleich mich selbst verbinde: weil das Gesetz, kraft dessen ich mich für verbunden achte, in allen Fällen aus meiner eigenen praktischen Vernunft hervorgeht, durch welche ich genötigt werde, indem ich zugleich der Nötigende in Ansehung meiner selbst bin.*

§ 3
Aufschluß dieser scheinbaren Antinomie

Der Mensch betrachtet sich, in dem Bewußtsein einer Pflicht gegen sich selbst, als Subjekt derselben, in zwiefacher Qualität: erstlich als Sinnenwesen, d. i. als Mensch (zu einer der Tierarten gehörig); dann aber auch als Vernunftwesen (nicht bloß vernünftiges Wesen, weil die Vernunft nach ihrem theoretischen Vermögen wohl auch die Qualität eines lebenden körperlichen Wesens sein könnte), welches kein Sinn erreicht und das sich nur in moralisch-praktischen Verhältnissen, wo die unbegreifliche Eigenschaft der Freiheit sich durch den Einfluß der Vernunft auf den innerlich gesetzgebenden Willen offenbar macht, erkennen läßt.

Der Mensch nun, als vernünftiges Naturwesen *(homo phaenomenon)*, ist durch seine Vernunft, als Ursache, bestimmbar zu Handlungen in der Sinnenwelt, und hierbei kommt der Begriff einer Verbindlichkeit noch nicht in Betrachtung. Ebenderselbe aber seiner Persönlichkeit nach, d. i. als mit innerer Freiheit begabtes Wesen *(homo noumenon)* gedacht, ist ein der Verpflichtung fähiges Wesen, und zwar gegen sich selbst (die Menschheit in seiner Person) betrachtet, so: daß der Mensch (in zweierlei Bedeutung betrachtet), ohne in Widerspruch mit sich zu geraten (weil der Begriff vom Menschen nicht in einem und demselben Sinn gedacht wird), eine Pflicht gegen sich selbst anerkennen kann.

§ 4
Vom Prinzip der Einteilung der Pflichten gegen sich selbst

Die Einteilung kann nur in Ansehung des Objekts der Pflicht, nicht in Ansehung des sich verpflichtenden Subjekts gemacht werden. Das verpflichtete sowohl als das verpflichtende Subjekt ist immer nur der

---

* (Zu S. 368): So sagt man, wenn es z. B. einen Punkt meiner Ehrenrettung oder der Selbsterhaltung betrifft: »Ich bin mir das selbst schuldig.« Selbst wenn es Pflichten von minderer Bedeutung, die nämlich nicht das Notwendige, sondern nur das Verdienstliche meiner Pflichtbefolgung betreffen, spreche ich so, z. B.: »Ich bin es mir selbst schuldig, meine Geschicklichkeit für den Umgang mit Menschen usw. zu erweitern (mich zu kultivieren).«

Mensch, und wenn es uns, in theoretischer Rücksicht, gleich erlaubt ist, im Menschen Seele und Körper als Naturbeschaffenheiten des Menschen voneinander zu unterscheiden, so ist es doch nicht erlaubt, sie als verschiedene den Menschen verpflichtende Substanzen zu denken, um zur Einteilung der Pflichten gegen den Körper und gegen die Seele berechtigt zu sein. – Wir sind, weder durch Erfahrung, noch durch Schlüsse der Vernunft, hinreichend darüber belehrt, ob der Mensch eine Seele (als in ihm wohnende, vom Körper unterschiedene, und von diesem unabhängig zu denken vermögende, d. i. geistige Substanz) enthalte, oder ob nicht vielmehr das Leben eine Eigenschaft der Materie sein möge, und, wenn es sich auch auf die erstere Art verhielte, so würde doch keine Pflicht des Menschen gegen einen Körper (als verpflichtendes Subjekt), ob er gleich der menschliche ist, denkbar sein.

1. Es wird daher nur eine objektive Einteilung der Pflichten gegen sich selbst in das Formale und Materiale derselben stattfinden; wovon die einen einschränkend (negative Pflichten), die anderen erweiternd (positive Pflichten gegen sich selbst) sind: jene, welche dem Menschen in Ansehung des Zwecks seiner Natur verbieten, demselben zuwider zu handeln, mithin bloß auf die moralische Selbsterhaltung, diese, welche gebieten, sich einen gewissen Gegenstand der Willkür zum Zweck zu machen und auf die Vervollkommnung seiner selbst gehen: von welchen beide zur Tugend, entweder als Unterlassungspflichten *(sustine et abstine)* oder als Begehungspflichten *(viribus concessis utere)*, beide aber als Tugendpflichten gehören. Die ersteren gehören zur moralischen Gesundheit *(ad esse)* des Menschen, sowohl als Gegenstandes seiner äußeren, als seines inneren Sinnes, zu Erhaltung seiner Natur in ihrer Vollkommenheit (als Rezeptivität). Die anderen zur moralischen Wohlhabenheit *(ad melius esse; opulentia moralis)*, welche in dem Besitz eines zu allen Zwecken hinreichenden Vermögens besteht, sofern dieses erwerblich ist und zur Kultur als tätiger Vollkommenheit) seiner selbst gehört. – Der erste Grundsatz der Pflicht gegen sich selbst liegt in dem Spruch: Lebe der Natur gemäß (naturae convenienter vive), d. i. erhalte dich in der Vollkommenheit deiner Natur; der zweite in dem Satz: Mache dich vollkommener, als die bloße Natur dich schuf *(perfice te ut finem; perfice te ut medium)*.

2. Es wird eine subjektive Einteilung der Pflichten des Menschen gegen sich selbst stattfinden, d. i. eine solche, nach der das Subjekt der Pflicht (der Mensch) sich selbst, entweder als animalisches (physisches) und zugleich moralisches, oder bloß als moralisches Wesen betrachtet.

Da sind nun die Antriebe der Natur, was die Tierheit des Menschen betrifft: a) der, durch welchen die Natur die Erhaltung seiner selbst, b) die Erhaltung der Art, c) die Erhaltung seines Vermögens zum angenehmen, aber doch nur tierischen Lebensgenuß beabsichtigt. – Die Laster, welche hier der Pflicht des Menschen gegen sich selbst widerstreiten, sind: der Selbstmord, der unnatürliche Gebrauch, den jemand von der Geschlechtsneigung macht, und der, das Vermögen zum zweckmäßigen Gebrauch seiner Kräfte schwächende, unmäßige Genuß der Nahrungsmittel.

Was aber die Pflicht des Menschen gegen sich selbst bloß als moralisches Wesen (ohne auf seine Tierheit zu sehen) betrifft, so besteht sie im Formalen, der Übereinstimmung der Maximen seines Willens mit der Würde der Menschheit in seiner Person; also im Verbot, daß er sich selbst des Vorzugs eines moralischen Wesens, nämlich nach Prinzipien zu handeln, d. i. der inneren Freiheit, nicht beraube und dadurch zum Spiel bloßer Neigungen, also zur Sache, mache. – Die Laster, welche dieser Pflicht entgegenstehen, sind: die Lüge, der Geiz und die falsche Demut (Kriecherei). Diese nehmen sich Grundsätze, welche ihrem Charakter als moralischer Wesen, d. i. der inneren Freiheit, der angeborenen Würde des Menschen geradezu (schon der Form nach) widersprechen, welches soviel sagt: sie machen es sich zum Grundsatz, keinen Grundsatz, und so auch keinen Charakter, zu haben, d. i. sich wegzuwerfen und sich zum Gegenstande der Verachtung zu machen. – Die Tugend, welche allen diesen Lastern entgegensteht, könnte die Ehrliebe *(honestas interna, iustum sui aestimium)*, eine von der Ehrbegierde *(ambitio)* (welche auch sehr niederträchtig sein kann) himmelweit unterschiedene Denkungsart, genannt werden, wird aber unter dieser Betitelung in der Folge besonders vorkommen.

Arthur Schopenhauer

Pflicht und Schuldigkeit

(...)

Da nun hier der Begriff der *Verpflichtung* zur Sprache gekommen, ist es der Ort, den in der Ethik wie im Leben so häufig angewandten Begriff der *Pflicht*, dem jedoch eine zu große Ausdehnung gegeben wird, festzustellen. Wir haben gefunden, daß das Unrecht allemal in der Verletzung eines andern besteht, sei es an seiner Person, seiner Freiheit, seinem Eigentum oder seiner Ehre. Hieraus scheint zu folgen, daß jedes Unrecht ein positiver Angriff, eine Tat sein müsse. Allein es gibt Handlungen, deren bloße *Unterlassung* ein Unrecht ist: solche Handlungen heißen *Pflichten*. Dieses ist die wahre philosophische Definition des Begriffs der *Pflicht*, welcher hingegen alle Eigentümlichkeit einbüßt und dadurch verlorengeht, wenn man wie in der bisherigen Moral jede lobenswerte Handlungsweise *Pflicht* nennen will, wobei man vergißt, daß, was *Pflicht* ist, auch *Schuldigkeit* sein muß. Pflicht, τὸ δέον, le devoir, duty *ist also eine Handlung, durch deren bloße Unterlassung man einen andern verletzt, d. h. Unrecht begeht*. Offenbar kann dies nur dadurch der Fall sein, daß der Unterlasser sich zu einer solchen Handlung anheischig gemacht, d. h. eben *verpflichtet* hat. Demnach beruhen alle Pflichten auf eingegangener Verpflichtung. Diese ist in der Regel eine ausdrückliche gegenseitige Übereinkunft, wie z. B. zwischen Fürst und Volk, Regierung und Beamten, Herrn und Diener, Advokat und Klienten, Arzt und Kranken, überhaupt zwischen einem jeden, der eine Leistung irgendeiner Art übernommen hat, und seinem Besteller im weitesten Sinne des Worts. Darum gibt jede Pflicht ein Recht, weil keiner sich ohne Motiv, d. h. hier: ohne irgendeinen Vorteil für sich verpflichten kann. Nur *eine* Verpflichtung ist mir bekannt, die *nicht* mittelst einer Übereinkunft, sondern unmittelbar durch eine bloße Handlung übernommen wird; weil der, gegen den man sie hat, noch nicht da war, als man sie übernahm: es ist die der Eltern gegen ihre Kinder. Wer ein Kind in die Welt setzt, hat die *Pflicht*, es zu erhalten, bis es sich selbst zu erhalten fähig ist: und sollte diese Zeit wie bei einem Blinden, Krüppel, Kretinen u. dgl. *nie* eintreten, so hört auch die Pflicht nie auf. Denn durch das bloße Nichtleisten der Hülfe, also eine Unterlassung, würde er sein Kind verletzen, ja dem Untergange zuführen. Die moralische Pflicht der Kinder gegen die Eltern ist nicht so unmittelbar und entschieden. Sie beruht darauf, daß, weil jede Pflicht ein Recht gibt, auch die Eltern eines gegen die Kinder haben müssen, welches bei diesen die Pflicht des Gehorsams begründet, die aber nachmals mit dem Recht, aus welchem sie entstanden ist, auch aufhört. An ihre Stelle wird alsdann Dankbarkeit treten für das, was die Eltern mehr getan, als strenge ihre Pflicht war. Jedoch, ein so häßliches, oft selbst empörendes Laster auch der Undank ist; so ist Dankbarkeit doch nicht *Pflicht* zu nennen: weil ihr Ausbleiben keine Verletzung des andern, also kein *Unrecht* ist. Außerdem müßte der Wohltäter vermeint haben, stillschweigend einen Handel abzuschließen. – Allenfalls könnte man als unmittelbar durch eine Handlung entstehende Verpflichtung den Ersatz für angerichteten Schaden geltend machen. Jedoch ist dieser als Aufhebung der Folgen einer ungerechten Handlung eine bloße Bemühung, sie auszulöschen, etwas rein Negatives, das darauf beruht, daß die Handlung selbst hätte unterbleiben sollen. – Noch sei hier bemerkt, daß die Billigkeit der Feind der Gerechtigkeit ist und ihr oft gröblich zusetzt: daher man ihr nicht zuviel einräumen soll. Der Deutsche ist ein Freund der Billigkeit, der Engländer hält es mit der Gerechtigkeit.

Johann Heinrich Pestalozzi

Gemeingeist und Gemeinkraft

Ein schwatzender Gaukler klagte, es sei so wenig Gemeingeist unter den Menschen.

Ein Bauer, der ihn hörte, antwortete ihm: »Ich fordere von meinem Zugvieh keinen Gemeingeist, ich fordere von ihm nur Gemeinkraft.«

Dieses Wort ist im Munde eines Mannes, der mit Vieh umgeht und das Vieh braucht, ganz passend, aber für das Menschengeschlecht ist es bei weitem nicht auf gleiche Weise anwendbar. Gemeinkraft ohne Gemeingeist ist für das Menschengeschlecht keine Menschenkraft, sie ist für dasselbe eine reine, völlig vom menschlichen Geist und vom menschlichen Herzen entblößte Tierkraft; aber wenn man denkt, was es braucht, ein Volk zu *der* menschlichen Kraft zu erheben, die nicht bloß Spielerei des Gemeingeists, sondern wahrer Gemeingeist ist, so muß man in Rücksicht auf die Kunstführung der Völker, die man Politik nennt, auch das Wort anwenden, das uns in religiöser Hinsicht gegeben ist: *Der Geist ist zwar geneigt, aber das Fleisch ist schwach.* Wir können es uns nicht verhehlen; der Geist und Sinn unserer Zeit ist in der Bildung der Gemeinkraft der Völker weit, sehr weit mehr vorgeschritten, als in der Bildung seines Gemeingeists.

Man kann seine Pflicht »erfüllen«, »tun«. Das dem Menschen als Pflicht Auferlegte ist ein ganz bestimmtes, im vorhinein genau kalkulierbares Maß an Aufgaben, das, wenn man es getreu bewältigt hat, eine gewisse innere Zufriedenheit mit sich bringt: Man hat eben seine »Pflicht getan«. Und das ist gewiß nicht wenig. Aber die Bürde der Pflicht ist verhältnismäßig leicht zu tragen.

Verhältnismäßig – wenn man nämlich Pflicht und Verantwortung miteinander vergleicht. Mit der Verantwortung steht es anders. Das wird bereits deutlich, wenn man die sprachlichen Wendungen betrachtet, in denen von Verantwortung die Rede ist: Man »trägt« Verantwortung, sie ist also eine Last, ja sie »lastet« auf einem als etwas schwer zu Tragendes, und darum kann man versucht sein, sich der Verantwortung zu »entledigen«, ihr zu »entfliehen«.

Was nun hier mit Verantwortung zu tragen und zu tun ist, zeigt sich dem Menschen nicht als ein nach allen Seiten klar Umgrenztes und fest Bestimmtes, sondern es führt einen Unsicherheitsfaktor mit sich, den man eben zu verantworten hat. *Heinrich Klomps*

Emmanuel Lévinas

Das Ich kann nicht vertreten werden
Die Ethik als Verantwortlichkeit für den Anderen

Nein, nein, wir waren uns nicht einig. Ich habe Martin Buber hochachtungsvoll vorgeworfen, daß das von ihm entworfene Ich-Du-Verhältnis ätherisch sei – ein rein geistiges Verständnis zweier Menschen, die sich in die Augen schauen. Mir aber scheint das Verhältnis zwischen dem Ich und dem Du weniger geistig, vielmehr von der Verantwortung bestimmt zu sein. Buber antwortete mir, daß man zwar Verantwortung haben könne – man kann Nackte kleiden – und doch nicht notwendigerweise die richtige Beziehung vom Ich zum Du. Darauf schrieb ich ihm, man könne zwischen dem Geben und dem Verhältnis nicht unterscheiden. Denn Sprechen genüge ja nicht. Das In-die-Augen-Schauen genügt nicht. Man soll nicht mit leeren Händen kommen. Ich erinnerte an Maine de Biran, dem zufolge jede Geistesbewegung zugleich eine Muskelbewegung ist. Groß ist das Essen, groß ist das Schlucken, heißt es bei ihm. Essengeben und Schlucken gehören zusammen. Darauf hat Martin Buber dann nicht mehr geantwortet.

Das ökonomische Verhältnis, das Geben, scheint mir also im Mittelpunkt der Beziehung zum Anderen zu stehen. Damit rechtfertigt sich die materielle Welt. Sie macht es möglich, daß eine zwischenmenschliche Beziehung überhaupt zustande kommt. Das Materielle hat diesen Sinn: daß man teilen, mitteilen kann. Mitteilung ist eben Teilung, und dies ist nicht nur im Sinne des rein Kommunikativen zu verstehen. Buber hat das alles auch gesehen. Aber es gibt bei ihm doch eine gewisse Verherrlichung der Kommunikation, der Gegenseitigkeit, der Reziprozität. Ich bin gewiß der, der gibt. Aber ich bin auch der, der bekommt. Vielleicht ist das der Hauptunterschied zwischen uns beiden. Mir scheint das Zwischenmenschliche nie reziprok zu sein.

Vielmehr stellt sich die Welt mir so dar, daß das Ich nie aus seiner außerordentlichen Situation als Gebendes herauskommt. Das Ich ist immer derjenige, der verpflichtet ist. Freilich, wenn ein Dritter erscheint, muß man sich entscheiden. Von diesem Augenblick an beginnt eine gewisse Vergleichung des Subjektiven. Und es beginnt, was man Gerechtigkeit nennt – wo ich auch in Betracht komme. Dieses »In-Betracht-Kommen des Ich«, das in der Gesellschaft beginnt, ist immer im Ersten verwurzelt, indem ich der einzig Verpflichtete bin.

Gerade in diesem Sinne schien mir, daß Bubers Reziprozität das Ursprüngliche immer überspringt. Bubers Auffassung stammt aus der demokratischen Welt, in der »Gleichheit« herrscht. Doch gegen Bubers Behauptung der Ursprünglichkeit der Gleichheit sage ich, daß der Andere immer wichtiger ist als ich. Diese Verpflichtungssituation ist entscheidend und kann nicht überwunden werden. Auch in der Gesellschaft, in der alle als gleich anerkannt sein sollen, wurzelt die Verpflichtung in der unabdingbaren Verpflichtung dem Anderen gegenüber.

Buber setzt Ich und Du als Punkte, die zueinander im Verhältnis stehen. Worin aber die Einzigkeit des Ich besteht, sagt er nicht. Das wird nicht zum Problem. Aber das Ich kann nicht ersetzt werden, darauf kommt es an. Das ist Auserwählung! Entscheidend ist, daß man die Einzigkeit des Ich nicht denken kann ohne ethischen Zusammenhang. Die These in »Autrement qu'être ou au delà de l'essence« ist, daß das Ich Stellvertreter, ja Geisel des Anderen ist.

Bubers Auffassung ist dagegen mit dem Liberalen verbunden. Der Gedanke, daß ich Geisel des Anderen bin, ist mit diesem Denken nicht vereinbar. »Ich und Du« wurde ja auch schon im Jahre 1923 publiziert – vor Hitler. Mich erinnert diese Philosophie vor 1933 an die Pubertät eines Menschen. Buber lebte in einer Welt, in der gewissermaßen noch harmonische Beziehungen vorherrschten, in einer Gesellschaft des Anständigen. Er verkehrte in einer anständigen Welt. In der traditionellen Philosophie kann ich durch Sympathie verstehen, was dem Anderen fehlt. Buber geht weiter – er spricht von »Umfassung«. Mit der »Umfassung« bin ich beim Anderen nicht in der Reflexion, sondern im Erlebnis selbst. In »Ich und Du« ist das Miteinander unmittelbar erlebt, nicht nur gewußt. In der Einfühlung vergißt sich das Ich und erscheint sich selbst nicht wie das Du des Du. Ich fühle den Anderen als denjenigen, der mich fühlt. Ich fühle dies, indem ich ihn fühle. Die Reziprozität, von der ich sprach, ist hier in voller Entfaltung – sie überspringt das Ursprüngliche. Ursprünglich bin Ich aber derjenige, der für jeden Anderen leiden kann. Gerade dies ist unersetzlich.

Das Ethische erscheint mir also als der Anfang des Sinnes. Es geht hier nicht um Behauptung, Antwort – sondern um Verantwortung. Denn das Ethische versteht sich ja keineswegs von selbst. Meiner Meinung nach ist aber gerade das Ethische als Struktur noch nie genügend bewundert worden. Für Heidegger beispielsweise war die Moral immer etwas Sekundäres, etwas Zweitrangiges, etwas Späteres, etwas, das schon eine gewisse Ontologie voraussetzt. Heidegger lehnte es deswegen sogar ab, eine Ethik zu schreiben. In diesem Sinne bin ich ganz gegen ihn. Denn meiner Meinung nach ist immer das Ethische, das Verhältnis zum Anderen, maßgebend für den Begriff des Seins. Deswegen lautet der Titel meines Hauptbuches »Autrement qu'être«: Anders als Sein nicht Anderssein. Das Verhältnis zum Anderen ist etwas Originäres. Das Ethische ist vor-ontologisch. Es ist nicht eine Schicht, die das Ontologische bedeckt. Es steht vorher als der Anfang des Sinnes. Es ist ein Versuch, nicht von der Welt her zu denken, sondern vom Anderen – von der Nacktheit des Gesichtes, das mir begegnet.

Denn es scheint wirklich so, daß die Freiheit nicht das erste ist, was das Mensch-Sein bestimmt. Das erste ist die unendliche Verpflichtung, die unendliche Verpflichtung des Ich – auch wenn wir in der Gesellschaft, in der ja schon immer ein Dritter dabei ist, nicht mehr in dieser Schärfe der Einzigkeit des Ich leben. Wenn aber diese Schärfe verlorengeht, dann besteht die Gefahr, daß im Menschen die Bestie sich wieder zeigt. Dann ist der Staat die einzige Grenze zu diesem Zustand. Hobbes sah aus einer ähnlichen Perspektive im Staat die begrenzte Gier. Ich sehe im Staat das begrenzte Geisel-Sein. Verstehen Sie: Wenn man mehr als zwei ist, also in der Gesellschaft, muß man vergleichen, kalkulieren. In der ursprünglichen Situation gibt es keine Berechnung.

Diese Gefahr, die mit dem Allgemeinen, dem Staat, verbunden ist – das ist die große Wahrheit des Hegelschen Denkens –, läßt die Grenze zum Totalitarismus erkennen. Dagegen muß man an das Ethische erinnern, verstanden als das Verhältnis zum Anderen, als Verantwortlichkeit für den Anderen. Das ist die notwendige Gegenmaßnahme gegen diese Verwechslung des Staatlichen mit dem Totalitären. Das jüdische Denken hat immer diese Einstellung zum Staat gehabt: Das Moralische ist diesem Denken seit je wichtiger als das Politische. Der Staat, von dem im Alten Testament gesprochen wird, geht unter, weil die Menschen, die Einwohner nicht moralisch sind. Die Erde speit das Ungerechte aus. Ein solcher Staat muß zugrunde gehen. Das ist der Hauptgedanke der ganzen heiligen Geschichte. Diese Priorität des Ethischen ist von den jüdischen Denkern immer behauptet worden. Natürlich wird dies immer als Unverständnis für das Staatliche verstanden. Doch die Unmöglichkeit, den Maßstab des Politischen zum Maßstab des Geistigen zu nehmen, ist die Erfahrung unserer Generation.

Denn das Heilige hat zunächst einen sakramentalen Sinn. Es gibt heilige Orte, heilige Worte, heilige Handlungen. Dieses Heilige wird nicht mehr geachtet. Das einzige, was dahinter noch immer tabu und unantastbar bleibt, ist das Ethische. Das Leben eines Menschen ist heilig. Der Unterschied zwischen diesem Heiligen, das wirklich das geistige Heilige ist, und dem sakramentalen, mythischen Heiligen ist aber in den Quellen des jüdischen Denkens der dauernde Stoff der Reibung. Die ganze Moderne entspringt diesem Denken der Bibel. Und sofern die moderne Welt zur Bibel gehört, ist dies also auch in der modernen Welt der permanente Konfliktstoff. Das andere Heilige, das Sakramentale, kommt sehr oft in Konflikt mit dem echten Heiligen. (Im Deutschen gibt es leider nur ein Wort für das Heilige. Im Französischen unterscheidet man hingegen »saint« und »sacre«. Das »sacre« findet sich in der Ideologie. Es gibt einen Kult des »sacre«, der nichts mit dem Kult des Heiligen zu tun hat, es gibt Vorurteile, einen Kult der Persönlichkeit – das Gegenteil des Bezuges zum Anderen.)

Heute aber werden die Werte nicht umgewertet, sondern schlicht entwertet. Man glaubt fast an nichts. Der einzige Wert, der dennoch besteht, noch in ganzer Kraft besteht, ist der Wert des Anderen. Man kann sagen, daß dies von einem neuen Humanismus zeugt. Neu daran ist: Es geht nicht darum, daß der Mensch als solcher Wert hat, sondern als der Andere. Als der Andere geht er meinem Wert vor.

So verstehe ich auch »Subjektivität« – als Geisel dieser Erkenntnis. Das Subjekt steht dem Anderen ganz passiv gegenüber. Es kann erst Ich werden, weil in der Verpflichtung gegenüber dem Anderen niemand an meine Stelle treten kann. Ich bin verpflichtet, ohne daß man mich vertreten kann. Das Ich ist das Nicht-vertreten-werden-Können. Die Einzigkeit des Ich ist kein abstrakter Begriff, sie versteht sich von der konkreten Lage des Verhältnisses zum Anderen. Von der Subjektivität muß man also sagen, daß das Ich im Verhältnis zum Anderen nicht frei ist. Die Ich-Werdung geschieht in dieser Verantwortlichkeit für den Anderen.

Der Sinn der Welt entspringt aus dem Sinn des Anderen. Auch in der Libido, im Sexuellen besteht das starke Moment darin, daß es der Andere ist. Die Hauptsache ist nicht das Selbstbewußtsein, sondern das Verhältnis zum Anderen. Die ganze Philosophie im Westen war die Philosophie des Selbstbewußtseins, des Zu-sich-Kommens. Das in Wahrheit Menschliche und Geistige ist aber nicht das Zu-sich-Kommen, sondern eigentlich das Aus-sich-Heraustreten, das Zum-Anderen-Kommen. Auch die vielen Weisen der Rede von Einfühlung deuten darauf hin. Die Einfühlung setzt voraus, daß ich mich an die Stelle des Anderen setzen kann. Das geht so weit, daß das Sein des Ich Sühne ist. Das scheint utopisch, ist aber in Wirklichkeit die Bedingung der Möglichkeit jedes wahrhaft menschlichen Verhaltens. Also ist der letzte Wert der Andere. Wo ich dem Anderen begegne? Überall, überall.

Das mag vielleicht an Christus erinnern. Doch im Christentum wird delegiert. Aber jeder ist gemeint. Mich erinnert diese Betrachtung des Seins an Jesaja 53, an das Lied vom Gottesknecht: »Wie einer, vor dem man das Gesicht verhüllt, war er verachtet; wir schätzten ihn nicht. – Aber er hat unsere Krankheit getragen und unsere Schmerzen auf sich geladen. Zu unserem Heil lag Strafe auf ihm, durch seine Wunden sind wir geheilt. Der Plan des Herrn wird durch ihn gelingen.«

Mensch sein heißt, das gegenüber seiende Wesen sein. Die Einsicht in diesen schlichten Sachverhalt ist im Gang meines Lebens gewachsen. Wohl sind allerhand andere Sätze gleichen Subjekts und ähnlicher Konstruktion geäußert worden, und ich halte manche davon durchaus nicht für unrichtig; mein Wissen geht nur eben dahin, daß es dies ist, worauf es ankommt. *Martin Buber*

Max Weber

Gesinnungsethik und Verantwortungsethik

(…)
Da liegt der entscheidende Punkt. Wir müssen uns klarmachen, daß alles ethisch orientierte Handeln unter *zwei* voneinander grundverschiedenen, unaustragbar gegensätzlichen Maximen stehen kann: es kann »gesinnungsethisch« oder »verantwortungsethisch« orientiert sein. Nicht daß Gesinnungsethik mit Verantwortungslosigkeit und Verantwortungsethik mit Gesinnungslosigkeit identisch wäre. Davon ist natürlich keine Rede. Aber es ist ein abgrundtiefer Gegensatz, ob man unter der gesinnungsethischen Maxime handelt – religiös geredet –: »Der Christ tut recht und stellt den Erfolg Gott anheim«, *oder* unter der verantwortungsethischen: daß man für die (voraussehbaren) *Folgen* seines Handelns aufzukommen hat. Man mag einem überzeugten gesinnungsethischen Syndikalisten noch so überzeugend darlegen, daß die Folgen seines Tuns die Steigerung der Chancen der Reaktion, gesteigerte Bedrückung seiner Klasse, Hemmung ihres Aufstiegs sein werden – und es wird auf ihn gar keinen Eindruck machen. Wenn die Folgen einer aus reiner Gesinnung fließenden Handlung üble sind, so gilt ihm nicht der Handelnde, sondern die Welt dafür verantwortlich, die Dummheit der anderen Menschen oder – der Wille des Gottes, der sie so schuf. Der Verantwortungsethiker dagegen rechnet mit eben jenen durchschnittlichen Defekten der Menschen – er hat, wie Fichte richtig gesagt hat, gar kein Recht, ihre Güte und Vollkommenheit vorauszusetzen, er fühlt sich nicht in der Lage, die Folgen eigenen Tuns, soweit er sie voraussehen konnte, auf andere abzuwälzen. Er wird sagen: diese Folgen werden meinem Tun zugerechnet. »Verantwortlich« fühlt sich der Gesinnungsethiker nur dafür, daß die Flamme der reinen Gesinnung, die Flamme z. B. des Protestes gegen die Ungerechtigkeit der sozialen Ordnung, nicht erlischt. Sie stets neu anzufachen, ist der Zweck seiner, vom möglichen Erfolg her beurteilt, ganz irrationalen Taten, die nur exemplarischen Wert haben können und sollen.

Aber auch damit ist das Problem noch nicht zu Ende. Keine Ethik der Welt kommt um die Tatsache herum, daß die Erreichung »guter« Zwecke in zahlreichen Fällen daran gebunden ist, daß man sittlich bedenkliche oder mindestens gefährliche Mittel und die Möglichkeit oder auch die Wahrscheinlichkeit übler Nebenerfolge mit in den Kauf nimmt, und keine Ethik der Welt kann ergeben: wann und in welchem Umfang der ethisch gute Zweck die ethisch gefährlichen Mittel und Nebenerfolge »heiligt«.

Für die Politik ist das entscheidende Mittel: die Gewaltsamkeit, und wie groß die Tragweite der Spannung zwischen Mittel und Zweck, ethisch angesehen, ist, kann man daraus entnehmen, daß, wie jedermann weiß, sich die revolutionären Sozialisten (Zimmerwalder Richtung) schon während des Krieges zu dem Prinzip bekannten, welches man dahin prägnant formulieren könnte: »Wenn wir vor der Wahl stehen, entweder noch einige Jahre Krieg und dann Revolution oder jetzt Friede und keine Revolution, so wählen wir: noch einige Jahre Krieg!« Auf die weitere Frage: »Was kann diese Revolution mit sich bringen?«, würde jeder wissenschaftlich geschulte Sozialist geantwortet haben: daß von einem Übergang zu einer Wirtschaft, die man sozialistisch nennen könne in *seinem* Sinne, keine Rede sei, sondern daß eben wieder eine Bourgeoisiewirtschaft entstehen würde, die nur die feudalen Elemente und dynastischen Reste abgestreift haben könnte. – Für dieses bescheidene Resultat also: »noch einige Jahre Krieg«! Man wird doch wohl sagen dürfen, daß man hier auch bei sehr handfest sozialistischer Überzeugung den Zweck ablehnen könne, der derartige Mittel erfordert. Beim Bolschewismus und Spartakismus, überhaupt bei jeder Art von revolutionärem Sozialismus, liegt aber die Sache genau ebenso, und es ist natürlich höchst lächerlich, wenn von dieser Seite die »Gewaltpolitiker« des alten Regimes wegen der Anwendung des gleichen Mittels *sittlich* verworfen werden – so durchaus berechtigt die Ablehnung ihrer *Ziele* sein mag.

Hier, an diesem Problem der Heiligung der Mittel durch den Zweck, scheint nun auch die Gesinnungsethik überhaupt scheitern zu müssen. Und in der Tat hat sie logischerweise nur die Möglichkeit: *jedes* Handeln, welches sittlich gefährliche Mittel anwendet, zu *verwerfen*. Logischerweise. In der Welt der Realitäten machen wir freilich stets erneut die Erfahrung, daß der Gesinnungsethiker plötzlich umschlägt in den chiliastischen Propheten, daß z. B. diejenigen, die soeben »Liebe gegen Gewalt« gepredigt haben, im nächsten Augenblick zur Gewalt aufrufen – zur *letzten* Gewalt, die dann den Zustand der Vernichtung *aller* Gewaltsamkeit bringen würde, ebenso wie unsere Militärs den Soldaten bei jeder Offensive sagten: es sei die letzte, sie werde den Sieg und dann den Frieden bringen. Der Gesinnungsethiker erträgt die ethische Irrationalität der Welt nicht. Er ist kosmisch-ethischer »Rationalist«. Jeder, der Dostojewski kennt, erinnert sich der Szene mit dem Großinquisitor, wo das Problem treffend auseinandergelegt ist. Es ist nicht möglich, Gesinnungsethik und Verantwortungsethik unter einen Hut zu bringen oder ethisch zu dekretieren: welcher Zweck *welches* Mittel heiligen solle, wenn man diesem Prinzip überhaupt irgendwelche Konzessionen macht.

Der von mir der zweifellosen Lauterkeit seiner Gesinnung nach persönlich hochgeschätzte, als Politiker freilich unbedingt abgelehnte Kollege F. W. Foerster glaubt, in seinem Buche um die Schwierigkeit herumzukommen durch die einfache These: aus Gutem kann nur Gutes, aus Bösem nur Böses folgen. Dann existierte freilich diese ganze Problematik nicht. Aber es ist doch erstaunlich, daß 2500 Jahre nach den Upanishaden eine solche These noch das Licht der Welt erblicken konnte. Nicht nur der ganze Verlauf der Weltgeschichte, sondern jede rückhaltlose Prüfung der Alltagserfahrung sagt ja das Gegenteil. Die Entwicklung aller Religionen der Erde beruht darauf, daß das Gegenteil wahr ist. Das uralte Problem der Theodizee ist ja die Frage: Wie kommt es, daß eine Macht, die als zugleich allmächtig und gütig hingestellt wird, eine derartig irrationale Welt des unverdienten Leidens, des ungestraften Unrechts und der unverbesserlichen Dummheit hat erschaffen können. Entweder ist sie das eine nicht oder das andere nicht, oder es regieren gänzlich andere Ausgleichs- und Vergeltungsprinzipien das Leben, solche, die wir metaphysisch deuten können, oder auch solche, die unserer Deutung für immer entzogen sind. Dies Problem: die Erfahrung von der Irrationalität der Welt war ja die treibende Kraft aller Religionsentwicklung. Die indische Karmanlehre und der persische Dualismus, die Erbsünde, die Prädestination und der Deus absconditus sind alle aus dieser Erfahrung herausgewachsen. Auch die alten Christen wußten sehr genau, daß die Welt von Dämonen regiert sei und daß, wer mit der Politik, das heißt: mit Macht und Gewaltsamkeit als

Mitteln, sich einläßt, mit diabolischen Mächten einen Pakt schießt, und daß für sein Handeln es *nicht* wahr ist, daß aus Gutem nur Gutes, aus Bösem nur Böses kommen könne, sondern oft das Gegenteil. Wer das nicht sieht, ist in der Tat politisch ein Kind.

UTA RANKE-HEINEMANN

Man muß dem Gewissen folgen

(…) es gibt keine Zeit, in der das Gewissen nicht gefordert ist. Es gibt immer Mächte, die es bedrohen. Mehr oder weniger ist der einzelne immer vor die Entscheidung gestellt, Mitläufer zu sein oder Verdächtiger, Ja-Sager oder Gegner, Willfähriger oder Verfolgter. In einer Zeit, da das Wort »radikal« zum Schimpfwort geworden und damit das Mittelmaß zur Maxime erhoben ist, sollten wir uns trotzdem radikal zu der Pflicht bekennen, jeder den Menschen bedrohenden Macht der Mächtigen zu widerstehen. Es sind immer nur einzelne, die dieser Pflicht leben. Und dies nicht nur, wenn Widerstand die Gefährdung des eigenen Lebens bedeutet. Das Bekenntnis zum Gewissen wird immer gehemmt durch die Angst, sich zu isolieren. Die Furcht, sich abzusondern, ist Anlaß, sich der Menge anzuschließen, auch wenn man nicht wie die Menge denkt, um dann schließlich doch auch wie die Menge zu denken, da man dem Urteil des eigenen verborgenen Gewissens weniger glauben will als den lauten Parolen der vielen.

(Doch) wie Widerstand Sache des einzelnen ist, so ist auch Schuld – sosehr sie die Schuld vieler ist – nicht Sache einer bestimmten Gruppe. (…)

Es wird für jeden viele Scheidewege geben, es wird kein Stern sein, dem er folgen könnte, aber solange das Gewissen nicht müde und nicht gleichgültig ist, wird der Weg offenbleiben in die Zukunft einer Erde der Menschen.

Hans Jonas

Theorie der Verantwortung

1. Verantwortung als kausale Zurechnung begangener Taten

a. Bedingung von Verantwortung ist kausale Macht. Der Täter muß für seine Tat antworten: er wird für deren Folgen verantwortlich gehalten und gegebenenfalls haftbar gemacht. Dies hat zunächst rechtliche und nicht eigentlich sittliche Bedeutung. Der angerichtete Schaden muß gutgemacht werden, auch wenn die Ursache keine Übeltat war, auch wenn die Folge weder vorausgesehen noch beabsichtigt war. Es genügt, daß ich die aktive Ursache gewesen bin. Aber doch nur in enger kausaler Verbindung mit der Tat, so daß die Zuschreibung eindeutig ist und die Folge sich nicht im Unvorhersehbaren verliert. Der berühmte fehlende Hufnagel macht nicht wirklich den Schmiedegesellen verantwortlich für die verlorene Schlacht und den Verlust des Königreichs. Aber der direkte Kunde, Reiter des Pferdes, hätte wohl einen Regreßanspruch an den Schmied, der für die Nachlässigkeit seines Gesellen, ohne daß ihn selber ein Vorwurf trifft, »verantwortlich« ist. Die Nachlässigkeit ist hier das einzige, was allenfalls moralisch schuldhaft zu nennen ist, und das in einem trivialen Grade; aber das Beispiel zeigt (wie das alltägliche des Haftens von Eltern für ihre Kinder), daß zahlpflichtige Verantwortung von jeder Schuld frei sein kann. Das Prinzip der ursächlichen Zurechenbarkeit ist immer noch gewahrt in dem Verhältnis, kraft dessen der Vorgesetzte generell die Ursächlichkeit der Untergebenen in seiner Person vereinigt (für deren zuverlässige Leistung er ja auch das Lob erntet).

b. Nun hat sich frühzeitig mit der Idee der rechtlichen Bußeleistung die der Bestrafung vermischt, die moralischen Sinn hat und die ursächliche Tat als moralisch schuldhaft qualifiziert. Hier hat die Erklärung »schuldig!« einen andern Sinn als »Peter ist Paul Wiedergutmachung schuldig«. Bestraft wird die Tat mehr als die Folgen, wenn es sich um ein Verbrechen handelt, und nach ihr wird die Sühne bemessen. Hierfür muß die Tat selbst untersucht werden – Vorsatz, Überlegung,

Motiv, Zurechenbarkeit: War die Tat verbrecherisch »in sich«? Die Abrede zur Begehung eines Verbrechens, die durch rechtzeitige Entdeckung folgenlos blieb, ist selbst ein Verbrechen und straffällig. Die hier bewirkte Sühne, mit der der Täter zur Verantwortung gezogen wird, dient nicht der Gutmachung des von andern erlittenen Schadens oder Unrechts, sondern der Wiederherstellung der gestörten moralischen Ordnung. Also ist hier die Qualität und nicht die Kausalität der Tat der entscheidend zu verantwortende Punkt. Dennoch bleibt zumindest potentielle Macht die conditio sine qua non. Niemand wird für das ohnmächtige Ersinnen gräßlichster Untaten zur Verantwortung gezogen, und die hierbei etwa auftretenden Schuldgefühle sind so privat wie das psychologische Delikt. Eine Tat in der Welt muß begangen oder mindestens begonnen sein (wie in der Abrede). Und es bleibt wahr, daß die gelungene Tat schwerer wiegt als die mißlungene.

c. Der angezeigte Unterschied zwischen legaler und moralischer Verantwortung spiegelt sich in dem Unterschied von Zivilrecht und Kriminalrecht, in deren divergenter Entwicklung die anfänglich vermischten Begriffe von Bußleistung (aus Haftpflicht) und Strafe (für Schuld) entmischt wurden. Beiden gemeinsam ist aber, daß die »Verantwortung« sich auf getane Taten bezieht und in Verantwortlich*machung* von außen real wird. Das hier beim Täter etwa mitgehende *Gefühl*, mit dem er die Verantwortung innerlich annimmt (Schuldgefühl, Reue, Sühnebereitschaft, aber auch trotziger Stolz) ist ebenso retroaktiv wie das objektive Verantwortenmüssen; und auch dessen Antizipation am Anfang des Handelns dient nicht als Tatmotiv, sondern (wirksamenfalls) als Tatauslese, das heißt als Zulassungs- oder Ausscheidungsmotiv. Schließlich hat man umsoweniger zu verantworten, je weniger man tut, und bei Abwesenheit positiver Pflichten kann Tatvermeidung zum Rat der Klugheit werden. Kurz, »Verantwortung«, so verstanden, setzt nicht selber Zwecke, sondern ist die ganz formale Auflage auf *alles* kausale Handeln unter Menschen, daß dafür Rechenschaft verlangt werden kann. Sie ist damit die Vorbedingung der Moral, aber noch nicht selber Moral. Das mit ihr sich identifizierende Gefühl – Nachgefühl wie Vorgefühl – ist zwar moralisch (Bereitschaft, für sein Tun einzustehen), aber in seiner puren Formalität kann es nicht das affektive Prinzip für die ethische Theorie abgeben, die es zuerst und zuletzt doch mit der Präsentierung, Beglaubigung und Motivierung von positiven Zwecken auf das bonum humanum hin zu tun hat. Aus der Inspiration solcher Zwecke, aus der Wirkung des Guten auf das Gefühl, kann Verantwortungsfreudigkeit entstehen; ohne sie, das heißt ohne verpflichtende Werte, ist Verantwortungsscheu vielleicht zu bedauern (da die Vorsicht, rein hedonistisch, ein schlechtes Geschäft sein kann), aber nicht zu verurteilen.

2. *Verantwortung für Zu-Tuendes: Die Pflicht der Macht*

Nun gibt es aber noch einen ganz andern Begriff von Verantwortung, der nicht die ex-post-facto Rechnung für das Getane, sondern die Determinierung des Zu-Tuenden betrifft; gemäß dem ich mich also verantwortlich fühle nicht primär für mein Verhalten und seine Folgen, sondern für die *Sache*, die auf mein Handeln Anspruch erhebt. Verantwortung zum Beispiel für die Wohlfahrt Anderer »sichtet« nicht nur gegebene Tatvorhaben auf ihre moralische Zulässigkeit hin, sondern verpflichtet zu Taten, die zu keinem andern Zweck vorgehabt sind. Das »für« des Verantwortlichseins hat hier offenbar einen völlig anderen Sinn als in der vorigen, selbstbezogenen Klasse. Das »wofür« liegt außer mir, aber im Wirkungsbereich meiner Macht, auf sie angewiesen oder von ihr bedroht. Ihr setzt es entgegen sein Recht auf Dasein aus dem, was es ist oder sein kann, und nimmt durch den sittlichen Willen die Macht in ihre Pflicht. Die Sache wird meine, weil die Macht meine ist und einen ursächlichen Bezug zu eben dieser Sache hat. Das Abhängige in seinem Eigenrecht wird zum Gebietenden, das Mächtige in seiner Ursächlichkeit zum Verpflichteten. Für das so ihr Anvertraute wird die Macht objektiv verantwortlich und durch die Parteinahme des Verantwortungsgefühls affektiv engagiert: in dem Gefühl findet das Verbindliche seine Verbindung zum subjektiven Willen. Die Parteinahme des Gefühls aber hat ihren ersten Ursprung nicht in der Idee der Verantwortung überhaupt, sondern in der erkannten selbsteigenen Güte der Sache, wie sie das Empfinden affiziert und die bloße Selbstsucht der Macht beschämt. Das Erste ist das Seinsollen des Objekts, das Zweite das Tunsollen des zur Sachwaltung berufenen Subjekts. Das Heischen der Sache einerseits, in der Unverbürgtheit ihrer Existenz, und das Gewissen der Macht anderseits, in der Schuldigkeit ihrer Kausalität, vereinigen sich im bejahenden Verantwortungsgefühl des aktiven, immer schon in das Sein der Dinge übergreifenden Selbst. Tritt Liebe hinzu, so wird die Veranwortung beflügelt von der Hingebung der Person, die um das Los des Seinswürdigen und Geliebten zu zittern lernt.

Diese Art Verantwortung und Verantwortungsgefühl, nicht die formal-leere »Verantwortlichkeit« jedes Täters für seine Tat, meinen wir, wenn wir von der heute fälligen Ethik der Zukunftsverantwortung sprechen. Und sie müssen wir mit dem bewegenden Prinzip früherer Moralsysteme und ihrer Theorien vergleichen. Wir kommen diesem substantiellen, zweckverpflichteten Begriff der Verantwortung empirisch am besten näher, wenn wir fragen (da wir im Sinne der zwei verschiedenen Verantwortungsbegriffe widerspruchslos sagen können, daß man noch für seine unverantwortlichsten Handlungen verantwortlich ist), was mit »unverantwortlichem Handeln« gemeint sein kann. Auszuschließen ist hierbei der formalistische Sinn von »unverantwortlich« = der Verantwortungsfähigkeit bar, daher nicht verantwortlich zu machen.

3. *Was heißt »unverantwortlich handeln«?*

Der Glücksspieler, der im Kasino sein Vermögen aufs Spiel setzt, handelt leichtsinnig; wenn es nicht seines, sondern eines Andern ist, dann verbrecherisch; aber wenn er Familienvater ist, dann unverantwortlich auch bei unstreitigem Eigentum und einerlei, ob er verliert oder gewinnt. Das Beispiel sagt: Nur wer Verantwortungen hat, kann unverantwortlich handeln. Die hier verleugnete Verantwortung ist umfassendster und andauernder Art. Der waghalsige Fahrer ist leichtsinnig für sich, aber unverantwortlich, wenn er damit auch Passagiere gefährdet: durch ihre Aufnahme hat er auf Zeit und auf *eine* Sachwaltung beschränkt eine Verantwortung übernommen, die er sonst für diese Personen und für ihr sonstiges Wohlergehen nicht trägt. Gedankenlosigkeit, andernfalls unschuldig und manchmal liebenswert, wird hier Schuld in sich, auch wenn alles gut gehen sollte. In beiden Beispielen besteht ein definierbares, nicht-reziprokes *Verhältnis* der Verantwortung. Das Wohlergehen, das Interesse, das Schicksal Anderer ist, durch Umstände oder Vereinbarung, in meine Hut gekommen, was heißt, daß meine Kontrolle dar*über* zugleich meine Verpflichtung da*für* einschließt. Die Ausübung der Macht ohne die Beobachtung der Pflicht ist dann »unverantwortlich«, das heißt ein Bruch des Treueverhältnisses der Verantwortung. Eine deutliche Unebenbürtigkeit der Macht oder Befugnis gehört zu diesem Verhältnis. Der Kapitän ist Meister des Schiffes und seiner Insassen und trägt die Verantwortung dafür; der Millionär unter den Passagieren, der zufällig Hauptaktionär der Schiffahrtsgesellschaft ist und den Kapitän anstellen oder entlassen kann, hat im ganzen größere Macht, aber nicht innerhalb der Situation. Der Kapitän würde unverantwortlich handeln, wenn er dem Gewaltigen gehorchend gegen sein besseres Urteil handeln würde, zum Beispiel um einen Geschwindigkeitsrekord zu schlagen, obwohl er im anderen Verhältnis (dem des Angestellten) eben ihm »verantwortlich« ist und für seine gehorsame Unverantwortlichkeit von ihm belohnt, für seine ungehorsame Verantwortlichkeit bestraft werden kann. Im gegenwärtigen Verhältnis ist er der Überlegene und kann darum die Verantwortung haben.

4. *Verantwortung ein nicht-reziprokes Verhältnis*

Ob es zwischen völlig Ebenbürtigen (innerhalb der betreffenden Situation) Verantwortung im strikten Sinn geben kann, ist nicht ganz klar. Kains Gegenfrage an Gottes Frage nach Abel, »Bin ich meines Bruders Hüter?«, weist das (fingierte) Ansinnen einer Verantwortung für den Gleichen und Unabhängigen nicht ganz grundlos zurück. In der Tat will Gott ihn nicht der Verantwortungslosigkeit, sondern des Brudermords verklagen. Gewiß lassen sich auch gegenseitige Verantwortungsverhältnisse beschreiben, wie in einem gefährlichen Team-Unternehmen, etwa einer Bergbesteigung, wo jeder sich für seine Sicherheit auf den Andern verlassen können muß, also alle untereinander »ihres Bruders Hüter« werden. Aber solche Solidaritätsphänomene, das Einstehen für einander in gemeinsamer Sache und Gefahr (die Kameradschaft im Krieg zum Beispiel, wovon Soldaten so eindrucksvoll zu berichten wissen) gehören doch mehr auf ein anderes Blatt der Ethik und des Gefühls; und der eigentliche Gegenstand der

Verantwortung ist hier am Ende das Gelingen des gemeinschaftlichen Unternehmens, nicht das Wohl und Wehe der Genossen, vor denen ich nichts voraus habe, was mich zu besonderer Verantwortlichkeit für sie auswählt. Die Zweck-Bruderschaft ist dem Zweck verantwortlich; unter Brüdern im natürlichen Sinne tritt Verantwortung erst ein, wenn einer von ihnen in Not gerät oder sonst spezieller Hilfe bedarf – also wieder mit der Einseitigkeit, die für das nicht-reziproke Verantwortungsverhältnis kennzeichnend ist. Immer wird solche »horizontale« Familienverantwortung schwächer, weniger unbedingt sein als die »vertikale« der Eltern für die Kinder, die für ihr jeweiliges Objekt nicht spezifisch, sondern global ist (das heißt sich auf alles erstreckt, was an ihnen betreubar ist) und nicht gelegentlich, sondern permanent, solange sie Kinder sind. Permanent ist daher hier auch die Gefahr der Verantwortungsversäumnis – eine Form der »Unverantwortlichkeit«, die keinen positiven Akt der Verleugnung wie den des Spielers, kein im üblichen Sinne unethisches Verhalten involviert. (...)

5. *Natürliche und vertragliche Verantwortung*

Die von der Natur instituierte, das heißt von Natur aus bestehende Verantwortung ist, in dem einzigen bisher erbrachten (und allein vertrauten) Beispiel der elterlichen Verantwortung, von keiner vorherigen Zusimmung abhängig, unwiderruflich und unkündbar; und sie ist global. Die »künstlich«, durch Erteilung und Annahme eines Auftrages instituierte, zum Beispiel die eines Amtes (aber auch die aus stillschweigender Vereinbarung oder aus Kompetenz sich ergebende), ist umschrieben durch die Aufgabe nach Inhalt und Zeit; die Übernahme enthält ein Element der Wahl, von der ein Rücktritt möglich ist, wie auf der Gegenseite Entbindung von der Pflicht. Wichtiger noch ist der Unterschied, daß hier die Verantwortung ihre verpflichtende Kraft von der Vereinbarung bezieht, deren Geschöpf sie ist, und nicht von der Selbstgültigkeit der Sache. Wer mit der Erhebung von Steuern betraut ist und sich hat betrauen lassen, ist für die *Ausführung* genuin verantwortlich, wie immer sich über den Wert dieses oder jedes Steuersystems urteilen läßt. In Ansehung solch lediglich stipulierter, nicht vom Eigenanspruch der Sache diktierter Verantwortlichkeiten ist nun zwar pflichtwidriges und pflichtvergessenes Verhalten möglich, aber nicht eigentlich »unverantwortliches«. Dieser Begriff in seinem starken Sinn ist reserviert für den Verrat an Verantwortungen unabhängiger Gültigkeit, durch den ein wahres Gut gefährdet wird. Dennoch läßt sich auch im Fall des Steuerbeamten, der unmittelbar in die schwache Klasse fällt, unsere Allgemeinthese verteidigen, daß das Seinsollen der Sache das Erste in der Verantwortung ist, insofern als der letzthinnige Gegenstand der Verantwortung über den direkten hinaus, also die eigentliche »Sache«, die Wahrung der Treueverhältnisse überhaupt ist, auf denen die Gesellschaft und das Zusammenleben der Menschen beruht: und dieses *ist* ein substantives, von sich her verpflichtendes Gut. (Der formale kategorische Imperativ kommt hier mit anderer Begründung – zumal ohne den letzten Satz! – zum gleichen Ergebnis.) Für dieses, in seiner Existenz immer unverbürgte, ganz und gar von uns abhängige Gut ist aber die Verantwortung so unbedingt und unwiderruflich wie nur jede von der Natur gesetzte sein kann – wenn sie nicht selber eine solche ist. So ist denn doch der ungetreue Beamte, dem unmittelbar nur Pflichtverletzung vorgeworfen werden kann, mittelbar auch verantwortungslos.

6. *Die selbstgewählte Verantwortung des Politikers*

Es bleibt noch der Fall, der über den Unterschied von Natur- und Vertragsverantwortung in eigenartiger, die menschliche Freiheit auszeichnender Weise hinausgeht. Bisher fanden wir: Ein Gut erster Ordnung, *wenn* und soweit es im Wirkungsfeld unserer Macht liegt, und besonders, wenn in dem unserer tatsächlich und ohnehin schon stattfindenden Aktivität, engagiert unsere Verantwortung ungewählt und kennt keine Entpflichtung von ihr. Die mindestens mitgewählte, sozusagen vertragsmäßige Verantwortung des vereinbarten (oder auch befohlenen) Auftrags hat per se kein solches gebieterisches Gut zum unmittelbaren Gegenstand und ist kündbar. Nun gibt es aber noch den eminenten Fall, wo auch ein Gut erster Ordnung und unbedingter Dignität, das *nicht* von selbst schon im aktuellen Umkreis unserer Macht liegt, für das wir daher noch gar nicht verantwortlich sein *können*, Gegenstand *freigewählter* Verantwortung werden kann – so, daß die Wahl zuerst kommt und sich dann, *um* der gewählten Verantwortung *willen*, die Macht erst verschafft, die zu ihrer Aneignung und Ausübung nötig ist. Der paradigmatische Fall ist der Politiker, der nach der Macht strebt, um Verantwortung zu gewinnen, und nach der höchsten Macht zum Zwecke höchster Verantwortung. Gewiß, die Macht hat ihre eigenen Anreize und Belohnungen – Ansehen, Glanz, Lust des Befehlens, der Einflußnahme, der Urheberschaft, die Einzeichnung der eigenen Spur in die Welt, ja der Genuß ihres bloßen Bewußtseins (von den vulgären Gewinnen zu schweigen) – und die Motive des Ehrgeizigen im Streben nach ihr sind wohl immer gemischt. Doch abgesehen vom nacktesten und selbstsüchtigsten Tyrannentum, das kaum noch in die Sphäre des Politischen fällt (außer durch das heuchlerische Vorgeben, es gehe ihm um das öffentliche Gut), ist die mit der Macht verbundene, durch sie *ermöglichte* Verantwortung im Trachten nach der Macht mitgewollt, vom echten homo politicus an erster Stelle gewollt; und der wirkliche Staatsmann wird seinen Ruhm (um den es ihm durchaus zu tun sein kann) eben darin sehen, daß von ihm gesagt werden kann, er habe zum Besten derer gewirkt, über die er Macht hatte: *für* die er sie also hatte. Daß das »über« zum »für« wird, macht das Wesen der Verantwortung aus.

Hier haben wir ein einzigartiges Vorrecht menschlicher Spontaneität: Ungefragt, »ohne Not«, ohne Auftrag und ohne Abkommen (die legitimierend dazu kommen können) bewirbt sich der Anwärter um die Macht, um sich Verantwortung aufbürden zu können. Gegenstand der Verantwortung ist die res publica, die öffentliche Sache, die in einer Republik latent die Sache Aller ist, aber aktuell doch nur in den Grenzen der Erfüllung der allgemeinen Bürgerpflichten. Die Übernahme der Führung in den öffentlichen Angelegenheiten gehört hierzu nicht: Niemand ist formell verpflichtet, sich um die öffentlichen Ämter zu bewerben, meist nicht einmal, die ungesuchte Berufung dazu anzunehmen. Aber der, der sich dazu berufen fühlt, sucht eben die Berufung und fordert sie als sein Recht. Besonders die Gefahr des Gemeinwesens, zusammentreffend mit der Überzeugung, den Weg zur Rettung zu *wissen* und ihn *führen* zu können, wird zum mächtigen Antrieb für den Mutigen, sich anzubieten und zur Verantwortung zu drängen. So kam die Stunde Churchills im Mai 1940, als er in völlig verfahrener und fast verzweifelter Lage die Führung der Geschäfte übernahm, die kein Schwachherziger begehren konnte: Nachdem er die ersten nötigen Anordnungen getroffen, so erzählt er, ging er zu Bett mit dem Bewußtsein, daß die richtige Aufgabe den richtigen Mann gefunden habe, und schlief einen ruhigen Schlaf. Hier begegnet uns ein sehr anderer Begriff von Verantwortungslust (und entsprechender Verantwortungsscheu) als der früher erwähnte. Und doch hätte es sein können, daß Churchill nicht der richtige Mann war; daß er, wenn nicht die Situation, sich selbst falsch eingeschätzt hatte. Hätte dies sich in der Folge herausgestellt, so würde die Geschichte ihn schuldig sprechen samt seiner irrigen Überzeugung. Aber so wenig ihm diese zur Entschuldigung dienen kann, so wenig kann das Setzen auf ihre Wahrheit im Griff nach der Macht, der die Aufgabe womöglich besserer Anwärter beraubt, zur schlichten moralischen Pflicht gemacht werden. Denn keine allgemeine Moralvorschrift kann aus dem bloßen Kriterium subjektiver Gewißheit zur möglichen Begehung verhängnisvollsten Irrtums auf fremde Rechnung verpflichten – dessen nie auszuschließende Eventualität vielmehr der auf die eigene Gewißheit Setzende auf sein eigenes Gewissen nehmen muß. Hierfür gibt es kein allgemeines Gesetz, sondern nur die freie Tat, die in der Unverbürgtheit ihrer erst ausstehenden Rechtfertigung (ja, schon in der bloßen Anmaßung ihres Selbstvertrauens, die gewiß in keiner moralischen Vorschrift enthalten sein kann) ihr gänzlich eigenes moralisches Wagnis ist. Nach diesem Moment der Willkür tritt das Gesetz wieder in sein Recht. Der Freie nimmt die herrenlos wartende Verantwortung für sich in Anspruch und steht dann allerdings unter ihrem Anspruch. Indem er sie sich angeeignet hat, gehört er ihr und nicht mehr sich selbst. Die höchste und anmaßlichste Freiheit des Selbst führt ins gebieterischste und unnachsichtigste Muß.

7. Politische und elterliche Verantwortung: Kontraste

Nun ist es von äußerstem theoretischen Interesse, zu sehen, wie diese Verantwortung aus freiester Wahl und die aus gebundenstem Naturverhältnis, die des Staatsmanns und die der Eltern, über das ganze Spektrum hinweg, an dessen entgegengesetzten Enden sie liegen, gerade am meisten miteinander gemein haben und *zusammen* am meisten über das Wesen der Verantwortung lehren können. Die Unterschiede springen in die Augen. Die eine ist jedermanns Sache, die andere die des herausgehobenen Einzigen. Objekt der einen sind die wenigen, engstverbundenen, je in ihrer Einzelidentität geltenden, doch unfertigen Früchte eigener Zeugung; Objekt der andern die Vielen, Namenlosen, je für sich Selbständigen der schon vorbestehenden Gesellschaft, welche doch in ihrer Einzelidentität gerade ignoriert werden (»ohne Ansehen der Person«). Ursprung der einen ist die unmittelbare Urheberschaft – ob gewollt oder nicht – des vergangenen Zeugungsakts, zusammen mit der völligen Abhängigkeit der Erzeugten; Ursprung der andern ist die spontane, zu möglicher Urheberschaft erst führende Übernahme des Kollektivinteresses zusammen mit dessen – mehr oder weniger freiwilliger – Überlassung seitens der Interessenten (negotiorum gestio): Also elementarste Natürlichkeit der einen, äußerste Künstlichkeit der andern; daher die eine ausgeübt im direkten intimen Umgang, die andere durch das Medium und in der Distanz organisatorischer Instrumentalitäten: das Objekt im einen Fall dem Verantwortlichen gegenwärtig im Fleische, im andern nur in der Idee. Ja, wenn der Staatsmann auch den Gesetzgeber einbegreift, dann steht hier die abstrakteste, vom wirklichen Objekt entfernteste Form der Verantwortung der konkretesten, ihm nächsten konträr gegenüber. Was kann bei so extremem Unterschied das Gemeinsame sein, das beide zur integralen Darstellung des Urphänomens der Verantwortung zusammenfließen läßt?

In der Gesellschaft sind alle gleich. Es kann keine Gesellschaft anders als auf den Begriff der Gleichheit gegründet sein, keineswegs aber auf den Begriff der Freiheit. Die Gleichheit will ich in der Gesellschaft finden; die Freiheit, nämlich die sittliche, daß ich mich subordinieren mag, bringe ich mit. *Johann Wolfgang von Goethe*

Jemandem große Verbindlichkeiten schuldig sein, hat nichts Unangenehmes, denn die Dankbarkeit ist eine süße Pflicht; nur *kleine* Verpflichtungen sind *quälend.* *Franz Grillparzer*

Günther Anders

Off Limits für das Gewissen
Briefwechsel mit dem Hiroshima-Piloten Eatherly

> Es war ein großer Gedanke, willig auch die Strafe für ein unvermeidliches Verbrechen zu tragen, um so durch den Verlust seiner Freiheit selbst eben diese Freiheit zu beweisen.
> Schelling, Briefe über Dogmatismus und Kritizismus, 1795

*Brief 1. Herrn Claude R. Eatherly**
formerly Major U. S. Air Force
Veterans Administration Hospital Waco, Texas

Lieber Herr Eatherly 3. Juni 1959
Den Schreiber dieser Zeilen kennen Sie nicht. Sie dagegen sind uns, meinen Freunden und mir, bekannt. Wie Sie mit Ihrem Unglück fertig oder nicht fertig werden, das verfolgen wir, gleich ob wir in New York sitzen, in Wien oder Tokyo, klopfenden Herzens. Nicht, weil wir neugierig wären; oder weil Ihr ›Fall‹ uns medizinisch oder psychologisch interessierte. Wir sind weder Mediziner noch Psychologen. Sondern deshalb, weil wir damit beschäftigt sind, voll Angst und brennender Sorge damit beschäftigt sind, uns über diejenigen Moral-

---

* Claude Eatherly war einer der Superpiloten, die für die ›Hiroshima-Mission‹, das heißt: für die Bebombung Hiroshimas ausgewählt worden waren. Er saß am Steuer des B-29 Straight Flush, und gab dem ihm folgenden Bombenflugzeug über Hiroshima das ›go ahead‹-Signal. Nach seiner Entlassung aus dem Dienst unternahm Eatherly zweimal Selbstmordversuche und machte sich mehrerer ›normaler‹ Vergehen wie Fälschung, Raub, Hausfriedensbruch etc. schuldig, woraufhin er in einer der für ehemalige Soldaten eingerichteten psychiatrischen Anstalten interniert wurde. Er fühlte sich von den Tausenden von Toten verfolgt – ein Zustand, den die Ärzte als abnorm und nur durch Ödipuskomplex erklärbar, bezeichneten.

probleme klar zu werden, die uns allen heute den Weg verstellen. Die Technisiertheit des Daseins: die Tatsache, daß wir ahnungslos und indirekt, gewissermaßen als Maschinenschrauben, in Handlungen eingefügt werden können, deren Effekte wir nicht übersehen und die wir, wenn wir die Effekte übersähen, nicht bejahen könnten – die hat unser aller sittliche Situation verändert. Die Technik hat es mit sich gebracht, daß wir auf eine Weise *schuldlos schuldig* werden können, die es früher, in der technisch noch nicht so vorgeschrittenen Zeit unserer Väter, noch nicht gegeben hatte.

Sie verstehen, was *Sie* damit zu tun haben: Schließlich gehören Sie ja zu den ersten, die sich in diese neuartige Schuld, in die sich heute oder morgen jeder von uns verstricken könnte, wirklich verstrickt haben. Ihnen ist es so gegangen, wie es uns allen morgen gehen könnte. Aus diesem Grunde also spielen sie für uns die große Rolle eines Kronbeispiels, ja die eines *Vorläufers*.

Vermutlich ist das Ihnen gar nicht recht. Sie wollen Ihre Ruhe haben, your life is your business. Wir versichern Ihnen, daß wir Indiskretion genausowenig lieben, wie Sie es tun, und wir bitten Sie um Verzeihung. Aber in diesem Falle ist, aus dem Grund, den ich eben genannt habe, Indiskretion leider unvermeidlich, ja sogar geboten: Ihr Leben ist auch unser business geworden. Da der Zufall (oder wie immer wir die unbestreitbare Tatsache nennen) es gewollt hat, Sie, den Privatmann Claude Eatherly, in ein Symbol der Zukunft zu verwandeln, haben Sie kein Recht mehr darauf, sich gegen unsere Indiskretion zu verwahren. Daß gerade Sie, und nicht irgendein anderer unter den Milliarden von Zeitgenossen, zu dieser Symbolfunktion verurteilt worden sind, das ist Ihre Schuld nicht, und es ist gewiß entsetzlich. Aber es ist nun einmal so.

Und dennoch: Glauben Sie nicht, daß Sie der einzige derart Verurteilte sind. Denn wir alle haben ja in dieser Epoche zu leben, in der wir in solche Schuld hineingeraten könnten; und so wenig wie Sie sich Ihre unselige Funktion, so wenig haben wir uns diese unselige Epoche selbst ausgesucht. In diesem Sinne sind wir also, wie Sie als Amerikaner sagen würden, ›in the same boat‹, in ein und demselben Boot, ja wir sind Kinder einer einzigen Familie. Und diese Gemeinsamkeit bestimmt unsere Beziehung zu Ihnen. Wenn wir uns mit Ihrem Leiden beschäftigen, so tun wir das als Geschwister, also so, als wären Sie ein Bruder, dem das Unglück zugestoßen ist, dasjenige wirklich zu tun, was jeder von uns morgen zu tun gezwungen werden könnte; als Geschwister, die hoffen, dieses Unglück vermeiden zu können, so wie Sie heute schrecklich vergeblich hoffen, Sie hätten es damals vermeiden können. Aber damals war das eben nicht möglich gewesen: Die Befehlsmaschinerie hatte lückenlos funktioniert, und sie waren damals noch jung und einsichtslos gewesen. Sie *haben* es also getan. Aber da Sie es getan haben, können wir durch Sie erfahren, und eben nur durch Sie, wie es uns ergehen würde, wenn wir an Ihrer Stelle gestanden hätten, wenn wir an Ihrer Stelle stehen würden. Sie sehen: Sie sind ungeheuer wichtig für uns, geradezu unentbehrlich. Gewissermaßen unser *Lehrer*. Natürlich werden Sie diesen Titel abwehren. ›Nichts weniger als das‹, werden Sie antworten, ›denn ich werde mit meinem Zustande ja gerade *nicht* fertig.‹

Sie werden erstaunt sein, aber gerade dieses ›nicht‹ ist es, was für uns den Ausschlag gibt. Ja, was für uns sogar tröstlich ist. Ich weiß, diese Behauptung klingt erst einmal sinnlos. Darum ein paar Worte der Erklärung:

Ich sage nicht: ›tröstlich für Sie‹. Nichts liegt mir ferner als zu versuchen, *Sie* zu trösten. Die Tröstende spricht ja stets: ›Es ist ja nicht so schlimm‹, versucht also, das Geschehene: Leiden oder Verschuldung, zu verkleinern oder mit Worten aus der Welt zu schaffen. Genau das ist es ja auch, was zum Beispiel Ihre Ärzte versuchen. Warum diese Männer das tun, ist ja nicht schwer zu erraten. Schließlich sind sie Angestellte eines Militärhospitals, denen die moralische Verurteilung einer allgemein anerkannten, ja gepriesenen militärischen Aktion nicht gut bekommen würde, nein, denen die Möglichkeit einer solchen Verdammung gar nicht einfallen *darf*; die also die Untadeligkeit der Tat, die Sie mit Recht als Schuld empfinden, unter allen Umständen verteidigen müssen. Daher behaupten ja Ihre Ärzte: ›Hiroshima in itself is not enough to explain your behaviour‹ – was in unverkünstelter Sprache nichts anderes bedeutet als: ›So schlimm war Hiroshima ja gar nicht‹; daher beschränken sie sich darauf, *anstelle der Tat selbst* (oder des Weltzustandes, in dem solche Tat möglich ist), Ihre *Reaktion auf die Tat* zu kritisieren; daher sind sie ja genötigt, Ihr Leiden und Ihre Erwartung von Strafe eine ›Krankheit‹ (classical guilt complex) zu nennen; und deshalb müssen sie ja Ihre Tat als ein ›*self-imagined wrong*‹, als eine von Ihnen ausgedachte Untat behandeln. Ist es ein Wunder, daß Männer, die durch ihren Konformismus und durch ihre moralische Unselbständigkeit dazu gezwungen sind, die Untadeligkeit ihrer Tat zu retten, und die deshalb ihre Gewissensnot als pathologisch bezeichnen müssen, daß mit so lügenhaften Voraussetzungen arbeitende Männer nicht gerade sensationelle Heilerfolge erzielen können? Ich kann mir vorstellen – wenn ich mich irre, korrigieren Sie mich bitte –, wie ungläubig, wie mißtrauisch, wie abweisend Sie diesen Männern gegenüberstehen müssen, weil sie eben lediglich Ihre *Reaktion* ernst nehmen, Ihre *Aktion* dagegen nicht. Hiroshima – self-imagined. Wahrhaftig! *Sie* wissen es besser. Nicht ohne Grund betäuben die Schreie der Verletzten Ihre Tage, und nicht ohne Grund drängen sich die Schatten der Toten in Ihre Träume. Sie wissen, daß, was geschehen ist, geschehen ist und nicht imagined. Sie lassen sich von diesen Männern keine Schwachheiten einreden. Und auch wir lassen uns von Ihnen nichts vormachen. Mit solchen ›Tröstungen‹ wollen also auch wir nichts zu tun haben.

Nein, ich sage: ›*für uns*‹. Für uns ist die Tatsache, daß Sie mit dem Geschehenen ›nicht fertig werden‹, tröstlich. Das ist sie für uns deshalb, weil sie beweist, daß Sie den Versuch machen, dem (damals nicht vorgestellten) Effekt Ihrer Tat nun nachträglich doch noch nachzukommen; weil dieser Versuch, auch wenn er scheitert, ein Zeugnis dafür ist, daß Sie Ihr Gewissen haben wachhalten können, obwohl Sie einmal als Maschinenstück in einen technischen Apparat eingeschaltet gewesen und in diesem erfolgreich verwendet worden waren. Und da *Sie* dazu imstande waren, haben Sie damit bewiesen, daß *man* dazu imstande ist, daß *unsereiner* dazu gleichfalls imstande sein muß. Und das zu wissen – und dieses Wissen verdanken wir eben Ihnen –, das ist für uns tröstlich.

›Auch wenn Ihr Versuch scheitert‹, sagte ich. Er *muß* nämlich scheitern. Aus folgendem Grunde:

Schon wenn man einem einzigen Menschen Unrecht angetan hat – ich rede noch gar nicht von Töten –, ist es, obwohl die Tat übersehbar bleibt, keine leichte Aufgabe, damit ›fertig zu werden‹. Aber hier handelt es sich ja um etwas anderes. Sie haben ja das Unglück, zweihunderttausend Tote hinter sich gelassen zu haben. Und wie sollte man einen Schmerz aufbringen können, der 200 000 Menschenleben umfaßt? Wie sollte man 200 000 bereuen können? Das können nicht nur Sie nicht, das können nicht nur wir nicht, das kann niemand. Wie verzweifelt wir es auch versuchen, Schmerz und Reue bleiben unzulänglich. Die Vergeblichkeit Ihrer Bemühungen, die ist also nicht Ihre Schuld, Eatherly. Sie ist die Folge dessen, was ich vorhin als das entscheidend Neue unserer Situation bezeichnet hatte: Daß wir nämlich mehr *herstellen* können, als was wir uns *vorstellen* können; daß die Effekte, die wir mit Hilfe unserer von uns selbst hergestellten Geräte anrichten, so groß sind, daß wir für deren Auffassung nicht mehr eingerichtet sind. Größer also als das, was wir innerlich meistern, womit wir fertig werden können. Machen Sie sich keine Vorwürfe dafür, daß Ihnen Ihre Reue nicht gelingt. Das fehlte noch gerade. Die Reue kann nicht gelingen. Aber das *Scheitern* Ihrer Mühe, das müssen Sie freilich täglich erfahren und durchmachen; denn außer dieser Erfahrung des Scheiterns gibt es nichts, was die Reue ersetzen könnte, was uns davon abhalten könnte, uns noch einmal auf so ungeheuerliche Taten einzulassen. Daß Sie, da Ihre Mühen nicht gelingen können, panisch und unkoordiniert reagieren, ist also durchaus begreiflich. Beinahe darf man sagen: Es ist ein Zeichen Ihrer moralischen Gesundheit. Denn Ihre Reaktion beweist die Lebendigkeit Ihres Gewissens.

Die übliche Methode, mit dem zu Großen fertig zu werden, besteht in einem bloßen Unterschlagungsmanöver: darin, daß man genau so weiterlebt wir vorher; daß man das Geschehene von der Tischplatte des Lebens wischt, daß man die zu große Schuld als gar keine Schuld behandelt. Also darin, daß man, um damit fertig zu werden, keinen Versuch macht, damit fertig zu werden. Wie es zum Beispiel Ihr Kamerad und Landsmann Joe Stiborik tut, der ehemalige Radarmann auf der Enola Gay, den man Ihnen, weil er robust und guter Dinge weiterlebt und weil er in bester Stimmung erklärt hat, daß es ›damals nur eben eine etwas größere Bombe gewesen‹ sei, als gutes Beispiel vorzuhalten liebt. Noch besser wird diese Methode sogar durch jenen Präsidenten illustriert, der Ihnen sein ›go ahead‹-Zeichen gegeben hat, so wie Sie Ihr ›go ahead‹-Zeichen dem Bombenpiloten gegeben haben; der sich also eigentlich in der gleichen Situation wie Sie, wenn nicht sogar in einer noch böseren, befindet. Aber was *Sie* getan haben, das hat *er* eben versäumt. Denn er hat ja vor einigen Jahren – ich weiß nicht, ob Ihnen das damals zu Ohren gekommen ist –, alle Moral aufs naivste verkehrend, in einem für die Öffentlichkeit bestimmten Interview verkündet, er spüre nicht die geringsten ›pangs of conscience‹, womit seine Unschuld ja wohl bewiesen sei; und als er jüngst an seinem 75. Geburtstag ein Fazit seines Lebens zog, da hat er ja als das einzige, seiner Reue würdige Unrecht die Tatsache genannt, daß er erst als Dreißiger geheiratet habe. Es scheint mir unwahrscheinlich, daß Sie dieses ›clean sheet‹ beneiden. Völlig gewiß aber bin ich, daß Sie keinem gewöhnlichen Verbrecher die Erkärung, daß er unter keinen Gewissensbissen leide, als Beweis seiner Unschuld abnehmen würden. Ist nicht ein Mann, der so vor sich selbst Reißaus nimmt, eine lächerliche Figur? *Sie* haben das jedenfalls nicht getan, Eatherly. Sie sind keine lächerliche Figur. Sie tun, auch wenn Sie dabei scheitern, das Menschenmögliche. Sie versuchen, *als der* weiterzuleben, der es getan hat. Und das ist es, was uns tröstet. Auch wenn Sie sich, eben *weil* Sie mit Ihrer Tat identisch geblieben sind, durch diese Ihre Tat verändert haben.

Sie verstehen, daß ich damit auf Ihre Einbrüche, Fälschungen und ich weiß nicht welche anderen kriminellen Taten, die Sie begangen haben, anspiele. Und darauf, daß Sie als demoralisiert gelten. Glauben Sie nicht, daß ich Anarchist sei und für Einbrüche oder Fälschungen eintrete oder sie auf die leichte Schulter nehme. Aber in Ihrem Falle sind diese Vergehen etwas anderes als gewöhnlich. Eben Verzweiflungsschritte. Denn so schuldig zu sein, wie Sie es sind, und trotzdem von der Öffentlichkeit als schuldlos klassifiziert, ja auf Grund der Schuld sogar als smiling hero gepriesen zu werden, das muß für einen anständigen Menschen ein unerträglicher Zustand sein; ein Zustand, für dessen Beendigung man eben auch etwas Unanständiges unternimmt. Da das Ungeheure, das auf Ihnen lag und liegt, in der Welt, der Sie angehören, nicht verstanden wurde, nicht verstanden werden durfte, nicht verständlich gemacht werden konnte, mußten Sie eben versuchen, in der dort verständlichen Sprache, in der kleinen Sprache of petty oder big larceny, in den terms der Gesellschaft selbst zu sprechen und zu handeln. Also haben Sie versucht, Ihre Schuld durch Akte zu beweisen, die als Vergehen dort immerhin anerkannt werden. Aber auch das ist Ihnen nicht gelungen. *Weiter bleiben Sie dazu verurteilt, als krank zu gelten, statt als schuldig.* Und deshalb, weil man Ihnen gewissermaßen die Schuld nicht gönnt, bleiben Sie weiter ein unglücklicher Mensch.

Und nun zum Schluß eine Anregung.

Im vorigen Jahr habe ich Hiroshima besucht; und dort habe ich mit denjenigen gesprochen, die nach Ihrem Besuch von Hiroshima übriggeblieben sind. Sie können gewiß sein: Unter diesen Menschen gibt es keinen einzigen, der daran dächte, die Schraube innerhalb einer militärischen Maschine – und das waren Sie ja, als Sie als Sechsundzwanzigjähriger Ihre ›Mission‹ durchführten – zu verfolgen; keinen einzigen, der Sie haßt.

Aber nun haben Sie ja bewiesen, daß Sie, obwohl Sie einmal als solche Schraube verwendet worden waren, im Unterschiede zu den anderen ein Mensch geblieben oder wieder ein Mensch geworden sind. Und nun mein Vorschlag, den Sie sich vielleicht überlegen.

Am kommenden 6. August feiert die Bevölkerung von Hiroshima, wie jedes Jahr, den Tag, an dem »es« geschehen ist. Diesen Menschen könnten Sie eine Botschaft schicken, die zur Feier zurechtkommen müßte. Wenn Sie diesen Menschen als Mensch mitteilen würden: »Ich wußte damals nicht, was ich tat; nun aber weiß ich es. Und ich weiß, daß Derartiges nicht wieder geschehen darf; und daß kein Mensch einem anderen zumuten darf, Derartiges zu tun.« Und: »Euer Kampf gegen die Wiederholung solcher Aktion ist auch mein Kampf; und euer ›No more Hiroshima‹ ist auch mein ›No more Hiroshima‹«, so oder so ähnlich – Sie können überzeugt davon sein, daß Sie mit solcher Botschaft den Überlebenden von Hiroshima eine ungeheure Freude bereiten würden; und daß Sie von diesen Menschen als Freund betrachtet werden würden, als einer von ihnen. Und sogar, daß das mit Recht geschähe, da auch Sie, Eatherly, ein Hiroshima-Opfer sind. Und vielleicht wäre das auch für Sie, wenn auch keine Tröstung, so doch eine Freude.

In dem Gefühl, das ich jedem dieser Opfer gegenüber empfinde, grüße ich Sie.

Günther Anders

Brief 2. An Günther Anders

Lieber Herr   12. Juni 1959
Besten Dank für Ihren Brief, den ich am Freitag vergangener Woche erhalten habe.

Nachdem ich Ihren Brief mehrere Male gelesen hatte, beschloß ich, Ihnen zu schreiben, vielleicht sogar in einen Briefwechsel mit Ihnen zu treten, um diejenigen Dinge zu diskutieren, die wir beide, wie ich glaube, verstehen. Ich bekomme viele Briefe, aber die meisten kann ich einfach nicht beantworten. Bei Ihrem Brief dagegen fühlte ich mich genötigt, zu antworten und Sie wissen zu lassen, wie ich den Dingen der heutigen Welt gegenüberstehe.

Während meines ganzen erwachsenen Lebens bin ich immer aufs lebhafteste an dem Problem, wie man handeln und sich verhalten soll (human conduct), interessiert gewesen.

Obgleich ich, wie ich hoffe, in keiner Hinsicht, weder in religiöser noch in politischer, ein Fanatiker bin, bin ich doch seit einiger Zeit davon überzeugt, daß die Krise, in die wir alle verwickelt sind, eine gründliche Neuprüfung unseres ganzen Schemas der Werte und unserer Treueverpflichtungen (loyalities) erfordert. In der Vergangenheit hat es zuweilen Zeitalter gegeben, in denen Menschen durchkommen konnten (coast along), ohne sich selbst zu viele Gewissensfragen über ihre Denkgewohnheiten und Handlungssitten zu stellen. Heute aber ist es nun deutlich genug, daß unser Zeitalter diesen Zeitaltern nicht zugehört. Im Gegenteil, ich glaube, daß wir uns rapide einer Situation nähern, in der wir gezwungen sein werden, neu zu prüfen, wie es mit unserer Bereitschaft steht, die Verantwortung für unsere Gedanken und unsere Taten sozialen Einrichtungen (wie politischen Parteien, Gewerkschaften, der Kirche oder dem Staat) auszuliefern (to surrender). Keine dieser Institutionen ist ausreichend in der Lage, unfehlbaren moralischen Rat zu geben, und deshalb ist es notwendig, deren Anspruch, solchen Rat zu erteilen, anzufechten (to challenge). Die Erfahrung, die ich persönlich gemacht habe, muß, wenn ihre wahre Bedeutung, nicht nur für mich selbst, sondern für jedermann, überall aufgefaßt werden soll, unter diesem Gesichtspunkt studiert werden. Wenn Sie das Gefühl haben, daß dieser Gedanke wichtig ist und mehr oder minder im Einklang mit Ihrem eigenen Denken steht, dann möchte ich gerne vorschlagen, daß wir zusammen versuchen, diesen Zusammenhang aufzuklären, und zwar durch einen Briefwechsel, der unter Umständen lange dauern müßte.

Ich habe das Gefühl, daß Sie mich so verstehen wie niemand sonst, außer vielleicht mein Arzt und Freund.

Meine antisozialen Handlungen waren katastrophal für mein privates Leben, aber ich glaube, wenn ich mich anstrenge, dann wird es mir gelingen, meine wahren Motive, Überzeugungen und meine Philosophie ans Licht zu bringen.

Günther, es macht mir Freude, Ihnen zu schreiben. Vielleicht können wir durch unseren Briefwechsel eine auf Vertrauen und Verständnis gründende Freundschaft schließen. Haben Sie keine Hemmungen, über die Situations- und Handlungsprobleme, mit denen wir konfrontiert sind, zu schreiben. Und ich werde dann meinen Gesichtspunkt darlegen.

Mit nochmaligem Dank für Ihren Brief verbleibe ich Ihr
Claude R. Eatherly

Brief 3. An Günther Anders

Lieber Herr   23. Juni 1959
Ich war froh, wieder von Ihnen zu hören. Und ich wäre glücklich, wenn ich von Ihnen eine Kopie der ›Gebote des Atomzeitalters‹ erhalten könnte.

Wär ich doch ein so guter Schreiber wie Sie. Aber wenn es Schriftsteller wie Sie gibt, dann wird *einer* eindrucksvoll genug sein, um eine Botschaft zu geben, die der Welt die Richtung auf Versöhnung und Frieden verleihen wird. Vielleicht sind Sie dieser Mann. Wenn ich Ihnen irgendwie dabei helfen kann, rechnen Sie auf mich. Sie haben meine Erlaubnis, meinen Brief für Veröffentlichungen zu verwenden.

Mir steht nur kurze Zeit zum Briefscheiben zur Verfügung. Aber wenn Sie irgendeine Frage haben, werde ich Ihnen wirklich eine wahrhaftige Antwort geben. Ich dürste (I starve) nach Antworten auf die Gedanken, in die ich verwickelt bin, in die Gedanken, die die Verhinderung weiterer atomarer Aufrüstung und die ständige Kriegsvorbereitung betreffen. Ich habe vor diversen Organisationen gespro-

chen, um für meine Überzeugungen Unterstützung zu gewinnen. Aber Ansprachen sind so kurzlebig. Bücher aber sind Monumente. Darum machen Sie Ihre so gut wie möglich. Bringen Sie den Menschen die Botschaft, nach der sich alle friedliebenden Menschen sehnen. In der Hoffnung auf Ihren nächsten Brief. Ich verbleibe ergebenst,
Claude R. Eatherly

Brief 4. An Claude Eatherly

Lieber Claude Eatherly 2. Juli 59
Erst einmal, bitte nennen Sie mich nicht ›Sir‹. Zwar war die Art, wie wir einander kennenlernten, höchst unüblich, aber vom ersten Augenblick an sprachen wir zueinander in der vollen Überzeugung, daß wir einander trauen konnten, und daß wir einander verstehen würden: und das ist wirklich der Fall.

Ich war sehr froh darüber, daß Sie mit der Veröffentlichung Ihrer Antwort auf meinen Brief einverstanden waren. Übrigens habe ich sie schon einigen Leuten gezeigt, vor allem Atomphysikern, die wissen, was sie sagen, wenn sie von der möglichen Vernichtung der Menschheit sprechen – und sie alle waren tief beeindruckt durch die Tatsache, daß der eine Mann, der unselig genug war, der erste ›schuldlos Schuldige‹ des Atomzeitalters zu werden, nun zu denen gehört, die das Schlimmste zu verhüten suchen. In einem Ihrer Sätze heißt es, Sie hätten wiederholt über unser Problem in der Öffentlichkeit gesprochen. Auch ich habe das getan. Vor Menschen verschiedenster Art: Vor Universitätsleuten, vor Schülern, sogar vor buddhistischen Priestern in Kyoto – kurz: vor jedermann, denn unser Problem betrifft jedermann, und die Bedrohung macht keinen Unterschied zwischen jung oder alt, Militär oder Zivilist, Dunkelhäutigen oder Weißhäutigen, zwischen Christen, Juden oder Mohammedanern. Gern würde ich hören, vor wem Sie gesprochen haben.

Ich lege für Sie den ›Moralkodex im Atomzeitalter‹ bei. Meine Frau hat ihn ins Englische übersetzt (oder richtiger: ins Amerikanische, denn sie ist in Kalifornien geboren). Dieses Mal muß der ›Kodex‹ einen längeren Brief ersetzen, denn gerade gestern habe ich mein Buch über meine Reise nach Japan abgeschlossen – so blieb mir keine Zeit zum

Briefeschreiben; und jetzt bin ich im Begriff zu packen, denn in ein paar Tagen müssen wir umziehen. Ich hoffe aber, zwei Wochen Ferien machen zu können, und ich habe die feste Absicht, diese für einen richtigen Brief zu verwenden. – Aufrichtig, Ihr Freund

Günther Anders

Gebote des Atomzeitalters

Dein erster Gedanke nach dem Erwachen heiße »Atom«. Denn du sollst deinen Tag nicht mit der Illusion beginnen, was dich umgebe, sei eine stabile Welt. Was dich umgibt, ist vielmehr etwas, was morgen schon ein Gewesenes sein kann, ein Nur-Gewesenes; und wir, du und ich und unsere Mitmenschen, sind vergänglicher als alle, die bis gestern als vergänglich gegolten hatten. Denn unsere Vergänglichkeit bedeutet nicht nur, daß wir sterblich wären; auch nicht nur, daß wir tötbar wären, jeder von uns. Das war auch früher Brauch. Sondern, daß wir im ganzen tötbar sind, als ›Menschheit‹. Und ›Menschheit‹ bedeutet nicht nur die heutige Menschheit, nicht nur diejenige, die sich über die Provinzen der Zeit verteilt: Ist nämlich die heutige Menschheit tötbar, so erlischt mit ihr auch die gewesene; und die künftige gleichfalls. Das Tor, vor dem wir stehen, trägt daher die Inschrift »Nichts wird gewesen sein«; und von innen die Worte: »Die Zeit war ein Zwischenfall.« Aber zum Zwischenfall wird sie werden nicht zwischen zwei Ewigkeiten, wie unsere Ahnen es erhofft hatten, sondern zwischen zwei Nichtsen: zwischen dem Nichts dessen, was, von niemandem erinnert, so gewesen sein wird, als wäre es nie gewesen; und dem Nichts dessen, was nie sein wird. Und da es niemanden geben wird, die zwei Nichtse zu unterscheiden, werden sie zusammenwachsen zu einem einzigen Nichts. Dies also ist die völlig neue, die apokalyptische Art von Vergänglichkeit, unsere Vergänglichkeit, neben der alles, was bis heute ›Vergänglichkeit‹ geheißen hatte, zur Bagatelle geworden ist. – Damit dir dies nicht entgehe, heiße der erste Gedanke nach deinem Erwachen: »Atom«.

Die Möglichkeit der Apokalypse

Dein zweiter Gedanke nach deinem Erwachen laute: »Die Möglichkeit der Apokalypse ist unser Werk. Aber wir wissen nicht, was wir tun.« Wir wissen es wirklich nicht, und auch diejenigen wissen es nicht, die über die Apokalypse entscheiden; denn auch sie sind ›wir‹, auch sie sind grundsätzlich Inkompetente. Daß auch sie inkompetent sind, ist freilich nicht ihre Schuld. Vielmehr die Folge einer Tatsache, die keinem von ihnen und keinem von uns angerechnet werden kann: nämlich Folge der täglich wachsenden Kluft zwischen zwei unserer Vermögen: zwischen dem, was wir herstellen können, und dem, was wir vorstellen können.

Im Laufe des technischen Zeitalters hat sich nämlich das klassische Verhältnis zwischen Phantasie und Tun umgekehrt: Hatte es unseren Vorfahren als selbstverständlich gegolten, daß die Phantasie ›überschwenglich‹ sei; das heißt: das Wirkliche überschwinge und überbiete; so ist heute die Leistung unserer Phantasie (und die unseres Fühlens und Verantwortens) der unseres Tuns unterlegen; so gilt heute, daß sie unfähig ist, dem Effekt dessen, was wir produzieren, gewachsen zu bleiben. Nicht nur unsere Vernunft hat ihre (Kantischen) ›Grenzen‹, nicht nur sie ist finit, sondern auch unser Vorstellen; und erst recht unser Fühlen. Bereuen können wir zur Not einen einzigen Ermordeten: mehr leistet das Gefühl nicht; vorstellen können wir vielleicht zehn: mehr leistet die Vorstellung nicht; aber hunderttausend Menschen umzubringen, verursacht heute keinerlei Umstände. Und nicht nur aus technischen Gründen keine; und nicht nur, weil sich das Tun in bloßes ›Mit-Tun‹ verwandelt hat und in ein bloßes ›Auslösen‹, das den Effekt unsichtbar bleiben läßt; sondern gerade aus einem moralischen Grunde: eben weil der Massenmord bereits unendlich weit außerhalb der Sphäre jener Taten liegt, die wir vorstellen und zu denen wir gefühlsmäßig Stellung nehmen können und deren Ausführung durch Vorstellung und Gefühle gehemmt werden könnte. – Darum sollen deine nächsten Einsichten lauten: *»Je maßloser die Taten, desto geringer die Hemmungen.«* Und: *»Wir Menschen sind kleiner als wir selbst.«* – Dieser letzte Satz formuliert unsere heutige Schizophrenie, das heißt: die Tatsache, daß unsere diversen Vermögen unabhängig voneinander arbeiten, wie isolierte und unkoordinierte Wesen, die die Tuchfühlung miteinander verloren haben.

Aber diese Sätze sollst du nicht deshalb aussprechen, um etwas Endgültiges, etwas endgültig Defätistisches über uns auszusprechen; sondern umgekehrt, um vor der Finitheit zu erschrecken; um in ihr einen Skandal zu sehen; um die ›fest gestellten‹ und erstarrten Grenzen aufzuweichen; um sie in Schranken zu verwandeln; um die Schizophrenie rückgängig zu machen. Natürlich kannst du auch, solange dir weiterzuleben vergönnt ist, deine Hände in den Schoß legen, auf Hoffnung verzichten und dich mit deiner Schizophrenie abfinden. Aber wenn du das nicht willst, dann hast du den Versuch zu wagen, so groß zu werden wie du selbst und dich selbst einzuholen. Und das bedeutet: Dann hast du – darin besteht dein Pensum – die Kluft zwischen deinem Vermögen, dem Herstellen und dem Vorstellen, zu überbrücken; das Gefälle zwischen den beiden zu applanieren; oder, anders ausgedrückt: dann hast du den beschränkten ›Fassungsraum‹ deines Vorstellens (und den noch eingeengteren deines Fühlens) gewaltsam zu erweitern, bis Vorstellung und Gefühl fähig werden, das Ungeheure, was du zu produzieren imstande gewesen, zu fassen und aufzufassen; bis du fähig bist, das Aufgefaßte zu akzeptieren oder zu verwerfen. Kurz: Deine Aufgabe besteht darin, deine moralische Phantasie zu erweitern.

Sei nicht zu feige, Angst zu haben

Deine nächste Aufgabe lautet: »Erweitere dein Zeitgefühl.« Denn entscheidend für unsere heutige Situation ist nicht nur – was die Spatzen und die Lautsprecher bereits von den Dächern pfeifen –, daß das räumliche Stellensystem unserer Erde zusammengeschrumpft ist, daß alle Orte, die noch gestern weit voneinander entfernt gelegen hatten, heute zu Nachbarorten geworden sind; sondern auch, daß die Stellen im System unserer Zeit zusammengerückt sind; daß die Zukünfte, die gestern noch als unerreichbar fern gegolten hatten, nun zu Nachbargegenden unserer Gegenwart geworden sind; daß wir sie zu Nachbargegenden gemacht haben. Das gilt sowohl für die östliche Welt wie für die westliche. Für die östliche, weil dort Zukunft in einem früher niemals geahnten Ausmaß geplant wird; geplante Zukunft aber keine ›kommende‹ Zukunft mehr ist, vielmehr ein Produkt ›in the making‹; das, da es ›vorgesehen‹ ist, bereits als ein Stück desjenigen Raumes gesehen wird, in dem man sich bereits aufhält. In anderen Worten: Da man das, was man tut, ihm zuliebe tut, wirft es bereits einen Schatten auf die Gegenwart, gehört es, pragmatisch gesprochen, zur Gegenwart dazu. – Und das gilt zweitens – dies ist der Fall, der uns angeht – für die Menschen der heutigen westlichen Welt, da diese, obwohl sie es nicht plant, die entferntesten Zukünfte bereits affiziert; also z. B. über die Gesundheit oder Degeneration, vielleicht über das Sein oder das Nichtsein ihrer Enkel befindet. Ob sie, oder richtiger: ob wir das beabsichtigen oder nicht, bleibt gleichgültig, denn was moralisch gilt, ist allein das Faktum. Und da dieses Faktum der nichtgeplanten ›Wirkung in der Ferne‹ uns bekannt ist, begehen wir, wenn wir trotz dieses unseres Wissens fortfahren, so zu handeln, als wäre das Faktum uns unbekannt, ›fahrlässige Grenzverletzung‹.

Dein nächster Gedanke nach deinem Aufwachen laute: »*Sei nicht zu feige, Angst zu haben!* Zwinge dich, denjenigen Ertrag an Angst aufzubringen, der der Größe der apokalyptischen Gefahr entspricht!« – Auch die Angst, gerade sie, gehört zu den Gefühlen, die zu verwirklichen wir unfähig sind oder unwillig und die Behauptung, wir hätten ohnehin Angst, viel zuviel davon, ja wir lebten sogar im ›Zeitalter der Angst‹, ist eine bloße Redensart, die, sofern sie nicht in betrügerischer Absicht verbreitet wird, mindestens ideal geeignet ist, den Ausbruch einer der Größe der Bedrohung wirklich angemessenen Angst zu unterbinden und uns damit indolent zu machen. – Wahr ist vielmehr das Gegenteil: daß wir nämlich im ›Zeitalter der Unfähigkeit zur Angst‹ leben und darum passiv der Entwicklung zusehen. Wofür es, abgesehen von der ›Beschränktheit unseres Fühlens‹, eine ganze Reihe von Gründen gibt, die hier aufzuzählen nicht möglich ist. Ein Grund aber, der durch Ereignisse der jüngsten Vergangenheit ganz besondere Aktualität und eine ganz besondere Würde erworben hat, sollte hier doch angeführt werden: nämlich unser *Ressort-Fimmel*; also unsere, durch die Arbeitsteilung verursachte Überzeugung, daß jedes Problem einem bestimmten Kompetenzfelde zugehöre, in das wir nicht eindringen dürfen. So gehört z. B. das Atomproblem angeblich in das Kompetenzfeld der Politiker und der Militärs. Natürlich wird das ›Nicht-Dürfen (Nicht-Eindringen-Dürfen)‹ sofort und automatisch zum ›Nicht-nötig-Haben‹, zum ›Nicht-Brauchen‹. Das heißt: Die Probleme, um die ich mich nicht sorgen darf, um die brauche ich mich auch nicht zu sorgen. Und die Angst bleibt mir erspart, weil sie in einem anderen Kompetenzfeld ›erledigt‹ wird. Darum sprich nach deinem Aufwachen: ›Nostra res agitur.‹ Das bedeutet ein Doppeltes: 1., daß es uns deshalb betrifft, weil es uns treffen kann; und 2., daß der monopolistische Kompetenzanspruch einzelner deshalb ungerechtfertigt ist, weil wir alle als Menschen gleichermaßen inkompetent sind. Zu glauben, wo es sich um das mögliche Weltende handelt, könnte es größere oder kleinere Zuständigkeit geben, und jene Männer, die auf Grund zufälliger Arbeits-, Verantwortungs- und Pflichtteilung Politiker oder Militärs geworden sind und als solche mit der Herstellung oder ›Verwertung‹ des Gegenstandes mehr oder direkter zu tun haben als unsereins, seien deshalb kompetenter als wir, ist einfach Torheit. Die uns das einreden wollen (gleich ob es die angeblich Kompetenteren selbst sind oder Dritte), beweisen damit lediglich ihre – moralische Inkompetenz. Vollends unerträglich aber wird unsere moralische Situation dann, wenn jene angeblich Kompetenteren (die Probleme anders als taktisch zu sehen außerstande sind) uns weismachen wollen, uns komme noch nicht einmal das Recht auf Angst, geschweige denn auf Gewissen zu; und zwar deshalb nicht, weil Gewissen Verantwortung impliziere, Verantwortung aber nur *ihre* Sache sei, eben Sache der Ressortzuständigen; letztlich maße man sich also durch Angst, gar durch Gewissensangst, ein fremdes Ressort an. Einen ›Klerus der Apokalypse‹ darfst du jedenfalls nicht anerkennen; keine Gruppe, die sich das Kompetenzmonopol für den Untergang, der unser aller Untergang wäre, anmaßt. Wenn wir den Rankeschen Ausdruck ›gleich nah zu Gott‹ variieren dürfen: »Jeder steht gleich nah zum möglichen Ende.« Und so hat auch jeder das gleiche Recht und die gleiche Pflicht, seine Stimme warnend zu erheben. Auch du. –

Wider das taktische Diskutieren

Nicht nur nicht vorstellen, nicht nur nicht fühlen, nicht nur nicht verantworten können wir das ›Ding‹; sondern noch nicht einmal denken. Denn in welcher Kategorie immer wir es auch denken würden, wir würden es falsch denken, weil es, einer Klasse von Gegenständen zugeordnet, zu ›einem unter anderen‹ gemacht und dadurch bagatellisiert wäre. Auch wenn es in vielen Exemplaren existieren mag, ist es einzig in seiner Art, keiner Gattung zugehörig; also ein Monstrum. Und da wir nur, was es nicht ist, umschreiben können, haben wir die Kautelen der ›negativen Theologie‹ zu den unsrigen zu machen. – Unseligerweise ist es gerade diese (›monströse‹) Nirgendzugehörigkeit, die es mit sich bringt, daß wir den Gegenstand vernachlässigen oder einfach vergessen. *Was man nicht klassifizieren kann, das sieht man als nicht existierend an.* – Sofern man von dem Gegenstand aber doch spricht (übrigens im Alltag von Mensch zu Mensch immer noch nicht), dann klassifiziert man ihn gewöhnlich, weil das so am bequemsten und am beruhigendsten ist, als eine ›Waffe‹, allgemeiner als ein ›Mittel‹. Ein Mittel aber ist es deshalb nicht, weil es zum Wesen des Mittels gehört, im erreichten Zweck einzugehen und zunichte zu werden wie der Weg im Ziel. Das aber ist bei diesem Ding nicht der Fall. Vielmehr ist sein unvermeidbarer (wenn nicht sogar sein beabsichtigter) Effekt größer als jedes denkbare Ziel; denn dieses geht notwendigerweise im Effekt unter. Es geht mit unter in der Welt, in der es noch ›Mittel und Zwecke‹ gab. Daß ein Ding, das von sich aus das Mittel-Zweck-Schema zerstört, selbst kein Mittel sein kann, das ist ja wohl evident. Darum laute deine nächste Maxime: »Daß die Bombe ein Mittel sei, werde ich mir nicht einreden lassen.« – Da sie kein Mittel ist wie Millionen Mittel, die unsere Welt ausmachen, darfst du es auch nicht dulden, daß sie hergestellt werde, als handele es sich um einen Eisschrank, eine Zahnpasta oder selbst eine Pistole, bei deren Herstellung man uns nicht fragt. – Sowenig du jenen glauben sollst, die es ein ›Mittel‹ nennen, sollst du den schlaueren Verführern glauben, die dir einzureden versuchen, das Ding diene ausschließlich der Abschreckung, werde also lediglich zu dem Zwecke hergestellt, um *nicht* verwendet zu werden. Gegenstände, deren Verwendung sich in ihrer Nichtverwendung erschöpft, hat es noch niemals gegeben; höchstens Gegenstände, die zuweilen, nämlich dann nicht verwendet wurden, wenn die Drohung mit ihrer (oft zuvor verwirklichten) Verwendung bereits ausreichte. Im übrigen dürfen wir natürlich niemals vergessen, daß das Ding bereits effektiv (und mit kaum zulänglicher Begründung) verwendet worden ist; in Hiroshima und Nagasaki. – Schließlich, en marge, sollst du es nicht durchgehen lassen, daß der Gegenstand, dessen Effekt unvorstellbar ist, durch biedere und bagatellisierende Bezeichnungen falsch klassifiziert werde. Die Benennung einer gewissen H-Bomben-Explosion als ›Aktion Opa‹, als ›Aktion Großväterchen‹ war nicht nur abenteuerlich abgeschmackt, sondern bewußter Betrug.

Ferner sollst du dagegen auftreten, daß das Ding, dessen bloßes Vorhandensein bereits eine Art der Verwendung ist, unter rein »*taktischen Gesichtspunkten*« diskutiert werde. Solche Diskussion ist absolut unangemessen, weil der Gedanke, die Atomwaffen könnten taktisch so oder so eingesetzt werden, den Begriff einer politischen Lage voraussetzt, die gewissermaßen unabhängig von der Tatsache der Atomwaffen existiert. Das aber ist ganz unrealistisch, weil sich die politische Lage – der Ausdruck ›atomares Zeitalter‹ ist durchaus gerechtfertigt – durch die Tatsache der Atomwaffen definiert. Nicht die Atomwaffen kommen in der politischen Lage ›auch‹ vor; umgekehrt spielen sich die Einzelgeschehnisse innerhalb der atomaren Situation ab; und die meisten politischen Handlungen sind faktische Schritte innerhalb der atomaren Situation. Die Versuche, die Möglichkeit des Weltunterganges als Stein unter anderen Steinen im Schachspiel der Politik zu verwenden, sind, gleich ob sie schlau sind oder nicht, Zeichen von Verblendung. Die Zeit der Schlauheiten ist vorbei. Darum sei es dein Prinzip: Sabotiere alle Erörterungen, in denen deine Zeitgenossen versuchen, die Tatsache der atomaren Bedrohung aus einem ausschließlich taktischen Gesichtswinkel zu diskutieren; und darum mache es zu deinem Prinzip, die Diskussion auf die Hauptsache zu lenken: auf die Selbstbedrohung der Menschheit durch die selbstgemachte Apokalypse; und tue das auch dann, wenn du dadurch Gefahr läufst, als ›politisch unrealistisch‹ verlacht zu werden. In Wirklichkeit sind es die Nichts-als-Taktiker, die unrealistisch sind, da sie Atomwaffen nur als Mittel sehen, und da sie nicht begreifen, daß die Zwecke, die sie vermittels ihrer Taktik zu erreichen suchen oder zu erreichen vorgeben, durch Verwendung, nein, sogar schon durch die mögliche Verwendung dieser Mittel, alle Bedeutung einbüßen.

Die Entscheidung ist schon gefallen

Von der Behauptung, wir befänden uns (und vielleicht sogar immer) nur im Laboratoriumsstadium, im Stadium des Experimentierens, laß dich nicht verführen. Sie ist reine Redensart. Nicht nur deshalb, weil wir (was erstaunlich viele vergessen) Atombomben bereits geworfen, das Zeitalter des Ernstes also vor mehr als zehn Jahren bereits angetreten haben; sondern weil wir – und das im Prinzip sogar noch wichtiger – von ›Experimenten‹ in diesem Falle gar nicht reden können. Dein letzter Leitsatz laute: »*Wie gut die Experimente auch gelingen mögen, das Experimentieren mißlingt.*« Und zwar mißlingt es deshalb, weil von Experimenten allein dort die Rede sein kann, wo das Experimentalgeschehen den insulierten Raum des Laboratoriums nicht verläßt oder sprengt; und diese Bedingung hier nicht erfüllt ist. Umgekehrt gehört es ja zum Wesen der Sprache und zum gewünschten Effekt der Mehrzahl der heutigen Explosionsexperimente, den Brisanzkoeffizienten und den Streuungsradius der Waffe so groß wie möglich zu machen; also, so widerspruchsvoll das auch klingen mag, auszuprobieren, wie weit man jede experimentelle Grenze *überschreiten* kann. Was durch die (angeblichen) Experimente angerichtet wird, gehört daher nicht mehr in die Klasse experimenteller Resultate, sondern in den Raum der Wirklichkeit, in den der Geschichte – in diesen gehören z. B. die verseuchten japanischen Fischer –, sogar in den Raum künftiger Geschichte, da eben die Zukunft, z. B. die Gesundheit künftiger Generationen, bereits affiziert ist; »die Zukunft« also, wie Jungks philosophischer Titel es formuliert, »bereits begonnen« hat. Völlig irreführend ist also die beliebte Beteuerung, über die Verwendung des Dinges sei noch nicht entschieden. – Wahr ist vielmehr, daß die Entscheidung durch die sogenannten ›Versuche‹ bereits gefallen ist. Mithin gehört es zu deinen Pflichten, den Schein, daß wir noch in der ›atomaren Vorzeit‹ leben, zu diskreditieren; und beim Namen zu nennen, was ist.

Wir werden von Geräten behandelt

Alle diese Postulate und Verbote lassen sich aber in einem einzigen Gebot kondensieren; in dem: »*Habe nur solche Dinge, deren Maximen deine eigenen Maximen und damit die einer allgemeinen Gesetzgebung werden könnten.*«

Dieses Postulat mag befremden; der Ausdruck ›Maximen der Dinge‹ klingt provozierend. Aber doch eben nur deshalb, weil das Faktum, das mit dem Ausdruck bezeichnet wird, selbst befremdlich und provokant ist. Was wir meinen, ist allein, daß wir, in der Gerätewelt lebend, nun von Geräten behandelt werden; und zwar immer auf diese oder jene gerätebestimmte Weise. Da wir aber andererseits Verwender dieser Geräte sind, da wir unsere Mitwelt mit Hilfe dieser Geräte behandeln, behandeln wir sie nach eigenen Prinzipien mit Hilfe der Behandlungsmodi der Apparate, also gewissermaßen nach deren Maximen. Was das Postulat verlangt, ist, daß wir uns diese, da sie ja, pragmatisch gesehen, unsere Maximen sind, so klar machen, als wären sie unsere; daß unser Gewissen statt in Prüfung unserer Innerlichkeit (die zum konsequenzenlosen Luxus geworden ist) nun in Prüfung der ›geheimen Regelungen‹ und der ›Prinzipien‹ unserer Apparate bestehe. Ein im herkömmlichen Sinne seiner Seele prüfender Atom-Minister würde wahrscheinlich nichts sonderlich Böses finden; durch Prüfung des ›Innenlebens‹ seiner Geräte dagegen ›Herostratismus‹, und zwar Herostratismus in kosmischem Ausmaß: denn herostratisch ist die Weise, in der die Atomwaffen die Menschheit behandeln.

Erst wenn uns diese neue moralische Aktion: der ›Blick in den Busen der Apparate‹ (molussisch) geläufig geworden ist, werden wir mit mehr Recht darauf hoffen dürfen, daß wir, die wir die Entscheidung über unser Sein oder Nichtsein in der Hand halten, auch unser Sein in der Hand behalten werden.

Wir können nicht nicht-können

Dein nächstes Prinzip laute: Glaube nicht, daß die Gefahr, wenn wir den ersten Schritt: den Abbruch der sogenannten ›Experimente‹ gemacht haben, vorüber sein werde und daß wir dann dazu berechtigt sein werden, auf unseren Lorbeeren auszuruhen. Das Ende der ›Experimente‹ besagt weder das Ende weiterer Bombenproduktion noch die Zerstörung von denjenigen Bomben und denjenigen Bombentypen, die bereits ausprobiert worden sind und die für die Eventualität bereitliegen. Es gibt verschiedene mögliche Gründe für Teststopps: Ein Staat kann sich z. B. deshalb dazu entschließen, weil sich weiteres Experimentieren als überflüssig herausstellt; d. h.: weil entweder die Produktion der ausprobierten Typen oder der bereits hergestellte und gelagerte Vorrat für jeden denkbaren Fall ausreicht – kurz: weil es sinnlos und unwirtschaftlich wäre, die Menschheit ›toter als tot‹ zu machen.

Glaube ebensowenig, daß wir ein Recht auf Sorglosigkeit hätten, wenn es uns gelungen wäre, unseren zweiten Schritt durchzuführen: Nämlich die weitere Produktion von A- und H-Bomben zu stoppen; oder daß wir nach unserem dritten Schritt: Nach der Zerstörung aller gelagerten Bestände die Hände in den Schoß legen dürften. Selbst in einer restlos ›reinen‹ Welt (also in einer, in der es keine A- oder H-Bombe gäbe, in der wir also keine Bomben zu ›haben‹ scheinen) würden wir sie doch noch immer haben, weil wir wissen würden, wie wir sie herstellen können. In unserer Epoche mechanischer Reproduktion gibt es keine Nicht-Existenz irgendeines möglichen Produktes, weil das, was zählt, nicht die wirklichen physischen Objekte sind, sondern deren Typen, bzw. deren blueprints. Selbst nach Eliminierung aller physischen Objekte, die mit der Produktion der A- oder H-Bomben zusammenhängen, könnte die Menschheit noch immer den blueprints zum Opfer fallen. »Dann müßte man eben«, könnte man schließen, »die blueprints zerstören.« Aber auch das ist unmöglich, denn die blueprints sind unzerstörbar wie Platos Ideen; in gewissem Sinne sind sie geradezu deren diabolische Verwirklichung. Kurz: Selbst dann, wenn es uns gelänge, die verhängnisvollen Geräte und deren blueprints zu zerstören und damit unsere Generation zu retten – mehr als eine Frist oder als einen Aufschub würde auch das kaum bedeuten. Die Produktion könnte jeden Tag wieder aufgenommen werden, der Schrecken bleibt, und darum muß auch deine Angst bleiben. Von nun an wird die Menschheit für alle Ewigkeit unter dem dunklen Schatten des Monsters leben. Die apokalyptische Gefahr läßt sich nicht ein für alle Male, nicht durch *einen* Akt abschaffen, sondern nur durch täglich wiederholte Akte. Das bedeutet: Wir haben zu verstehen – und diese Einsicht zeigt uns vollends, wie verhängnisvoll unsere Situation ist –, daß unser Kampf gegen den physischen Bestand der Geräte und deren Konstruktion, deren Tests, deren Lagerung schlechthin unzulänglich bleibt. Denn das Ziel, das wir zu erreichen haben, kann nicht darin bestehen, das ›Ding‹ *nicht* zu haben; sondern allein darin, das ›Ding‹ niemals zu verwenden, obwohl wir nichts dagegen tun können, daß wir es haben; es niemals zu verwenden, obwohl es niemals einen Tag geben wird, an dem wir es nicht verwenden *könnten*.

Dies also ist deine Aufgabe: Der Menschheit beizubringen, daß keine physische Maßnahme, keine Zerstörung physischer Objekte jemals eine restlose Garantie darstellen wird, daß wir vielmehr fest dazu entschlossen sein müssen, den Schritt niemals zu machen, obwohl er immer möglich sein wird. – Wenn es uns: dir, dir und mir, nicht gelingt, die Menschheit mit dieser Einsicht anzufüllen, dann sind wir verloren.

13. 7. 1957

»Auch das ist die Lektion von Bergen-Belsen: Man ist nicht nur verantwortlich für das, was man tut, sondern auch für das, was man geschehen läßt.« *Roman Herzog*

WERNER HEISENBERG

Über die Verantwortung des Forschers

Die Gefangenschaft führte mich nach einigen kürzeren Zwischenaufenthalten in Heidelberg, Paris und Belgien schließlich für längere Zeit auf dem Landsitz Farm-Hall mit einigen alten Freunden und jüngeren Mitarbeitern des »Uranvereins« zusammen. Zu ihnen gehörten Otto Hahn, Max von Laue, Walter Gerlach, Carl Friedrich v. Weizsäcker, Karl Wirtz. Der Gutshof Farm-Hall liegt am Rande des Dorfes Godmanchester, nur etwa 25 Meilen von der alten Universitätsstadt Cambridge in England entfernt. (...) Hier, im Kreise der zehn gefangenen Atomphysiker, besaß Otto Hahn durch die Anziehungskraft seiner Persönlichkeit und durch seine ruhige besonnene Haltung in schwierigen Lagen von selbst das Vertrauen jedes einzelnen unserer kleinen Gruppe. Er verhandelte also mit unseren Bewachern, wo immer das sich als notwendig erwies; und eigentlich gab es nur selten Schwierigkeiten, da die uns betreuenden Offiziere ihre Aufgabe mit ungewöhnlich viel Takt und Menschlichkeit lösten, so daß sich nach kurzer Zeit ein echtes Vertrauensverhältnis zwischen ihnen und uns einstellte. Wir waren nur wenig über unsere Arbeiten am Atomenergieproblem ausgefragt worden, und wir empfanden einen gewissen Widerspruch zwichen dem geringen Interesse an unseren Arbeiten und der ungewöhnlich großen Sorgfalt, mit der wir bewacht und von jeder Berührung mit der Außenwelt ferngehalten wurden. Auf meine Gegenfrage, ob man sich denn in Amerika und England während des Krieges nicht auch mit dem Uranproblem beschäftigt habe, erhielt ich von den uns befragenden amerikanischen Physikern immer nur die Antwort, dort sei es anders als bei uns gewesen, die Physiker hätten Aufgaben übernehmen müssen, die mehr unmittelbar der Kriegsführung gegolten hätten. Das klang nicht unplausibel, weil ja auch während des ganzen Krieges keine Auswirkungen amerikanischer Arbeiten über Kernspaltung sichtbar geworden waren.

Am Nachmittag des 6. August 1945 kam plötzlich Karl Wirtz zu mir mit der Mitteilung, eben habe der Rundfunk verkündet, es sei eine

Atombombe über der japanischen Stadt Hiroshima abgeworfen worden. Ich wollte diese Nachricht zunächst nicht glauben; denn ich war sicher, daß zur Herstellung von Atombomben ein ganz enormer technischer Aufwand nötig gewesen wäre, der vielleicht viele Milliarden Dollar gekostet hätte. Ich fand es auch psychologisch unplausibel, daß die mir so gut bekannten Atomphysiker in Amerika alle Kräfte für ein solches Projekt eingesetzt haben sollten, und ich war daher geneigt, lieber den amerikanischen Physikern zu glauben, die mich verhört hatten, als einem Radioansager, der vielleicht irgendeine Art Propaganda zu verbreiten hatte. Auch sei, so wurde mir gesagt, das Wort »Uran« in der Meldung nicht vorgekommen. Das schien mir darauf hinzudeuten, daß mit dem Wort »Atombombe« irgend etwas anderes gemeint gewesen sei. Erst am Abend, als der Berichterstatter im Rundfunk den riesigen technischen Aufwand schilderte, der geleistet worden sei, mußte ich mich mit der Tatsache abfinden, daß die Fortschritte der Atomphysik, die ich 25 Jahre lang miterlebt hatte, nun den Tod von weit über hunderttausend Menschen verursacht hatten.

Am tiefsten getroffen war begreiflicherweise Otto Hahn. Die Uranspaltung war seine bedeutendste wissenschaftliche Entdeckung, sie war der entscheidende und von niemandem vorhergesehene Schritt in die Atomtechnik gewesen. Und dieser Schritt hatte jetzt einer Großstadt und ihrer Bevölkerung, unbewaffneten Menschen, von denen die meisten sich am Kriege unschuldig fühlten, ein schreckliches Ende bereitet. Hahn zog sich erschüttert und verstört in sein Zimmer zurück, und wir waren ernstlich in Sorge, daß er sich etwas antun könnte. Von uns anderen wurde an diesem Abend in der Erregung wohl manches unüberlegte Wort gesprochen. Erst am nächsten Tag gelang es uns, unsere Gedanken zu ordnen und sorgfältig auf das einzugehen, was geschehen war.

Hinter unserem Landsitz Farm-Hall, einem altertümlichen Bau aus rotem Backstein, lag eine nicht mehr gut gepflegte Rasenfläche, auf der wir Faustball zu spielen pflegten. Zwischen dieser Rasenfläche und der efeubewachsenen Mauer, die unser Grundstück vom Nachbargarten trennte, gab es noch ein langgestrecktes Rosenbeet, um dessen Pflege sich vor allem Gerlach bemühte. Der Weg um dieses Rosenbeet spielte bei uns Gefangenen eine ähnliche Rolle wie etwa der Kreuzgang in mittelalterlichen Klöstern. Er war der geeignete Ort für ernste

Gespräche zu zweit. Am Morgen nach der erschreckenden Nachricht gingen dort Carl Friedrich und ich lange Zeit sinnend und redend auf und ab. Das Gespräch begann mit der Sorge um Otto Hahn, und Carl Friedrich mag es mit einer schwierigen Frage begonnen haben.

»Man kann ja verstehen, daß Otto Hahn darüber verzweifelt ist, daß seine größte wissenschaftliche Entdeckung jetzt mit dem Makel dieser unvorstellbaren Katastrophe behaftet ist. Aber hat er Grund, sich in irgendeiner Weise schuldig zu fühlen? Hat er mehr Grund dazu als irgendeiner von uns anderen, die wir an der Atomphysik mitgearbeitet haben? Sind wir alle an diesem Unglück mit schuld, und worin besteht diese Schuld?«

»Ich glaube nicht«, versuchte ich zu antworten, »daß es Sinn hat, hier das Wort ›Schuld‹ zu verwenden, selbst wenn wir in irgendeiner Weise in diesen ganzen Kausalzusammenhang verwoben sind. Otto Hahn und wir alle haben an der Entwicklung der modernen Naturwissenschaft teilgenommen. Diese Entwicklung ist ein Lebensprozeß, zu dem sich die Menschheit, oder wenigstens die europäische Menschheit, schon vor Jahrhunderten entschlossen hat – oder wenn man vorsichtiger formulieren will, auf den sie sich eingelassen hat. Wir wissen aus Erfahrung, daß dieser Prozeß zum Guten und Schlechten führen kann. Aber wir waren überzeugt – und das war insbesondere der Fortschrittsglaube des 19. Jahrhunderts –, daß mit wachsender Kenntnis das Gute überwiegen werde und daß man die möglichen schlechten Folgen in der Gewalt behalten könne. An die Möglichkeit von Atombomben hat vor der Hahnschen Entdeckung weder Hahn noch irgendein anderer von uns ernstlich denken können, da die damalige Physik keinen Weg dahin sichtbar machte. An diesem Lebensprozeß der Entwicklung der Wissenschaft teilzunehmen, kann nicht als Schuld angesehen werden.«

»Es wird natürlich jetzt radikale Geister geben«, setzte Carl Friedrich das Gespräch fort, »die meinen, man müsse sich in Zukunft von diesem Entwicklungsprozeß der Wissenschaft abwenden, da er zu solchen Katastrophen führen könne. Es gebe wichtigere Aufgaben sozialer, wirtschaftlicher und politischer Art als den Fortschritt der Naturwissenschaft. Damit mögen sie sogar recht haben. Aber wer so denkt, verkennt dabei, daß in der heutigen Welt das Leben der Menschen weitgehend auf dieser Entwicklung der Wissenschaft beruht.

Würde man sich schnell von der ständigen Erweiterung der Kenntnisse abwenden, so müßte die Zahl der Menschen auf der Erde in kurzer Zeit radikal reduziert werden. Das aber könnte wohl nur durch Katastrophen geschehen, die denen der Atombombe durchaus vergleichbar oder noch schlimmer wären.

Dazu kommt, daß bekanntlich Wissen auch Macht ist. Solange auf der Erde um Macht gerungen wird – und einstweilen ist davon kein Ende abzusehen –, muß also auch um Wissen gerungen werden. Vielleicht kann viel später, wenn es so etwas wie eine Weltregierung geben sollte, also eine zentrale, hoffentlich möglichst freiheitliche Ordnung der Verhältnisse auf der Erde, das Streben nach Erweiterung des Wissens schwächer werden. Aber das ist jetzt nicht unser Problem. Einstweilen gehört die Entwicklung der Wissenschaft zum Lebensprozeß der Menschheit, also kann der Einzelne, der in ihm wirkt, auch nicht dafür schuldig gesprochen werden. Die Aufgabe muß daher nach wie vor darin bestehen, diesen Entwicklungsprozeß zum Guten zu lenken, die Erweiterung des Wissens nur zum Wohl der Menschen auszunutzen, nicht aber diese Entwicklung selbst zu verhindern. Die Frage lautet also: Was kann der Einzelne dafür tun; welche Verpflichtung entsteht hier für den, der in der Forschung tätig mitwirkt?«

»Wenn wir die Entwicklung der Wissenschaft in dieser Weise als einen historischen Prozeß im Weltmaßstab ansehen, so erinnert deine Frage an das alte Problem von der Rolle des Individuums in der Weltgeschichte. Sicher wird man auch hier annehmen müssen, daß die Individuen im Grunde weitgehend ersetzbar sind. Wenn Einstein nicht die Relativitätstheorie entdeckt hätte, so wäre sie früher oder später von anderen, vielleicht von Poincaré oder Lorentz formuliert worden. Wenn Hahn nicht die Uranspaltung gefunden hätte, so wären vielleicht einige Jahre später Fermi oder Joliot auf dieses Phänomen gestoßen. Ich glaube, man schmälert die große Leistung des Einzelnen nicht, wenn man dies ausspricht. Daher kann man auch dem Einzelnen, der den entscheidenden Schritt wirklich tut, nicht mehr Verantwortung für seine Folgen aufbürden als allen anderen, die ihn vielleicht auch hätten tun können. Der Einzelne ist von der geschichtlichen Entwicklung an die entscheidende Stelle gesetzt worden, und er hat den Auftrag, der ihm hier gegeben war, auch ausführen können; mehr nicht. Er wird dadurch vielleicht etwas mehr Einfluß auf die spätere Ausnutzung seiner Entdeckung gewinnen können als andere. Tatsächlich hat Hahn ja auch in Deutschland, wo immer er gefragt wurde, sich für die Anwendung der Uranspaltung nur auf die friedliche Atomtechnik ausgesprochen, er hat vom Versuch kriegerischer Anwendung überall abgeraten und gewarnt. Aber auf die Entwicklung in Amerika hat er natürlich keinen Einfluß nehmen können.«

»Man wird hier«, so führte Carl Friedrich die Gedanken weiter fort, »wohl einen grundsätzlichen Unterschied machen müssen zwischen dem Entdecker und dem Erfinder. Der Entdecker kann in der Regel vor der Entdeckung nichts über die Anwendungsmöglichkeiten wissen, und auch nachher kann der Weg bis zur praktischen Ausnützung noch so weit sein, daß Voraussagen unmöglich sind. So haben etwa Galvani und Volta sich keine Vorstellung von der späteren Elektrotechnik machen können. Sie hatten also auch nicht die geringste Verantwortung für den Nutzen und die Gefahren der späteren Entwicklung. Aber bei den Erfindern ist es in der Regel anders. Der Erfinder – und so will ich das Wort verwenden – hat ja ein bestimmtes praktisches Ziel vor Augen. Er muß überzeugt sein, daß die Erreichung dieses Zieles einen Wert darstellt, und man wird ihn mit Recht mit der Verantwortung dafür belasten. Allerdings wird gerade beim Erfinder deutlich, daß er eigentlich nicht als Einzelner, sondern im Auftrag einer größeren menschlichen Gemeinschaft handelt. Der Erfinder des Telephons etwa wußte, daß die menschliche Gesellschaft eine schnelle Kommunikation für wünschenswert hält. Und auch der Erfinder der Feuerwaffen handelte im Auftrag einer kriegerischen Macht, die ihre Kampfkraft steigern wollte. Man kann dem Einzelnen also sicher nur einen Teil der Verantwortung aufbürden. Dazu kommt, daß auch hier weder der Einzelne noch die Gemeinschaft alle späteren Folgen der Erfindung wirklich überschauen kann. Ein Chemiker etwa, der eine Substanz findet, mit der er große landwirtschaftliche Kulturen vor Schädlingen schützen kann, wird ebensowenig wie die Besitzer oder Verwalter der angebauten Landflächen wirklich vorausrechnen können, welche Folgen aus den Veränderungen der Insektenwelt in dem betreffenden Gebiet schließlich entstehen. An den Einzelnen wird man also nur die Forderung stellen können, daß er sein Ziel im großen Zusammenhang sehen müsse; daß er nicht um des Interesses irgendeiner kleinen Gruppe willen andere, viel weitere Gemeinschaften unbedacht in Gefahr bringt. Was verlangt wird, ist also im Grunde nur die sorgfältige, gewissenhafte Berücksichtigung des großen Zusammenhangs, in dem sich der technisch-wissenschaftliche Fortschritt vollzieht. Dieser Zusammenhang muß auch dort beachtet werden, wo er dem eigenen Interesse nicht unmittelbar entgegenkommt.«

»Wenn du in dieser Weise zwischen Entdeckung und Erfindung unterscheidest, wohin stellst du dann dieses neueste und schrecklichste Ergebnis des technischen Fortschritts, die Atombombe?«

»Hahns Experiment über die Spaltung des Atomkerns war eine Entdeckung, die Herstellung der Bombe eine Erfindung. Für die Atomphysiker in Amerika, die die Bombe konstruiert haben, wird also auch gelten, was wir eben über die Erfinder gesagt haben. Sie haben nicht als einzelne, sondern im ausdrücklichen oder vorweggenommenen Auftrag einer kriegführenden menschlichen Gemeinschaft gehandelt, die eine äußere Stärkung ihrer Kampfkraft wünschen mußte. Du hast früher einmal gesagt, du könntest dir schon aus psychologischen Gründen nicht vorstellen, daß die amerikanischen Atomphysiker mit voller Kraft die Herstellung von Atombomben anstrebten. Auch gestern hast du zunächst nicht an die Atombombe glauben wollen. Wie erklärst du dir jetzt die Vorgänge in Amerika?«

»Wahrscheinlich haben die Physiker drüben am Anfang des Krieges wirklich gefürchtet, daß die Herstellung von Atombomben in Deutschland versucht werden könnte. Das ist verständlich; denn die Uranspaltung ist von Hahn in Deutschland entdeckt worden, und die Atomphysik war bei uns, vor der Vertreibung vieler tüchtiger Physiker durch Hitler, auf einem hohen Niveau. Man hat also einen Sieg Hitlers durch die Atombombe für eine so entsetzliche Gefahr gehalten, daß zur Abwendung dieser Katastrophe auch das Mittel der eigenen Atombombe gerechtfertigt schien. Ich weiß nicht, ob man dagegen etwas sagen könnte, besonders wenn man bedenkt, was in den nationalsozialistischen Konzentrationslagern wirklich geschehen ist. Nach dem Ende des Krieges mit Deutschland haben wahrscheinlich viele Physiker in Amerika von der Anwendung dieser Waffe abgeraten, aber sie hatten um diese Zeit keinen entscheidenden Einfluß mehr. Auch daran steht uns keine Kritik zu. Denn wir haben ja auch die schrecklichen Dinge, die von unserer Regierung getan worden sind, nicht verhindern können. Die Tatsache, daß wir ihr Ausmaß nicht kannten, ist keine Entschuldigung, denn wir hätten uns ja noch mehr anstrengen können, sie in Erfahrung zu bringen.

Das Schreckliche an diesem ganzen Gedankengang ist, daß man erkennt, wie ungeheuer zwangsläufig er ist. Man versteht, daß in der Weltgeschichte immer wieder der Grundsatz praktiziert worden ist: Für die gute Sache darf man mit allen Mitteln kämpfen, für die schlechte nicht. Oder in noch bösartigerer Form: Der Zweck heiligt die Mittel. Aber was hätte man schon diesem Gedankengang entgegensetzen können?«

»Wir haben vorher davon gesprochen«, antwortete Carl Friedrich, »daß man vom Erfinder verlangen könnte, er solle sein Ziel im großen Zusammenhang des technischen Fortschritts auf der Erde sehen. Wollen wir prüfen, was dabei herauskommt. Im ersten Augenblick werden ja nach solchen Katastrophen immer reichlich billige Rechnungen aufgestellt. Es wird etwa gesagt, durch den Einsatz der Atombombe sei der Krieg schnell beendet worden. Vielleicht wären die Opfer im ganzen noch größer gewesen, wenn man ihn ohne diese Waffen hätte langsam zu Ende gehen lassen. Ich glaube, du hast gestern abend dieses Argument auch erwähnt. Solche Rechnungen sind aber deshalb ganz ungenügend, weil man ja die späteren politischen Folgen der Katastrophe nicht kennt. Werden durch die entstandene Erbitterung vielleicht spätere Kriege vorbereitet, die noch viel größere Opfer erfordern? Werden durch die neuen Waffen Machtverschiebungen hervorgerufen, die später, wenn alle Großmächte über diese Waffen verfügen, unter verlustreichen Auseinandersetzungen wieder rückgängig gemacht werden müssen? Niemand kann solche Entwicklungen vorausrechnen, und daher kann ich mit solchen Argumenten nichts anfangen. Ich möchte lieber von dem anderen Satz ausgehen, über den wir auch gelegentlich gesprochen haben: daß erst die Wahl der Mittel darüber entscheidet, ob eine Sache gut oder schlecht sei. Könnte dieser Satz nicht auch hier wirksam werden?«

Ich versuchte diesen Gedanken etwas näher auszuführen. »Der wissenschaftlich-technische Fortschritt wird doch zweifellos zur Folge haben, daß die unabhängigen politischen Einheiten auf der Erde immer größer werden und daß ihre Zahl immer geringer wird; daß schließlich eine zentrale Ordnung der Verhältnisse angestrebt wird, von der wir nur hoffen können, daß sie noch genügend Freiheit für den einzelnen und für das einzelne Volk läßt. Eine Entwicklung in dieser Richtung scheint mir völlig unausweichlich, und es ist eigentlich nur die Frage, ob auf dem Wege bis zum geordneten Endzustand noch viele Katastrophen passieren müssen. Man wird also annehmen können, daß die wenigen Großmächte, die nach diesem Kriege übrigbleiben, versuchen werden, ihren Einflußbereich so weit wie möglich auszudehnen. Das kann eigentlich nur durch Bündnisse geschehen, die durch gemeinsame Interessen, durch verwandte soziale Strukturen, gemeinsame Weltanschauungen oder auch durch wirtschaftlichen und politischen Druck zustande kommen. Wo außerhalb des unmittelbaren Einflußbereichs einer Großmacht schwächere Gruppen durch stärkere bedroht oder unterdrückt werden, liegt es für die Großmacht nahe, die Schwächeren zu unterstützen, damit das Gleichgewicht zugunsten der Schwächeren zu verschieben und so schließlich wieder mehr Einfluß zu gewinnen. In dieser Weise wird man doch wohl auch das Eingreifen Amerikas in die beiden Weltkriege deuten müssen. Ich würde also annehmen, daß die Entwicklung in dieser Richtung weitergeht; und ich sehe auch nicht, warum ich mich dagegen innerlich wehren sollte. Gegen Großmächte, die eine derartige Expansionspolitik treiben, wird natürlich der Vorwurf des Imperialismus erhoben werden. Aber gerade an dieser Stelle scheint mir die Frage nach der Wahl der Mittel entscheidend. Eine Großmacht, die ihren Einfluß nur ganz vorsichtig geltend macht, die in der Regel nur wirtschaftliche und kulturpolitische Mittel einsetzt und die jeden Anschein vermeidet, mit brutaler Gewalt in das innere Leben der betreffenden Völker eingreifen zu wollen, wird sich diesem Vorwurf viel weniger leicht aussetzen als eine andere, die Gewalt anwendet. Die Ordnungsstrukturen im Einflußbereich einer Großmacht, die nur vertretbare Mittel verwendet, werden am ehesten als Vorbilder für die Strukturen in der künftigen einheitlichen Ordnung der Welt anerkannt werden.

Nun sind gerade die Vereinigten Staaten von Amerika von vielen als ein Hort der Freiheit angesehen worden, als jene soziale Struktur, in der sich der einzelne am leichtesten frei entfalten kann. Die Tatsache, daß in Amerika jede Meinung frei geäußert werden kann, daß die Initiative des einzelnen oft wichtiger ist als die staatliche Anordnung, daß auf den einzelnen Menschen Rücksicht genommen wird, daß zum Beispiel die Kriegsgefangenen besser behandelt werden als in anderen Ländern, all dies und noch manches andere hat bei vielen die Hoffnung erweckt, daß die innere Struktur Amerikas schon so etwas wie ein Vorbild für die zukünftige innere Struktur der Welt sein könnte. An diese Hoffnung hätte man denken sollen, als man über die Entscheidung beriet, ob eine Atombombe über Japan abgeworfen werden soll. Denn ich fürchte, daß diese Hoffnung durch die Anwendung der Atombombe einen schweren Stoß erlitten hat. Der Vorwurf des Imperialismus wird von anderen, mit Amerika in Konkurrenz stehenden Mächten nun mit aller Schärfe erhoben werden, und er wird durch den Abwurf der Atombombe an Überzeugungskraft gewinnen. Gerade weil die Atombombe ja offenbar zum Sieg nicht mehr nötig war, wird ihr Abwurf als eine reine Machtdemonstration verstanden werden, und es ist schwer zu sehen, wie von hier ein Weg zu einer freiheitlichen Ordnung der Welt führen könnte.«

»Du meinst also«, wiederholte Carl Friedrich, »man hätte die technische Möglichkeit der Atombombe im großen Zusammenhang sehen sollen, nämlich als Teil der globalen wissenschaftlich-technischen Entwicklung, die letzten Endes unausweichlich zu einer einheitlichen Ordnung auf der Erde führen muß. Man hätte dann verstanden, daß der Einsatz der Bombe zu einem Zeitpunkt, in dem über den Sieg bereits entschieden ist, einen Rückfall in die Zeit der um Macht ringenden Nationalstaaten darstellt und vom Ziel einer einheitlichen und freiheitlichen Ordnung der Welt wegführt; denn er schwächt eben das Zutrauen zur guten Sache Amerikas, er macht die Mission Amerikas unglaubhaft. Die Existenz der Atombombe an sich ist hier kein Unglück. Denn sie wird in Zukunft die volle politische Unabhängigkeit auf einige wenige Großmächte mit einer riesigen Wirtschaftskraft beschränken. Für die kleineren Staaten wird es nur noch eine begrenzte Unabhängigkeit geben können. Aber dieser Verzicht braucht keine Einschränkung für die Freiheit des Einzelnen zu bedeuten und kann als Preis für die allgemeine Verbesserung der Lebensbedingungen hingenommen werden. Aber wir kommen, wenn wir so reden, immer wieder von unserer eigentlichen Frage ab. Wir wollten doch wissen, wie sich der Einzelne verhalten muß, der in dieses Getriebe einer von widerstreitenden Ideen geformten, ihren Leidenschaften und Wahnvorstellungen ausgelieferten und doch am technischen Fortschritt interessierten Menschheit hineingestellt ist. Darüber haben wir noch zu wenig erfahren.«

»Wir haben immerhin verstanden«, versuchte ich zu erwidern, »daß es für den Einzelnen, dem der wissenschaftliche oder technische Fortschritt eine wichtige Aufgabe gestellt hat, nicht genügt, nur an diese Aufgabe zu denken. Er muß die Lösung als Teil einer großen Entwicklung sehen, die er offenbar bejaht, wenn er überhaupt an solchen Problemen mitarbeitet. Er wird leichter zu den richtigen Entscheidungen kommen, wenn er diese allgemeinen Zusammenhänge mit bedenkt.«

»Das würde wohl bedeuten, daß er sich auch um eine Verbindung mit dem öffentlichen Leben, um Einfluß auf die staatliche Verwaltung bemühen muß, wenn er das Richtige nicht nur denken, sondern auch tun und bewirken will. Aber vielleicht ist eine solche Verbindung auch nicht unvernünftig. Sie paßt gut in die allgemeine Entwicklung, die wir uns vorher vorzustellen suchten. In dem Maß, in dem der wissenschaftliche und technische Fortschritt für die Allgemeinheit wichtig wird, könnte sich auch der Einfluß der Träger dieses Fortschritts auf das öffentliche Leben vergrößern. Natürlich wird man nicht annehmen können, daß die Physiker und Techniker wichtige politische Entscheidungen besser fällen könnten als die Politiker. Aber sie haben in ihrer wissenschaftlichen Arbeit besser gelernt, objektiv, sachlich und, was das wichtigste ist, in großen Zusammenhängen zu denken. Sie mögen also in die Arbeit der Politiker ein konstruktives Element von logischer Präzision, von Weitblick und von sachlicher Unbestechlichkeit bringen, das dieser Arbeit förderlich sein könnte. Wenn man so denkt, könnte man allerdings den amerikanischen Atomphysikern den Vorwurf nicht ersparen, daß sie sich nicht genug um politischen Einfluß bemüht, daß sie die Entscheidung über die Verwendung der Atombombe zu früh aus der Hand gegeben haben. Denn ich kann nicht daran zweifeln, daß sie die negativen Folgen dieses Bombenabwurfs sehr früh verstanden haben.«

»Ich weiß nicht, ob wir in diesem Zusammenhang das Wort ›Vorwurf‹ überhaupt in den Mund nehmen dürfen. Wahrscheinlich haben wir an dieser einen Stelle einfach mehr Glück gehabt als unsere Freunde auf der anderen Seite des Ozeans.« (...)

Frank Fraser-Darling

Die Verantwortung des Menschen für seine Umwelt

Der Mensch ist, biologisch gesehen, ein Aristokrat. Er herrscht über die Tiere, die Pflanzen und selbst über die Landschaft seines Planeten. Der Mensch ist privilegiert. Ökologisch betrachtet, steht er an der Spitze von Nahrungsketten und -pyramiden. Der Mensch ist Herr im Haus des Lebendigen, und jede Überlegenheit bedeutet ein Privileg.

Ich glaube, daß Aristokratie kein vom Menschen ersonnener Begriff ist, sondern ein beobachtbares Phänomen. Unter dem Menschen gibt es kleinere Herren, die wiederum die Spitzen ihrer eigenen kleinen Pyramiden bilden, mag es sich nun um Tiger oder Adler, Rotkehlchen oder Maulwürfe, Libellen oder Spinnen handeln. Das aristokratische Ideal ist allerdings ein Konzept des menschlichen Geistes, und zwar ein sehr altes und ein sehr schönes und ein potentieller ökologischer Faktor von großer Bedeutung in der Welt. Fast in jeder Menschenrasse hat es dieses Ideal gegeben, obwohl die einzelnen Gruppen, Klassen und Individuen möglicherweise zu wenig davon tatsächlich praktiziert haben.

Kurz gesagt, drückt sich das Ideal in dem Satz aus, daß der Aristokrat der Diener seines Volkes ist. Es beinhaltet den Begriff der Zurückhaltung – was die Griechen mit dem Wort *aidōs* bezeichneten. Das heißt, daß Überlegenheit akzeptiert wird, daß man sie sich weder in eitler Selbstüberschätzung anmaßt noch sie in herablassender Bescheidenheit von sich weist. Wenn dem Überlegenen seine Überlegenheit bewußt wird, wird er sie demütig entgegennehmen wie eine Bürde, die man voller Stolz trägt.

Ich habe nicht die Absicht, mich den Wölfen auszuliefern, indem ich die Tugend des aristokratischen Ideals erörtere, wie sie sich in der zwischenmenschlichen Praxis offenbart – mag auch eine solche Erörterung durchaus ihre Bedeutung haben im Hinblick auf saubere Luft und sauberes Wasser, Dinge, die dem Menschen rechtmäßig zustehen. Vielmehr betrachte ich dieses Ideal als die Grundlage einer Ethik verantwortlichen Verhaltens des Menschen gegenüber seiner gesamten Umwelt. Das schließt alle anderen lebenden Dinge ein, Landschaft, Luft und Wasser, aber auch die verschiedenen Kulturdenkmäler in der Geschichte des Menschen, wobei ich Kultur als einen Ausfluß der Natur verstehe.

Die Zivilisation ist selbst eine Blüte der Evolution, welcher der Mensch nicht teilhaftig geworden wäre, hätte er nicht gelernt, die ungeheuren Vorräte an mineralischen und organischen Stoffen, die der Planet in seinen früheren Stadien hervorgebracht hatte, auszubeuten und den Lebensraum, in dem er sich vorfand, zu verändern. Sofort hörte er auf, ein natürlich angepaßtes Lebewesen zu sein, das seine Erzeugnisse und Abfälle innerhalb seines eigenen Lebensraumes wiederverwertet, und begann seine Welt auszubeuten. Er konnte dies natürlich nicht auf Anhieb erkennen, besonders weil er ja immer noch um das Überleben seiner Art zu kämpfen hatte. Dennoch gibt es in primitiven Kulturen offenbar einen gewissen Sinn für die auf Gegenseitigkeit beruhende Beziehung zur Umwelt oder eine Art Identifizierung als eines Teils mit dem Ganzen. Wenn ein athabaskischer Indianer den Bären, den er gerade jagt und zur Befriedigung seiner Bedürfnisse töten muß, um Vergebung bittet, so zeigt er damit ein philosophisches Bewußtsein und Verständnis für seine eigene ökologische Situation, welche ihn dazu zwingt, von dem Bären zu fordern, was dieser ihm für sein weiteres Überleben zu bieten hat. Das Gebet des Indianers ist ein schönes Beispiel für bescheidene Zurückhaltung, keine modisch überspannte Affektiertheit.

Die Erde war reich genug, um die Beanspruchung ihrer organischen Ressourcen durch die aufkommende Zivilisation zu verkraften. Der Gewinn liegt in der Schönheit des menschlichen Geistes, in seinem Glanz und seinem Ruhm. Und doch war man sich allzeit der Tatsache schmerzhaft bewußt, daß Schönheit und Ruhm immer erst aus einer trüben Mischung aus niederem Verhalten, gemeinen Gefühlen und physischer Notwendigkeit erwachsen sind. Ehrfurcht vor der Natur und ihren Erscheinungsformen war, glaube ich, stets vorhanden, und die Reaktionen auf diese Ehrfurcht gäben wohl ein interessantes Studienobjekt darüber ab, wie sich der Mensch seiner gesamten Umgebung gegenüber verhalten und sich mit ihr auseinandergesetzt hat. Die vergleichende Religionswissenschaft in eine solche Untersuchung einzubeziehen, wäre lohnend, und dabei würden wir, wie ich meine, bemerken, daß der Polytheismus ein Ausdruck des Gefühls war, daß der Mensch zu einem Ganzen vieler verschiedener, teils positiv, teils negativ wirkender Kräfte gehörte. Eine Mutter Erde konnte wohlwollend und tröstend, gelegentlich aber auch schrecklich sein.

Wenn gewisse wilde Früchte nicht geerntet und gewisse Tiere nicht gejagt werden konnten, bevor nicht ein bestimmter glückverheißender Zeitpunkt herangekommen war, so bedeutete dies, daß sich der Mensch einem freilich kaum artikulierten Begriff von Erhaltung und Bewahrung näherte, einem kleinen Stück Identität mit anderen Lebewesen. Der Dinka vom Bahr el-Ghazal ehrt das inmitten seiner Viehherde geborene Giraffenkälbchen, indem er es mit Rinderfett einreibt, und noch heute kann man zahme Giraffen in diesem Winkel der Erde sehen. Ich habe einmal unter einem Dutzend Männer und Frauen aus dem Stamm der Dinka gesessen, die sich in einer ihrer hohen Hütten aus Zweigen und Stroh ausgestreckt hatten, und beobachtete eine unscheinbare Giftschlange über uns, die sich ihren Weg so zuversichtlich wie ein Gecko durchs Geflecht bahnte. Die kleine Schlange war ein Insektenvertilger und wurde deshalb akzeptiert; sie stand nicht außerhalb der Welt der Dinka. Ein anderes Beispiel bietet der Schotte im westlichen Hochland, der sich in seinem Gedächtnis noch ein Stückchen Erinnerung an Finula und ihre Geschwister bewahrt hat. Er wird nie einen Schwan töten und wäre verstört, falls irgendein Frevler so etwas tun sollte. Dies ist mehr als ein bloßes Tabu. Die Haltung des Polytheismus trägt dazu bei, daß sich Veränderungen langsam vollziehen.

Der Monotheismus bedeutete für den Menschen einen mächtigen Schub nach vorn, eine Konzentration der geistigen Kräfte, vor allem als er das Bild Gottes mit seinem eigenen identifizierte – wobei er es freilich umgekehrt ausdrückte, nämlich so, daß Gott ihn nach seinem eigenen Bilde geschaffen habe. Damit setzte ein Prozeß der Entfremdung von den anderen Lebewesen ein, der beispielsweise bei den Juden bis zur Vorstellung des »auserwählten Volkes« führte. Darin liegt eine ungeheure Kraft, deren negative Folgen man sich erst in unserer Zeit allmählich bewußt zu machen beginnt. Der westliche Mensch hat, indem er die jüdisch-christliche Religion übernahm, nicht nur alle anderen Lebewesen, die nicht seiner Art angehören, von der Gemeinschaft mit Gott und sich selbst ausgeschlossen, sondern auch die bequeme Überzeugung entwickelt, daß Gott den Rest der Lebewesen zum Gebrauch und Ergötzen des Menschen geschaffen habe. Die orthodoxe Religion mag zwar abbröckeln, nicht aber diese geistige Haltung; und die sogenannte Rationalität verstärkt sie noch. Mein Plädoyer für die Erhaltung eines natürlichen Eichenwaldes entlockte einmal einem rechtschaffenen betroffenen Holzkaufmann den Protest: »Aber er ist doch reif zum Fällen!«

Sobald das außermenschliche Leben erst einmal auf den Status nützlichen Materials zurückgestuft ist oder als Material betrachtet wird, das der Entdeckung seiner Nützlichkeit für den Menschen noch harrt, ist die Rückkehr zu einer ethischen Betrachtungsweise dieses Lebens äußerst schwierig. Ich bin nicht sonderlich beeindruckt, wenn ich aus dem Munde von Förderern der Nationalpark- und Naturschutzbewegung Sätze höre wie: Flora und Fauna haben beträchtlichen pädagogischen Wert; die Naturschönheiten gereichen den Menschen zur Freude; sie haben wissenschaftlichen Wert oder sind von potentiellem Nutzen: deshalb können wir uns ihren Verlust nicht leisten. Diese Haltung ist von der des Holzkaufmanns nicht wesentlich verschieden.

Das Leben besitzt sein eigenes Recht – das müssen wir anerkennen.

Während der Zeit meines Lebens sind sich Philosophie, Religion und Naturwissenschaft ein ganzes Stück nähergekommen. Die Ganzheitsphilosophie wurde begriffen und akzeptiert, und die Naturwissenschaft ist sich jetzt weit weniger sicher, zwischen Belebtem und Unbelebtem absolut zuverlässig unterscheiden zu können. »Ich kam als Mineral zur Welt und wuchs als Pflanze auf ...« Die Wahrheit Zarathustras geht uns erneut auf, daß wir alle aus einem Stoff sind, daß es nur graduelle Unterschiede gibt und daß Gott begriffen werden kann als seiend in allem und aus allem, als erhabene, göttliche Immanenz.

Wenn wir so weit gekommen sind, wird es Zeit für uns, das Ideal unserer aristokratischen Natur zu verwirklichen: dem Planeten zu dienen, auf dem wir geboren und an den wir immer noch gebunden sind. Weder Leben noch Materie darf vergeudet werden, und doch ist bis heute der merkantile Aspekt allen anderen übergeordnet worden.

Wenn das krebsartig wuchernde Bevölkerungswachstum die Zerstörung weiterer unberührter Gegenden erforderlich macht, so muß man diesem Bedürfnis nachgeben und weitere Teile der Wildnis opfern. Ich rede von krebsartigem Wachstum, weil es nicht kontrolliert wird und außer Kontrolle geraten ist; das Ergebnis sind die *barrios* der südamerikanischen Städte und die überbordenden Hafenstädte Asiens, wo die Nahrungsmittel einlaufen – Wachstum ohne Form.

Mit der Überbevölkerung geht die Umweltverschmutzung einher, und zwar in zweifacher Weise – einmal die passive, d. h. die, gegen die niemand etwas tun kann, und dann die eigentliche, d. h. das Versäumnis zu handeln, obwohl Gegenmaßnahmen möglich und bekannt sind, sei es im Hinblick auf die Abwässerbeseitigung, sei es hinsichtlich der Kontrolle industrieller Abfallstoffe. Hier ist das aristokratische Ideal direkt anwendbar, und zwar auf das Verhältnis der Menschen zueinander.

Franz Furger

Recht auf Arbeit – ein soziales Menschenrecht

Nicht nur der einzelne ist zur Deckung seiner Lebensbedürfnisse auf Arbeit angewiesen, auch die Gemeinschaft der Menschen, die nur durch eine feingliedrige Arbeitsteilung ihren kulturellen Stand erhalten und verbessern kann, braucht den Beitrag der Arbeit jedes seiner Glieder. So ist Arbeit Pflicht und Recht zugleich. Arbeitslosigkeit bedeutet so nicht nur für den einzelnen eine schwere Einbuße an materieller Sicherheit wie an persönlicher Stellung in der Gesellschaft, sondern stellt zugleich auch einen erheblichen Schaden für das Gemeinwohl als Ganzes dar, und zwar sowohl in materieller als auch in geistiger Hinsicht. Die Einsicht in diese Zusammenhänge hat das Recht auf Arbeit daher in die Liste der sozialen Menschenrechte aufnehmen lassen, die – anders als die sog. »Freiheitsrechte« – vom Gemeinwesen nicht nur ein Gewähren lassen, sondern aktive Intervention, hier die Gestaltung einer Arbeitsplätze erhaltenden und deren Schaffung fördernden Politik verlangt. Dies bedeutet dann, daß dieses soziale Menschenrecht auf Arbeit zwar keinen direkten Rechtsanspruch für den einzelnen darstellt. Diesen könnte das Gemeinwesen nur unter der Voraussetzung einer möglichen Zwangszuweisung von Arbeit und damit einer kaum noch tolerierbaren Beschränkung der individuellen Freiheit und damit auch der personalen Menschenrechte sicherstellen. Wohl aber verlangt es (neben der Pflicht für den einzelnen, sich gemäß seinen Fähigkeiten aktiv um Arbeit zu kümmern) vor allem seitens des Gemeinwesens eine Politik, in welcher – was bislang noch alles andere als selbstverständlich ist – ohne nationale, gesellschaftliche oder branchenbezogene Gruppenegoismen, also in einer weltweit globalen Verantwortlichkeit, das Ziel »sichere Arbeit für alle« optimal anzustreben wäre. Dabei hat dieses Ziel in Anbetracht seiner besonderen Bedeutung für die Sicherung des Gemeinwohls in einer allgemeinen Politik im Vergleich zu anderen Staatszielen sogar eine gewisse Priorität zu genießen.

Zum Aufbau einer solchen gezielten Politik bedarf es freilich sowohl des Zusammenwirkens aller sozialen Kräfte, der einzelnen, der Verbände, der Parteien, kurz, der gesamten Politik, als auch einer möglichst genauen Kenntnis der die Unterbeschäftigung bewirkenden Faktoren. Arbeitslosigkeitsstrukturen sind nämlich keineswegs immer identisch. So müssen einmal auf der Ebene der Betroffenen selber all jene, die aus individuellen Gründen wie Behinderung, Alter u. ä. keine entsprechende Arbeit finden, unterschieden werden von den kurzfristig, meist wegen wirtschaftlicher Schwankungen Beschäftigungslosen. Diese wiederum gilt es abzuheben von den durch grundlegende Veränderungen in den Produktionsprozessen (Rationalisierung, Substitution von Produkten usw.) langfristig Arbeitslosen. Für jede dieser Gruppen sind andere Maßnahmen zur Gewährleistung des Rechts auf Arbeit vorzusehen. So müssen stützende Maßnahmen wie geschützte Werkstätten oder doch eigens konzipierte Arbeitsplätze, deren Mehrkosten dann aus öffentlichen Mitteln zu bestreiten sind, bei individuellen Beeinträchtigungen der Arbeitsfähigkeit die Arbeitsmöglichkeit für den einzelnen sichern helfen. Bei der aus wirtschaftlichen Schwankungen resultierenden sog. konjunkturellen Arbeitslosigkeit müssen dagegen Überbrückungshilfen, vor allem in

Form solidarisch geführter Arbeitslosenversicherungs-Kassen aufgebaut und gefördert werden, während grundlegenden, strukturellen Veränderungen mit solchen Überbrückungsmaßnahmen allein nicht begegnet werden kann. Hier müssen durch Erleichterung der Umschulung und Arbeitsvermittlung in branchennahen Industrien, deren Nutzung dann freilich ebenfalls zur sittlichen Pflicht für den einzelnen wird, die menschenrechtlichen Ansprüche an angemessene Arbeit bestmöglich gewährleistet werden; eine eigentliche wirtschaftliche Strukturpolitik in Zusammenarbeit mit wirtschaftlichen Trägern und staatlichen Behörden wird unerläßlich. In jedem Fall ist dabei allerdings darauf zu achten, daß solche sozialen Maßnahmen zur Überbrückung von Notsituationen nicht auf Kosten der Allgemeinheit von einzelnen mißbraucht werden können. Arbeitslosigkeit darf sich nicht lohnen, die Versicherungsleistung nicht als schlichte Kassierung vorher erbrachter Leistung betrachtet werden. Dies setzt entsprechende Flexibilität hinsichtlich der Betriebsorganisation, der Arbeitszeit, der Tätigkeitsfelder usw. bei allen Beteiligten, beim Management wie bei den Arbeitgebern, aber auch bei den entsprechenden Behörden voraus, die dann nicht als zufällig günstige Voraussetzung, sondern als eigentlich ethisches Erfordernis zu gelten hat.

Entsprechend diesen personbezogenen Unterscheidungen muß aber auch auf der Ebene der Wirtschaftsordnung das Problem der Einzelfälle bei Behinderungen aller Art unterschieden werden von den strukturbedingten Ursächlichkeiten, unter denen dann bloß konjunkturell, also zeitlich oder örtlich/branchenbezogen begrenzte Einbrüche von den eigentlich strukturellen Veränderungen, die aller Regel nach unwiderruflich bleiben, abzuheben sind. Während nämlich im einen Fall Überbrückungsmaßnahmen zur Erhaltung der Arbeitsplätze durchaus sinnvoll sein können, und also entsprechende Subventionen seitens der öffentlichen Hand rechtfertigen, würden sie, obwohl vielleicht kurzfristig palliativ Härten mildernd, im anderen Fall die unausweichliche Krise nur hinauszögern und damit meist erheblich verschlimmern. In diesem Fall ist dann die scheinbar menschlichere Lösung nur die momentan einfachere und bequemere, die zudem auf Kosten der Allgemeinheit und schließlich auch noch auf Kosten der schwächeren Arbeitnehmer geht. Daß in Anbetracht der durch solches zögerliches Fehlverhalten für alle entstehenden hohen sozialen Kosten die »gelegen oder ungelegen« geäußerte sozialethische Einsicht besonders gefordert ist, versteht sich von selber, auch wenn gerade dies mitunter ein erhebliches Maß an Zivilcourage erfordern mag.

Dabei verlangt die Gewährleistung des Rechts auf Arbeit sozialethisch allerdings keineswegs bloß Maßnahmen seitens der öffentlichen Hand. Gemäß dem Subsidiaritätsprinzip ist vielmehr zuerst – und hier vor allem zum Ausgleich konjunktureller Einbrüche – an innerbetriebliche Vorkehrungen zu denken. Eine gesunde Finanzstruktur mit guter Eigenkapitaldeckung und soliden Reserven, die nicht durch das Maximieren von Gewinnausschüttung gefährdet werden dürfen, sind dabei die unerläßliche Grundlage. Eine maßvolle Diversifizierung, die sektorielle Krisen auszubalancieren hilft, sowie eigene Solidaritätsprogramme wären als flankierende Maßnahmen dazuzunehmen, damit die allgemeine Arbeitslosenversicherung erst als »ultima ratio« eingesetzt werden und damit ihre Verwaltungsmacht beschränkt und hinsichtlich ihres Aufwands kostengünstig bleiben kann. Dagegen übersteigt eine strukturelle Arbeitslosigkeit aller Regel nach die betriebswirtschaftlichen Möglichkeiten und ruft – nun im vollen Sinn sozialethisch – nach national- und zunehmend sogar nach global-ökonomischen Maßnahmen.

Dabei dürften neben gezielten Bildungs- und Umschulungsprogrammen (den größten Anteil der Arbeitslosen stellen fast immer die beruflich am wenigsten qualifizierten Gruppen) und der Schaffung eines innovations- und investitionsfreundlichen Klimas (wie unkomplizierte Verwaltung, Steuererleichterung usw.) auch gezielte Sonderinvestitionen in die öffentliche Infrastruktur (z. B. in den Bereichen von Verkehr, Kommunikation und vor allem der Ökologie) angemessene Maßnahmen darstellen. Sie sind dies auch dann, wenn sie vorläufig nur über eine Verschuldung der öffentlichen Hand als sog. »deficit spending« zu erreichen sind. Sofern es sich dabei nämlich um echte Investitionen handelt, die auch späteren Generationen noch zugute kommen (also nicht um einfache Konsumausgaben), ist eine solche Politik auch im Sinn einer intergenerationellen Gerechtigkeit zu verantworten, während eine Verschuldung für laufende Kosten gegenwärtige Lasten auf künftige Generationen (oder über die Inflation auf den kleinen Sparer) ungerechterweise abzuwälzen versucht. Daß freilich auch hier Einzelinitiativen für Bildung, Diversifizierung u. ä. sowie langfristige Investitionen über Steuererleichterungen usw. zu fördern wären, versteht sich im Licht des Subsidiaritätsprinzips von selbst, während reine Stützaktionen von Preisen, »Overmaning«, also das Beihalten überflüssig gewordener Arbeitsplätze, aber auch tarifarische Schutzmaßnahmen keine brauchbaren Lösungsmöglichkeiten abgeben, weil sie die notwendigen und schmerzlichen Entscheidungen nur vor sich herschieben.

Zusammengefaßt bedeutet dies, daß die Gewährleistung des Menschenrechts auf Arbeit seitens des Gemeinwesens punktuell nach Stützungs- und Überbrückungsmaßnahmen rufen kann, wobei selbst diese weniger direkt von der öffentlichen Hand organisiert, als vielmehr von mittleren Gruppierungen, vorab den Betrieben und Firmen selber wie von den Tarifpartnern unternommen und von der öffentlichen Hand gefördert werden sollten. Denn die spezifische Sache des Gemeinwesens bzw. des Staates ist die Ordnungspolitik, d. h. die Schaffung angemessener Rahmenbedingungen, während die konkreten Maßnahmen flexibler, mit weniger Machtkonzentration und bei Fehlern auch leichter korrigierbar sowie wegen des geringeren Verwaltungsapparates auch kostengünstiger von mittleren Trägern, vorab den genannten Tarifpartnern als den berechtigten Interessenvertretern direkt wahrgenommen werden können und sollen. Was sich theoretisch unter Berücksichtigung des ethischen Subsidiaritätsprinzips so als Postulat ergibt, bestätigt sich durchaus auch aus der praktischen Erfahrung.

Dies bürdet freilich den Interessenvertretern eine hohe Verantwortung auf und verlangt nicht selten sogar eine flexible Zurückhaltung der Gewerkschaften bei Tarifabschlüssen, wo branchenbezogen oder regional hinsichtlich Lohn, Arbeitszeit, Lohnnebenkosten usw. sogar uneinheitliche Abschlüsse möglich sein sollten oder starke Positionen nicht dadurch ausgenutzt werden dürfen, daß Probleme einfach auf schwächere Partner (bzw. auf die »Dritte Welt«) verlagert werden. Aber auch seitens der Unternehmer ist größere Flexibilität verlangt, etwa hinsichtlich der Einführung von Teilzeitarbeit oder Mitspracherechten und vor allem für eine bei aller berechtigten Interessenbezogenheit offene und vertrauensvolle Verhandlungsführung, die u. U. bis zur »Offenlegung der Bücher« gehen kann. Als Preis für die größere

Unabhängigkeit vom Staat und der öffentlichen Hand bei der Gestaltung der Arbeitsbeziehungen ist dies in Kauf zu nehmen, zumal die Erfahrung die letztlich auch wirtschaftlich größere Effizienz eines solchen Vorgehens deutlich zeigt. Gerade diese letzten Hinweise machen aber auch deutlich, wie sehr in einer freiheitlich demokratischen Gesellschaftsordnung, welche einen gesellschaftlich so bestimmenden Faktor wie die Wirtschaft keinesfalls sich selber überlassen darf, nicht der Staat als planend bestimmende Größe, sondern die freie und direkte Regelung durch die Beteiligten selber bzw. durch deren legitimierte Interessenvertreter bestimmend sein sollte. Damit sind die Verbände als Tarifpartner in die Verantwortung gezogen, und ebendiese Verantwortung bedingt eine eigene sozialethische Überlegung.

Kapitel 6

Solidarität, Brüderlichkeit und Güte

Der Begriff *Solidarität* bewirkt bei vielen eher eine Abwehrreaktion als Zustimmung. Wer in der ehemaligen DDR vierzig Jahre lang mit diesem Begriff gezwungen wurde, ein System anzuerkennen, das eben nicht auf *Solidarität*, sondern auf Zwang aufgebaut war, schließt, wenn er dieses Wort hört, sofort die Ohren. *Solidarität* mit der Arbeiterklasse, *Solidarität* mit der Sowjetunion, *Solidarität* mit Kuba ...

Auch in der westlichen Hälfte der Bundesrepublik wird mit diesem Begriff Schindluder getrieben. Das geht so weit, daß Funktionäre der Gewerkschaften (in geheimer *Solidarität* mit den Arbeitgebern) die Aufhebung der Ladenschlußzeiten mit dem Druck der *Solidarität* verhindern. Arbeiter dürfen nicht tun, was die Gewerkschaft nicht will, weil das offenbar die *Solidarität* sprengen würde. Statt *Solidarität* wird inzwischen – dort, wo es angebracht ist – zunehmend von der Solidargemeinschaft gesprochen, um das entleerte Wort *Solidarität* durch einen Begriff neuen Inhalts zu ersetzen, was auch bitter notwendig ist, es sei denn, man gäbe dem Wort einen neuen Inhalt.

Dabei spielt die Tugend mit dem Namen *Solidarität* erst seit knapp hundertfünfzig Jahren eine prägende Rolle. Über die Jahrhunderte, über die Jahrtausende gar hat diese Verhaltensregel sich immer wieder geschält und den veränderten Situationen in den sich wandelnden Gesellschaften angepaßt. Aristoteles sprach vom *Wohlwollen*. Diese Tugend meint die Einstellung gegenüber dem Mitmenschen, aus der heraus das Gute getan wird: für den anderen um des Guten willen. Aristoteles beschränkte diese sittliche Handlung, bei der nicht nach dem Maß der Zuwendung gefragt wird, auf den Bereich der Freunde. Für einen Wohltäter ist »seine Handlung schön, und so freut er sich an dem, woran seine Handlung ist«[27].

Die Tugend, die den Menschen veranlaßt, aus Uneigennützigkeit zu helfen (selbst wenn er sich durch die Tat besser fühlt), erhielt viele Bezeichnungen. *Güte, Großherzigkeit, Barmherzigkeit, Caritas* wurde sie genannt, und stets bestand zwischen dem Gebenden und dem

Empfangenden eine Beziehung, die zwar in den Bereich des Altruismus, der Selbstlosigkeit, gehört, wo der Barmherzige seine eigenen Interessen zugunsten des Empfangenden zurückstellt. Aber dennoch meinen viele Ethiker, ein gewisses Selbstinteresse – und sei es das der Zufriedenheit – sei wohl nicht zu verleugnen. Die moralische Pflicht, wohltätig zu sein, endet, wenn der Empfangende gegenüber dem Großherzigen boshaft ist, ihn beleidigt oder gar in seinen Rechten verletzt.

Die Französische Revolution hob die drei Werte »*Freiheit, Gleichheit, Brüderlichkeit*« hervor, von denen sicherlich die beiden ersten stärkeres Gewicht erhielten als der dritte. Die *Brüderlichkeit* ist die Weiterentwicklung des *Wohlwollens*. Doch mit ihr fordert die Ethik nicht mehr vom einzelnen die Hilfe für den Schwachen, sondern das Einstehen aller für ihre eigene Gruppe, Gemeinschaft oder Gesellschaft. Nichts anderes bedeutet *Solidarität*. Diese Idee hat sich bewährt und in manchen Gesellschaften dazu geführt, daß nur wenige in der Not keine Hilfe erhalten. Die Sozialversicherung basiert auf dem Gedanken, daß alle in eine gemeinschaftliche Kasse zahlen, die einem hilft, wenn es notwendig ist.

Die *Solidarität* geht von einer Gemeinschaft aus. Dies ist gut, solange der einzelne ein Gefühl, eine Beziehung zu dieser Gemeinschaft hat. Tatsächlich ist dieses Gefühl inzwischen weitgehend geschwunden. Der einzelne meint heute, er zahle an den anonymen Staat für Leistungen, die ihm zustehen. Da sich aber zwischen Bürger und Staat eine große Kluft aufgetan hat, hat der Zahlende das Gefühl, sein Geld sei weg, und er müsse zusehen, wie er mindestens das, was er eingezahlt hat, auch wieder herausbekommen könne. Das aber widerspricht dem Sinn der Solidarität.

Doch mit dem Gefühl für die Gemeinschaft ist das Verständnis für *Solidarität* geschwunden. Denn der Staat steht nach dem heutigen Verständnis des sich ohnmächtig fühlenden Bürgers über der Gemeinschaft. Und Politiker haben – um Wahlen zu gewinnen – den Bürgern immer wieder versprochen, ihnen alle Last (sprich: Verantwortung) für ihr Leben abzunehmen. Damit ist eine vertikale Abhängigkeitsstruktur entstanden, die horizontale ist abgestorben. Vertikal, also unten stehend, bezieht der einzelne die Wohltaten von oben, vom Staat. Horizontal war man auf die Hilfe des sich auf gleicher Ebene befindenden Nächsten, der Familie, der Freunde, der Nachbarn, der Dorfgemeinschaft angewiesen. Die vertikale *Solidarität* ist anonym, aber sicher. Die horizontale *Solidarität* war menschennah, aber nicht so sicher. Wenn der Staat jedoch das Leben des Bürgers vollends versichert, dann verliert das Leben der Gemeinschaft einen wesentlichen Teil seines Sinnes.

Die Notwendigkeit, Verantwortung zu tragen, nimmt der Staat ab, womit das Individuum sich immer mehr aus der Gemeinschaft entfernen kann und darf, denn es benötigt die (häufig als lästig empfundenen) sozialen Abhängigkeiten (wie man inzwischen die Beziehung von Familienmitgliedern untereinander nennt) nicht mehr. Die Kinder brauchen die Eltern im Alter nicht mehr zu versorgen. Kinder, die in Not sind, werden vom Staat und nicht von der Familie aufgefangen: Diese soziale Einrichtung, so wird politisch mit dem Wert »Freiheit« argumentiert, mache sie unabhängig von (familiären) Zwängen, die unzumutbar seien. Doch mit dem Zerfall der Gemeinschaft in Individuen, die nur noch nach Lust und Laune handeln, verliert die Moral immer mehr an Wirkungskraft. Denn sie beruht gerade darauf, daß das Individuum die Gemeinschaft und den Zwang ihrer moralischen Regeln anerkennt.

Um *Solidarität* mit neuem Inhalt zu füllen, so daß sie erneut als Tugend aufleben kann, müssen die Individuen den Sinn für die Gemeinschaft wiederentdecken. Das kann durch ein Gemeinschaftserlebnis geschehen. Nach dem von John F. Kennedy geprägten Motto: »Frag nicht, was dein Land für dich tun kann, frag, was du für dein Land tun kannst«, wäre es sinnvoll, für alle jungen Frauen und Männer ein soziales Pflichtjahr einzuführen, das die Solidarität zum Inhalt hat, da sie ihre Arbeit der Gemeinschaft widmen. Soweit sie nicht ihren Wehrdienst leisten, könnten junge Menschen in diesem einen Jahr – wenn möglich in ihrer Nachbarschaft – Gemeinschaftsaufgaben übernehmen: von der sozialen Hilfe bei einzelnen Personen über Kindergärten, Krankenhäuser zu Umweltaufgaben oder Stadterneuerung bietet sich vieles an. Allerdings sollte dieses Pflichtjahr nicht vom Staat organisiert werden. Zu dieser Gemeinschaftsaufgabe sollten sich Einrichtungen, die in der jeweiligen Nachbarschaft vorhanden sind: Schulen, Kirchen, Handwerkskammern, Gewerkschaften, Handelskammern, Theater oder Museen, zusammenschließen.

Es muß sich allerdings auch der Gedanke durchsetzen, daß die Gemeinschaft, die moralischen Anspruch auf *Solidarität* erheben kann, nicht nur die eigene Gesellschaft oder einen national beschränkten Personenkreis betrifft, sondern die Menschheit insgesamt zu umfassen hat. So hebt Ethik Begriffe wie Ausland oder Ausländer auf. Allerdings kann es hier zu Pflichtenkollisionen kommen, denn es stehen nie ausreichend Mittel zur Verfügung, um allen gerecht zu helfen.

Bertolt Brecht

Was nützt die Güte

1
Was nützt die Güte
Wenn die Gütigen sogleich erschlagen werden, oder es werden erschlagen
Die, zu denen sie gütig sind?

Was nützt die Freiheit
Wenn die Freien unter den Unfreien leben müssen?

Was nützt die Vernunft
Wenn die Unvernunft allein das Essen verschafft, das jeder benötigt?

2
Anstatt nur gütig zu sein, bemüht euch
Einen Zustand zu schaffen, der die Güte ermöglicht, und besser:
Sie überflüssig macht!

Anstatt nur frei zu sein, bemüht euch
Einen Zustand zu schaffen, der alle befreit
Auch die Liebe zur Freiheit
Überflüssig macht!

Anstatt nur vernünftig zu sein, bemüht euch
Einen Zustand zu schaffen, der die Unvernunft der einzelnen
Zu einem schlechten Geschäft macht!

Voltaire

Die Großmütigen

Es kam die Zeit, da man in Babylon ein großes, alle fünf Jahre wiederkehrendes Fest feierte. Nach altem Brauch wurde jedesmal nach Ablauf dieser Zeitspanne der Name desjenigen Bürgers feierlich verkündet, der inzwischen die hochherzigste Tat vollbracht hatte. Richter waren die Großen des Reiches und die Magier. Der Obersatrap, der die Stadt verwaltete, erstattete über die edelsten Handlungen, die sich während seiner Verwaltungszeit zugetragen hatten, Bericht. Darauf wurde abgestimmt, und der König verkündete das Ergebnis. Aus allen Teilen der Welt strömte das Volk zu dieser feierlichen Veranstaltung herbei. Der Preisgekrönte empfing aus den Händen des Monarchen einen goldenen, mit Edelsteinen verzierten Pokal, wobei der König folgende Worte sprach: »Nimm diesen Preis der Großmut entgegen. Mögen mir die Götter viele Untertanen schenken, die dir gleich sind.«

Dieser denkwürdige Tag war gekommen. Der König erschien auf seinem Thron, umgeben von den Großen des Reiches, den Magiern und den Abgesandten aller Nationen, die an dem Fest teilnahmen, bei welchem der Lorbeer nicht durch die Schnelligkeit der Pferde oder die Kraft des Körpers, sondern durch Tugendhaftigkeit erworben wurde. Mit lauter Stimme verkündete der Obersatrap die Taten, die wert waren, mit diesem unschätzbaren Preis belohnt zu werden. Er sprach jedoch nicht von der Hochherzigkeit, mit der Zadig dem Neidischen das gesamte Vermögen zurückgegeben hatte: Das war keine Tat, die einen solchen Preis verdiente.

Als ersten führte der Obersatrap einen Richter an, der einem Bürger seinen gesamten Besitz abgetreten hatte, weil dieser durch ein Versehen, für das der Richter nicht einmal verantwortlich war, einen bedeutenden Prozeß verloren hatte.

Sodann berichtete er von einem jungen Mann, der seine zukünftige Braut, die er über alles liebte, seinem Freund abgetreten hatte, weil diesen die Liebe zu dem jungen Mädchen fast in den Tod trieb.

Obendrein hatte er seiner früheren Braut noch eine ansehnliche Mitgift ausgesetzt.

Schließlich ließ er einen Soldaten vortreten, der im Hyrkanischen Krieg ein wahrhaft leuchtendes Beispiel der Großmut gegeben hatte. Feindliche Soldaten wollten seine Mätresse entführen, was er mit aller Kraft zu verhindern suchte. Plötzlich wurde ihm zugerufen, daß ganz in der Nähe andere Hyrkanier seine Mutter fortschleppten. Weinend ließ er seine Geliebte im Stich, um seine Mutter zu befreien. Als er wieder zurückkehrte, lag seine Geliebte bereits im Sterben. Er wollte sich das Leben nehmen, aber seine Mutter erinnerte ihn daran, daß er ihre einzige Stütze sei, und das gab ihm den Mut, das Leben weiter zu ertragen.

Die Richter schienen sehr für den Soldaten eingenommen zu sein. Da ergriff der König das Wort und sprach: »Die Tat dieses Soldaten und auch die der anderen sind lobenswert, aber ich habe mich nicht darüber gewundert, Zadig dagegen hat mich gestern abend durch eine Tat in Erstaunen versetzt. Vor einigen Tagen habe ich meinen Minister und Günstling Koreb in Ungnaden entlassen, und als ich mich heftig über ihn beklagte, versicherten mir meine Höflinge, ich sei zu nachsichtig gewesen, und einer suchte den anderen in Schmähungen gegen Koreb zu übertreffen. Ich fragte Zadig, wie er über ihn dächte, und er wagte es, Gutes über Koreb zu sagen. Ich gebe zu: Es gibt in unserer Geschichte Beispiele dafür, daß jemand einen Irrtum mit seinem Vermögen bezahlt, seine Geliebte einem anderen überlassen oder seine Mutter der Geliebten vorgezogen hat. Aber ich habe noch nie gehört, daß ein Höfling einem in Ungnade gefallenen Minister, über den sein König sehr erzürnt war, Gutes nachgesagt hat! Ich bewillige jedem der Angeführten für seine großmütige Tat zwanzigtausend Goldstücke, den Pokal aber spreche ich Zadig zu.«

»Sire«, sagte Zadig, »Eurer Majestät allein gebührt der Pokal. Ihr habt die außergewöhnlichste Tat vollbracht, denn Ihr als König seid nicht über einen Sklaven, der Eurer Meinung widersprach, in Zorn geraten.«

Man bewunderte beide, den König und Zadig. Der Richter, der sein Vermögen geopfert, der Bräutigam, der seine Braut mit seinem Freund vermählt hatte, und der Soldat, dem das Wohl seiner Mutter höher stand als das seiner Geliebten – sie alle bedachte der König mit Geschenken, und ihre Namen wurden in das Buch der Großmütigen eingetragen. Zadig aber erhielt den Pokal. Der König erwarb sich den Ruf, ein guter Fürst zu sein, jedoch nicht für lange Zeit. Jener Tag wurde durch sehr ausgedehnte Festlichkeiten gefeiert, die die im Gesetz vorgeschriebene Dauer weit überschritten, und noch heute lebt die Erinnerung daran in Asien fort. Zadig dachte bei sich: »Nun bin ich doch glücklich.« Aber er täuschte sich.

OSCAR WILDE

Der eigensüchtige Riese

An jedem Nachmittag, wenn die Kinder aus der Schule kamen, gingen sie in den Garten des Riesen und spielten da.

Es war ein großer hübscher Garten mit weichem grünem Gras. Hier und da auf dem Rasen standen schöne Blumen wie Sterne, und da waren auch zwölf Pfirsichbäume, die im Frühling zartrosa und perlweiß blühten und im Herbst reiche Frucht trugen. Die Vögel saßen auf den Bäumen und sangen so süß, daß die Kinder immer wieder in ihren Spielen innehielten, um zu lauschen.

»Wie glücklich wir hier doch sind!« riefen sie einander zu.

Eines Tages kam der Riese nach Haus. Er war auf Besuch bei seinem Freund, dem gehörnten Menschenfresser, gewesen und sieben Jahre bei ihm geblieben. Als die sieben Jahre um waren, war alles gesagt, was er ihm zu sagen hatte, denn sein Gesprächsstoff war sehr beschränkt, und so beschloß er, auf sein eigenes Schloß zurückzukehren. Als er nach Hause kam, sah er die Kinder in seinem Garten spielen. »Was tut ihr hier?« rief er sehr mürrisch, und die Kinder liefen weg. »Mein Garten, das ist mein Garten«, sagte der Riese, »das sieht jeder ein, und ich erlaube niemandem sonst, darin zu spielen als mir selber.« Also baute er eine mächtige Mauer ringsum und stellte eine Warntafel auf:

> Unbefugtes Betreten dieses Grundstücks
> ist bei Strafe verboten!

Es war ein sehr eigensüchtiger Riese.

Die armen Kinder hatten jetzt nichts mehr, wo sie spielen konnten. Sie versuchten's auf der Landstraße, aber die Landstraße war sehr staubig und steinig, und sie mochten sie nicht leiden. So gingen sie also, wenn die Schule aus war, um die große Mauer herum und sprachen von dem schönen Garten dahinter. »Wie glücklich waren wir da«, sagten sie zueinander. Dann kam der Frühling, und über der ganzen Gegend waren kleine Blüten und kleine Vögel. Bloß in dem Garten des eigensüchtigen Riesen blieb es Winter. Die Vögel machten sich nichts daraus, darin zu singen, weil keine Kinder da waren, und die Bäume vergaßen zu blühen. Einmal steckte eine schöne Blume ihr Köpfchen aus dem Gras hervor, aber als sie die Warntafel sah, war sie so betrübt um die Kinder, daß sie wieder in den Boden hineinschlüpfte und weiterschlief. Die einzigen Leute, die sich freuten, waren der Schnee und der Frost. »Der Frühling hat diesen Garten vergessen«, riefen sie, »so wollen wir hier das ganze Jahr hindurch leben.« Der Schnee deckte das Gras mit seinem großen weißen Mantel, und der Frost bemalte alle Bäume silberweiß. Dann luden sie den Nordwind ein, bei ihnen zu wohnen, und er kam. Er war in Pelze ganz eingehüllt und brüllte den ganzen Tag durch den Garten und blies die Schornsteine herunter. »Das ist ein ganz herrlicher Platz«, sagte er, »wir müssen den Hagel auf eine Visite bitten.« Und so kam der Hagel. Jeden Tag prasselte er drei Stunden lang auf das Schloßdach herunter, bis er fast alle Schieferplatten zerbrochen hatte, und dann lief er rund um den Garten, so schnell er nur konnte. Er war ganz grau angezogen, und sein Atem war wie Eis.

»Ich versteh nicht, warum der Frühling so spät kommt«, sagte der eigensüchtige Riese, als er am Fenster saß und auf seinen kalten weißen Garten hinuntersah. »Ich hoffe, das Wetter ändert sich bald.« Aber der Frühling kam nie und auch nicht der Sommer. Der Herbst gab jedem Garten goldene Früchte, aber dem Garten des Riesen gab er keine. »Er ist zu eigensüchtig«, sagte der Herbst. So war es da immer Winter, und der Nordwind und der Hagel und der Frost und der Schnee tanzten um die Bäume.

Eines Morgens lag der Riese wach im Bette, als er eine liebliche Musik vernahm. Es klang so süß an seine Ohren, daß er dachte, die Musikanten des Königs zögen vorüber. Aber es war bloß ein kleiner

Hänfling, der vor seinem Fenster sang, nur hatte er so lange keinen Vogel mehr in seinem Garten singen hören, daß es ihm wie die schönste Musik der Welt vorkam. Da hörte der Hagel auf, über seinem Kopf zu tanzen, und der Nordwind zu blasen, und ein köstlicher Duft kam zu ihm durch den geöffneten Fensterflügel. »Ich glaube, der Frühling ist endlich gekommen«, sagte der Riese; und er sprang aus dem Bett und schaute hinaus.

Und was sah er?

Er sah was ganz Wunderbares. Durch ein kleines Loch in der Mauer waren die Kinder hereingekrochen und saßen in den Zweigen der Bäume. In jedem Baum, den er sehen konnte, saß ein kleines Kind. Und die Bäume waren so froh, die Kinder wieder bei sich zu haben, daß sie sich ganz mit Blüten bedeckt hatten und ihre Arme anmutig über den Köpfen der Kinder bewegten. Die Vögel flogen umher und zwitscherten vor Entzücken, und die Blumen guckten aus dem grünen Gras hervor und lachten. Es war entzückend anzusehen, und nur in einem Winkel war es noch Winter, und dort stand ein kleiner Junge. Er war so klein, daß er nicht an die Äste hinaufreichen konnte, und er lief immer um den Baum herum und weinte bitterlich. Der arme Baum war noch ganz bedeckt mit Frost und Schnee und der Nordwind blies und heulte über ihm. »Klettere herauf, kleiner Junge«, sagte der Baum und senkte seine Äste so tief er konnte, aber der Junge war zu klein.

Da wurde des Riesen Herz weich, als er das sah. »Wie eigensüchtig ich doch war!« sagte er; »jetzt weiß ich, weshalb der Frühling nicht hierherkommen wollte. Ich will dem armen kleinen Jungen auf den Baumwipfel helfen, und dann will ich die Mauer umwerfen, und mein Garten soll für alle Zeit der Spielplatz der Kinder sein.« Er war wirklich sehr betrübt über das, was er getan hatte.

So schlich er hinunter und öffnete ganz leise das Tor und trat in den Garten. Aber als die Kinder ihn sahen, erschraken sie so, daß sie alle wegliefen, und im Garten wurde es wieder Winter. Bloß der kleine Junge lief nicht weg, denn seine Augen waren so voll Tränen, daß er den Riesen nicht kommen sah. Und der Riese kam leise hinter ihm heran, nahm ihn zärtlich auf seine Hand und setzte ihn hinauf in den Baum. Und sogleich fing der Baum zu blühen an, und die Vögel kamen und sangen in ihm, und der kleine Junge breitete seine Ärmchen aus, schlug sie um den Hals des Riesen und küßte ihn auf den

Mund. Und wie die anderen Kinder sahen, daß der Riese nicht mehr böse war, kamen sie schnell zurückgelaufen, und mit ihnen kam auch der Frühling. »Der Garten gehört jetzt euch, Kinderlein«, sagte der Riese, und er nahm eine große Axt und hieb die Mauer um. Und als die Leute um zwölf Uhr zum Markt gingen, sahen sie den Riesen mit den Kindern spielen, in dem schönsten Garten, den sie je geschaut hatten.

Den ganzen Tag spielten sie, und am Abend kamen sie zum Riesen und wünschten ihm eine gute Nacht.

»Aber wo ist denn euer kleiner Kamerad?« fragte er, »der Junge, dem ich auf den Baum geholfen habe?« Der Riese liebte ihn am meisten, weil der ihn geküßt hatte.

»Wir wissen's nicht«, antworteten die Kinder, »er ist fortgegangen.«

»Ihr müßt ihm sagen, er soll sicher morgen wiederkommen«, sagte der Riese. Aber die Kinder antworteten, sie wüßten nicht, wo er wohne, und sie hätten ihn zuvor nie gesehen; da wurde der Riese sehr traurig.

Jeden Nachmittag nach Schluß der Schule kamen die Kinder und spielten mit dem Riesen. Aber der kleine Knabe, den der Riese so liebte, ließ sich nie mehr sehen. Der Riese war sehr gut mit den Kindern, aber er sehnte sich nach seinem kleinen Freunde und sprach oft von ihm. »Wie gern möcht' ich ihn wiedersehn!« sagte er immer und immer.

Jahre vergingen, und der Riese wurde sehr alt und schwach. Er konnte nicht mehr unten mit den Kindern spielen, und so saß er in seinem mächtigen Armstuhl und sah ihnen zu und freute sich an seinem Garten. »Ich habe viele schöne Blumen«, sagte er; »aber die allerschönsten Blumen von allen sind die Kinder.«

An einem Wintermorgen sah er beim Ankleiden aus seinem Fenster. Jetzt haßte er den Winter nicht mehr, denn er wußte, daß der Frühling nur schlief und die Blumen sich ausruhten.

Plötzlich rieb er sich verwundert die Augen und sah und sah. Es war wirklich ein wundersamer Anblick. Im fernsten Winkel des Gartens war ein Baum ganz bedeckt mit lieblichen weißen Blüten. Seine Äste waren lauter Gold, und silberne Früchte hingen an ihnen, und darunter stand der kleine Knabe, den er so geliebt hatte.

Hocherfreut eilte der Riese die Treppe hinunter und in den Garten.

Er lief über den Rasen auf das Kind zu. Und als er ihm ganz nahe gekommen war, wurde sein Gesicht rot vor Zorn und er sagte: »Wer hat es gewagt, dich zu verwunden?« Denn an den Handflächen des Kindes waren Male von zwei Nägeln, und Male von zwei Nägeln waren an den kleinen Füßen.

»Wer hat es gewagt, dich zu verwunden?« rief der Riese; »sag es mir, damit ich mein großes Schwert nehme und ihn erschlage.«

»Ach nein«, antwortete das Kind; »dies sind die Wunden der Liebe.«

»Wer bist du?« sagte der Riese, und eine seltsame Scheu überkam ihn, und er kniete nieder vor dem kleinen Kinde.

Und das Kind lächelte den Riesen an und sprach zu ihm: »Du ließest mich einst in deinem Garten spielen, heute sollst du mit mir kommen in meinen Garten, in das Paradies.«

Und als die Kinder an diesem Nachmittag hereinstürmten, da fanden sie den Riesen tot unter dem Baume liegen und ganz bedeckt mit weißen Blüten.

Arthur Schopenhauer

Über Güte und Großmut

Im Grunde ist alle Güte des Herzens, ja alle Tugend, und selbst die Heiligkeit, zurückzuführen auf das Überwiegen der Erkenntnis über den Willen. Denn jene entsteht ja zuletzt dadurch, daß das bloß erkannte Leiden Anderer unser Tun mehr bestimmt als der eigene Wille und sein unmittelbares Genügen.

Da auch das Genie ein entschiedenes Überwiegen des Erkennens über das Wollen ist; so liegt hier die Verwandtschaft zwischen Tugend und Genie.

Der Unterschied liegt aber darin, daß das Übergewicht des Erkennens beim Genie sich als solches, d. h. durch vollkommene Erkenntnis, äußert; im Tugendhaften aber seine Macht auf den Willen übt und durch die Lenkung dieses sich äußert.

Ferner ist beim Genie die Intensität der Geisteskräfte eine absolute, ein sehr hoher Grad derselben schlechthin, ja der wahrscheinlich zur Wurzel und Basis eine starke Intensität des Willens, d. h. der Leidenschaften, haben muß; daher sind, nach Jean Pauls Ausdruck, schöne Geister selten schöne Seelen. Hingegen ist zur Tugend und Güte nur eine relative, d. h. im Verhältnis zum individuellen Willen große Intensität der Erkenntniskraft erfordert, die wohl oft durch die geringe natürliche Heftigkeit des Wollens unterstützt wird. (...)

Der Großmut, die *Clementia*, das Vergeben, das Erwidern des Bösen mit Gutem zwingt uns deshalb so ungemessenes Lob und Bewunderung ab, weil der es übt, sein eigenes Wesen wiedererkennt auch in dem, welcher in ihm das seinige verkannte: und zugleich ihn von seinem Irrtum zurückbringt auf dem Wege, welcher der sanfteste und zugleich der allein sichere ist: denn dieser ist genötigt zu sich (im innersten Gefühl) zu sagen: »Das Wesen, das ich verletzte, war ich selbst, denn es behandelt mich wie sich selbst.« – Wie wenig vermag dagegen der unsichere Weg der Vorwürfe.

Monika Maron

»Bei Grün darf man klingeln«

Und am Abend pünktlich um acht wird sie die Haustür zuschließen. Nach acht sind wir nicht mehr zu sprechen. Da sperren wir uns ein in unsere Höhlen oder sperren uns aus – aus der Menschengesellschaft. Da hilft kein Klopfen, lieber Freund, und auch kein Rufen, die Autos überschreist du nicht. Geh nach Hause. Ordnung muß sein.

Als mein Atem sich nicht mehr in Dampfschwaden verwandelt, gehe ich in den Kindergarten.

»Mama!« Ein gewaltiger Ansturm gegen meinen Körper, feste, warme, weiche Haut, das berauschende Gefühl, unersetzlich zu sein, das Liebste, nicht wegdenkbar, das große Glück eines anderen. Ich weiß, die Ernüchterung kommt gleich: »Was hast du mir mitgebracht?« Aber ich habe vorgesorgt, will keine Freude verderben, seine nicht und meine nicht. Ich lege den roten Traktor auf die Opferbank unserer Liebe und werde belohnt mit einem gellenden Freudenschrei: »Mama, du bist lieb.«

Auf der Straße frage ich: »Na, gehen wir noch ein Bier trinken?«

Ein kurzer Blick zur Verständigung, Antwort mit tiefster Stimme: »Ja, ich trinke ein ganz großes Bier.« Ein Passant dreht sich um, der Sohn kichert: »Der Mann denkt bestimmt, ich trinke wirklich Bier.«

Wir bestellen Eis und Kaffee.

»Der Andreas hat mich gehaun.«

»Hau ihn doch wieder.«

»Der ist aber größer.«

»Na und? Vielleicht ist er schwach.«

»Nein, aber er kann nicht so schnell rennen, da renn ich lieber weg.«

»Wiederhaun ist aber besser.«

»Ich habe aber Angst.«

»Mach ihm auch Angst. Sag, wenn du ganz wütend bist, kannst du Feuer spucken.«

Der Sohn ist begeistert, führt vor, wie er Feuer spucken wird, spuckt statt dessen Eis über den Tisch.

Abends im Bett fragt er: »Kann ich wirklich Feuer spucken?«
»Ja, wenn du ganz schrecklich wütend bist, bestimmt.«
»Und du?«
Ich? Nein, bedaure. Mit Zauberkräften kann ich nicht dienen, davon kann ich nur reden. Armes Kind.
»Ja. Ich auch«, sage ich.
Als der Sohn schläft, hängt im Raum jene beängstigende, unausgefüllte Stille, die Unruhe verbreitet, die provoziert; abgebrochenes Leben. Ich lege eine Schallplatte auf, böhmische Barockmusik, empfinde heute keine Verwandtschaft, versuche es mit Chopin, aber es bleibt das beängstigende Gefühl, irgendwo geschieht etwas, lebt es, lebt es an mir vorbei. Ich versäume Menschen, Ereignisse, Tage. Weiß dabei längst, wie es endet, wenn ich einem Tag Gewalt antun will, mich nicht abfinden kann mit seinem geplanten, normalen Verlauf, nicht mein Leben suche, sondern ein anderes, fremdes, wenn ich plötzlich, todmüde eigentlich, die Wohnung verlasse, in irgendein Lokal fahre, in dem ich Freunde vermute, und eine Stunde später wieder nach Hause komme, ohne ein Erlebnis reicher, aber um zwanzig Mark ärmer, die ich für ein Taxi bezahlt habe.

Eines Tages gründe ich mein Haus, ein großes Mietshaus, in dem nur Leute wohnen, die miteinander befreundet sind. Nicht so eine künstliche Hausgemeinschaft, die immer nur Zäunchen baut und in der jeder Mühe hat, sich seine Nachbarn schönzugucken. Acht oder neun oder zehn Parteien, jeder hat seine eigene Wohnung, man kann allein sein, muß aber nicht. An den Türen hängen Schilder, auf der einen Seite rot, auf der anderen grün. Bei Grün darf man klingeln, Rot heißt: nicht stören. Zu Weihnachten und zu Geburtstagen kocht jede Wohnung einen Gang. Der Boden wird ein Spielzimmer für die Kinder. Niemand muß von einer Dienstreise in eine kalte Wohnung kommen. Und wenn einer ein Buch schreiben will, kann er aufhören zu arbeiten, und die anderen bezahlen ihm einen einjährigen Arbeitsurlaub. Wenn jeder fünfzig Mark gibt, hat er ein Mordsstipendium. Dafür hütet er manchmal die Kinder. Und wenn sein Buch fertig ist, kann er vorn reinschreiben, daß er uns allen dankt. Wenn keiner es drucken will, ist es auch nicht schlimm, dann liest er es den andern vor.

Heute hätte ich mein Schild auf die grüne Seite gedreht.

Hans Magnus Enzensberger

Migration führt zu Konflikten

Zwei Passagiere in einem Eisenbahnabteil. Wir wissen nichts über ihre Vorgeschichte, ihre Herkunft oder ihr Ziel. Sie haben sich häuslich eingerichtet, Tischchen, Kleiderhaken, Gepäckablagen in Beschlag genommen. Auf den freien Sitzen liegen Zeitungen, Mäntel, Handtaschen herum. Die Tür öffnet sich, und zwei neue Reisende treten ein. Ihre Ankunft wird nicht begrüßt. Ein deutlicher Widerwille macht sich bemerkbar, zusammenzurücken, die freien Plätze zu räumen, den Stauraum über den Sitzen zu teilen. Dabei verhalten sich die ursprünglichen Fahrgäste, auch wenn sie einander gar nicht kennen, eigentümlich solidarisch. Sie treten, den neu Hinzukommenden gegenüber, als Gruppe auf. Es ist *ihr* Territorium, das zur Disposition steht. Jeden, der neu zusteigt, betrachten sie als Eindringling. Ihr Selbstverständnis ist das von Eingeborenen, die den ganzen Raum für sich in Anspruch nehmen. Diese Auffassung läßt sich rational nicht begründen. Um so tiefer scheint sie verwurzelt zu sein.

Dennoch kommt es so gut wie nie zu offenen Auseinandersetzungen. Das liegt daran, daß die Fahrgäste einem Regelsystem unterliegen, das nicht von ihnen abhängt. Ihr territorialer Instinkt wird einerseits durch den institutionellen Code der Bahn, andererseits durch ungeschriebene Verhaltensnormen wie die der Höflichkeit gebändigt. Also werden nur Blicke getauscht und Entschuldigungsformeln zwischen den Zähnen gemurmelt. Die neuen Fahrgäste werden geduldet. Man gewöhnt sich an sie. Doch bleiben sie, wenn auch in abnehmendem Grade, stigmatisiert.

Dieses harmlose Modell ist nicht frei von absurden Zügen. Das Eisenbahnabteil ist ein transitorischer Aufenthalt, ein Ort, der nur dem Ortswechsel dient. Die Fluktuation ist seine Bestimmung. Der Passagier ist die Negation des Seßhaften. Er hat ein reales Territorium gegen ein virtuelles eingetauscht. Trotzdem verteidigt er seine flüchtige Bleibe nicht ohne stille Erbitterung.

Jede Migration führt zu Konflikten, unabhängig davon, wodurch sie ausgelöst wird, welche Absicht ihr zugrunde liegt, ob sie freiwillig oder unfreiwillig geschieht und welchen Umfang sie annimmt. Gruppenegoismus und Fremdenhaß sind anthropologische Konstanten, die jeder Begründung vorausgehen. Ihre universelle Verbreitung spricht dafür, daß sie älter sind als alle bekannten Gesellschaftsformen.

Um sie einzudämmen, um dauernde Blutbäder zu vermeiden, um überhaupt ein Minimum von Austausch und Verkehr zwischen verschiedenen Clans, Stämmen, Ethnien zu ermöglichen, haben altertümliche Gesellschaften die Tabus und Rituale der Gastfreundschaft erfunden. Diese Vorkehrungen heben den Status des Fremden aber nicht auf. Sie schreiben ihn ganz im Gegenteil fest. Der Gast ist heilig, aber er darf nicht bleiben.

Nun öffnen zwei weitere Passagiere die Tür des Abteils. Von diesem Augenblick an verändert sich der Status der zuvor Eingetretenen. Eben noch waren sie Eindringlinge, Außenseiter; jetzt haben sie sich mit einem Mal in Eingeborene verwandelt. Sie gehören zum Clan der Seßhaften, der Abteilbesitzer, und nehmen alle Privilegien für sich in Anspruch, von denen jene glauben, daß sie ihnen zustünden. Paradox wirkt dabei die Verteidigung eines »angestammten« Territoriums, das soeben erst besetzt wurde; bemerkenswert das Fehlen jeder Empathie mit den Neuankömmlingen, die mit denselben Widerständen zu kämpfen, dieselbe schwierige Initiation vor sich haben, der sich ihre Vorgänger unterziehen mußten; eigentümlich die rasche Vergeßlichkeit, mit der das eigene Herkommen verdeckt und verleugnet wird.

Ein Rettungsboot, das so viele Schiffbrüchige aufgenommen hat, daß seine Kapazitätsgrenze erreicht ist. Ringsum in stürmischer See schwimmen weitere Überlebende, denen der Untergang droht. Wie sollen sich die Insassen des Bootes verhalten? Die Hände des Nächsten, der sich an das Spülbord klammert, zurückstoßen oder abhaken? Das ist Mord. Ihn aufnehmen? Dann sinkt das Boot mit allen Überlebenden. Dieses Dilemma gehört zum Standard-Repertoire der Kasuistik. Den Moralphilosophen und allen andern, die darüber verhandeln, fällt der Umstand, daß sie auf dem Trockenen sitzen, gewöhnlich gar nicht weiter auf. Doch eben an diesem Als-Ob scheitern alle abstrakten Überlegungen, gleichgültig, zu welchem Schluß sie kommen. An der Gemütlichkeit des Seminars wird der beste Vorsatz zuschanden, weil kein Mensch glaubhaft angeben kann, wie er sich im Ernstfall verhalten würde.

Die Parabel vom Rettungsboot erinnert an das Eisenbahn-Modell. Sie ist seine extreme Zuspitzung. Auch hier treten Reisende so auf, als wären sie Grundbesitzer, nur daß sich das angestammte Territorium, das sie verteidigen, in eine dahintreibende Nußschale verwandelt hat, und daß es nicht mehr um ein bißchen mehr Komfort, sondern um Leben und Tod geht.

Es ist natürlich kein Zufall, daß das Gleichnis vom Rettungsboot im politischen Diskurs über die Große Wanderung wieder auftaucht, und zwar in Form einer Tatsachenbehauptung: »Das Boot ist voll.« Daß dieser Satz faktisch nicht zutrifft, ist noch das wenigste, was an ihm auszusetzen wäre. Ein Blick auf die Umgebung genügt, um ihn zu widerlegen. Das wissen auch alle, die ihn im Munde führen. Es kommt ihnen nicht auf seinen Wahrheitsgehalt an, sondern auf das Phantasma, das er ausdrückt, und das ist allerdings erstaunlich. Offenbar wähnen viele Westeuropäer, daß sie sich in Lebensgefahr befinden. Sie vergleichen ihre Lage mit der von Schiffbrüchigen. Die Metapher wird sozusagen auf den Kopf gestellt. Es sind die Eingesessenen, die sich einbilden, sie wären *boat people* auf der Flucht, Auswanderer vom Zwischendeck oder ausgehungerte Albaner auf einem überfüllten Geisterschiff. Die Seenot, die auf diese Weise halluziniert wird, soll vermutlich ein Verhalten rechtfertigen, das nur in extremen Situationen vorstellbar ist. Die abgehackten Hände aus der Parabel lassen grüßen.

Der Vergleich mit einem Eisenbahnabteil hat etwas Tröstliches, schon weil der Ort der Handlung so übersichtlich ist. Selbst auf dem Schrekkensbild des Rettungsbootes sind noch einzelne Menschen zu erkennen. Wie auf Géricaults Gemälde lassen sich individuelle Gesichter, Handlungen, Schicksale unterscheiden. Auf dem *Floß der Medusa* sieht man achtzehn Personen. In den Statistiken der Gegenwart, mögen sie von Hungernden, von Arbeitslosen oder Flüchtlingen handeln, ist die Million die gängige Münze. Die schiere Vielzahl entwaffnet das Vorstellungsvermögen. Das wissen auch die Hilfsorganisationen und ihre Spendensammler. Deshalb bilden sie immer nur ein einziges Kind mit großen trostlosen Augen ab, um die Katastrophe dem Mitgefühl kommensurabel zu machen. Aber der Terror der großen Zahl ist augenlos. Vor der maßlosen Überforderung versagt die Empathie, und die Vernunft wird ihrer Ohnmacht inne.

Gabriele Goettle

Benefizveranstaltung bei Porsche

Unter dem Motto »Special Sunday« lädt das »Porsche Zentrum« in seine Räume ein. Bei freiem Eintritt werden Show-Programme und Versteigerungen geboten. Der Erlös, auch von »Kuchen-Bar« und Getränkeverkauf, soll ungeschmälert – wie es ausdrücklich auf dem Einladungszettel heißt – der AIDS-Hilfe zufließen. Nach amerikanischem Modell haben sich mehrere Firmen, Hotels, Restaurants, Luxusläden, Künstler, Barbesitzer usw. zusammengetan, um ihre Wohltätigkeit werbewirksam zur Schau zu stellen. Sie bestücken die Sammlung, die nun zur Versteigerung steht, mit kostspieligem Edelnippes, vom »echtsilbernen Sektkübel« über einen Designersessel bis hin sogar zum »Original von Hildegard Knef« usw. Eine (mir) unbekannte Modefirma führe, wird versichert, ihre »exklusiven Modelle für Bad und Freizeit« vor.

Viel Publikum hat sich anlocken lassen. Auf der Straße draußen muß der Verkehr bereits von der Polizei geregelt werden. Innen herrscht Gedränge. Neugierige Normalbürger in Straßenkleidung halten Pappbecher mit Bier in der Hand, Neureiche, die so neureich sind, daß sie sich für diesen Anlaß in große Robe geworfen haben, stehen broncefarben herum und prosten sich mit Sektkelchen zu. Das ist vielleicht noch das Sympathischste an Berlin, daß alle sich danebenbenehmen.

Unentwegt tauchen Ordner mit laut quasselnden Sprechfunkgeräten auf und sehen nach dem Rechten, z. B. ob sich vielleicht schon wieder eine der Damen im Abendkleid auf das rotlackierte Luxusmodell gesetzt hat und womöglich Kratzer und Beulen ... Sicher bereut man längst, nicht auch diesen Wagen, wie die anderen Ausstellungsstücke, in den Hof hinausgefahren zu haben. Das Informationsmaterial, am Eingang auf einem Tisch ausgebreitet, erfreut sich hingegen so gut wie keiner Aufmerksamkeit. Der junge Mann mit dem rosa gefärbten Haar bekommt ab und zu eine Spende in den gläsernen Sammelbehälter gesteckt, das ist alles.

Plötzlich schallt ohrenbetäubende Musik durch die Halle, weht den Leuten das Wort vom Munde weg. Es scheint kein Versehen zu sein, der Geräuschpegel bleibt unverändert. Die Leute stehen herum und warten, pressierte Hochstimmung herrscht, und dann beginnt ein Drängen und Schieben in die Nebenhalle, zu der man durch einen schmalen Gang gelangt.

Hier ist es bedeutend leiser. In dieser Halle stehen werktags die Facharbeiter und reparieren Porsche. Von der Decke hängen dicke gerippte Absaugschläuche, auf den Werkbänken liegt kein einziges Werkzeug, man hat offensichtlich an alles gedacht. Tatsächlich sind die Gäste bereits in die abgetrennten Bereiche hineingeschlüpft und sitzen auf großen Aluminiumkisten, zum Verdruß der Ordner, die sich immer noch um einen andeutungsweise höflichen Ton bemühen.

Die Werkstatt ist bereits gerammelt voll, irgendwo in der Mitte scheint die Modenschau stattzufinden, lachsrote Federn wippen vorbei zur Musik von Ravel, Applaus plätschert vor sich hin. Auch in der unmittelbaren Umgebung kann ich manch modisches Detail studieren. Sorgfältig gezogener Lippenstift scheint eine Selbstverständlichkeit zu sein, Lidschatten, künstliche Wimpern, der ganze Krempel führt ein zähes Leben in den Gesichtern der Frauen. Ohne blondierte Strähnen scheint kein Auskommen. Irgendwie wirken die Damen und Herren merkwürdig angestrengt in ihrem Bemühen, unablässig Lebhaftigkeit zu signalisieren.

Die Modenschau scheint bereits zu Ende zu sein, denn die Halle beginnt sich zu leeren. Der Blick wird frei auf einen improvisierten Laufsteg. Drum herum, auf Klappstühlchen, sitzen noch vereinzelte High-Society-Imitatoren (und Imitatorinnen). Einer aufgenordeten Blondine mit dunklen Brauen sitzt ein silbergrauer Mops im Schoß und stiert mit hervorquellenden Augen ins Nichts. Hinter ihr steht ein labil aussehender Mittfünfziger im langen beigefarbenen Staubmantel und langweilt sich blasiert zu Tode hinter seiner Porsche-Sonnenbrille, plötzlich blickt er um sich und nimmt Platz, der Raum füllt sich wieder, die Scheinwerfer über dem Laufsteg gehen an.

Der Herr mittleren Alters in bodenlangem Lurexkleid wird auf den Steg gehoben, weil das Kleid zu eng ist zum Besteigen der Treppchen. Er wedelt mit seiner Federboa, schüttelt die blonde Langhaarperücke und marschiert auf roten Stöckelschuhen auf und ab. Nun reißt er die braunen Arme zur Begrüßung hoch, im Achselhaar funkelt der Flitter. In tuntenhafter Stimmlage läßt er einen aggressiven Redeschwall, voller Beschimpfungen und Beleidigungen, über das Publikum los.

»Heute haben Sie das besondere Glück, daß ich nicht singe«, und, zu einer Dame sich niederbeugend, ruft er erstaunt: »Sag mal, sehn Sie mich denn überhaupt durch die schmutzige Brille?« Noch bevor ihr die Schamesröte so richtig ins Gesicht steigen kann, geht es schon weiter. »Sehn Sie, so schnell kann einem der Tag verdorben werden, aber machen Sie sich nichts draus, ich habe auch keine Lust, hier zu sein!« Er geht hin und her, präsentiert ein hübsch behaartes Bein, das Publikum applaudiert ein wenig zu heftig, wohl im Glauben, daß wer beim Klatschen gesehen wird mit Schonung rechnen kann. Aber weit gefehlt. »Na, und Sie junger Mann? Hübsche Zähne hat er ja, aber sonst ... Also meine Zähne hat man gestern auch bewundert. Eine halbe Stunde lang habe ich sie überall herumgereicht ... das interessiert Sie vielleicht weniger, man ist ja immer mehr an sich selbst interessiert, Sie zum Beispiel, ja, Sie dort! Sie sind auch ganz gut gepolstert, das muß ich schon sagen, haben Sie denn gar keine eigenen Schultern?« Die Angesprochene versucht gute Miene zum Spiel zu machen, ihr Gesicht verdüstert sich aber zusehends, als das wiehernde Gelächter ihres Begleiters gar nicht enden will. »Ist ja gut, der Herr, Sie lachen sich ja um Kopf und Kragen!« droht der Unterhalter, »nein, was ich Ihnen eigentlich sagen wollte, damit Sie mich ein wenig kennenlernen und wissen, weshalb ich so bin wie ich bin, ich habe eine ganz klassische Karriere hinter mich gebracht. Zwei Jahre auf den Pforzheimer Festwiesen, Kindertravestie.« Das sind vertraute Töne, das Lachen kommt den Leuten ganz entspannt von den Lippen. »Komisch finden Sie das, was? Und Sie dort, gleich lacht man über Sie, denn ich frage Sie, sind Sie als Fußball verkleidet, so ganz in Leder? Eine wirklich schöne Idee. Na sehn Sie, alles lacht!

Und Sie dort, wirklich, Sie sind mir schon die ganze Zeit aufgefallen, die Mami hat Sie so schön gestrickt, all die kleinen Maschen, eine neben der anderen, was für eine Arbeit, wie reizend! Schämen Sie sich gefälligst nicht, wollen Sie sich für die Arbeit schämen, die andere gemacht haben für Sie? Pfui, wie undankbar. – Na jedenfalls, um zum Thema zurückzukehren, dann arbeitete ich im Trapez, meine Damen und Herren, zwei Jahre lang im Trapez, wissen Sie, was das bedeutet? So hieß das Lokal, in dem ich Morgen für Morgen geputzt habe ... aber das war es eigentlich auch nicht, was ich Ihnen erzählen wollte. Was haben Sie denn für einen Hund da, um Gottes willen?« Er beugt sich zur Dame mit dem Mops hinunter, »passend zum eigenen Gesicht die Falten. Vom übrigen schweige ich lieber höflich.« Die indignierte Dame lacht verkrampft und versetzt den Mops in leichtes Beben.

»Und so kommt jeder mal dran, jetzt Sie! Sie lachen und haben die Haare nicht gewaschen, denken, weil Sie den Hut aufhaben, sieht man es nicht, dabei hängen die fettigen Strähnen doch überall heraus, tut mir leid, wirklich, ich kann ja nichts dafür, daß es so ist ... O Gott, passen Sie auf Ihren Schließmuskel auf, mein Herr, wenn Sie so haltlos über die arme Dame lachen, außerdem gehört sich so was nicht, das sollten Sie längst gelernt haben, ja, ist denn hier heute nur der Pöbel erschienen, und das bei einer Firma wie Porsche, da muß man sich schon wundern, auch das Programm ist ja ausgesprochen geschmacklos ... Also, was ich eigentlich sagen wollte, ich präsentiere Ihnen jetzt die Frisuren-Show von Bauer, Horst Bauer, nie gehört? Also dieser Bauer zeigt Ihnen Machbares und auch Tragbares aus Haar, und er, der Horst Bauer, legt Wert darauf, daß ich Ihnen mitteile, daß alles, was Sie sehen werden, aus *echtem* Haar ist.«

Während die Haarkreationen präsentiert werden, ebbt das Publikum langsam aus der Halle und flutet in den Nebenraum, wo bereits die Versteigerung vorbereitet wird. Offenbar hat man einige Schwierigkeiten, das System zu erläutern. Man versucht zwar alles nach amerikanischem Vorbild zu machen, aber weder ist das Publikum mit dem Selbstverständlichsten vertraut, noch wissen sich die Veranstalter entsprechend zu benehmen.

»Es werden hier gleich unsere Damen und Herren mit weißen Plastikeimern herumgehen und die Gebote einsammeln, die von Ihnen gemacht werden, das heißt, immer gleich, wenn Sie etwas gesagt haben, müssen Sie das Geld auch hergeben, so wird das gemacht, wir kassieren also jedes Ihrer Gebote, und zwar unabhängig davon, ob Sie nun was ersteigern oder nicht, also unabhängig vom Erfolg, ich hoffe, ich habe mich verständlich ausgedrückt, und seien Sie nicht kleinlich, es dient einem guten Zweck, die AIDS-Hilfe braucht Ihr Geld, vergessen Sie das nicht, und deshalb sind wir ja letzten Endes heute alle da ...«

Angeboten wird das »Original von Hildegard Knef«, ein kleines, naives, farbenfrohes Nichts im Spannrahmen, das, so der Auktionator, »unter einigen Tausendern nicht zu kriegen ist, normalerweise«. Nach langem Hin und Her zeichnet sich ab, daß es auch für einige Zehner niemand haben will, »das letzte Angebot war 30, bietet keiner mehr... äh ... dann ziehen wir jetzt erst mal das Bild zurück ... äh ... vielleicht möchte ja später jemand das Gemälde erwerben ...«

Nun versucht eine Dame von Porsche, die Rolle des Auktionators besser auszufüllen als der Kollege, das Publikum ist störrisch und unaufmerksam.

»Also ich werde jetzt die weitere Versteigerung leisten, eh, leiten ... als nächstes gibt es den begehrten Sektkübel, echt Silber, hier unten soll irgendwo ein Stempel sein, und wie ich das gesehen habe, trinken ja eine ganze Menge hier Sekt ... also, 100 Mark für diesen wunderschönen Sektkübel, der kostet vom Wert her mindestens das Zehnfache ... also 100, wer bietet mehr, ich bitte um Handzeichen, also bitte meine Herrn, nur Mut, 100 Mark ist das Gebot, jetzt kommt der Sommer, meine Damen und Herren, und Sie wissen ja, der Mumm schmeckt viel besser, wenn er gekühlt serviert wird ... und wir machen das ja nicht für uns hier, sondern für einen guten Zweck ...« Der Kübel geht nach zähem Ringen für 450 Mark weg, eingenommen hat man, da immer in Fünfzigersprüngen gesteigert wurde, 2100 Mark. Und so gehen auch noch zu Niedrigpreisen (für den, der den Zuschlag erhält) Kerzenleuchter aus irgendeinem Sowiesostudio, der Sessel, eine Wagenfeldlampe und anderes weg. Der Versuch, das Knefsche Original noch einmal anzubieten, mißlingt. Man ist nicht gerade zufrieden auf der Veranstalterseite, aber die Herrschaften, die eine gute Gelegenheit beim Schopf gepackt haben, sind hocherfreut und machen sich langsam auf den Heimweg.

Drüben in der Werkhalle sitzt der Filmemacher Rosa von Praunheim inmitten einer kleinen Gruppe und berichtet über AIDS und AIDS-Hilfe, hier und in Amerika. Sein ewiges Konfirmandengesicht würde ja auf viele Leute seriös wirken, wäre da nicht die schwarze Lederkluft mit der seitlich zu schnürenden engen Lederhose, die geradezu Zeugnis ablegt von der persönlichen Anwesenheit des Erzählers in all jenen »Darkrooms«, in denen man sich AIDS und noch Schlimmeres holen kann. Letzten Endes macht es Rosa dann aber doch sehr schlecht, indem er nicht durch unterhaltsame Horrorgeschichten die Leute zum Sprechen anregt, sondern ihnen durch Betroffenheitsangebote die Laune versaut. Man geht.

Alles in allem sind keine 30 000 Mark zusammengekommen, von den zweieinhalbtausend Leuten, die da waren. Ich habe mich am nächsten Tag erkundigt. Man wird wohl nicht so schnell wieder wohltätig sein, zumal auch der rote Flitzer einen sehr unschönen, absichtlich gemachten Kratzer aufwies.

Martin Luther

Über die Barmherzigkeit

»Gebt, so wird euch gegeben« (Luk. 6, 38). Das ist ein unangreifbarer Spruch, der die Welt reich und arm macht. Die, welche nichts geben und meinen, dadurch ihren Kindern mehr zu hinterlassen, die werden nichts übrigbehalten. Diese Krankheit wird alles verderben, wie es vielen Reichen geschieht und bald geschehen wird. Das Sprichwort bleibt wahr: Unrecht Gut gedeihet nicht, kommt an den dritten Erben nicht.

Großmut spendet weniger Rat als Hilfe.

Luc de Vauvenargues

Friedhelm Hengsbach

Gemeinsinn und Solidarität –
Durch moralische Appelle nicht hervorzuzaubern

»Gemeinsinn« und »Solidarität« klingen zwar wie austauschbare Wörter für ein Gefühl der Zusammengehörigkeit, wenngleich deren Herkunft aus abweichenden Sozialmilieus mitschwingt. Aber das Wort »Gemeinsinn« meint das Bewußtsein und Empfinden der Zusammengehörigkeit innerhalb einer Gruppe sowie die Bereitschaft, sich für deren Gemeinwohl einzusetzen; es spiegelt die ordnungsethische Konzeption einer wohlgefügten Gesellschaft. Das Wort »Solidarität« dagegen meint den Zusammenschluß einer gesellschaftlichen Gruppe, die sich strukturell benachteiligt fühlt und von dem gemeinsamen Interesse geleitet ist, ihre Lebenslage und Stellung in der Gesellschaft zu verbessern; es spiegelt die prozeßethische Konzeption einer Gesellschaft, die vom Kräftespiel gegensätzlicher Interessen geprägt ist.

Der Verlust an Gemeinsinn und Solidarität habe ein erschreckendes Ausmaß angenommen, so klagen Kulturkritiker seit längerem. Zweifellos lassen sich Ursachen einer solchen Entwicklung angeben: ein Individualisierungsschub bisher unbekannter Reichweite und Dynamik, nämlich die Freisetzung des Subjekts aus den sozialen Bindungen der Familie, der Normalerwerbsbiographie und der Klasse, oder der Erlebnishunger einer Generation, die die Entbehrungen der Nachkriegszeit nur vom Hörensagen kennt, oder der wachsende Abstand zwischen der Sehnsucht nach gesellschaftlichen Utopien und dem begrenzten Vermögen, etwas von der Idealwelt im Alltag aufscheinen zu lassen.

Andererseits lassen sich zahlreiche Beispiele der Solidarität angeben. Wie Jugendliche mit Alten und Behinderten umgehen und wie sie um eine wirtschaftliche Entwicklung besorgt sind, die umweltverträglich und nachhaltig ist, deutet an, daß sich unter veränderten Bedingungen neue Formen von Gemeinsinn und Solidarität herausschälen.

Wenn drei Voraussetzungen erfüllt sind, kann die Haltung des Gemeinsinns und der Solidarität entstehen. Einmal darf der Appell an die Solidarität das Eigeninteresse nicht grob verdrängen. In religiösen und sozialen Gebilden ist der Einsatz für ein hochwertiges Ziel häufig derart weit getrieben worden, daß die eigene Person dabei zerstört wurde. So klingt die Forderung berechtigt, daß ein winziges Stück von dem Ideal einer geschwisterlichen Welt bereits im eigenen Alltag erfahrbar sein und daß der Einsatz für Gerechtigkeit bzw. die Liebe zum Nächsten an der Eigenliebe ihr Maß nehmen muß. Zum andern muß die Bereitschaft zur Solidarität vom Erfolg gekrönt sein; wenn das Solidaritätsopfer vom Staat oder der Solidargemeinschaft kassiert wird, ohne daß es den Adressaten jemals erreicht, schwindet die Solidarität wie der Schnee in der Sonne. Und schließlich ist jede Haltung der Solidarität, die sich von oben nach unten (etwa als Option für die Armen und Schwachen) bekundet, sehr skeptisch zu beurteilen. Solidarität entsteht jeweils von unten, aus einem kollektiven Leidensdruck heraus, allenfalls diagonal von der Seite, wenn die ein wenig Stärkeren sich mit den Schwächeren zusammenschließen, weil sie ahnen, daß sie demnächst zu den Schwachen gehören werden.

Gemeinsinn und Solidarität wurden bisher als persönliche Einstellungen und Haltungen betrachtet. Der systematische Ort einer ethischen Reflexion über Gemeinsinn und Solidarität sind jedoch nicht die individuellen Tugenden, sondern die Regeln struktureller Solidarität, die ein solidarisches Verhalten der Menschen steuern.

Der systematische Ort struktureller Solidarität läßt sich ausdifferenzieren als *Markt, Staat* und *Zivilgesellschaft.*

Dem marktwirtschaftlichen Wettbewerb wird die Eigenschaft zugesprochen, daß er über ein anonymes Steuerungsmittel (nämlich Preise und Einkommen) verfügt, das die Bedürfnisse der mit Kaufkraft ausgestatteten Nachfrager und die Produktionsmöglichkeiten der Anbieter aufeinander abstimmt, und daß er durch das Auftreten innovativer und nachahmender Unternehmer zeitweilig Machtmonopole auflöst und eine machtverteilende, egalitäre Wirkung hat. Aber der Wettbewerb erhält sich nicht selbst, sondern muß von außen geschützt werden. Der Markt reagiert bloß auf die Signale der Kaufkraft, deren Ausgangsverteilung bereits festgelegt ist. Und Güter, die wie etwa die natürliche Umwelt dem Ausschließungsprinzip nicht unterliegen, also gemeinsam verbraucht werden können, lassen sich marktwirtschaftlich nicht bereitstellen.

Daraus folgt, daß der Wettbewerb auf dem Markt verläßliche Erwartungen und verbindliche Regeln unverzichtbar voraussetzt. Die fallen jedoch nicht vom Himmel, sondern kommen durch gesellschaftliche Vereinbarungen zustande. Die marktwirtschaftliche Konkurrenz ist folglich ein Produkt gesellschaftlicher Kooperation. Eine solche Kooperation kann einem ökonomischen Kalkül unterliegen. So ist es für den Reichen vorteilhaft, sich mit dem Bedürftigen zu arrangieren, weil er Sicherungsaufwand vermeidet; auch der Arme mag es als vorteilhaft empfinden, sich mit dem Reichen über eine Kompensation zu verständigen, bevor er eine Privatarmee anwirbt, um sich des Vermögens des Reichen gewaltsam zu bemächtigen. Damit die Kooperationsregeln jedoch fair sind und kein Unterwerfungsvertrag, müßten darin möglichst viele Nebenfolgen berücksichtigt und möglichst viele Betroffene eingeschlossen werden. Solche Regeln würden gewährleisten, daß die Wirtschaftsform auf die ganze Welt und auf kommende Generationen übertragbar wäre. Aber wer kann solche Kooperationsregeln formulieren und durchsetzen?

Herkömmlicherweise wird dem Staat als Hoheitsträger die Aufgabe zugewiesen, der unparteiliche Hüter eines objektiven Gemeinwohls zu sein, der jenseits der Einzelinteressen gesellschaftlicher Gruppen das allgemeine Interesse verfolgt. Darüber hinaus setzen sich die Verteidiger der sozialen Marktwirtschaft für eine präzise Arbeitsteilung ein, die den Wirtschaftssubjekten die Funktion zuweist, das einzelwirtschaftliche Rentabilitätsziel im Auge zu behalten, während der Staat den politischen Ordnungsrahmen des Wettbewerbs, des sozialen Ausgleichs und der ökologischen Konversion festzusetzen hat. Der Staat ist gemäß solchen Ordnungskonzepten der Garant struktureller Solidarität.

Doch solche Erwartungen, die an den modernen Staat gerichtet werden, daß er den Standpunkt des unabhängigen Beobachters und neutralen Maklers einnimmt, sind häufig überzogen. Die Organe einer repräsentativen Demokratie, die sich zu einer Verbände- und Parteiendemokratie verfestigt und in der finanzielle und personelle Verflechtungen von Politikern und Konzernleitungen immer häufiger üblich werden, sind selbst Interessenpartei. Manche Wirtschafts-, Verkehrs- und Landwirtschaftsminister treten wie Lobbyisten der Chemie- und Rüstungsfirmen, der Autoindustrie und des Agrobusiness auf.

Außerdem haben politische Entscheidungsträger während der 80er Jahre zunächst an die persönliche Leistungsbereitschaft und Eigenverantwortung appelliert, um individuelle Begabungs- und Energiereserven für die Gesellschaft zu mobilisieren. Aber schon bald wurde ein allgemeines Leistungsfieber entfesselt, das auf Olympiakämpfer zugeschnitten war und die Gesellschaft nach Spielregeln ausschließlich für Sieger umgebaut hat. Arbeitnehmerinnen und Arbeitnehmer, Unternehmen, Regionen und Nationen wurden gegeneinander ausgespielt, so daß man schließlich vom »Autokrieg« und vom »Währungskrieg« sprach; der Kult um die angeblichen Leistungsträger geriet mehr und mehr zur Ausgrenzung der Leistungsschwachen. So haben die politisch Verantwortlichen an der beispiellosen Spaltung der Industriegesellschaften und an dem strukturellen Solidaritätsverlust mitgewirkt.

Die verlangte Arbeitsteilung zwischen politischen Entscheidungsträgern und Wirtschaftssubjekten läßt sich schon deshalb nicht aufrechterhalten, weil Unternehmen, die ihr Gewinnziel eigenständig unter sozial und ökologisch anspruchsvollen Nebenbedingungen definieren können, den größeren Handlungsspielraum, über den sie verfügen, in Anspruch nehmen, um in die öffentliche Debatte über die Markt- und Unternehmensverfassung einzugreifen. Die führenden Konzernmanager sind selbst viel mehr an der Gestaltung der Kooperationsregeln beteiligt, als daß sie diese Rolle einfach auf die politische Klasse abwälzen könnten. Gibt es nun neben diesen beiden kollektiven Akteuren einen weiteren, dem eine Regelungskompetenz der strukturellen Solidarität zuzutrauen ist?

Während des Aufbruchs in Osteuropa vor 1989 und während der kulturellen Veränderungen der westlichen Gesellschaften in den siebziger Jahren ist die Zivilgesellschaft als kollektiver Träger moralischen Lernens und politischer Reformen entdeckt worden. Die Zivilgesellschaft jedoch nicht als abstrakte Größe, sondern als öffentlicher Raum diesseits von Wirtschaft und Staat, als offenes Geflecht freier Initiativen, Gruppen, Vereinigungen, Verbände und Bewegungen. Insbesondere die alten und neuen sozialen Bewegungen haben sich als bemerkenswerte Impulsgeber neuer Kooperations- und Solidaritätsregeln erwiesen. Sie sind aus einer konkreten sozio-ökonomischen Schieflage entstanden, die bestimmte Gruppen der Bevölkerung strukturell benachteiligt und ausgegrenzt hat. Sie haben Mitglieder mobilisiert und zu einem Netzwerk gebündelt, unterschiedliche Aktions- und Organisationsformen geschaffen und gesellschaftliche Gegenmacht aufgebaut. Sie sind mit den politisch herrschenden Kräften in riskante Konflikte um eine andere Verteilung der Macht eingetreten und haben sich mit diesen über neue Solidaritätsstrukturen verständigt.

Die gesellschaftliche Öffentlichkeit ist dafür das herausragende Medium. Diese macht nämlich die an den Rand abgedrängten, unsichtbar und unhörbar gemachten Themen, Interessen und Gruppen öffentlich. Sie decken beispielsweise den Widerstand auf, der in der zur Schau gestellten demokratischen Gesellschaft und dem gleichzeitigen Schatten der gesellschaftlichen Ausgrenzung besteht. Sie entlarven den angeblichen Vorbildcharakter einer zwar sozial getünchten, aber kapitalistisch gesteuerten Marktwirtschaft. Sie klären die Solidaritätsdefizite einer marktförmigen Industriegesellschaft auf, die sich auf Kosten der Bevölkerungsmehrheit in den Entwicklungsländern bereichert. So wird die gesellschaftliche Öffentlichkeit beeinflußt und auf neue Kooperationsregeln bzw. Solidaritätsstrukturen hin verändert.

Gemeinsinn und solidarisches Handeln lassen sich weder durch vage Kulturkritik noch durch moralische Appelle hervorzaubern. Sie sind überlebensfähig, wenn ihre strukturellen Voraussetzungen erhalten bleiben. Strukturelle Solidarität entsteht »von unten« im Prozeß gesellschaftlicher Konflikte. Sie entsteht »diagonal« durch Interessenausgleich und Verständigung. Und sie resultiert aus dem wechselseitigen Kräftespiel von marktwirtschaftlichem Wettbewerb, staatlicher Gesetzgebung und zivilgesellschaftlicher Öffentlichkeit.

Ernst Tugendhat

Asyl: Gnade oder Menschenrecht?

Selten ist eine politische Auseinandersetzung so niveaulos und mit so großer bewußter oder unbewußter Irreführung der Öffentlichkeit geführt worden, selten war eine politische Auseinandersetzung Ausdruck eines so vollständigen moralischen Bankrotts wie die, die es in den letzten Monaten in unserem Land über das Asylrecht gibt. Es bleibt daher, wenn man hier überhaupt wieder Boden gewinnen will, nichts anderes übrig, als von den Fundamenten auszugehen.

Zu diesem Zweck darf man wohl die Annahme machen, daß die meisten Menschen etwas haben, was man etwas altertümlich als moralisches Gewissen bezeichnen kann. Der Kern von Moral ist das, was man als die Goldene Regel bezeichnet hat, jene uralte Regel, die es in vielen Kulturen gibt und die der Volksmund auf die Formel gebracht hat: was du nicht willst, das man dir tu, das füg auch keinem anderen zu. Positiv gewendet heißt das: verhalte dich zu deinen Mitmenschen so, wie du willst, daß sie sich zu dir verhalten. Daraus ergeben sich eine Reihe Gebote, denen spiegelbildlich Rechte entsprechen. Die fundamentalste dieser Verpflichtungen ist, die Mitmenschen in ihrer Menschenwürde zu achten und, d. h. negativ formuliert, sie nicht zu demütigen. Schon und gerade diese fundamentalste Norm ergibt sich unmittelbar aus der Goldenen Regel selbst: denn jeder von uns möchte in seinem Selbstwertgefühl ernst genommen, als Mensch geachtet werden. Daß wir Menschen in diesem Sinn achten, heißt einfach, daß wir sie überhaupt als Subjekte moralischer Rechte respektieren, und deswegen lassen sich alle anderen moralischen Normen aus dieser Grundnorm herleiten.

Wenn ich also sagte, daß die meisten Menschen wohl ein moralisches Gewissen haben, so meine ich damit, daß sie ein Bewußtsein davon haben, daß sie andere Menschen nicht demütigen dürfen. Wer diese Norm bewußt verletzt, ist entweder ein Monstrum – und d. h.: er hat kein moralisches Gewissen –, oder aber er verletzt sich dabei selbst in seinem innersten Kern, denn so eng ist das Bewußtsein der eigenen Menschenwürde mit der Achtung der Menschenwürde der anderen verbunden, daß wir, wenn wir andere mißachten, auch uns selbst nicht mehr achten können.

Weil es also so gefährlich für unsere eigene Selbstachtung ist, andere bewußt zu verletzen, und weil wir doch andererseits so starke Motive haben, uns über die Interessen und die Würde unserer Mitmenschen hinwegzusetzen, Motive der Macht, der Selbstsucht, des Gruppenegoismus, aber auch einfach der Bequemlichkeit, deswegen gelingt es den meisten von uns, das moralische Bewußtsein, das wir haben, mehr oder weniger ins Unbewußte abzuschieben, es zu verdrängen. Wir werden zu Monstern, aber merken es nicht. Es sollte der Sinn jedes moralischen, aber auch politischen Diskurses sein, uns gegenseitig dabei zu helfen, diesem Prozeß der Einschläferung unseres moralischen Gewissens, und d. h. unserer Selbstachtung, entgegenzusteuern.

Auch des politischen Diskurses? Was hat Politik mit Moral zu tun? Oft sehr wenig, aber an sich sehr viel. Je größer die Machtkonzentrationen werden, die ökonomischen und die politischen, desto ohnmächtiger sind wir als Individuen, uns selbst und andere gegen diese Mächte auf individueller Basis zu schützen. Der Staat, der das Gewaltmonopol hat, ist die größte dieser Machtkonzentrationen; von ihm müssen wir daher fordern, daß er sowohl seine eigene Macht wie die Macht der ökonomischen Instanzen zugunsten der Rechte der Individuen einschränkt. Ein Staat ist nur dann legitim, wenn all sein Handeln auf das Wohl und die Menschenwürde der Menschen, die auf seinem Territorium leben, ausgerichtet ist, und zwar aller gleichermaßen.

Aber das ist natürlich nicht nur eine Angelegenheit des Staates als solchem, sondern der Staat ist in einer Demokratie so gut und so schlecht wie die Mehrheit seiner Bürger, und d. h.: die Frage, ob wir uns selbst als moralische Wesen verhalten oder als Monstern, zeigt sich nicht nur in unserem individuellen Umgang, sondern vor allem daran, ob wir vom Staat verlangen, daß er sich moralisch verhält oder ob wir von ihm verlangen oder auch nur zulassen, daß er sich als Monstrum verhält.

Es sind nun diese moralischen Rechte, die die Individuen gegenüber dem Staat haben, die wir als Menschenrechte bezeichnen: Diejenigen Menschenrechte, die ein Staat in seiner Verfassung ausdrücklich aufführt, bilden die von ihm auch juristisch als bindend anerkannten Grundrechte. Die Grundlage auch dieser Grundrechte im juristischen Sinn ist die Achtung vor der Menschenwürde. Deshalb beginnt die Verfassung der Bundesrepublik sehr richtig in ihrem 1. Artikel mit dem Satz »Die Würde des Menschen ist unantastbar«. Was aber die einzelnen Grundrechte betrifft, die sich aus diesem Grundrechtsprinzip ergeben, so hat es seit den ersten Grundrechtskatalogen, die im Zusammenhang der amerikanischen Unabhängigkeitserklärung und der Französischen Revolution erstellt wurden, einen historischen Prozeß gegeben. Es wäre jedoch irrig, daraus zu folgern, daß diese Menschenrechte historisch relativ sind. Nur ihre jeweilige Entdeckung war historisch bedingt, abhängig von konkreten Erfahrungen, die die Menschen auf bestimmte Übel und bestimmte Auswirkungen von staatlicher und nichtstaatlicher Macht aufmerksam gemacht haben. Aber das Merkwürdige ist, daß, wenn man einmal auf ein Grundrecht, das bislang nicht anerkannt worden war, aufmerksam geworden ist, es nicht mehr rückgängig zu machen ist. Ein Beispiel aus unserer Zeit ist die Gleichberechtigung der Frauen. Dieses Recht kann jetzt nicht mehr angefochten werden, es scheint ein für allemal anerkannt, wenigstens auf dem Papier. In einem anderen historischen Anerkennungsprozeß von Rechten stecken wir heute mitten drin. Die klassischen Menschenrechte waren allesamt sogenannte Freiheitsrechte wie das Recht auf Unversehrtheit und das Recht auf freie Meinungsäußerung, und die Verfassungen der westlichen Demokratien beschränken sich auf diese Freiheitsrechte. Hier waren historische und wirtschaftliche Vorurteile im Spiel. Die Erfahrung von sozialem Elend gab es schon damals, aber diejenigen, die politisch repräsentativ waren, konnten es sich noch leisten, sich dafür blind zu machen. In der Universalen Erklärung der Menschenrechte der Vereinten Nationen von 1948 sind dann aber auf Druck der kommunistischen Länder, aber auch der Länder der Dritten Welt, die sogenannten sozialen Rechte – wie das Recht auf einen menschenwürdigen Lebensunterhalt und das Recht auf Arbeit – als gleichrangig mit den Freiheitsrechten anerkannt worden, und die Zahl auch westlicher Rechtsgelehrter und Philosophen, die das als wohlbegründet anerkennen, nimmt zu.* Und es sollte heute leicht sein zu sehen, daß Menschen, die von Ressourcen zur Lebenserhaltung durch ökonomische Mächte ausgeschlossen werden und verhungern, oder Menschen, die behindert zur Welt kommen und nicht unterstützt werden, in ihrer Menschenwürde nicht anerkannt werden.

Daß auch das Recht auf Asyl ein Grundrecht ist und nicht der Gnade des aufnehmenden Staates anheimgestellt sein kann, setzt sich heute ebenfalls nur langsam durch. Auch dieser Prozeß beruht auf historischen Erfahrungen. Die Millionen Flüchtlinge, die es nach dem Ende des 2. Weltkrieges gab, waren mit ein Anlaß dafür, daß das Asylrecht in die Erklärung der Menschenrechte der Vereinten Nationen, die freilich deklamatorisch blieb, Eingang fand, und die besonderen Erfahrungen, die in Deutschland in der Nazizeit mit politischer und rassischer Verfolgung gemacht wurden, führten dazu, daß wir den Art. 16 in unserer Verfassung haben, der den Satz enthält: »Politisch Verfolgte genießen Asyl«. Es ist eine Verleumdung des Parlamentarischen Rats, wenn ihm heute häufig unterstellt wird, er wußte nicht, was er tat, und er habe nicht voraussehen können, wieviel Flüchtlinge es einst geben würde, denn es gab damals nicht weniger, und der Unterschied ist nur, daß sie damals nicht aus der Dritten Welt kamen. Wenn der Parlamentarische Rat etwas nicht voraussehen konnte, dann war es das Ausmaß von Chauvinismus, Rassismus und Bequemlichkeit, das sich nach der kurzen Zeit, in der man gelobte, daß bestimmte Dinge hier nie wieder möglich sein würden, ausgebreitet hat. Die fehlende Sensibilität heute gegenüber dem Schicksal von Flüchtlingen muß erstaunen bei einer Bevölkerung, von der der fünfte Teil – zehn Millionen – das Schicksal von Flucht selbst erlitten hat – ein Zeichen mehr, wie sehr alles, was in jener Zeit erlebt wurde, verdrängt wird.

Daß das Asylrecht international auch heute nur langsam Anerkennung findet, hängt damit zusammen, daß die klassische Konzeption der Grundrechte mit der Vorstellung verbunden war, daß der Staat moralische Pflichten nur gegenüber seinen eigenen Bürgern, also nur nach innen, nicht nach außen habe – eine Vorstellung, die angesichts

---

* Fußnote zu S. 468: Vgl. Paul Sieghart, *The Lawful Rights of Mankind*, Oxford 1985, und Susan Moller Okin, »Liberty and Welfare: Some Issues in Human Rights Theory«, in: J. R. Pennoch und J. W. Chapman (Hrsg.), *Human Rights* (Nomos 23).

der zunehmenden internationalen Interdependenzen heute veraltet erscheinen muß. Der amerikanische Rechtsphilosoph Bruce Ackerman hat kürzlich zu bedenken gegeben, daß der Staat nicht wie ein privater Klub aufzufassen sei und daß er kein Recht habe, Ausländern zu verbieten einzuwandern: der bloße Umstand, schon früher dagewesen zu sein, sei ebensowenig wie die Zugehörigkeit zu einer bestimmten Rasse oder Nation ein moralischer Grund, anderen Zugang und Teilhabe zu verweigern.* Heute wird hierzulande häufig erklärt, die Bundesrepublik sei kein Einwanderungsland. Wenn Ackermans Argument stimmt, hätte kein Land das Recht, von sich zu erklären, es sei kein Einwanderungsland.

Nun geht das Recht auf Asyl sehr viel weniger weit als das Recht auf Einwanderung, denn es gilt nur für politisch Verfolgte. Daß dieses Recht wirklich ein moralisches Grundrecht ist und daß es nur historischer Anstöße bedurfte, um darauf aufmerksam zu werden, kann man sich leicht mit Hilfe der Goldenen Regel klarmachen. Man braucht sich nur in die Rolle des politischen Flüchtlings zu versetzen und erkennt sofort, daß man in diesem Fall nicht nur Einlaß finden wollen würde, sondern daß man es als einen Hohn auf die eigene Menschenwürde ansehen müßte, abgewiesen zu werden. Weil viele Mitglieder des parlamentarischen Rats ein solches Schicksal selbst erlitten haben, erschien ihnen die Notwendigkeit des Asylrechts so evident. Der Zweifler könnte nun sagen: aber da die überragende Mehrheit derer, die heute hier leben, politische Flucht weder erlebt haben noch befürchten, sind sie ihrerseits berechtigt, dieses Recht abzulehnen. Aber das wäre ein Mißverständnis der Goldenen Regel. Die Moral ist nicht ein Versicherungsvertrag. Die Menschenrechte kommen immer den Minderheiten, den Schwächeren oder den politisch Unbequemen zugute, und daher ist es so leicht für diejenigen, die die Macht haben oder zur schweigenden Mehrheit gehören, die Menschenrechte geringzuschätzen. Deswegen ist der Status aller Menschenrechte prekär, aber daran, wie wir uns zu dem Menschenrecht verhalten, das heute noch das ungewohnteste ist, obwohl in der Sache nicht weniger fundiert, zeigt sich, was uns die Menschenrechte insgesamt wert sind.

* Bruce Ackerman, *Social Justice in the Liberal State*, Yale University Press 1980, §§ 17 ff.

Über die Brüderlichkeit
Rede eines demokratischen Hofnarren
an ein bürgerliches Publikum
Niedergeschrieben und redigiert
von Franz-Xaver Kaufmann

Ihr habt Eure Revolution gemacht im Namen von Freiheit, Gleichheit und Brüderlichkeit. Wenn ich Eure Verfassungen lese, so finde ich, daß darin viel von Freiheit die Rede ist. Und wenn ich Eure wohlfahrtsstaatlichen Errungenschaften betrachte, so habt Ihr die Menschen auch tüchtig gleicher gemacht. Wo aber ist die Brüderlichkeit geblieben?

Lange Zeit habt Ihr geglaubt, Ihr brauchtet Euch darum nicht zu kümmern. Ihr habt die bürgerliche Gesellschaft als eine Tauschgesellschaft verstanden, in der die Menschen frei und gleich sich selbst zur gegenseitigen Bedürfnisbefriedigung dienen. Ist das Eure Brüderlichkeit? Ihr macht es Euch zu bequem! Denn wenn alle gleich frei sind, ist es überflüssig, Bruder zu sein.

Wo war Eure Brüderlichkeit, als die Ungleichheit Eurer Freiheiten offenkundig wurde?

Ihr werdet mir antworten, daß die Brüderlichkeit viele Namen habe: Solidarität, Gemeinschaft, Caritas. Doch ich mag Euren Gemeinschaftsgeist nicht und vermag Eure Solidarität je länger je weniger zu entdecken. Wo sind sie denn geblieben, die »Volksgemeinschaft«, die »Betriebsgemeinschaft« und selbst die »Solidargemeinschaft« Eurer Sozialversicherten? Eure Solidarität ist nur eine Solidarität des Notstands und Eure Caritas ist ein großer Apparat zur Verteilung staatlicher Subventionen geworden. Ihr habt nur eine Gesellschaft und keine Gemeinschaft geschaffen – und Ihr könnt dies auch nicht, Euer Fortschritt hat die Basis der Gemeinschaftlichkeit zerstört. Euer Fortschritt bedarf der Mobilität und Flexibilität, der opportunistischen Anpassung an die sich wandelnden Umstände. Gemeinschaft und Solidarität aber bedürfen der Dauer, der Nähe und der gemeinsamen

Überzeugungen. Dies wußte Euer Prophet des »Wohlstands der Nationen« besser: Daß nur die kleine Gruppe jene Sympathie erzeugt, welche die Basis aller Moral bildet*. Euer Fortschritt aber greift aus – er will die Welt umspannen – und zerstört alle bisherigen Grundlagen menschlicher Kultur.

»Aber«, so werdet Ihr antworten, »wir haben es weit gebracht: Ist nicht in Europa die Kinderarbeit verschwunden, die Ausbeutung und das Elend einer überschüssigen Bevölkerung, die auf unseren karg gewordenen Böden lastete? Kann man uns ein Elend vorwerfen, das die Entwicklung des Industrialismus überwunden hat? Es haben doch nur die noch zu klagen, die uns auf unserem Wege nicht gefolgt sind. Wären sie so fleißig, so tüchtig, so zuverlässig, so demokratisch wie wir, so hätten sie unseren Wohlstand und unsere Freiheit und wären uns gleich. Deine Brüderlichkeit, Du Narr, hätte dies nicht vermocht! Sie hätte bloß das Elend verteilt. Der Fortschritt – er mag unbrüderlich sein, aber er ist stärker und hat mehr vermocht, die Menschen frei und gleich zu machen.«

Ich kann Euch schwer widersprechen, denn bewunderungswürdig ist Euer Einsatz, Eure Klugheit und Eure Leistung. Doch was ist mit denjenigen, die zu Eurem Einsatz, Eurer Klugheit und Eurer Leistung nicht fähig sind? Ihr verweist auf Eure demokratischen Einrichtungen – ein Mensch, eine Stimme –, doch wo ist die Stimme derjenigen, denen auch Euer politisches Geschäft zu viel ist, der psychisch Kranken, der erwerbstätigen Mütter, der sprachlosen Ausländerfamilien oder der ungeborenen Kinder? Wer hat noch Zeit für die, die sich allein zu helfen nicht vermögen? Denn das Tempo, das Eure Tüchtigkeit diktiert, ist zum Maßstab der Zeit geworden – der knappen Zeit, die Geld geworden ist. Ihr habt recht, die Brüderlichkeit zu vergessen, denn Brüderlichkeit kann man nicht kaufen, und was nicht käuflich ist, gilt Euch nichts.

* Anmerkungen: Der Narr bezieht sich hier auf die »Theory of Moral Sentiments«, welche Adam Smith 1759, also vor seinem »Inquiry into the Nature and Causes of the Wealth of Nations« (1776) veröffentlicht hat. Es sei daran erinnert, daß Smith selbst dieses erste Werk als bedeutender ansah und daß der unmittelbare Ursprung der in die Revolutionsverfassung eingehenden »fraternité« in den versprengten Gemeinschaften der französischen Hugenotten zu suchen ist.

Es gibt keine Zeit für Brüderlichkeit

Ihr werdet mir linke Niedertracht entgegenhalten: »Als ob nichts wert sei, was nicht käuflich ist! Wir haben doch Kirchen und Grundwerte – und lassen sie uns auch etwas kosten.« Doch vermögen Eure Kirchensteuern und Eure Sozialbudgets etwas Brüderlichkeit zu stiften? Brüderlichkeit herrscht nur, wo Menschen sich in ihrer Eigenart ernst nehmen, in dem, was sie verschieden und einmalig macht. Bleibt ehrlich – Ihr habt die Brüderlichkeit abgeschrieben, auch in Euren Kirchen. Denn die Kirchen sind Eure Kirchen geworden. Sie sind wohl organisiert, beschäftigen tüchtiges Personal in großer Menge und bezahlen es neuerdings sogar gut. Der Münchner Kardinal hat nachgewiesen, was für eine dünne Sache die christliche Brüderlichkeit schon dreihundert Jahre nach Jesu Tod geworden war*. Diese Säure ist zu wenig ätzend, als daß sie die Patina eines durchschnittlichen Kirchendieners zu durchdringen vermöchte. »Dies mag wohl zutreffen«, werdet Ihr einräumen, da Euch an der harmlosen Wohlanständigkeit Eurer Kirchen liegt. »Aber wozu brauchen wir dann die Brüderlichkeit, wenn es fast zweitausend Jahre Christentum lang auch ohne sie ging?«

Solange die Bande der Familie, der Verwandtschaft und der gewohnten Gemeinschaft trugen, war die Brüderlichkeit entbehrlich. Jeder hatte seinen festen Ort und war Bruder nur dem, der ihm selbst zu Bruder oder Schwester bestimmt war. Doch die Idee der Brüderlichkeit, in deren Namen Ihr angetreten seid, ist umfassend, katholisch, universal. Sie protestiert gegen die Partikularität der alten Gemeinschaften, die Ihr zerstört habt. Sie verlangt, daß Ihr Bruder seid auch dem, der wenig mit Euch gemeinsam hat, der anders ist als Ihr und der Eure Interessen nicht teilt. Nur Brüderlichkeit kann den Verfall Eurer Freiheit in bloßen Eigennutz noch hindern, nachdem Ihr seine alten Schranken weggeschafft habt. Doch Ihr – Ihr schlagt dem, der nicht will Euer Bruder sein, zwar nicht mehr den Schädel ein; Ihr macht es eleganter: Ihr laßt ihn links liegen, mag er selbst zusehn! Ihr

---

* Der Narr bezieht sich hier auf Joseph Ratzingers Studie »Über die christliche Brüderlichkeit« (1960) sowie auf seinen Artikel »Fraternité« im Dictionnaire de la Spiritualité. Bezeichnenderweise fehlt die Brüderlichkeit in den einschlägigen theologischen Nachschlagewerken deutscher Sprache.

habt auch keinen Grund, Euch um die zu kümmern, die nicht Eure Brüder sein wollen, solange Sie Euch nicht schaden – doch den Schaden merkt Ihr erst, wenn es zu spät ist.

»Wir sehen, Du weißt alles besser! So sag uns denn, was wir tun sollen – im Namen der Brüderlichkeit?«

Soll ich Narr Euch etwa die Brüderlichkeit lehren? Verkündigt, daß Ihr ohne sie auskommen könnt, daß Ihr eine neue Kultur auf der Anonymität und dem Eigennutz aufbauen wollt.

Und daß Ihr daran glaubt.

Dann will ich schweigen.

Bettina Schöne-Seifert

Organentnahme nur mit Zustimmung

Die Kontroversen um ein künftiges deutsches Transplantationsgesetz, in dem vor allem festzulegen ist, unter welchen Bedingungen eine Organentnahme rechtlich zulässig sein soll, nehmen kein Ende. Den Befürworter einer *Zustimmungs*regelung – der hierzulande üblichen Praxis – stehen die Vertreter einer *Widerspruchs*regelung gegenüber, die eine Zustimmung dann *unterstellen* wollen, wenn kein ausdrücklicher Widerspruch erfolgt ist (so etwa in Belgien, Frankreich, Österreich und der ehemaligen DDR). Die einen sehen mit solcher Unterstellung das Selbstbestimmungsrecht der Spender verletzt; die anderen bestreiten dies und halten ihrerseits eine Zustimmungsregelung für einen Tribut an Gedankenlosigkeit und Gleichgültigkeit potentieller Spender auf Kosten leidender Patienten. Nur darüber, daß – so oder so – eine Einbeziehung der Angehörigen zum Zweck der stellvertretenden Rechtswahrnehmung (nicht aber in eigenem Recht) richtig sei, war man sich bisher weitgehend einig. Im Jahr 1990 kam als aussichtsreicher Kompromiß die *Informations*regelung ins Gespräch: eine auf Angehörige erweiterte Widerspruchsregelung mit zusätzlicher Auflage. Die Angehörigen sollten, ohne Stellung nehmen zu müssen, über eine geplante Organentnahme ausdrücklich informiert werden – was dem Einwand beggnen würde, die Unwissenheit der Angehörigen über Möglichkeit und Notwendigkeit eines Widerspruchs werde ausgenutzt.

Seit etwa zwei Jahren werden die Diskussionen über die Regelung der Organentnahme von Auseinandersetzungen über die *Hirntoddefinition* überlagert. Nach dieser – in den meisten westlichen Ländern längst gesetzlich sanktionierten, bei uns seit 1982 durch ärztliche Richtlinien anerkannten – Definition ist ein Mensch schon dann tot, wenn zwar sein Herz unter künstlicher Beatmung noch schlägt, seine Hirnfunktionen aber für immer erloschen sind. Da »posthume« Organentnahmen in just diesem Zustand erfolgen müssen, stellt sich die Frage nach dem Hirntod vor allem im Zusammenhang mit der Transplantationsmedizin. Die öffentliche Diskussion der Hirntoddefinition ist wichtig und überfällig, das durch sie geschürte Mißtrauen gegen die Transplantationsmedizin hingegen ist besorgniserregend und unnötig. Mit dem Argument, die Hirntoddefinition sei unplausibel, lehnen Kritiker nicht nur jede Widerspruchsregelung ab, sondern propagieren die Einführung einer *engen*, d. h. allein auf den Spender selbst beschränkten Zustimmungslösung – was einen drastischen Rückgang der Organspenden zur Folge haben würde (bei 99 Prozent der potentiellen Spender liegt keine eigene Äußerung vor). Diese Position scheint mir insofern unberechtigt, als eine gelassenere Betrachtung der Dinge erbringen wird, daß die Klassifizierung des Hirntodes als eine von der modernen Medizin produzierte Erscheinungsform des Todes durchaus plausibel ist und daß außerdem diese Frage weitgehend irrelevant ist für die moralische (wenn auch nicht für die rechtliche) Betrachtung von Organentnahmen bei Hirntoten. Denn an deren Sachgehalt ändert sich auch dann nichts, wenn man den Hirntod partout als ein eindeutig abgrenzbares terminales *Sonder*stadium des Lebens klassifiziert. Bei der Suche nach einer angemessenen Spenderegelung hilft die Hirntoddebatte nicht weiter.

Hilfreich könnte indes ein Blick nach Amerika sein. Dort hat vor kurzem der Beirat für Ethik- und Rechtsfragen der Amerikanischen Ärztevereinigung (AMA) einen einschlägigen *Report* veröffentlicht (JAMA 272: 809–812), der von der Delegiertenversammlung der AMA gutgeheißen und verabschiedet wurde. Wie in den alten Bundesländern gilt auch in den Vereinigten Staaten eine Zustimmungsregelung. Dort wie hier bleiben Organspenden – mit nur 15 bis 20 Prozent der potentiell transplantablen Organe – weit hinter dem wachsenden Bedarf zurück. Meist entscheiden stellvertretend die Angehörigen. Anders als hierzulande spielt aber die – dort gesetzlich anerkannte – Hirntoddefinition in der amerikanischen Debatte über Regelungen der Organspende keine Rolle.

Der *Report* befürwortet die Einführung einer Entscheidungs*pflicht*, der zufolge man beim Einreichen seiner Steuererklärung oder beim Ausstellen des Führerscheins eine Erklärung für oder gegen eine eigene posthume Organspende abgeben müßte. Eine solche Regelung – nach einer ersten Umfrage von etwa 90 Prozent der amerikanischen Bevölkerung begrüßt – würde, so wird ausführlich argumentiert, die individuelle Selbstbestimmtheit in dieser wichtigen Frage erhöhen, Angehörige und Ärzte von qualvollen Entscheidungen und Gesprächen entlasten und voraussichtlich die Zahl der Spenden erhöhen. Ein unzulässiger Eingriff in die Privatsphäre sei diese Regelung nicht, die zugunsten der genannten Werte ja nur einen Verdrängungswunsch durchkreuze, den Inhalt der Entscheidung aber freistelle.

Abgelehnt wird jede Form einer Widerspruchsregelung, auch wenn sie vermutlich zu einem – an sich wünschenswerten – Anstieg der Spendequote führen würde. Denn moralisch gesehen sei am wichtigsten, daß niemals eine Explantation erfolge, obwohl der »Spender« zu den vermuteten 30 Prozent der Bevölkerung gehöre, die dazu eigentlich *nicht* bereit seien. Um dies zu gewährleisten, müsse eine Widerspruchsregelung, um überhaupt akzeptabel zu sein, auch auf die Angehörigen als Sprachrohr des Verstorbenen erweitert werden. Diese müßten zudem ausdrücklich danach gefragt werden, wie sie die Spendebereitschaft des Verstorbenen einschätzen, und müßten über ihr Widerspruchsrecht ausdrücklich in Kenntnis gesetzt werden. Dieser Vorschlag geht also über die in Deutschland diskutierte »Information« bei geplanten Organentnahmen deutlich hinaus. Mit solchen Vorkehrungen sei es zwar ethisch annehmbar, bei ausbleibendem Widerspruch die Zustimmung des Spenders zu *unterstellen*; nur könne man, was das zu erwartende Resultat angehe, dann auch gleich bei einer erweiterten Zustimmungsregelung bleiben. Hierfür spräche überdies, daß in der Praxis kaum sicherzustellen sei, daß besagte Vorkehrungen tatsächlich getroffen würden.

Diese Argumentation stützt sich auf den Primat individueller Präferenzen der potentiellen Spender. Dieser Primat soll auch dann gelten, wenn die Präferenzen vergleichsweise so schwach sind, daß sie nicht einmal rechtzeitig und ausdrücklich geltend gemacht wurden, und obwohl sie »nur« einen – nicht unbedingt pietätlosen – Umgang mit dem eigenen Leichnam betreffen. Gegen diesen Individualismus lasse sich, konstatiert der *Report*, eine ernst zu nehmende andere, nämlich *kommunitarische* Wertungsposition anführen, die dem gemeinschaftlichen Interesse an Organspenden einen höheren Rang zubilligt als schwachen Spenderpräferenzen. Danach wäre jemandes Zustimmung zur Organspende nicht ein freizustellender Akt der Nächstenliebe, sondern eine moralische Pflicht zum Wohle anderer, die auf gesetzlicher Ebene eine Widerspruchsregelung sehr wohl rechtfertige. Der *Report* führt hiergegen nicht grundsätzlich den traditionellen amerikanischen Liberalismus in Recht und Ethik an, sondern spezifisch die besondere Bedeutung, die der individuellen Kontrolle *zumindest* über den eigenen Körper zukomme.

In einem *Leitartikel*, der den *Report* begleitet, lehnen die Medizinethiker Thomas Murray und Stuart Youngner Widerspruchsregelungen aus denselben Gründen ab. Auch sie befürworten die Einführung der *Entscheidungspflicht* – zunächst probeweise in einigen Bundesstaaten, kritisieren aber nachdrücklich die eingeschränkte Rolle, die der *Report* den Angehörigen zuweist. Um Respekt vor der Autonomie nicht des Spenders, sondern der Angehörigen müsse es nämlich vor allem gehen. Für den verstorbenen Spender sei die Frage der Organentnahme wohl häufig weniger wichtig als für seine Hinterbliebenen. Wenn es auch bisher zuwenig empirische Forschung über das psychosoziale Umfeld tatsächlicher Transplantations-Entscheidungen gebe, so sei doch aus medizinischen Gründen klar, daß sie fast immer bei *unerwarteten* Todesfällen relativ junger und gesunder Menschen getroffen werden müßten. Gerade deren Angehörige seien dadurch häufig bis ins Mark getroffen, stünden vor dem Zusammenbruch eigener Lebensperspektiven und bräuchten deshalb vielleicht besonders die Möglichkeit ungestörten Abschiednehmens. *Ihre* Selbstbestimmung als Hauptbetroffene müsse in eigenem Recht geschützt werden, statt sie zu bloßen Sprachrohren des Verstorbenen zu machen. Wenn ein potentieller Spender eine posthume Organentnahme verfügt hätte, seine Angehörigen das aber unerträglich fänden, solle man ihnen sogar ein Vetorecht einräumen. Würde denn nicht, so argumentieren Murray und Youngner, auch der betroffene Spender selbst der Ablehnung seiner verzweifelten Angehörigen am Ende das letzte Wort eingeräumt haben, wenn er diese Ablehnung vorausgesehen hätte?

An diesen Stellungnahmen imponieren der gelassene Ton und die sorgfältige, kenntnisreiche Argumentation. Solche Fragen der Sozialethik und -politik müssen mit Blick auf das soziale Klima beantwortet werden. Und dieses ist, in Deutschland wie in den USA, eher von Mißtrauen gegenüber der Medizin und ihren vermeintlichen Machenschaften geprägt als vom Urvertrauen potentieller Patienten oder Organspender. So geringfügig die prinzipiellen moralischen Unterschiede zwischen erweiterter Zustimmungslösung und Widerspruchsregelung bei rechter Handhabung auch sind, empfiehlt sich wohl das Beibehalten einer Zustimmungsregelung als Signal zugunsten individueller Autonomie in diesem besonderen Zusammenhang.

Weiterhin ist es durchaus plausibel, Angehörige von Organspendern nicht nur als Sprachrohre der Spender selbst, sondern als mögliche Hauptbetroffene zu behandeln. Jedenfalls dann, wenn der Spender selbst keine Entscheidung getroffen, sollte man sie jenen überlassen. Vielleicht nicht für die Gesetzgebung, aber doch wohl für die Praxis wäre gar die Einräumung eines (vermutlich selten ausgeübten) Vetorechts zu erwägen.

Schließlich darf bei diesem Plädoyer zugunsten individueller/familiärer Autonomie nicht übersehen werden, wieviel Verzweiflung, Leiden und Sterben allein durch mehr Organspenden verhindert werden könnten. Warum sollten wir nicht – in Ergänzung zu einer Zustimmungsregelung – der Anregung einer *Entscheidungspflicht* über eine eigene Organspende folgen (z. B. mit den Optionen: Ja – Nein – Sollen meine Angehörigen entscheiden)? Und warum nicht Ärzte verpflichten, jede mögliche Explantation zu melden, so daß das professionelle Personal der Transplantationszentren jene Ärzte unterstützen könnte, die sich scheuen, Angehörige um Zustimmung zu bitten? All diese Vorschläge sind ja nicht neu – wo bleiben Schwung und Erfindungskraft, sie umzusetzen? Verstecken wir uns einmal mehr hinter dogmatischen Fronten, statt neue Antworten zu finden auf Fragen, die so schwierig denn doch auch wieder nicht sind?

Karl Jaspers

Solidarität

Wo Menschen wie Staub durcheinander gewirbelt werden, ist Wirklichkeit mit Gewißheit dort, wo Freunde echte Freunde sind in der faktischen Kommunikation ihres Offenbarwerdens und der Solidarität persönlicher Treue.

Aus der Einsamkeit befreit nicht die Welt, sondern das Selbstsein, das sich dem Anderen verbindet. Unsichtbare Wirklichkeit des Wesentlichen ist diese *Zusammengehörigkeit* der *Selbstseienden*. Da es kein objektives Kriterium des verläßlichen Selbstseins gibt, könnte dieses nicht direkt zu Machtgruppen gesammelt werden. Es gibt, wie man gesagt hat, »keinen Trust der anständigen Leute«. Das ist ihre Schwäche; denn ihre Stärke kann nur in der Unsichtbarkeit bestehen. Es gibt die in keinem Vertrag zu fixierende Bindung, welche stärker ist als nationale, staatliche, parteiliche und soziale Gemeinschaft oder als die Rasse. Nie unmittelbar, wird sie erst in ihren Folgen sichtbar.

Das Beste, was heute geschenkt werden kann, ist diese *Nähe selbstseiender Menschen*. Sie sind sich die Garantie, daß ein Sein ist. In der Welt sind die Gestalten, die als Wirklichkeit mich berührt haben, nicht die Vorübergehenden, die nur gesellig waren, sondern die mir Bleibenden, welche mich zu mir brachten. Wir haben kein Pantheon mehr, aber den Raum der Erinnerung wahrer Menschen, denen wir danken, was wir sind. Es sind uns nicht zuerst entscheidend die nur historisch bekannten Großen, sondern diese in dem Maße, in welchem sie gleichsam wiedererkannt wurden in denen, die uns als Lebende wirklich waren. Diese sind für uns jeweils im sicheren Wissen ihrer Nähe, bleiben ohne Anspruch nach außen, ohne Vergötterung und Propaganda. Sie kommen nicht schon vor unter dem, was öffentlich allgemein und gültig ist, und tragen doch den rechten Gang der Dinge.

Wahrer Adel ist nicht in einem isolierten Wesen. Er ist in der Verbundenheit der eigenständigen Menschen. Sie kennen die Verpflichtung, stets auszuschauen nacheinander, sich zu fördern, wo sie sich begegnen, und bereit zu sein zur Kommunikation, wartend ohne

Zudringlichkeit. Ohne Verabredung kennen sie eine Treue des Zusammenhaltens, die stärker ist als Verabredung. Diese Solidarität erstreckt sich noch auf den Feind, wenn Selbstsein mit Selbstsein zu echter Gegnerschaft kommt. Es verwirklicht sich, was etwa in politischen Parteien quer durch alle Trennungen die Solidarität der Besten sein könnte, die sich spürt, auch wenn es nicht zum Ausdruck kommt, weil kein Anlaß ist oder weil die Möglichkeit durch Situationen verbaut ist.

Die Solidarität dieser Menschen hat sich zu *scheiden* von den überall geschehenden faktischen Bevorzugungen aus Sympathie und Antipathie; von der eigentümlichen Anziehungskraft, die alle Mediokrität aufeinander ausübt, weil sie sich wohlfühlt im Ausbleiben hoher Ansprüche; von dem lahmen aber stetig und still wirkenden Zusammenhalten der Vielen gegen die Wenigen. Während alle diese sich sicher fühlen durch die Masse, in der sie sich begegnen und daraus sie ihr Recht ableiten, ist die Solidarität der Selbstseienden zwar unendlich gewisser in der persönlichen Verläßlichkeit bis in die unobjektivierbaren Ausläufer des Verhaltens, aber unsicher in der Welt durch die Schwäche ihrer geringen Zahl und die Ungewißheit des Sichtreffens. Die anderen haben Dutzende von Menschen zu Freunden, die keine sind, diese sind wohl glücklich, wenn sie Einen haben.

Adel der selbstseienden Geister ist *zerstreut* in der Welt. Wer in ihn eintritt, erwählt sich nicht durch Beurteilung, sondern durch Verwirklichung seines eigenen Seins. Die Einheit dieser Zerstreutheit ist wie die unsichtbare Kirche eines *corpus mysticum* in der anonymen Kette der Freunde, von der hier und dort ein Glied durch Objektivität seines Tuns anderem, vielleicht fernem Selbstsein sichtbar wird. In diesem *gestaltlosen Geisterreich* finden sich jeweils Einzelne, die sich in gegenwärtiger Nähe entzünden durch die Strenge ihrer Kommunikation. Sie sind jeweils der Ursprung des höchsten Aufschwungs, der jetzt in der Welt möglich ist. Nur sie gestalten eigentlich Menschen.

Kapitel 7

Mut, Tapferkeit und Zivilcourage

Sie binden sich starke Gummibänder um die Füße und stürzen sich von einem Hubschrauber, vom Eiffelturm oder von Brücken über tiefe, gefährliche Schluchten; sie »surfen« auf S-Bahnen oder klettern auf einen Hochspannungsmast und zünden sich eine Zigarette am Überlandstromkabel an. Das nennen sie – und es sind nicht nur Kinder oder Jugendliche – »*Mut*probe«. Aristoteles würde jene Leute wahnsinnig oder unempfindlich nennen[28], denn mit *Mut* oder *Tapferkeit* hat dies nichts zu tun, sondern es ist ein Angriff auf sich selbst. Zur Ersatzbefriedigung wird der eigene Wille und Körper bis an seine Grenzen geführt. Für Heranwachsende sind diese Abenteuer nichts anderes als Initiationsriten, um in »besondere« Gruppen aufgenommen zu werden, die Familienersatz bedeuten. Sie sollen durch ein eigenes Wir-Gefühl Halt geben. Und über Feindbilder, gegen die sie Gewalt ausüben, finden die Mitglieder ihre vermeintliche Stellung in der Gemeinschaft. Dabei haben sie mit der Gemeinschaft längst gebrochen, weil sie (nach ihrer Meinung) nicht mehr fähig war, ihnen einen akzeptablen Platz zuzuweisen.

Tapferkeit ist heute mit einem altmodischen Sinn belegt, denn in ihm steckt der Gedanke des tapferen Kriegers, und wer Ernst Jüngers Definition von *Mut* liest (S. 512 ff.) dem wird – wenn er bei Vernunft ist – übel. Doch Jünger drückte nur Gefühle aus, die Hunderttausende von Männern in diesem Jahrhundert noch blindlings in den Kugelhagel und Tod rennen ließen. Dabei war es gar nicht tapfer, des Kaisers oder Hitlers Ruf zu den Waffen zu folgen und, von der Masse eingelullt, zu tun, was verlangt wurde. Tapfer war, wer sich Gedanken machte, ob es sittlich richtig war, solch einem Ruf zu folgen. Und dann möglicherweise nicht durch die Kugel des Franzosen oder Russen, sondern durch den Strick der Nazis das Leben zu verlieren.

Bei Aristoteles lag die *Tapferkeit* als richtiges Maß zwischen Feigheit und Tollkühnheit. *Tapferkeit* und *Mut* werden häufig in einem Atemzug genannt, dennoch sind sie nicht vollends gleich. *Tapferkeit* ist eine sittliche Haltung, die der Mensch erst erwirbt; *Mut* ist eine Eigenschaft, ein Charakterzug, die eine Person von sich aus hat, um etwas zu tun.[29] Während der Gegensatz von *Tapferkeit* sich in der Feigheit findet, die eine Untugend ist, steht dem *Mut* die *Mutlosigkeit* gegenüber. Läßt jemand den *Mut* sinken, so handelt er aus Schwäche.

Tapferkeit und *Mut* sind Eigenschaften, die eine Person das als sittlich richtig erkannte Ziel auch dann anstreben läßt, wenn sie dadurch Nachteile erleiden könnte. Voraussetzung ist, daß der Handelnde verwundbar ist und von möglichen Bedrohungen weiß. Wer nicht weiß, daß er sich in Gefahr begibt, kann auch nicht tapfer widerstehen. Deshalb sind Sagenfiguren wie Siegfried und Roland zwar starke Recken, aber keine Helden im moralischen Sinn. Sie können ihr Schwert gegen Drachen und Feinde gut schwingen, sie vertrauen blindlings ihrem König oder Kaiser, aber gehen die Gefahren naiv, nämlich ohne Furcht, an. Vermutlich ist in der Nibelungensage der »Verräter« Hagen von Tronje der wahre Held. Mit Hilfe einer List weiß er Siegfrieds verwundbare Stelle in Erfahrung zu bringen und tötet ihn, aber er tut es aus Treue zu seinem König.

Das größte Opfer, das ein Mensch bringen kann, ist, sein Leben hinzugeben. Und da dies am ehesten auf Soldaten zutrifft, wurde ihnen schon bei Aristoteles die *Tapferkeit* als Tugend zugeschrieben. Dieser soldatische Klang in dem Wort mag ein Grund dafür sein, daß junge Neonazis in Deutschland eines ihrer Hefte »*Mut*« nennen, so als wären sie die einzig Tapferen, obwohl ihr Verhalten mit moralischem Verhalten nun wirklich nichts gemein hat. Schon eher mit den oben beschriebenen Identifikationsproblemen.

Mut ist heute wohl eine passendere Bezeichnung als *Tapferkeit* für diese Tugend. Und ganz ohne Scheu sollte sie benutzt werden, obwohl – vielleicht infolge der unglückseligen »political correctness« – manch einer statt *Mut* heute lieber das Wort *Zivilcourage* verwendet. (Ist das feige?) *Zivilcourage* bedeutet, in der bürgerlichen Gesellschaft mutig die sittlichen Werte gegenüber anderen, aber auch gegenüber dem Staat zu verteidigen. Wer sich randalierenden Rechtsradikalen entgegenstellt, zeigt ebenso *Mut* und *Zivilcourage* wie derjenige, der als einziger Beamter in einer Polizeiwache dagegen aufmuckt, wenn Prügel oder andere Verstöße vertuscht werden sollen.

Ganz alltägliche Ereignisse verlangen heute schon *Mut*: dem Vorgesetzten die Wahrheit zu sagen. (Voltaires Beispiel von Zadig ist nichts anderes, wenn auch auf einer höheren Ebene –; siehe S. 442 ff.) Man mag wirtschaftliche Nachteile befürchten. *Mut* ist, diese Furcht zu überwinden.

Daß in unserer Gesellschaft *Mut* fehlt, das zeigt sich allenthalben. Doch darf man es dem Bürger vorwerfen, wenn die Vorbilder in vielen Bereichen versagen? Welcher Politiker bringt noch den *Mut* auf, notwendige Probleme anzugehen und zu lösen oder gar als sinnvoll erkannte Entscheidungen öffentlich zu vertreten oder gar durchzuführen? Selten genug geschieht es; denn er hat oft unbegründete Angst vor einem möglichen Machtverlust in der eigenen Partei und vielleicht gar vor Wählerschwund.

Mut und *Zivilcourage* muß und kann man erlernen. Dazu ist es für junge Menschen wichtig zu erleben, daß derjenige langfristig höher eingeschätzt wird, der mutig ist und dadurch eine eigene Persönlichkeit wird, statt derjenige, der sich duckt, schweigt und anpaßt. Lernen heißt auch: zunächst durch Beispiele in der eigenen Umgebung und dann durch eigenes Handeln erfahren. Und um richtig einschätzen zu können, was mutig handeln heißt, ist es wichtig zu wissen, daß mutiges Handeln auch heißt, alle Wege und Möglichkeiten in Betracht zu ziehen, die zu dem angestrebten sittlichen Ziel führen. Denn *Mut* und *Zivilcourage* bedeuten nicht, wild draufloszuschlagen.

Wenn es nicht anders geht, so ist es auch erlaubt, Listen zu benutzen, wie man schon bei Homer nachlesen kann. Wenn die *Tapferkeit* versagt, dann ist es ratsam, das Ziel auf Umwegen anzugehen. Als im Jahre 1014 Brian Boru in der Schlacht von Clontarf ein Wikingerheer besiegte, flohen die Geschlagenen, nur der Normanne Thorstein nicht. Er setzte sich nieder und band seine Schuhe zu. Als der irische Anführer Kerthialfad ihn fragte, weshalb er nicht davonliefe, antwortete Thorstein: »Ich käme heute ja doch nicht mehr nach Hause, ich wohne in Island.« Dieser Witz rettete ihm das Leben.

Mit einfachen Listen, die aber viel Mut kosteten, haben sich zu Zeiten der DDR und ihrer Geheimdienste Menschen geweigert, für den Staatssicherheitsdienst zu arbeiten. Da wirkte schon die Ausrede, sie könnten nichts geheimhalten und würden immer über alles reden, um in Ruhe gelassen zu werden – und das, ohne böse Folgen, vor denen sie sich allerdings fürchteten, als sie die List anwandten.

Johann Wolfgang von Goethe

Menschengefühl

Ach, ihr Götter, große Götter,
In dem weiten Himmel droben,
Gäbet ihr uns auf der Erde
Festen Sinn und guten Mut –
O, wir ließen euch, ihr Guten,
Euren weiten Himmel droben.

Feiger Gedanken
Bängliches Schwanken,
Weibisches Zagen,
Ängstliches Klagen
Wendet kein Elend,
Macht dich nicht frei.

Alle Gewalten
Zum Trutz sich erhalten,
Nimmer sich beugen,
Kräftig sich zeigen,
Rufet die Arme
Der Götter herbei.

HOMER

Odysseus verhöhnt den Kyklopen

ODYSSEE: NEUNTER GESANG

»Ich bin Odysseus, Laertes' Sohn, der ich mit meinen allfältigen Listen die Menschen beschäftige, und es reicht die Kunde von mir bis zum Himmel.« (...)

Doch als das Schiff soweit entfernt war, wieweit ein Rufender reicht mit der Stimme, da rief ich den Kyklopen an mit höhnenden Worten: »Kyklop! nicht eines kraftlosen Mannes Gefährten hast du in der gewölbten Höhle verzehren sollen mit überlegener Gewalttat! So sollten freilich deine schlimmen Werke über dich kommen, Schrecklicher! da du die Gäste nicht gescheut hast in deinem Haus, daß du sie äßest. Darum hat es dich Zeus wie auch die anderen Götter büßen lassen.«
So sprach ich. Doch der ergrimmte darauf noch mehr im Herzen, riß ab die Kuppe von einem großen Berge, schleuderte sie, und nieder schlug sie vorn vor dem Schiff mit dem dunklen Bug. Da wallte das Meer auf unter dem herniederfahrenden Felsen, und zurück zum Lande trug es die rückbrandende Woge, die Flutwelle aus dem Meer, und versetzte es, daß es an das trockene Land gelangte. Ich aber ergriff mit den Händen eine gar lange Stange, stieß es querab und trieb die Gefährten und hieß sie sich in die Riemen legen, damit wir dem Unheil entrinnen könnten, indem ich ihnen mit dem Kopf zunickte. Sie aber fielen nach vorne aus und ruderten. Doch als wir über die Salzflut fahrend nun doppelt so weit abgekommen, da wollte ich den Kyklopen anreden. Jedoch die Gefährten um mich her suchten, der eine hier, der andere dort, mich mit schmeichelnden Worten zurückzuhalten:
»Schrecklicher! warum willst du den wilden Mann reizen, der schon jetzt, sein Geschoß auf das Meer hin werfend, das Schiff zum festen Land zurückgetrieben, und wir meinten schon, daß wir dort verderben würden. Doch hört er erst, wie irgendeiner einen Laut ertönen läßt oder redet, so wird er auch schon unsere Köpfe und die Balken

des Schiffs zerschmettert haben, mit einem scharfkantigen Blocke werfend, denn so weit schleudert er!«

So sprachen sie. Doch beredeten sie nicht meinen großherzigen Mut, sondern zurückgewendet sprach ich zu ihm noch einmal mit ergrimmtem Mute:

»Kyklop! wofern dich einer der sterblichen Menschen befragen wird nach deines Auges unwürdiger Blendung, so sage, daß Odysseus, der Städtezerstörer, dich blind gemacht hat, der Sohn des Laertes, der auf Ithaka die Häuser hat.«

So sprach ich. Er aber brüllte auf und erwiderte mir mit der Rede: »Nein doch! ereilen mich wahrhaftig doch altgesagte Göttersprüche! War hier am Orte einst ein Seher-Mann, tüchtig und groß: Telemos, Sohn des Eurymos, der ausgezeichnet war in Wahrsagung und wahrgesagt hat den Kyklopen bis ins Alter. Der sagte mir, daß dieses alles sich künftighin erfüllen würde: daß ich von des Odysseus Händen verlustig gehen würde des Gesichts. Doch habe ich immer angenommen, es werde herkommen ein Mann, ein großer und schöner, angetan mit großer Stärke. Jetzt aber ist es ein Geringer und Nichtiger und Schwächlicher, der mich am Auge blind gemacht hat, nachdem er mich mit Wein bezwungen. Doch auf! hierher, Odysseus! daß ich dir Bewirtung vorsetze und den ruhmvollen Erderschütterer bewege, dir ein Heimgeleit zu geben. Denn dessen Sohn bin ich, und mein Vater rühmt er sich zu sein. Er wird auch, wenn er will, mich heilen, und keiner sonst, weder von den seligen Göttern noch von den sterblichen Menschen!«

So sprach er. Aber ich antwortete und sagte zu ihm: »Wenn ich dich doch so gewiß der Seele und des Lebens verlustig machen und in das Haus des Hades schicken könnte, wie nie dein Auge heilen wird auch nicht der Erderschütterer!«

So sprach ich. Der aber betete sogleich zu dem Herrn Poseidon, die Arme zu dem bestirnten Himmel streckend:

»Höre, Poseidon! Erdbeweger, mit der schwarzen Mähne! Bin ich wahrhaftig dein und rühmst du dich, daß du mein Vater bist: gib, daß Odysseus, der Städtezerstörer, nicht heimgelange, des Laertes Sohn, der auf Ithaka die Häuser hat! Doch ist sein Teil, daß er die Seinen sieht und in sein wohlgebautes Haus und in sein väterliches Land gelangt: spät komme er heim auf schlimme Weise, nachdem er verloren alle die Gefährten, auf einem fremden Schiff, und finde Leiden in seinem Hause!«

Brüder Grimm

Einer, der auszog, das Fürchten zu lernen

Ein Vater hatte zwei Söhne, davon war der älteste klug und gescheit, und wußte sich in alles wohl zu schicken. Der jüngste aber war dumm, konnte nichts begreifen und lernen, und wenn ihn die Leute sahen, sprachen sie: »Mit dem wird der Vater noch seine Last haben!« Wenn nun etwas zu tun war, so mußte es der älteste allzeit ausrichten; hieß ihn aber der Vater noch spät oder gar in der Nacht etwas holen, und der Weg ging dabei über den Kirchhof oder sonst einen schaurigen Ort, so antwortete er wohl: »Ach nein, Vater, ich gehe nicht dahin, es gruselt mir!« Denn er fürchtete sich. Oder wenn abends beim Feuer Geschichten erzählt wurden, wobei einem die Haut schaudert, so sprachen die Zuhörer manchmal: »Ach, es gruselt mir!« Der jüngste saß in einer Ecke und hörte das mit an und konnte nicht begreifen, was es heißen sollte. »Immer sagen sie, es gruselt mir! Mir gruselt's nicht. Das wird wohl eine Kunst sein, von der ich auch nichts verstehe.«

Nun geschah es, daß der Vater einmal zu ihm sprach: »Hör, du in der Ecke dort, du wirst groß und stark, du mußt auch etwas lernen, womit du dein Brot verdienst. Siehst du, wie dein Bruder sich Mühe gibt, aber an dir ist Hopfen und Malz verloren.« – »Ei, Vater«, antwortete er, »ich will gerne was lernen; ja, wenn's anginge, so möchte ich lernen, daß mir's gruselte; davon verstehe ich noch gar nichts.« Der älteste lachte, als er das hörte und dachte bei sich: Du lieber Gott, was ist mein Bruder für ein Dummbart, aus dem wird sein Lebtag nichts. Was ein Häkchen werden will, muß sich beizeiten krümmen. Der Vater seufzte und antwortete ihm: »Das Gruseln, das sollst du schon lernen, aber dein Brot wirst du damit nicht verdienen.«

Bald danach kam der Küster zu Besuch ins Haus. Da klagte ihm der Vater seine Not und erzählte, wie sein jüngster Sohn in allen Dingen so schlecht beschlagen wäre, er wüßte nichts und lernte nichts. »Denkt Euch, als ich ihn fragte, womit er sein Brot verdienen wollte, hat er gar verlangt, das Gruseln zu lernen.« – »Wenn's weiter nichts ist«, antwortete der Küster, »das kann er bei mir lernen; tut ihn nur zu mir, ich werde ihn schon abhobeln.« Der Vater war es zufrieden, weil er dachte: Der Junge wird doch ein wenig zugestutzt. Der Küster nahm ihn also ins Haus, und er mußte die Glocken läuten. Nach ein paar Tagen weckte er ihn um Mitternacht, hieß ihn aufstehen, in den Kirchturm steigen und läuten. Du sollst schon lernen, was Gruseln ist, dachte er, ging heimlich voraus, und als der Junge oben war und sich umdrehte und das Glockenseil fassen wollte, so sah er auf der Treppe, dem Schalloch gegenüber, eine weiße Gestalt stehen. »Wer da?« rief er, aber die Gestalt gab keine Antwort, regte und bewegte sich nicht. »Gib Antwort«, rief der Junge, »oder mache, daß du fortkommst, du hast hier in der Nacht nichts zu schaffen!« Der Küster aber blieb unbeweglich stehen, damit der Junge glauben sollte, es wäre ein Gespenst. Der Junge rief zum zweitenmal: »Was willst du hier? Sprich, wenn du ein ehrlicher Kerl bist, oder ich werfe dich die Treppe hinab.« Der Küster dachte: Das wird so schlimm nicht gemeint sein, gab keinen Laut von sich und stand, als wenn er von Stein wäre. Da rief ihn der Junge zum drittenmal an, und als das auch vergeblich war, nahm er einen Anlauf und stieß das Gespenst die Treppe hinab, daß es zehn Stufen hinabfiel und in einer Ecke liegenblieb. Darauf läutete er die Glocke, ging heim, legte sich ohne ein Wort zu sagen ins Bett und schlief fort. Die Küsterfrau wartete lange Zeit auf ihren Mann, aber er wollte nicht wiederkommen. Da ward ihr endlich angst, sie weckte den Jungen und fragte: »Weißt du nicht, wo mein Mann geblieben ist? Er ist vor dir auf den Turm gestiegen.« – »Nein«, antwortete der Junge, »aber da hat einer dem Schalloch gegenüber auf der Treppe gestanden, und weil er keine Antwort geben und auch nicht weggehen wollte, so habe ich ihn für einen Spitzbuben gehalten und hinuntergestoßen. Geht nur hin, so werdet Ihr sehen, ob er's gewesen ist, es sollte mir leid tun.« Die Frau sprang fort und fand ihren Mann, der in einer Ecke lag und jammerte und ein Bein gebrochen hatte.

Sie trug ihn herab und eilte mit lautem Geschrei zu dem Vater des Jungen. »Euer Junge«, rief sie, »hat ein großes Unglück angerichtet, meinen Mann hat er die Treppe hinabgeworfen, daß er ein Bein gebrochen hat. Schafft den Taugenichts aus unserm Hause!« Der Vater erschrak, kam herbeigelaufen und schalt den Jungen aus. »Was sind das für gottlose Streiche, die muß dir der Böse eingegeben haben.« – »Vater«, antwortete er, »hört nur an, ich bin ganz unschuldig. Er stand da in der Nacht wie einer, der Böses im Sinne hat. Ich wußte nicht, wer's war, und habe ihn dreimal ermahnt, zu reden oder wegzugehen.« – »Ach«, sprach der Vater, »mit dir erleb ich nur Unglück, geh mir aus den Augen, ich will dich nicht mehr ansehen.« – »Ja, Vater, recht gerne, wartet nur bis Tag ist, da will ich ausgehen und das Gruseln lernen, so versteh ich doch eine Kunst, die mich ernähren kann.« – »Lerne, was du willst«, sprach der Vater, »mir ist alles einerlei. Da hast du fünfzig Taler, damit geh in die weite Welt und sage keinem Menschen, wo du her bist und wer dein Vater ist, denn ich muß mich deiner schämen.« – »Ja, Vater, wie Ihr's haben wollt, wenn Ihr nicht mehr verlangt, das kann ich leicht tun.«

Als nun der Tag anbrach, steckte der Junge seine fünfzig Taler in die Tasche, ging hinaus auf die große Landstraße und sprach immer vor sich hin: »Wenn mir's nur gruselte! Wenn mir's nur gruselte!« Da kam ein Mann heran, der hörte das Gespräch, das der Junge mit sich selber führte, und als sie ein Stück weiter waren, daß man den Galgen sehen konnte, sagte der Mann zu ihm: »Siehst du, dort ist der Baum, wo sieben mit des Seilers Tochter Hochzeit gehalten haben und jetzt das Fliegen lernen: setz dich darunter und warte, bis die Nacht kommt, so wirst du schon noch das Gruseln lernen.« »Wenn weiter nichts dazu gehört«, antwortete der Junge, »das ist leicht getan; lerne ich aber so geschwind das Gruseln, so sollst du meine fünfzig Taler haben; komm nur morgen früh wieder zu mir.« Da ging der Junge zu dem Galgen, setzte sich darunter und wartete, bis der Abend kam. Und weil ihn fror, machte er sich ein Feuer an. Aber um Mitternacht ging der Wind so kalt, daß er trotz des Feuers nicht warm werden wollte. Und als der Wind die Gehenkten gegeneinanderstieß, daß sie sich hin und her bewegten, so dachte er: Du frierst unten bei dem Feuer, was mögen die da oben erst frieren und zappeln. Und weil er mitleidig war, legte er die Leiter an, stieg hinauf, knüpfte einen nach dem andern los und holte sie alle sieben herab. Darauf schürte er das Feuer, blies es an und setzte sie ringsherum, daß sie sich wärmen sollten. Aber sie saßen da und regten sich nicht, und das Feuer ergriff ihre Kleider. Da sprach er: »Nehmt euch in acht, sonst häng ich euch wieder hinauf.« Die Toten aber hörten nicht, schwiegen und ließen ihre Lumpen fortbrennen. Da ward er bös und sprach: »Wenn ihr nicht achtgeben wollt, so kann ich euch nicht helfen, ich will nicht mit euch verbrennen«, und hing sie nach der Reihe wieder hinauf. Nun setzte er sich zu seinem Feuer und schlief ein, und am andern Morgen, da kam der Mann zu ihm, wollte die fünfzig Taler haben und sprach: »Nun, weißt du, was Gruseln ist?« – »Nein«, antwortete er, »woher sollte ich's wissen? Die da droben haben das Maul nicht aufgetan und waren so dumm, daß sie die paar alten Lappen, die sie am Leibe haben, brennen ließen.« Da sah der Mann, daß er die fünfzig Taler heute nicht davontragen würde, ging fort und sprach: »So einer ist mir noch nicht vorgekommen.«

Der Junge ging auch seines Wegs und fing wieder an, vor sich hin zu reden: »Ach, wenn mir's nur gruselte! Ach, wenn mir's nur gruselte!« Das hörte ein Fuhrmann, der hinter ihm her schritt, und fragte: »Wer bist du?« – »Ich weiß nicht«, antwortete der Junge. Der Fuhrmann fragte weiter: »Wo bist du her?« – »Ich weiß nicht.« – »Wer ist dein Vater?« – »Das darf ich nicht sagen.« – »Was brummst du beständig in den Bart hinein?« – »Ei«, antwortete der Junge, »ich wollte, daß mir's gruselte, aber niemand kann mich's lehren.« – »Laß dein dummes Geschwätz«, sprach der Fuhrmann. »Komm, geh mit mir, ich will sehen, daß ich dich unterbringe.« Der Junge ging mit dem Fuhrmann, und abends gelangten sie zu einem Wirtshaus, wo sie übernachten wollten. Da sprach er beim Eintritt in die Stube wieder ganz laut: »Wenn mir's nur gruselte! Wenn mir's nur gruselte!« Der Wirt, der das hörte, lachte und sprach: »Wenn dich danach lüstet, dazu sollte hier wohl Gelegenheit sein.« – »Ach, schweig stille«, sprach die Wirtsfrau, »so mancher Vorwitzige hat schon sein Leben eingebüßt, es wäre Jammer und Schade um die schönen Augen, wenn die das Tageslicht nicht wieder sehen sollten.« Der Junge aber sagte: »Wenn's noch so schwer wäre, ich will's einmal lernen, deshalb bin ich ja ausgezogen.« Er ließ dem Wirt auch keine Ruhe, bis dieser erzählte, nicht weit davon stände ein verwünschtes Schloß, wo einer wohl lernen könnte, was Gruseln wäre, wenn er nur drei Nächte darin wachen wollte. Der König hätte dem, der's wagen wollte, seine Tochter zur Frau versprochen, und die wäre die schönste Jungfrau, welche die Sonne beschien; in dem Schlosse steckten auch große Schätze, von bösen Geistern bewacht, die würden dann frei und könnten einen Armen sehr reich machen. Schon viele wären wohl hinein, aber noch keiner wieder herausgekommen. Da ging der Junge am andern Morgen vor den König und sprach: »Wenn's erlaubt wäre, so wollte ich wohl drei

Nächte in dem verwünschten Schlosse wachen.« Der König sah ihn an und weil er ihm gefiel, sprach er: »Du darfst dir noch dreierlei ausbitten, aber es müssen leblose Dinge sein, und das darfst du mit ins Schloß nehmen.« Da antwortete er: »So bitt ich um ein Feuer, eine Drehbank und eine Schnitzbank mit dem Messer.«

Der König ließ ihm das alles bei Tage in das Schloß tragen. Als es Nacht werden wollte, ging der Junge hinauf, machte sich in einer Kammer ein helles Feuer an, stellte die Schnitzbank mit dem Messer daneben und setzte sich auf die Drehbank. »Ach, wenn mir's nur gruselte«, sprach er, »aber hier werde ich's auch nicht lernen.« Gegen Mitternacht wollte er sich sein Feuer einmal aufschüren, wie er so hineinblies, da schrie's plötzlich aus einer Ecke: »Au, miau! Was uns friert!« – »Ihr Narren«, rief er, »was schreit ihr? Wenn euch friert, kommt, setzt euch ans Feuer und wärmt euch.« Und wie er das gesagt hatte, kamen zwei große schwarze Katzen in einem gewaltigen Sprunge herbei, setzten sich ihm zu beiden Seiten und sahen ihn mit feurigen Augen ganz wild an. Über ein Weilchen, als sie sich gewärmt hatten, sprachen sie: »Kamerad, wollen wir eins in der Karte spielen?« – »Warum nicht?« antwortete er, »aber zeigt einmal eure Pfoten her.« Da streckten sie die Krallen aus. »Ei«, sagte er, »was habt ihr lange Nägel! Wartet, die muß ich euch erst abschneiden.« Damit packte er sie beim Kragen, hob sie auf die Schnitzbank und schraubte ihnen die Pfoten fest. »Euch habe ich auf die Finger gesehen«, sprach er, »da vergeht mir die Lust zum Kartenspiel«, schlug sie tot und warf sie hinaus ins Wasser. Als er aber die zwei zur Ruhe gebracht hatte und sich wieder zu seinem Feuer setzen wollte, da kamen aus allen Ecken und Enden schwarze Katzen und schwarze Hunde an glühenden Ketten, immer mehr und mehr, daß er sich nicht mehr bewegen konnte. Die schrien greulich, traten ihm auf sein Feuer, zerrten es auseinander und wollten es ausmachen. Das sah er ein Weilchen ruhig mit an, als es ihm aber zu arg ward, faßte er sein Schnitzmesser und rief: »Fort mit dir, du Gesindel«, und haute auf sie los. Ein Teil sprang weg, die andern schlug er tot und warf sie hinaus in den Teich. Als er wiedergekommen war, blies er aus den Funken sein Feuer frisch an und wärmte sich. Und als er so saß, wollten ihm die Augen nicht länger offen bleiben und er bekam Lust zu schlafen. Da blickte er um sich und sah in der Ecke ein großes Bett. »Das ist mir eben recht«, sprach er, und legte sich hinein. Als er aber die Augen zutun wollte, so fing das Bett von selbst an zu fahren und fuhr im ganzen Schloß herum. »Recht so«, sprach er, »nur besser zu.« Da rollte das Bett fort, als wären sechs Pferde vorgespannt, über Schwellen und Treppen auf und ab: auf einmal, hopp hopp! warf es um, das Unterste zuoberst, daß es wie ein Berg auf ihm lag.

Aber er schleuderte Decken und Kissen in die Höhe, stieg heraus und sagte: »Nun mag fahren, wer Lust hat«, legte sich an sein Feuer und schlief, bis es Tag war. Am Morgen kam der König, und als er ihn da auf der Erde liegen sah, meinte er, die Gespenster hätten ihn umgebracht und er wäre tot. Da sprach er: »Es ist doch schade um den schönen Menschen.« Das hörte der Junge, richtete sich auf und sprach: »So weit ist's noch nicht!« Da verwunderte sich der König, freute sich aber, und fragte, wie es ihm gegangen wäre. »Recht gut«, antwortete er, »eine Nacht wäre herum, die zwei andern werden auch herumgehen.« Als er zum Wirt kam, da machte der große Augen. »Ich dachte nicht«, sprach er, »daß ich dich wieder lebendig sehen würde; hast du nun gelernt, was Gruseln ist?« – »Nein«, sagte er, »es ist alles vergeblich. Wenn mir's nur einer sagen könnte!«

Die zweite Nacht ging er abermals hinauf ins alte Schloß, setzte sich zum Feuer und fing sein altes Lied wieder an: »Wenn mir's nur gruselte!« Wie Mitternacht herankam, ließ sich ein Lärm und Gepolter hören; erst sachte dann immer stärker, dann war's ein bißchen still, endlich kam mit lautem Geschrei ein halber Mensch den Schornstein herab und fiel vor ihn hin. »Heda!« rief er, »noch ein halber gehört dazu, das ist zu wenig.« Da ging der Lärm von frischem an, es tobte und heulte und fiel die andere Hälfte auch herab. »Wart«, sprach er, »ich will dir erst das Feuer ein wenig anblasen.« Wie er das getan hatte und sich wieder umsah, da waren die beiden Stücke zusammengefahren und saß da ein greulicher Mann auf seinem Platz. »So haben wir nicht gewettet«, sprach der Junge, »die Bank ist mein.« Der Mann wollte ihn wegdrängen, aber der Junge ließ sich's nicht gefallen, schob ihn mit Gewalt weg und setzte sich wieder auf seinen Platz. Da fielen noch mehr Männer herab, einer nach dem andern, die holten neun Totenbeine und zwei Totenköpfe, setzten auf und spielten Kegel. Der Junge bekam auch Lust und fragte: »Hört ihr, kann ich mit sein?« – »Ja, wenn du Geld hast.« – »Geld genug«, antwortete er, »aber eure Kugeln sind nicht recht rund.« Da nahm er die Totenköpfe, setzte sie in die Drehbank und drehte sie rund. »So, jetzt werden sie besser schüppeln«, sprach er, »heida! nun geht's lustig!« Er spielte mit und verlor etwas von seinem Geld, als es aber zwölf schlug, war alles vor seinen Augen verschwunden. Er legte sich nieder und schlief ruhig ein. Am andern Morgen kam der König und wollte sich erkundigen. »Wie ist dir's diesmal gegangen?« fragte er. »Ich habe gekegelt«, antwortete er, »und ein paar Heller verloren.« – »Hat dir denn nicht gegruselt?« – »Ei was«, sprach er, »lustig hab ich mich gemacht. Wenn ich nur wüßte, was Gruseln wäre!«

In der dritten Nacht setzte er sich wieder auf seine Bank und sprach ganz verdrießlich: »Wenn es mir nur gruselte!« Als es spät ward, kamen sechs große Männer und brachten eine Totenlade hereingetragen. Da sprach er: »Ha, ha, das ist gewiß mein Vetterchen, das erst vor ein paar Tagen gestorben ist«, winkte mit dem Finger und rief, »komm, Vetterchen, komm!« Sie stellten den Sarg auf die Erde, er aber ging hinzu und nahm den Deckel ab: da lag ein toter Mann darin. Er fühlte ihm ans Gesicht, aber es war kalt wie Eis. »Wart«, sprach er, »ich will dich ein bißchen wärmen«, ging ans Feuer, wärmte seine Hand und legte sie ihm aufs Gesicht, aber der Tote blieb kalt. Nun nahm er ihn heraus, setzte sich ans Feuer, legte ihn auf seinen Schoß und rieb ihm die Arme, damit das Blut wieder in Bewegung kommen sollte. Als auch das nichts helfen wollte, fiel ihm ein, »wenn zwei zusammen im Bett liegen, so wärmen sie sich«, brachte ihn ins Bett, deckte ihn zu und legte sich neben ihn. Über ein Weilchen ward der Tote warm und fing an sich zu regen. Da sprach der Junge: »Siehst du, Vetterchen, hätt ich dich nicht gewärmt!« Der Tote aber hub an und rief: »Jetzt will ich dich erwürgen.« »Was«, sagte er, »ist das mein Dank? Gleich sollst du wieder in deinen Sarg«, hub ihn auf, warf ihn hinein und machte den Deckel zu; da kamen die sechs Männer und trugen ihn wieder fort. »Es will mir nicht gruseln«, sagte er, »hier lerne ich's mein Lebtag nicht.«

Da trat ein Mann herein, der war größer als alle anderen, und sah fürchterlich aus; er war aber alt und hatte einen langen weißen Bart. »O du Wicht«, rief er, »nun sollst du bald lernen, was Gruseln ist, denn du sollst sterben.« »Nicht so schnell«, antwortete der Junge, »soll ich sterben, so muß ich auch dabei sein.« – »Dich will ich schon packen«, sprach der Unhold. – »Sachte, sachte, mach dich nicht so breit; so stark wie du bin ich auch, und wohl noch stärker.« – »Das wollen wir sehn«, sprach der Alte, »bist du stärker als ich, so will ich dich gehn lassen; komm, wir wollen's versuchen.« Da führte er ihn durch dunkle Gänge zu einem Schmiedefeuer, nahm eine Axt und schlug den einen Amboß mit einem Schlag in die Erde. »Das kann ich noch besser«, sprach der Junge, und ging zu dem andern Amboß. Der Alte stellte sich nebenhin und wollte zusehen, und sein weißer Bart hing herab. Da faßte der Junge die Axt, spaltete den Amboß auf einen Hieb und klemmte den Bart des Alten mit hinein. »Nun hab ich dich«, sprach der Junge, »jetzt ist das Sterben an dir.« Dann faßte er eine Eisenstange und schlug auf den Alten los, bis er wimmerte und bat, er möchte aufhören, er wollte ihm große Reichtümer geben. Der Junge zog die Axt raus und ließ ihn los. Der Alte führte ihn wieder ins Schloß zurück und zeigte ihm in einem Keller drei Kasten voll Gold. »Davon«, sprach er, »ist ein Teil den Armen, der andere dem König, der dritte dein.« Indem schlug es zwölfe, und der Geist verschwand, also daß der Junge im Finstern stand. »Ich werde mir doch heraushellen können«, sprach er, tappte herum, fand den Weg in die Kammer und schlief dort bei seinem Feuer ein. Am andern Morgen kam der König und sagte: »Nun wirst du gelernt haben, was Gruseln ist?« – »Nein«, antwortete er, »was ist's nur? Mein toter Vetter war da, und ein bärtiger Mann ist gekommen, der hat mir da unten viel Geld gezeigt, aber was Gruseln ist, hat mir keiner gesagt.« Da sprach der König: »Du hast das Schloß erlöst und sollst meine Tochter heiraten.« – »Das ist alles recht gut«, antwortete er, »aber ich weiß noch immer nicht, was Gruseln ist.«

Da ward das Gold heraufgebracht und die Hochzeit gefeiert, aber der junge König, so lieb er seine Gemahlin hatte und so vergnügt er war, sagte doch immer: »Wenn mir's nur gruselte! Wenn mir's nur gruselte!« Das verdroß sie endlich. Ihr Kammermädchen sprach: »Ich will Hilfe schaffen, das Gruseln soll er schon lernen.« Sie ging hinaus zum Bach, der durch den Garten floß, und ließ sich einen ganzen Eimer voll Gründlinge holen. Nachts, als der junge König schlief, mußte seine Gemahlin ihm die Decke wegziehen und den Eimer voll kalt Wasser mit den Gründlingen über ihn herschütten, daß die kleinen Fische um ihn herum zappelten. Da wachte er auf und rief: »Ach, was gruselt mir, was gruselt mir, liebe Frau! Ja, nun weiß ich, was Gruseln ist.«

Günther Nenning

Ausstieg aus der Sicherheit

Angst ist die Tapferkeitsmedaille, die unser Zeitalter sich verdienen muß. Die Kehrseite der Angstmedaille ist Sehnsucht. Wunderschön hat dies Sigmund Freud geschildert, in seiner Analyse einer Kinderneurose, 1909, »Der kleine Hans«, eigentlich ein psychoanalytisches Märchen.

(...)

Freud wie Kierkegaard bestehen auf der alten Unterscheidung von Angst und Furcht. Letztere hat ein bestimmtes Objekt, erstere nicht. Das ist Pedanterie, die beide nicht durchhalten. Die Angst umgreift die Furcht. Auch ohne Furcht haben wir Angst. Der Mensch, ein furchtloser Angsthase.

Die Atheisten glauben, daß Angst operabel ist. Man kann sie dem Menschen herausschneiden. Wie schade! »Die süße Angst, die süße Beängstigung«, nennt sie Perversling Kierkegaard. Entzieht man der Furcht alle realen Objekte – durch Sozialversicherung, ewigen Frieden, Arbeitsplätze, glückliches Sexualleben, Unsterblichkeit durch medizinischen Fortschritt –, müßte es aus sein mit der Angst. Einen Schmarrn!

Freud, die Künstlernatur, ahnt das Gegenteil seiner eigenen Psychoanalyse in einer Fußnote zum »Kleinen Hans«: »Ehrlich gesagt, wir heißen eben eine ängstlich-sehnsüchtige Empfindung von dem Moment an eine pathologische Angst, wenn sie nicht mehr durch Zuführung des ersehnten Objektes aufzuheben ist.«

Nachdem alle Sehnsucht gestillt, aller Anlaß zu realer Furcht aufgehoben – bleibt die Angst immer noch, nur heißt sie dann eben »pathologische Angst«. Der Vernunft und Wissenschaft verdächtig ist die unsinnige Angst, das edle Muttermal des Menschen. »Angst ist eine Bestimmung des träumenden Geistes«, getraut sich Kierkegaard zu behaupten, »ganz und gar verschieden von Furcht.« Wie schön! Auch nach geglückter Psychoanalyse ist der Mensch noch ein Mensch.

(...)

Furcht ist die vernünftigste aller menschlichen Regungen, ungleich tauglicher zum Überleben als Mut. Angst hingegen ist mörderisch. Leib und Seele haben Furcht, und sie können damit umgehen. Der Geist aber – dieses in den Menschen eingebaute Gespenst, Geist als Geisteskrankheit – hat Angst, und er kann nicht damit umgehen. »Wie verhält der Geist sich zu sich selbst?« rätselt Kierkegaard. »Er verhält sich als Angst. Seiner selbst ledig werden kann der Geist nicht. Sich selber ergreifen kann er auch nicht. Ins Vegetative versinken kann der Mensch auch nicht, denn er ist ja bestimmt als Geist. Die Angst fliehen kann er nicht, denn er liebt sie. Eigentlich lieben kann er sie nicht, denn er flieht sie.«

Jetzt geht es uns wie dem US-Neger, den ein US-Rabbi zum Judentum bekehren will. Der Neger antwortet: »Negro zores enough.« Als ob wir nicht Sorgen genug hätten mit der Umwelt, mit den Nazis, mit der nahenden Weltwirtschaftskrise ... nein, handeln sollen wir jetzt auch noch nach dem depperten Rezept Kierkegaards: »Angst ist die Möglichkeit der Freiheit.«

Kierkegaards Gebrauchsanweisung ist klar genug für ein unklares Zeitalter. Aus allen alten Sicherheiten und Unsicherheiten gestürzt, kommen wir aus der Epoche der Furcht vor Bestimmtem in die Epoche der Angst vor Unbestimmtem – vom Furchtregen in die Angsttraufe.

Befreiung von Furcht war das Ziel des verflossenen Fortschritts-Biedermeiers; Wiederkehr der Angst ist sein Ergebnis.

(...)

Kierkegaards Richterspruch »*Angst ist die Möglichkeit der Freiheit*« ist der Ausstieg aus aller Sicherheit, exakt zur selben Zeit, da sein Zeitgenosse Marx die Utopie der Sicherheit gerade erst entwirft, die jetzt gescheitert ist. »Man solle sich allerdings nicht vor Menschen, vor Endlichkeiten ängstigen«, höhnt Kierkegaard, »aber erst wer die Angst der Möglichkeit durchschritten hat, erst er ist dazu gebildet, sich nicht zu ängstigen.«

So schrieb er im tiefsten 19. das Programm des 21. Jahrhunderts. Neue Gespenster steigen aus alten Gräbern, alte Gespenster aus neuen Gräbern – das wird kein Zeitalter der Wirklichkeiten, sondern ein Zeitalter der Möglichkeiten. Auf geht's, ängstigen wir uns gesund, Genossenkollegenkameraden!

(...)

Vom Burschen, der auszog, das Gruseln zu lernen, berichten die Brüder Grimm: Als er es recht gelernt hatte, kriegte er zur Belohnung eine schöne Königstochter. Drum nur keine Anpassung an dieses Gruselzeitalter. Gruseln wir uns durch! Gefragt, wie es ihm ergangen sei in der ersten Gruselnacht, sagte der Grimmsche Bursche: »Recht gut, eine wär' herum, die zwei werden auch noch herumgehen.«

Also mehr als drei Gruselnächte hat das Zeitalter nicht. Sind die herumgegangen, kriegen wir die Königstochter.

FRANÇOIS DE LA ROCHEFOUCAULD

Moralische Sentenzen

Vollkommene Tapferkeit und erklärte Feigheit sind zwei Extreme, zu denen man selten gelangt. Der Abstand zwischen beiden ist groß und umfaßt alle übrigen Arten des Mutes, die unter sich so ungleich sind wie die Gesichter und Gemütsarten. Es gibt Menschen, die am Anfang eines Treffens Gefahr suchen und nur infolge seiner Dauer nachlassen und des Kampfes überdrüssig werden. Es gibt andere, die zufrieden sind, wenn sie der allgemeinen Ehre genuggetan haben, und die wenig über diese hinaus tun, wieder andere, die nicht immer gleichmäßig ihre Furcht beherrschen können. Es gibt auch solche, die sich manchmal von einer allgemeinen Panik fortreißen lassen, andere stürzen sich in Gefahr, weil sie nicht wagen, auf ihrem Posten auszuharren. Manche sind, durch kleinere Gefahren ermutigt, an größere gewöhnt, dann gibt es auch welche, die dem Säbel, aber nicht den Kugeln, oder den Kugeln, aber nicht dem Säbel standhalten. Alle diese verschiedenen Arten von Mut treffen darin zusammen, daß die Nacht, die die Furcht steigert und große wie kleine Taten zudeckt, Freiheit läßt, sich zu schonen. Noch allgemeiner ist ein anderer Grund, sich zu schonen: Niemand tut, was er tun würde, hätte er die Sicherheit, lebend davonzukommen. So ist es klar, daß die Furcht vor dem Tode der Tapferkeit etwas nimmt.

Georg Büchner

Dantons Tod

Das Revolutionstribunal

HERRMANN *zu Danton*. Ihr Name, Bürger.
DANTON Die Revolution nennt meinen Namen. Meine Wohnung ist bald im Nichts und mein Namen im Pantheon der Geschichte.
HERRMANN Danton, der Konvent beschuldigt Sie, mit Mirabeau, mit Dumouriez, mit Orléans, mit den Girondisten, den Fremden und der Fraktion Ludwig des XVII. konspiriert zu haben.
DANTON Meine Stimme, die ich so oft für die Sache des Volkes ertönen ließ, wird ohne Mühe die Verleumdung zurückweisen. Die Elenden, welche mich anklagen, mögen hier erscheinen und ich werde sie mit Schande bedecken. Die Ausschüsse mögen sich hierher begeben, ich werde nur vor ihnen antworten. Ich habe sie als Kläger und als Zeugen nötig.
Sie mögen sich zeigen.
Übrigens, was liegt mir an euch und eurem Urteil. Ich hab' es euch schon gesagt: das Nichts wird bald mein Asyl sein – das Leben ist mir zur Last, man mag mir es entreißen, ich sehne mich danach es abzuschütteln.
HERRMANN Danton, die Kühnheit ist dem Verbrechen, die Ruhe der Unschuld eigen.
DANTON Privatkühnheit ist ohne Zweifel zu tadeln, aber jene Nationalkühnheit, die ich so oft gezeigt, mit welcher ich so oft für die Freiheit gekämpft habe, ist die verdienstvollste aller Tugenden. Sie ist meine Kühnheit, sie ist es, der ich mich hier zum Besten der Republik gegen meine erbärmlichen Ankläger bediene. Kann ich mich fassen, wenn ich mich auf eine so niedrige Weise verleumdet sehe? Von einem Revolutionär, wie ich darf man keine kalte Verteidigung erwarten. Männer meines Schlages sind in Revolutionen unschätzbar, auf ihrer Stirne

schwebt das Genie der Freiheit. *Zeichen von Beifall unter den Zuhörern.*
Mich klagt man an, mit Mirabeau, mit Dumouriez, mit Orleáns konspiriert, zu den Füßen elender Despoten gekrochen zu haben, mich fordert man auf vor der unentrinnbaren, unbeugsamen Gerechtigkeit zu antworten.
Du elender St. Just wirst der Nachwelt für diese Lästerung verantwortlich sein!

HERRMANN Ich forderte Sie auf mit Ruhe zu antworten, gedenken Sie Marats, er trat mit Ehrfurcht vor seine Richter.

DANTON Sie haben die Hände an mein ganzes Leben gelegt, so mag es sich denn aufrichten und ihnen entgegentreten, unter dem Gewichte jeder meiner Handlungen werde ich sie begraben.
Ich bin nicht stolz darauf. Das Schicksal führt uns den Arm, aber nur gewaltige Naturen sind seine Organe. Ich habe auf dem Marsfelde dem Königtume den Krieg erklärt, ich habe es am 10. August geschlagen, ich habe es am 21. Januar getötet und den Königen einen Königskopf als Fehdehandschuh hingeworfen. *Wiederholte Zeichen von Beifall. Er nimmt die Anklageakte.* Wenn ich einen Blick auf diese Schandschrift werfe, fühle ich mein ganzes Wesen beben. Wer sind denn die, welche Danton nötigen mußten, sich an jenem denkwürdigen Tage (dem 10. August) zu zeigen? Wer sind denn die privilegierten Wesen, von denen er seine Energie borgte? Meine Ankläger mögen erscheinen! Ich bin ganz bei Sinnen, wenn ich es verlange. Ich werde die platten Schurken entlarven und sie in das Nichts zurückschleudern, aus dem sie nie hätten hervorkriechen sollen.

HERRMANN *schellt.* Hören Sie die Klingel nicht?

DANTON Die Stimme eines Menschen, welcher seine Ehre und sein Leben verteidigt, muß deine Schelle überschreien.
Ich habe im September die junge Braut der Revolution mit den zerstückten Leibern der Aristokraten geätzt. Meine Stimme hat aus dem Golde der Aristokraten und Reichen dem Volke Waffen geschmiedet. Meine Stimme war der Orkan, welcher die Satelliten des Despotismus unter Wogen von Bajonetten begrub. *Lauter Beifall.*

HERRMANN Danton, Ihre Stimme ist erschöpft. Sie sind zu heftig

bewegt. Sie werden das nächste Mal Ihre Verteidigung beschließen. Sie haben Ruhe nötig.
Die Sitzung ist aufgehoben.
DANTON Jetzt kennt Ihr Danton; noch wenige Stunden und er wird in den Armen des Ruhmes entschlummern.

Eine der schwersten Künste für den Menschen ist wohl die, sich Mut zu geben. Diejenigen, denen er fehlt, finden ihn am ehesten unter dem mächtigen Schutz eines, der ihn besitzt und der uns dann helfen kann, wenn alles fehlt. Da es nun so viele Leiden in der Welt gibt, denen mit Mut entgegen zu gehen kein menschliches Wesen einem Schwachen Trost genug geben kann, so ist die Religion vortrefflich. Sie ist eigentlich die Kunst, sich durch Gedanken an Gott ohne weitere andere Mittel Trost und Mut im Leiden zu verschaffen und Kraft demselben entgegen zu arbeiten.
Georg Christoph Lichtenberg

Eine gewisse Art von Mut entspringt aus einer Wurzel mit der Herzensgüte, nämlich daraus, daß der damit begabte Mensch sich seines Daseins in den andern Individuen fast so deutlich bewußt ist als in dem eigenen. Wie hieraus die Herzensgüte hervorgeht, habe ich oft gezeigt. Den Mut bringt dieses Bewußtsein dadurch hervor, daß der Mensch weniger an seinem individuellen Dasein hängt, da er fast ebensosehr im allgemeinen Dasein aller Wesen lebt und deshalb für sein Leben und was dem anhängt, wenig besorgt ist. Dies ist keineswegs jedesmal die Quelle des Muts: denn er ist ein Phänomen verschiedener Ursachen. Aber es ist die edelste Art des Mutes, welches sich darin zeigt, daß er hier mit großer Sanftmut und Geduld verbunden ist.
Arthur Schopenhauer

Der Mut, den wir einzig und allein brauchen können, ist das Resultat der Liebe, der Pflicht, des Rechtsgefühls, der Begeistrung und der Ehre, er ist nicht angeboren, sondern er *wird*, er wächst.
Theodor Fontane

Max Frisch

Wilhelm Tell für die Schule

Ein leidiger Zwischenfall ereignete sich noch in letzter Stunde – Ritter Konrad von Tillendorf, heute noch berüchtigt unter dem Namen Geßler, ließ sich gerade den zweiten Stiefel geben, als die Meldung kam: Einer habe den Hut auf der Stange nicht gegrüßt! Er seufzte, wie meistens beim Anziehen dieser Stiefel, und man mußte es ihm zweimal melden: Einer habe soeben usw. Es paßte dem dicklichen Ritter gar nicht. Er wollte heute noch bis Immensee. Er sagte kein Wort, so ärgerte ihn dieser Zwischenfall; eine Stunde später wäre der Hut nicht mehr auf der Stange gewesen. Er ließ sich sein Wams geben, dann den Gürtel. Seine Waffenknechte hatten den Mann leider gefaßt. Er zog die Handschuhe an, die sich für dienstliche Auftritte ziemten, und ärgerte sich kaum über den Mann, der vielleicht, wie er hoffte, den Hut auf der Stange einfach übersehen hatte, sondern über sich, daß er nicht im Morgengrauen aufgebrochen war. Er hatte sich verschlafen. Er überlegte, wie die leidige Sache sich kürzestens erledigen ließe. Ohne Publikum wäre es einfach gewesen: Gnade vor Recht. Einen ganzen Tag lang, gestern, war nichts vorgefallen, und einen Einzelfall hochzuspielen, hatte er kein Interesse, der dickliche Ritter, der an diesem Tag noch bis Immensee zu kommen hoffte. Es war Föhn, ein leichter Föhn, der sich aber von Stunde zu Stunde verschlimmern konnte; er dachte schon mit Sorge an die Fahrt über den See. Als er auf den Platz kam, wo der Hut noch auf der Stange hing, wimmelte es schon von Neugierigen. Die Waffenknechte, wichtigtuerisch vor ihrem Ritter, drängten das Publikum mit ihren Lanzen zurück; dabei versuchte niemand den Verhafteten zu befreien; sie wollten nur zuschauen. Wie oft bei solchen Auftritten mit Pferd, gelang es nicht ohne weiteres, das Pferd auf die richtige Stelle zu bringen und in die gewünschte Ruhe, in die gewünschte Richtung usw., es tänzelte, es kam zu Roßäpfeln auch. Als er den Mann mit Armbrust und Bub erkannte, erinnerte er sich sofort, und seine Miene hellte sich auf, der Herr Vogt lächelte gar; offenbar meinte er, der Fall wäre mit Scherz zu erledigen: »Du grüßest überhaupt nicht, ich weiß, das ist deine Art.« Die Waldleute aber blickten finster und rechtschaffen. Obschon er auf dem Pferd saß, daher eine gewisse Übersicht hatte, blieb es ihm unklar, wie die Mehrheit sich zu dem Außenseiter verhielt. Nahmen sie's dem Heuer übel, daß er sich nicht wie die Mehrheit verhielt, oder gefiel er ihnen? Er selber, der Heuer mit der Armbrust auf der Schulter, blickte unsicher nach seinen Landsleuten, statt auf die Frage zu antworten, wie er heiße. Ein anderer drängte sich aus dem Haufen hervor, ein kleiner Bauer mit rotem Kopf und drohenden Fäusten. Auf die Frage, was diesen Mann so sehr erregte, trat Stille ein; alle schienen es zu wissen – vielleicht war's der flüchtige Bauer aus Altzellen, den die Urner sofort in ihren Haufen zurückzogen... Es galt jetzt, die eigenen Waffenknechte abzuhalten von irgendeiner Dummheit, wie sie Bewaffneten leicht unterläuft; es braucht wenig, daß Bewaffnete sich bedroht fühlen. Daher verlangte der dickliche Ritter mit einer scharfen Stimme, die er sonst nicht hatte: Ruhe, Hände weg, Ruhe! bevor er sich wieder an den Heuer wandte, der inzwischen auch eine grimmige Miene zeigte. Warum er den Hut nicht grüße, lautete die ritterliche Frage. Der Heuer aber, umringt von seinen Landsleuten mitten auf dem Platz von Altdorf, wo heute sein Denkmal steht, brachte kein Wort heraus, auch nicht auf die entgegenkommende Frage, ob er vielleicht den Hut auf der Stange einfach nicht gesehen habe. Er war's nicht gewohnt, Rede und Antwort zu stehen vor einem Publikum, blickte weniger auf den Herrn Vogt, der vermutlich schon etwas ungeduldig wurde, als auf seine Landsleute, denn mit diesen mußte er weiterleben. Er wolle heute noch bis Immensee! sagte der dickliche Ritter, um die Antwort des Heuers zu beschleunigen. Vergeblich. Dieser hatte einen rötlichen Bart und Sommersprossenhaut, vermutlich ein Choleriker, der es in der Gesellschaft auch nicht immer leicht hatte. Warum er eigentlich immer eine solche Armbrust auf der rechten Schulter trage, fragte Ritter Konrad, um ihn zum Sprechen zu bringen. Vergeblich auch dies. Einige schienen zu grinsen. Die Spannung, was dem Herrn Vogt sonst noch alles einfallen könnte, war jetzt so groß, daß sie sich auf das Pferd übertrug, und der Tillen (wie möglicherweise sein Spitzname lautete) konnte es nur mit schroffen Griffen zügeln, was einem Reiter unweigerlich den Anschein eines Wüterichs gibt. Erschrocken sagte jetzt der Mann mit der Armbrust:

»Lieber Herr, es ist ungevärd und nit uß Verachtung geschechen, verzichend mirs, wär ich witzig, so hießi ich nit der Tell* bitt umb Gnad, es soll nit mehr geschehen.« Ein Versehen also; der dickliche Ritter glaubte es gerne, da sich das Verfahren dadurch verkürzte, und streichelte sein Pferd, um es zu besänftigen. Die Leute von Uri hingegen waren enttäuscht von dieser untertänigen Rede, das spürte der Heuer und verbesserte sich: er sei ein freier Mann und grüße keinen Habsburger-Hut! Der dickliche Ritter streichelte noch immer sein Pferd, lächelte sogar. Nämlich es hing kein Habsburger Hut auf dieser Stange, sondern ein kaiserlicher, dem Reverenz zu erweisen war auch in einem reichsfreien Tal wie Uri. Das wußte die Mehrheit, nur der brave Heuer offenbar nicht. Es waren ja auch, wie man zugeben mußte, etwas komplizierte Verhältnisse damals. Eigentlich war die Sache jetzt erledigt – nur der Armbrust-Vater, da er hatte belehrt werden müssen und die öffentliche Blamage nicht auf sich sitzen lassen konnte, verbesserte sich nochmals: Auch den Hut des Kaisers täte er nicht grüßen, nie und nimmer, ein freier Urner usw. Das war unnötig, aber gesagt. Der Mann hatte plötzlich einen roten Kopf, sagte es sogar noch einmal und lauter als zuvor. Vielleicht spürte er ebenfalls den Föhn.** Einige sagten: Gott stehe ihm bei! Andere warteten wortlos auf seine Verhaftung. Auch der Bub spürte, daß sein verwirrter Vater irgendeinen Schnitzer begangen hatte, und wollte ihm beistehen, indem er den Vater rühmte: er treffe den Vogel im Flug. Das war im Augenblick nicht gefragt. Als der Herr Vogt auf seinem Pferd gar nichts sagte, im Augenblick ratlos, wie er mit dem Sonderling zu Rande kommen sollte, sagte der Bub, sein Vater treffe den Apfel auf dreißig Schritt. Auch das war eigentlich nicht gefragt –

---

* *Das weiße Buch von Sarnen*, das den Namen des Schützen zum erstenmal schriftlich überliefert, zeigt wechselnde Schreibart: Thael, Thall, Tal, Tallen, dagegen nennt es den berühmten Fels: »Tellen-blatten.« Der überlieferte und auch von Friedrich Schiller benutzte Ausspruch des Freiheitshelden: »denn wäre ich witzig (besonnen), und ich hiessi anders und nit der Tall« ist nur als Wortspiel verständlich, wenn man nämlich den Übernamen des Schützen ableitet von »dahlen, dallen, tallen«, das heißt: einfältige und kindische Dinge reden und tun.

** Es ist statistisch erwiesen, daß bei Föhn (Fallwind, Erwärmung durch Druck) Störungen des psychischen Gleichgewichtes auftreten, Reizbarkeit usw., Häufung von Verkehrsunfällen und Ehekrisen, sogar Selbstmord.

irgendwie hielt es Konrad von Tillendorf für einen rettenden Witz: dann solle der Armbrust-Vater doch seinem vorlauten Bub, der ihm, nämlich dem dicklichen Ritter, auf die Nerven ging, einmal einen Apfel vom Kopf schießen*! Das sagte er, indem er schon die Zügel straffte, um vom Platz zu reiten – er begriff gar nicht, warum das Fräulein von Bruneck, das immer noch zugegen war, zu flehen anfing: Herr Konrad! Sie nahm es ernst. Sie redete von Gott. Hinzu trat jetzt Pfarrer Rösselmann, um es ebenfalls ernst zu nehmen. Schon lange hatte man auf irgendeine Ungeheuerlichkeit gewartet, nun hatte man sie: Vater muß Kind einen Apfel vom Kopf schießen! Alle drängten sich, das wollten sie gesehen haben: Vater muß Kind einen Apfel vom Kopf schießen. Der Heuer selbst, als er sich im Mittelpunkt öffentlichen Mitleids sah, konnte kaum anders: er nahm einen Pfeil aus dem Köcher, legte ihn auf seine Armbrust, um seinen Landsleuten zu zeigen, daß er kein Schwätzer war. Offenbar hörte er nicht, was der Herr Vogt unterdessen sagte, niemand hörte es; er merkte bloß, daß er in der Verwirrung etwas vergessen hatte, und nahm den Pfeil nochmals von seiner Armbrust, hielt ihn zwischen den Zähnen, während er die Armbrust spannte mit Hilfe des Fußes (wie neulich bei Amsteg), dann legte er den Pfeil wieder auf seine Armbrust, bevor ein Apfel gefunden war. Das blöde Lächeln des dicklichen Ritters, der immer noch dachte, er habe einen Witz gemacht, erbitterte natürlich die Waldleute; wieder war's jener Bauer aus Altzellen, der in seiner Wut kaum zu halten war, er, der schon einmal einen Vogt eigenhändig erschlagen hatte. Auch der junge Ulrich von Rudenz, Neffe des Frei-

---

* Es ist nicht anzunehmen, daß der Vogt, wer immer er war, die Toko-Erzählung des *Saxo Grammaticus* kannte. »Nach dem dänischen Chronisten Saxo Grammaticus (gestorben 1204) rühmte der Gefolgsmann Toko sich seiner Schießkunst und mußte deshalb auf Befehl des Dänenkönigs Harald Blauzahn (10. Jahrhundert) einen Apfel vom Haupte seines Sohnes schießen. Eine unmittelbare Übernahme aus dem Geschichtswerk Saxos, wie sie früher allgemein behauptet wurde, ist unwahrscheinlich, da es nicht handschriftlich, sondern einzig im Erstdruck von 1514 vorliegt.« (Karl Meyer, ebenda) Außer der Geschichte von Toko gibt es die Geschichte von Heming Aslakson, isländisch, sowie englische, estnische und finnische Sagen mit demselben Motiv des Apfelschusses. Vgl. hierzu Helmut de Boor: »Die nordischen, englischen und deutschen Darstellungen des Apfelschusses«, in *Quellenwerk zur Entstehung der Schweizerischen Eidgenossenschaft*, III, Chroniken, Band 1, 1947.

herrn von Attinghausen, redete jetzt im Namen des Volkes, im Namen seiner Grundhörigen, während der Herr Vogt nur an seinen Handschuhen herumzupfte, offenbar meinte, er habe die einfache Lösung: Begnadigung mangels Apfel. Der Bub aber, als er seinen Vater im öffentlichen Mittelpunkt sah, tat das Seine: fand tatsächlich einen grünen Apfel in seiner Hosentasche.* Schon wurde die Gasse gebildet; der Armbrust-Vater kniete, bevor die Gasse gebildet war. Das war der Augenblick für Pfarrer Rösselmann, der jetzt ebenfalls kniete und um Erbarmen flehte mit gefalteten Händen, nachdem der Herr Vogt, erschrocken über den Lauf der Dinge, bereits zweimal gesagt hatte: Spaß beiseite! Gerade der Spaß aber empörte die Waldleute; sie beteten zu Gott, daß der Apfelschuß gelinge**. Beinahe war es zu spät, als Ritter Konrad oder Grisler von seinem Pferd sprang; der kniende Schütze zielte bereits mit gekniffenem Auge, als Ritter Konrad oder Grisler zu ihm trat und den Pfeil von seiner zitternden Armbrust nahm, wortlos – dieser Urner wäre imstande gewesen und hätte auf den grünen und ziemlich kleinen Apfel geschossen bloß um seiner Schützenehre willen***. Das war ein peinlicher Augenblick für alle: für

---

* »Aber ist es zum vornherein wirklich ein Apfel? Wieder stimmen darin Saxo und Ths. (die Thidreks-Saga) überein, während Hem. (Hemmingsthattr) abweichend die Nuß als Ziel setzt. Eindr. (Eindrida-Thattr ilbreids) den künstlichen Brettstein. Doch darf auch hier das Zusammenklingen der beiden ältesten Quellen mit der deutsch-englischen Gruppe (Henning Wulf, Tell, William) die Entscheidung bringen: wir halten den Apfel für das älteste Ziel.« (Helmut de Boor, ebenda)

** In allen Versionen der nordischen Sage, wie auch in der schweizerischen, gelingt der Apfelschuß; eine abweichende Version, z. B. daß Tell nicht erst sein Kind gefährdet, sondern auf den unmenschlichen Vogt schießt, liegt nicht vor, ebensowenig wie eine Version mit tödlichem Fehlschuß auf das Kind, auch keine Version, wo das empörte Volk die unmenschliche Veranstaltung gewalttätig sabotiert.

*** Die Schießkunst wird heute noch in der Schweiz gepflegt, wie sehr auch das Gewehr an militärischer Bedeutung eingebüßt haben mag, und gehört zum Volkstum; es gibt kaum ein Dorf ohne einen Schützenverein; noch in der ersten Hälfte des 20. Jahrhunderts erringen die Eidgenossen mehrmals die Weltmeisterschaft in allen drei Stellungen (stehend, kniend, liegend) sowohl mit dem Stutzer wie mit dem Armeegewehr; erst in jüngster Zeit wurden sie hauptsächlich von Amerikanern und Finnen und Sowjetrussen in diesem Sport, der für den Schweizer mehr ist als nur ein Sport, übertroffen.

den dicklichen Ritter, der plötzlich die Regie verloren hatte, sowie für das betende Publikum, nicht zuletzt aber für den Schützen, der sich verhöhnt fühlte. Sein Hals war wie geschwollen, seine Armbrust noch immer gespannt, er blickte irr und unheimlich, als der Herr Vogt, verlegen um das rechte Wort in diesem Augenblick, den schönen Pfeil betrachtete und zurückgab; die Frage, ob er solche Pfeile selber herstelle, wo er denn wohne, ob er viele Kinder habe usw., blieb ohne Antwort – es waren auch nur Verlegenheitsfragen –, der Mann schien taub vor Grimm und blieb auf den Knien, obschon der Apfelschuß nicht verlangt war*, nur der vorlaute Bub ermunterte noch immer seinen Vater, er habe gar keine Angst, sein Vater treffe den Vogel im Flug usw. Einige verließen bereits den Platz, als der Herr Vogt, jetzt wieder zu Pferd, etwas unwillig fragte: »Was willst du denn mit diesem zweiten Pfeil?« Manche waren später der Meinung, es sei anders zugegangen: der Schütze habe von Anfang an einen zweiten Pfeil in den Goller gesteckt, um sich am Vogt zu rächen, falls der Meisterschuß nicht gelungen wäre. Der dickliche Ritter meinte aber nicht den Pfeil, der im Goller steckte, das war ja der Pfeil, den er eigenhändig von der Armbrust genommen und dem Schützen zurückgegeben hatte; er sah, daß der Schütze jetzt einen zweiten Pfeil aus dem Köcher nahm und auf die Armbrust legte; daher seine Frage: »Was willst du denn mit diesem zweiten Pfeil?**« Der Mann errötete, als er den ersten Pfeil

---

* Haben Historiker des 19. Jahrhunderts (vor allem Eutych Kopp und Albert Rilliet) Zweifel an der Geschichtlichkeit der Tell-Figur geäußert, so hat Gottfried Keller, der Dichter und Staatsschreiber, sich nicht beirren lassen: »Auch den Tell geben wir nicht auf und glauben an einen handlichen, rat- und tatkräftigen Schützen, der sich zu jener Zeit zu schaffen machte und unter seinen Mitbürgern berühmt war. Den Apfelschuß freilich geben wir preis, obschon man auch hier noch sagen könnte: sind nicht in neuester Zeit, als direkte Nachahmung des Tellenschusses, von verwegenen Gesellen und Renommisten, z. B. in Amerika, dergleichen Schützenstücklein verübt worden? Wenn wir nicht irren, so hat in den letzten Jahren ein Pfälzer aus purem Übermut mit der Pistole einen Apfel vom Kopfe geschossen.« D. h. der Umstand, daß der Apfelschuß nicht verlangt war, kann nicht dahin ausgelegt werden, daß es den betreffenden Urner überhaupt nicht gegeben habe.
** Laut Überlieferung ist die erste Antwort, die Wilhelm Tell gibt, durchaus besonnen, nämlich eine Ausrede: »Es wäre also des Schützen Gewohnheit.« (Chronik des Aegidius Tschudi) Erst auf die Garantie hin, die ihn seines

in seinem Goller erblickte, und wußte keine rechte Antwort; er wußte jetzt selber nicht, warum er, um seinen Meisterschuß zum Trotz zu zeigen, nicht diesen Pfeil genommen hatte, sondern einen zweiten. Konrad von Tillendorf verstand wohl seine Verwirrung, verlangte aber, daß er jetzt beide Pfeile in den Köcher steckte und sich erhob – er war frei ... Leider hatten die beiden Waffenknechte gehört, was der Mann, um seinen Landsleuten doch Eindruck zu machen, eben gesagt hatte: er nämlich habe schon gewußt, was er wollte mit dem anderen Pfeil im Goller, nämlich er hätte den Vogt erschossen, jawohl, vor aller Augen*. Einen Augenblick lang zögerte der dickliche Ritter, ob er den Choleriker fragen sollte: Hast du das gesagt? Dieser aber hätte kaum widerrufen können, ohne vor seinen Landsleuten lebenslänglich als Angeber zu gelten, und wenn er nicht verleugnete und nicht bestritt, was die Waffenknechte gehört haben wollten, so wäre es in der Tat, wie jedermann fürchtete, ohne Gericht und Kerker kaum noch zu erledigen gewesen. So war es Zeit und ratsam, diesen Mann jetzt abzuführen**. Die Waffenknechte packten zu, und da sie's in mit-

---

Lebens versichert, erfolgt das mutige Wort, er hätte notfalls den Vogt niedergeschossen. In der Tat fehlt es nicht an Verschiedenheiten der Sagen, wie Karl Meyer betont; der dänische Toko versucht es nicht mit einer Ausrede, sondern antwortet sogleich mit dem Trutzwort. Während Toko aber auf sein Trutzwort, er habe die weiteren Pfeile dem König selbst zugedacht, noch eine weitere Tollkühnheit zu leisten hat, nämlich die Ski-Fahrt über einen Fels hinunter (was etwa der nordischen Disziplin des Ski-Sprunges entspricht), wobei Toko glücklich davonkommt, endet wiederum die norwegische Fassung der Apfelschuß-Sage damit, daß Egill für dasselbe Trutzwort nicht bestraft wird: »Aber der König schätzte dies an ihm und alle fanden, daß er eine kühne Sprache führe.«

* Vgl. hierzu Peter Bichsel, *Des Schweizers Schweiz*, 1969: »Ich kann mir einfach nicht vorstellen, daß die alten Eidgenossen idealere Gestalten waren als mein Nachbar und ich«, womit wohl der Dichter, wie schon Gottfried Keller, der Wahrheit nahekommt, sind doch Drohungen solcher Art, insbesondere auf Ausländer bezogen, heute noch an Stammtischen zu hören.

** Während *Das weiße Buch von Sarnen* lediglich die Verhaftung und die Drohung des Vogtes (»er wollte ihn an einen Ort legen, wo er Sonne und Mond nimmer wiedersehen werde«) meldet, ergänzt der spätere Chronist Aegidius Tschudi: »damit ich vor dir sicher sig«, was die Maßnahme des Vogtes plausibel macht; immerhin hat Tell eine hypothetische Morddrohung ausgesprochen.

telalterlicher Manier taten, nämlich ohne Fußtritte und ohne Knüppelei, aber mit der Kraft ihrer Arme, fanden es die Waldleute sehr ungerecht. Was hatte dieser Vater mit der Armbrust und dem Kind denn getan? Viele hatten die nachträgliche Drohung mit dem zweiten Pfeil gar nicht gehört, andere nahmen sie nicht allzu ernst***. Es war aber neun Uhr vormittags, und Ritter Konrad von Tillendorf, wie schon gesagt, wollte heute noch bis Immensee –

*** Auch in einem Rechtsstaat wäre auf das Verhalten hin, wie die Chronisten es schildern, mit einer Maßregelung zu rechnen; sehr viel bescheidenere Anrempelungen (ohne Drohung mit Mord) beispielsweise gegenüber einem Lehrer oder Richter im Amt werden geahndet, geschweige denn gegenüber einem Major, Oberst usw. Das überlieferte Teil-Wort ist denn auch nie das Maß unserer Rede-Freiheit geworden.

Ernst Jünger

Mut

Der Mannesmut ist doch das Köstlichste. In göttlichen Funken spritzt das Blut durch die Adern, wenn man zum Kampfe über die Felder klirrt im klaren Bewußtsein der eigenen Kühnheit. Unter dem Sturmschritt verwehen alle Werte der Welt wie herbstliche Blätter. Auf solchen Gipfeln der Persönlichkeit empfindet man Ehrfurcht vor sich selbst. Was könnte auch heiliger sein, als der kämpfende Mensch? Ein Gott? Weil wir an seiner Allmacht zerschellen müssen wie an einer geschliffenen Kugel? O, immer widmete sich das edelste Empfinden dem Schwachen, dem einzelnen, der das Schwert noch in erkaltender Faust zum letzten Hiebe schwang. Klingt nicht auch aus unserm Lachen Rührung, wenn Tiere sich uns zur Wehr setzen, so winzig, daß wir sie mit einem Finger zerdrücken könnten?

Mut ist der Wind, der zu fernen Küsten treibt, der Schlüssel zu allen Schätzen, der Hammer, der große Reiche schmiedete, der Schild, ohne den keine Kultur besteht. Mut ist der Einsatz der eigenen Person bis zur eisernsten Konsequenz, der Ansprung der Idee gegen die Materie, ohne Rücksicht, was daraus werden mag. Mut heißt, sich als einzelner ans Kreuz schlagen lassen für seine Sache, Mut heißt, im letzten Nervenzucken mit verlöschendem Atem noch den Gedanken bekennen, für den man stand und fiel. Zum Teufel mit einer Zeit, die uns den Mut und die Männer nehmen will!

Es fühlt ja auch ein jeder und sei es noch so dumpf. Der Mut hat etwas Unwiderstehliches, das im Augenblicke der Tat von Herz zu Herzen springt. Dem Gefühl für das Heroische kann sich so leicht keiner entziehen, wenn er nicht einen ganz verkommenen und niederträchtigen Charakter besitzt. Gewiß wird der Kampf durch seine Sache geheiligt; mehr noch wird eine Sache durch Kampf geheiligt. Wie könnte man sonst einen Feind achten? Das kann aber nur der Tapfere ganz verstehen.

Der Kampf ist immer noch etwas Heiliges, ein Gottesurteil über zwei Ideen. Es liegt in uns, unsere Sache schärfer und schärfer zu vertreten, und so ist Kampf unsere letzte Vernunft und nur Erkämpftes wahrer Besitz. Keine Frucht wird uns reifen, die nicht in eisernen Stürmen hielt, und auch das Beste und Schönste will erst erkämpft sein.

Wer so zu des Kampfes Wurzeln gräbt und echtes Kämpfertum verehrt, verehre es überall, auch beim Gegner. Daher sollte Versöhnung nach dem Kampf zuerst die Männer der Front umschließen. Ich schreibe als Krieger; das mag nicht in den Tag passen, aber warum sollten wir Krieger nicht versuchen, uns auf unserer Linie, auf der des männlichen Mutes, zu treffen? Größerer Mißerfolg als den Staatsmännern, Künstlern, Gelehrten und Frommen auf der ihren kann uns nie werden. Drückten wir nicht oft genug die Hände, die eben noch die Handgranate auf uns geschleudert hatten, als die dahinten noch immer tiefer sich ins Gestrüpp ihres Hasses verstrickten? Pflanzten wir nicht Kreuze auch auf die Gräber der Feinde? Immer noch die anständigsten waren wir, die jeden Tag aufs neue ins Blut griffen. Der Kampf ist eine Lebensform von vornherein, aber er läßt sich veredeln durch Ritterlichkeit. Und mit seiner mächtigsten Offenbarung, dem Kriege, ist es wie mit den Religionen. Die Menschheit betet zu vielen Göttern, in jedem Gott äußert sich die Wahrheit in einer besonderen Form. Der echte Ring ging nicht verloren, das ist ein demokratisches Geschwätz, solange es Eigenarten gibt, wird es auch verschiedene Ringe geben müssen. Und jeden, der bewußt in den schwirrenden Tod lief, trieb etwas anderes, aber jedes hatte seine Berechtigung. Wie man den Glauben eines jeden achtet, obwohl man ihn vielleicht bekämpfen muß, so soll man auch seinen Mut achten.

Der Krieger setzt sich am schärfsten für seine Sache ein; das haben wir bewiesen, wir Frontsoldaten des Erdballs, ein jeder an seinem Platze. Wir waren die Tagelöhner einer besseren Zeit, wir haben das erstarrte Gefäß einer Welt zerschlagen, auf daß der Geist wieder flüssig werde. Wir haben das neue Gesicht der Erde gemeißelt, mögen es auch noch wenige erkennen.

Vielen wird es noch unsichtbar sein unter dem Wolkenschatten des Geschehens: Die ungeheure Summe der Leistung birgt ein Allgemeines, das uns alle verbindet. Nicht einer ist umsonst gefallen.

Denn das kann der Kämpfer, der in seinen Zielen aufgeht, nicht übersehen, und diese Erkenntnis besitzt für den Kampf auch gar keinen

Wert, denn sie schwächt seine Wucht: Irgendwo müssen alle Ziele doch zusammenfallen. Der Kampf ist nicht nur eine Vernichtung, sondern auch die männliche Form der Zeugung, und so kämpft nicht einmal der umsonst, welcher für Irrtümer ficht. Die Feinde von heute und morgen: sie sind in den Erscheinungen der Zukunft verbunden, das ist ihr gemeinsames Werk. Und es tut wohl, sich im Kreise jener harten europäischen Sittlichkeit zu fühlen, die, über das Geschrei und die Weichheit der Massen hinweg, sich immer schärfer in ihren Ideen bestärkt, jener Sittlichkeit, die nicht nach dem fragt, was eingesetzt werden muß, sondern nur nach dem Ziel. Das ist die erhabene Sprache der Macht, die uns schöner und berauschender klingt als alles zuvor, eine Sprache, die ihre eigenen Wertungen und ihre eigene Tiefe besitzt. Und daß diese Sprache nur von wenigen verstanden wird, das macht sie vornehm, und es ist gewiß, daß nur die Besten, das heißt die Mutigsten, sich in ihr werden verständigen können.

Wir aber haben in einer Zeit gelebt, in welcher der Mutige der Beste war, und sollte aus dieser Zeit nichts weiter hervorgehen als die Erinnerung an ein Geschehen, bei dem der Mensch nichts und seine Sache alles galt, so werden wir immer noch mit Stolz auf sie zurückblicken können. Wir haben in einer Zeit gelebt, in der man Mut haben mußte, und Mut zu besitzen, das heißt jedem Schicksal gewachsen sein, das ist das schönste und stolzeste Gefühl.

Immer wieder im flutenden Angriffswirbel riesiger Schlachten erstaunte man über die Steigerung der Kräfte, deren der Mensch fähig ist. In den Minuten vorm Sturm, wo einem seltsam veränderten Bewußtsein das Äußere schon im Rausch zerfloß, überglitt der Blick noch einmal die Reihe der in graue Gräben geduckten Gestalten. Da war der Knabe, der wieder und wieder am Sturmgepäck nestelte, der Mann, der stumpf gegen die lehmigen Mauern stierte, der Landsknecht, der seine letzte Zigarette verrauchte. Vor ihnen allen bäumte sich der Tod gierig auf. Sie standen vorm Letzten und mußten in der kurzen Zeit noch einen Abschluß finden. Noch einmal drängte sich Allereigenstes in ihnen zusammen, noch einmal rollte die bunte Welt in sausendem Film durchs Hirn. Aber es hatte etwas Erhabenes, daß, wenn der Pfiff zum Angriff schrillte, kaum einer zurückblieb. Überwinder waren es, die sich über den Grabenrand schwangen, daher auch die gleichmäßige Ruhe, mit der sie durchs Feuer schritten.

Dann kam, nur den Rassigsten vergönnt, der Rausch vor der eigenen Kühnheit. Es gibt nichts Tathafteres als den Sturmlauf auf Feldern, über denen des Todes Mantel flattert, den Gegner als Ziel. Das ist Leben im Katarakt. Da gibt es keine Kompromisse; es geht ums Ganze. Das Höchste ist Einsatz, fällt Schwarz, ist alles verloren. Und doch ist es kein Spiel mehr, ein Spiel kann wiederholt werden, hier ist beim Fehlwurf unwiderruflich alles vorbei. Das gerade ist das Gewaltige.

So taumelten die Krieger im Rausche der Schlacht dahin, Pfeile im Nebel vom Bogen geschnellt, Tänzer im Ungewissen. Doch hing über diesen klirrenden Schleiern, so oft im Feuer zerrissen, weit mehr als der Rausch der Sekunde.

Der Mut ist dem Tanze vergleichbar. Die Person des Tänzers ist Form, ist Nebensache, wichtig allein, was unterm Schleier seiner Bewegung sich hebt und senkt. So ist auch Mut ein Ausdruck tiefsten Bewußtseins, daß der Mensch ewige, unzerstörbare Werte umschließt. Wie könnte sonst auch nur ein einziger bewußt dem Tode entgegenschreiten?

So wie zu ausgeprägtem Tanze Rasse erforderlich ist, entspringt auch großer Mut sehr scharfer Rasse. Wenn breite Linien im Sturme zerbrachen, zersplitterte der Kampf in kleine Haufen. Zu denen schloß sich alles, was Rasse hatte; der zähe Bauernbursche mit kantigem Schädel, der geschulte Arbeiter mit intelligentem Gesicht, der Offizier, dem der Kampf seit Jahrhunderten im Blute steckte, der Fahnenjunker, dessen schmale Hände das Gewehr kaum schwingen konnten. Wo diese Männer sich trafen – und sie trafen sich stets – entragten Inseln den lang anrollenden Wogen der Vernichtung, klammerte sich eisernster Widerstand an Trümmer und Gebälk. Da ballte sich reinster Kriegergeist; es wurde gefochten, weil Fechten selbstverständlich war. Ein Wille lohte hinter bleichen Gesichtern, die Phrase vom Kampf bis zum letzten Mann wurde Wirklichkeit. Das war ein königliches Sterben, bedingt durch inneren Adel und unbeugsamen Stolz. Alle äußeren Gründe waren längst vergessen. Der Überschwung männlichen Mutes allein trieb unerschütterte Herzen dem Ende zu.

Wenn die Letzten eines zerschossenen Schiffes mit Hurra und wehender Flagge versinken, liegt eine Verklärung über den Wellen, so unendlich und ewig wie das Meer selbst. Und sänken sie für eine

Sache, über die längst die Kinder spotten, man müßte doch weinen und stolz sein zugleich. Wohl dem, der das empfinden kann!

Der Mut ist das lebendige Feuer, das die Heere schweißt. Es steht vor allen anderen Dingen, mögen sie noch so schöne Namen führen. ein Soldat ohne Mut ist wie ein Christ ohne Glauben. Daher muß im Heere der Mut das Heiligste sein, was es gibt. Stets war es unbedingt verderblich, wurde seine klare Quelle getrübt.

Mut setzte von je der Soldat bei seinem Führer als selbstverständlich voraus. Die wahrhaft Großen haben sich dieses Glaubens auch immer wert gezeigt. Alexander, Cäsar, Friedrich der Große, Napoleon und ihre Generale, sie alle erschienen mit eigener Person, wo ihre Sache wankte. So konnten sie wohl Schlachten verlieren, die Herzen der Ihren nie. Ich bin überzeugt: sie hätten sie nicht verloren, auch wenn sie nie Gelegenheit gehabt hätten, sich zu bewähren, denn mutige Herzen haben ein feines Gefühl für wahre Größe. Der Mut erkennt den Mut.

Es ist nicht möglich, daß der Fürst wie zur Zeit der blanken Waffe als Erster in die feindlichen Reihen springt, gewiß aber muß er es als Letzter tun. Man wird da viel entgegnen. Doch jeder mag sich zum Kriege stellen, wie er will, er kann ihn nicht leugnen. So bin ich bemüht, in diesem Buche, in dem ich mich mit dem Kriege abfinden will, ihn zu betrachten als etwas, das bestand und noch in uns besteht, ihn aus aller Vorstellung zu schälen als eine Sache für sich. Für den Krieg, so aus seinem Zentrum heraus betrachtet, gibt es nur einen Standpunkt. Das ist der männlichste.

Der Fürst hat die Pflicht, im Ringe seiner Letzten zu sterben. Das können die Unzähligen verlangen, die vor ihm in den Tod gingen. Das fordert die Idee, für die alle fechten. Wenn der Soldat durch seinen Tod anerkennt, daß er seine Idee für größer hält als sich selbst, so darf dieses Bekennen vor dem Führer, dem schärfsten Vertreter dieser Idee, nicht haltmachen, oder es stellt sich heraus, daß Führer und Idee nicht mehr mit Notwendigkeit verbunden sind.

Es ist merkwürdig, wie rasch alles Äußere eines Heeres Fassade wird, sobald der Mut ihm nicht mehr als treibende Kraft innewohnt. Klirrender Paradeschritt, Orden und wehende Fahnen verlieren das Symbolhafte, sinken zum Schauspiel für Schwächlinge und Greise herab, wenn nicht mehr des Mutes Feueratem sie umloht. Das alles ist nur das schimmernde Gewand der Männlichkeit, nicht ihr wahrer Kern. Der Mut ist Lohn an sich, ein Band, das alle Gleichen umschließt. Wie sah der Mann der Front auf den ganzen Troß herab, der das Hinterland bevölkerte. Ihm stand der kämpfende Gegner, das einfache Frontschwein, das *cochon de front* auf der andern Seite näher. Alles Haßgeschrei ist verdächtig, ist Schwäche. Nur der Mut erkennt den Mut.

Ein letztes noch: die Ekstase. Dieser Zustand des Heiligen, des großen Dichters und der großen Liebe ist auch dem großen Mute vergönnt. Da reißt Begeisterung die Männlichkeit so über sich hinaus, daß das Blut kochend gegen die Adern springt und glühend das Herz durchschäumt. Das ist ein Rausch über allen Räuschen, eine Entfesselung, die alle Bande sprengt. Es ist eine Raserei ohne Rücksicht und Grenzen, nur den Gewalten der Natur vergleichbar. Da ist der Mensch wie der brausende Sturm, das tosende Meer und der brüllende Donner. Dann ist er verschmolzen ins All, er rast den dunklen Toren des Todes zu wie ein Geschoß dem Ziel. Und schlagen die schwarzen Wellen über ihm zusammen, so fehlt ihm längst das Bewußtsein des Überganges. Es ist, als gleite eine Woge ins flutende Meer zurück.

Bei Furcht und Mut ist die Tapferkeit die Mitte. Beim Übermaß hat dasjenige in der Richtung auf die Furchtlosigkeit keinen eigenen Namen (dies ist oftmals der Fall), dasjenige in Richtung auf den Mut heißt Tollheit; das Übermaß der Angst und der Mangel an Mut heißt Feigheit.

(…)

So erscheint der Tapfere dem Feigling gegenüber als tollkühn, dem Tollkühnen gegenüber als feige. Ebenso ist der Besonnene im Vergleich zum Stumpfen ausschweifend, im Vergleich zum Ausschweifenden stumpf. Der Großzügige ist gegenüber dem Kleinlichen verschwenderisch, gegenüber dem Verschwender kleinlich.

So stoßen denn die Extreme jeweils die Mitte ab zum anderen Extrem, und den Tapfern nennt der Feige tollkühn, der Tollkühne feige und beim anderen dementsprechend. *Aristoteles*

Hermann Hesse

Mut und Charakter

Als ich etwa fünfzehn Jahre alt war, verblüffte uns einmal einer unserer Lehrer mit der Behauptung, der Selbstmord sei die größte moralische Feigheit, die der Mensch begehen könne. Ich hatte bis dahin eher dazu geneigt zu glauben, daß ein gewisser Mut, ein gewisser Trotz und Schmerz dazu gehöre, und hatte für die Selbstmörder eine mit Grauen gemischte Hochachtung empfunden. So war der mit dem Anspruch eines Axioms vorgetragene Spruch des Lehrers mir wirklich für den Moment eine Verblüffung, ich stand dumm und ohne Erwiderung vor diesem Spruch, er schien ja alle Logik und alle Moral für sich zu haben. Doch hielt die Verblüffung nicht lange vor, ich kehrte bald dazu zurück, auch meinen eigenen Gefühlen und Gedanken wieder zu glauben, und so sind die Selbstmörder mir zeitlebens beachtenswert, sympathisch und irgendwie, wenn auch auf düstere Weise, ausgezeichnet erschienen, Beispiele eines menschlichen Leidens, dem die Phantasie jenes Lehrers nicht nachkam, und eines Mutes und Trotzes, den ich nur lieben konnte. Auch sind in der Tat die Selbstmörder, die ich gekannt habe, lauter zwar problematische, aber wertvolle, überdurchschnittliche Menschen gewesen. Und daß sie außer der Courage, sich die Kugel in den Kopf zu schießen, auch noch die Courage und den Trotz gehabt hatten, sich den Lehrern und der Moral unbeliebt und verächtlich zu machen, konnte mein Mitgefühl nur erhöhen.

Leute mit Mut und Charakter sind den andern Leuten immer sehr unheimlich.

Es kommt einzig auf den Mut an. Er geht auch dem Tapfersten oft verloren, dann neigen wir zum Suchen nach Programmen, nach Sicherheiten und Garantien. Der Mut bedarf der Vernunft, aber er ist nicht ihr Kind, er kommt aus tieferen Schichten. *Hermann Hesse*

GÜNTER GRASS

»Zeitlos mutig ...«

(...)
Meine Papiere wurden gefälscht. Der Akrobat Felix erwies sich bei dieser sensiblen Arbeit als überaus geschickt. Schon aus reiner Höflichkeit konnte ich nicht protestieren; die große Somnambule gab mich als ihren Bruder aus, als ihren älteren, wohlgemerkt: Oskarnello Raguna, geboren am einundzwanzigsten Oktober neunzehnhundertzwölf in Neapel. Ich führte bis zum heutigen Tage allerlei Namen. Oskarnello Raguna war einer davon und gewiß nicht der schlechtklingendste.

Und dann fuhren wir, wie man so sagt, ab. Wir fuhren über Stolp, Stettin, Berlin, Hannover, Köln nach Metz. Von Berlin sah ich so gut wie gar nichts. Fünf Stunden Aufenthalt hatten wir. Natürlich war gerade Fliegeralarm. Wir mußten in den Thomaskeller. Wie die Sardinen lagen die Fronturlauber in den Gewölben. Es gab Hallo, als uns jemand von der Feldgendarmerie durchschleusen wollte. Einige Landser, die von der Ostfront kamen, kannten Bebra und seine Leute von ehemaligen Fronttheatergastspielen her, man klatschte, pfiff, die Raguna warf Kußhändchen. Man forderte uns zum Spielen auf, improvisierte in Minuten am Ende des ehemaligen Bierkellergewölbes so etwas wie eine Bühne. Bebra konnte schlecht nein sagen, zumal ihn ein Luftwaffenmajor mit Herzlichkeit und übertriebener Haltung bat, den Leuten doch etwas zum besten zu geben.

Zum erstenmal sollte Oskar in einer richtigen Theatervorführung auftreten. Obgleich ich nicht ganz ohne Vorbereitungen auftrat – Bebra hatte während der Bahnfahrt meine Nummer mehrmals mit mir geprobt –, stellte sich doch Lampenfieber ein, so daß die Raguna Gelegenheit fand, mir händestreichelnd Gutes anzutun.

Kaum hatte man uns unser Artistengepäck nachgeschleppt – die Landser waren übereifrig –, begannen Felix und Kitty mit ihren akrobatischen Darbietungen. Beide waren Gummimenschen, verknoteten sich, fanden immer wieder durch sich hindurch, aus sich heraus, um sich herum, nahmen von sich weg, fügten einander zu, tauschten dies und das aus und vermittelten den gaffenden drängenden Landsern heftige Gliederschmerzen und Tage nachwirkenden Muskelkater. Während noch Felix und Kitty sich ver- und entknoteten, trat Bebra als Musikalclown auf. Auf vollen bis leeren Flaschen spielte er die gängigsten Schlager jener Kriegsjahre, spielte »Erika« und »Mamatschi schenk mir ein Pferdchen«, ließ aus den Flaschenhälsen »Heimat deine Sterne« erklingen und aufleuchten, griff, als das nicht recht zünden wollte, auf sein altes Glanzstück zurück: »Jimmy the Tiger« wütete zwischen den Flaschen. Das gefiel nicht nur den Fronturlaubern, das fand auch Oskars verwöhntes Ohr; und als Bebra nach einigen läppischen, aber dennoch erfolgssicheren Zauberkunststükken Roswitha Raguna, die große Somnambule, und Oskarnello Raguna, den glastötenden Trommler, ankündigte, erwiesen sich die Zuschauer als gut eingeheizt: Roswitha und Oskarnello konnten nur Erfolg haben. Mit leichtem Wirbel leitete ich unsere Darbietungen ein, bereitete Höhepunkte mit anschwellendem Wirbel vor und forderte nach den Darbietungen mit großem kunstvollem Schlag zum Beifall heraus. Irgendeinen Landser, selbst Offizier rief sich die Raguna aus der Zuschauermenge, bat alte gegerbte Obergefreite oder schüchterne freche Fahnenjunker, Platz zu nehmen, sah dem einen oder anderen ins Herz – das konnte sie ja – und verriet der Menge außer den immer stimmenden Daten der Soldbücher noch einige Intimitäten aus den Privatleben der Obergefreiten und Fahnenjunker. Sie machte es delikat, bewies Witz bei ihren Enthüllungen, schenkte einem so Entblößten, wie die Zuschauer meinten, zum Abschluß eine volle Bierflasche, bat den Beschenkten, die Flasche hoch und deutlich zur Ansicht zu heben, gab sodann mir, Oskarnello, das Zeichen: anschwellender Trommelwirbel, ein Kinderspiel für meine Stimme, die anderen Aufgaben gewachsen war, knallend zerscherbte die Bierflasche: Das verdutzte, bierbespritzte Gesicht eines mit allen Wassern gewaschenen Obergefreiten oder milchhäutigen Fahnenjunkers blieb übrig – und dann gab's Applaus, langanhaltenden Beifall, in den sich die Geräusche eines schweren Luftangriffes auf die Reichshauptstadt mischten.

Das war zwar nicht Weltklasse, was wir boten, aber es unterhielt die Leute, ließ sie die Front und den Urlaub vergessen, das machte Gelächter frei, endloses Gelächter; denn als über uns die Luftminen runtergingen, den Keller mit Inhalt schüttelten und verschütteten, das Licht und Notlicht wegnahmen, als alles durcheinanderlag, fand dennoch immer wieder Gelächter durch den dunklen stickigen Sarg, »Bebra!« riefen sie, »Wir wollen Bebra hören!«, und der gute, unverwüstliche Bebra meldete sich, spielte im Dunkeln den Clown, forderte der begrabenen Masse Lachsalven ab und trompetete, als man nach der Raguna und Oskarnello verlangte: »Signora Raguna ist serrrr müde, liebe Bleisoldaten. Auch Klein-Oskarnello muß fürrr das Grrroßdeutsche Reich und den Endsieg ein kleines Schläfchen machen!«

Sie aber, Roswitha, lag bei mir und ängstigte sich. Oskar aber ängstigte sich nicht und lag dennoch bei der Raguna. Ihre Angst und mein Mut fügten unsere Hände zusammen. Ich suchte ihre Angst ab, sie suchte meinen Mut ab. Schließlich wurde ich etwas ängstlich, sie aber bekam Mut. Und als ich ihr das erste Mal die Angst vertrieben, ihr Mut gemacht hatte, erhob sich mein männlicher Mut schon zum zweitenmal. Während mein Mut herrliche achtzehn Jahre zählte, verfiel sie, ich weiß nicht, im wievielten Lebensjahr stehend, zum wievieltenmal liegend ihrer geschulten, mir Mut machenden Angst. Denn genau wie ihr Gesicht hatte auch ihr sparsam bemessener und dennoch vollzähliger Körper nichts mit der Spuren grabenden Zeit gemeinsam. Zeitlos mutig und zeitlos ängstlich ergab sich mir eine Roswitha. Und niemals wird jemand erfahren, ob jene Liliputanerin, die im verschütteten Thomaskeller während eines Großangriffes auf die Reichshauptstadt unter meinem Mut ihre Angst verlor, bis die vom Luftschutz uns ausbuddelten, neunzehn oder neunundneunzig Jahre zählte; denn Oskar kann um so leichter verschwiegen sein, als er selber nicht weiß, ob jene wahrhaft erste, seinen körperlichen Ausmaßen angemessene Umarmung ihm von einer mutigen Greisin oder von einem aus Angst hingebungsvollen Mädchen gewährt wurde.

Christa Wolf

Nellys Tapferkeit

Warum hat Nelly so großen Wert darauf gelegt, für tapfer zu gelten? Onkel Heinrich aus Königsberg, ein mokanter Mensch, führt ihren rechten Zeigefinger langsam, langsam durch die Flamme einer Kerze. Nelly zuckt nicht, auch wenn ihr die Tränen in die Augen treten, und trotzdem sagt Onkel Heinrich: Neenee, Marjallchen. Tapfer ist anders. Tapfer ist, wenn du mir sagst, daß du jetzt eine Wut auf mich hast und daß ich häßlich bin. – Onkel Heinrich mit seinem langen gelben blanken Pferdeschädel, mit seinen großen gelben Zähnen. – Also sagst es nun? – Nein, sagt Nelly. – Kannst es mal sehn. Mitleidig bist vielleicht, aber tapfer ist anders.

Die nächste Probe folgte auf dem Fuße. Es klingelte. Herein trat, hundertmal sich entschuldigend – fast hätte Nelly gedacht: Endlich! –, eines jener Geschöpfe, ohne die die Welt nicht wäre, was sie ist, die es aber aus verständlichen Gründen vermeiden, im Alltag offen aufzutreten: Eine Hexe. Alt wie Methusalem und häßlich wie die Nacht. Unterwürfig empfangen von Onkel Heinrich: Madamchen vorne und Madamchen hinten. Ein Täßchen Kaffee für die gnädige Frau. Na was ist denn, Nellychen. Sei so freundlich. Dieses Kind ist übrigens meine Großnichte, sehr wohlerzogen, und heißt Nelly.

Die Hexe sagte, das sei ihr angenehm, und sog an der Warze auf ihrer Oberlippe. Nicht, daß es Nelly nicht aufgefallen wäre, daß diese Hexe ihre Warze an genau der gleichen Stelle trug wie die übrigens zufällig abwesende Tante Emmy. Oder daß sie sich eine Brille mit aufgeklebten Schielaugen aufgesetzt hatte, an der eine widerlich rote Pappnase hing. Nur begriff sie: Wer andere wirklich täuschen will, geht so plump nicht vor. Es handelte sich hier um einen jener feinen doppelten Tricks, die Nelly zu kennen glaubte: Einer legt sich eine häßliche Maske zu, damit keiner zu vermuten wagt, um wie vieles häßlicher er in Wirklichkeit noch ist. Nur daß diese Vorspiegelung bei Nelly nicht verfing, sowenig wie Tante Emmys grünes Umschlagtuch, das die Hexe um die Schultern gelegt hatte. Die Hexe wollte, daß man sie für Tante Emmy hielt, die sich einen Scherz machte. Sie sprach, wie Tante Emmy sprach, wenn sie ihre Stimme verstellte. Aber es half ihr nichts. Zwar brachte Nelly – höflichkeitshalber – mehrmals hintereinander leise hervor: Aber das ist ja Tante Emmy! Aber von der ersten Sekunde an war sie nicht im Zweifel, mit wem sie es hier zu tun hatte. Denn es gibt untrügliche Zeichen, an denen man eine Hexe erkennt. Es haftet ihr nämlich die Fähigkeit an, die Zusammensetzung der Luft zu verändern: Gewisse Ungehörigkeiten wirken nun natürlich, bisher Natürliches erscheint im höchsten Grade lächerlich.

Ein Beispiel: Die Hexe, die sofort den Ehrenplatz auf dem Sofa eingenommen hat, wagt es, Schnäuzchen-Opa dafür zu verhöhnen, daß er auf seinem Holzbrettchen mit scharfem Messer in Millimeterabstand Dutzende von Schnitten in die Brotrinde macht, damit sein zahnloser Gaumen sie zermalmen kann. Die Hexe, der Respekt und Mitleid fremd sind, nennt ihn dafür Hermann Scharfzahn, hoho, und Onkel Heinrich läßt sein breites Lachen hören, jeweß doch, Madamchen. Schlimmer, ungehöriger: daß auch Schnäuzchen-Oma hinter vorgehaltener Hand kichern muß wie ein junges Mädchen, und vor allem, daß es ihr selber in der Kehle kitzelt. Du aber auch! Du aber auch! sagt Schnäuzchen-Oma. Sie steht mit der Hexe auf du und du.

Die Hexe fängt nun an – nachdem sie unter heftigem Mäkeln alles in sich hineingestopft hat, was Onkel Heinrich ihr auf den Teller gelegt –, sich zu winden und zu krümmen, zu stöhnen und sich den Leib zu reiben, bis sie zu ihrer eigenen Erleichterung und zu Nellys Pein eine nicht enden wollende Reihe von unanständigen Tönen von sich geben muß. Hexen haben kein Gefühl dafür, was peinlich ist, so daß sie es fertigbringen, mit falscher Stimme ein zufällig anwesendes Kind zu fragen: Na und das Fräuleinchen? Ekelt es sich auch schön vor mir? – Aber nein doch, aber gar kein bißchen, eigentlich sogar im Gegenteil (Aussagen, die zu einer Unterabteilung der erlaubten Notlügen gehörten, zu den Mitleidslügen, die man gegen alles Mißgestaltete zu richten hat). Doch Hexen, die niemals zu lügen gezwungen sind, weil sie von Berufs wegen unverschämt sein müssen, nehmen Lügen unerbittlich für bare Münze (das ist der zweite Punkt, an dem man sich von Menschen unterscheiden kann) und fangen also an, einem mit ihrer runzligen, gekrümmten Hand endlos die Wangen zu tätscheln. Eine Hand, an der Nelly zu ihrem unaussprechlichen Verdruß Tante Emmys in Gold gefaßte Perle erblicken muß.

Die Hexe, die sich nach dem Gesetz ihrer Gattung erst zufriedengibt, wenn sie die Leute um sich herum zu Zerrbildern ihrer selbst gemacht hat, verschafft sich einen von übertriebenen Danksagungen strotzenden Abgang. Sie wünscht noch allen Anwesenden ein langes Leben, weil die Hinterbliebenen beim Tod eines Angehörigen immer zuerst an ihre Trauerkleider dächten, was sie später nicht sich selbst, sondern dem Verstorbenen übelnähmen. Aber so sind die Menschen, und wie sie sind, müssen sie auch verbraucht werden.

Was fällt dir ein, Lutz, wenn du »Tante Emmy« hörst?

Eine Warze, Königsberg. Ein Strickzeug. Sie muß unheimlich schnell gestrickt haben.

Tante Emmy, wie sie in deinem Gedächtnis zum letztenmal auftritt, sitzt mit ihrer Schwägerin Auguste – Schnäuzchen-Oma – an einem heißen Sommernachmittag emsig strickend auf dem Sockel vor der Haustür des neuen Jordanschen Hauses. Nelly turnt am Treppengeländer. Es hat sich um das Jahr 41 oder 42 gehandelt, nach dem Einmarsch in die Sowjetunion, aber vor Stalingrad. Tante Emmy in keiner Verkleidung. Jemand, ein weibliches Wesen, kommt die Treppe heraufgehuscht, die seitlich am Haus zum ersten Stock hochführt und in eben jenem Steinpodest endet, auf dem die Frauen sitzen und stricken. Nelly erkannte das verblichene Drillichzeug, das weiße Kopftuch, den großen Buchstaben O auf Brust und Rücken: »Ostarbeiter«. Sie erkannte das ukrainische Dienstmädchen von Frau Major Ostermann. Es kam, auf besonderen Wunsch von Charlotte Jordan, immer erst kurz vor Ladenschluß für die Frau Major einkaufen und war im Fremdarbeiterlager am Stadion untergebracht. Warum es sich aber am hellerlichten Tag die Außentreppe hochwagte und dringlich verlangte, die »Frau« zu sprechen – das konnte Nelly sich durchaus nicht vorstellen.

Tante Emmy, kaum von ihrer Strickerei aufblickend, beschied die Fremde, die Frau sei im Geschäft unabkömmlich. Dann sagte sie zu Nelly ungewöhnlich streng: Geh mal weg!, und verfiel übergangslos, kaum die Lippen bewegend, den Blick nicht hebend und das Stricken nicht eine Sekunde unterbrechend, in ein flinkes, unverständliches Murmeln in einer Sprache, die wohl Polnisch sein mußte und in der sie in weniger als einer Minute Rede und Gegenrede mit der Ukrainerin wechselte, die darauf, als wäre sie nie dagewesen, grußlos und wie ein Schatten die Treppe wieder hinunterglitt und verschwand.

Was wollte sie?

Die? Was die wollte? Auch du mein liebes Herrgöttchen von Tschenstochau, was wird die schon gewollt haben. Hab sie ja selber kaum verstanden. Irgendeine Bestellung von ihrer Frau Major.

Das war gelogen, Nelly vertrug das nicht. Erst heute wunderst du dich, daß Nelly, die als neugierig verschrien war, nicht darauf bestand, die Wahrheit zu erfahren. Sie setzte »ihr Gesicht« auf, doppelt bockig, weil Tante Emmy keine Notiz davon nahm, und zog sich zu ihrem Zufluchtsort zurück, die Kartoffelfurche im Garten unter der Schattenmorelle, um sich in ihr Buch aus der Schulbibliothek, vielleicht »Die Stoltenkamps und ihre Frauen«, zu vergraben.

Ein paar Jahre früher noch hatte sie sich Geheimnistuerei nicht gefallen lassen. Hatte die Tür zum Wohnzimmer, aus dem sie mit Bruder Lutz gerade verwiesen worden war, noch einmal aufgerissen, um hineinzurufen: Man solle sie bloß nicht für dumm halten. Sie wisse ja doch, was jetzt besprochen werden solle: Tante Trudchens Ehescheidung. – Anhaltende Genugtuung über die Wirkung, die sie erzielte.

Hat ihre Neugier inzwischen abgenommen? Nimmt Neugier ab, wenn sie lange ins Leere stößt? Kann man eines Kindes Neugier vollkommen lahmlegen? Und wäre dies vielleicht eine der Antworten auf die Frage des Polen Kazimierz Brandys, was Menschen befähigt, unter Diktaturen zu leben: Daß sie imstande sind zu lernen, ihre Neugier auf die ihnen nicht gefährlichen Gebiete einzuschränken? (»Jedes Lernen beruht auf Gedächtnis.«)

Zu fragen wäre: Ist Neugier nicht so beschaffen, daß sie entweder ganz oder gar nicht erhalten bleibt?

Dann würde Nelly – »instinktiv«, wie man gerne sagt, gefährliche Gebiete mit ihrer Neugier meidend – nach und nach das Unterscheidungsvermögen für Gefährliches und Ungefährliches verlieren müssen und das Fragen allmählich überhaupt einstellen? So daß die Mitteilung des Mädchens Elvira – sie habe an dem Abend geweint, als sie die kommunistischen Fahnen verbrannten – vielleicht nicht weitergegeben wurde, weil Nelly erfahren hatte, daß die Erwachsenen Sätze mieden, in denen die Wörter »Kommunist« und »kommunistisch« vorkamen? Daß auch die offenherzige Tante Lucie, die ihr auf einem anderen, von der Mutter verpönten Sektor – dem des Geschlechtlichen – nützliche Hinweise gab, niemals jenen Abend erwähnte, den sie als Anwohnerin des Hindenburgplatzes ja miterlebt haben mußte. – Tante Lucie schwieg sogar überzeugender als andere, weil sie mit ihrem freien, natürlichen Wesen gar keinen Verdacht aufkommen ließ, sie könnte etwas zu verschweigen haben.

So ungefähr, könnte man sich vorstellen, werden die Grundlagen für Scheu gelegt, die sich in wenigen Jahren zu Trotz und Undurchdringlichkeit verdichten wird.

Nelly hat jedenfalls erst lange nach dem Krieg erfahren, daß ihre Mutter an jenem immer noch warmen Sommerabend ein paar Fetzen Weißzeug und Windeln und alte Flanelltücher heraussuchte; daß Schnäuzchen-Oma – genau wie an dem Tag, als sie Lutzens nach einem Radsturz heftig blutendes Knie verband – kurzerhand ein altes Laken zerriß und die Stücke unten in den Korb legte, den das ukrainische Dienstmädchen von Frau Major Ostermann am nächsten Tag abholen kam. Niemand aber, auch die Mutter nicht, hat erfahren, ob das Kind, das die Freundin der Ukrainerin oben in der Fremdarbeiterbaracke zur Welt brachte, lebte, ob und wie lange es in Charlotte Jordans Weißzeugfetzen gelegen hat und wann es – was nur zu wahrscheinlich ist – starb. Sorgfältig war darauf geachtet worden, daß kein Zeichen die Herkunft der Lappen verriet, in die das Kind gewickelt werden sollte, kein Monogramm etwa; sonst wären die beiden Herren, die Charlotte Jordan im vorletzten Kriegsjahr aufsuchten, schon eher erschienen. Einmal hat sie, Charlotte, sehr früh am Morgen einen Feldblumenstrauß vor ihrer Ladentür gefunden. Sie hat die Ostarbeiterin niemals nach dem Kind gefragt, und die hat niemals ein Wort darüber verloren. Und am wenigsten von allen durfte Charlottes zwölfjährige Tochter Nelly ahnen, daß im Frauenlager beim Stadion ein winziger Säugling in ihren alten Windeln lag und wahrscheinlich starb. Es ging nämlich das Gerücht, daß die Russen im Männerlager, das neben dem Frauenlager lag, starben wie die Fliegen. (Der Ausdruck fiel, Nelly muß ihn gehört haben: wie die Fliegen.) Zu diesem Satz nichts als ein dunkler, erschrockener Blick der Mutter. Kein Wort. Nelly weiß, was zu tun ist. Sie stellt sich taub und unwissend.

Dann wurde sie es. Behielt nur eine Erinnerung an diesen Blick, für die kein Zusammenhang sich finden ließ. Der Anlaß war vergessen. Du mußt auf die Wiederbegegnung mit dem Stadion warten. Es werden die Spitzen der Pappeln, die das Stadion umgeben, über dem Rand der Hügelkette aufsteigen, silbern schimmernd, und du wirst nicht, wie zu erwarten, zuerst an die Sportwettkämpfe der Hitler-Jugend denken, die hier im Stadion alljährlich stattfanden und bei denen Nelly einmal als eine der zehn Besten in den Disziplinen Laufen, Springen, Schlagballwerfen abschnitt. Sondern du wirst denken: Das Lager! Den Ort, auf dem die Baracken gestanden haben, findet man nicht mehr. Die Baracken sind abgerissen. Die polnische Armee hat hier Lastwagen stehen, der aus Nellys Kindheit bekannte Truppenübungsplatz ist erweitert. Geschütze unter Tarnplanen, Soldaten mit nacktem Oberkörper beim Sport.

Auf einmal wirst du wissen, daß man wußte. Auf einmal wird die Wand zu einem der gut versiegelten Hohlräume des Gedächtnisses einbrechen. Wortfetzen, gemurmelte Sätze, ein Blick, denen nicht erlaubt war, sich zu einem Vorgang zusammenzufügen, den man hätte verstehen müssen. Wie die Fliegen.

Ja. Es war ein Hitzetag wie dieser 10. Juli des Jahres 1971. Ja, die Luft war flüssig wie heute und roch nach heißem Sand und Beifuß und Schafgarbe, und in der Kartoffelfurche fand Nelly ihren Körperabdruck vor, eine Form, in die sie sich legte wie in einen Sarg. Du aber, neunundzwanzig Jahre später, wirst dich fragen müssen, wieviel verkapselte Höhlen ein Gedächtnis aufnehmen kann, ehe es aufhören muß zu funktionieren. Wieviel Energie und welche Art Energie es dauernd aufwendet, die Kapseln, deren Wände mit der Zeit morsch und brüchig werden mögen, immer neu abzudichten. Wirst dich fragen müssen, was aus uns allen würde, wenn wir den verschlossenen Räumen in unseren Gedächtnissen erlauben würden, sich zu öffnen und ihre Inhalte vor uns auszuschütten. Doch das ist das Abrufen der Gedächtnisinhalte – die sich übrigens bei verschiedenen Leuten, die akkurat das gleiche erlebt zu haben scheinen, bemerkenswert unterscheiden – wohl keine Sache der Biochemie und scheint uns nicht immer und überall freizustehen.

Wäre es anders, träfe zu, was manche behaupten: Daß die Dokumente nicht zu übertreffen sind und den Erzähler überflüssig machen.

Heinrich Graf von Lehndorff-Steinort*

*Am Vorabend seiner Verurteilung und
Hinrichtung mit gefesselten Händen geschrieben*

3. September 1944

Mein Geliebtestes auf der Welt!
Dieses wird wohl der letzte Brief sein, den Du auf dieser Welt von mir bekommst. Obwohl meine Gedanken seit unserer Trennung Tag und Nacht um Dich kreisen und mein Herz Bände füllen könnte, fällt es mir doch schwer, diesen Brief zu schreiben. Ich befürchte, mit allem Deinem armen geprüften Herzen nur neue Last aufzubürden. Trotzdem – Du Engel – sollst Du alles wissen und erfahren, wie ich die letzten Wochen gelebt, gedacht und gefühlt habe. Bestimmt stellt man sich, ohne selbst so etwas erlebt zu haben, alles viel schlimmer vor, als es ist, wenn die Dinge Tatsache geworden sind und es ein Ausweichen nicht mehr gibt. Meine hierfür glückliche Natur und vor allem die Hilfe von Gott, um die ich Ihn immer gebeten und die Er mir in reichem Maß gegeben hat, haben mich alle Belastungen in einer Weise überstehen lassen, wie ich es vorher nie für möglich gehalten hätte. Es vollzieht sich eine völlige Wandlung, wobei das bisherige Leben allmählich ganz versinkt und gänzlich neue Maßstäbe gelten. Du hast dabei sogar durchaus auch Deine kleinen Freuden und ich habe auch Momente gehabt, wo ich richtig vergnügt war. Die Anlässe sind nur eben ganz andere geworden. Ein nettes Wort von einem mitfühlenden Menschen, die Erlaubnis zu lesen und zu rauchen, gelegentlich der Vorführung zu einer Vernehmung ein paar Schritte über einen sonnigen Hof machen zu können und solcher Kleinigkeiten vielerlei, erfreuen einen ganz genauso wie früher eine große Unternehmung oder ein freudiges Ereignis. Da ich meistens etwas Hunger hatte, freute ich mich über ein Stück trockenes Brot oder auf die dünne Suppe geradeso wie früher auf ein dickes Jagddiner. Und es schmeckt dann

---

* Geboren am 22. Juni 1909; hingerichtet am 4. September 1944.

mindestens ebenso. Mein Geliebtes – ich schildere Dir das so auführ-
lich, damit du nicht denkst, Dein Heini hätte die 6 Wochen dicht an
der Verzweiflung an die Zellenwand gestarrt oder sei wie ein gefan-
genes Tier im Käfig auf und ab gewandert. So darfst Du Dir bitte diese
Zeit nicht vorstellen. Natürlich, mein Einzigstes, hat es auch sehr
bittere und traurige Stunden gegeben, wo die Gedanken dann ihre
eigenen Wege gingen und ich alle Kraft zusammennehmen mußte, um
nicht nachzugeben und die Haltung zu bewahren. Ich glaube es aber
geschafft zu haben. Und auch diese Stunden waren nicht umsonst und
sicherlich notwendig, um mich dorthin zu führen, wo ich heute stehe.
Ich könnte diesen Zustand nicht besser erklären als mit dem Wort aus
der Bibel: »Fürchte Dich nicht, glaube nur.«

Bevor ich nun mich mit Dir, mein Geliebtes, über uns unterhalte,
muß ich noch auf zwei Sachen eingehen und Dir erklären, weil ich
nicht möchte, daß Du über ihre Motive nicht genau unterrichtet bist.
Ich habe zwei große Torheiten begangen. Einmal die Flucht aus Berlin.
Es war mehr oder weniger ein spontaner und undurchdachter Einfall,
der zur Durchführung kam, als sich plötzlich eine günstige Gelegenheit bot. Ich hatte vor, in die Conower Gegend zu gelangen, um dort
auf einem der Güter unterzuschlüpfen. Ich hatte mir nicht überlegt,
daß ich den Betreffenden wahrscheinlich mit hineingerissen hätte. Es
ist daher wahrscheinlich gut, daß ich kurz vor Feldberg von der
Landwacht wieder gefangen wurde. Denn, wie ich höre, waren die
dortigen Güter schon alle bewacht. Weißt Du – mich überkam so ein
starker Drang nach der Freiheit, daß ich einfach nicht anders konnte,
als einfach abzuhauen. Diese vier Tage Dir zu schildern in ihren
Einzelheiten würde zu weit führen. Jedenfalls hatte ich vier Tage die
Freiheit, bin nachts gewandert, habe am Tage in Wäldern geschlafen,
von Beeren, Milch und rohem Gemüse gelebt, genau wie die ausgeris-
senen russischen Gefangenen. Es ging mir an sich herrlich, und ich
genoß die Freiheit mit jeder Faser. Einen Haken hatte die Sache
allerdings, und das waren meine Halbschuhe, in die natürlich sofort
Sand kam und ich mir daher in Kürze die Zehen so wund gelaufen
hatte, daß ich wirklich nur unter größter Energieentfaltung mich
langsam weiterschleppen konnte. Wäre das nicht gewesen, hätte man
mich auch nicht gefaßt. Jedenfalls nicht vor dem Ziel. Aber wer weiß,
wozu es gut war. Ich wurde dann von dem netten Förster, der mich

angehalten hatte, noch verpflegt und dann von der Polizei nach Berlin zurückgebracht. So weit betrifft die Sache nur mich. Wie ich aber erfahren habe, hat meine Flucht sich auch auf Euch ausgewirkt. Mein Einzigstes, das hatte ich mir natürlich nicht überlegt. Der Gedanke, Dir und anderen geliebten Menschen zu allem anderen auch noch hierdurch Leid zugefügt zu haben, ist mir ganz furchtbar. Ich weiß aber, Ihr werdet mir diese Unüberlegtheit verzeihen.

Nun die zweite Sache, mein Engel, für die ich Dich auch um Verständnis bitten muß, die bis ins letzte zu erklären aber wesentlich schwerer ist: an dem Tage, als ich morgens um vier Uhr gefaßt wurde und dann nach einer nicht schönen Zwischenstation in einem SS-Lager bei Fürstenwalde gegen 11 Uhr im Gefängnis in der Albrechtstraße abgeliefert und sofort einer Vernehmung unterzogen wurde, war ich auf einmal mit meinen Nerven wirklich fertig. Die vier Tage wenig gegessen, die Anstrengungen wegen meiner Füße, die Aufregung der Gefangennahme, die Überführung nach Berlin und das erste Verhör, in dem mir sofort klar war, daß es über mich nichts mehr zu verheimlichen gab, weil durch Aussagen bereits alles bekannt war, gab mir einen derben Schock. Nach dem Verhör sollte ich dann etwas schlafen und dann alles schriftlich niederlegen, was ich in dem »Fall« nicht nur von mir (denn das stand ja schon fest), sondern auch über alle anderen Freunde und Kameraden wußte. Als ich aufwachte, nun kam die ganze Müdigkeit und Desperatheit erst richtig nach, stand der Gedanke, nun auch noch andere durch meine Aussagen hereinzureißen, als ein einfach unüberbrückliches Hindernis vor mir. Infolge meines Zustandes fühlte ich mich nicht mehr stark genug, diesem Ansturm zu widerstehen, andererseits sagte ich mir, daß ich jede Achtung vor mir selbst verlieren würde, wenn ich hierin nachgäbe. Aus dieser verzweifelten Verfassung heraus, halb nicht mehr mit kontrollierten Sinnen, versuchte ich dann dem allen ein Ende zu machen, indem ich mir die Pulsader öffnen wollte. Ganz dazu kam es nicht, weil es bemerkt wurde. Geliebtes – bitte glaube mir, schon am nächsten Tag war mir diese Handlung völlig unfaßlich, und ich kann auch heute noch nicht verstehen, daß ich diesen Gedanken überhaupt erwogen habe. Er liegt mir so fern. Und glaube mir bitte weiter, daß, wenn ich diesen Schritt tat, es bestimmt mit keinem Gedanken in Rücksicht auf mich, sondern nur im Hinblick auf andere geschah.

Mein Liebes, ich mußte Dir das berichten, denn Du sollst und mußt die Zusammenhänge genau kennen. Du hast mich bisher in allem verstanden, und ich traue fest darauf, daß Du auch in dieser Sache nur richtig nachempfinden kannst. Innerlich habe ich diesen Zwischenfall sehr schnell überwunden, weil ich ihn irgendwie gar nicht als zu mir gehörig ansah. So – mein geliebtester Schatz – jetzt fühle ich mich erleichtert, nachdem Du alles weißt.

Nun zu uns beiden – mein armer über alles geliebter Mensch. Irgendwie geht doch alles, was sich ereignet hat, über das Fassungsvermögen hinaus. Daß wir inzwischen ein viertes Kind haben, ich es erst acht Tage danach erfahren habe und diesen kleinen Menschen, der doch von mir stammt, nie im Leben sehen werde, kann ich einfach nicht begreifen. Daß alles gutgegangen und Du gesund bist, ist mir der einzigste Trost. Gib dem kleinen Wurm einen zarten Kuß auf sein Bäckchen von seinem unbekannten Papi. Sie wird am wenigsten unter all diesen Traurigkeiten leiden!

Geliebtes, wenn ich Dir zu Anfang schrieb, daß es auch schwere Stunden für mich gegeben hat, so waren es in der Hauptsache die, in denen ich mich mit dem Schicksal meiner so heißgeliebten kl. Familie beschäftigte. Ich kann eigentlich gar nicht daran denken. Wollen wir uns jetzt nicht alles im Einzelnen ausmalen! Du weißt es so gut wie ich, und helfen kann ich Euch doch gar nicht. Mein Geliebtes, das ist das Entsetzliche an meiner Lage, Euch hilf- und schutzlos zurückzulassen, ohne auch nur mit einem Ratschlag helfen zu können. Ich zerbreche mir den Kopf, aber wie soll ich Dir einen vernünftigen Rat geben, wo ich doch die herrschenden Umstände gar nicht kenne. Meine einzige Zuversicht ist mein Glaube an Dich, an Deinen Mut und an Dein in der Not starkes Herz. Vollends wahnsinnig würde ich werden, wenn ich auch nur mit einem Gedanken es für möglich hielte, daß Du mir innerlich einen Vorwurf machen könntest. Du wirst immer davon überzeugt sein, daß ich nicht leichtfertig Eure Zukunft zerstört habe, sondern einer Idee diente, von der ich geglaubt habe, daß sie eine Rücksicht auf Familie und Privates nicht rechtfertige. Der liebe Gott und das Schicksal haben gegen mich entschieden, aber ich nehme die felsenfeste Überzeugung mit ins Grab, daß Du mich deswegen mit keinem Gedanken richten wirst. Man darf sich auch nicht überlegen, wie es wäre, wenn man anders gehandelt hätte, denn über diesen

Überlegungen wird man ganz mürbe. Man kann nichts Geschehenes ungeschehen machen. Weißt Du – Geliebtes – es ist mir in den letzten Wochen so unbedingt klargeworden, daß all unsere Schritte und unser Geschick letztlich nur vom lieben Gott geleitet werden. Auch in meiner Lage habe ich von Anfang an das ganz bestimmte Gefühl gehabt, daß alles nach Gottes Willen abrollt. Einen schönen Spruch lege ich Dir ans Herz wegen seiner Wahrheit: »Sorget nicht, sondern lasset in allen Dingen eure Bitten im Gebet und Flehen mit Danksagung vor Gott kundwerden.«

Und werden unsere Bitten nicht erfüllt, so müssen wir uns sagen, daß Gottes Wege nicht unsere Wege sind und wir nie wissen können, was für uns das Beste ist. Mein Engel, ich werde Dir in dieser Form fremd sein, aber glaube nur, diese Wochen haben mich wirklich *gläubig* gemacht und ich bin unendlich dankbar dafür. Der christliche Glaube und der Glaube an ein »himmlisches Reich« sind das Einzigste, was einem in der Not hilft. Ach, mein Liebes – wie oft habe ich an unsere gemeinsamen Versuche gedacht und wie unendlich gerne würde ich jetzt mit Dir über alles sprechen. Der Weg dorthin führt aber wohl nur über Leid, und es muß erst einmal alles gewaltsam von einem gerissen werden. Erst dann kann man eine neue Kreatur werden.

Was für ein sündiger Mensch ich bisher war, ist mir erst jetzt klargeworden. Es ist sehr viel verlangt, daß der liebe Gott mir das alles verzeiht, wo ich doch erst zu Ihm gefunden habe, wo die wirkliche Not begann. Aber ich habe Ihn oft darum gebeten und glaube, daß Er mich erhört hat. Jedenfalls werde ich in diesem Glauben sterben und ohne Furcht und Angst. »Wachet, steht im Glauben, seid männlich und seid stark« soll mich bis zuletzt leiten. Es ist mein Einsegnungsvers. Eine große Hilfe war mir, daß ich in Königsberg und in Berlin mir eine Bibel beschaffen konnte, die meine Hauptlektüre war. Das ist mein Wunsch und guter Rat an Dich, mein Geliebtes, versuche ernsthaft, ein wirklicher Christ zu werden. Es ist bestimmt die stärkste Waffe, die man haben kann. Wenn man *will* und immer wieder darum bittet, versagt sich einem der liebe Gott auch nicht. Dir bestimmt nicht, denn Dein Herz ist so gut. Mein Liebes, ich habe Dir auch dieses alles so ausführlich geschildert, weil ich will, daß Du alles, was mich bis zu meinem letzten Tag bewegt hat, genau weißt.

Ich bin übrigens nirgends wirklich schlecht behandelt worden und habe überall Menschen gefunden, die gut zu mir waren und sich aus ehrlichem Mitgefühl um mich sorgten. Manchmal war ich richtig gerührt darüber. Es gibt überall böse, aber auch viele gute Menschen. Weißt Du, ich habe so oft an unsere Gespräche gedacht, worin Du mich anhalten wolltest, mehr geistige als irdische Schätze zu sammeln. Wie hast Du nur recht gehabt! Wo sind alle irdischen Schätze hin? Vergangen wie eine Dampfwolke! Das liebe Steinort ...

Mein Geliebtes, ich kann das alles nur andeuten, hätte natürlich noch viel mehr zu sagen, aber ich kann schon kaum mehr schreiben und kann ja auch nicht alles in diesem einen Brief sagen, und ich darf jetzt nicht sentimental werden. Der Gedanke, daß wir beide, die wir doch so ganz zusammengehören, uns nun nie, nie wieder auf dieser Erde sehen werden, ist für mich unfaßlich. Sieben herrliche Jahre haben wir zusammengelebt. Du bist auch jetzt niemals von mir gewichen. Ich habe immer das feste Gefühl gehabt, daß Du neben mir hergehst, und mit diesem Gefühl werde ich bis zur letzten Sekunde bleiben. Wir wollen dankbar sein für alles, was wir aneinander und miteinander gehabt haben. Für Dich, Geliebtes, ist ja alles viel, viel, schlimmer als für mich. Für meine Person, dessen sollst Du gewiß sein, fürchte ich den Tod nicht. Ich fürchte ihn nur im Hinblick und im Gedanken an Dich und unsere geliebten süßen Kinder. Wie wirst Du ihnen das nur alles erklären? Sie sind ja gottlob noch sehr jung und werden das wohl so ganz nicht verstehen. Wer weiß, was überhaupt die Zukunft bringt! Um eins bitte ich Dich. Du wirst die nächste Zeit sehr traurig sein, das weiß ich ich und kann es Dir doch nicht ersparen. Ich weiß, daß Du mich bestimmt nicht vergessen wirst. Aber wenn Ihr von mir sprecht, tut es mit frohem Sinn und nicht so gewiß traurig verhalten, wie man das meistens erlebt, wenn von Toten gesprochen wird. Ich habe mein kurzes Leben fröhlich (vielleicht zu fröhlich) durchlebt und möchte, daß man mich auch so in Gedanken behält. Du wirst verstehen, wie ich das meine! – Kein Mensch kann sagen, wie Dein Leben nun weitergehen wird. Wo ich auch bin, werde ich immer für Dich beten. Gebe Gott, daß Dir größeres Leid erspart wird. Du bist das Allerliebste, was ich auf dieser Welt zurücklasse. Hätten wir uns doch wenigstens noch einmal sehen und umarmen können. Es war nicht möglich! Bitte, bitte, zergräme Dich nur nicht um mein Schicksal. Ich weiß, daß man sich, wenn einem ein lieber Mensch aus der Welt gegangen ist, genau vorzustellen versucht, wie alles im einzelnen war und was er durchgemacht. Ich habe Dir ja schon gesagt: ich habe keine Furcht, ich bin innerlich mit mir fertig, ich werde stolz und aufrecht allem entgegensehen. Gott bitten, daß Er mir Seine Kraft nicht entzieht, und mein letzter Gedanke wirst Du und meine Kinder sein. »Des Todes rührendes Bild steht nicht als Ende dem Frommen und nicht als Schrecken dem Weisen.«

Ich will mich weder als Frommen noch als Weisen bezeichnen, sehe das Ende aber in diesem Sinne. (Diesen hübschen Vers sagte mir heute mein Verteidiger.)

Einzigstes – Du glaubst nicht, wie schwer es mir fällt, diesen Brief und damit unser letztes Gespräch zu beenden, aber mal muß es sein. Wir werden uns über den Tod hinaus so liebbehalten, wie wir uns im Leben geliebt haben. Dieser Brief wird Dir weh tun, aber ich mußte doch noch einmal alles mit Dir besprechen. Der liebe Gott beschütze Dich und unsere Kinder auf all Euren Wegen. Es umarmt Euch und liebt Euch über alles auf der Welt

Euer Peps und Dein Heini

VOLKER ULLRICH

Den Mut haben, davonzulaufen

Am 10. und 11. April 1945, jeweils um sieben Uhr morgens, wurden in einer Sandkuhle im Bruckwald am Rande des südbadischen Städtchens Waldkirch fünf junge Soldaten erschossen. Ihr Verbrechen bestand darin, daß sie im Glauben an das bevorstehende Ende des Krieges ihre Truppe verlassen hatten. Sie waren desertiert, hatten aber das lebensgefährliche Pech, von Feldgendarmen wieder aufgegriffen zu werden. Ein Standgericht des in Waldkirch stationierten Oberkommandos der 19. Armee verurteilte die Fahnenflüchtigen kurzerhand zum Tode. Als die Soldaten des Erschießungskommandos die Gewehre anlegten, rief einer der Deserteure: »Nieder mit Hitler! Es lebe Deutschland!« Nach der Exekution wurden die Leichen zum Waldkircher Friedhof geschleift und dort verscharrt.

Was in Waldkirch geschah, wiederholte sich an vielen anderen Orten im untergehenden »Dritten Reich«. Überall, auch in der Wehrmacht, mehrten sich die Anzeichen eines bevorstehenden Zusammenbruchs. Die Zahl der Desertionen nahm sprunghaft zu. Am 3. März 1945 klagte Propagandaminister Goebbels in seinem Tagebuch: »Man vermutet, daß sich in den Großstädten des Reiches Zehntausende von Soldaten befinden, die angeblich versprengt sind, in Wirklichkeit aber sich vor dem Frontdienst drücken wollen.«

Eine rücksichtslose Sofortjustiz sollte die Niederlage hinauszögern. Fliegende Standgerichte der Wehrmacht und der SS verurteilten noch in den letzten Kriegstagen Hunderte von Soldaten zum Tode. Sie wurden erschossen oder einfach am nächsten Baum aufgeknüpft. Die letzten Opfer des nationalsozialistischen Vernichtungswahns trugen Schilder um den Hals, auf denen zu lesen war: »Ich bin ein fahnenflüchtiger Feigling.«

Die genaue Zahl der getöteten Deserteure des Zweiten Weltkriegs ist nicht bekannt und läßt sich wohl auch nicht mehr feststellen, weil viele Unterlagen vernichtet worden sind. Nach Schätzungen der Historiker Manfred Messerschmidt und Fritz Wüllner, die 1987 die erste kritische Darstellung zur Wehrmachtjustiz im »Dritten Reich« vorlegten, wurden 35 000 Urteile wegen »Fahnenflucht« gesprochen, darunter 22 750 Todesurteile. Von diesen wurden etwa 15 000, also 65 Prozent, vollstreckt. Damit übertrafen die Kriegsgerichte der Wehrmacht die Schreckensbilanz der Sondergerichte und des Volksgerichtshofs bei weitem.

Wie es scheint, saßen die Wehrmachtrichter einer Propagandalüge auf, der Dolchstoßlegende, die mit dem Trauma des verlorenen Krieges und dem Zusammenbruch des Kaiserreichs untrennbar verknüpft war. Jedenfalls taucht in zahlreichen Urteilsbegründungen der Hinweis auf die Situation am Ende des Ersten Weltkrieges auf: »Der erste Weltkrieg ist 1918 verloren worden, weil Tausende von Drückebergern sich hinten herumtrieben, statt sich zur kämpfenden Truppe zu begeben, wie ihre Pflicht es ihnen geboten hätte. Derartige Zustände dürfen in diesem Krieg nicht wiederkehren.«

Die Erfahrung des November 1918 wirkte in der deutschen Militärjustiz nach. Nicht noch einmal wollte sie sich den – tatsächlich unbegründeten – Vorwurf machen lassen, den Auflösungserscheinungen in Heer und Marine nicht wirksam begegnet zu sein. Eine rigorose Abschreckungs- und Verfolgungspraxis sollte – das war die nach 1939 umgesetzte Lehre – jede Neigung zu militärischem Ungehorsam im Keim ersticken und den Krieg gewinnen helfen.

Dabei konnten die Militärrichter der rückhaltlosen Unterstützung der politischen Führung, vor allem Hitlers, sicher sein. Der einstige Weltkriegsgefreite und jetzige Oberbefehlshaber der Wehrmacht hatte bereits in seiner Programmschrift »Mein Kampf« keinen Zweifel daran gelassen, welches Schicksal Deserteuren künftig zugedacht war: »Will man schwache, schwankende und feige Burschen ... zu ihrer Pflicht anhalten, dann gibt es von jeher nur eine Möglichkeit: Es muß der Deserteur wissen, daß seine Desertion gerade das mit sich bringt, was er fliehen will. An der Front kann man sterben, als Deserteur muß man sterben.«

Die juristische Grundlage für diese Abschreckungsdoktrin war bereits kurz nach der Machtergreifung mit dem Gesetz zur Wiedereinführung der Militärgerichtsbarkeit am 12. Mai 1933 gelegt worden. Durch mehrere Novellierungen wurde in den folgenden Jahren das Militärstrafgesetzbuch von 1872 den »neuen Erfordernissen« – wie es hieß – angepaßt. Für die Militärjuristen eröffnete sich damit ein weites Aufgabenfeld. Besonders hervor tat sich dabei schon vor dem Kriege der in Marburg lehrende Militärstrafrechtler Professor Erich Schwinge. In einem vielbenutzten Kommentar zum Militärstrafgesetzbuch von 1936 schrieb er: »Beherrschende Stellung kommt im Wehrstrafrecht demjenigen allgemeinen Gesichtspunkt zu, ohne den der innere Zusammenhalt der Truppe und die Schlagkraft der Wehrmacht nicht gewährleistet werden kann: dem Gedanken der Mannszucht.«

Aufrechterhaltung der »Mannszucht« – das war die Leitmaxime der Militärjustiz im »Dritten Reich«, und das hieß: bedingungslose Anerkennung der auf Befehl und Gehorsam beruhenden militärischen Disziplin. Wer sich ihr nicht unterwarf, sollte unerbittlich bestraft werden. Das Instrumentarium dazu lieferte die »Kriegssonderstrafrechtsverordnung« – kurz KSSVO –, die Ende August 1939, also kurz vor Beginn des Zweiten Weltkrieges, in Kraft trat. Sie enthielt den berüchtigten Paragraphen 5 (»Zersetzung der Wehrkraft«), der grundsätzlich die Todesstrafe forderte und nur in minder schweren Fällen Zuchthaus- oder Gefängnisstrafen vorsah.

Wenige Monate später, Anfang November 1939, wurde noch ein Paragraph 5a nachgeschoben, der ein reiner Strafschärfungsparagraph war: »Personen, die dem Kriegsverfahren unterliegen, sind wegen strafbarer Handlungen gegen die Manneszucht oder das Gebot soldatischen Mutes unter Überschreitung des regelmäßigen Strafrahmens mit Zuchthaus bis zu fünfzehn Jahren, mit lebenslangem Zuchthaus oder mit dem Tode zu bestrafen, wenn es die Aufrechterhaltung der Manneszucht oder die Sicherheit der Truppe erfordert.«

Damit erhielten die Wehrmachtrichter gewissermaßen eine Generalvollmacht, um das Strafmaß nach Belieben auszuweiten. Professor Schwinge lobte denn auch die neuen Bestimmungen, weil es dadurch möglich geworden sei, »in jedem Einzelfall ... bis zur Todesstrafe zu gehen«. Und nach diesem Grundsatz verfuhren die Juristen in Uniform, unter anderem Schwinge selber, der seit Anfang 1941 als Kriegsgerichtsrat der Reserve beim Gericht der Division Nr. 177 in Wien tätig war. Bis kurz vor Kriegsende befleißigte er sich einer gnadenlosen Abschreckungsjustiz. So verurteilte er noch im Februar 1945, nunmehr im Rang eines Oberstabsrichters, einen Obergefreiten, der sich durch Selbstverstümmelung einem neuerlichen Fronteinsatz hatte entziehen wollen, zum Tode. Das Urteil sei hier exemplarisch für viele andere ähnliche Fälle zitiert:

»Bei der Strafzumessung hatte sich das Kriegsgericht die Frage vorzulegen, ob noch ein minder schwerer Fall im Sinne des 2. Absatzes des § 5 der KSSVO angenommen werden könne. Obwohl vieles dafür sprach, nämlich die Unbescholtenheit des Angeklagten, seine sehr gute Führung in der Truppe, die Reue, die er über sein Vergehen zeigte, das Geständnis, das er schon im Ermittlungsverfahren abgelegt hat, der sehr gute Eindruck, den er bei Gericht hervorgerufen hat, schließlich auch der Umstand, daß er von drei Söhnen der einzige Überlebende ist –, war das Gericht der Meinung, daß die außerordentlich heikle Ersatzlage es in Fällen der vorliegenden Art generell verbietet, Milde walten zu lassen ... Einer solchen Pflichtwidrigkeit kann im Interesse der Manneszucht nur mit dem schärfsten Strafmittel – der Todesstrafe – begegnet werden.«

Wie Schwinge verstanden auch die meisten anderen Kriegsrichter ihr tödliches Handwerk als notwendige »Reinigungsarbeit«. Sie richtete sich gegen die »Wehrmachtschädlinge« (wie die in Anlehnung an den Begriff »Volksschädling« kreierte Bezeichnung lautete). Als solche galten alle Soldaten, die sich in irgendeiner Weise unbotmäßig zeigten, vor allem aber jene, die der Wehrmacht den Rücken kehrten, die Deserteure.

Für die Richter war klar, daß es sich bei den meisten von ihnen nur um abnorm oder kriminell veranlagte, »minderwertige« Personen handeln könne. »Nicht die unüberlegte, aus einer plötzlichen Erregung heraus begangene eigenmächtige Entfernung, sondern der wohldurchdachte und auf lange Sicht vorbereitete Plan zur Fahnenflucht weist auf eine entartete, verräterische Gesinnung hin. Unter diesen Merkmalen wird der Deserteurtyp ... sich oft mit dem Volksverräter verbinden«, hieß es in einer Schrift zur Fahnenflucht im Wehrstrafrecht aus dem Jahr 1940.

Zweifellos war dieser »Deserteurtyp« eine Erfindung der Wehrmachtrichter. Sie bot die Rechtfertigung für eine Spruchpraxis, die nicht mehr nach den individuellen Beweggründen der Täter fragte, sondern nur noch auf Abschreckung setzte.

Deshalb erfährt man aus den Akten der Kriegsgerichte zumeist nur wenig über die wahren Motive der Deserteure, zumal diese selber auch keinen Grund hatten, vor Gericht offen darüber Auskunft zu geben. Vielmehr mußten sie, um ihr Leben zu retten, alles verbergen, was womöglich auf oppositionelle Einstellungen hindeuten konnte. Für den Historiker heißt das, daß er die Akten der Militärjustiz nur mit großer Vorsicht, also gleichsam gegen den Strich, lesen darf und daß er sie mit anderen Quellen, vor allem mit Berichten von Zeitzeugen, kombinieren muß, um ein einigermaßen zuverlässiges Bild zu erhalten.

Erst in den letzten Jahren haben Forscher auf lokal- und regionalgeschichtlicher Ebene damit begonnen, den Schicksalen von Deserteuren im Zweiten Weltkrieg nachzugehen. Dabei zeigt sich ein breites Spektrum sehr unterschiedlicher lebensgeschichtlicher Vorprägungen und individueller Motive.

Bei manchem Deserteur waren die politische Herkunft aus einem sozialdemokratischen oder kommunistischen Elternhaus und frühe Erfahrungen mit dem Naziterror entscheidend für die Absage an

Hitlers Krieg. Nicht wenige Deserteure hatten bereits eine unbotmäßige Vergangenheit hinter sich, bevor sie mit der Wehrmachtjustiz in Konflikt gerieten. Häufig waren sie in Waisenhäusern und Fürsorgeanstalten aufgewachsen. Sie galten als gesellschaftliche Außenseiter, unbequeme Störenfriede, die sich trotz wiederholter Strafen nicht in die »Volksgemeinschaft« einfügen wollten. Wer auf diese Weise bereits vor 1939 als »asozial« abgestempelt war, dem mußte es im Krieg doppelt schwer fallen, sich dem militärischen Zwang von Befehl und Gehorsam zu unterwerfen.

Eine oppositionelle politische Gesinnung oder eine gesellschaftliche Außenseiterrolle allein waren indes noch nicht ausschlaggebend für den Entschluß, der Wehrmacht den Rücken zu kehren. Dazu bedurfte es in der Regel bestimmter Schlüsselerlebnisse während des Krieges, etwa die Verhaftung und Verurteilung eines Kameraden durch die Militärjustiz, ungerechte oder schikanöse Behandlung durch Vorgesetzte, Furcht vor disziplinarischer Verfolgung oder Nachrichten über Bombenangriffe in der Heimat und den Tod von Familienangehörigen.

Tausende deutscher Wehrmachtsoldaten wurden im Kriege zu Zeugen der von Einsatzgruppen der Polizei und der SS in Polen und der Sowjetunion verübten Massaker an der jüdischen Bevölkerung. Für manchen wurde dieses Erlebnis zum entscheidenden Bruch mit Wehrmacht und Regime – so für Stefan Harder, dessen Mutter Polin war und der als 23jähriger Funker in Weißrußland eine Erschießung von 2000 Juden beobachtet hatte. In einem im Mai 1943 in der Untersuchungshaft verfaßten Lebenslauf berichtete er über seinen Entschluß zur Desertion: »Mich überfielen wieder mit aller Macht die Sorge und Angst um meine Mutter, die Erinnerung an das schreckliche Erlebnis in Weißrußland und die Scham, daß wir, das kulturellste Volk der Welt und eine so ehrenvolle Armee, wie die deutsche es doch ist, so entsetzliche Mittel anwenden müssen, um ein politisches Problem zu lösen. Ganz verwirrt und innerlich gebrochen, entschloß ich mich, vorläufig nicht zur Truppe zurückzukehren.«

Gewiß, für viele desertierende Soldaten, wahrscheinlich die meisten, spielte Angst eine große, wenn nicht gar bestimmende Rolle. Sie entsprang der entsetzlichen Wirklichkeit eines Krieges, in dem das tausendfache Sterben zur alltäglichen Erfahrung gehörte. Der

Wunsch, das eigene Leben zu retten, darf jedoch nicht verwechselt werden mit Feigheit vor dem Feind oder moralischer Schwäche – wie die Vorwürfe der Kriegsrichter lauteten. Im Gegenteil: Sich dem militärischen Konformitätsdruck zu entziehen, gegen Fahneneid und Kameradschaft zu stellen – dazu gehörte viel Mut, persönliche Stärke, vor allem aber auch eine noch nicht zerstörte Wahrnehmungsfähigkeit für das Unrecht, das der von Hitler-Deutschland angezettelte Krieg darstellte.

Wer sich zur Fahnenflucht entschloß, dem war bewußt, mit diesem Schritt die Brücken hinter sich abgebrochen, ein lebensgefährliches Wagnis und eine befreiende Tat zugleich unternommen zu haben. Otl Aicher, der vor einigen Jahren verstorbene Graphiker und Designer, hat dieses ambivalente Lebensgefühl des Deserteurs in seinen Erinnerungen »Innenseiten des Kriegs« so beschrieben: »Ich habe mich ausgestoßen, und ich bin ein Ausgestoßener. Ich habe mich von der Truppe abgesetzt und entziehe mich diesem Staat. Mit Bewußtsein, mit Absicht, mit nüchternem Kopf. In ihren Augen bin ich ein Verräter. Trotzdem bleibe ich selbstbewußt genug zu sagen, nicht ich bin ein Verräter, der Staat ist es.«

Für den Deserteur gab es zwei Möglichkeiten: Er konnte versuchen, zum Kriegsgegner überzulaufen, was keineswegs ohne Risiken war. Denn die Gefahr, von der eigenen oder der feindlichen Truppe unter Beschuß genommen zu werden, war groß.

Der andere, häufiger gewählte Weg war der Versuch, sich rückwärts von der Front abzusetzen und in der Heimat unterzutauchen. Das bedeutete den Schritt in eine illegale Existenz. Diese aber zog zwangsläufig eine Reihe von Folgedelikten nach sich: Lebensmittelkarten und Freifahrtscheine mußten beschafft, Soldbücher und Ausweise gefälscht, militärische Rang- und Ehrenabzeichen manipuliert, Fahrräder gestohlen werden. Nicht selten fanden Deserteure Unterstützung bei Frauen, die sie während der Flucht kennengelernt hatten; manchmal gewährten auch Familienangehörige Unterschlupf, obwohl sie sich damit der »Beihilfe zur Fahnenflucht« strafbar machten.

Deserteure genossen die wiedergewonnene Freiheit und lebten doch zugleich in ständiger Angst, von der Feldgendarmerie gefaßt zu werden: »Man war immer ein gehetztes Wild. Mitunter hatte ich richtige Alpträume. Ich wurde nachts wach und dachte: Hast du nicht ein Klopfen an deiner Tür gehört?« berichtet der Deserteur Joachim Schuchardt, der ebenso wie Stefan Harder das Glück hatte, sein Todesurteil zu überleben.

Tatsächlich gelang es nur wenigen Deserteuren, sich länger als einige Monate verborgen zu halten. Schon bei ihrer Verhaftung, noch mehr aber während der Kriegsgerichtsverhandlung wurden sie einer entwürdigenden Prozedur unterworfen. Sie sahen sich hier Richtern ausgeliefert, die ihnen gegenüber voreingenommen waren und sie oftmals mit Schmähungen und Beschimpfungen bedachten. Das Gefühl völliger Ohnmacht angesichts eines erdrückenden Gewaltapparats war eine Erfahrung, die fast alle Angehörigen vor den Tribunalen der Militärjustiz machen mußten.

Aber selbst beim Vollzug der Strafe setzten sich die Demütigungen fort. Häufig wurden die Soldaten, die zum Tode verurteilt worden waren, im Angesicht der Truppe hingerichtet, um die Abschreckungswirkung zu erhöhen. Abgelegene Plätze, aber auch Kasernenhöfe und Schießstände mitten in bewohnten Gebieten dienten als Exekutionsstätten. Wie eine solche Hinrichtung vor sich ging, schildert in dürren Worten das Protokoll über die Erschießung des Kanoniers Wilfried Habermehl am 8. Mai 1944 in Verona:

»Der Verurteilte stand um 18 Uhr 21 auf dem Richtplatz. Er wurde an den Richtpfahl gebunden. Die Augen wurden ihm verbunden. Die angetretene Einheit stand auf das Kommando mit ›Gewehr über‹ still. Der richterliche Militärjustizbeamte las dem Verurteilten die Urteilsformel und die Bestätigungsverfügung vor. Er fragte, ob er noch etwas zu erklären habe. Der Verurteilte erklärte nichts. Der Geistliche erhielt letztmalig Gelegenheit zum Zuspruch. Das Vollzugskommando von 10 Mann war 5 Schritte vor dem Verurteilten aufgestellt. Das Kommando ›Feuer‹ erfolgte um 18 Uhr 25. Der Verurteilte starb gefaßt. Der Sanitätsoffizier stellte den Tod um 18 Uhr 27 fest. Die Leiche wurde auf Weisung des Leiters der Vollstreckung weggeschafft.«

War, was seltener vorkam, die Vollstreckung des Todesurteils durch Enthaupten oder Erhängen angeordnet, fanden die Hinrichtungen in Zuchthäusern oder anderen Haftanstalten statt. An die Stelle des Exekutionskommandos trat dann der Henker. Selbst nach der Hinrichtung der Deserteure war der Rachedurst der Verfolgungsorgane noch nicht gestillt. Die Getöteten durften nur in größter Heimlichkeit, ohne Todesanzeige und öffentliche Trauerfeier, beigesetzt werden. Nicht selten weigerten sich die Behörden gar, die Leichen für eine Bestattung am Heimatort freizugeben. So wurde die entsprechende Bitte einer Mutter aus Erfurt, deren desertierter Sohn im August 1943 im Zuchthaus Brandenburg enthauptet worden war, mit der Begründung abgelehnt, »daß auch die Soldaten an der Front – jedenfalls solange der Krieg währt – von ihren Angehörigen nicht zurückgeholt und in der Heimat beigesetzt werden können«.

Die mit dem Leben davongekommenen Deserteure wurden in der Regel zu langjährigen Zuchthausstrafen verurteilt. Sie galten damit als »wehrunwürdig«, das heißt, sie wurden aus der Wehrmacht ausgeschlossen und einem der berüchtigten Straflager der Reichsjustizverwaltung in den Mooren des Emslandes überstellt – nach Esterwegen oder Börgermoor zum Beispiel.

Welchen Haftbedingungen sie hier ausgesetzt waren, hat der Deserteur Hans Frese in seinen 1989 erschienenen Erinnerungen eindrucksvoll geschildert: »Schläge, Hunger, Verzweiflung, Arrest, daraus besteht unser Leben.« Etwa 25 000 bis 30 000 Wehrmachtsangehörige wurden im Laufe des Krieges in die Emslandlager geschickt; wie viele von ihnen an den unmenschlichen Behandlungsmethoden zugrunde gingen, ist bis heute unbekannt.

Als seit 1941 die Verluste an der Ostfront ein immer größeres Ausmaß annahmen, begannen die Militärbehörden, aus den Insassen der Straflager und Zuchthäuser Soldaten als »bedingt wehrwürdig« zu rekrutieren und in besonderen »Bewährungsbataillonen« zusammenzufassen. Diese wurden bevorzugt zu »Himmelfahrtskommandos« an der Front eingesetzt. Das Überlaufen zum Gegner war in diesen scharf bewachten Verbänden noch schwieriger als bei den regulären Fronttruppen. Einigen gelang es trotzdem – dem Sozialdemokraten Ludwig Gehm zum Beispiel, der Ende 1944 zu den griechischen Partisanen überlief, um mitzuhelfen bei der Beseitigung des Nationalsozialismus: »Wir konnten diese Sache unmöglich allein den Alliierten überlassen und von ihnen erwarten, daß sie uns befreien, ohne daß wir selbst etwas dazu täten, womöglich nur dabeistanden und zusahen.«

Auch nach der Befreiung vom Nationalsozialismus wirkte das Stigma fort, das Militärjustiz und Propaganda des NS-Staates den

Deserteuren angeheftet hatten. Nicht nur die Angehörigen der hingerichteten Deserteure, auch jene, die den Fängen der Wehrmachtjustiz entronnen waren, schwiegen sich über das im Kriege Erlebte aus. Einer der wenigen, die den Mut fanden, das Schweigen zu durchbrechen, war der Schriftsteller Alfred Andersch, der im Sommer 1944 an der italienischen Front desertiert war. In seinem autobiographischen Bericht »Kirschen der Freiheit« aus dem Jahre 1952 bekannte er sich uneingeschränkt zu seiner Fahnenflucht und zog damit heftige Kritik auf sich.

Als »Trompetenstoß in schwüler Stille« und eine »Wohltat für jeden, der nach 1933 das Denken nicht vergaß«, pries hingegen Heinrich Böll das Werk seines Schriftstellerkollegen, und er stellte die Frage: »Wo sind die Eltern, sind die Freunde, die Brüder und Schwestern dieser erschossenen Deserteure, deren Leichen man auf die Schwelle des Friedens häufte? ... Haben sie Angst vor den gründlich ihnen eingeimpften Phrasen, die Fahneneid, Vaterland und Kameradschaft heißen?«

Tatsächlich war im öffentlichen Gedächtnis der Republik, die sich bereits zehn Jahre nach dem verlorenen Krieg anschickte, eine neue Streitmacht aufzubauen, für die Opfer der Militärjustiz kein Platz. Ihnen blieb nicht nur die politisch-moralische Anerkennung versagt, sie wurden auch – sofern sie überlebt hatten – von Entschädigungsansprüchen weitgehend ausgeschlossen. Die Wiedergutmachungsämter gingen – unterstützt durch höchstrichterliche Entscheidungen – davon aus, daß die kriegsgerichtlichen Urteile rechtlich unanfechtbar seien, und nicht selten wurden auch noch nachträglich die bestraften Handlungen moralisch mißbilligt. So verwundert es nicht, daß viele Betroffene gar nicht erst versuchten, einen Antrag auf Entschädigung zu stellen, zumal dieser nur dann Aussicht auf Erfolg versprach, wenn der zweifelsfreie Nachweis erbracht werden konnte, daß die Fahnenflucht aus politischer Gegnerschaft zum NS-Regime erfolgt war.

Während die Opfer der Militärjustiz nach 1945 weiter diskriminiert wurden, kamen die Täter, über 3000 Wehrmachtrichter, ungeschoren davon. Nur ganz wenige unter ihnen mußten sich vor westdeutschen Gerichten verantworten; die Prozesse endeten mit Freisprüchen – bis auf eine Ausnahme: Im Juni 1948 wurde der ehemalige Stabsrichter Adolf Holzwig, der noch nach der Kapitulation der Wehrmacht am

8. Mai 1945 drei Matrosen wegen Fahnenflucht hatte hinrichten lassen, vom Landgericht Hamburg zu einer Strafe von zwei Jahren Gefängnis verurteilt. Allerdings wurde er doch noch freigesprochen, nachdem der Bundesgerichtshof 1952 festgestellt hatte, daß ein Richter sich nur dann strafbar gemacht habe, wenn er »bewußt oder gewollt gegen das Recht« verstoßen habe – also ausschließlich bei »vorsätzlicher Rechtsbeugung«.

Sachverständiger Gutachter im Verfahren gegen Holzwig war Erich Schwinge, der nach 1945 seine Karriere fortsetzen konnte. Schon im Wintersemester 1946/47 bekam er wieder eine Professur in Marburg, 1954 wählte ihn die dortige Universität zu ihrem Rektor; zeitweilig bekleidete er auch das Amt eines stellvertretenden Landesvorsitzenden der hessischen FDP. Mehr noch: Schwinge sorgte mit seiner Publikationstätigkeit auch dafür, die Geschichtsschreibung über die Militärgerichtsbarkeit im Zweiten Weltkrieg nachhaltig zu beeinflussen. Danach erschienen die Militärrichter geradezu als letzte Hüter der Rechtsstaatlichkeit, die den Anforderungen des NS-Regimes wacker widerstanden hatten.

Auf dieses geschönte Bild warf allerdings die Affäre um den baden-württembergischen Ministerpräsidenten Hans Filbinger im Jahre 1978 tiefe Schatten. Ausgelöst wurde sie durch eine Leseprobe aus einer unveröffentlichten Erzählung Rolf Hochhuths (veröffentlicht in DIE ZEIT vom 17. Februar 1978), in der auch Filbingers Tätigkeit als Marinerichter im Zweiten Weltkrieg kritisch beleuchtet wurde. Unter anderem hatte der »furchtbare Jurist« – wie ihn Hochhuth titulierte – im Januar 1945 als Vertreter der Anklage gegen den 22jährigen Matrosen Walter Gröger die Todesstrafe beantragt, die dann auch in seinem Beisein im März 1945 vollstreckt wurde. Allmählich kamen immer mehr belastende Details zutage. Wochenlang beschäftigte sich die Presse mit dem Fall; die Militärjustiz insgesamt geriet ins Zwielicht. Filbinger, uneinsichtig bis zuletzt auf dem Standpunkt beharrend: »Was damals rechtens war, kann heute nicht Unrecht sein«, mußte schließlich, von den eigenen Parteifreunden bedrängt, zurücktreten.

Die Filbinger-Affäre lenkte den Blick auf die Täter; die Opfer des Unrechts blieben indessen weiter im Schatten. Hier sorgten erst Initiativen der Friedensbewegung und der Geschichtswerkstätten in den achtziger Jahren für einen Wandel. Den Anfang machte Kassel, wo eine Koalition aus SPD und Grünen in der Stadtverordnetenversammlung gegen die Stimmen der CDU und FDP 1985 den Beschluß faßte, im Ehrenmal für die Gefallenen der beiden Weltkriege eine Gedenktafel anzubringen. Sie trägt die Aufschrift: »Zur Erinnerung an die Soldaten des Zweiten Weltkrieges, die in der Fortführung des Krieges keinen Sinn mehr sahen und dafür verfolgt, eingekerkert und getötet wurden.«

Die Kasseler Initiative fand inzwischen vielerorts Nachahmung: in Bremen, Darmstadt, Göttingen, Bonn, Ulm, ja sogar in Potsdam (der Traditionsstadt des preußischen Militarismus) wurden Denkmäler für Deserteure errichtet, Gedenktafeln enthüllt oder Straßen nach Opfern der Militärjustiz benannt. Im »Fort Zinna« in Torgau, dem berüchtigten ehemaligen Wehrmachtgefängnis, entsteht ein Dokumentations- und Informationszentrum, das die Erinnerung an die Verbrechen der Wehrmachtjustiz wachhält.

Solche Vorhaben waren und sind in der Regel von heftigen politischen Auseinandersetzungen begleitet. Denn der Männer zu gedenken, die nein zum Krieg sagten und sich der Wehrmacht entzogen, erscheint vielen auch heute noch als Zumutung; manche sehen darin eine Untergrabung des »Wehrwillens« und fürchten um den Bestand der Bundeswehr. Beispielhaft sei hier der Leserbrief eines Brigadegenerals der Bundeswehr aus München zitiert, abgedruckt in der *Süddeutschen Zeitung*: »Fahnenflucht ist eine verwerfliche Handlung. Sie ist das schmähliche, gemeine ›Im-Stich-Lassen‹ der eigenen Kameraden, ... das Verraten unseres Volkes um persönlicher Vorteile, um der Eigensucht und Feigheit willen. So ist ein ›Denkmal für Deserteure‹ für mich ein ›Denkmal des unbekannten Drückebergers‹ und das Monument unserer verhöhnten Rechtsordnung.«

Eine gänzlich entgegengesetzte Position vertritt etwa die Theologin Dorothee Sölle. Auf einer Veranstaltung in Bonn am 1. September 1989 zur Ehrung der unbekannten Deserteure erklärte sie: »Wir ehren die Deserteure, indem wir auf ihre Stimme hören, ihr Nein ernst nehmen und ihre Verweigerung als produktiv ansehen. Wir fangen in unserem Land ja erst an, eine pazifistische Kultur des Widerstands aufzubauen.« Wie immer man sich zu diesen beiden Positionen verhält – über eines sollte Einverständnis möglich sein: darüber, daß die

Frage der Bewertung der Desertion im Zweiten Weltkrieg sich nicht trennen läßt vom Charakter dieses Krieges, der von Anfang an auf die Unterjochung und Vernichtung ganzer Völker zielte. Angesichts dieser verbrecherischen Dimension des Krieges waren »Wehrkraftzersetzung« oder »Fahnenflucht«, war überhaupt jede Form der Verweigerung eine achtenswerte, moralisch gebotene Handlung.

Dies anzuerkennen heißt nicht, daß man alle Soldaten, die diesen Schritt nicht taten, verunglimpfen sollte. Und schon gar nicht bedeutet es, daß man die Deserteure nun allesamt zu »Helden« verklären oder aus ihnen »Widerstandskämpfer« machen sollte. Die Akte der Widersetzlichkeit und des Ungehorsams in der Wehrmacht entsprangen nur in Ausnahmefällen einer dezidiert politischen Gegnerschaft gegen das Hitler-Regime. Auch wenn sie in der Regel nicht politisch motiviert waren, besaßen sie jedoch eine politische Qualität insofern, als sie Sand im Getriebe der NS-Kriegsmaschinerie waren. Jeder Soldat, der sich – aus welchen Gründen auch immer – im Zweiten Weltkrieg den Streitkräften Hitlers entzog, verdient deshalb unseren Respekt.

Diese Auffassung hat sich in den letzten Jahren immer mehr durchgesetzt. In einem Grundsatzurteil vom September 1991 bezeichnete das Bundessozialgericht in Kassel die Todesurteile gegen Deserteure als offensichtlich unrechtmäßig; den Hinterbliebenen wurde ein Anspruch auf Entschädigung zuerkannt. Mehrfach, zuletzt im Februar dieses Jahres, haben die Fraktionen von Bündnis 90/Die Grünen und der SPD im Bundestag Anträge eingebracht, in denen eine umfassende Rehabilitierung und Entschädigung von Opfern der NS-Militärjustiz verlangt wird.

Noch weigern sich CDU/CSU und FDP, die Urteile der Militärrichter pauschal für Unrecht zu erklären; sie bestehen auf einer Prüfung des Einzelfalls. Doch fünfzig Jahre nach Kriegsende sollte es an der Zeit sein, die Deserteure der deutschen Wehrmacht endlich vom Makel einer jahrzehntelangen Verfemung zu befreien und ihnen Gerechtigkeit widerfahren zu lassen.

Werner Finck

Melde mich zurück

[1945]

Unbeschreibliches Gefühl, nach so vielen Jahren wieder schreiben und widersprechen zu dürfen! Das heißt, schreiben durfte ich ja!

Ich meine das Schreiben als solches, das Schreiben an sich oder an mich oder auch an andere. Auch war es mir erlaubt, Gedichte, Romane, Theaterstücke, ja selbst staatsfeindliche Pamphlete zu schreiben. Aber ich durfte nichts veröffentlichen. Nein, nein, seit dem Jahre des Heils 1939 durfte nichts mehr von mir erscheinen; das war ausgeschlossen wie ich aus der Reichskulturkammer.

Je toter ich aber geschwiegen wurde, um so lebendiger wurden die Gerüchte um mich. Manche davon kann ich zur Freude, manche zur Betrübnis meiner Freunde berichtigen. So ist mein Tod sehr wahrscheinlich eine Erfindung. Genaueste Nachforschungen, die ich im eigensten Interesse betrieben habe, ergaben das Gegenteil. Ich bin also, denke ich. (Sum ergo cogito.)

Es trifft auch nicht zu, daß ich ein aktiver Gegner des dutzendjährigen Reiches war, sonst wäre es mir wahrscheinlich auch nicht mehr möglich, das Gerücht meines Todes zu dementieren. Der passive Widerstand hat mir schon Unannehmlichkeiten genug gebracht.

Auch sind viele der tollkühnen Witze, die über mich verbreitet wurden, nicht wahr oder mindestens stark übertrieben. Möglich, daß dieses Eingeständnis meiner Beliebtheit in gewissen Kreisen Abbruch tut, aber ich opfere den billigen Ruhm gerne, wenn ich der bei uns so unterernährten Wahrheit wieder etwas zu Ansehen verhelfen kann. (Oh, wieviel Blut- und Bodenschande ist mit ihr getrieben worden!)

War ich nun ein zaghafter Held? Oder ein mutiger Angsthase? Auf alle Fälle ging ich niemals weiter als bis zur äußersten Grenze des gerade noch Erlaubten. Hier aber zog ich über die Narrenkappe des wortkargen Scherzes noch die Tarnkappe der vielsagenden Pause: Das machte die Angriffsspitze unsichtbar. Gegen die sie gerichtet war, die merkten nichts. Erst das schadenfrohe Gelächter meiner Freunde, die damit, ohne es zu wollen, meine Feinde wurden, ließ sie stutzig werden. Nie war die Kunst der geschliffenen politischen Spitze lebensgefährlicher als damals, niemals aber auch so reizvoll. Deshalb hat mich auch das Nachdenken über meine Möglichkeiten in einem wahrhaft demokratischen Staate etwas beunruhigt. Denn wenn man wieder alles frei heraussagen kann, was man denkt, wenn der schwindelnde Abgrund unter dem Seil, darauf die Worte halsbrecherisch balancieren müssen, abgeschirmt durch das Sicherheitsnetz einer liberalen Gesetzgebung: wird dann einer der vielen noch zuschauen wollen, denen früher das gleichgeschaltete Hasenherz stehenblieb, wenn man die Balance zu verlieren schien?

Aber, Gott sei Dank dafür, die Entwicklung war gar nicht so ungünstig, wie ich gefürchtet hatte: Gibt es nicht auch jetzt noch genug, über das zu sprechen gefährlich ist, zum Beispiel das zu sagen, was im vorigen Satz gesagt wurde? Diese Frage ist ein Entfernungsmesser.

Wie das zu verstehen ist? So: Ich will wissen, wie weit wir uns schon von den Methoden der autoritären Regierung entfernt und wieviel wir bis zur Erreichung aller demokratischen Rechte noch zurückzulegen haben. Wird nun die oben schüchtern gestellte Frage aus diesem meinem ersten Nachkriegsartikel entfernt, so stehen wir der Vergangenheit noch beängstigend nahe. Läßt man sie aber: Könnte es dann eine charmantere Beweiserbringung geben, daß die neuen Mächte es mit unserer Freiheit ernster meinen als die alten?

Haben wir eigentlich noch Humor? lautete einmal eine selbstmörderische Umfrage des »Berliner Tageblatt«:

»Doch, doch, wir haben. Oder wen meinen Sie mit wir? Wenn Sie uns meinen, unter uns haben wir Humor. Aber ob die über uns auch Humor haben?« Durch diese Antwort kamen meine endgültigen Verbote ins Rollen. Haben wir eigentlich schon das Recht der freien Meinungsäußerung? Ja? Nein? Nicht zutreffend? Und was kommt durch diese Frage ins Rollen?

Ich habe schon lange nicht mehr soviel gefragt. Wahrscheinlich bin ich angesteckt.

Ja, ja, der Bürger trägt jetzt wieder die ganze allgemeine Beantwortung für das Wohl und Wehe des Staates. Seine Zeit ist wieder voll ausgefüllt wie der Fragebogen, der sie ihm wegnimmt.

Ich aber, der Fragwürdigste aller überhaupt in Frage kommenden

Kommenden, kann gar nicht genug Formulare erhaschen: Selbst noch in dieser Formulierung bleibt es ein unbeschreibliches Gefühl: wieder schreiben und widersprechen zu dürfen!

Erich Kästner

Gescheit, und trotzdem tapfer

Nun ist es fast ein Jahr her, daß mich der Krieg und der Zufall nach Süddeutschland verschlugen. Wenn ich, wie jetzt, in der Wohnung, die mir fremde Leute vermietet haben, vom Schreibtisch aus, der mir nicht gehört, durchs Fenster blicke, sehe ich über die mit Schutthaufen bepflanzte Straße in einen kahlen struppigen Vorgarten. Darin liegt der Rest der Villa wie ein abgenagter Knochen, den das Feuer des Krieges wieder ausgespuckt hat. Aus den niederen Mauerresten ragen drei spindeldürre Schornsteine empor. An dem einen klebt, wie eine versehentlich dorthin gewehte große Ziehharmonika, ein rostiger Heizkörper, und am zweiten hängt, noch ein paar Meter höher, von dünnen, verbogenen Eisenstäben gehalten, ein Wasserboiler. Er ähnelt einer sinnlos in der Luft schwebenden, viel zu großen Botanisiertrommel. Nachts, wenn der Föhn durch die Straßen rast, zerrt und reißt er an dem Boiler, daß ich von dem wilden Geklapper und Geschepper aufwache und stundenlang nicht wieder einschlafen kann.

Jetzt, am frühen Nachmittag, hängt der Kessel ganz still. Und wie ich eben hinüberblicke, setzt sich eine schwarze Amsel darauf, öffnet den gelben Schnabel und singt. Es handelt sich um eine kleine Probe für das nächstens in Aussicht genommene, längst auf den Kalendern vorangekündigte Frühlingskonzert. Amseln suchen sich für ihre Gesangsübungen mit Vorliebe hochgelegene Plätze aus. Ob das nun ein friedlicher, heiler Pfarrhausgiebel auf dem Lande, ein sanft sich schaukelnder Pappelwipfel oder ein zerquetschter Wasserboiler ist, der von Rechts wegen in eine Küche gehört und nicht in Gottes freie Natur, ist dem Reichsverband der Amseln vollkommen gleichgültig.

Die Natur nimmt auf unseren verlorenen Krieg und auf den seit langem angedrohten Untergang des Abendlandes nicht die geringste Rücksicht. Bald wird der Flieder zwischen den Trümmern duften. Und auf der Wiese vor der Kunstakademie, wo drei gewaltige gußeiserne Löwenmännchen, von Bombensplittern schwer verletzt, schwarz und ein bißchen verlegen im Grase liegen, werden bald die Blumen blühen.

Die Vögel singen ihr Lied, wenn es nicht anders geht, auch auf hoch in der Luft schwebenden Wasserkesseln. Und der Frühling wird, wenn es sein muß, zwischen Mauerresten und durchlöcherten Löwen seine Blüten treiben. Die Natur kehrt sich nicht an die Geschichte. Sie baut wieder auf, ohne darüber nachzudenken.

Aber der Mensch ist ein denkendes Wesen. Er gehört nur zum Teil in die Naturkunde. Seine Häuser wachsen ihm nicht von selber, wie den Schnecken. Die weißen Brötchen und der Rinderbraten fliegen nicht fix und fertig in der Luft herum, wie die Mücken für die Schwalben. Und die Wolle wächst ihm nur auf dem Kopfe nach, nicht auch am Körper, wie den Tieren im Wald. Das meiste von dem, was er braucht, muß er sich durch Arbeit und Klugheit selber schaffen. Falls er nicht vorzieht, es durch Gewalt anderen zu entreißen. Wenn die anderen sich dann wehren, Hilfe erhalten und ihm, was er tat, heimzahlen, geht es ihm so, wie es in den letzten Jahren uns ergangen ist. Dann steht er, wie wir jetzt, zwischen Trümmern und Elend. Dann wird es hohe Zeit, wie bei uns, daß er sich besinnt. Daß er aus der Sackgasse, an deren Ende er angelangt ist, entschlossen herausstrebt. Daß er nicht, mit den Händen in den Hosentaschen, faul und achselzuckend herumsteht. Sondern daß er einen Weg einschlägt. Mutig, und trotzdem vernünftig. Gescheit, und trotzdem tapfer.

Bei dem neuen Versuch, unser Vaterland wieder aufzubauen, bei dem Wettlauf mit dem Frühling und dem Sommer, die es leichter haben als wir, kommt es nämlich nicht nur auf Ziegelsteine, Gips, Baumwolleinfuhr, Saatkartoffeln, Sperrholz, Nägel, Frühgemüse und Lohnsteuerzuschläge an, sondern auf unseren Charakter. Wir müssen unsere Tugenden revidieren. Für die Neubeschaffung wertvoller und wertbeständiger Eigenschaften brauchen wir keine Einfuhrgenehmigungen und keine Auslandskredite, obwohl Tugenden die wichtigsten Rohstoffe für den Wiederaufbau eines Landes sind. Als Heinrich

Himmler in einer seiner letzten Reden die Frauen aufforderte, auf den Feind, wenn er in die Städte dringe, aus den Fenstern heißes Wasser herunterzuschütten, forderte er sie nicht auf, mutig zu sein, sondern dumm und verrückt. Er wußte, daß der Krieg längst verloren war und daß man mit ein paar Töpfen voll heißem Wasser keine feindlichen Panzer vernichten kann. Wer Panzer mit heißem Wasser bekämpfen will, ist nicht tapfer, sondern wahnsinnig. Und als Josef Goebbels die Bewohner der Großstädte aufforderte, die feindlichen Luftangriffe von unseren wackligen Kellern aus mit dem unerschütterlichen, unbeugsamen deutschen Siegeswillen zu bekämpfen, verlangte er nicht, daß wir tapfer wären, obwohl er es so nannte. Wenn man keine Flugzeuge, kein Benzin und keine Flak mehr hat, hat man den Krieg verloren. Mit der Phrase des Siegeswillens kann man keine Bombengeschwader bekämpfen. Diese Männer haben sich über das deutsche Volk und dessen Tugenden, während sie selber schon nach den Zyankalikapseln in ihrer Jacke griffen, in abscheulicher Weise lustig gemacht. Und sie wußten, daß sie das ungestraft tun könnten; denn sie kannten unseren Charakter, sie hatten ihn, ehe sie an die Macht kamen, studiert, und sie hatten ihn, während sie an der Macht waren, durch Phrasen, Zuckerbrot und Peitsche systematisch verdorben. Das interessanteste und traurigste Buch, das über das Dritte Reich geschrieben werden muß, wird sich mit der Verderbung des deutschen Charakters zu beschäftigen haben. Niemals in unserer Geschichte hat ein solcher Generalangriff auf die menschlichen Tugenden stattgefunden. Nie zuvor sind Eigenschaften wie Zivilcourage, Ehrlichkeit, Gesinnungstreue, Mitleid und Frömmigkeit so grausam und teuflisch bestraft, nie vorher sind Laster wie Roheit, Unterwürfigkeit, Käuflichkeit, Verrat und Dummheit so maßlos und so öffentlich belohnt worden.

Alle Amerikaner, die sich amtlich mit mir abgeben mußten, haben mich gefragt, warum ich in Deutschland geblieben sei, obwohl ich doch nahezu zwölf Jahre verboten war. Und obwohl ich, wenn ich emigriert wäre, in London, Hollywood oder auch in Zürich ein viel ungefährlicheres und angenehmeres Leben hätte führen können. Und nicht alle der Amerikaner, die mich amtlich fragten, haben meine Antwort gebilligt und verstanden. Ich habe ihnen nämlich gesagt:

»Ein Schriftsteller will und muß erleben, wie das Volk, zu dem er gehört, in schlimmen Zeiten sein Schicksal erträgt. Gerade dann ins Ausland zu gehen, rechtfertigt sich nur durch akute Lebensgefahr. Im übrigen ist es seine Berufspflicht, jedes Risiko zu laufen, wenn er dadurch Augenzeuge bleiben und eines Tages schriftlich Zeugnis ablegen kann.«

Nun also, ich bin zwölf Jahre lang Zeuge gewesen. Ich habe erlebt, wie schwer es den Deutschen gemacht wurde, ihre menschlichen Tugenden zu bewahren, und wie leicht es manchem fiel, sie aufzugeben. Aber ich weiß auch, daß die nicht recht haben, die sich heute hinstellen und sagen, wir seien endgültig unfähig geworden, menschlich zu empfinden und »demokratisch« zu handeln.

Wir wollen ihnen beweisen, daß sie unrecht haben! Wir wollen Deutschland neu aufbauen und bei unserem Charakter beginnen!

Immer dieselbe Geschichte: wenn der Morgen anbricht, sieht man, daß es ein Handtuch war, aber in der Nacht hat man sich gegrault. Die Tapfersten haben mir solche Zugeständnisse gemacht. Nur der Feigling ist immer Held.

Theodor Fontane

Hannelore Kleinschmid

Der Mut zum Nein – Ein Bericht über Menschen, die sich der Stasi verweigerten

Martin Schubert:
Bei uns in der Nachbarschaft ist also ein Objekt, das hat vorher die Polizei unterhalten. Sie hat dort Schulungen gemacht, und es bahnte sich an, daß dieses Objekt durch die Staatssicherheit übernommen werden sollte. Da haben wir natürlich immer rumgeflachst, daß wir jetzt – da hier nicht viele Häuser im Ort sind – das Ausbildungsobjekt werden, daß hier alles verwanzt wird und wir immer abgehört werden, bis sich eines Tages zwei junge Herren einfanden an der Haustür, die um einen Termin baten. Ich zückte meinen relativ leeren Terminkalender und vergab ganz hochwichtig einen Termin. Sie sagten aber dann schon, daß sie von der Staatssicherheit kämen und mit mir etwas besprechen wollten. Ich habe meine Kollegen gefragt, unter denen auch ein paar – mal vorsichtig formuliert – Chaoten waren, ob sie was ausgefressen haben, auf was ich mich jetzt einstellen müsse von meiner Seite als Leiter.

Martin Schubert ist Revierförster in der Försterei Alt-Brieselang, die schon Theodor Fontane vor etwa hundert Jahren in seinen *Wanderungen durch die Mark Brandenburg* beschrieben hat. Die beiden Herren vom Ministerium für Staatssicherheit kamen zum vereinbarten Termin zu dem jungen Förster. Das war 1986.

Martin Schubert:
Sie haben sich hier ins Zimmer gesetzt. Wir hatten damals schon, weil wir ein kleines Kind hatten, so ein Babyphon. Das war ja nicht erlaubt, denn es ist wie ein kleines Funkgerät. Da hatten wir unsere Späße gemacht, vorher. Wir wollten es am Ofen installieren, damit meine Frau mithören kann, was so alles los ist hier im Raum. Aber das haben wir dann doch gelassen. Zu sehr provozieren wollten wir sie auch nicht. Wenn die sehen, daß ein Kabel aus dem Ofen geht!

Ich habe also mit den beiden Herren ein ganz »normales« Gespräch geführt. Ich konnte damit leben, daß ich die drei Jäger, die ich im Revier hatte, die allgemein bekannt waren, noch einmal aufgezählt habe oder die Hochsitze am Waldrand. Da habe ich gesagt: »Sie brauchen dort bloß langzulaufen und die Hochsitze zu zählen, aber ich kann Ihnen das auch sagen: es sind drei.« Ich dachte immer, jetzt kommt die entscheidende Frage. Sie kommen doch nicht nur, um mit mir belangloses Zeug zu besprechen. Bis zu dem Punkt, daß sie dann plötzlich sagten, sie müßten nochmal wiederkommen.

Als sie zum zweiten Male kamen, wußte ich, jetzt geht es um mich. Was wollen sie? Und das war dann doch schon ein bißchen ein schlechteres Gefühl im Bauch, sage ich mal. Mit meiner Frau hatte ich darüber gesprochen. Ich hatte meine Vermutung geäußert, daß sie mich werben wollen. Und auch im Bekanntenkreis haben wir mal so darüber gesprochen, ja ... Die Frage, war ja klar, daß ich sie verneine, aber irgendwie war es doch ein komisches Gefühl, weil man ja nicht wußte, welche Macht haben die Leute. Haben sie etwas gegen dich in der Hand? Haben sie schon alle Trümpfe ausgespielt, oder kommt jetzt noch was?

Sie haben mir dann so ein paar Sachen gesagt: Sie würden mich informieren, wenn bestimmte Autos über die Grenze kämen, die offensichtlich nach ihrem Wissen vom BND wären, wo die Nummern bekannt wären. Sie wollten verfolgen, wo die langfahren usw. Ich habe versucht, mich rauszureden, und gesagt, ich hätte ja nicht die Zeit, mich auf die Brücke zu stellen und alle Autos zu kontrollieren und die Nummern aufzuschreiben. Dann habe ich noch gefragt, warum sie denn gerade an mich gedacht haben. Angeblich hätten sie keinen anderen gefunden, haben sie gesagt, der hier von den drei Häusern in Frage käme. Das habe ich ja noch eingesehen, habe dann aber trotzdem dankend verneint. Das hört sich jetzt sehr einfach an, aber das war doch innerlich – ich war hochrot, wie mir meine Frau im nachhinein nochmal gesagt hat – ein Konflikt. Es war völlig klar, daß man es nicht macht. Dennoch habe ich mich immer bemüht, mich in den Formulierungen noch so durchzuwinden, um nicht den Eindruck zu erwecken ... na, ich weiß nicht, da hätte man ja auch gleich den Wehrdienst verweigern können, da hätte man ja auch gleich so'n kleinen Märtyrer machen können. Das wollte ich ja irgendwo nicht, ich wollte aber trotzdem das um Gottes willen nicht machen. Es war ein ganz komisches Gefühl.

Konnte das Neinsagen denn so locker geschehen, wie es hier bei Martin Schubert klingt?

Drei Betroffene haben von Anwerbungsversuchen der DDR-Staatssicherheit zwischen 1967 und 1986 berichtet: Martin Schubert, Jahrgang 1960, ist der jüngste, der Journalist Harald Kleinschmid, Jahrgang 1942, der älteste. Andreas Steinbrücker, heute Stadtbaudezernent im thüringischen Rudolstadt, wurde 1950 geboren.

Woher haben sie die Kraft zum Nein genommen?

Der Bundesbeauftragte für die Unterlagen des Staatssicherheitsdienstes der ehemaligen Deutschen Demokratischen Republik, Joachim Gauck, hat in den Stasi-Akten - wie er schreibt - Belege entdeckt über die *»Würde der Unterdrückten«.*

»Derartige Unterlagen bewahren auch ein Wissen um Widerstand und Zivilcourage - manchmal bis zum Heldentum ...

*Sie sind natürlich auch Zeugnisse des Scheiterns, Zeugnisse des Kampfes gegen das Scheitern und des schließlichen Unterliegens. Auch im Unterliegen gibt es noch unterschiedliche Arten der Kooperation - eine hinhaltende, eine taktierende, eine bereitwillige und eine übererfüllende Kooperation. Daneben gibt es die Zeugnisse des Widerstandes. Zeugnisse dafür, daß es eine Widerstandsbereitschaft gegeben hat ...«**

Rund zehntausend inoffizielle Mitarbeiter versuchte das Ministerium für Staatssicherheit Jahr für Jahr zu werben. Jeder fünfte Angesprochene entzog sich dem Ansinnen - wie die Akten der Gauck-Behörde belegen.

Jeder *fünfte* IM-Kandidat fand den Mut zum Nein, leistete also Widerstand - auf seine Weise. Als Westdeutscher, dem diese Art Mut, sich zu verweigern, nicht abverlangt worden ist, äußerte sich der Publizist Robert Leicht, Chefredakteur der »Zeit«, auf einer Veranstaltung in der Gauck-Behörde am 23. September 1993 zum Thema »Das schwierige Erbe«:

»Der Mut zum frühen Nein, woher kommt er, wodurch wird er untergraben? Letztlich finde ich die Dinge so erschütternd, weil sie sich

---

* Joachim Gauck: »Die Würde der Unterdrückten«, in Hans Joachim Schedlich (Hrsg.). Aktenkundig, Berlin 1992

eben nicht verstehen lassen. Das fängt an bei dem Brudermord zwischen Kain und Abel, den man auch nicht verstehen kann. Das einzige, das man vielleicht verstehen kann: Wieviel Glück manchmal dazu gehört, daß man es selber nicht gemacht hat; wieviel Zivilcourage dazu gehört, den ersten Schritt zum Nein zu tun, den frühesten Schritt zum Nein. Es ist so verdammt schwer, nach zwanzig Schritten noch Nein zu sagen. Aber man tröstet sich beim ersten Schritt, daß für das Nein noch Zeit ist.«

Die nein sagten in der DDR, waren eine Minderheit. Die Erziehung zum Neinsagen widersprach dem System. Mitmachen war das Gebot. Seitdem die Akten aus dem MfS zugänglich sind, werden laufend Mosaiksteine für das Bild geliefert, daß die Bürger der DDR fast ausnahmslos Stasi-infiltriert und -verseucht gewesen seien: Vorgestern traf der Verdacht Politiker aus Wendezeiten wie Böhme, Schnur und de Maizière oder Manfred Stolpe und Gregor Gysi, gestern international bekannte Schriftsteller wie Heiner Müller, Christa Wolf, Günter de Bruyn, Stefan Heym und heute auch Persönlichkeiten der alten Bundesrepublik – kilometerlang Aktenordner, unzählige Seiten aus Bürokratenhand, eine makabre Hinterlassenschaft, die Unruhe stiftet, Verdacht aufbringt oder Beweise liefert.

Die Frage, warum so viele mitgemacht und sich angepaßt haben, reißt Narben aus der deutschen Vergangenheit auf. Zum zweitenmal seit 1945 wird nach Schuld und Mitschuld, nach den Möglichkeiten zum Widerstand gefragt, wird die Aufarbeitung des Geschehens verlangt. Genau hinzusehen und hinzuhören, ehe man urteilt, ist ein Gebot auf dem Wege zur inneren Einheit der Deutschen. Die Bürger aus den sozialistischen Diktaturen erlebten einen ständigen Zwang sich anzupassen. Vom Kindergarten an wurde ihr Rücken allmählich gebogen. Ihr aufrechter Gang sollte verhindert werden. Die Anpassung wurde zur normalen Haltung, zur Norm. »Das Ticken der Norm« überschreibt die in Rumänien aufgewachsene Schriftstellerin Herta Müller einen Essay zum Thema Staatssicherheit:

»Wie oft und leichtsinnig sagen wir das Wort ›normal‹. Wie früh im Leben lernen wir dieses Wort, übernehmen es von den Erwachsenen ... Der Anfang des Wortes ›normal‹ ist in der Diktatur politisch unauffällig. Es stellt sich hinter Begriffe, die viele teilen: Ordnung, Disziplin, Fleiß. Und viele folgen diesem Wort ... Der Widerstand kam aus dem Festhalten an moralischen Vorstellungen von sich selbst. Aus dem Bedürfnis,

trotz aller lebenslästigen Konsequenzen anständig zu bleiben ... Beim Verlassen der Norm war die Angst, ins Leere zu stürzen. Viel Angst und kein Mut. Mit Mut ist die schlimmste Wendung, die das eigene Leben beim Verlassen der Norm schon genommen hat, nicht zu fassen. Aber mit Angst. Nur sie macht eigenwillig und stur ...«

Auf der einen Seite standen die Angepaßten, die sich der »Norm« unterwarfen und – nicht selten – ihr dienten. Aber auf der anderen Seite gab es diejenigen, die zu sich selbst zu stehen versuchten und aus der verlangten »Norm« ausscherten. Wer konnte sich zu DDR-Zeiten ein Ende des SED-Staates vorstellen? Die in ihm lebten, richteten sich im allgemeinen auf Lebensdauer ein. Deshalb bemühte sich mancher, zwischen den eigenen moralischen Maßstäben und der Norm zu jonglieren. Der Gedanke, Menschen zuzuhören, die nein sagten, und nach den Quellen ihres Widerstehens zu forschen, kam mir, als ich die IM-Vorlauf-Akte meines Mannes sah:

»Juni 1966
Hinweis zur Person.
Harald Kleinschmid wurde uns bei einer Sichtung der Ausländerkartei der Abteilung VII bekannt – er ist ledig, sieht gut aus und ist 24 Jahre alt. Zur Zeit studiert er an der Humboldt-Universität Theaterwissenschaften. Kleinschmid wird mit dem Ziel aufgeklärt und vielleicht auch kontaktiert, um ihn in das Verbindungssystem eventuell später einzubauen. Er ist im Besitz eines Reisepasses.«

Mein Mann kam aus familiären Gründen als Siebzehnjähriger aus Österreich nach Ost-Berlin. Als Ausländer war er dem SED-System von vornherein weniger ausgeliefert als der »normale« DDR-Bürger.

Harald Kleinschmid:
Wenn ich versuche, ehrlich zu sein, und wenn ich versuche, mich in die damalige Zeit hineinzuversetzen, bis zum Jahre 1968 – muß ich sagen –, habe ich doch fast eher ein bißchen meine neutrale Österreich-Haltung auch im Verhältnis zum Staat DDR gehabt, auch wenn mir vieles nicht gefiel. Aber als Österreicher in der DDR brauchte ich mich nicht mit allem, was ich sah, oder glaubte ich, mich nicht mit allem, was ich sah, direkt auseinandersetzen zu müssen.

Harald Kleinschmid, der Österreicher, durfte reisen, fuhr auch nach dem Mauerbau weiterhin regelmäßig nach West-Berlin, schmuggelte den »Spiegel« am Körper über den Checkpoint Charlie. Sein Bild von der Stasi hing mit der besonderen Position zusammen, die ein westlicher Ausländer in der DDR innehatte.

Harald Kleinschmid:
Ich habe die nie als Bedrohung empfunden, wußte aus der Studentenzeit, daß es in jeder Seminargruppe Leute gab, von denen man annehmen konnte, daß sie für die Stasi arbeiteten. Das war sozusagen ein allgemeines Wissen. Es hat sich relativ schnell herausgestellt oder herauskristallisiert oder herumgesprochen, wer diese Leute sein könnten. Und ein Vierteljahrhundert später hat sich die damalige Einschätzung in den meisten Fällen sogar bewahrheitet: Die, von denen wir damals geglaubt haben, daß sie bei der Stasi sind, waren zum großen Teil auch bei der Stasi dabei.

Ungefähr ein Jahr nach der zitierten Aktennotiz der Stasi wurde Harald Kleinschmid tatsächlich »kontaktiert«, vermutlich im Zusammenhang mit seiner Ehe mit einer DDR-Bürgerin.

Harald Kleinschmid:
Eines Nachmittags erhielt ich einen Anruf von der Volkspolizei mit dem Hinweis, ich möchte mal zur Klärung eines Sachverhalts – diese Formulierung gab's damals schon – zu ihnen kommen. Auf meine Frage, worum es denn gehe, sagten sie, mit meiner Anmeldung sei irgendwas nicht in Ordnung. Daraufhin erwiderte ich, das müsse ein Irrtum sein. Sie bestanden aber darauf, daß ich zu ihnen käme, und machten einen Termin mit mir aus. Mit meiner Anmeldung war aber alles in Ordnung. Das wußte ich hundertprozentig, und so wußte ich auch, daß es sich nicht um die Volkspolizei handelte, sondern vermutlich um die Stasi. Gleichzeitig wußte ich, daß ich mit der Stasi überhaupt nichts am Hut haben und mich auf keinerlei Gespräche oder Verhandlungen einlassen würde. Deshalb habe ich sowohl meiner Frau und meiner Mutter von diesem Anruf erzählt, als auch den meiner Familie und auch mir bekannten Professor Gerhart Eisler informiert, damals Mitglied des SED-Zentralkomitees und Vorsitzen-

der des Staatlichen Rundfunkkomitees der DDR. Ich habe ihn angerufen und gesagt, daß ich mir ziemlich sicher sei, das habe nichts mit meiner Anmeldung, sondern irgendwas mit der Staatssicherheit zu tun. Wenn ich bis 16 Uhr nicht wieder zu Hause sei, dann sei ich noch dort, und er möge so nett sein und geeignete Schritte unternehmen, um mich da wieder herauszuholen. Ich wußte definitiv – und darum auch die diesbezüglichen Vorbereitungen –, daß ich nicht mitmachen würde. Ich wußte natürlich nicht, in welche Richtung das Gespräch laufen würde. Ich war mir keiner »Schuld« bewußt, also war mir ziemlich klar, daß ich nicht erpreßbar sein würde. So hatte ich zwar ein sehr mulmiges Gefühl, aber kein Gefühl der Angst.

Zum Gespräch selber. Wie üblich in der DDR war dort so eine Pförtnerluke. Da mußte ich meinen Ausweis abgeben. Zwei Herren kamen die Treppe herunter zum Eingang. Namen weiß ich nicht mehr, waren sowieso Schall und Rauch. Sie brachten mich in ein kahles Zimmer mit einem kahlen Tisch. Die Herren selber waren nur etwas älter als ich damals, auf den ersten Blick nicht unsympathisch, gut gekleidet für DDR-Verhältnisse, in korrekten grauen oder grauegemusterten Anzügen.

Was in der Stasi-Akte steht, deckt sich weitestgehend mit den Erinnerungen Kleinschmids an das Gespräch:

»Berlin, den 3. 6. 67
Abteilung XV
Kontaktaufnahmebericht
Am 9. 5. 67, 15.00 Uhr, wurde durch die Genossen Claus und Heyer der Kontakt zum Kleinschmid, Harald ... aufgenommen.

Einen relativ breiten Umfang nahm das Philosophieren über seinen Stiefvater Arnolt Bronnen ein. Es wurde dessen politisch gute Rolle vor 1945 und nach 1945 hervorgehoben.

Im Gespräch wurde dann übergegangen zum Thema der Kontaktaufnahme. Die Mitarbeiter stellten sich als Angehörige des MfS vor. Es war sofort eine Einigelung des K. und Verschlossenheit deutlich. Er brachte sofort zum Ausdruck, daß er niemals bereit sein wird, irgend etwas zu tun, wo das MfS beteiligt ist ... Zum anderen könnte er die nervliche Belastung nicht verkraften und auch vor seiner Ehefrau nicht schweigen und geheimtun.

Er ließ sich bei diesem Thema auf keinerlei Diskussion ein, sondern betonte, daß er gegen Geheimdienstarbeit prinzipiell eingestellt wäre. Einschätzend kann gesagt werden, daß sich schon während des Gesprächs erkennen ließ, daß K. nicht die geeignete Person für Werberaufgaben ist. Er versteht zu reden und zu formulieren, hatte ein freudliches Wesen – in Klammern: bis zur entscheidenden Frage – Zusammenarbeit mit dem MfS.
Vorschlag:
Es wird vorgeschlagen, das Material zum K. auf Grund der oben angeführten negativen Momente im Archiv der Abteilung XII zur Ablage zu bringen.
Heyer, Unterleutnant«
Über seine Gedanken und Empfindungen während der Unterredung sagt

Harald Kleinschmid:
Natürlich hatte man Herzklopfen, gar keine Frage! Natürlich hat man schweißnasse Hände gehabt. Aber es war wohl eher spannend, es waren keine Angstgefühle. Es war ein Gefühl wie im Krimi. Ich kam mir zeitweise vor wie in einem Krimi – und dieses von außen beobachtend. Zum Beispiel ein winziges Detail: Zu Beginn des Gesprächs faßte der eine unter den Tisch. Ich registrierte das und dachte nur: »Aha, jetzt schaltet er das Tonbandgerät ein!« Ich war mir zu 99 Prozent sicher, nicht erpreßbar zu sein. Wohl deswegen hatte ich keine Angst.

Das andere Gefühl – aber dabei kann ich zwischen damals und heute nicht mehr trennen – war vielleicht doch ein bißchen Stolz, daß ich mich nicht darauf eingelassen habe.

Als Österreicher hatte Kleinschmid bis zum 17. Lebensjahr ein humanistisches Gymnasium besucht und war anders erzogen worden als die DDR-Schüler. In Ost-Berlin lebte er mit dem Privileg des gültigen Reisepasses. Daß er im Unterschied zu vielen Bürgern des SED-Staates keine Angst vor dem MfS verspürt hat, dürfte mit dieser Sonderrolle zu tun haben.

Harald Kleinschmid:
Bei solchen Entscheidungen spielt eine Vielzahl von Faktoren eine Rolle, sicherlich die Erziehung, das Elternhaus, das Bemühen, sich Bedrängungen nicht zu beugen. Es steckt wahrscheinlich auch im Charakter eines Menschen, ob man gewillt ist, sich anzupassen. Aber es spielen sicherlich auch die gesellschaftlichen Faktoren eine Rolle, also die Tatsache, daß ich selbstverständlich in der damaligen DDR eine gewisse privilegierte Position hatte, daß ich Österreicher war, daß ich nicht alles mitzumachen brauchte und im Unterbewußtsein und manchmal auch im Bewußtsein natürlich bei allen Entscheidungen in der DDR das Hintertürchen hatte: »Also, wenn's dir gar nicht mehr paßt, dann kannst du ja nach Österreich gehen.«

Diese Alternative bot sich DDR-Bürgern nicht. Aufgewachsen unter SED-Regie, erzogen von Eltern und Großeltern, die vor dem Aufbau des Sozialismus das Dritte Reich durchlebt hatten, fiel und fällt es schwer, selbstbestimmt zu handeln. Darauf verwies Joachim Gauck auf der Veranstaltung über »Das schwierige Erbe«, die Stasi-Akten:

»Wenn Sie in meinem Alter sind, sind Sie auch nicht besonders erzogen, selbstbewußt, mutig und selbstbestimmt Ihr Schicksal in die Hand zu nehmen, sondern bis zum Meckern ging es noch, aber zum Neinsagen hat es oft schon nicht richtig gereicht. Wer nicht nein sagen kann, hat es auch schwer, richtig ja zu sagen. Und was ist denn mit Leuten, die nichts dafür können, daß sie 50 Jahre lang daran gehindert worden sind, diese Tugenden des selbstbestimmten Eingreifens in das eigene und in das öffentliche Leben zu erlernen.«

Der Druck des Systems, sich anzupassen, machte jeden eigenständigen Schritt aus einer angeordneten Reihe heraus zu einer Aktion, die Herzklopfen auslöste.

Martin Schubert, der Sohn der ostdeutschen Schriftstellerin Helga Schubert, erinnert sich:

Wir waren keine Märtyrer. Also haben wir uns mehr oder weniger angepaßt. Als ich in die Schule kam und meine Mutter noch – sagen wir mal – einem normalen Beruf nachging, wurden wir im Unterricht gefragt, ob wir Westfernsehen einschalten. Damals wurde mir vom Elternhaus gesagt, man müsse es ja nicht unbedingt immer bejahen, und im Grunde genommen sahen wir fast gar kein Westprogramm. Das war schon ein kleiner Konflikt für einen Sechsjährigen: Warum darf man das denn nicht sagen? Man hat es aber dann doch versucht, sich durchzuschwindeln.

Oft genug ging es um scheinbare Kleinigkeiten, nicht um Tod oder Leben. Kompromisse wurden gesucht, Schwindeleien bevorzugt, wenn es nicht lohnend erschien zu widerstehen, da der Anlaß zu unbedeutend war. So begann in der DDR schon im Kindergarten die Erziehung zur Doppelzüngigkeit – erinnert sei an die Punkt- oder Strichuhr im West- beziehungsweise Ostfernsehen, nach der die Kleinen gefragt wurden.

Auf einer Tagung der Evangelischen Akademie Berlin-Brandenburg im Dezember 1993 über den von der Stasi geführten »Kampf um die Seele« sagte der Leiter der Leiter der Außenstelle Gera der Gauck-Behörde, Andreas Schmidt:

»Es gab Menschen, die in der direkten Konfrontation mit Offizieren des MfS den eigenen moralischen Anspruch nicht aufgaben, den Nebenmenschen nicht zielgerichtet zu denunzieren. Einige retteten sich in die strikte Verweigerung der Aussage. Andere blendeten ihr Gewissen bewußt aus oder zogen es vor, den Ahnungslosen darzustellen. Das strategische Postulat der Ehrlichkeit bei der Berichterstattung neutralisierten viele Menschen durch das Gegenteil: Unehrlichkeit. Letztlich resultierte sie aus der Schwäche vieler Menschen, den rigorosen Bruch mit dem MfS zu vollziehen. Verharmlosen, Lügen und Beschwindeln. Unehrlichkeit war die schlaflose Mühe um ein Wort, das den anderen nicht preisgab, verriet. Es gab Menschen, die das strategische Postulat der Konspiration einfach aufgebrochen haben, indem sie Zeitpunkte der geheimen Kontakte bewußt verpaßten, ignorierten, schwänzten. In Schülermanier entledigten sie sich des wuchtigen Drucks eines bevorstehenden Kontaktgespräches durch Ausreden bzw. durch fadenscheinige Vorwände, wie es in der Terminologie des MfS immer wieder hieß. Bus- und Zugverspätungen, Fahrzeugschaden, Wasserrohrbruch in der Woh-

nung, Arzttermine, Schlaflosigkeit der Kleinkinder, kurzfristiger Urlaub, Herzattacken von Großmüttern und Großvätern, Kohlenlieferungen wurden als Gründe angeführt, nicht zum Treffen zu erscheinen. Allerdings waren es erfolgreiche Bemühungen, um das Ritual und Gehabe von Konspiration, Disziplin, Pünktlichkeit, Kontaktbereitschaft, Zuverlässigkeit und Verschwiegenheit in der Bedeutungslosigkeit versinken zu lassen. Diese grundlegenden Prämissen des MfS wurden durch ihr Gegenteil aufgehoben. Dekonspiration, Disziplinlosigkeit, Unpünktlichkeit, Unzuverlässigkeit, Redseligkeit waren die Antwort vieler Menschen auf eine gezielte Vereinnahmung durch das MfS. Viele Menschen waren nicht blind für ihre eigene Schwäche, eine radikale Abwendung vom MfS zu vollziehen. Aber diese Schwäche setzte noch lange nicht ihre Kritik darüber außer Kraft, was es heißt, andere zu verpfeifen.«

Wann und wo aber zog der einzelne seine persönliche Grenze, die keinen Kompromiß mehr zuließ? Woher nahmen manche den Mut, sich abzugrenzen, nicht allen Forderungen der Funktionäre zu gehorchen? Wie viele junge Männer stand auch Martin Schubert in der Schulzeit vor der Frage, wie er der angeblich freiwilligen Verpflichtung zu drei Jahren Armeedienst entgehen könnte, ohne sich gleichzeitig den Zugang zum gewünschten Ausbildungsplatz zu verbauen.

Martin Schubert:
Ich wußte, wenn ich mich verweigere, dann verweigere ich meinen beruflichen Werdegang. Man mußte einen Kompromiß finden. Verweigerung ging leider nicht, aber drei Jahre mußten auch nicht sein. Da habe ich von vornherein klargestellt, so lange zur NVA müsse nicht sein, und auch was die SED anging, habe ich mich nach ein paar anfänglichen Werbeversuchen ganz gut drücken können. Ich weiß zum Beispiel, daß einige Leute durch die Forstwirtschaftsbetriebe richtig unter Druck gesetzt worden sind. Diese Betriebe haben in der Regel zum Studium delegiert, und sie haben den Bewerbern klar gemacht, wenn sie studieren möchten, verlangt der Betrieb als Gegenleistung, daß sie in die Partei eintreten. Diejenigen, die sich nicht darauf eingelassen haben, wurden nicht delegiert. Sie haben ein Jahr gewartet und zwei Jahre. Wer dann doch in die SED gegangen ist, hat sozusagen am nächsten Tag seine Zulassung zum Studium erhalten. Ich, wenn ich in dieser Situation gewesen wäre, hätte den Schritt nicht

getan, sondern unter diesen Bedingungen auf das Studium verzichtet und mir etwas anderes gesucht. So weit wäre meine Kompromißbereitschaft nicht gegangen.

Später wurde mir einmal die Pistole auf die Brust gesetzt. Mir wurde erklärt, daß eine gesellschaftliche Aktivität ratsam wäre, wenn ich gemeinsam mit meiner Frau in dem Forstwirtschaftsbetrieb angestellt werden wollte, in dem wir uns beworben hatten. Diese gesellschaftliche Aktivität sei bei mir noch nicht erkennbar. Da habe ich mich ein bißchen unter Druck gesetzt gefühlt. Wir hatten während des Studiums ein kleines Zimmer in Schwerin. Ich habe unserer Vermieterin erzählt: »Stell dir vor, jetzt, wo ich gedacht habe, ich bin über alle Klippen gekommen, wird mir die Pistole auf die Brust gesetzt. Ich bin mit dem Studium fertig. Ich bin Förster, und jetzt soll ich bestimmte Kompromisse eingehen. Das mache ich nicht.« Darum gab es ziemliche Auseinandersetzungen, nicht direkt in der Familie, aber immerhin. Das war ein komisches Gefühl. Die Vermieterin meinte zu mir: »Na, dann kommst du eben zu uns! Ich bin in der Bauernpartei. Als Förster in der Bauernpartei bist du doch gut aufgehoben.«

Im Grunde genommen ist es völliger Quatsch gewesen, aber ich habe nach dem Strohhalm gegriffen. So konnte ich mich rechtfertigen und sagen, es tue mir leid, aber ich sei schon in einer anderen Partei und könne deshalb nicht in die SED eintreten.

In die Bauernpartei einzutreten, bedeutete für Schubert zugleich Verweigerung und Kompromiß. Ein klares Nein fiel den meisten schwer, bedeutete es doch bei bestimmten Fragen das Aus für den »normalen« realsozialistischen Lebensweg. Den Widerspruch zu proben, dafür schuf die Kirche – meist vorsichtig, manchmal zögernd – einen Freiraum. Man brauchte eine angeborene Dickköpfigkeit, die Hilfestellung von Eltern und Freunden oder – wie sich mit den Jahren mehr und mehr herauskristallisierte – das Dach der Kirche, die Junge Gemeinde, um das Anderssein auszuhalten. Jemanden zu finden, der den Rücken für den aufrechten Gang stärkte, bekam in der DDR-Gesellschaft besondere Bedeutung, in der die gesamte Erziehung staatlicherseits auf Mitmachen, auf Zustimmen ausgerichtet war. In der Jungen Gemeinde konnten Jugendliche anders reden als in staatlichen Institutionen. Sie durften die eigene Meinung üben.

Iring Fetscher

Ermutigung zur Zivilcourage
Plädoyer für eine zu wenig beachtete Tugend

Tapferkeit ist eine Tugend, Mut eine natürliche Haltung. Mut kann auf mangelndem Bewußtsein der Gefahr beruhen und wird dann zur Tollkühnheit. Der Tollkühne vernachlässigt seine Pflicht zur Selbsterhaltung. Der Tapfere setzt sein eigenes Leben für ein Ziel aufs Spiel, von dem er annimmt, daß es den Wert seines individuellen Lebens übersteigt. Vielleicht sollte man dieses Wort allein für denjenigen reservieren, dessen subjektive Wertschätzung zugleich objektiv »richtig« und human ist. Der Räuber, der sein Leben für die Sache des Raubes, den Erfolg seiner Bande aufs Spiel setzt, wäre dann zwar mutig, aber nicht tapfer. Aber die Grenzen sind nicht immer klar zu bestimmen. Was sollen wir von dem Soldaten sagen, der *glaubte*, ehrlich glauben konnte, sein Mut diene dem Schutze des Lebens seiner Mitbürger und einer gerechten Sache – der sich aber – ein getäuschtes Opfer seiner Regierung – irrte? Darf man ihn nicht tapfer nennen? Tapfer – gewiß. Aber damit wird nur deutlich, daß auch Tapferkeit eine »sekundäre Tugend« ist, eine Tugend, die ihren Wert letztlich erst durch die Ziele erhält, denen sie dient. Man kann die Haltung des Tapferen würdigen und doch bedauern, daß sie – unwissentlich – der schlechten Sache diente. Wertvoll ist an ihr, daß ein Individuum ein Ziel kennt, das über sein begrenztes, beschränktes Dasein hinausreicht. Fragwürdig und kritikbedürftig ist aber die Qualität jenes Zieles. Tapferkeit ist also – wie Mut – nicht unter allen Umständen »ganz gut«. Sie mag gut sein – was das tapfere Individuum anlangt –, sie kann aber zugleich schlecht sein für viele seiner Mitmenschen. Die Tatsache, daß viele -- Getäuschte – im Dienste eines verbrecherischen Krieges tapfer waren, hat die Niederlage der Naziarmeen verzögert und die Dauer der Unterdrückung verlängert. Und doch waren jene zweifellos tapfer. Die Mißbrauchbarkeit ist freilich nicht nur dieser einen sekundären Tugend eigentümlich. Sie gilt ebenso für andere: etwa den Fleiß oder die Zuverlässigkeit. Fleiß im Begehen einer Missetat und Zuverlässigkeit in der Zusammenarbeit mit einem Verbrecher sind höchst schädliche Verhaltensweisen ...

Von jenem Mut und jener Tapferkeit, deren ambivalenten Charakter ich eben angedeutet habe, ist die Zivilcourage prinzipiell unterschieden. Bezeichnend schon, daß wir kein deutsches Wort für sie haben. Eine deutsche Dichterin hat einmal von der »Tapferkeit vorm Freunde« gesprochen. Damit meinte sie etwas Verwandtes. Mut und Tapferkeit assoziieren wir meist mit dem Kampf gegen einen Feind. Mut beweist man angesichts der Gefahr, Tapferkeit vorm Feinde. Freilich kann die Gefahr auch von der Natur drohen – bei einer Hochgebirgstour oder beim einsamen Flug in unwirtlichen Gegenden. Die Zivilcourage ist eine ganz besondere Art von Mut. Sie gehört zur »politischen Kultur«, über deren Mängel wir gerade in Deutschland so gerne klagen. In der Demokratie wird sie vielleicht mehr noch benötigt als in monarchischen und aristokratischen Gesellschaften. Aber auch dort brauchte sie nicht zu fehlen.

Gegenüber wem beweisen wir Zivilcourage? Der Untertan konnte sie dem König gegenüber beweisen, indem er ihm offen seine Kritik darlegte. Der Mut bestand hier im Eingehen des Risikos willkürlicher Verhaftung und Verfolgung oder auch nur des Entzugs besonderer Gnade und Förderung. Das erste Beispiel einer solchen Haltung, das mir als Schüler in der Zeit des »Dritten Reiches« einen tiefen Eindruck gemacht hat, war ein Brief, den *François Salignac de Lamothe Fénelon*, Erzieher des Duc de Bourgogne und Erzbischof von Cambrai, 1694 an seinen König Ludwig XIV. sandte. Auch wenn an der Authentizität des Briefes (bzw. der Verfasserschaft), der erst 1825 im Druck erschien, Zweifel angemeldet worden sind, bleibt er für mich eins der bedeutendsten Dokumente der Zivilcourage zur Zeit des Absolutismus. Vergleichbar in unseren Tagen nur den Schreiben eines Andrej Sacharow oder der Verfasser der »Charta 77« in der Tschechoslowakei. Ich fand diesen Brief seinerzeit in einer Anthologie von Charles Ploetz (Manuel de Littérature Française, Berlin 1898) und nahm an, daß der Herausgeber damals schon ähnliche deutsche Verhältnisse im Auge gehabt haben dürfte, wie sie einem 1938 begegneten. Dort las ich:

»Seit etwa 30 Jahren haben Eure führenden Minister alle althergebrachten Grundsätze des Staates erschüttert und über den Haufen geworfen, um Euere Autorität auf den Gipfel zu treiben, lag doch diese Autorität in ihren Händen. Nicht mehr vom Staat war die Rede noch von seinen Ordnungen, sondern nur vom König und seinem Wohlgefallen. Man hat Euere Einkünfte und Euere Ausgaben ins Ungemessene gesteigert. Man hat Euch bis in den Himmel gehoben, um sagen zu können, vor Euch sei die Größe all Eurer Vorgänger zusammen nichts gewesen, d. h. Ihr habt ganz Frankreich arm gemacht, um am Hofe einen ungeheuerlichen und nicht mehr gutzumachenden Luxus einzuführen. Sie haben Euch auf den Ruinen des Staates aufbauen wollen, als ob Ihr groß werden könntet dadurch, daß Ihr Euere Untertanen vernichtet, auf denen Euere Größe sich gründet... Sie haben weder in der inneren Verwaltung des Staates noch in den Beziehungen zum Ausland ein anderes Gesetz gekannt, als dies: alles, was Ihnen Widerstand leistete, zu bedrohen, zu zerschmettern und zu vernichten. Sie haben nur zu Euch gesprochen, um von Euch jedes Verdienst fernzuhalten, das das ihre in den Schatten stellen könnte. Sie haben Euch wie einen Gott daran gewöhnt, immerfort übersteigertes Lob zu empfangen, das Ihr, um Eurer Ehre willen, mit Entrüstung hättet zurückweisen sollen. *Man hat Euren Namen verabscheuungswürdig werden lassen und die ganze französische Nation allen unseren Nachbarn unerträglich gemacht.* (...) Das reicht aus, Sire, um festzustellen, daß Ihr Euer ganzes Leben außerhalb des Weges der Wahrheit und Gerechtigkeit, folglich auch außerhalb des Weges des Evangeliums, verbracht habt. So viele abscheuliche Wirren, die ganz Europa seit mehr als 20 Jahren in Bestürzung versetzt haben, so viel vergossenes Blut, so viel erregte Skandale, so viel geplünderte Provinzen, so viele eingeäscherte Städte und Dörfer – all das sind die unseligen Folgen dieses Krieges von 1672, der zu Eurem Ruhm und zur Schande der Gazettenmacher und Ordenshersteller geführt wurde. Prüfet, ohne Euch zu schmeicheln, zusammen mit ehrenhaften Beratern, ob Ihr all das behalten dürft, was Ihr zufolge der Verträge, die Euren Feinden durch einen so schlecht begründeten Krieg aufgezwungen wurden, in Euren Besitz gebracht habt...«

Gewiß, das Priesterkleid und seine Würde mögen Fénelon geschützt haben, aber dennoch gehörte Mut dazu, einen Monarchen von solch unumschränkter Machtfülle in solchem Ton anzusprechen und ihm so ins Gewissen zu reden. Daß Fénelon dabei die Hauptschuld den schlechten Ratgebern des Monarchen zuschiebt, ist eine

Argumentationsfigur, wie sie – bis zum heutigen Tage – in konstitutionellen Monarchien üblich ist. »The King can do no wrong« – heißt es z. B. in England. Aber die *Ratgeber* des Königs können schlecht sein, sich irren und Fehler machen. Sie sind daher dem Parlament verantwortlich und können durch dessen Mehrheit gestürzt oder zur Rechenschaft gezogen werden. Der König aber darf dann nichts anderes tun als das, was ihm seine Minister raten. Davon sind wir freilich im Zeitalter Ludwigs XIV. meilenweit entfernt. Um etwas zu erreichen, muß sich Fénelon daher direkt an den König wenden. Er kann ihn nur gewinnen, wenn er seine Irrtümer und Verbrechen zum erheblichen Teil den schlechten Ratgebern anlastet. Es bleibt noch immer genug an direktem Tadel zurück. So des Königs Duldung eines an Idolatrie grenzenden »Persönlichkeitskultes«, so die Verletzung aller traditionellen Rechte und Überlieferungen des Königreiches, die Mißachtung der Lehren des Evangeliums. Das alles offen auszusprechen war in einer Zeit, da der König durch einen einfachen »lettre de cachet« jedermann verhaften lassen konnte, keine Kleinigkeit. – In Monarchien (absolutistischen) und Diktaturen läßt sich der Adressat zivilcouragierten Verhaltens eindeutig und auf den ersten Blick bestimmen: es ist der jeweilige Machthaber. Gegenüber wem aber beweisen wir in der liberalen Demokratie Zivilcourage?

Gewiß, auch in der Demokratie gibt es noch »Vorgesetzte«, »Behörden«, einschüchternde Amtsinhaber, vor deren Drohgebärde Zivilcourage am Platze sein kann. Aber der eigentliche »Souverän« ist doch jetzt das Volk, die öffentliche Meinung oder das, was als solche gilt. Zivilcourage muß daher in erster Linie auf einem anderen Felde bewährt werden als in der Monarchie oder unter der Diktatur. Zivilcourage ist nicht das gleiche wie der oft apostrophierte »Mut zu unpopulären Entscheidungen«, den man Abgeordneten oder Regierungen wünscht. Sie hat aber gewisse Verwandtschaft mit ihm. Zivilcourage ist eine Haltung einzelner Bürger, nicht von Mitgliedern der Regierung. Sie kann bewiesen werden in der Fähigkeit und Bereitschaft, Vorurteile, die in einer Bevölkerung weit verbreitet sind, in Frage zu stellen; gegen den Strom der »öffentlichen Meinung« zu schwimmen; den Zorn eines mächtigen Zeitungsverlegers zu riskieren (wenn es darum geht, eine Verwirrung stiftende, Leser manipulierende Aussage zu kritisieren); dem Konformitätszwang einer Gruppe zu widerstehen und die davon abweichende persönliche Einsicht oder Überzeugung offen einzubekennen. All das sind Äußerungen, zu denen Zivilcourage gefordert ist. Zivilcourage ist – psychoanalytisch ausgedrückt – ein Beweis von »Ichstärke«. Wer Zivilcourage an den Tag legt, muß nicht immer im Recht sein. Ohne Menschen, die der Zivilcourage fähig sind, geht aber die Freiheit zugrunde.

In einer Gesellschaft, in der kein Mut, keine Zivilcourage mehr erforderlich ist, um abweichende Auffassungen und Einsichten zu formulieren, herrscht was Herbert Marcuse »repressive Toleranz« genannt hat. »Alles ist erlaubt« und »alles ist gleichgültig«, weil sich die Mächtigen und Einflußreichen so sicher wähnen, daß sie sich um »Meinungen« und »Einsichten« nicht zu kümmern brauchen. »Sage was immer Du willst, es wird sich doch nichts ändern«, scheint die Maxime einer solchen Gesellschaft zu sein. Freiheit kehrt sich in absolute Beliebigkeit, Toleranz in totale Gleichgültigkeit um. Damit ist das eine Extrem bezeichnet, dem die Konsumgesellschaft unserer Tage bedenklich nahekommt. Das andere Extrem bilden jene Gesellschaften, in denen schon Mut dazu gehört, eine bestimmte Art von Kunst zu loben oder ein Gedicht mit ungewöhnlichen Metaphern zu publizieren. In der einen wird Zivilcourage überflüssig, in der anderen wird sie überfordert. *Bertolt Brecht* hat auf etwas ähnliches angespielt als er im »Galilei« den Satz prägte: »unglücklich das Land, das Helden nötig hat«. Die Reflexion über die Bedingungen, unter denen Zivilcourage möglich und nötig ist, hat uns auf den Zustand der Gesellschaft, der politischen Verhältnisse geführt. Es gibt und gab Gesellschaften, in denen Zivilcourage weder möglich noch notwendig war, geschlossene Stammesgesellschaften, die das Leben jedes Einzelnen vollständig den Sitten, Ritualen, Gewohnheiten und Normen des Ganzen unterwarfen. Das Ausbrechen aus diesen Normen wird dort mit dem – oft zum Tode führenden – Ausschluß geahndet. Am anderen Ende steht die von Moden bewegte Massengesellschaft, der sich der Einzelne um seines Überlebens und Vorwärtskommens willen freiwillig anpaßt und die den »Zivilcouragierten« als Exzentriker und Außenseiter toleriert und mißachtet.

Zivilcourage ist nur dort möglich, wo »Ichstärke«, personale Unabhängigkeit zumindest als allgemein akzeptierte Forderung noch lebendig ist und wo das Beispiel des mutigen Einzelnen daher Verhältnisse in Bewegung bringen, Einfluß und Macht in Frage stellen kann, weil Hunderte und Tausende von diesem Beispiel angesprochen werden. Ohne den zivilen Mut einzelner Bürger gehen freiheitliche Institutionen zugrunde oder werden wertlos.

Weit davon entfernt, den unterwürfigen Untertan zu produzieren, könnte christliche Glaubensgewißheit sehr wohl dazu beitragen, jene Festigkeit des Herzens und jene zivile Tapferkeit zu bewirken, die den Einzelnen befähigt, der vernünftigen Einsicht und seinem Gewissen zu folgen (nicht ohne es selbstkritisch geprüft zu haben) und den Mächten Widerstand zu leisten, vor denen Furchtsamere sich ducken. Historisch war das freilich keineswegs immer so, und oft genug wurde die »Gottesfurcht« zur Verstärkung der Furcht vor irdischen Machthabern benützt oder mißbraucht. Was einst nur in christlichen »Fürstenspiegeln« stand, müßte aber heute in einem »Bürgerspiegel« geschrieben stehen. Glaubensgewißheit und Gottesfurcht könnten die Grundlage für zivilen Mut abgeben. Selbst wenn die Meinung oder Überzeugung irrig ist, für die sich der Zivilcouragierte engagiert, wird sein Verhalten weniger ambivalent bleiben als das des »Tapferen« (im Sinne kriegerischer Tüchtigkeit). Voraussetzung ist freilich, daß sich genügend andere mutige Zivilisten finden, die seine Auffassung korrigieren. Zivilcourage ist eine notwendige Bürgertugend, aber sie sollte in einer Gesellschaft möglichst weit verbreitet sein und sich mit Toleranz und demokratischer Gesinnung paaren. Die Zivilcourage ist eine leise Tugend und keine »dekorative«, aus diesem Grunde und weil sie den Herrschenden so wenig gefällt, wird von ihr weniger gesprochen als von kämpferischer Tapferkeit. Zivilcourage ist die Haltung Einzelner, die durch ihr Vorbild andere aufwecken und ermutigen können. Tapferkeit wird meist in der Gemeinschaft geübt, auch wenn Einzelne als »Helden« aus ihr herausragen. Der Tapfere schlägt zu, der Zivilcouragierte stellt in Frage und klagt an, wobei er den Gegenschlag ebenso riskieren muß wie der Tapfere. Die Waffe des einen ist materiell, sein Mut physisch, die des anderen spirituell, sein Mut vor allem ein seelischer. Beide Haltungen können sehr wohl in einem Menschen verbunden sein. Mir scheint jedoch, daß es mehr Zivilcouragierte geben dürfte, die auch tapfer sein können als umgekehrt. Und das wäre mein letztes Argument im Plädoyer für eine zu wenig beachtete Tugend.

Günter Grass

Also nochmal

Also nochmal. Kurze Sätze zum Einprägen und Verlieren.
Ich rauche zu viel aber regelmäßig.
Ich habe Meinungen, die sich ändern lassen.
Meistens überlege ich vorher.
Auf verquere Weise bin ich unkompliziert.
(Seit vier Jahren stelle ich Sätze und einzelne Wörter zwischen Klammern: etwas, das mit dem Älterwerden zu tun hat.)
Das mag ich: von weit weg hören, wie Laura am Klavier an immer derselben Stelle danebengreift.
Wenn Raoul mir eine Zigarette dreht, freue ich mich.
Wenn Franz mehr sagt, als er zugeben wollte, bin ich erstaunt.
Wenn Bruno Witze falsch erzählt, kann ich lachen wie früher.
Mit Vorliebe sehe ich Anna zu, wenn sie ein frisch gekauftes Kleid sogleich abzuändern beginnt.
Was ich nicht mag: Leute, die mit dem Wort »scharf« bewaffnet sind.
(Wer nicht denkt, sondern scharf denkt, der greift auch scharf durch.)
Ich mag keine bigotten Katholiken und keine strenggläubigen Atheisten.
Ich mag keine Leute, die zum Nutzen der Menschheit die Banane gradebiegen wollen.
Widerlich ist mir jeder, der subjektives Unrecht in objektives Recht umzuschwindeln versteht.
Ich fürchte alle, die mich bekehren möchten.
Mein Mut beschränkt sich darauf, möglichst wenig Angst zu haben; Mutproben lege ich keine ab.
Allen rate ich, die Liebe nicht schnell wie das Katzenficken zu betreiben. (Das gilt auch später für euch, Kinder.)
Ich mag Buttermilch und Radieschen.
Ich reize gern auf den Skat.
Ich mag alte gebrochene Leute.
Auch ich mache Fehler mehrmals.

Ich bin ganz gut schlecht erzogen worden.
Treu bin ich nicht – aber anhänglich.

Immer muß ich was machen: Wörter hecken, Kräuter schneiden, in Löcher gucken, Zweifel besuchen, Chroniken lesen, Pilze und deren Verwandtschaft zeichnen, aufmerksam nichts tun, morgen nach Delmenhorst, übermorgen nach Aurich (Ostfriesland) fahren, Reden reden, die dicke Schwärze, dort, wo sie graustichig wird, vom Rand her anknabbern, Schnecken auf ihrem Vormarsch begleiten und – weil ich den Krieg kenne – vorsätzlich Frieden halten; den mag ich auch, Kinder.

Kapitel 8

Toleranz

Auch die *Toleranz* wurde erst spät als Tugend definiert. Heute wird sie aber so häufig beschworen – etwa wenn wieder einmal Neonazis Ausländer, Juden oder Behinderte in Deutschland gejagt, mißhandelt oder gar umgebracht haben –, daß man den Eindruck gewinnt, die Tugend der *Toleranz* sei eine Floskel und bedeute nur, Menschen anderer Geburt und Kultur oder anderen Glaubens neben sich zu dulden. Das aber ist ein großer Irrtum.

Hinter dem Begriff *Toleranz* versteckt sich eine wesentliche intellektuelle und gesellschaftliche Frage: Wie gehe ich mit meinen eigenen Vorstellungen und Überzeugungen, mit dem, was ich denke, für richtig halte, kurz, wie gehe ich mit der Wahrheit – wie die Philosophen sie umschreiben – um? Bei den alten Griechen und Römern lebten viele Götter nebeneinander, aber keiner beanspruchte für sich die alleinige Wahrheit. Auf diese Weise war fast jeder in seinem Glauben weitgehend frei. Nur die an einen Gott glaubenden und eine absolute Wahrheit beanspruchenden Juden und Christen wurden verfolgt, wohl auch, weil sie eine vermeintliche Gefahr für die bestehende kulturelle und politische Ordnung darstellten.

Erst mit der Expansion der monotheistischen Religionen (Judentum, Christentum und Islam) wird die Frage: Wer besitzt die Wahrheit?, zum Problem. Nachdem der von der Kirche Roms vertretene Glaube in Europa zur Staatsreligion geworden war, führte die Intoleranz über die Jahrhunderte hinweg zu Kreuzzügen und Massenmorden, schrecklichster Folter und Verbrennungen Andersgläubiger auf dem Scheiterhaufen.

Erst weit nach der Reformationszeit wurde *Toleranz* als sittliche Verhaltensregel zusammen mit der religiösen Neutralität des Staates gefordert. Das schönste Beispiel für eine solche Haltung ist die Ringparabel aus Lessings »Nathan der Weise«. Hier wird die Duldung verschiedener Religionen nebeneinander damit begründet, daß keiner der drei Söhne beweisen kann, wer den echten, den wahren Ring besitzt. Doch den religiös, politisch, sittlich Andersdenkenden zu dulden und gewähren zu lassen, bedeutet nur Gleichgültigkeit, selbst dann, wenn dieses Dulden mit Freundlichkeit verbunden wäre. Toleranz im ursprünglichen Sinn des Wortes erfordert hingegen mehr.

Das Ziel der *Toleranz* ist der friedliche Umgang mit der Wahrheit. Und das setzt voraus, daß man erstens selbst über eine Überzeugung, eine Erkenntnis verfügt; zweitens verlangt *Toleranz*, daß die Wahrheit des anderen nicht nur geduldet wird, sondern sie soll auch noch als gleichberechtigt anerkannt werden. *Toleranz* ist also schon allein deshalb eine schwierige Tugend, weil sie Vernunft voraussetzt, Wissen und die Fähigkeit zur Erkenntnis. Da es aber keine absolute Wahrheit gibt, vertritt jeder seine eigene Ansicht. Das führt dazu, daß sich viele verschiedene Überzeugungen gegenüberstehen. Die Tugend der *Toleranz* gibt nur das rechte Maß vor, wie Personen, die unterschiedliche Religionen, Überzeugungen, eben Wahrheiten vertreten, miteinander umgehen sollen.

Toleranz verlangt, daß jeder bereit ist einzugestehen, daß seine Wahrheit nur relativ ist. Tatsächlich hat sich fast jede Erkenntnis – auch die der größten Wissenschaftler – als fehlbar erwiesen, und sei es erst nach Hunderten von Jahren. Wer den anderen anerkennt, muß in Anspruch nehmen, daß in der eigenen Wahrheit genauso viele Fehler enthalten sein können, wie er sie in der anderen vermutet. Das fällt allen Menschen – auch den angeblich Weisen – schwer, denn Fehler gibt niemand gern zu. Damit werden viele persönliche Gefühle (Eitelkeiten, Ängste usw.) getroffen. Die moderne Definition von *Toleranz* fordert dennoch, daß wir unsere Einstellung zu den eigenen Fehlern verändern. Bevor wir den anderen beurteilen, müssen wir lernen, uns selbst in Frage zu stellen (siehe dazu Karl R. Popper, S. 611 ff.). Damit wird die *Toleranz* eine Tugend, die Selbstüberwindung verlangt und aggressive Triebe zurückdrängt.

Wenn *Toleranz* aber den richtigen Umgang mit Wahrheit zum Ziel hat, dann reicht es noch nicht aus, daß man die persönliche Erkenntnis in Frage stellt und bereit ist, eigene Fehlerhaftigkeit einzugestehen, vielleicht gar nach Fehlern in der privaten Einstellung zu suchen, sondern wahre *Toleranz* geht weiter: Sie bleibt nicht passiv und duldet, sondern sie wird aktiv und handelt. Das bedeutet, daß man mit Vertretern anderer Wahrheiten einen Gedankenaustausch über deren

Sichtweisen aufnimmt. Denn erst durch das Gespräch über Wahrheiten und Fehler fördert *Toleranz* das Verstehen und führt dazu, daß Meinungsverschiedenheiten friedlich ausgetragen werden und Streitigkeiten nicht in gewalttätige Auseinandersetzungen ausarten. Und das muß ein Teil des moralischen Erziehungsprogramms von Kindern und Jugendlichen sein.

Toleranz ist allerdings kein Selbstzweck. Nur wenn alle die gleichen Voraussetzungen hätten, um nach der Wahrheit zu suchen, und wenn sie dann auch mit gleicher Intensität dieser sittlichen Handlungsweise folgten, wäre diese Tugend eine unbeschränkte moralische Pflicht. Die *Toleranz* darf allerdings gegenüber Intoleranten mißachtet werden, auch dann, wenn andere sittliche Ziele sonst nicht erreicht werden können. So wird seit einigen Jahren gegen die Tötung von bestimmten Walarten von Umweltorganisationen ein starker öffentlicher Protest – auch mit Gewalt gegenüber Walfängern – ausgeübt. Dies hat dazu geführt, daß die über Jahrhunderte bestehende *Toleranz* gegenüber Angehörigen dieses Berufsstandes eingeschränkt und ihnen Fangquoten aufgezwungen wurden. Dies ist richtig, solange die Tatsachen – die Bedrohung von Walarten – stimmen.

Dagegen wird manchmal toleriert, was nicht geduldet werden soll. Aber es kann geschehen, daß es an Information und politischer Macht fehlt, um wirksam zu protestieren. Toleriert wird etwa die Aufrüstung von Ländern der Dritten Welt mit einem gewaltigen Waffenarsenal, das diese Staaten in den finanziellen Ruin treibt und ihnen die finanziellen Mittel für notwendige Sozialvorhaben nimmt, gleichzeitig aber die lokalen Diktatoren – wie etwa Mobutu – zu Milliardären mit Konten in der Schweiz macht. Sie sind die Raubritter des Nachkolonialismus. Dies dürfte nicht geduldet werden, weil durch die Habgier der Industriestaaten Hunderttausende von Menschenleben aufs Spiel gesetzt werden.

Habgier ist ein großer Feind der Moral. Sie führt immer wieder dazu, daß Vorgänge hingenommen werden, auf die mit aller Härte reagiert werden müßte. So darf es etwa gegen Fanatiker keine Rücksicht geben. Und wenn eine aus religiösen Fanatikern zusammengesetzte Staatsführung wie im Iran einen Schriftsteller wie Salman Rushdie wegen eines Romans zum Tode verurteilt, ihn – wie im Mittelalter – für vogelfrei erklärt und auch noch eine Kopfprämie auslobt, dann sollte die Folge sein, daß demokratische Staaten ihre wirtschaftlichen und politischen Beziehungen auf das allernötigste Mindestmaß beschränken. Aber selbst jene Politiker tun es nicht, die bei jedem Brandanschlag auf das Haus eines Ausländers lauthals *Toleranz* fordern. Sie wissen vielleicht nicht, was sich hinter dieser Tugend verbirgt.

Toleranz – ein Fremdwort?

Toleranz sollte eigentlich nur eine vorübergehende Gesinnung sein: sie muß zur Anerkennung führen. Dulden heißt beleidigen.
Johann Wolfgang von Goethe

Was die wahre Freiheit und den wahren Gebrauch derselben am deutlichsten charakterisiert, ist der Mißbrauch derselben.
Georg Christoph Lichtenberg

Toleranz ist:

- die Tugend des Mannes, der keine Überzeugungen hat.
Gilbert Keith Chesterton

- das unbehagliche Gefühl, der andere könne am Ende doch recht haben. *Robert Lee Frost*

- die Nächstenliebe der Intelligenz. *Jules Lemaître*

- eine Eigenschaft, die dem Reichen zu erklären erlaubt, Armut sei keine Schande. *Robert Lembke*

- ein anderes Wort für Gleichgültigkeit.
William Somerset Maugham

- die Fehler der anderen entschuldigen. *Arthur Schnitzler*

Gotthold Ephraim Lessing

Nathan der Weise: Die Ringparabel

SALADIN (So ist das Feld hier rein!) – Ich komm' dir doch
Nicht zu geschwind zurück? Du bist zu Rande
Mit deiner Überlegung. – Nun so rede!
Es hört uns keine Seele.
NATHAN   Möcht' auch doch
Die ganze Welt uns hören.
SALADIN   So gewiß
Ist Nathan seiner Sache? Ha! das nenn'
Ich einen Weisen! Nie die Wahrheit zu
Verhehlen! für sie alles auf das Spiel
Zu setzen! Leib und Leben! Gut und Blut!
NATHAN Ja! ja! wann's nötig ist und nutzt.
SALADIN   Von nun
An darf ich hoffen, einen meiner Titel,
Verbesserer der Welt und des Gesetzes,
Mit Recht zu führen.
NATHAN   Traun, ein schöner Titel!
Doch, Sultan, eh' ich mich dir ganz vertraue,
Erlaubst du wohl, dir ein Geschichtchen zu
Erzählen?
SALADIN   Warum das nicht? Ich bin stets
Ein Freund gewesen von Geschichtchen, gut
Erzählt.
NATHAN Ja, *gut* erzählen, das ist nun
Wohl eben meine Sache nicht.
SALADIN   Schon wieder
So stolz bescheiden? – Mach'! erzähl', erzähle!
[…]
NATHAN Vor grauen Jahren lebt' ein Mann in Osten,
Der einen Ring von unschätzbarem Wert
Aus lieber Hand besaß. Der Stein war ein

Opal, der hundert schöne Farben spielte,
Und hatte die geheime Kraft, vor Gott
Und Menschen angenehm zu machen, wer
In dieser Zuversicht ihn trug. Was Wunder,
Daß ihn der Mann in Osten darum nie
Vom Finger ließ; und die Verfügung traf,
Auf ewig ihn bei seinem Hause zu
Erhalten? Nämlich so. Er ließ den Ring
Von seinen Söhnen dem geliebtesten;
Und setzte fest, daß dieser wiederum
Den Ring von seinen Söhnen dem vermache,
Der ihm der liebste sei; und stets der liebste,
Ohn' Ansehn der Geburt, in Kraft allein
Des Rings, das Haupt, der Fürst des Hauses werde. –
Versteh mich, Sultan.

SALADIN Ich versteh' dich. Weiter!

NATHAN So kam nun dieser Ring, von Sohn zu Sohn,
Auf einen Vater endlich von drei Söhnen;
Die alle drei ihm gleich gehorsam waren,
Die alle drei er folglich gleich zu lieben
Sich nicht entbrechen konnte. Nur von Zeit
Zu Zeit schien ihm bald der, bald dieser, bald
Der dritte, – sowie jeder sich mit ihm
Allein befand, und sein ergießend Herz
Die andern zwei nicht teilten, – würdiger
Des Ringes; den er denn auch einem jeden
Die fromme Schwachheit hatte, zu versprechen.
Das ging nun so, solang es ging. – Allein
Es kam zum Sterben, und der gute Vater
Kömmt in Verlegenheit. Es schmerzt ihn, zwei
Von seinen Söhnen, die sich auf sein Wort
Verlassen, so zu kränken. – Was zu tun? –
Er sendet in geheim zu einem Künstler,
Bei dem er, nach dem Muster seines Ringes,
Zwei andere bestellt, und weder Kosten
Noch Mühe sparen heißt, sie jenem gleich,
Vollkommen gleich zu machen. Das gelingt

Dem Künstler. Da er ihm die Ringe bringt,
Kann selbst der Vater seinen Musterring
Nicht unterscheiden. Froh und freudig ruft
Er seine Söhne, jeden insbesondre;
Gibt jedem insbesondre seinen Segen, –
Und seinen Ring, – und stirbt. – Du hörst doch, Sultan?
SALADIN *(der sich betroffen von ihm gewandt)*
Ich hör', ich höre! – Komm mit deinem Märchen
Nur bald zu Ende. – Wird's?
NATHAN Ich bin zu Ende.
Denn was noch folgt, versteht sich ja von selbst. –
Kaum war der Vater tot, so kömmt ein jeder
Mit seinem Ring, und jeder will der Fürst
Des Hauses sein. Man untersucht, man zankt,
Man klagt. Umsonst; der rechte Ring war nicht
Erweislich; –
(nach einer Pause, in welcher er des Sultans Antwort erwartet)
Fast so unerweislich, als
Uns itzt – der rechte Glaube.
SALADIN Wie? das soll
Die Antwort sein auf meine Frage? …
NATHAN Soll
Mich bloß entschuldigen, wenn ich die Ringe
Mir nicht getrau' zu unterscheiden, die
Der Vater in der Absicht machen ließ,
Damit sie nicht zu unterscheiden wären.
SALADIN Die Ringe! – Spiele nicht mit mir! – Ich dächte,
Daß die Religionen, die ich dir
Genannt, doch wohl zu unterscheiden wären.
Bis auf die Kleidung, bis auf Speis' und Trank!
NATHAN Und nur von seiten ihrer Gründe nicht. –
Denn gründen alle sich nicht auf Geschichte?
Geschrieben oder überliefert! – Und
Geschichte muß doch wohl allein auf Treu'
Und Glauben angenommen werden? – Nicht? –
Nun, wessen Treu' und Glauben zieht man denn
Am wenigsten in Zweifel? Doch der Seinen?

Doch deren Blut wir sind? doch deren, die
Von Kindheit an uns Proben ihrer Liebe
Gegeben? die uns nie getäuscht, als wo
Getäuscht zu werden uns heilsamer war? –
Wie kann ich meinen Vätern weniger
Als du den deinen glauben? Oder umgekehrt. –
Kann ich von dir verlangen, daß du deine
Vorfahren Lügen strafst, um meinen nicht
Zu widersprechen? Oder umgekehrt.
Das nämliche gilt von den Christen. Nicht? –

SALADIN (Bei dem Lebendigen! Der Mann hat recht.
Ich muß verstummen.)

NATHAN Laß auf unsre Ring'
Uns wieder kommen. Wie gesagt: die Söhne
Verklagten sich; und jeder schwur dem Richter,
Unmittelbar aus seines Vaters Hand
Den Ring zu haben. – Wie auch wahr! – Nachdem
Er von ihm lange das Versprechen schon
Gehabt, des Ringes Vorrecht einmal zu
Genießen. – Wie nicht minder wahr! – Der Vater,
Beteurte jeder, könne gegen ihn
Nicht falsch gewesen sein; und eh' er dieses
Von ihm, von einem solchen lieben Vater,
Argwohnen lass': eh' müss' er seine Brüder,
So gern er sonst von ihnen nur das Beste
Bereit zu glauben sei, des falschen Spiels
Bezeihen; und er wolle die Verräter
Schon auszufinden wissen; sich schon rächen.

SALADIN Und nun, der Richter? – Mich verlangt zu hören,
Was du den Richter sagen lässest. Sprich!

NATHAN Der Richter sprach: Wenn ihr mir nun den Vater
Nicht bald zur Stelle schafft, so weis' ich euch
Von meinem Stuhle. Denkt ihr, daß ich Rätsel
Zu lösen da bin? Oder harret ihr,
Bis daß der rechte Ring den Mund eröffne? –
Doch halt! Ich höre ja, der rechte Ring
Besitzt die Wunderkraft beliebt zu machen;

Vor Gott und Menschen angenehm. Das muß
Entscheiden! Denn die falschen Ringe werden
Doch das nicht können! – Nun; wen lieben zwei
Von Euch am meisten? – Macht, sagt an! Ihr schweigt?
Die Ringe wirken nur zurück? und nicht
Nach außen? Jeder liebt sich selber nur
Am meisten? – O, so seid ihr alle drei
Betrogene Betrüger! Eure Ringe
Sind alle drei nicht echt. Der echte Ring
Vermutlich ging verloren. Den Verlust
Zu bergen, zu ersetzen, ließ der Vater
Die drei für einen machen.

SALADIN   Herrlich! herrlich!

NATHAN Und also, fuhr der Richter fort, wenn ihr
Nicht meinen Rat, statt meines Spruches, wollt:
Geht nur! – Mein Rat ist aber der: ihr nehmt
Die Sache völlig wie sie liegt. Hat von
Euch jeder seinen Ring von seinem Vater:
So glaube jeder sicher seinen Ring
Den echten. – Möglich; daß der Vater nun
Die Tyrannei des *einen* Rings nicht länger
In seinem Hause dulden wollen! – Und gewiß;
Daß er euch alle drei geliebt, und gleich
Geliebt: indem er zwei nicht drücken mögen,
Um einen zu begünstigen. – Wohlan!
Es eifre jeder seiner unbestochnen
Von Vorurteilen freien Liebe nach!
Es strebe von euch jeder um die Wette,
Die Kraft des Steins in seinem Ring' an Tag
Zu legen! komme dieser Kraft mit Sanftmut,
Mit herzlicher Verträglichkeit, mit Wohltun,
Mit innigster Ergebenheit in Gott
Zu Hilf'! Und wenn sich dann der Steine Kräfte
Bei euern Kindes-Kindeskindern äußern:
So lad' ich über tausend tausend Jahre
Sie wiederum vor diesen Stuhl. Da wird
Ein weisrer Mann auf diesem Stuhle sitzen

Als ich; und sprechen. Geht! – So sagte der
Bescheidne Richter.
SALADIN   Gott! Gott!
NATHAN   Saladin,
Wenn du dich fühlest, dieser weisere
Versprochne Mann zu sein: ...
SALADIN *(der auf ihn zustürzt und seine Hand ergreift, die er bis zu Ende nicht wieder fahren läßt)* Ich Staub? Ich Nichts?
O Gott!
NATHAN Was ist dir, Sultan?
SALADIN   Nathan, lieber Nathan! –
Die tausend tausend Jahre deines Richters
Sind noch nicht um. – Sein Richterstuhl ist nicht
Der meine. – Geh! – Geh! – Aber sei mein Freund.
NATHAN Und weiter hätte Saladin mir nichts
Zu sagen?
SALADIN   Nichts.
NATHAN   Nichts?
SALADIN   Gar nichts. – Und warum?
NATHAN Ich hätte noch Gelegenheit gewünscht,
Dir eine Bitte vorzutragen.
SALADIN   Braucht's
Gelegenheit zu einer Bitte? – Rede!
NATHAN Ich komm' von einer weiten Reis', auf welcher
Ich Schulden eingetrieben. – Fast hab' ich
Des baren Gelds zuviel. – Die Zeit beginnt
Bedenklich wiederum zu werden; – und
Ich weiß nicht recht, wo sicher damit hin. –
Da dacht' ich, ob nicht du vielleicht, – weil doch
Ein naher Krieg des Geldes immer mehr
Erfordert, – etwas brauchen könntest.
SALADIN *(ihm steif in die Augen sehend)* Nathan! –
Ich will nicht fragen, ob Al-Hafi schon
Bei dir gewesen; – will nicht untersuchen,
Ob dich nicht sonst ein Argwohn treibt, mir dieses
Erbieten freierdings zu tun: ...
NATHAN   Ein Argwohn?

SALADIN Ich bin ihn wert. – Verzeih mir! – Denn was hilft's?
Ich muß dir nur gestehen, – daß ich im
Begriffe war –
NATHAN　　Doch nicht, das Nämliche
An mich zu suchen?
SALADIN　　　　Allerdings.
NATHAN　　　　　　So wär'
Uns beiden ja geholfen! – Daß ich aber
Dir alle meine Barschaft nicht kann schicken,
Das macht der junge Tempelherr. Du kennst
Ihn ja. Ihm hab' ich eine große Post
Vorher noch zu bezahlen.
SALADIN　　　　　　Tempelherr?
Du wirst doch meine schlimmsten Feinde nicht
Mit deinem Geld auch unterstützen wollen?
NATHAN Ich spreche von dem einen nur, dem du
Das Leben spartest ...
SALADIN　　　　Ah! woran erinnerst
Du mich! – Hab' ich doch diesen Jüngling ganz
Vergessen! – Kennst du ihn? – Wo ist er?
NATHAN　　　　　　　Wie?
So weißt du nicht, wie viel von deiner Gnade
Für ihn, durch ihn auf mich geflossen? Er,
Er mit Gefahr des neu erhaltnen Lebens,
Hat meine Tochter aus dem Feur gerettet.
SALADIN Er? Hat er das? – Ha! darnach sah er aus.
Das hätte traun mein Bruder auch getan,
Dem er so ähnelt! – Ist er denn noch hier?
So bring' ihn her! – Ich habe meiner Schwester
Von diesem ihren Bruder, den sie nicht
Gekannt, so viel erzählet, daß ich sie
Sein Ebenbild doch auch muß sehen lassen! –
Geh, hol' ihn! – Wie aus *einer* guten Tat,
Gebar sie auch schon bloße Leidenschaft,
Doch so viel andre gute Taten fließen!
Geh, hol' ihn!

GÜNTHER ANDERS

Freiheit der Religionen

In Gesellschaft mit jüdischem,
christlichem und mohammedanischem Studenten

Als die Wörter »*Toleranz*« und »*Freiheit der Religionen*« immer wieder, und immer wieder selbstgefällig, verwendet worden waren, machte ich offenbar ein bedenkliches Gesicht.

»Ja, sind Sie denn nicht auch für Freiheit der Religionen«, fragte da der jüdische Student. »Und nicht auch für Toleranz?« fragten die zwei anderen.

Pause.

»Nun?«

»Den Religionen«, antwortete ich, »die wir bekennen – ich persönlich bekenne keine –, gehören wir kaum je aus freien Stücken an, sondern durch den Zufall, daß wir gerade in diese, und in keine andere, hineingeboren worden sind. Unsere Zugehörigkeit ist also *ein Stück Unfreiheit*. Und das um so mehr, als ja die dogmatischen und ritualen Systeme, die unsere Religionen darstellen, durchweg unsere Freiheit beschneiden: uns nämlich vorschreiben, was wir zu glauben oder nicht zu glauben, zu verehren oder zu verabscheuen, zu tun oder zu unterlassen haben – kurz: sie selbst sind *Systeme der Unfreiheit*.

Die drei blickten einander verquält an, fanden aber kein Gegenargument.

»Wenn nun«, fuhr ich fort, »*Freiheit der Religionen*‹ gewährleistet wird, so bedeutet das mithin, daß es uns erlaubt wird, bei denjenigen Systemen der Unfreiheit, in die wir durch Geburt, also unfrei, hineingeraten sind, zu verbleiben, und andererseits, daß die diese Systeme verkörpernden Organisationen, also die Kirchen, *die Freiheit* genießen, *ihre spezifischen Freiheitsberaubungen zu praktizieren*. Das Ganze läuft unter dem Namen ›Toleranz‹. Könnt Ihr finden, daß das mit Freiheit sehr viel zu tun hat?«

Pause.

»Aber ich gehöre doch *gerne* meiner Religion an!« widersprach schließlich einer von ihnen.

Das Eis war gebrochen.

»Und ich meiner!« rief der zweite solidarisch.

»Und ich meiner!«

Ich nickte. »Eben!« schloß ich. »Daß man selbst *das* hat erreichen können, das ist die Klimax der Unfreiheit!«

Ignatz Bubis

Hoffen auf eine intensiver gelebte Toleranz
Zum Grundwert einer demokratischen Gesellschaft

Wenige Begriffe haben im öffentlichen Gespräch der letzten Jahre und Jahrzehnte eine derartige Prominenz erlangt wie das Wort »Toleranz«. Wenn man allein von der Häufigkeit des Wortgebrauchs ausgehen wollte, könnte man schon beinahe auf eine feste Verankerung des hinter dem Begriff stehenden Wortsinnes im Bewußtsein dieser Gesellschaft schließen. Toleranz ausüben – wer verlangte es denn nicht? Und Toleranz einfordern – wer täte es denn nicht? Der Grundkonsens über den hohen Stellenwert dieses Schlüsselwortes der Demokratie ist so weitverbreitet, wie er nicht hinterfragt ist. Die Toleranz lohnt und verdient deshalb ein neues Nachdenken.

Die Wortbedeutung des Fremdwortes »Toleranz« umfaßte – ich darf dies in Erinnerung rufen – ausgehend vom lateinischen »tolerantia« – ursprünglich die »Duldung«, auch die »Duldsamkeit«, besonders in Sachen der Vernunft und des Glaubens. Der Blick auf das zugrundeliegende Verbum »tolerare« enthüllt das Wortfeld »ertragen, dulden, leiden, gestatten«, »tolerant« bedeutete »duldend, duldsam« und meinte dies entsprechend vor allem in Religionssachen. Es liegt, wenn wir den sprachlichen Hintergrund berücksichtigen, auf der Hand, daß sich mit der Toleranz stets auch ein »Leid« verbindet. Der eine leidet darunter, daß man ihn (nur) dulden will, der andere, daß er eine Sache – oder eine andere Person – erdulden, ertragen muß.

Der Weg der Toleranz von einem »Leid« zu einer Tugend, von einem Unwert zu einem Wert, war schwierig, schmerzhaft und nicht immer erfolgreich. Das mag seine Ursache in erster Linie darin haben, daß Toleranz in der europäischen Geschichte lange Zeit die Forderung einer machtlosen Minderheit an eine mächtige Mehrheit war. Man wäre ein schlechter Kenner der menschlichen Natur, würde man nicht begreifen wollen, wie schwer es den Inhabern einer Macht – eigentlich: jeder Macht – fällt, auch nur auf einen kleinen Teil davon freiwillig zu verzichten.

Um so schwerer wog diese Forderung, als sie zuerst gerade in religiösen Dingen erhoben wurde. Die von der Staatskirche abweichenden Glaubensgenossen wollten ungehinderte Glaubensausübung und Gemeinschaftsbildung ja ausgerechnet von denjenigen zugesichert haben, deren Machtanspruch sie durch ihre Abweichung in Frage gestellt hatten. Wir wissen, daß dies nirgendwo – und schon gar nicht so ohne weiteres – glatt vonstatten ging.

Die Duldung ihres Glaubens durch die christliche Staatskirche samt der dazu gehörenden staats-, privat- und kirchenrechtlichen Verhältnisse durch besondere Toleranzedikte erfolgte in Österreich im Jahre 1781, in Preußen gar erst 1847. Dabei darf man nicht vergessen, daß – obwohl das Christentum aus dem Judentum hervorgegangen war – die jüdische Religion durch diese Edikte lediglich zu einer tolerierten (und noch lange nicht zu einer gleichberechtigten) Glaubensgemeinschaft aufrückte. Die dadurch bedingte untergeordnete rechtliche Stellung bereitete der zahlenmäßig immer kleinen jüdischen Minderheit unablässiges tiefes Leid. Wer will, kann leicht nachlesen, welche unendlichen Mühen jüdische Menschen auf sich nahmen, um vom Stadium der Duldung in das der Gleichberechtigung übergehen zu können.

Es war in all diesen Jahren nicht nur der jüdischen Minderheit (an deren Schicksal ich hier beispielhaft erinnere) bewußt, daß wahre Menschenwürde nicht in einem Staats- und Regierungssystem zu finden sein würde, das »Andere« nur hinnimmt oder duldet. Auch viele Katholiken und Protestanten wußten, daß genau an dieser Stelle der Rubikon floß, jenseits dessen die ersehnte Demokratie zu Hause war.

Die Anerkenntnis der Tatsache, daß Individuen überhaupt Rechte neben denen des Staates haben könnten, fiel allgemein schwer. Wie viele – oder vielmehr: wie wenige – Menschen mögen damals geahnt haben, daß diese scheinbar nur juristische Frage eines Tages zu einem genuinen Wert per se werden, ja ein demokratisches Gemeinwesen geradezu definieren würde?

Es ist für einen wie wir in Freiheit lebenden Zeitgenossen am Ende dieses ungeheuerlichen 20. Jahrhunderts beinahe unmöglich geworden, die Bedingungen und Mühseligkeiten nachzuvollziehen, die zu seiner ihm selbstverständlich erscheinenden Freiheit geführt haben. Die religiös bestimmte Entwicklungsgeschichte des Toleranzgedankens mag dem heutzutage betont westlich gesinnten »Normalbürger« aus dem Bewußtsein geschwunden sein. Er genießt wie selbstverständlich die Vorzüge eines freiheitlichen und demokratischen Rechtsstaats und tut gewiß recht daran.

Dennoch darf und muß in unserer Zeit rasant zunehmender Individualisierung der ethisch – und damit religiös – begründete Hintergrund demokratischen Seins und Handelns im öffentlichen Gespräch gehalten werde. Die Väter und Mütter des Grundgesetzes wußten sehr wohl, auf welches Gelände sie sich begaben, als sie ihrem (man darf ruhig sagen: grandiosen) Werk das Bewußtsein einer »Verantwortung vor Gott und den Menschen« voranstellten. Die Grundrechte der Handlungsfreiheit, der Freiheit der Person, der Gleichheit vor dem Gesetz, der Glaubens-, Gewissens- und Bekenntnisfreiheit, nicht zuletzt der Meinungsfreiheit erwachsen alle aus der unantastbaren Würde des Menschen, dem Ebenbild seines Schöpfers.

Toleranz – die »Duldung«, die der Stärkere (der einzelne, die Gruppe, der Staat) gegen den in Religion, Weltanschauung, Abstammung, Nationalität, Hautfarbe und Geschichte anders gearteten Schwächeren übt – stellt einen unverzichtbaren Grundwert in einer demokratischen politischen Gesellschaft dar. Von der Toleranzidee führte eine gerade Linie zu den politischen Forderungen der Emanzipation und der Gleichberechtigung der Bürger. Diese Linie setzte sich bis zum heute (zumindest in der Theorie) beinahe universell akzeptierten Katalog der Menschenrechte fort.

Wenn wir also die Toleranz aus all diesen, ich meine: guten, Gründen bejahen, sollten wir auch darüber sprechen, wie wir es mit der

Intoleranz halten sollten. Verdient die Unduldsamkeit unsere Duldung? Haben diejenigen, die anderen Menschen das Recht auf ein selbstdefiniertes Dasein absprechen, sie gar als »Volksfremde« ausgrenzen, haben diese Gegner demokratischer Verhältnisse ein grundgesetzlich verbrieftes Anrecht auf Duldung? Müssen wir sie gewähren lassen, oder werden wir selber intolerant, wenn wir uns gegen sie stellen?

Ich meine, daß wir als Nutznießer eines langen, oft tragischen Kampfes um die Menschenrechte uns nicht von den Feinden der Demokratie in die »Toleranz-Intoleranz-Falle« locken lassen sollten. Natürlich müssen bei der Abwehr der Intoleranz – ganz gleich, in welcher intellektuell noch so verbrämten Form sie daherkommt – die Regeln unseres Rechtsstaats beachtet werden. Doch keine dieser Regeln lautet: Ihr sollt Euch alles gefallen lassen. Darum verlangt richtig verstandene Toleranz von uns auch ein entschiedenes Eintreten für sie.

Der eigentliche Grundwert der Toleranz für unsere demokratische politische Gesellschaft besteht darin, daß sie uns lehrt, vom Stadium der beiläufigen Duldung ins Stadium der selbstbewußten Bejahung des anderen, unseres Nächsten, überzugehen. Wir können nur hoffen, daß uns eine neue, eine tiefer verstandene und intensiver gelebte Toleranz erst noch bevorsteht.

Wenn man drei in hohem Grade rechtschaffene Menschen A, B, C zusammenbrächte, wovon der eine ein Protestant, der andere ein Katholik und der dritte etwa ein Fichtianer wäre, und man sie genau prüfte, so würde man finden, daß sie alle drei ungefähr denselben Glauben an Gott haben, aber keiner den ganz, zu welchem er sich bekennen würde, wenn er bekennen müßte, in Worten versteht sich. Denn es ist ein großer Vorteil für die menschliche Natur, daß die tugendhaftesten Menschen kaum recht sagen können, warum sie tugendhaft sind; und indem sie ihren Glauben zu predigen glauben, so predigen sie ihn eigentlich nicht. *Georg Christoph Lichtenberg*

Thomas Mann

Von rassischer und religiöser Toleranz

(...) Man kann von einer reinigenden, erhöhenden Wirkung der Literatur sprechen, kann sagen, daß sie die Leidenschaften durch den Geist und das Wort zerstört, daß sie der Weg ist zum Verstehen und zur Liebe. Man hat ein Recht, in der Literatur den Träger des Friedens- und Verständigungsgedankens, den großen Promoter menschlicher Besserung zu sehen, Eigenschaften, welche mit ihrem wesentlich kritischen Charakter zusammenhängen. Eine Kunst, deren Mittel die Sprache ist, wird immer ein in hohem Grad kritisches Schöpfertum zeigen, denn Sprache selbst ist Kritik des Lebens: sie nennt, sie trifft, sie bezeichnet und richtet, indem sie lebendig macht, und sie trägt die Kraft in sich, Scham einzuflößen vor niedrigen, eines entwickelten Menschentums unwürdigen Leidenschaften.

So hat die Literatur oft gewirkt, aber man muß zugeben, daß sie nicht notwendig so wirken muß. Der Geist hat oft auf Erden eine andere, der Besänftigung und Sittigung entgegengesetzte Rolle gespielt. Ihm ist die Neigung nicht fremd, zu pervertieren, sich gegen sich selbst zu wenden, sich zu ironisieren und den Gewalten des kruden Lebens, der Macht, der blühenden, aber rohen Vitalität recht zu geben gegen sich selbst. Er kann in dieser Selbstverleugnung eine rauschhafte Genugtuung finden, die ihn weit von seiner natürlichen Rolle entfernt, auf Erden das Gute, den Frieden, die Freiheit und Demokratie zu vertreten. Er vergißt in solchen Fällen, daß es eine Idee gibt, die ihn mit dem wirklichen Leben und seinen politischen und sozialen Interessen verbindet und die ihn hindern sollte, in einer rein abstrakten Sphäre sich in romantischem Selbstgenuß zu ergehen. Ich meine die Idee der Verantwortung. Immer sollte der Geist sich dem Leben verantwortlich fühlen und aus einem Pragmatismus, der keine Geringschätzung verdient, seine Gedanken in den Dienst des Lebens und des Menschen stellen.

Zu dieser Erkenntnis, diesem neuen Moralismus haben die furchtbaren Erfahrungen unserer Lebenszeit uns geführt. Denn unleugbar waren es Gedanken, kühne, aber unverantwortliche Gedanken, die dem Übel den Weg bereitet haben, das übermächtig geworden war und auch heute noch keineswegs entmachtet ist.

Das Übel, das wir alle wohl bei Namen zu nennen wissen, ist in der ganzen Welt zu Hause, es ist auch unserem großen Lande mit seiner glücklichen Geschichte keineswegs fremd; es erhebt, die Schwierigkeiten einer Übergangskrise ausnutzend, keck sein Haupt unter uns und es möchte sich Raum schaffen, indem es erklärt, Amerika sei keine Demokratie, sondern eine Republik, – etwas rein Formales also, das mit jedem Inhalt gefüllt werden kann, auch mit Faschismus. Hitler-Deutschland war ebenfalls eine Republik, die sogar behauptete, demokratisch, die vollkommenste und modernste Form der Demokratie zu sein, und doch war die Benutzung dieses Wortes ›Demokratie‹ für Hitlers Drittes Reich ein ungeheuerlicher Mißbrauch, wie er heute gern mit wohlklingenden Worten getrieben wird. Auch das Wort Freiheit wird oft heute so mißbraucht, nämlich von einer ökonomischen Reaktion, die ungefähr das Gegenteil davon meint, wenn sie das Wort in den Mund nimmt.

Was wir Faschismus nennen und was stets mit Rassen-Diskriminierung, Minoritäten-Vergewaltigung und Fremdenfeindschaft verbunden ist, ist eine unglückselige Mischung von analphabetischem Mangel an Literatur und einem krankhaften Haß, dem es fast gleich ist, gegen welches Objekt er sich richtet, wenn er nur schmähen, verfolgen und womöglich martern und töten kann. Es ist eine mörderische Mischung von stark psychopathischem Einschlag, denn sehr viele Menschen unterliegen in einer schwierigen und verwirrenden Zeit wie der unsrigen leicht psychologischen Defekten, und wenn sich diese mit Dummheit vereinigen, so ergibt das alles die Merkmale der Unduldsamkeit und stupiden Grausamkeit, wie wir sie an den Anhängern faschistischer Lehren beobachten, an Leuten also, die ihre Gedanken für politisch halten, während sie nur krankhaft und von Haß vergiftet sind.

Der Rassismus persönlich genommen ist ein Elends-Aristokratismus, der klägliche Ersatz des Armen im Geist, der sich immer noch vornehm vorkommen kann, wenn er sagt: ich bin zwar nichts, aber ich bin kein Jude und auch kein Neger. Im Großen und im Internationalen ist der Rassismus, wie früher der Nationalismus, das Rechtfertigungsmittel für allen imperialistischen Angriffsgeist und für die Unterdrückung und Versklavung ›minderwertiger Rassen‹. Diese Rolle hat der Rassismus in Deutschland gespielt, und es ist ganz gewiß, daß er nie eine andere spielen kann.

Die Wichtigkeit, daß gerade diejenigen, denen die Jugenderziehung dieses Landes anvertraut ist, volle Einsicht in die ungeheure Gefahr der rassistischen Ideen besitzen oder sich aneignen, ist überhaupt nicht zu überschätzen.

Oswald von Nell-Breuning

Wenn Tolerante und Intolerante miteinander reden

Ganz allgemein verstanden besagen sowohl das Hauptwort »Toleranz« als auch das Zeitwort »tolerieren« nichts anderes als *dulden* im Sinn von zulassen, geschehen oder gewähren lassen. Im engeren und hier allein interessierenden Sinn besagen sie, dem Andersdenkenden seine *Meinung* lassen, ihn wegen dieser seiner Meinung nicht unterdrücken, verfolgen, zurücksetzen oder sonstwie schlechter behandeln, ihn weder physisch noch psychisch (intellektuell oder moralisch) vergewaltigen oder zu vergewaltigen versuchen, ihn weder hindern, seine Meinung zu *äußern* noch seiner Überzeugung gemäß zu *handeln*, solange er dadurch nicht die öffentliche Ordnung verletzt oder das friedliche Zusammenleben stört. – Der Tolerante räumt dem Andersdenkenden die Freiheit der *Meinungsäußerung* und im Rahmen der für alle geltenden rechtlichen Ordnung *Handlungsfreiheit* ein bis zu der Grenze, wo der andere diese Freiheit dazu mißbraucht, um mit Berufung auf sie *In*toleranz zu üben, d. i. den Toleranten ebendieser Freiheit zu berauben, ihn unter das Joch *seiner* Meinung und *seines* Willens zu zwingen.

So das äußere Verhalten. Wie aber ist die innere Haltung oder Gesinnung zu verstehen, der das tolerante Verhalten entspringt?

Selbstverständlich hält der Tolerante seine Meinung für richtig (anderenfalls wäre sie ja nicht »seine« Meinung) und hält die Meinung des Andersdenkenden für irrig, vielleicht sogar für gefährlich oder verwerflich, aber er achtet den Andersdenkenden und hält ihn nicht schon allein deswegen, weil er anderer Meinung ist, für dumm oder gar für bösartig; er weiß, daß er selbst sich irren kann und schon manchmal geirrt hat; so hütet er sich, seinen Urteilen übergroße Gewißheit und seinen Entscheidungen unbedingte Richtigkeit zuzuschreiben. Anders der *In*tolerante; er hält seine Meinung für unumstößlich richtig und jede davon abweichende Meinung für ebenso unumstößlich irrig.

Der Tolerante versagt dem Andersdenkenden seine Achtung nicht, nimmt vielmehr bis zum Beweis des Gegenteils an, der andere sei auch ein verständiger Mensch; auch er habe sich Gedanken gemacht und sorgfältig geprüft, bevor er sich seine Meinung oder erst seine sittliche Überzeugung bildete; darum achtet der Tolerante nicht nur den Andersdenkenden als ehrenwerten Mitmenschen, sondern achtet auch dessen von ihm selbst nicht geteilte Überzeugung, zwar nicht als inhaltlich zutreffend, wohl aber als ehrlich und echt, namentlich dann, wenn er sieht, daß der andere seiner Gewissensüberzeugung, die er sich mit gewissenhafter Sorgfalt gebildet hat, auch dann nachlebt, wenn sie hohe Anforderungen an ihn stellt und ihm Opfer abverlangt. So nimmt der Tolerante die von ihm als irrtümlich beurteilte Meinung des Andersdenkenden ernst und kann sie interessant, vielleicht scharfsinnig oder geistreich finden; er kann und wird sich bemühen, auch in dem Irrtum ein verstecktes Korn oder doch ein Körnchen Wahrheit zu entdecken. Dagegen kann auch der Toleranteste das, was nach seiner Meinung Irrtum ist, nicht achten oder hochschätzen, sondern nur ablehnen und den in diesem Irrtum Befangenen deswegen bedauern; bei Aussicht auf Erfolg wird er vielleicht versuchen, ihm behilflich zu sein, den Irrtum abzulegen und zu zutreffender Erkenntnis zu gelangen.

Der Tolerante tritt für das, was er für richtig hält, mit *Vernunftgründen* ein und wird versuchen, die Richtigkeit seiner Meinung überzeugend darzutun und die von ihr abweichende Meinung als irrig zu erweisen. Mit Anhängern oder Vertretern anderer Meinungen wird er um die Erkenntnis ringen, was wirklich zutrifft, nicht nur in der

Absicht, deren Meinungen zu widerlegen, sondern ebenso mit der Bereitschaft, selbst von den anderen zu lernen und gegebenenfalls seine eigene Meinung zu berichtigen, zu ergänzen oder zu vertiefen.

Wenn *In*tolerante miteinander reden, artet das leicht in Streit aus. Jeder hält seine Meinung für die volle und lautere Wahrheit und die Meinung des anderen für reinen Irrtum oder völligen Unsinn; keiner will von dem anderen etwas lernen; beide Seiten legen es darauf ab, den anderen möglichst schlagend zu widerlegen. – Wenn zwei Tolerante miteinander reden, nimmt jeder an oder hält es jedenfalls nicht von vornherein für ausgeschlossen, daß auch in der von ihm als unzutreffend abgelehnten Meinung des anderen etwas Richtiges enthalten ist, und versucht, dieses Richtige aus dem Irrtum, mit dem er es verquickt sieht, herauszulösen. Dieses Bemühen beider Seiten wird oft dazu führen, daß sie manches herausfinden, worin sie übereinstimmen; so kommen sie einander näher; beide bereichern ihr zutreffendes Wissen und vertiefen es; auch wenn ein Rest an Meinungsverschiedenheit bleibt, der nicht ausgeräumt werden kann.

Wo es um Wahrheiten geht, die interpersonal zwingend andemonstriert werden können, bedarf es keiner Toleranz, ja ist streng genommen für sie – jedenfalls in dem Vollsinn, wie wir Toleranz zu verstehen pflegen – kein Platz. *Aufzwingen* läßt sich allerdings die bessere Einsicht auch mit noch so zwingenden Beweisen nicht. Wenn der andere den zwingenden Beweis nicht begreift, aber auch wenn er sich weigert, ihn zur Kenntnis zu nehmen und zu prüfen, dann bleibt nichts anderes übrig, als sich mit seiner Beschränktheit oder seinem störrischen Eigensinn abzufinden und, soweit sein aus dem festgehaltenen Irrtum entspringendes Handeln sich im Rahmen der ihm zustehenden Handlungsfreiheit hält und kein Unheil anrichtet, ihn gewähren zu lassen. Diese Duldsamkeit schulden wir Menschen einander als *Gleichberechtigten*; die höhere ethische Dignität der Toleranz kommt dieser Duldung nicht zu.

Pinchas Lapide

Allen rechtsradikalen Umtrieben zum Trotz

Jüdische Gemeinden gab es am Rhein, am Main und an der Oberen Donau seit dem 5. Jahrhundert – Jahrhunderte also, ehe der Begriff »deutsch« aufkam. Die Christianisierung dieser Landstriche lag noch in ferner Zukunft, als sich Juden bereits für das Wohl und die Entwicklung dieses Landes engagierten.

Das Verhältnis zwischen Juden und Christen verschlechterte sich schlagartig um 1096 mit Beginn der Kreuzzüge. Die Kirchen ermutigten den Pöbel, auf seinem Weg zur Befreiung des »Heiligen Grabes« von muslimischer Herrschaft, sein Mütchen an den Juden im Rheinland und entlang des Wegs zu kühlen. Die römische Kreuzigung Jesu wurde den Juden in die Schuhe geschoben. Trotz rühmlicher Ausnahmen versickerte die damals gelegte Blutspur bis in dieses Jahrhundert nicht.

Ich würde nie behaupten, daß die Kirchen die Schuld am Holocaust tragen, aber wer kann bestreiten, daß christlich-inspirierter Judenhaß den Weg für die Unmenschlichkeit dieses Jahrhunderts geebnet hat? Juden wurden ausgegrenzt: Mitgliedschaft in Zünften war ihnen verwehrt, Bodenbesitz und Landwirtschaft verboten, Militärdienst und Universitätsämter versagt, aber als Zinseintreiber der säkularen und der geistlichen Obrigkeit wurden sie allemal ausgebeutet. Und dennoch: Mit Ausnahme der Hitler-Ära war Deutschland niemals »judenrein«.

Mit Anbruch der Aufklärung fielen die Gettomauern. Die bislang Eingekerkerten stürzten hinaus in die bürgerliche Freiheit; ihr lang unterdrückter Hunger nach weltlichem Wissen, der Durst nach den Künsten und die ungestillte Sehnsucht nach den freien Berufen führte in relativ kurzer Zeit zur dynamischen Entfaltung blühender Gemeinden im ganzen Land. Seit damals haben ihre Söhne in allen deutschen Freiheitskriegen gekämpft.

Trotz gelegentlicher Rückfälle ihrer Umwelt in den alten Antisemitismus dienten rund 100 000 deutsche Juden in deutschen Streitkräften im Ersten Weltkrieg; etwa 30 000 von ihnen als Freiwillige. Mehr als 12 000 Mann fielen für Deutschland – also mehr als die Zahl derer, die in den ersten Kriegen des Staates Israel ihr Leben lassen mußten.

War ihr Patriotismus ein tragischer Irrtum? Laßt uns nicht aus der bequemen historischen Rückschau ihre Hingabe geringschätzen! Sie liebten ihre Heimat. Wie konnten sie die braune Flut voraussehen, die später den Großteil Europas überschwemmen würde?

Nicht einmal führende Staatsmänner des Westens, wie der britische Premier Neville Chamberlain, US-Präsident Franklin D. Roosevelt und der französische Ministerpräsident Edouard Daladier, konnten das Ausmaß des Nazi-Unheils erahnen. Ohne die Schuld der Nazis – der Täter, der Zuschauer und der Wegschauer – im geringsten zu mindern, bleibt die schmerzliche Frage: Warum haben die Nationen der freien Welt ihre Tore nicht rechtzeitig und weniger halbherzig für den Zustrom der entrechteten jüdischen Flüchtlinge geöffnet?

Am Tag nachdem die Kanonen schwiegen, vor nunmehr 50 Jahren, schleppten sich ausgemergelte Gestalten aus den Vernichtungslagern – und tausend Unterschlüpfen: die Überlebenden. Doch wohin sollten sie gehen? Zurück in ihre ehemaligen Dörfer und Städtchen? Vielleicht in das stalinistische Rußland, mit seiner antijüdischen Unterdrückung? Oder nach Polen, wo etliche Heimkehrer mit blutigen Pogromen, wie etwa in Kielce 1946, empfangen wurden?

Die meisten Überlebenden fanden in Israel Zuflucht; andere gingen in die USA. Menschliche Wracks zu Tausenden waren in Todesmärschen gegen Kriegsende quer durch Deutschland gejagt worden. Ihre Spuren finden sich noch heute auf einsamen Friedhöfen und in Ruinen der »Displaced-Persons«-Lager.

Tausende Überlebende aber blieben in Westdeutschland – hauptsächlich in der Geborgenheit der US-Besatzungszone. Einige Jahre lang waren die sprichwörtlichen Koffer gepackt. Dennoch kamen Kinder zur Welt, wurden neue Existenzen aufgebaut und Vermögen gebildet. Später begann »Uncle Sam« mit seinen Truppen den Rückzug nach Hause; die jüdische Gemeinschaft blieb jedoch im Lande und schlug Wurzeln.

Es gab noch eingefleischte Nazis, die nachts Hakenkreuze auf Wände schmierten. Israels erster Staatspräsident David Ben Gurion hatte jedoch schon 1965, als er diplomatische Beziehungen mit Bonn aufnehmen ließ und viele Verbindungen mit West-Deutschland pflegte, betont: »Ja, es gibt ein neues Deutschland, dem wir Vertrauen schenken dürfen.«

In der Tat, die Beziehungen zwischen den beiden Staaten haben sich inzwischen erfreulich auf zahlreichen Gebieten entfaltet. Die Bundesrepublik wurde, nach den USA, zum bedeutendsten Wirtschaftspartner Israels. Einige Likud-Politiker äußern heute noch bittere Klagen gegen das, was sie »das Land der Mörder« nennen. Gewiß schreien die Leiden der Schoah-Überlebenden zum Himmel. Ihre Traumata sind längst nicht vernarbt, und sogar die Zeit mit ihrer sprichwörtlichen Heilkraft hat versagt. Dennoch sollten wir – weil wir seit 2000 Jahren einer christlichen Kollektivbeschuldigung (und einer unberechtigten noch dazu) anheimfielen – nicht mit gleicher Münze heimzahlen!

Ja, es gibt in Deutschland noch immer Täter, Zuschauer und Wegschauer – aber auch Widerstandskämpfer und Judenretter und vor allem eine zweite und dritte Generation, die einen Neubeginn erstrebt. Rund 50 000 Juden leben heute im vereinten Deutschland – eine Zahl, die durch den Zustrom russischer Juden wächst. Seit 1989 sind etwa 28 000 russische Juden in hiesigen Gemeinden eingegliedert worden. Etwa 60 000 Juden in der ehemaligen UdSSR stehen auf Wartelisten der deutschen Konsulate und hoffen auf Emigration.

Unter den vielen nach Deutschland drängenden russischen Juden sind allerdings manche »Nicht-Juden«, die kraft jüdischer Papiere Einlaß begehren. Wie makaber! Der nachdenkliche Zeitgenosse kann nicht umhin, sich zu erinnern, daß im Laufe von Jahrzehnten Juden in der UdSSR ihr letztes Hemd verscherbelten, um sich falsche Papiere zu besorgen, die das Nicht-Jude-Sein bezeugten. Heute soll es eine rege Nachfrage nach »jüdischen Papieren« geben.

»Wer ist Jude?« Das bleibt nach wie vor die tragische, außen und innen umstrittene Frage. Nicht einmal der sogenannte »Arier-Nachweis« der Nazis konnte eine Antwort liefern. Wer war Arier? Die Person war es, deren Eltern und Großeltern auf einen gekreuzigten Juden getauft worden waren! Wer war damals Jude und zum Vergasen verurteilt? Die Person war es, deren Eltern und Großeltern den Glauben jenes gekreuzigten Juden teilten.

Kehren wir zurück zur Nachkriegszeit. In der Bundesrepublik nahm die zweite und dritte Generation der Überlebenden regen Anteil am öffentlichen Leben. Um so tiefer sitzt der Schock über Neonazis und Skinheads.

In all ihrer Verschiedenheit sind die meisten Juden mittels zweier Bande vereint: ihre gemeinsame Sorge um den Staat Israel und ihre selbstauferlegte Mahnerpflicht, um die Erinnerung an die Grauen des Holocaust wachzuhalten. Hoffentlich erweisen sich diese beiden Klammern auf lange Sicht nicht als eine Art von Ersatz-Religion des Judentums. Das wäre eine Tragödie.

Die Wachstumswehen der hiesigen Gemeinschaft verinnerlichten sich im Laufe der Jahre und führten zu einer Art von kontrastivem Miteinander. Die sprichwörtlichen Koffer der ewigen Flüchtlinge wurden stillschweigend ausgepackt. Dann aber gab es das »Erdbeben« von 1989. In der scheinbar geruhsamen Welt des Westens, wo jedermann seine politischen Freunde und Gegner kannte und sich an die Grenzen und Zäune zwischen Ost und West gewöhnt hatte, brachen unversehens alle Mauern zusammen. Alles in Europa änderte sich. Nach einer Weile tauchten neue Grenzen auf: zwischen Reichen und Habenichtsen einerseits und zwischen satten Bürgern und herumirrenden Flüchtlingen andererseits.

Ja: Hoyerswerda, Rostock, Sachsenhausen, Solingen und all die anderen Tatorte haben uns das Gruseln wieder beigebracht. Die panikartigen Vergleiche und das Beschwören von Alpträumen à la Weimarer Republik entbehren aber jeder historischen Grundlage. Der Neofaschismus ruft dennoch immer wieder bei hiesigen Juden Gefühle von Entsetzen, Bedrohung und Verlassenheit hervor.

Nötig wäre 1. eine intensivere europaübergreifende Strategie, um Verbrechen zu bekämpfen; 2. die Sozialarbeit unter Anfälligen wesentlich und frühzeitig zu verstärken. 3. Ohne verallgemeinernde Schuldzuweisung sei empfohlen, bei Polizei- und Juristen-Ausbildung Ethik und Demokratiebewußtsein zu betonen.

Die Völker, die unter dem Nazi-Stiefel zu leiden hatten, blicken noch immer mißtrauisch auf diese Republik. Es handelt sich dabei nicht um Kollektivbeschuldigungen – schon gar nicht gegen die Nachkriegsgeneration. Da es aber keinen Ausstieg aus der Geschichte gibt, sind die Enkel der Täter und Mitläufer in die Pflicht genommen. Deshalb sind die nachfolgenden Geschlechter auch verpflichtet, die Lasten der Wiedervereinigung mitzutragen. Vergessen wir nicht, daß die Teilung Europas und Deutschlands mit all ihren Wirren und Wehen die bitteren Folgen von 1933 und des willkürlich vom Zaun gebrochenen Zweiten Weltkrieges sind. Es war kein Naturereignis, sondern eine Verstrickung, die von 1933 über 1939 bis 1945 reichte.

Trotz erheblicher Verunsicherung und Zweifel sind seit Hoyerswerda Juden aus Deutschland kaum ausgewandert. Wenn sie zu dieser Zeit ihr Vertrauen in die deutsche Demokratie nicht verloren haben, wäre es nicht denkbar, daß sie sich in geraumer Weile doch wieder als »deutsche Juden« werden verstehen können? Die Fairneß gebietet allerdings, daß nicht mehr von jüdischen »Mitbürgern«, von »Auslands-Israelis«, von »Viertel-Juden«, »Halbjuden« und »Achteljuden« oder gar von »Judenstämmlingen« die Rede ist, denen gnädigst Minderheitenschutz gewährt werden soll. Gelten Jesuiten etwa als eine Minderheit? Spricht man etwa von »Viertel-Katholiken«, »Halb-Methodisten« oder »Protestantenstämmlingen«? Juden sollten hier nicht als »Minderheit« erachtet werden – ebenso wie es deutschen Baptisten oder Altkatholiken nicht geschieht.

Juden sind weder Teufel noch Engel, sondern fehlbare Menschen, mit Tugenden und Lastern. Seit dem Auseinandergehen der Wege von Synagoge und Kirche vor 1800 Jahren wurde alles Trennende »heilig gesprochen« und hochgejubelt. Ist es nicht an der Zeit, sich wieder – ohne jeden Synkretismus – auf das Gemeinsame zu besinnen?

Das Christentum ist die einzige Weltreligion, deren Heiland zeitlebens einer anderen Religion angehört hat: dem Judentum. Wir alle sollten auf Absolutheitsansprüche und Wahrheitsmonopole verzichten, wissend, daß jede Religion nur zu einem Zipfel der großen Wahrheit – die uns aber in ihrer Gänze verborgen bleibt – Zugang hat. Die Propheten im alten Israel, wie auch der Rabbi Jesus von Nazareth, pflegten ihre Hörer zu schelten und zu mahnen; an Mut und Zuversicht fehlt es jedoch in ihrer Botschaft niemals. Staatsverdrossenheit und Defätismus waren nicht ihre Empfehlung.

Eine solche Einstellung könnte uns allen weiterhelfen. Wenn die Bundesrepublik der jetzigen Schwierigkeiten Herr wird – wovon ich überzeugt bin –, wird das dem Bestehen einer weiteren Bewährungsprobe gleichkommen: vor aller Welt und vor ihrer eigenen Geschichte. Dann darf man auf den behutsamen Beginn eines neuen Kapitels in der 1600jährigen Geschichte der deutschen Juden hoffen.

Marianne Heuwagen

Das Fach »Wir-Gefühl«

Berlin, im März – So ganz sicher konnte Uta Klein nun wirklich nicht sein, ob das hochgepriesene und auch von ihr so geschätzte Unterrichtsmaterial gegen Ausländerfeindlichkeit tatsächlich die gewünschte Wirkung erzielt. Aber dann hat die Grundschullehrerin diesen Zettel gefunden, den einer ihrer Schüler der Klasse 6d der Humboldthain-Grundschule in Berlin-Wedding einem türkischen Klassenkameraden zugeschoben hatte. »Ich habe gar nicht gewußt, daß Du so nett sein kannst«, stand da drauf, »ich dachte, Du kannst nur kloppen.« Der Zettel war nach einer jener Übungen aufgetaucht, in denen die Schüler Toleranz spielerisch erlernen, in denen sie ein »Wir-Gefühl« entwickeln und das Anderssein als Bereicherung erfahren sollen.

Diesmal war es darum gegangen, daß die Kinder das Hochzeitsfest ihrer Eltern beschreiben und erklären sollten, wie ihre Familien Feste feiern. Den Kindern hat das großen Spaß gemacht, einige brachten sogar Photos aus dem Familienalbum mit. In der Klasse 6d müssen Kinder ganz verschiedener Nationen miteinander auskommen, aus der Türkei, aus Polen, dem Libanon und Deutschland. Und sogar die beiden moslemischen Mädchen, die stets Kopftücher tragen und bis dahin eher isoliert waren, haben mitgemacht. »Die sind zum erstenmal überhaupt aus sich herausgekommen«, sagt Lehrerin Uta Klein, »das war für mich der beste Beweis, daß es funktioniert.«

Vier Wochen lang ist das erst vor kurzem erschienene Lernprogramm »Das sind wir« in der Klasse 6d der Humboldt-Hain-Grundschule ausprobiert worden. Ein Filmteam hat der Lehrerin und ihren Schülern dabei über die Schultern geschaut. So entstand ein 30 Minuten langer Videofilm, der jetzt auch anderen Schülern und Lehrern vermitteln soll, wie das Programm »Das sind wir« funktionieren kann. Das Konzept für dieses interkulturelle Lernprogramm ist ursprünglich vom Anne-Frank-Haus in Amsterdam Ende der achtziger Jahre entwickelt worden. Das Anne-Frank-Haus versucht, die Sehnsüchte und Hoffnungen des von den Nazis ermordeten jüdischen Mädchens als eine Aufforderung für das gelungene Zusammenleben einer multikulturellen Gesellschaft umzusetzen. »In diesen Materialien stehen nicht die Probleme des multikulturellen Zusammenlebens wie Haß und Gewalt im Vordergrund«, sagt Hans Westra, der Direktor des Anne-Frank-Hauses, »sondern die positiven Perspektiven.«

Als deutsche Lehrer das Haus besuchten, erzählt der Direktor, hätten sie das Programm für die neun- bis 13jährigen Kinder kennengelernt und überlegt, wie das für deutsche Kinder umgesetzt werden kann. Mit dem Pädagogisch-Theologischen Institut und dem Institut für Lehrerfortbildung in Hamburg ist dann die deutsche Version ausgearbeitet worden. Patin des Projekts, das der Bertelsmann Verlag mit 300000 Mark unterstützt, wurde Cornelia Schmalz-Jacobsen, die Beauftragte der Bundesregierung für die Belange der Ausländer. »Mich hat der positive Ansatz überzeugt«, sagt sie, »dies ist keine Pädagogik mit moralischem Zeigefinger.« Jedenfalls hat neulich ein Schüler gemeint: »Mir ist das ganz egal, ob mein Freund Ausländer ist oder nicht, für mich ist das mein Freund.«

Anstelle des moralisierenden Tons wird Verständnis über Identifikation angestrebt. Die soll den Kindern durch ganz persönliche Geschichten von Gleichaltrigen vermittelt werden. In dem Lesebuch erzählt die schwarzhäutige Olivia, daß sie für eine Reise mit ihrer Handballmannschaft nach Dänemark ein Visum benötigt. Die Türkin Gülcihan berichtet, wie sie ihre Eltern zum Kauf eines Hosenanzugs überredet. Und der russische Junge Filipp beschreibt, wie er den gelben Gürtel bei der Karateprüfung erhalten hat. Es sind Geschichten aus dem Alltag, mit denen sich jedes Kind, ganz gleich welcher Herkunft, identifizieren kann. Durchwoben sind die Erzählungen von sprachlichen Einwürfen der jeweiligen Landessprache.

Vor allem die Sprachübungen, hat Uta Klein beobachtet, hätten eine positive Wirkung. Besonders gern haben die Kinder gedichtet und sogar die Gedichte in der Klasse vorgetragen. Mit den Schülern der Klasse 6d hat sie ein paar Sätze auf türkisch, polnisch und arabisch eingeübt. Früher hat es in der Klasse oft geheißen: »Sprich deutsch, du bist doch in Deutschland.« So ein Satz fällt heute schon lange nicht mehr.

Andreas Englisch

Haß läßt sich überwinden
Das Lehrstück Südtirol

Besonders Eisverkäufer und Gastwirte in den Dörfern Südtirols sind dafür bekannt, daß sie ihre deutschsprachigen Siedlungen vor den Gästen als »absolut frei von Italienern« zu rühmen pflegen. Daß sie selbst einen italienischen Paß in der Tasche haben, stört die deutschsprachige Mehrheit in Südtirol dabei wenig. Daß die Südtiroler ihre tendenzielle Herablassung für alles Italienische offen innerhalb Italiens zur Schau stellen können, ist einer der größten Erfolge der italienischen Politik.

Der Schmiergeldskandal, der Italiens Traditionsparteien in Rekordzeit zerstörte, ließ nahezu vollkommen vergessen, daß die italienische Politik der vergangenen Jahre auch außergewöhnliche Erfolge zu verzeichnen hat. Einer dieser »Erfolge« ist gerade 50 Jahre alt geworden: die Südtiroler Volkspartei SVP.

Als am 22. April 1946 die Südtiroler 160 000 Unterschriften präsentierten, um den Anschluß an Österreich zu verlangen, ahnte das Nachkriegs-Italien, daß ein ernstes ethnisches Problem in Südtirol entstanden war. Die deutschsprachige Mehrheit, die rund zwei Drittel der Bevölkerung stellt, hatte die Abtretung Südtirols an Italien als Konsequenz des Ersten Weltkrieges im Jahr 1919 nie verwunden. Nicht akzeptieren konnte die Bevölkerung auch das Nein der Pariser Friedenskonferenz aus dem Jahr 1946 auf das Begehren des Wiederanschlusses an Österreich.

Wie während der Entwicklung anderer ethnischer Konflikte in Europa war der Schritt vom Protest der Sprach- und Kulturgemeinschaft der Südtiroler bis hin zum bewaffneten Kampf nur kurz. Am 12. Juni 1961 war der erste Tote zu beklagen. Dann ging es Schlag auf Schlag.

Ein harter Kern Südtiroler Terroristen bildete sich:
20. Oktober 1962: Ein Bombenattentat fordert zwei Menschenleben in einem Zug, 20 Passagiere werden verletzt.

3. September 1964: Zwei Carabinieri werden erschossen, vier verletzt.
26. August 1965: Wieder sterben zwei Carabinieri.
25. Juli 1966: Zwei Soldaten werden erschossen.
30. September 1967: Zwei Polizisten sterben bei Anschlag.

Am 21. September 1959 hatte Bruno Kreisky die Südtirolfrage vor der UNO erörtern lassen und Autonomie für Südtirol gefordert. Italien fühlte sich gedrängt, warf den Österreichern eine aktive Unterstützung der Terroristen vor.

Doch in dieser verfahrenen Situation geschah so etwas wie ein Wunder. Auf beiden Seiten begann trotz der vielen Toten nicht der Haß, sondern Verständnis zu wachsen. Ministerpräsidenten wie Giulio Andreotti, Francesco Cossiga und Aldo Moro setzten den weitreichendsten Minderheitenschutz der Welt durch. Neben Italienisch wurde Deutsch Amtssprache. Über eine Proporz-Regelung wurde der deutschsprachigen Mehrheit die Selbstverwaltung gestattet. Rom gewährte einen sehr weitreichenden Schutz für die Südtiroler Kultur und Traditionen. Zudem bekam die Region Südtirol massive Finanzmittel, die auf die Bevölkerung umgerechnet weit großzügiger ausfielen als in vergleichbaren Regionen.

Das Rezept, Toleranz zu zeigen, funktionierte ausgezeichnet. Sobald Rom Verständnis zeigte, gingen die Attentate rasch zurück. Da die militanten Gruppen noch nicht sehr groß waren und zunehmend Rückhalt in der Bevölkerung verloren, kam es nie wieder zu Anschlägen, die ernsthaften Schaden anrichteten oder Menschenleben kosteten.

Als Verhandlungspartner während dieses Prozesses bot sich Rom die Südtiroler Volkspartei. Jahrzehntelang erreichte sie Stimmenanteile von mehr als 60 Prozent und präsentierte als konservativ ausgerichtete Zentrumspartei die gemäßigte, von einer Autonomie träumende Mehrheit.

Rom bewies so viel Toleranz, daß sich die SVP bereits 1992 eingestehen mußte, sie habe alle Ziele, für die sie gekämpft hatte, nunmehr erreicht. Am 8. Mai 1993 stimmte die SVP über ein neues Grundsatzprogramm ab, das alles bisher Erreichte festschrieb.

Herbert Marcuse

Repressive Toleranz

Toleranz ist ein Selbstzweck. Daß die Gewalt beseitigt und die Unterdrückung so weit verringert wird, als erforderlich ist, um Mensch und Tier vor Grausamkeit und Aggression zu schützen, sind die Vorbedingungen einer humanen Gesellschaft. Eine solche Gesellschaft existiert noch nicht; mehr denn je wird heute der Fortschritt zu ihr hin aufgehalten durch Gewalt und Unterdrückung. Als Abschreckungsmittel gegen einen nuklearen Krieg, als Polizeiaktion gegen Umsturz, als technische Hilfe im Kampf gegen Imperialismus und Kommunismus, als Methoden zur Befriedung in neokolonialistischen Massakern werden Gewalt und Unterdrückung gleichermaßen von demokratischen und autoritären Regierungen verkündet, praktiziert und verteidigt, und den Menschen, die diesen Regierungen unterworfen sind, wird beigebracht, solche Praktiken als notwendig für die Erhaltung des Status quo zu ertragen. Toleranz wird auf politische Maßnahmen, Bedingungen und Verhaltensweisen ausgedehnt, die nicht toleriert werden sollten, weil sie die Chancen, ein Dasein ohne Furcht und Elend herbeizuführen, behindern, wo nicht zerstören.

Diese Art von Toleranz stärkt die Tyrannei der Mehrheit, gegen welche die wirklichen Liberalen aufbegehrten. Der politische Ort der Toleranz hat sich geändert: während sie mehr oder weniger stillschweigend und verfassungsmäßig der Opposition entzogen wird, wird sie hinsichtlich der etablierten Politik zum Zwangsverhalten. Toleranz wird von einem aktiven in einen passiven Zustand überführt, von der Praxis in eine Nicht-Praxis: ins Laissez-faire der verfassungsmäßigen Behörden. Gerade vom Volk wird die Regierung geduldet, die wiederum Opposition duldet im Rahmen der verfassungsmäßigen Behörden.

Toleranz gegenüber dem radikal Bösen erscheint jetzt als gut, weil sie dem Zusammenhalt des Ganzen dient auf dem Wege zum Überfluß oder zu größerem Überfluß. Die Nachsicht gegenüber der systematischen Verdummung von Kindern wie von Erwachsenen durch

Reklame und Propaganda, die Freisetzung von unmenschlicher zerstörender Gewalt in Vietnam, das Rekrutieren und die Ausbildung von Sonderverbänden, die ohnmächtig und wohlwollende Toleranz gegenüber unverblümtem Betrug beim Warenverkauf, gegenüber Verschwendung und geplantem Veralten von Gütern sind keine Verzerrungen und Abweichungen, sondern das Wesen eines Systems, das Toleranz befördert als ein Mittel, den Kampf zum Dasein zu verewigen und die Alternativen zu unterdrücken. Im Namen von Erziehung, Moral und Psychologie entrüstet man sich laut über die Zunahme der Jugendkriminalität, weniger laut über die Kriminalität immer mächtigerer Geschosse, Raketen und Bomben – das reifgewordene Verbrechen einer ganzen Zivilisation.

Einem dialektischen Satz zufolge bestimmt das Ganze die Wahrheit – nicht in dem Sinne, daß das Ganze vor oder über seinen Teilen ist, sondern in der Weise, daß seine Struktur und Funktion jede besondere Bedingung und Beziehung bestimmen. So drohen in einer repressiven Gesellschaft selbst fortschrittliche Bewegungen in dem Maße in ihr Gegenteil umzuschlagen, wie sie die Spielregeln hinnehmen. Um einen höchst kontroversen Fall anzuführen: die Ausübung politischer Rechte (wie das der Wahl, das Schreiben von Briefen an die Presse, an Senatoren usw., Protestdemonstrationen, die von vornherein auf Gegengewalt verzichten) in einer Gesellschaft totaler Verwaltung dient dazu, diese Verwaltung zu stärken, indem sie das Vorhandensein demokratischer Freiheiten bezeugt, die in Wirklichkeit jedoch längst ihren Inhalt geändert und ihre Wirksamkeit verloren haben. In einem solchen Falle wird die Freiheit (der Meinungsäußerung, Versammlung und Rede) zu einem Instrument, die Knechtschaft freizusprechen. Und doch (und nur hier zeigt der dialektische Satz seine volle Intention) bleiben das Vorhandensein und die Ausübung dieser Freiheiten eine Vorbedingung für das Wiederherstellen ihrer ursprünglichen oppositionellen Funktion, vorausgesetzt, daß die Anstrengung, ihre (oft selbstauferlegten) Beschränkungen zu überschreiten, intensiviert wird. Im allgemeinen hängen Funktion und Wert der Toleranz von der Gleichheit ab, die in der Gesellschaft herrscht, in welcher Toleranz geübt wird. Toleranz selbst bleibt umfassenderen Kriterien unterworfen: ihre Reichweite und Grenzen lassen sich nicht gemäß der jeweiligen Gesellschaft definieren. Mit anderen Worten:

Toleranz ist nur dann ein Selbstzweck, wenn sie wahrhaft allseitig ist und von den Herrschern so geübt wird wie von den Beherrschten, von den Herren wie von den Knechten, von den Häschern wie von ihren Opfern. Solch allseitige Toleranz ist nur dann möglich, wenn kein wirklicher oder angeblicher Feind die Erziehung und Ausbildung des Volkes zu Aggressivität und Brutalität erforderlich macht. Solange diese Bedingungen nicht herrschen, sind die Bedingungen der Toleranz »belastet«: sie werden geprägt und bestimmt von der institutionalisierten Ungleichheit (die sicher mit verfassungsmäßiger Gleichheit vereinbar ist), das heißt von der Klassenstruktur der Gesellschaft. In einer derartigen Gesellschaft wird Toleranz *de facto* eingeschränkt auf dem Boden legalisierter Gewalt oder Unterdrückung (Polizei, Armee, Aufseher aller Art) und der von den herrschenden Interessen und deren »Konnexionen« besetzten Schlüsselstellung.

Diese im Hintergrund wirkenden Beschränkungen der Toleranz gehen normalerweise den expliziten und juristischen Beschränkungen voraus, wie sie festgelegt werden durch Gerichte, Herkommen, Regierungen usw. (zum Beispiel »Notstand«, Bedrohung der nationalen Sicherheit, Häresie). Im Rahmen einer solchen Sozialstruktur läßt sich Toleranz üben und verkünden, und zwar 1. als passive Duldung verfestigter und etablierter Haltungen und Ideen, auch wenn ihre schädigende Auswirkung auf Mensch und Natur auf der Hand liegt; und 2. als aktive, offizielle Toleranz, die der Rechten wie der Linken gewährt wird, aggressiven ebenso wie pazifistischen Bewegungen, der Partei des Hasses ebenso wie der der Menschlichkeit. Ich bezeichne diese unparteiische Toleranz insofern als »abstrakt« und »rein«, als sie davon absteht, sich zu einer Seite zu bekennen – damit freilich schützt sie in Wirklichkeit die bereits etablierte Maschinerie der Diskriminierung.

Die Toleranz, die Reichweite und Inhalt der Freiheit erweiterte, war stets parteiisch intolerant gegenüber den Wortführern des unterdrückenden Status quo. Worum es ging, war nur der Grad und das Ausmaß der Intoleranz. In der festgefügten liberalen Gesellschaft Englands und der Vereinigten Staaten wurde Rede- und Versammlungsfreiheit selbst den radikalen Gegnern der Gesellschaft gewährt, sofern sie nicht vom Wort zur Tat, vom Reden zum Handeln übergingen.

Indem sie sich auf die wirksamen, im Hintergrund stehenden Beschränkungen verließ, schien die Gesellschaft allgemeine Toleranz zu üben. Aber bereits die liberalistische Theorie hatte die Toleranz unter eine wichtige Bedingung gestellt: sie sollte »nur für Menschen in der Reife ihrer Anlagen gelten«. John Stuart Mill spricht nicht nur von Kindern und Minderjährigen; er führt näher aus: »Als Prinzip ist Freiheit nicht anwendbar auf einen Zustand vor der Zeit, in der die Menschheit die Fähigkeit erlangte, sich durch freie und gleiche Diskussion fortzuentwickeln.« Vor jener Zeit dürfen die Menschen noch Barbaren sein, und »der Despotismus ist eine im Umgang mit Barbaren legitime Regierungsform, vorausgesetzt, daß sie darauf abzielt, jene höher zu entwickeln, und die Mittel dadurch gerechtfertigt sind, daß sie tatsächlich zu diesem Ziel führen.« Mills oft zitierte Worte enthalten eine wenig bekannte Implikation, von der ihr Sinn abhängt: den inneren Zusammenhang von Freiheit und Wahrheit. Es gibt einen Sinn, in dem Wahrheit der Zweck der Freiheit ist und die Freiheit durch Wahrheit bestimmt und umgrenzt werden muß. In welchem Sinn kann nun Freiheit um der Wahrheit willen sein? Freiheit ist Selbstbestimmung, Autonomie – das ist fast eine Tautologie, aber eine Tautologie, die sich aus einer ganzen Reihe synthetischer Urteile ergibt. Sie unterstellt die Fähigkeit, daß man sein eigenes Leben bestimmen kann: daß man imstande ist zu entscheiden, was man tun und lassen, was man erleiden und was man nicht erleiden will. Aber das Subjekt dieser Autonomie ist niemals das zufällige, private Individuum als das, was es gegenwärtig oder zufällig gerade ist; vielmehr das Individuum als ein menschliches Wesen, das imstande ist, frei zu sein mit den anderen. Und das Problem, eine solche Harmonie zwischen der individuellen Freiheit und dem Anderen zu ermöglichen, besteht nicht darin, einen Kompromiß zwischen Konkurrenten zu finden oder zwischen Freiheit und Gesetz, zwischen allgemeinem und individuellem Interesse, öffentlicher und privater Wohlfahrt in einer *etablierten* Gesellschaft, sondern darin, die Gesellschaft *herbeizuführen*, worin der Mensch nicht an Institutionen versklavt ist, welche die Selbstbestimmung von vornherein beeinträchtigen. Mit anderen Worten, Freiheit ist selbst für die freiesten der bestehenden Gesellschaften erst noch herzustellen. Und die Richtung, in der sie gesucht werden muß, und die institutionellen und kulturellen Veränderungen, die dazu beitragen können, dieses Ziel zu erreichen, sind – zumindest in der entwickelten Zivilisation – *begreiflich*, das heißt, sie lassen sich identifizieren und entwerfen auf der Basis der Erfahrung, durch Vernunft.

Im Wechselspiel von Theorie und Praxis werden wahre und falsche Lösungen unterscheidbar – niemals im Sinne bewiesener Notwendigkeit, niemals als das Positive, sondern nur mit der Gewißheit einer durchdachten und vernünftigen Chance und mit der überzeugenden Kraft des Negativen. Denn das wahrhaft Positive ist die Gesellschaft der Zukunft und deshalb jenseits von Definition und Bestimmung, während das bestehende Positive dasjenige ist, über das hinausgegangen werden muß. Doch die Erfahrung und das Verständnis der bestehenden Gesellschaft können durchaus identifizieren, was *nicht* zu einer freien und vernünftigen Gesellschaft führt, was die Möglichkeiten ihrer Herbeiführung verhindert oder verzerrt. Freiheit ist Befreiung, ein spezifischer geschichtlicher Prozeß in Theorie und Praxis und hat als solcher sein Recht und Unrecht, seine Wahrheit und Falschheit.

Die Ungewißheit der Chance bei dieser Unterscheidung setzt die geschichtliche Objektivität nicht außer Kraft, sie erfordert jedoch Denk- und Ausdrucksfreiheit als Vorbedingungen, den Weg zur Freiheit zu finden – sie erfordert *Toleranz*. Diese Toleranz kann allerdings nicht unterschiedslos und gleich sein hinsichtlich der Inhalte des Ausdrucks in Wort und Tat; sie kann nicht falsche Worte und unrechte Taten schützen, die demonstrierbar den Möglichkeiten der Befreiung widersprechen und entgegenwirken. Solche unterschiedslose Toleranz ist gerechtfertigt in harmlosen Debatten, bei der Unterhaltung, in der akademischen Diskussion; sie ist unerläßlich im Wissenschaftsbetrieb, in der privaten Religion. Aber die Gesellschaft kann nicht dort unterschiedslos verfahren, wo die Befriedung des Daseins, wo Freiheit und Glück selbst auf dem Spiel stehen: hier können bestimmte Dinge nicht gesagt, bestimmte Ideen nicht ausgedrückt, bestimmte politische Maßnahmen nicht vorgeschlagen, ein bestimmtes Verhalten nicht gestattet werden, ohne daß man Toleranz zu einem Instrument der Fortdauer von Knechtschaft macht.

Karl R. Popper

Duldsamkeit und intellektuelle
Verantwortlichkeit

(...) Warum denke ich, daß wir, die Intellektuellen, helfen können? Einfach deshalb, weil wir, die Intellektuellen, seit Jahrtausenden den gräßlichsten Schaden angestiftet haben. Der Massenmord im Namen einer Idee, einer Lehre, einer Theorie – das ist unser Werk, unsere Erfindung: die Erfindung von Intellektuellen. Würden wir aufhören, die Menschen gegeneinander zu hetzen – oft mit den besten Absichten –, damit allein wäre schon viel gewonnen. Niemand kann sagen, daß das für uns unmöglich ist.

Das sechste Gebot lautet: Du sollst nicht töten! Es enthält fast die ganze Ethik. Wie zum Beispiel Schopenhauer die Ethik formuliert, ist sie nur eine Erweiterung des sechsten Gebotes. Schopenhauers Erweiterung ist einfach, direkt, klar. Er sagt: Schade niemandem, sondern hilf allen, so gut Du kannst.

Aber was geschah, als Moses das erstemal vom Berg Sinai mit den steinernen Tafeln herunterkam, noch bevor er das sechste Gebot verkünden konnte? Er entdeckte eine todeswürdige Ketzerei, die Ketzerei des goldenen Kalbes. Da vergaß er das sechste Gebot und rief (ich zitiere Luthers Übersetzung, etwas gekürzt): »Her zu mir, wer dem Herrn angehöret ... So spricht der Herr, der Gott Israels: Gürte ein jeglicher sein Schwerdt auf seine Lenden, ... und erwürge ein jeglicher seinen Bruder, Freund und Nächsten. ... und (so) fielen des Tages vom Volk drey tausend Mann.«

Das war, vielleicht, der Anfang. Aber sicher ist, daß es so weiter ging, und besonders, nachdem das Christentum zur Staatsreligion wurde. Es ist eine erschreckende Geschichte von religiösen Verfolgungen, Verfolgungen um der Rechtgläubigkeit willen. Später – vor allem im 17. und 18. Jahrhundert – kamen dann noch andere ideologische Glaubensgründe dazu, um die Verfolgung, die Grausamkeit und den Terror zu rechtfertigen: Nationalität; Rasse; politische Rechtgläubigkeit.

In der Idee der Rechtgläubigkeit und des Ketzertums sind die kleinlichsten Laster versteckt; jene Laster, für die die Intellektuellen besonders anfällig sind: die Arroganz, die Rechthaberei, das Besserwissen, die intellektuelle Eitelkeit. Das sind kleinliche Laster – nicht große Laster, wie die Grausamkeit.

Der Titel meines Vortrages, »Duldsamkeit und intellektuelle Verantwortlichkeit«, spielt auf ein Argument von Voltaire für die Toleranz an. Voltaire fragt: »Was ist Toleranz?« Und er antwortet (ich übersetze frei): »Toleranz ist die notwendige Folge der Einsicht, daß wir fehlbare Menschen sind: Irren ist menschlich, und wir alle machen dauernd Fehler. *So laßt uns denn einander unsere Torheiten verzeihen.* Das ist das Grundgesetz des Naturrechts.«

Voltaire appelliert an unsere intellektuelle Redlichkeit: wir sollen uns unsere Fehler, unsere Unwissenheit eingestehen. Voltaire weiß wohl, daß es durch und durch überzeugte Fanatiker gibt. Aber ist ihre Überzeugung wirklich durch und durch ehrlich? Haben sie sich selbst, ihre Überzeugungen und deren Gründe ehrlich geprüft? Und ist die kritische Selbstprüfung nicht ein Teil aller intellektueller Redlichkeit? Ist nicht der Fanatismus oft ein Versuch, unseren eigenen uneingestandenen Unglauben, den wir unterdrückt haben, und der uns daher nur halb bewußt ist, zu übertönen?

Voltaires Appell an unsere intellektuelle Bescheidenheit und vor allem sein Appell an unsere intellektuelle Redlichkeit hat zu seiner Zeit großen Eindruck auf die Intellektuellen gemacht. Ich möchte diesen Appell hier erneuern.

Voltaire begründet die Toleranz damit, daß wir einander unsere Torheiten vergeben sollen. Aber eine weitverbreitete Torheit, die der Intoleranz, findet Voltaire, mit Recht, schwer zu tolerieren. In der Tat, hier hat die Toleranz ihre Grenzen. Wenn wir der Intoleranz den Anspruch zugestehen, toleriert zu werden, dann zerstören wir die Toleranz und den Rechtsstaat. Das war das Schicksal der Weimarer Republik.

Aber es gibt außer der Intoleranz noch andere Torheiten, die wir nicht tolerieren sollten; vor allem jene Torheit, die die Intellektuellen dazu bringt, mit der letzten Mode zu gehen; eine Torheit, die viele dazu gebracht hat, in einem dunklen, eindrucksvollen Stil zu schreiben, in jenem orakelhaften Stil, den Goethe im Hexeneinmaleins und an anderen Stellen des Faust so vernichtend kritisiert hat. Dieser Stil, der Stil der großen, dunklen, eindrucksvollen und unverständlichen Worte, diese Schreibweise, sollte nicht länger bewundert, ja, sie sollte von den Intellektuellen nicht einmal länger geduldet werden. Sie ist intellektuell unverantwortlich. Sie zerstört den gesunden Menschenverstand, die Vernunft. Sie macht jene Haltung möglich, die man als »Relativismus« bezeichnet hat. Diese Haltung führt zu der These, daß alle Thesen intellektuell mehr oder weniger gleich vertretbar sind. Alles ist erlaubt. Daher führt die These des Relativismus offenbar zur Anarchie, zur Rechtlosigkeit; und so zur Herrschaft der Gewalt.

Mein Thema, Toleranz und intellektuelle Verantwortlichkeit, hat mich also zu der Frage des Relativismus geführt.

Ich möchte hier dem *Relativismus* eine Position gegenüberstellen, die fast immer mit dem Relativismus verwechselt wird, die aber von diesem grundverschieden ist. Ich habe diese Position oft als Pluralismus bezeichnet, aber das hat eben zu jenen Mißverständnissen geführt. Ich will sie deshalb hier als einen *kritischen Pluralismus* charakterisieren. Während der Relativismus, der aus einer laxen Toleranz entspringt, zur Herrschaft der Gewalt führt, kann der kritische Pluralismus zur Zähmung der Gewalt beitragen.

Für die Gegenüberstellung zwischen Relativismus und kritischem Pluralismus ist der Begriff Wahrheit von entscheidender Bedeutung.

Der Relativismus ist die Position, daß man alles behaupten kann, oder fast alles, und daher nichts. Alles ist wahr, oder nichts. Die Wahrheit ist also bedeutungslos.

Der kritische Pluralismus ist die Position, daß im Interesse der Wahrheitssuche jede Theorie – je mehr Theorien desto besser – zum Wettbewerb zwischen den Theorien zugelassen werden soll. Dieser Wettbewerb besteht in der rationalen Diskussion der Theorien und in ihrer kritischen Eliminierung. Die Diskussion ist rational, und das heißt, daß es um die Wahrheit der konkurrierenden Theorien geht: die Theorie, die in der kritischen Diskussion der Wahrheit näher zu kommen scheint, ist die bessere; und die bessere Theorie verdrängt die schlechteren Theorien. Es geht also um die Wahrheit.

Die Idee der objektiven Wahrheit, und die Idee der Wahrheitssuche, ist hier von entscheidender Bedeutung.

Der Mann, der als erster eine Wahrheitstheorie entwickelte, die die Idee der objektiven Wahrheit mit der Idee unserer grundsätzlichen menschlichen Fehlbarkeit verband, war der Vorsokratiker Xenophanes. Er wurde vermutlich 571 Jahre vor Christus im kleinasiatischen Jonien geboren. Er war der erste Grieche, der Literaturkritik schrieb; der erste Ethiker; der erste Erkenntniskritiker; und der erste spekulative Monotheist.

Xenophanes war der Gründer einer Tradition, einer Denkrichtung, zu der unter anderem Sokrates, Montaigne, Erasmus und Voltaire gehörten. Diese Tradition wird manchmal als die der skeptischen Schule bezeichnet. Aber diese Bezeichnung kann leicht zu Mißverständnissen führen. Dudens Wörterbuch erklärt »Skepsis« als Zweifel, Ungläubigkeit, und »Skeptiker« als »mißtrauischer Mensch«; und das ist offenbar die deutsche Bedeutung des Wortes, und die moderne Bedeutung überhaupt. Aber das griechische Verb, von dem sich die deutsche Wortfamilie (skeptisch, Skeptiker, Skeptizismus) herleitet, bedeutet nicht »zweifeln«, sondern »prüfend betrachten, prüfen, erwägen, untersuchen, suchen, forschen«.

[...]

Die Prinzipien, die jeder rationalen Diskussion zugrunde liegen, das heißt jeder Diskussion im Dienste der Wahrheitssuche, sind recht eigentlich *ethische* Prinzipien. Ich möchte drei solche Prinzipien angeben.

(1) Das Prinzip der Fehlbarkeit: vielleicht habe ich unrecht und vielleicht hast du recht. Aber wir können auch beide unrecht haben.

(2) Das Prinzip der vernünftigen Diskussion: Wir wollen versuchen, möglichst unpersönlich unsere Gründe für und wider eine bestimmte, kritisierbare Theorie abzuwägen.

(3) Das Prinzip der Annäherung an die Wahrheit: Durch eine sachliche Diskussion kommen wir fast immer der Wahrheit näher; und wir kommen zu einem besseren Verständnis; auch dann, wenn wir nicht zu einer Einigung kommen.

Es ist bemerkenswert, daß alle drei Prinzipien erkenntnistheoretische und gleichzeitig ethische Prinzipien sind. Denn sie implizieren unter anderem Duldsamkeit, Toleranz: Wenn ich von dir lernen kann und im Interesse der Wahrheitssuche lernen will, dann muß ich dich nicht nur dulden, sondern als potentiell gleichberechtigt anerkennen:

die potentielle Einheit und Gleichberechtigung aller Menschen ist eine Voraussetzung unserer Bereitschaft, rational zu diskutieren. Wichtig ist auch das Prinzip, daß wir von einer Diskussion viel lernen können; auch dann, wenn sie nicht zu einer Einigung führt. Denn die Diskussion kann uns helfen, uns über einige unserer Irrtümer klarzuwerden.

Es liegen also der Naturwissenschaft ethische Prinzipien zugrunde. Die Idee der Wahrheit als das grundlegende regulative Prinzip ist ein solches ethisches Prinzip.

Die Wahrheitssuche und die Idee der Annäherung an die Wahrheit sind weitere ethische Prinzipien; ebenso auch die Idee der intellektuellen Redlichkeit und der Fehlbarkeit, die uns zur selbstkritischen Haltung führt und zur Toleranz.

Sehr wichtig ist auch, daß wir im Gebiet der Ethik *lernen* können. Das möchte ich noch am Beispiel der Ethik für die Intellektuellen aufzeigen, insbesondere der Ethik für die intellektuellen Berufe: der Ethik für die Wissenschaftler, für die Mediziner, Juristen, Ingenieure, Architekten; für die öffentlichen Beamten und, sehr wichtig, für die Politiker.

Ich möchte Ihnen einige Sätze für *eine neue Berufsethik* unterbreiten, Sätze, die mit den Ideen der Toleranz und der intellektuellen Redlichkeit eng zusammenhängen.

Zu diesem Zweck werde ich zuerst die alte Berufsethik charakterisieren und vielleicht auch ein klein wenig karikieren, um sie dann mit der neuen Berufsethik, die ich vorschlage, zu vergleichen.

Beiden, der *alten* und der *neuen* Berufsethik liegen, zugegebenermaßen, die Ideen der Wahrheit, der Rationalität, und der intellektuellen Verantwortlichkeit zugrunde. Aber die alte Ethik war auf die Idee des persönlichen Wissens und des sicheren Wissens gegründet und damit auf die Idee der *Autorität*; während die neue Ethik auf die Idee des objektiven Wissens und des unsicheren Wissens gegründet ist. Dadurch ändert sich die zugrundeliegende Denkweise grundlegend, und damit auch die *Rolle* der Ideen der Wahrheit, der Rationalität, und der intellektuellen Redlichkeit und Verantwortlichkeit.

Das alte Ideal war, Wahrheit und Sicherheit zu *besitzen* und die Wahrheit wenn möglich durch einen logischen Beweis zu *sichern*.

Diesem auch heute noch weitgehend akzeptierten Ideal entspricht das persönliche Ideal des Weisen – natürlich nicht im sokratischen

Sinn; sondern das platonische Ideal des Wissenden, der eine Autorität ist: des Philosophen, der gleichzeitig ein königlicher Herrscher ist.

Der alte Imperativ für den Intellektuellen ist: Sei eine Autorität! Wisse alles in deinem Gebiet!

Wenn du einmal als Autorität anerkannt bist, dann wird deine Autorität von deinen Kollegen beschützt werden, und du mußt natürlich die Autorität deiner Kollegen beschützen.

Die alte Ethik, die ich beschreibe, verbietet es, Fehler zu machen. Ein Fehler ist absolut unerlaubt. Daher dürfen Fehler nicht zugegeben werden. Ich brauche nicht zu betonen, daß diese alte professionelle Ethik intolerant ist. Und sie war auch immer schon intellektuell unredlich: Sie führt zum Vertuschen der Fehler, um der Autorität willen; insbesondere auch in der Medizin.

Ich schlage deshalb eine *neue* Berufsethik vor, und nicht nur für Naturwissenschaftler. Ich schlage vor, sie auf folgende zwölf Thesen zu gründen, mit denen ich schließe.

(1) Unser objektives Vermutungswissen geht immer weit über das hinaus, was *ein* Mensch meistern kann. *Es gibt daher keine Autoritäten.*

Das gilt auch innerhalb von Spezialfächern.

(2) *Es ist unmöglich, alle Fehler zu vermeiden,* oder auch nur alle an sich vermeidbaren Fehler. Fehler werden dauernd von allen Wissenschaftlern gemacht. Die alte Idee, daß man Fehler vermeiden kann, und daher verpflichtet ist, sie zu vermeiden, muß revidiert werden: sie ist selbst fehlerhaft.

(3) *Natürlich bleibt es unsere Aufgabe, Fehler nach Möglichkeit zu vermeiden.* Aber gerade um sie zu vermeiden, müssen wir uns vor allem klar darüber werden, wie schwer es ist, sie zu vermeiden, und daß es niemandem völlig gelingt.

Es gelingt auch nicht den schöpferischen Wissenschaftlern, die von ihrer Intuition geleitet werden: Die Intuition kann uns auch irreführen.

(4) Auch in den am besten bewährten unter unseren Theorien können Fehler verborgen sein; und es ist die spezifische Aufgabe des Wissenschaftlers, nach solchen Fehlern zu suchen. In dieser Aufgabe kann uns eine neue, alternative Theorie sehr helfen. (Man denke an Kopernikus, dessen Alternative zur herrschenden Theorie Keplers

Widerlegung des Dogmas der Kreisbewegung möglich machte; oder an Einsteins Theorie, die zu kritisch experimentellen Prüfungen von Newtons Theorie führte.) Das bedeutet aber, daß wir gegenüber solchen Alternativen tolerant sein sollen. Wir brauchen nicht mit der Toleranz zu warten (wie es manche Wissenschaftshistoriker vorschlagen), bis die herrschende Theorie in Schwierigkeiten gerät.

Die Feststellung, daß eine gut bewährte Theorie oder ein viel verwendetes praktisches Verfahren fehlerhaft ist, kann eine wichtige Entdeckung sein.

(5) *Wir müssen deshalb unsere Einstellung zu unseren Fehlern ändern.* Es ist hier, wo unsere praktische ethische Reform beginnen muß. Denn die alte berufsethische Einstellung führt dazu, unsere Fehler zu vertuschen, zu verheimlichen und so schnell wie möglich zu vergessen.

(6) Das neue Grundgesetz ist, daß wir, um zu lernen, Fehler möglichst zu vermeiden, *gerade von unseren Fehlern lernen* müssen. Fehler vertuschen ist deshalb die größte intellektuelle Sünde.

(7) Wir müssen daher dauernd nach unseren Fehlern Ausschau halten. Wenn wir sie finden, müssen wir sie uns einprägen; sie nach allen Seiten analysieren, um ihnen auf den Grund zu gehen.

(8) Die selbstkritische Haltung und die Aufrichtigkeit wird damit zur Pflicht.

(9) Da wir von unseren Fehlern lernen müssen, so müssen wir auch lernen, es anzunehmen, ja, *dankbar* anzunehmen, wenn andere uns auf unsere Fehler aufmerksam machen.

Wenn wir andere auf ihre Fehler aufmerksam machen, so sollen wir uns immer daran erinnern, daß wir selbst ähnliche Fehler gemacht haben wie sie. Und wir sollen uns daran erinnern, daß die größten Wissenschaftler Fehler gemacht haben. Ich will sicher nicht sagen, daß unsere Fehler gewöhnlich entschuldbar sind: Wir dürfen in unserer Wachsamkeit nicht nachlassen. Aber es ist menschlich unvermeidbar, immer wieder Fehler zu machen.

(10) Wir müssen uns klar werden, *daß wir andere Menschen zur Entdeckung und Korrektur von Fehlern brauchen (und sie uns)*; insbesondere auch Menschen, die mit anderen Ideen in einer anderen Atmosphäre aufgewachsen sind. Auch das führt zu Toleranz.

(11) Wir müssen lernen, daß Selbstkritik die beste Kritik ist; daß

aber die *Kritik durch andere eine Notwendigkeit* ist. Sie ist fast ebenso gut wie die Selbstkritik.

(12) Rationale Kritik muß immer spezifisch sein: sie muß spezifische Gründe angeben, warum spezifische Aussagen, spezifische Hypothesen, falsch zu sein scheinen, oder spezifische Argumente ungültig. Sie muß von der Idee geleitet sein, der objektiven Wahrheit näherzukommen. Sie muß in diesem Sinn unpersönlich sein.

Ich bitte Sie, diese Thesen als Vorschläge zu betrachten. Sie sollen zeigen, daß man, auch im ethischen Gebiet, diskutierbare und verbesserbare Vorschläge machen kann.

Kapitel 9

Zuverlässigkeit und Treue

Wie an so vielen moralischen Begriffen haftet auch an dem Wort *Treue* der Staub vergangener Zeiten. Der *treue* Diener ist ein Untertan, der für den – manchmal auch unkontrollierten – Herrscher starr und unerbittlich sein Leben riskiert. Briefe zeichnete man einst mit der Floskel »Ihr treu ergebener ...«.

Treue, moderner, aber nicht ganz treffend, auch als *Zuverlässigkeit* bezeichnet, ist dennoch ein Schlüsselwort der Ethik. Sie ist nämlich der Grund, weshalb Ethik und Moral, Werte und Tugenden überhaupt einen Sinn haben. Denn *Treue* ist nicht nur ein notwendiger Halt, die Garantie für einen gewissen Bestand, während alles um einen herum sich ändert; sie ist auch die Voraussetzung für die Zukunft, denn ohne *Treue* ist Hoffnung nicht denkbar. Deshalb muß diese Tugend wieder lebendig gemacht und ihr Sinn aufgefrischt werden.

Erste Voraussetzung für *Treue* ist Gegenseitigkeit. Ich kann niemandem gegenüber treu sein, der diese *Treue* nicht erwidert. Also kann *Treue* nicht absolut sein. Denn jeder muß auch überlegen, ob es moralisch richtig ist, dem Gegenüber oder der Gemeinschaft treu zu sein. *Treue* »schwört« man. Das haben die Soldaten der Wehrmacht und auch die SS-Männer getan, die einen Treueschwur auf Adolf Hitler leisteten. Doch in jede Beziehung kann sich Mißtrauen einschleichen, das von Gefühlen geleitet wird und die Vernunft untergräbt, weshalb die Grundlage jeder *Treue* das Vertrauen ist. Der einmal abgegebene Eid auf den Führer war für diejenigen, die das Vertrauen verloren hatten und sich zum Widerstand bekannten, ein großes ethisches Problem: Durften sie ihn brechen? Sie durften es nicht nur, sie waren dazu sogar moralisch verpflichtet! Allerdings war es von vornherein moralisch falsch, sich an den Führer treu zu binden. Voraussetzung für Treue ist also kritisches Überprüfen.

Vertrauen heißt: Ich weiß, wie etwas beschaffen ist, deshalb kann ich mich darauf verlassen und dies als Grundlage für einen Plan, eine Handlung nehmen. Das Vertrauen sichert also den Bestand, es gibt uns einen Sockel, auf dem wir fest und sicher stehen. Voraussetzung für Vertrauen wiederum ist Wissen und Erinnern. Denn nur an Erfahrungen, an Tatsachen aus der Vergangenheit kann man die Gründe für sein Vertrauen festmachen.

Eine Redewendung lautet: »Ich will mir selbst treu sein.« Grundlage dieses Vorsatzes kann nur sein, daß ich schon eine Position bezogen habe, die ich weiter verfolgen möchte. Das aber heißt nichts anderes, als daß ich schon eine eigene Identität entwickelt habe, die ich nicht verlassen will. Ihr will ich auch in Zukunft treu sein. Und da knüpft ein weiteres Element an die *Treue* an. Wenn ihre Grundlage das Vertrauen ist, dann ist ihr Ziel die Zukunft, genauer: die Hoffnung. Denn die Zukunft selbst kennen wir nicht. Wir können nur Ziele in der Zukunft anstreben. Hoffnung ist deshalb nie rückwärts, sondern stets nach vorn gerichtet. Hoffen kann nur die Person, die dem Bestand der Normen und der sittlichen Vorgaben traut. Der Bestand ist das Vertrauen in die Grundlage. Davon ausgehend garantiert die *Treue* ein berechenbares Verhalten in der Gegenwart. Und sie ermöglicht dadurch, daß sie berechenbar ist, einen Glauben an die Zukunft.

Die *Treue* bildet also ein wesentliches Gerüst für unser Dasein, und wenn sie zu wanken beginnt, werden wir unsicher. Nun befinden sich die Gesellschaften der westlichen Industriestaaten in einem Zustand, den sie eine Sinn- oder Wertekrise nennen. Junge Menschen stellen sich deshalb tatsächlich die Frage, ob sie Kinder in die Welt setzen sollten, wo doch die Zukunft so ungewiß sei. Die Angst vor der Zukunft hat die Hoffnung auf die Verwirklichung des Glücks – was als höchstes Ziel aller Ethik bezeichnet wird – verdrängt. Damit aber gerät alles moralische Handeln ins Wanken. Die Angst vor der Zukunft liegt im Verlust des Vertrauens begründet.

Das hat mehrere Ursachen: Der Glauben an die Gemeinschaft löst sich zunehmend auf. Mißtrauen hat sich ausgebreitet, und jeder sieht in dem anderen nur noch einen Egoisten. Ein paradoxer Zustand ist eingetreten. Die Not, unter der die Menschen bisher über die Jahrtausende gelitten haben, ist weitgehend durch einen bisher ungeahnten Wohlstand abgelöst worden, so daß eine gesunde Grundlage für den Aufbau einer schönen Zukunft gegeben wäre, würde das Vertrauen nicht schwinden. Dieses Mißtrauen äußert sich nicht nur gegenüber der Politik, den staatlichen Einrichtungen, sondern auch gegenüber der Gesellschaft selbst. Gerade den Deutschen, die wegen des Dritten Reichs und der fabrikmäßigen Vernichtung von Millionen Menschen in Gaskammern Schwierigkeiten haben, Vertrauen aus der Geschichte zu ziehen, fällt der Glaube an eine gute Zukunft schwer.

War die Atombombe während des Kalten Krieges Quelle existentieller Angst, so sind es heute zahlreiche andere Gründe. Das Vertrauen darauf, daß Politik ein Garant für sinnvolle Maßnahmen sei, die die Grundlage für eine bessere Zukunft bilden könnten, ist genauso geschwunden wie die Hoffnung, der Mensch werde mit der Natur so vernünftig umgehen, daß die Flüsse rein, die Luft sauber, die Wälder und Felder wieder gesund erblühen. Der Umbruch in der Wirtschaft und der jahrelang nicht schwindende hohe Sockel von Arbeitslosigkeit beunruhigt besonders den, der jung ist und noch lernt, aber auch den, der alt wird und die Entlassung fürchtet. Die Angst wird noch dadurch beflügelt, daß auf den einzelnen Menschen immer mehr Bilder und Meldungen einstürzen, die er nicht beurteilen kann. Wer jedoch kein Vertrauen in Staat und Gesellschaft mehr hat, der verliert den Glauben an die Hoffnung, und er zweifelt am Sinn der Zukunft. Die Individuen müssen deshalb lernen, mit Informationen umzugehen: ihnen nicht blind zu glauben, sondern sie kritisch abzuwägen, ja ihnen zu mißtrauen.

Wer über die Jahre hinweg einen bestimmten Teil der Presse gläubig verfolgt, den überschwemmen – besonders wenn das Sommerloch beginnt – jedes Jahr neue Katastrophen: Herpes zerstört die Liebe, Cholesterin beendet frühzeitig das Leben, die Eiszeit setzt ein, Aids löscht die Bevölkerung von ganz Afrika aus, die Eiszeit kommt doch nicht, sondern das Gegenteil tritt ein: In Schweden werden bald Palmen wachsen. Und dann bleibt immer noch die Angst vor dem Atom, nun nicht mehr so stark vor den Bomben, sondern vor Kraftwerken und deren Müll.

Zur Entspannungspolitik zwischen Ost und West gehörte der Begriff »vertrauensbildende Maßnahmen«. Den gilt es in der Gesellschaft anzuwenden, um wieder eine Basis für *Treue* und Hoffnung zu schaffen. Jungen Menschen, die in einer von Mißtrauen geprägten Gesellschaft heranwachsen, fällt es schwer, eine eigene Identität aufzubauen und eines Tages jemand zu sein, der von sich sagen kann: »Ich bleibe mir selber treu.«

JOHANN WOLFGANG VON GOETHE

Für ewig

Denn was der Mensch in seinen Erdeschranken
Von hohem Glück mit Götternamen nennt,
Die Harmonie der Treue, die kein Wanken,
Der Freundschaft, die nicht Zweifelsorge kennt,
Das Licht, das Weisen nur zu einsamen Gedanken,
Das Dichtern nur in schönen Bildern brennt
Das hatt' ich all, in meinen besten Stunden,
In Ihr entdeckt und es für mich gefunden.

Weite Welt und breites Leben,
Langer Jahre redlich Streben,
Stets geforscht und stets gegründet,
Nie geschlossen, oft geründet,
Ältestes bewahrt mit Treue,
Freundlich aufgefaßtes Neue,
Heitern Sinn und reine Zwecke:
Nun! man kommt wohl eine Strecke.

Brüder Grimm

Der treue Johannes

Es war einmal ein alter König, der war krank und dachte: »Es wird wohl das Totenbett sein, auf dem ich liege.« Da sprach er: »Laßt mir den getreuen Johannes kommen.« Der getreue Johannes war sein liebster Diener und hieß so, weil er ihm sein Lebelang so treu gewesen war. Als er nun vor das Bett kam, sprach der König zu ihm: »Getreuester Johannes, ich fühle, daß mein Ende herannaht, und da habe ich keine andere Sorge als um meinen Sohn: er ist noch in jungen Jahren, wo er sich nicht immer zu raten weiß, und wenn du mir nicht versprichst, ihn zu unterrichten in allem, was er wissen muß, und sein Pflegevater zu sein, so kann ich meine Augen nicht in Ruhe schließen.« Da antwortete der getreue Johannes: »Ich will ihn nicht verlassen und will ihm mit Treue dienen, wenn's auch mein Leben kostet.« Da sagte der alte König: »So sterb ich getrost und in Frieden.« Und sprach dann weiter: »Nach meinem Tode sollst du ihm das ganze Schloß zeigen, alle Kammern, Säle und Gewölbe, und alle Schätze, die darin liegen: aber die letzte Kammer in dem langen Gange sollst du ihm nicht zeigen, worin das Bild der Königstochter vom goldenen Dache verborgen steht. Wenn er das Bild erblickt, wird er eine heftige Liebe zu ihr empfinden und wird in Ohnmacht niederfallen und wird ihretwegen in große Gefahren geraten; davor sollst du ihn hüten.« Und als der treue Johannes nochmals dem alten König die Hand darauf gegeben hatte, ward dieser still, legte sein Haupt auf das Kissen und starb.

Als der alte König zu Grabe getragen war, da erzählte der treue Johannes dem jungen König, was er seinem Vater auf dem Sterbelager versprochen hatte, und sagte: »Das will ich gewißlich halten und will dir treu sein, wie ich ihm gewesen bin, und sollte es mein Leben kosten.« Die Trauer ging vorüber, da sprach der treue Johannes zu ihm: »Es ist nun Zeit, daß du dein Erbe siehst: ich will dir dein väterliches Schloß zeigen.« Da führte er ihn überall herum, auf und ab, und ließ ihn alle die Reichtümer und prächtigen Kammern sehen: nur die eine Kammer öffnete er nicht, worin das gefährliche Bild stand. Das Bild war aber so gestellt, daß wenn die Türe aufging, man gerade darauf sah, und war so herrlich gemacht, daß man meinte, es leibte und lebte und es gäbe nichts Lieblicheres und Schöneres auf der ganzen Welt. Der junge König aber merkte wohl, daß der getreue Johannes immer an einer Tür vorüberging, und sprach: »Warum schließest du mir diese niemals auf?« »Es ist etwas darin«, antwortete er, »vor dem du erschrickst.« Aber der König antwortete: »Ich habe das ganze Schloß gesehen, so will ich auch wissen, was darin ist«, ging und wollte die Türe mit Gewalt öffnen. Da hielt ihn der getreue Johannes zurück und sagte: »Ich habe es deinem Vater vor seinem Tode versprochen, daß du nicht sehen sollst, was in der Kammer steht: es könnte dir und mir zu großem Unglück ausschlagen.« »Ach nein«, antwortete der junge König, »wenn ich nicht hineinkomme, so ist's mein sicheres Verderben: ich würde Tag und Nacht keine Ruhe haben, bis ich's mit meinen Augen gesehen hätte. Nun gehe ich nicht von der Stelle, bis du aufgeschlossen hast.«

Da sah der getreue Johannes, daß es nicht mehr zu ändern war, und suchte mit schwerem Herzen und vielem Seufzen aus dem großen Bund den Schlüssel heraus. Als er die Türe geöffnet hatte, trat er zuerst hinein und dachte, er wolle das Bildnis bedecken, daß es der König vor ihm nicht sähe; aber was half das? Der König stellte sich auf die Fußspitzen und sah ihm über die Schulter. Und als er das Bildnis der Jungfrau erblickte, das so herrlich war und von Gold und Edelsteinen glänzte, da fiel er ohnmächtig zur Erde nieder. Der getreue Johannes hob ihn auf, trug ihn in sein Bett und dachte voll Sorgen: »Das Unglück ist geschehen, Herr Gott, was will daraus werden!« Dann stärkte er ihn mit Wein, bis er wieder zu sich selbst kam. Das erste Wort, das er sprach, war: »Ach! wer ist das schöne Bild?« »Das ist die Königstochter vom goldenen Dache«, antwortete der treue Johannes. Da sprach der König weiter: »Meine Liebe zu ihr ist so groß, wenn alle Blätter an den Bäumen Zungen wären, sie könnten's nicht aussagen; mein Leben setze ich daran, daß ich sie erlange. Du bist mein getreuster Johannes, du mußt mir beistehen.«

Der treue Diener besann sich lange, wie die Sache anzufangen wäre, denn es hielt schwer, nur vor das Angesicht der Königstochter zu kommen. Endlich hatte er ein Mittel ausgedacht und sprach zu dem

König: »Alles, was sie um sich hat, ist von Gold, Tische, Stühle, Schüsseln, Becher, Näpfe und alles Hausgerät; in deinem Schatze liegen fünf Tonnen Goldes, laß eine von den Goldschmieden des Reichs verarbeiten zu allerhand Gefäßen und Gerätschaften, zu allerhand Vögeln, Gewild und wunderbaren Tieren, das wird ihr gefallen, wir wollen damit hinfahren und unser Glück versuchen.« Der König hieß alle Goldschmiede herbeiholen, die mußten Tag und Nacht arbeiten, bis endlich die herrlichsten Dinge fertig waren. Als alles auf ein Schiff geladen war, zog der getreue Johannes Kaufmannskleider an, und der König mußte ein gleiches tun, um sich ganz unkenntlich zu machen. Dann fuhren sie über das Meer und fuhren so lange, bis sie zu der Stadt kamen, worin die Königstocher vom goldenen Dache wohnte.

Der treue Johannes hieß den König auf dem Schiffe zurückbleiben und auf ihn warten. »Vielleicht«, sprach er, »bring ich die Königstochter mit, darum sorgt, daß alles in Ordnung ist, laßt die Goldgefäße aufstellen und das ganze Schiff ausschmücken.« Darauf suchte er sich in sein Schürzchen allerlei von den Goldsachen zusammen, stieg ans Land und ging gerade nach dem königlichen Schloß. Als er in den Schloßhof kam, stand da beim Brunnen ein schönes Mädchen, das hatte zwei goldene Eimer in der Hand und schöpfte damit. Und als es das blinkende Wasser forttragen wollte und sich umdrehte, sah es den fremden Mann und fragte, wer er wäre. Da antwortete er: »Ich bin ein Kaufmann«, und öffnete sein Schürzchen und ließ sie hineinschauen. Da rief sie: »Ei, was für schönes Goldzeug!«, setzte die Eimer nieder und betrachtete eins nach dem anderen. Da sprach das Mädchen: »Das muß die Königstochter sehen, die hat so große Freude an den Goldsachen, daß sie Euch alles abkauft.« Es nahm ihn bei der Hand und führte ihn hinauf, denn es war die Kammerjungfer. Als die Königstochter die Ware sah, war sie ganz vergnügt und sprach: »Es ist so schön gearbeitet, daß ich dir alles abkaufen will.« Aber der getreue Johannes sprach: »Ich bin nur der Diener von einem reichen Kaufmann: was ich hier habe, ist nichts gegen das, was mein Herr auf seinem Schiff stehen hat, und das ist das Künstlichste und Köstlichste, was je in Gold ist gearbeitet worden.« Sie wollte alles heraufgebracht haben, aber er sprach: »Dazu gehören viele Tage, so groß ist die Menge, und so viel Säle, um es aufzustellen, daß Euer Haus nicht

Raum dafür hat.« Da ward ihre Neugierde und Lust immer mehr angeregt, so daß sie endlich sagte: »Führe mich hin zu dem Schiff, ich will selbst hingehen und deines Herrn Schätze betrachten.«

Da führte sie der getreue Johannes zu dem Schiffe hin und war ganz freudig, und der König, als er sie erblickte, sah, daß ihre Schönheit noch größer war, als das Bild sie dargestellt hatte, und meinte nicht anders, als das Herz wollte ihm zerspringen. Nun stieg sie in das Schiff, und der König führte sie hinein; der getreue Johannes aber blieb zurück bei dem Steuermann und hieß das Schiff abstoßen: »Spannt alle Segel auf, daß es fliegt wie ein Vogel in der Luft.« Der König aber zeigte ihr drinnen das goldene Geschirr, jedes einzeln, die Schüsseln, Becher, Näpfe, die Vögel, das Gewild und die wunderbaren Tiere. Viele Stunden gingen herum, während sie alles besah, und in ihrer Freude merkte sie nicht, daß das Schiff dahinfuhr. Nachdem sie das letzte betrachtet hatte, dankte sie dem Kaufmann und wollte heim, als sie aber an des Schiffes Rand kam, sah sie, daß es fern vom Land auf hohem Meere ging und mit vollen Segeln forteilte. »Ach«, rief sie erschrocken, »ich bin betrogen, ich bin entführt und in die Gewalt eines Kaufmanns geraten; lieber wollt ich sterben!« Der König aber faßte sie bei der Hand und sprach: »Ein Kaufmann bin ich nicht, ich bin ein König und nicht geringer an Geburt, als du bist; aber daß ich dich mit List entführt habe, das ist aus übergroßer Liebe geschehen. Das erstemal, als ich dein Bildnis gesehen habe, bin ich ohnmächtig zur Erde gefallen.« Als die Königstochter vom goldenen Dache das hörte, ward sie getröstet, und ihr Herz ward ihm geneigt, so daß sie gerne einwilligte, seine Gemahlin zu werden.

Es trug sich aber zu, während sie auf dem hohen Meere dahinfuhren, daß der getreue Johannes, als er vorn auf dem Schiffe saß und Musik machte, in der Luft drei Raben erblickte, die dahergeflogen kamen. Da hörte er auf zu spielen und horchte, was sie miteinander sprachen, denn er verstand das wohl. Die eine rief: »Ei, da führt er die Königstochter vom goldenen Dache heim.« »Ja«, antwortete die zweite, »er hat sie noch nicht.« Sprach die dritte: »Er hat sie doch, sie sitzt bei ihm im Schiffe.« Da fing die erste wieder an und rief: »Was hilft ihm das! Wenn sie ans Land kommen, wird ihm ein fuchsrotes Pferd entgegenspringen; da wird er sich aufschwingen wollen, und tut er das, so sprengt es mit ihm fort und in die Luft hinein, daß er nimmermehr seine Jungfrau wiedersieht.« Sprach die zweite: »Ist gar keine Rettung?« »O ja, wenn ein anderer schnell aufsitzt, das Feuergewehr, das in den Halftern stecken muß, herausnimmt und das Pferd damit totschießt, so ist der junge König gerettet. Aber wer weiß das! Und wer's weiß und sagt's ihm, der wird zu Stein von den Fußzehen bis zum Knie.« Da sprach die zweite: »Ich weiß noch mehr, wenn das Pferd auch getötet wird, so behält der junge König doch nicht seine Braut; wenn sie zusammen ins Schloß kommen, so liegt dort ein gemachtes Brauthemd in einer Schüssel und sieht aus, als wär's von Gold und Silber gewebt, ist aber nichts als Schwefel und Pech: wenn er's antut, verbrennt es ihn bis aufs Mark und Knochen.« Sprach die dritte: »Ist da gar keine Rettung?« »O ja«, antwortete die zweite, »wenn einer mit Handschuhen das Hemd packt und wirft es ins Feuer, daß es verbrennt, so ist der junge König gerettet. Aber was hilft's! Wer's weiß und es ihm sagt, der wird halbes Leibes Stein vom Knie bis zum Herzen.« Da sprach die dritte: »Ich weiß noch mehr, wird das Brauthemd auch verbrannt, so hat der junge König seine Braut doch noch nicht; wenn nach der Hochzeit der Tanz anhebt und die junge Königin tanzt, wird sie plötzlich erbleichen und wie tot hinfallen: und hebt sie nicht einer auf und zieht aus ihrer rechten Brust drei Tropfen Blut und speit sie wieder aus, so stirbt sie. Aber verrät das einer, der es weiß, so wird er ganzes Leibes zu Stein vom Wirbel bis zur Fußzehe.«

Als die Raben das miteinander gesprochen hatten, flogen sie weiter, und der getreue Johannes hatte alles wohl verstanden, aber von der Zeit an war er still und traurig; denn verschwieg er seinem Herrn, was er gehört hatte, so war dieser unglücklich: entdeckte er es ihm, so mußte er selbst sein Leben hingeben. Endlich aber sprach er bei sich: »Meinen Herrn will ich retten, und sollt ich selbst darüber zugrunde gehen.«

Als sie nun ans Land kamen, da geschah es, wie die Rabe vorhergesagt hatte, und es sprengte ein prächtiger fuchsroter Gaul daher. »Wohlan«, sprach der König, »der soll mich in mein Schloß tragen«, und wollte sich aufsetzen, doch der treue Johannes kam ihm zuvor, schwang sich schnell darauf, zog das Gewehr aus den Halftern und schoß den Gaul nieder. Da riefen die andern Diener des Königs, die dem treuen Johannes doch nicht gut waren: »Wie schändlich, das schöne Tier zu töten, das den König in sein Schloß tragen sollte!«

Aber der König sprach: »Schweigt und laßt ihn gehen, es ist mein getreuester Johannes, wer weiß, wozu das gut ist!« Nun gingen sie ins Schloß, und da stand im Saal eine Schüssel, und das gemachte Brauthemd lag darin und sah aus nicht anders, als wäre es von Gold und Silber. Der junge König ging darauf zu und wollte es ergreifen, aber der treue Johannes schob ihn weg, packte es mit Handschuhen an, trug es schnell ins Feuer und ließ es verbrennen. Die anderen Diener fingen wieder an zu murren und sagten: »Seht, nun verbrennt er gar des Königs Brauthemd.« Aber der junge König sprach: »Wer weiß, wozu es gut ist, laßt ihn gehen, es ist mein getreuester Johannes.« Nun ward die Hochzeit gefeiert: der Tanz hub an, und die Braut trat auch hinein, da hatte der treue Johannes acht und schaute ihr ins Antlitz; auf einmal erbleichte sie und fiel wie tot zur Erde. Da sprang er eilends hinzu, hob sie auf und trug sie in eine Kammer, da legte er sie nieder, kniete und sog die drei Blutstropfen aus ihrer rechten Brust und speite sie aus. Alsbald atmete sie wieder und erholte sich, aber der junge König hatte es mit angesehen und wußte nicht, warum es der getreue Johannes getan hatte, ward zornig darüber und rief: »Werft ihn ins Gefängnis.« Am andern Morgen ward der getreue Johannes verurteilt und zum Galgen geführt, und als er oben stand und gerichtet werden sollte, sprach er: »Jeder, der sterben soll, darf vor seinem Ende noch einmal reden, soll ich das Recht auch haben?« »Ja«, antwortete der König, »es soll dir vergönnt sein.« Da sprach der treue Johannes. »Ich bin mit Unrecht verurteilt und bin dir immer treu gewesen«, und erzählte, wie er auf dem Meer das Gespräch der Raben gehört und wie er, um seinen Herrn zu retten, das alles hätte tun müssen. Da rief der König: »O mein treuester Johannes, Gnade! Gnade! Führt ihn herunter.« Aber der treue Johannes war bei dem letzten Wort, das er geredet hatte, leblos herabgefallen und war ein Stein.

Darüber trug nun der König und die Königin großes Leid, und der König sprach: »Ach, was hab ich große Treu so übel belohnt!« Und ließ das steinerne Bild aufheben und in seine Schlafkammer neben sein Bett stellen. Sooft er es ansah, weinte er und sprach: »Ach, könnt ich dich wieder lebendig machen, mein getreuester Johannes.« Es ging eine Zeit herum, da gebar die Königin Zwillinge, zwei Söhnlein, die wuchsen heran und waren ihre Freude. Einmal, als die Königin in der Kirche war und die zwei Kinder bei dem Vater saßen und spielten, sah dieser wieder das steinerne Bildnis voll Trauer an, seufzte und rief: »Ach, könnt ich dich wieder lebendig machen, mein getreuester Johannes.« Da fing der Stein an zu reden und sprach: »Ja, du kannst mich wieder lebendig machen, wenn du dein Liebstes daran wenden willst.« Da rief der König: »Alles, was ich auf der Welt habe, will ich für dich hingeben.« Sprach der Stein weiter: »Wenn du mit deiner eigenen Hand deinen beiden Kindern den Kopf abhaust und mich mit ihrem Blute bestreichst, so erhalte ich das Leben wieder.« Der König erschrak, als er hörte, daß er seine liebsten Kinder selbst töten sollte, doch dachte er an die große Treue und daß der getreue Johannes für ihn gestorben war, zog sein Schwert und hieb mit eigener Hand den Kindern den Kopf ab. Und als er mit ihrem Blute den Stein bestrichen hatte, so kehrte das Leben zurück, und der getreue Johannes stand wieder frisch und gesund vor ihm. Er sprach zum König: »Deine Treue soll nicht unbelohnt bleiben«, und nahm die Häupter der Kinder, setzte sie auf und bestrich die Wunde mit ihrem Blut, davon wurden sie im Augenblick wieder heil, sprangen herum und spielten fort, als wär ihnen nichts geschehen. Nun war der König voll Freude, und als er die Königin kommen sah, versteckte er den getreuen Johannes und die beiden Kinder in einen großen Schrank. Wie sie hereintrat, sprach er zu ihr: »Hast du gebetet in der Kirche?« »Ja«, antwortete sie, »aber ich habe beständig an den treuen Johannes gedacht, daß er so unglücklich durch uns geworden ist.« Da sprach er: »Liebe Frau, wir können ihm das Leben wiedergeben, aber es kostet uns unsere beiden Söhnlein, die müssen wir opfern.« Die Königin ward bleich und erschrak im Herzen, doch sprach sie: »Wir sind's ihm schuldig wegen seiner großen Treue.« Da freute er sich, daß sie dachte, wie er gedacht hatte, ging hin und schloß den Schrank auf, holte die Kinder und den treuen Johannes heraus und sprach: »Gott sei gelobt, er ist erlöst, und unsere Söhnlein haben wir auch wieder«, und erzählte ihr, wie sich alles zugetragen hatte. Da lebten sie zusammen in Glückseligkeit bis an ihr Ende.

Friedrich Schiller

Die Bürgschaft

Zu Dionys, dem Tyrannen, schlich
Damon, den Dolch im Gewande;
Ihn schlugen die Häscher in Bande.
»Was wolltest du mit dem Dolche, sprich!«
Entgegnet ihm finster der Wüterich.
»Die Stadt vom Tyrannen befreien!«
»Das sollst du am Kreuze bereuen.«

»Ich bin«, spricht jener, »zu sterben bereit
Und bitte nicht um mein Leben,
Doch willst du Gnade mir geben,
Ich flehe dich um drei Tage Zeit,
Bis ich die Schwester dem Gatten gefreit,
Ich lasse den Freund dir als Bürgen,
Ihn magst du, entrinn ich, erwürgen.«

Da lächelt der König mit arger List
Und spricht nach kurzem Bedenken:
»Drei Tage will ich dir schenken.
Doch wisse! Wenn sie verstrichen, die Frist,
Eh du zurück mir gegeben bist,
So muß er statt deiner erblassen,
Doch dir ist die Strafe erlassen.«

Und er kommt zum Freunde: »Der König gebeut,
Daß ich am Kreuz mit dem Leben
Bezahle das frevelnde Streben,
Doch will er mir gönnen drei Tage Zeit,
Bis ich die Schwester dem Gatten gefreit,
So bleib du dem König zum Pfande,
Bis ich komme, zu lösen die Bande.«

Und schweigend umarmt ihn der treue Freund
Und liefert sich aus dem Tyrannen,
Der andere ziehet von dannen.
Und ehe das dritte Morgenrot scheint,
Hat er schnell mit dem Gatten die Schwester vereint,
Eilt heim mit sorgender Seele,
Damit er die Frist nicht verfehle.

Da gießt unendlicher Regen herab,
Von den Bergen stürzen die Quellen,
Und die Bäche, die Ströme schwellen.
Und er kommt ans Ufer mit wanderndem Stab,
Da reißet die Brücke der Strudel hinab,
Und donnernd sprengen die Wogen
Des Gewölbes krachenden Bogen.

Und trostlos irrt er an Ufers Rand,
Wie weit er auch spähet und blicket
Und die Stimme, die rufende, schicket,
Da stößet kein Nachen vom sichern Strand,
Der ihn setze an das gewünschte Land,
Kein Schiffer lenket die Fähre,
Und der wilde Strom wird zum Meere.

Da sinkt er ans Ufer und weint und fleht,
Die Hände zum Zeus erhoben:
»O hemme des Stromes Toben!
Es eilen die Stunden, im Mittag steht
Die Sonne, und wenn sie niedergeht
Und ich kann die Stadt nicht erreichen,
So muß der Freund mir erbleichen.«

Doch wachsend erneut sich des Stromes Wut,
Und Welle auf Welle zerrinnet,
Und Stunde an Stund entrinnet.
Da treibt ihn die Angst, da faßt er sich Mut
Und wirft sich hinein in die brausende Flut
Und teilt mit gewaltigen Armen
Den Strom, und ein Gott hat Erbarmen.

Und gewinnt das Ufer und eilet fort
Und danket dem rettenden Gotte,
Da stürzet die raubende Rotte
Hervor aus des Waldes nächtlichem Ort,
Den Pfad ihm sperrend, und schnaubet Mord
Und hemmt des Wanderers Eile
Mit drohend geschwungener Keule.

»Was wollt ihr?« ruft er, für Schrecken bleich,
»Ich habe nichts als mein Leben,
Das muß ich dem Könige geben!«
Und entreißt die Keule dem nächsten gleich:
»Um des Freundes willen erbarmet euch!«
Und drei mit gewaltigen Streichen
Erlegt er, die andern entweichen.

Und die Sonne versendet glühenden Brand,
Und von der unendlichen Mühe
Ermattet sinken die Kniee.
»O hast du mich gnädig aus Räubershand,
Aus dem Strom mich gerettet ans heilige Land,
Und soll hier verschmachtend verderben,
Und der Freund mir, der liebende, sterben!«

Und horch! da sprudelt es silberhell,
Ganz nahe, wie rieselndes Rauschen,
Und stille hält er zu lauschen,
Und sieh, aus dem Felsen, geschwätzig, schnell,
Springt murmelnd hervor ein lebendiger Quell,
Und freudig bückt er sich nieder
Und erfrischet die brennenden Glieder.

Und die Sonne blickt durch der Zweige Grün
Und malt auf den glänzenden Matten
Der Bäume gigantische Schatten;
Und zwei Wanderer sieht er die Straße ziehn,
Will eilenden Laufes vorüberfliehn,
Da hört er die Worte sie sagen:
»Jetzt wird er ans Kreuz geschlagen.«

Und die Angst beflügelt den eilenden Fuß,
Ihn jagen der Sorge Qualen,
Da schimmern in Abendrots Strahlen
Von ferne die Zinnen von Syrakus,
Und entgegen kommt ihm Philostratus,
Des Hauses redlicher Hüter,
Der erkennet entsetzt den Gebieter:

»Zurück! du rettest den Freund nicht mehr,
So rette das eigene Leben!
Den Tod erleidet er eben.
Von Stunde zu Stunde gewartet' er
Mit hoffender Seele der Wiederkehr,
Ihm konnte den mutigen Glauben
Der Hohn des Tyrannen nicht rauben.«

»Und ist es zu spät, und kann ich ihm nicht
Ein Retter willkommen erscheinen,
So soll mich der Tod ihm vereinen.
Des rühme der blutge Tyrann sich nicht,
Daß der Freund dem Freunde gebrochen die Pflicht,
Er schlachte der Opfer zweie
Und glaube an Liebe und Treue.«

Und die Sonne geht unter, da steht er am Tor
Und sieht das Kreuz schon erhöhet,
Das die Menge gaffend umstehet,
An dem Seile schon zieht man den Freund empor,
Da zertrennt er gewaltig den dichten Chor:
»Mich, Henker!« ruft er, »erwürget!
Da bin ich, für den er gebürget!«

Und Erstaunen ergreifet das Volk umher,
In den Armen liegen sich beide
Und weinen für Schmerzen und Freude.
Da sieht man kein Auge tränenleer,
Und zum Könige bringt man die Wundermär,
Der fühlt ein menschliches Rühren,
Läßt schnell vor den Thron sie führen.

Und blicket sie lange verwundert an.
Drauf spricht er: »Es ist euch gelungen,
Ihr habt das Herz mir bezwungen,
Und die Treue, sie ist doch kein leerer Wahn,
So nehmet auch mich zum Genossen an,
Ich sei, gewährt mir die Bitte,
In eurem Bunde der Dritte.«

Madame Leprince de Beaumont

Die Schöne und das Tier

Es war einmal ein Kaufmann, der war außerordentlich reich. Er hatte drei Töchter, und da er ein verständiger Mann war, sparte er nicht an ihrer Erziehung und gab ihnen gute Lehrer. Seine Töchter waren sehr schön; besonders bewundert wurde die jüngste, und man nannte sie, solange sie klein war, nur die Schöne, und der Name blieb ihr und erweckte die Eifersucht ihrer Schwestern. Die Jüngste war aber nicht nur schöner als ihre Schwestern, sie war auch gütig.

Die beiden älteren waren sehr stolz, weil sie reich waren; sie spielten die Damen und wollten sich nicht mit den andern Kaufmannstöchtern abgeben, es fehlte ihnen an Leuten, die sie ihrer Gesellschaft für würdig erachtet hätten. Alle Tage gingen sie auf Bälle, ins Theater, machten Spaziergänge und verspotteten ihre jüngere Schwester, die den größten Teil ihrer Zeit darauf verwandte, gute Bücher zu lesen. Da man wußte, daß diese Mädchen sehr reich waren, baten mehrere wohlhabende Kaufleute um ihre Hand, aber die beiden älteren antworteten, daß sie nur einen Herzog oder doch wenigstens einen Grafen heiraten wollten. Die Schöne dankte denen, die um sie anhielten, freundlich, aber sie sagte ihnen, daß sie noch zu jung sei und daß sie lieber ihrem Vater noch einige Jahre Gesellschaft leisten wolle.

Mit einem Schlag verlor der Kaufmann seine ganze Habe und nichts blieb ihm als ein kleines Landhaus weit von der Stadt. Unter Tränen eröffnete er seinen Kindern, sie müßten künftig dieses Haus bewohnen und mit Bauernarbeit ihren Lebensunterhalt verdienen. Seine beiden älteren Töchter erwiderten, sie wollten die Stadt nicht verlassen und sie hätten mehrere Verehrer, welche glücklich wären, sie heiraten zu können, auch ohne Vermögen. Die jungen Damen täuschten sich indes, ihre Liebhaber schauten sie nicht mehr an, als sie arm waren. Da sie ihres Hochmuts wegen niemand leiden mochte, sagte man: »Sie verdienen nicht, daß man sie beklagt, es geschieht ihnen recht, daß ihr Stolz gedemütigt worden ist, mögen sie die großen Damen spielen, wenn sie ihre Schafe hüten! Was aber die Schöne betrifft, so tut uns ihr Mißgeschick sehr leid, sie ist ein gutes, sanftes Mädchen.«

Die arme Schöne war zuerst sehr niedergeschlagen gewesen, als sie ihr Vermögen verlor, aber dann hatte sie sich gesagt: »Das Weinen bringt mir mein Geld nicht wieder, man muß versuchen, auch ohne Vermögen glücklich zu sein.«

Als sie in ihrem Landhaus angekommen waren, begann der Kaufmann mit seinen drei Töchtern das Feld zu bestellen. Die Schöne stand um vier Uhr morgens auf, säuberte zuerst das Haus und bereitete dann das Frühstück für ihre Familie. Zuerst kam es sie sehr hart an, denn sie war die Mägdearbeit nicht gewohnt, aber nach zwei Monaten war sie kräftiger geworden, und die viele Arbeit war ihrer Gesundheit zuträglich; nach der Arbeit pflegte sie zu lesen, Klavier zu spielen oder beim Spinnen zu singen. Ihre Schwestern dagegen langweilten sich zu Tode, sie trauerten um ihre schönen Kleider und ihre Gesellschaft und sagten: »Seht unsere Jüngste, sie hat ein niedriges und dummes Gemüt; sie ist so stumpfsinnig, daß sie mit unserer unseligen Lage zufrieden ist.« Der gute Kaufmann freilich bewunderte die Tüchtigkeit des jungen Mädchens und besonders ihre Geduld, denn die Schwestern, nicht damit zufrieden, ihr die ganze Hausarbeit zu überlassen, beschimpften sie noch obendrein bei jeder Gelegenheit.

Schon ein Jahr lebte die Familie in ihrer Einsamkeit, als der Kaufmann eines Tages einen Brief erhielt, in welchem man ihm mitteilte, daß ein Schiff, auf dem er Waren hatte, glücklich angekommen sei. Diese Nachricht verdrehte den beiden Älteren, welche schon glaubten, nun das langweilige Landleben aufgeben zu können, den Kopf, und als sie ihren Vater reisefertig sahen, baten sie ihn, ihnen schöne Kleider, Pelerinen, Kopfputz und alle möglichen Kleinigkeiten mitzubringen. Die Schöne bat ihn um gar nichts, denn sie dachte bei sich, daß all das für die Waren gelöste Geld nicht hinreichen würde, um die Wünsche ihrer Schwestern zu befriedigen. »Du bittest mich nicht, dir etwas zu kaufen?« sagte der Vater zu ihr. »Da Ihr so gut seid, an mich zu denken«, entgegnete sie, »so bitte ich euch, mir eine Rose mitzubringen, denn es gibt hier keine.« Der gute Mann reiste ab, aber als er angekommen war, mußte er um seine Waren einen Prozeß führen, und nach vieler Mühe kam er ebenso arm zurück, wie er abgereist war. Er hatte nur noch dreißig Meilen bis zu seinem Haus, und schon freute er sich darauf, seine Kinder wiederzusehen, als er einen großen Wald durchqueren mußte und sich darin verirrte. Es schneite unaufhörlich, der Wind blies so heftig, daß er ihn zweimal vom Pferde riß, und als es Nacht wurde, glaubte er vor Hunger und Kälte sterben zu müssen oder von den Wölfen gefressen zu werden, die er ringsrum heulen hörte. Plötzlich, als er sich am Ende einer langen Allee umsah, bemerkte er ein helles Licht, das aber noch weit entfernt zu sein schien. Er ging in dieser Richtung weiter und merkte, daß das Licht von einem großen Schloß ausging, das hell erleuchtet war. Der Kaufmann dankte Gott für seine Hilfe und trat eilends in das Schloß; aber wie groß war seine Überraschung, als er in den Höfen keinen Menschen fand. Das Pferd, das er hinter sich herzog, sah einen großen Stall offenstehen, es ging hinein und fand eine Menge Heu und Hafer vor. Das arme ausgehungerte Tier stürzte sich gierig darauf. Der Kaufmann band es fest und wandte sich zum Hause, wo er gleichfalls keinen Menschen antraf, aber im Saal flackerte ein warmes Feuer, und eine speisenbeladene Tafel, auf der indes nur ein Besteck lag, lud zum Essen ein. Da ihn Schnee und Regen bis auf die Haut durchnäßt hatten, setzte er sich an den Kamin und wartete eine beträchtliche Zeit, daß der Hausherr oder ein Diener eintreten würde; als es aber elf Uhr schlug, ohne daß er jemanden erblickt hatte, konnte er seinen Hunger nicht mehr bändigen und nahm ein Hähnchen, das er mit zwei Bissen und unter Zittern verzehrte. Er trank einige Schluck Wein, und als er kühner geworden war, verließ er den Saal und durchschritt mehrere große und prächtig eingerichtete Räume. Schließlich fand er ein Zimmer, in welchem ein Bett stand, und da Mitternacht vorüber und er selbst sehr müde war, sperrte er die Türe ab und legte sich zur Ruhe.

Es war schon zehn Uhr morgens, als er sich am folgenden Tag erhob, und er war nicht wenig erstaunt, als er ein kostbares Gewand an Stelle des seinigen vorfand, welches ganz schmutzig geworden war. »Gewiß«, sagte er zu sich, »gehört dies Schloß irgendeiner guten Fee, die meine Lage bedauert.« Er blickte durch das Fenster und sah keinen Schnee mehr, sondern Lauben und Blumengewinde, die das Auge bezauberten. Er trat wieder in den großen Saal, wo er abends zuvor gespeist hatte, und bemerkte einen kleinen Tisch, auf welchem eine Schokolade dampfte. »Ich danke Euch, Frau Fee«, sagte er ganz laut,

»daß Ihr so gütig seid, an mein Frühstück zu denken.« Der gute Mann nahm seine Schokolade und ging dann, sein Pferd zu holen, und als er an einem schönen Rosenbeet vorbeiging, fiel ihm ein, daß ihn die Schöne um eine Rose gebeten hatte; er brach also einen Zweig mit mehreren Blüten ab. In diesem Augenblick hörte er ein heftiges Geräusch und sah ein so schreckliches Ungeheuer auf sich zukommen, daß er fast ohnmächtig geworden wäre. »Ihr seid sehr undankbar!« redete ihn das Ungeheuer mit furchtbarer Stimme an, »ich habe Euch das Leben gerettet, indem ich Euch in meinem Schloß Unterkunft gewährte, und zum Dank dafür stehlt Ihr mir meine Rosen, die ich über alles in der Welt liebe. Diese Verfehlung kann nur durch den Tod gesühnt werden; ich gebe Euch eine Viertelstunde Zeit, um Eure Rechnung mit Gott abzuschließen.« Der Kaufmann warf sich auf die Knie und sagte zu dem Monster, indem er die Hände faltete: »Gnädiger Herr, verzeiht mir, ich glaubte Euch nicht zu beleidigen, als ich eine Rose für eine meiner Töchter pflückte, die mich um eine solche gebeten hat.«

»Ich bin kein ›gnädiger Herr‹«, sagte das Ungeheuer, »ich bin ein Tier! Ich mag keine Höflichkeiten und will, daß man sagt, was man denkt. Also glaubt nicht, mich mit Euren Schmeicheleien zu rühren. Ihr habt Töchter, wie ihr sagt? Ich will Euch verzeihen, doch unter der Bedingung, daß eine Eurer Töchter freiwillig herkommt, um an Eurer Stelle zu sterben. Macht keine Einwände, geht, und wenn Eure Töchter sich weigern, für ihren Vater zu sterben, so schwört mir, daß Ihr in drei Monaten wiederkommt!« Der gute Mann hatte nicht die Absicht, eine seiner Töchter diesem häßlichen Monster zu opfern, aber er dachte, wenigstens würde er das Vergnügen haben, sie noch einmal zu umarmen. Er schwur also, er werde wiederkommen, und das Tier sagte, er könne abreisen, wann er wolle. »Aber«, fügte es hinzu, »ich will nicht, daß Ihr mit leeren Händen geht. In Eurem Schlafzimmer findet Ihr einen großen Koffer; ihr könnt hineintun, was Euch gefällt; ich werde ihn in Euer Haus bringen lassen.« Mit diesen Worten zog sich das Ungeheuer zurück, und der gute Mann sagte zu sich: »Wenn ich sterben muß, so werde ich wenigstens meinen armen Kindern etwas hinterlassen, wovon sie leben können.« Er füllte also den Koffer mit Goldstücken und verschloß ihn, dann holte er sein Pferd aus dem Stall und verließ das Schloß ebenso traurig, wie er es freudig betreten hatte. Das Pferd schlug von selbst einen der Waldwege ein, und nach wenigen Stunden gelangte der gute Mann zu seinem Häuschen.

Seine Kinder umringten ihn, aber anstatt sich ihrer Liebkosungen zu freuen, weinte der Vater bei ihrem Anblick. Er hielt die Rosen, die er seiner Tochter mitbringen wollte, in der Hand und gab sie der Schönen, indem er sagte: »Nimm diese Rosen, Schöne, sie kommen deinen unglücklichen Vater teuer zu stehen«; und er erzählte von dem unheilvollen Abenteuer, das ihm zugestoßen war. Bei dieser Erzählung stießen die zwei älteren Schwestern laute Schreie aus und schmähten die Schöne, welche nicht weinte: »Da seht, wie stolz diese kleine Kreatur ist«, sagten sie, »durch ihren außergewöhnlichen Wunsch verursacht sie den Tod ihres Vaters und weint nicht einmal darüber!«

»Warum sollte ich den Tod meines Vaters beweinen!« entgegnete die Schöne. »Er wird nicht sterben; da das Ungeheuer eine seiner Töchter als Ersatz nehmen will, so werde ich mich seiner Wut ausliefern, und ich bin sehr glücklich, daß ich meinem Vater hierdurch meine Liebe beweisen kann.« Trotz des Einspruchs des Vaters, er sei älter und könne eher mit dem Leben abschließen, bestand sie auf ihrem Opfer.

Der Vater ging mit ihr in das Waldschloß, und die beiden bösen Mädchen rieben sich die Augen mit Zwiebeln ein, um einige Tränen beim Abschied von ihrer Schwester vergießen zu können. Das Pferd schlug den Weg zum Schlosse ein, und gegen Abend sahen sie es vor sich, erleuchtet wie das erstemal. Das Pferd wurde im Stall untergebracht, und der gute Mann trat mit seiner Tochter in den großen Saal, wo sie eine prächtig gedeckte Tafel mit zwei Bestecken vorfanden. Der Kaufmann verspürte keine Lust zu essen, aber die Schöne bemühte sich, ruhig zu erscheinen, sie setzte sich zu Tisch und bediente ihren Vater. Nach dem Essen hörten sie einen furchtbaren Lärm, und der Kaufmann verabschiedete sich unter Tränen von seiner Tochter, da er glaubte, das Ungeheuer komme, um sie zu fressen. Auch die Schöne konnte sich nicht eines Schauders erwehren, als sie diese schreckliche Gestalt sah, doch sie nahm sich so gut es ging zusammen, und als das Monster sie fragte, ob sie freiweillig gekommen sei, sagte sie zitternd: »Ja!« – »Ihr seid ein liebes Kind«, sagte das Tier, »und ich bin Euch sehr zu Dank verpflichtet. Guter Mann, reist morgen ab und laßt es Euch nicht einfallen, je wiederzukommen.« Und sogleich zog sich das

Ungeheuer zurück. »Oh, meine Tochter!« sagte der Kaufmann, indem er die Schöne umarmte, »ich bin halb tot vor Angst, glaub es mir. Laß mich hierbleiben!« – »Nein, Vater«, sagte die Schöne bestimmt, »Ihr reist morgen früh ab und überlaßt mich der Gnade des Himmels. Vielleicht hat er Mitleid mit mir.«

Als der Vater abgereist war, setzte sich die Schöne in den großen Saal und begann zu weinen; aber da sie sehr mutig war, empfahl sie sich Gott und beschloß, das bißchen Leben, das ihr noch geschenkt war, nicht zu vertrauren, denn sie glaubte fest, daß das Ungeheuer sie am Abend fressen würde. Sie beschloß indessen, das schöne Schloß zu besichtigen. Sie konnte es nicht unterlassen, die Pracht desselben zu bewundern und war sehr überrascht, als sie auf eine Tür traf, über welcher die Worte zu lesen waren: Wohnung der Schönen. Sie öffnete hurtig die Tür und war geblendet von dem Prunk, der hier herrschte; was ihr aber am meisten in die Augen fiel, war ein Bücherschrank, ein Klavier und Noten. »Wenn ich heute abend gefressen werden sollte«, dachte sie, »so hätte man mich nicht so gut versorgt ... Ach«, seufzte sie, »ich möchte nichts, als meinen armen Vater wiedersehen und wissen, was er gerade treibt.« Wie groß war ihr Erstaunen, als ihre Augen auf einen großen Spiegel fielen, in welchem sie ihr Haus erblickte, wo ihr Vater eben mit äußerst bekümmerter Miene ankam. Ihre Schwestern kamen heraus, und trotz der Grimassen, die sie schnitten, um betrübt zu erscheinen, konnte man ihnen die Freude über den Verlust ihrer Schwester ansehen. Einen Augenblick später verschwand alles, und die Schöne dachte, daß das Tier sehr gefällig sein müsse und daß sie von ihm nichts zu befürchten habe. Zu Mittag fand sie die Tafel gedeckt und hörte, ohne indes jemanden zu sehen, eine herrliche Musik. Abends, als sie sich zu Tisch setzte, vernahm sie das Geräusch, welches das Ungeheuer verursachte und erzitterte. »Schöne«, sagte das Tier zu ihr, »erlaubt Ihr, daß ich Euch beim Essen zuschaue?« »Ihr seid hier der Herr!« erwiderte die Schöne zitternd. »Nein«, sagte das Tier, »Ihr seid die Herrin, Ihr braucht nur zu wünschen, daß ich gehe, wenn ich Euch lästig bin, und sogleich werde ich Euch verlassen ... Sagt mir, findet Ihr mich nicht sehr häßlich?« – »Das ist wahr«, entgegnete die Schöne, »denn ich mag nicht lügen; aber ich glaube, daß Ihr sehr gütig seid.« »Ihr habt recht«, sagte das Tier, »aber abgesehen von meiner Häßlichkeit, bin ich auch nicht klug;

ich weiß wohl, daß ich nur ein Tier bin.« – »Man ist nicht dumm, wenn man glaubt, nicht klug zu sein«, erwiderte die Schöne.

Sie aß mit gutem Appetit; sie fürchtete das Tier fast gar nicht mehr, aber fast wäre sie vor Schreck gestorben, als dieses plötzlich zu ihr sagte: »Schöne, wollt Ihr meine Frau werden?« Sie blieb einige Zeit stumm, denn sie fürchtete, den Zorn des Monsters zu erwecken, wenn sie es ihm abschlug; dann sagte sie zitternd: »Nein!« Hierüber wollte das arme Ungeheuer seufzen, aber es ließ nur ein so schreckliches Geheul hören, daß der ganze Palast davon dröhnte. Aber die Schöne war wieder beruhigt, als das Tier betrübt zu ihr sprach: »Also behüt dich Gott, Schöne!« und das Gemach verließ, nicht ohne sich von Zeit zu Zeit umzudrehen, um sie nochmals zu betrachten. Als die Schöne allein war, fühlte sie starkes Mitleid mit dem Tier: »Ach!«, sagte sie, »es ist schade, daß es so häßlich ist, es ist so gut zu mir!«

Die Schöne verbrachte drei Monate in aller Ruhe im Schloß; jeden Abend stattete ihr das Ungeheuer einen Besuch ab und unterhielt sie während des Essens mit gesundem Verstand, jedoch ohne das zu zeigen, was man in der Gesellschaft »Geist« nennt. Jeden Tag entdeckte die Schöne neue gute Eigenschaften an ihm. Die Gewohnheit, es zu sehen, hatte sie mit seiner Häßlichkeit vertraut gemacht, und weit entfernt, die Stunde seines Besuches zu fürchten, schaute sie häufig nach der Uhr, um zu sehen, ob es noch nicht bald neun sei. Nur ein Umstand quälte die Schöne: daß das Monster sie jedesmal vor dem Schlafengehen fragte, ob sie seine Frau werden wolle, wobei es jedesmal schmerzlich berührt war, wenn sie verneinte. Eines Tages sagte sie: »Du tust mir leid, Tier, ich möchte, ich könnte dich heiraten, aber ich bin zu aufrichtig, um dir Hoffnung zu machen, daß dies jemals der Fall sein könnte.«

Die Schöne hatte in ihrem Spiegel gesehen, daß ihr Vater vor Kummer über ihren Verlust erkrankt war, und sie wünschte, ihn wiederzusehen. »Ich würde dir gern versprechen«, sagte sie zum Ungeheuer, »dich nie gänzlich zu verlassen, aber ich habe solche Sehnsucht, meinen Vater wiederzusehen, daß ich vor Schmerz sterben würde, wenn du mir das Vergnügen verwehren wolltest.« – »Ich will lieber selbst sterben«, sagte das Ungeheuer, »als Euch Kummer bereiten. Ich werde Euch zu Eurem Vater schicken, Ihr könnt dort bleiben, und Euer armes Tier wird vor Sehnsucht sterben!« – »Nein«, sagte die

Schöne weinend, »ich liebe dich zu sehr, um deinen Tod veranlassen zu wollen; ich verspreche dir, in acht Tagen zurückzukommen. Du hast mich wissen lassen, daß meine Schwestern verheiratet sind und daß mein Vater allein steht; erlaube, daß ich ihm eine Woche Gesellschaft leiste!« – »Morgen früh werdet Ihr bei ihm sein, aber gedenkt Eures Versprechens! Ihr braucht nur Euren Ring beim Schlafengehen auf den Tisch zu legen, wenn Ihr heimkehren wollt. Behüt dich Gott, Schöne!« Das Ungeheuer seufzte wie gewöhnlich bei diesen Worten, und die Schöne legte sich zu Bett, betrübt darüber, ihr liebes Tier in Sorgen zu sehen. Als sie am andern Morgen erwachte, befand sie sich im Hause ihres Vaters und läutete eine Glocke, die neben ihrem Bett stand; sogleich kam eine Magd, die bei ihrem Anblick einen lauten Schrei ausstieß. Im Nebenzimmer fand sich ein Koffer voll goldgestickter Kleider, die das Ungeheuer hergeschickt hatte. Auf die Nachricht von der Heimkehr der Schönen hin erschienen die Schwestern mit ihren Gatten auf Besuch; beide waren sehr unglücklich verheiratet, und ihre Eifersucht auf die jüngste, deren Kleider sie beneideten, erwachte von neuem, zumal da sie erfuhren, wie gut es ihr gehe. »Schwester«, sagte die Älteste, »mir kommt ein Gedanke. Versuchen wir, sie länger als acht Tage hierzubehalten, ihr dummes Tier wird darüber ergrimmt sein, daß sie ihr Wort bricht, und wird sie vielleicht fressen.« – »Du hast recht, Schwester!« entgegnete die andere, »zu diesem Zweck müssen wir ihr schmeicheln.« Als sie diesen Entschluß gefaßt hatten, traten sie wieder zur Schönen und taten ihr so viel zuliebe, daß jene vor Freude Tränen vergoß. Als die acht Tage verstrichen waren, rauften sich die Schwestern die Haare und heuchelten einen solchen Gram über ihre Abreise, daß sie versprach, weitere acht Tage zu bleiben.

Indessen hielt sich die Schöne den Kummer vor, den sie ihrem armen Tier bereiten würde, das sie so von Herzen liebte, und sie sehnte sich danach, es zu sehen. In der zehnten Nacht, die sie bei ihrem Vater verbrachte, träumte ihr, sie sei im Garten des Palastes und erblicke das Tier halbtot im Grase liegen. Die Schöne erwachte plötzlich und vergoß Tränen. »Ich bin ein schlechter Mensch«, sagte sie, »das Tier zu betrüben, das stets so gut zu mir war. Auf! Ich will es nicht unglücklich machen.« Bei diesen Worten erhob sich die Schöne, legte den Ring auf den Tisch und ging dann wieder schlafen. Als sie am andern Morgen erwachte, sah sie mit Freuden, daß sie im Palast des Tieres war. Sie kleidete sich prächtig, um ihm zu gefallen und sehnte sich den ganzen Tag über fast zu Tode, während sie auf die neunte Stunde wartete. Aber umsonst schlug die Uhr, das Tier zeigte sich nicht. Die Schöne fürchtete schon, seinen Tod auf dem Gewissen zu haben. Sie lief durch das ganze Schloß und schrie laut, sie war ganz verzweifelt. Nachdem sie überall gesucht hatte, erinnerte sie sich ihres Traumes, lief in den Garten und fand dort das arme Tier besinnungslos ausgestreckt, so daß sie glaubte, es sei tot. Sie warf sich über es, ohne vor seiner Gestalt zu erschrecken und fühlte, daß sein Herz noch schlug; sie schöpfte Wasser aus dem Kanal und goß es ihm über den Kopf. Das Tier öffnete die Augen und sagte zur Schönen: »Ihr hattet Euer Versprechen vergessen, und der Gram, Euch verloren zu haben, hat mir den Entschluß eingegeben, den Hungertod zu leiden. Aber ich sterbe beruhigt, da ich das Glück habe, Euch noch einmal zu sehen.« – »Nein, mein teures Tier«, sagte die Schöne, »du sollst nicht sterben, du sollst leben, um mein Gatte zu werden; ich gebe dir meine Hand und schwöre, daß ich nur dir angehören will!« Kaum hatte die Schöne dies gesagt, als sie das Schloß in hellstem Lichte erstrahlen sah, ein Feuerwerk wurde abgebrannt und sie hörte Musik; alles schien auf ein Fest hinzudeuten. Aber all diese Pracht konnte sie nicht fesseln: sie wandte sich zu ihrem lieben Tier, denn die Gefahr, in der es schwebte, ließ sie erzittern. Doch wie groß war ihre Überraschung! Das Tier war verschwunden, zu ihren Füßen sah sie einen Prinzen, der schön war wie Amor selbst und der ihr dafür dankte, daß sie seinen Zauber gebrochen habe. »Eine böse Fee hatte mich verflucht, in Tiergestalt zu leben, bis eine schöne Jungfrau einwilligte, mich zu heiraten. Ihr wart der einzige Mensch auf der Welt, der sich von meiner Güte rühren ließ, und ich erfülle nur eine Dankespflicht, wenn ich Euch meine Krone anbiete.«

Sie begaben sich in das Reich des Prinzen, dessen Untertanen ihn mit Freuden wiederkehren sahen. In seinem Schloß erwartete sie eine gute Fee, welche die Schöne mit den Worten begrüßte: »Ihr habt der Schönheit und dem Wissen die Tugend vorgezogen. Ihr verdient, all diese Eigenschaften in einer Person vereint zu finden. Ihr werdet eine große Königin sein.« Der gute Prinz heiratete die Schöne, welche viele Jahre mit ihm lebte, und ihr Glück war vollkommen.

Die Treue, sie ist doch kein leerer Wahn

    Üb immer Treu und Redlichkeit
    Bis an dein kühles Grab
    Und weiche keinen Finger breit
    Von Gottes Wegen ab!
    Dann suchen Enkel deine Gruft
    Und weinen Tränen drauf,
    Und Sommerblumen, voll von Duft,
    Blühn aus den Tränen auf.
                    L. H. Ch. Hölty

Vor allem eins: Dir selbst sei treu.
              Polonius in Shakespeares »Hamlet«

    Beglückt, wer Treue rein im Busen trägt,
    Kein Opfer wird ihn je gereuen!
           Johann Wolfgang von Goethe, »Faust«

Wüßte ich nicht, daß die Treue so alt ist wie die Welt,
so würde ich glauben, ein deutsches Herz habe sie erfunden.
              Heinrich Heine, »Die Harzreise«

    Der ist in tiefster Seele treu,
    Wer die Heimat liebt wie du.
           Theodor Fontane, »Archibald Douglas«

Die Treue des Herrschers erzeugt und erhält die Treue seiner Diener.
              Otto Fürst von Bismarck

    Denn die Liebe muß mit Treue
    Recht fest verbunden sein.
           Volkslied

    Auf Erden gibt's nicht bessern Fund
    Als treues Herz und stillen Mund.
           Sprichwort

Theodor Fontane

Archibald Douglas

»Ich hab es getragen sieben Jahr,
Und ich kann es nicht tragen mehr!
Wo immer die Welt am schönsten war,
Da war sie öd und leer.

Ich will hintreten vor sein Gesicht
In dieser Knechtsgestalt,
Er kann meine Bitte versagen nicht,
Ich bin ja worden alt.

Und trüg er noch den alten Groll,
Frisch wie am ersten Tag,
So komme, was da kommen soll,
Und komme, was da mag.«

Graf Douglas spricht's. Am Weg ein Stein
Lud ihn zu harter Ruh,
Er sah in Wald und Feld hinein,
Die Augen fielen ihm zu.

Er trug einen Harnisch rostig und schwer,
Darüber ein Pilgerkleid. –
Da horch! vom Waldrand scholl es her
Wie von Hörnern und Jagdgeleit.

Und Kies und Staub aufwirbelte dicht,
Her jagte Meut und Mann,
Und ehe der Graf sich aufgericht't,
Waren Roß und Reiter heran.

König Jakob saß auf hohem Roß,
Graf Douglas grüßte tief;
Dem König das Blut in die Wange schoß,
Der Douglas aber rief:

»König Jakob, schaue mich gnädig an
Und höre mich in Geduld,
Was meine Brüder dir angetan,
Es war nicht meine Schuld.

Denk nicht an den alten Douglas-Neid,
Der trotzig dich bekriegt,
Denk lieber an deine Kinderzeit,
Wo ich dich auf den Knien gewiegt.

Denk lieber zurück an Stirlingschloß,
Wo ich Spielzeug dir geschnitzt,
Dich gehoben auf deines Vaters Roß
Und Pfeile dir zugespitzt.

Denk lieber zurück an Linlithgow,
An den See und den Vogelherd,
Wo ich dich fischen und jagen froh
Und schwimmen und springen gelehrt.

O denk an alles, was einsten war,
Und sänftige deinen Sinn –
Ich hab es gebüßet sieben Jahr,
Daß ich ein Douglas bin.«

»Ich seh dich nicht, Graf Archibald,
Ich hör deine Stimme nicht,
Mir ist, als ob ein Rauschen im Wald
Von alten Zeiten spricht.

Mir klingt das Rauschen süß und traut,
Ich lausch ihm immer noch,
Dazwischen aber klingt es laut:
Er ist ein Douglas doch.

Ich seh dich nicht, ich höre dich nicht,
Das ist alles, was ich kann –
Ein Douglas vor meinem Angesicht
Wär ein verlorener Mann.«

König Jakob gab seinem Roß den Sporn,
Bergan ging jetzt sein Ritt,
Graf Douglas faßte den Zügel vorn
Und hielt mit dem Könige Schritt.

Der Weg war steil, und die Sonne stach,
Und sein Panzerhemd war schwer,
Doch ob er schier zusammenbrach,
Er lief doch nebenher.

»König Jakob, ich war dein Seneschall,
Ich will es nicht fürder sein,
Ich will nur warten dein Roß im Stall
Und ihm schütten die Körner ein.

Ich will ihm selber machen die Streu
Und es tränken mit eigner Hand,
Nur laß mich atmen wieder aufs neu
Die Luft im Vaterland!

Und willst du nicht, so hab einen Mut,
Und ich will es danken dir,
Und zieh dein Schwert und triff mich gut
Und laß mich sterben hier.«

König Jakob sprang herab vom Pferd,
Hell leuchtete sein Gesicht,
Aus der Scheide zog er sein breites Schwert,
Aber fallen ließ er es nicht.

»Nimm's hin, nimm's hin und trag es neu
Und bewache mir meine Ruh!
Der ist in tiefster Seele treu,
Wer die Heimat liebt wie du.

Zu Roß, wir reiten nach Linlithgow,
Und du reitest an meiner Seit,
Da wollen wir fischen und jagen froh
Als wie in alter Zeit.«

Stefan Zweig

Die Flucht zu Gott

ERSTE SZENE

Ende Oktober 1910 in Jasnaja Poljana
Das Arbeitszimmer Tolstois, einfach und schmucklos, genau nach dem bekannten Bild
   Der Sekretär führt zwei Studenten herein. Sie sind nach russischer Art in hochgeschlossene, schwarze Blusen gekleidet, beide jung, mit scharfen Gesichtern. Sie bewegen sich vollkommen sicher, eher anmaßend als scheu.

DER SEKRETÄR Nehmen Sie inzwischen Platz, Leo Tolstoi wird Sie nicht lange warten lassen. Nur möchte ich Sie bitten, bedenken Sie sein Alter! Leo Tolstoi liebt dermaßen die Diskussion, daß er oft seine Ermüdbarkeit vergißt.
ERSTER STUDENT Wir haben Leo Tolstoi wenig zu fragen – eine einzige Frage nur, freilich eine entscheidende für uns und für ihn. Ich verspreche Ihnen, knapp zu bleiben – vorausgesetzt, daß wir frei sprechen dürfen.
DER SEKRETÄR Vollkommen. Je weniger Formen, um so besser. Und vor allem, sagen Sie ihm nicht Durchlaucht – er mag das nicht.
ZWEITER STUDENT *lachend* Das ist von uns nicht zu befürchten, alles, nur das nicht.
DER SEKRETÄR Da kommt er schon die Treppe herauf.

Tolstoi tritt ein, mit raschen, gleichsam wehenden Schritten, trotz seines Alters beweglich und nervös. Während er spricht, dreht er oft einen Bleistift in der Hand oder krümelt ein Papierblatt, aus Ungeduld, schon selber das Wort zu ergreifen. Er geht rasch auf die beiden zu, reicht ihnen die Hand, sieht jeden von ihnen einen Augenblick scharf und durchdringend an, dann läßt er sich auf dem Wachslederfauteuil ihnen gegenüber nieder.

TOLSTOI Sie sind die beiden, nicht wahr, die mir das Komitee schickte ... *Er sucht in einem Briefe.* Entschuldigen Sie, daß ich Ihre Namen vergessen habe ...
ERSTER STUDENT Unsere Namen bitten wir Sie als gleichgültig zu betrachten. Wir kommen zu Ihnen nur als zwei von Hunderttausenden.
TOLSTOI *ihn scharf ansehend* Haben Sie irgendwelche Fragen an mich?
ERSTER STUDENT Eine Frage.
TOLSTOI *zum zweiten* Und Sie?
ZWEITER STUDENT Dieselbe. Wir haben alle nur eine Frage an Sie, Leo Nikolajewitsch Tolstoi, wir alle, die ganze revolutionäre Jugend Rußlands – und es gibt keine andere: Warum sind Sie nicht mit uns?
TOLSTOI *sehr ruhig* Ich habe das, wie ich hoffe, deutlich ausgesprochen in meinen Büchern und außerdem in einigen Briefen, die inzwischen zugänglich gemacht worden sind. – Ich weiß nicht, ob Sie persönlich meine Bücher gelesen haben?
ERSTER STUDENT *erregt* Ob wir Ihre Bücher gelesen haben, Leo Tolstoi? Es ist sonderbar, was Sie uns da fragen. Gelesen – das wäre zuwenig. Gelebt haben wir von Ihren Büchern seit unserer Kindheit, und als wir junge Menschen wurden, da haben Sie uns das Herz im Leibe erweckt. Wer anders, wenn nicht Sie, hat uns die Ungerechtigkeit der Verteilung aller menschlichen Güter sehen gelehrt – Ihre Bücher, nur Sie haben unsere Herzen von einem Staat, einer Kirche und einem Herrscher losgerissen, der das Unrecht an den Menschen beschützt, statt die Menschheit. Sie und nur Sie haben uns bestimmt, unser ganzes Leben einzusetzen, bis diese falsche Ordnung endgültig zerstört ist ...
TOLSTOI *will unterbrechen und sagt* Aber nicht durch Gewalt ...
ERSTER STUDENT *hemmungslos ihn übersprechend* Seit wir unsere Sprache sprechen, ist niemand gewesen, dem wir so vertraut haben wie Ihnen. Wenn wir uns fragten, wer wird dieses Unrecht beseitigen, so sagten wir uns: Er! Wenn wir fragten, wer wird einmal aufstehen und diese Niedertracht stürzen, so sagten wir: Er wird es tun, Leo Tolstoi. Wir waren Ihre Schüler, Ihre Diener, Ihre Knechte, ich glaube, ich wäre damals gestorben für einen Wink Ihrer Hand,

und hätte ich vor ein paar Jahren in dieses Haus treten dürfen, ich hätte mich noch geneigt vor Ihnen wie vor einem Heiligen. Das waren Sie für uns, Leo Tolstoi, für Hunderttausende von uns, für die ganze russische Jugend bis vor wenigen Jahren – und ich beklage es, wir beklagen es alle, daß Sie uns seitdem ferne und beinahe unser Gegner geworden sind.

TOLSTOI *weicher* Und was meinen Sie, müßte ich tun, um euch verbunden zu bleiben?

ERSTER STUDENT Ich habe nicht die Vermessenheit, Sie belehren zu wollen. Sie wissen selbst, was Sie uns, der ganzen russischen Jugend entfremdet hat.

ZWEITER STUDENT Nun, warum es nicht aussprechen, zu wichtig ist unsere Sache für Höflichkeiten: Sie müssen endlich einmal die Augen öffnen und nicht länger lau bleiben angesichts der ungeheuren Verbrechen der Regierung an unserm Volke. Sie müssen endlich aufstehen von Ihrem Schreibtisch und offen, klar und rückhaltlos an die Seite der Revolution treten. Sie wissen, Leo Tolstoi, mit welcher Grausamkeit man unsere Bewegung niedergeschlagen hat, mehr Menschen modern jetzt in den Gefängnissen als Blätter in Ihrem Garten. Und Sie, Sie sehen das alles mit an, schreiben vielleicht, so sagt man, ab und zu in einer englischen Zeitung irgendeinen Artikel über die Heiligkeit des menschlichen Lebens. Aber Sie wissen, daß gegen diesen blutigen Terror heute Worte nicht mehr helfen, Sie wissen so gut wie wir, daß jetzt einzig ein vollkommener Umsturz, eine Revolution not tut, und Ihr Wort allein kann ihr eine Armee erschaffen. Sie haben uns zu Revolutionären gemacht, und jetzt, da Ihre Stunde reif ist, wenden Sie sich vorsichtig ab und billigen damit die Gewalt!

TOLSTOI Niemals habe ich die Gewalt gebilligt, niemals! Seit dreißig Jahren habe ich meine Arbeit gelassen, einzig um die Verbrechen aller Machthaber zu bekämpfen. Seit dreißig Jahren – ihr wart noch nicht geboren – fordere ich, radikaler als ihr, nicht nur die Verbesserung, sondern die vollkommene Neuordnung der sozialen Verhältnisse.

ZWEITER STUDENT *unterbrechend* Nun, und? Was hat man Ihnen bewilligt, was hat man uns gegeben seit dreißig Jahren? Die Knute den Duchoborzen, die Ihre Botschaft erfüllten, und sechs Kugeln in die Brust. Was ist besser geworden in Rußland durch Ihr sanftmütiges Drängen, durch Ihre Bücher und Broschüren? Sehen Sie nicht endlich ein, daß Sie jenen Unterdrückern noch helfen, indem Sie das Volk langmütig und dulderisch machen und vertrösten auf das tausendjährige Reich? Nein, Leo Tolstoi, es hilft nichts, dieses übermütige Geschlecht im Namen der Liebe anzurufen, und wenn Sie mit Engelszungen redeten! Diese Zarenknechte werden um Ihres Christus willen keinen Rubel aus ihrer Tasche holen, nicht einen Zoll werden sie nachgeben, ehe wir ihnen nicht mit der Faust an die Kehle fahren. Genug lang hat das Volk gewartet auf Ihre Bruderliebe, jetzt warten wir nicht länger, jetzt schlägt die Stunde der Tat.

TOLSTOI *ziemlich heftig* Ich weiß, sogar eine »heilige Tat« nennt ihr es in euren Proklamationen, eine heilige Tat, »den Haß hervorzurufen«. Aber ich kenne keinen Haß, ich will ihn nicht kennen, auch gegen jene nicht, die sich an unserem Volke versündigen. Denn der das Böse tut, ist unglücklicher in seiner Seele als der, der das Böse erleidet – ich bemitleide ihn, aber ich hasse ihn nicht.

ERSTER STUDENT *zornig* Ich aber hasse sie alle, die unrecht tun an der Menschheit – schonungslos wie blutige Bestien hasse ich jeden von ihnen! Nein, Leo Tolstoi, nie werden Sie mich ein Mitleid lehren mit diesen Verbrechern.

TOLSTOI Auch der Verbrecher ist noch mein Bruder.

ERSTER STUDENT Und wäre er mein Bruder und meiner Mutter Kind und brächte Leiden über die Menschheit, ich würde ihn niederschlagen wie einen tollen Hund. Nein, kein Mitleid mehr mit den Mitleidlosen! Es wird nicht eher Ruhe auf dieser russischen Erde sein, als bis die Leichen der Zaren und Barone unter ihr liegen; es wird keine menschliche und sittliche Ordnung geben, ehe wir sie nicht erzwingen.

TOLSTOI Keine sittliche Ordnung kann durch Gewalt erzwungen werden, denn jede Gewalt zeugt unvermeidlich wieder Gewalt. Sobald ihr zur Waffe greift, schafft ihr neuen Despotismus. Statt zu zerstören, verewigt ihr ihn.

ERSTER STUDENT Aber es gibt kein Mittel gegen die Mächtigen als Zerstörung der Macht.

TOLSTOI Zugegeben; aber niemals darf man ein Mittel anwenden, das man selber mißbilligt. Die wahre Stärke, glauben Sie mir, erwidert Gewalt nicht durch Gewalt, sie macht ohnmächtig durch Nachgiebigkeit. Es steht im Evangelium geschrieben ...

ZWEITER STUDENT *unterbrechend* Ach, lassen Sie das Evangelium. Die Popen haben längst einen Branntwein daraus gemacht, um das Volk zu verdumpfen. Das galt vor zweitausend Jahren und hat schon damals keinem geholfen, sonst wäre die Welt nicht so randvoll von Elend und Blut. Nein, Leo Tolstoi, mit Bibelsprüchen läßt sich heute die Kluft zwischen Ausgebeuteten und Ausbeutern, zwischen Herren und Knechten nicht mehr verkleistern: es liegt zuviel Elend zwischen diesen beiden Ufern. Hunderte, nein Tausende gläubiger, hilfreicher Menschen schmachten heute in Sibirien und in den Kerkern, morgen werden es Tausende, Zehntausende sein. Und ich frage Sie, sollen wirklich alle diese Millionen Unschuldiger weiter leiden um einer Handvoll Schuldiger willen?

TOLSTOI *sich zusammenfassend* Besser, sie leiden, als daß nochmals Blut vergossen werde; gerade das unschuldige Leiden ist hilfreich und gut wider das Unrecht.

ZWEITER STUDENT *wild* Gut nennen Sie das Leiden, das unendliche, jahrtausendalte des russischen Volkes? Nun: So gehen Sie in die Gefängnisse, Leo Tolstoi, und fragen Sie die Geknuteten, fragen Sie die Hungernden unserer Städte und Dörfer, ob es wirklich so gut ist, das Leiden.

TOLSTOI *zornig* Besser gewiß als eure Gewalt. Glaubt ihr denn wirklich, mit euren Bomben und Revolvern das Böse endgültig aus der Welt zu schaffen? Nein, in euch selbst wirkt dann das Böse, und ich wiederhole euch, hundertmal besser ist es, für eine Überzeugung zu leiden, als für sie zu morden.

ERSTER STUDENT *gleichfalls zornig* Nun, wenn es so gut ist und wohltätig, zu leiden, Leo Tolstoi, nun – warum leiden Sie dann nicht selbst? Warum rühmen Sie immer die Märtyrerschaft bei den andern und sitzen selbst warm im eigenen Haus und essen auf silbernem Geschirr, während Ihre Bauern – ich hab' es gesehen – in Lappen gehen und halb verhungert in den Hütten frieren? Warum lassen Sie sich nicht selber knuten statt Ihrer Duchoborzen, die um Ihrer Lehre willen gepeinigt werden? Warum verlassen Sie nicht endlich dieses gräfliche Haus und gehen auf die Straße, selber in

Wind und Frost und Regen die angeblich so köstliche Armut zu kennen? Warum reden Sie nur immer, statt selbst nach Ihrer Lehre zu handeln, warum geben Sie selbst nicht endlich ein Beispiel?

TOLSTOI *ist zurückgewichen. Der Sekretär springt vor gegen den Studenten und will ihn erbittert zurechtweisen, aber schon hat sich Tolstoi gefaßt und schiebt ihn sanft beiseite.* Lassen Sie doch! Die Frage, die dieser junge Mensch an mein Gewissen gerichtet hat, war gut ... eine gute, eine ganz ausgezeichnete, eine wahrhaft notwendige Frage. Ich will mich bemühen, sie aufrichtig zu beantworten. *Er tritt einen kleinen Schritt näher, zögert, rafft sich zusammen, seine Stimme wird rauh und verhüllt.* Sie fragen mich, warum ich nicht das Leiden auf mich nehme, gemäß meiner Lehre und meinen Worten? Und ich antworte Ihnen darauf mit äußerster Scham: wenn ich bislang meiner heiligsten Pflicht mich entzogen habe, so war es ... so war es ... weil ich ... zu feige, zu schwach oder zu unaufrichtig bin, ein niederer, nichtiger, sündiger Mensch ..., weil mir Gott bis zum heutigen Tage noch nicht die Kraft verliehen hat, das Unaufschiebbare endlich zu tun. Furchtbar reden Sie, junger, fremder Mensch, in mein Gewissen. Ich weiß, nicht den tausendsten Teil dessen habe ich getan, was not tut, ich gestehe in Scham, daß es längst schon, längst meine Pflicht gewesen wäre, den Luxus dieses Hauses und die erbärmliche Art meines Lebens, das ich als Sünde empfinde, zu verlassen und, ganz wie Sie es sagen, als Pilger auf den Straßen zu gehen, und ich weiß keine Antwort, als daß ich mich schäme in tiefster Seele und mich beuge über meine eigene Erbärmlichkeit. *Die Studenten sind einen Schritt zurückgewichen und schweigen betroffen. Eine Pause. Dann fährt Tolstoi fort mit noch leiserer Stimme:* Aber vielleicht ... vielleicht leide ich dennoch ... vielleicht leide ich eben daran, daß ich nicht stark und ehrlich genug sein kann, mein Wort vor den Menschen zu erfüllen. Vielleicht leide ich eben hier mehr an meinem Gewissen als an der furchtbarsten Folter des Leibes, vielleicht hat Gott gerade dieses Kreuz mir geschmiedet und dieses Haus mir qualvoller gemacht, als wenn ich im Gefängnis läge mit Ketten an den Füßen ... Aber Sie haben recht, nutzlos bleibt dieses Leiden, weil ein Leiden nur für mich allein, und ich überhebe mich, wollte ich seiner mich noch berühmen.

ERSTER STUDENT *etwas beschämt* Ich bitte Sie um Verzeihung, Leo Nikolajewitsch Tolstoi, wenn ich in meinem Eifer persönlich geworden bin ...

TOLSTOI Nein, nein, im Gegenteil, ich danke Ihnen! Wer an unser Gewissen rüttelt, und sei es mit den Fäusten, hat wohl an uns getan. *Ein Schweigen. Tolstoi wieder mit ruhiger Stimme:* Haben Sie beide noch eine andere Frage an mich?

ERSTER STUDENT Nein, sie war unsere einzige Frage. Und ich glaube, es ist ein Unglück für Rußland und die ganze Menschheit, daß Sie uns Ihren Beistand verweigern. Denn niemand wird diesen Umsturz, diese Revolution mehr aufhalten, und ich fühle, furchtbar wird sie werden, furchtbarer als alle dieser Erde. Die bestimmt sind, sie zu führen, werden eherne Männer sein, Männer der rücksichtslosen Entschlossenheit, Männer ohne Milde. Wären Sie an unsere Spitze getreten, so hätte Ihr Beispiel Millionen gewonnen, und es müßten weniger Opfer sein.

TOLSTOI Und wäre es ein einziges Leben nur, dessen Tod ich verschuldete, ich könnte es nicht verantworten vor meinem Gewissen.

Die Hausglocke gongt vom untern Stockwerk.

DER SEKRETÄR *zu Tolstoi, um das Gespräch abzubrechen* Es läutet zu Mittag.

TOLSTOI *bitter* Ja, essen, schwätzen, essen, schlafen, ausruhen, schwätzen – so leben wir unser müßiges Leben, und die andern arbeiten indes und dienen damit Gott.
Er wendet sich den jungen Leuten wieder zu.

ZWEITER STUDENT Wir bringen also unsern Freunden nichts als Ihre Absage zurück? Geben Sie uns kein Wort der Ermutigung?

TOLSTOI *sieht ihn scharf an, überlegt* Sagt euren Freunden folgendes in meinem Namen: Ich liebe und achte euch, russische junge Menschen, weil ihr so stark das Leiden eurer Brüder mitfühlt und euer Leben einsetzen wollt, um das ihre zu verbessern. *Seine Stimme wird hart, stark und schroff.* Aber weiter vermag ich euch nicht zu folgen, und ich weigere mich, mit euch zu sein, sobald ihr die menschliche und brüderliche Liebe zu allen Menschen verleugnet.

Die Studenten schweigen. Dann tritt der zweite Student entschlossen vor und sagt hart.

ZWEITER STUDENT Wir danken Ihnen, daß Sie uns empfangen haben, und danken Ihnen für Ihre Aufrichtigkeit. Ich werde wohl nie mehr Ihnen gegenüberstehen – so erlauben Sie auch mir unbekanntem Nichts zum Abschied ein offenes Wort. Ich sage Ihnen, Leo Tolstoi, Sie irren, wenn Sie meinen, daß die menschlichen Beziehungen allein durch die Liebe verbessert werden können: das mag gelten für die Reichen und für die Sorglosen. Aber jene, die von Kindheit auf hungern und ein ganzes Leben schon unter der Herrschaft ihrer Herren schmachten, die sind müde, länger auf die Niederfahrt dieser brüderlichen Liebe vom christlichen Himmel zu warten, sie werden lieber ihren Fäusten vertrauen. Und so sage ich Ihnen am Vorabend Ihres Todes, Leo Nikolajewitsch Tolstoi: Die Welt wird noch im Blute ersticken, man wird nicht nur die Herren, sondern auch ihre Kinder erschlagen und in Stücke reißen, damit die Erde auch von jenen nichts Schlimmes mehr zu gewärtigen habe. Möge es Ihnen erspart sein, dann noch Augenzeuge Ihres Irrtums zu werden – dies wünsche ich Ihnen von Herzen! Gott schenke Ihnen einen friedlichen Tod!

Tolstoi ist zurückgewichen, sehr erschreckt von der Vehemenz des glühenden jungen Menschen. Dann faß er sich, tritt auf ihn zu und sagt schlicht:

TOLSTOI Ich danke Ihnen insbesondere für Ihre letzten Worte. Sie haben mir gewünscht, was ich seit dreißig Jahren ersehne – einen Tod in Frieden mit Gott und allen Menschen. *Die beiden verbeugen sich und gehen; Tolstoi sieht ihnen längere Zeit nach, dann beginnt er erregt auf und ab zu gehen und sagt begeistert zum Sekretär:* Was das doch für wunderbare Jungen sind, wie kühn, stolz und stark, diese jungen russischen Menschen! Herrlich, diese gläubige, glühende Jugend! So habe ich sie vor Sebastopol gekannt, vor sechzig Jahren; mit ganz demselben freien und frechen Blick gingen sie gegen den Tod, gegen jede Gefahr – trotzig bereit, mit einem Lächeln zu sterben für ein Nichts, ihr Leben, das wunderbare junge

Leben hinzuwerfen für eine hohle Nuß, für Worte ohne Inhalt, für eine Idee ohne Wahrheit, nur aus Freude an der Hingebung. Wunderbar, diese ewige russische Jugend! Und dient mit all dieser Glut und Kraft dem Haß und dem Mord wie einer heiligen Sache! Und doch, sie haben mir wohlgetan! Aufgerüttelt haben sie mich, diese beiden, denn wirklich, sie haben recht, es tut not, daß ich endlich mich aufraffe aus meiner Schwäche und eintrete für mein Wort! Zwei Schritte vom Tod und immer zögere ich noch! Wirklich, das Richtige kann man nur von der Jugend lernen, nur von der Jugend!

Otto F. Bollnow

Die Treue

Formen der Treue

Die Treue kann sich wiederum in sehr verschiedenen Formen und auf sehr verschiedenen Gebieten zeigen. Wir orientieren uns zunächst ganz vorläufig auf dem Felde der verschiedenen Möglichkeiten, um damit die tiefer zum Wesen der Sache vordringende Analyse vorzubereiten. Treu ist, so sagten wir, der Mensch, sofern er eine eingegangene Bindung über die Zeiten hinweg und selbst unter veränderten Umständen durchhält. So gibt es z. B. einen treuen Diener seines Herrn. So ist es jedenfalls eine geläufige Formel. Aber wir spüren bald die eigentümliche Schwierigkeit. Man kann z. B. nicht von einem treuen Angestellten sprechen. Ein Angestellter kann ehrlich, zuverlässig, in jeder Weise tüchtig sein, aber das Verhältnis, in dem er Angestellter ist, ist andrer Art als das Verhältnis, in dem der Mensch treu ist. In dem vertraglich festgelegten und jederzeit kündbaren Verhältnis fehlt das Totale der menschlichen Bindung. Und auch ein Diener – sofern es heute im echten Sinn überhaupt noch einen gibt – kann nur treu sein, sofern es sich um ein den Menschen in seiner Tiefe ergreifendes Gefolgschaftsverhältnis handelt. Das Beispiel war nur insofern verwendbar, als es sich hier um einen Rest einer andern, einer feudalen Gesellschaftsordnung handelt. Ähnlich ist es auch beim Beamten. Dieser konnte noch unter übersehbaren Verhältnissen einem Menschen treu sein, insofern er durch einen konkreten menschlichen Bezug an ihn gebunden war. Auf Treue beruhte etwa das mittelalterliche Herrschaftssystem. In einem anonymen demokratischen Staatswesen ist der Beamte vielleicht nicht weniger zuverlässig, aber von Treue zu sprechen hat seinen Sinn verloren, sobald sie nicht mehr vom konkreten persönlichen Bezug getragen wird. Wenn man von Pflichttreue spricht, verschiebt man die Frage schon auf eine andre Ebene.

Treu im konkreten menschlichen Verhältnis ist vor allem der Freund dem Freunde. Schillers »Bürgschaft« ist das Hohelied der Freundestreue, und selbst der Skeptiker muß hier zugeben, daß die Treue »doch kein leerer Wahn« ist. Ein treuer Freund ist ein solcher, auf den man sich auch in Zeiten der Not verlassen kann. Das Gegenteil von Treue ist der Verrat. Und Verrat braucht nicht in einem aktiven heimtückischen Tun zu bestehen, er kann auch darin schon liegen, daß man einem Freund in der Not nicht beisteht oder daß man sich nicht zu ihm bekennt, sondern ihn verleugnet, wo man sich mit dem Bekenntnis zu ihm zu kompromittieren glaubt. So hat bekanntlich Petrus den Herrn dreimal verraten. Und dennoch ist noch eines zu unterscheiden: Auch Freundschaften können auseinandergehen, man kann sich entzweien, man kann sich auch langsam auseinanderentwickeln. Das kann in manchen Fällen notwendig sein; das kann in andern Fällen beklagenswerte Unbeständigkeit sein und so durchaus eine Verfehlung, aber Untreue im prägnanten Sinn ist das noch nicht; diese entsteht vielmehr erst dort, wo ich dem Freund die Stütze, auf die er einen Anspruch hat, entziehe und ihn, wie die Sprache sagt, »fallenlasse«. Daher wird verständlich, daß sich die Treue erst in den Zeiten der Not bewährt. Diese Treueverpflichtung hat immer etwas Unbedingtes, und sie gilt auch über eine sonst vielleicht eingetretene Entfremdung hinaus.

Treue gibt es endlich in der Liebe und in der Ehe, und hier vielleicht sogar in der reinsten Form. Doch ist diese von den Dichtern aller Zeiten in einem solchen Ausmaß verherrlicht worden, daß hier dem nichts mehr hinzuzufügen ist. Indem wir damit diese erste Überschau vorläufig abbrechen, können wir schon vier Züge als wesentlich hervorheben:

1. Treue ist immer die Festlegung des Menschen für die Zukunft, und zwar so, daß er die in der Vergangenheit eingegangene Bindung über die Zeiten hinweg und selbst unter veränderten Bedingungen durchhält.

2. Treue ist immer ein Verhältnis zum konkreten andern Menschen. Vom Sachlichen her lassen sich wohl andre Formen der Verpflichtung, aber keine eigentliche Treue begründen.

3. Treue ist stets ein Verhältnis, das den Menschen in seinem innersten Kern erfaßt. Nur wo der Mensch in seiner ganzen menschlichen Substanz in ein Verhältnis eingeht, kann er im eigentlichen Sinn treu sein.

4. Treue hat überall den Charakter der Unbedingtheit und Unwandelbarkeit. Sie ist ihrem Wesen zufolge »ewige Treue«, und es gibt grundsätzlich keine andre Treue als eine solche ewige Treue. Dabei kann die Treue in einem besonderen Treuegelöbnis, in einem Eid, einem Schwur, einem feierlich gegebenen Versprechen zum Ausdruck kommen und dadurch in eine sakrale Ebene gehoben werden, ja der Wille zur Treue drängt gradezu nach einer solchen äußeren Bekundung, aber das ist keineswegs notwendig, und das Treueverhältnis kann auch unausgesprochen bleiben. Darum sehen wir auch zunächst von dieser Komplikation ab, um später noch einmal gesondert darauf zurückzukommen.

An einer Stelle müssen wir freilich vorsichtig sein: Wenn hier das gewichtige Wort von der Ewigkeit der Treue aufgenommen wird, so liegt der Verdacht nahe, daß damit ein von den Liebenden im Enthusiasmus des Augenblicks gesprochenes Wort unkritisch in die nüchterne Wirklichkeitsanalyse übernommen worden ist; denn faktisch ist sicher die ewige Liebe ebensooft geschworen worden, wie später dieser Schwur wieder gebrochen ist, und die versprochene Ewigkeit der Treue enthält noch ein schweres Problem: Wie ist der Mensch als ein lebendiges wandelbares Wesen überhaupt einer solchen überzeitlichen Festlegung fähig? Ja wieweit ist er überhaupt dazu berechtigt, so über seine Zukunft zu verfügen? Der Mensch entwickelt sich in einer für ihn selbst nicht voraussehbaren Weise. Jugendfreunde beispielsweise können sich im späteren Leben nach so verschiedenen Seiten hin entwickeln, daß ihnen damit der Boden für eine verstehende Nähe entzogen ist, und ein äußeres Festhalten an der Treue würde in Widerspruch zur inneren Notwendigkeit dieser Entwicklungsstufe führen. Innere Wahrhaftigkeit und äußere Treue können so in Widerspruch miteinander geraten. Dieser Widerspruch gehört zum inneren Gesetz des Lebens selbst, und wir werden noch darauf zurückkommen müssen. Trotzdem ist die Wendung von der Ewigkeit der Treue keine dichterische Übertreibung; denn der Wille zur Unwandelbarkeit liegt notwendig in der Gesinnung der Treue selber enthalten. Sie kann nur echt sein, wenn der in ihr enthaltene Vorgriff in die Zukunft eine ewige Zukunft meint und mit diesem als unbedingt gefaßten Vorsatz in das spätere Leben eintritt. Es gibt eben keine Treue mit Vorbehalten.

Eine letzte Abwandlung der Treue ist wenigstens noch kurz zu erwähnen, weil wir später noch einmal darauf zurückkommen müssen. Man spricht im rechtlichen und kaufmännischen Bereich von »Treu und Glauben«, um ein Verhalten zu bezeichnen, das man vom Menschen auch ohne ausdrückliche vertragliche Festlegung nach der üblichen Auffassung (vor allem bei unvorhersehbarer Veränderung der Umstände) erwarten kann und das dieser selbst umgekehrt von einem erwarten darf. Der Rückgriff auf »Treu und Glauben« dient hier dazu, die im Buchstaben des Gesetzes gebliebenen Unbestimmtheiten durch ein grundsätzlich nicht in Worten festlegbares menschliches Grundverhältnis zu ergänzen. Die Treue, die ich halte, und der Glaube, der mir entgegengebracht wird, sind dabei in sich wechselseitig bedingender Form aufeinander bezogen.

Grenzen der Treue

In dem soeben hervorgehobenen Unbedingtheitscharakter der Treueverpflichtung durchbricht der Mensch die Ebene des Lebens in seiner zeitlichen Wandelbarkeit und gelangt zu etwas Unwandelbarem. Darauf beruht eine eigentümliche Starrheit, die der Treueverpflichtung als etwas Wesentliches anhaftet. Treue gibt es nicht stückweise, man kann nicht mehr oder weniger treu sein, sondern nur entweder ganz oder gar nicht. Die Treue kann nur gewahrt oder gebrochen werden.

Ein Drittes gibt es nicht, daher dann auch die eigentümliche Schwere des Treuebruchs.

Ehe wir dieser Frage weiter nachgehen, sind zunächst noch nach einer andern Seite hin Abgrenzungen erforderlich. Wenn soeben in einer gewissen nachlässigen Weise von der eigentümlichen Starrheit der Treue die Rede war, so ist damit ein Wort benutzt, das vom Boden andrer Auffassungen her etwas Abwertendes hat. Das gilt insbesondre von den lebensphilosophischen Anschauungen her. Wo die Lebendigkeit des Lebens als oberster Wert erscheint, da kann eine solche Starrheit nur als Mangel empfunden werden; denn zur Lebendigkeit gehört die Fähigkeit, sich fortwährend zu wandeln und immerfort Neues hervorzubringen. »Nur wer sich wandelt, bleibt mit mir verwandt«, so heißt es in dem bekannten Wort Goethes. Von daher gesehen muß die Forderung einer unwandelbaren Festigkeit als eine Behinderung erscheinen, unter der das wahre Leben verkümmert. So ist es denn zu verstehen, daß bei den verschiedenen Vertretern eines solchen Lebensenthusiasmus die Treue nicht hoch im Kurs steht. Wir brauchen diese Möglichkeiten nicht abstrakt zu konstruieren; denn in den dichterischen Gestaltungen dieses Standpunkts, vom beginnenden Sturm und Drang bis zum modernen Übermenschentum, finden wir genügend Beispiele. So wird (schon aus einem gewissen kritischen Abstand) in Jacobis »Allwill« die Lebensform eines solchen genialischen Helden gezeichnet. Er setzt sich bedenkenlos über gebrochene Herzen hinweg und hinterläßt eine traurige Spur menschlichen Elends, weil er nicht gewillt ist, die aus jeder menschlichen Begegnung entspringende Treueverpflichtung einzuhalten. Das ist nur ein beliebiges Beispiel, aber es ist die notwendige Folge dieses Ansatzes und kehrt in typischer Weise wieder, wo überhaupt das Ideal der Lebendigkeit des Lebens die Führung in der Ausprägung eines charakteristischen Ethos gewinnt. Es gibt in diesem Sinn eine typisch lebensphilosophische Treulosigkeit. Meist wird allerdings die eigentümliche Schwierigkeit des Konflikts von dieser Seite ideologisch überdeckt und dadurch in ihrer ganzen Schwere verheimlicht, daß man der äußeren Treue eine höhere innere Treue, nämlich die Treue zum eignen Wesen gegenüberstellt. Die Treue zu sich selber stehe höher als die Treue zum andern, und um sich selber nicht untreu zu werden, müsse man den andern bedenkenlos fallenlassen, wo er die eigne

Lebensentfaltung zu behindern droht. Auf den dabei zugrunde liegenden Irrtum kommen wir noch zurück.

Neben der lebensphilosophisch motivierten Treulosigkeit gibt es noch eine andere typisch wiederkehrende Form, nämlich die existentiell bedingte Treulosigkeit. Daß es so etwas gibt, möchte zunächst verwunderlich erscheinen; denn dem existentiellen Ethos ist an sich ein ähnlicher Unbedingtheitscharakter zu eigen, und dieser scheint auch einen entsprechenden Unbedingtheitscharakter der Treueverpflichtung zu bedingen. Aber grade wenn der Existentialismus die Unbedingtheit des Einsatzes so stark betont, so liegt darin ein Zug, der in einer bedenklichen Weise zur Treulosigkeit hindrängt. Wenn der Existentialist sich nämlich in jedem Augenblick unbedingt entscheiden und sich rückhaltlos einsetzen will, dann muß er auch bereit sein, in jedem neuen Augenblick die früher getroffene Entscheidung wieder zu verwerfen. Grade der Unbedingtheitscharakter der im Augenblick zu vollziehenden Entscheidung schließt die Stetigkeit aus, die die Voraussetzung der Treue ist, und so entsteht dann die typische Form des existentiellen Abenteurertums, wie sie in den dichterischen Gestaltungen von Jünger bis Malraux so faszinierend dargestellt ist. Der Existentialist ist untreu, und zwar grade nicht aus Schwäche und Gedankenlosigkeit, sondern aus dem innersten Kern seines Ethos heraus: Um in jedem Augenblick ganz zu sein, muß er in jedem Augenblick die ganze Vergangenheit abwerfen können und nur auf der Schneide des schwindelnden Augenblicks existieren. Dem moralisierenden Anspruch steht in ihm das gute Gewissen eines sehr hochgespannten eignen Ethos gegenüber. Wenn wir diese Verhältnisse auflösen wollen, müssen wir also noch auf tiefere Zusammenhänge zurückgreifen. Wie verträgt sich, so fragen wir, die Unbedingtheit der Treue mit der Wandelbarkeit des Lebens?

Albert Schweitzer

Über die Treue

> – Offenbarung Joh. 2,10: Sei getreu bis an den Tod, so will ich dir die Krone des Lebens geben. –

Ich kann nicht definieren, was heißt »treu«, denn die eigentliche Bedeutung des Wortes fängt erst an, wo alles Erklären in Ausdrücken aufhört; und doch wissen wir alle aus unserem Innersten heraus, was es besagen will: Alles, was wir Gutes an Erkennen und Wollen haben, bedeutet nichts und führt zu nichts, wenn es nicht gehärtet ist in dem Gedanken der Treue. Wie man bei jedem Metall sucht, es zu härten, und nicht sagen kann, wie es kommt, daß das Metall, das vorher weich und biegsam war, gehärtet hundertmal so stark ist als vorher, so kann man es nicht erklären, wie es mit dem Menschen geht, daß alles, was er zu geben vermag, erst dann wirklich stark ist, wenn es gehärtet ist in der *Treue.*

Zuerst heißt es: *Treu gegen sich selbst sein.* Es ist keine Romanphrase, die Treue gegen sich selbst, sondern Ihr wißt, es ist etwas Zwingendes, was sich in uns abspielt und fort und fort wiederholt; jede Untreue gegen unser inneres Wesen ist ein Fleck auf unserer Seele, und wenn wir untreu sind, dann wird unsere Seele zerrissen, und langsam verbluten wir darüber. Denn Harmonie und Kraft ist nur in unserem Leben, wenn das Äußere ist wie das Innere, wenn diese große Wahrhaftigkeit zwischen unserem tiefsten und reinsten Sehnen und dem Willen im Leben uns innere Einheit gibt.

Treu gegen uns selbst und treu gegen die Menschen. Es ist ein bekanntes Wort: Sei treu gegen die Menschen, so wie sie gegen dich sind, womit es gleichsam es uns leicht zu machen sucht, wenn wir nicht treu sind, indem es uns zeigt, wie die Menschen mit uns umgehen, und uns fragt: Warum willst du anders mit ihnen sein wie sie mit dir? Vergelte einem jeden, wie du selber bekommst! Und doch wehe uns, wenn wir auf diese Stimme hören! Denn die stimme IN uns sagt: Treu sein will heißen: Mit den Menschen, die wir kennen, in einer inneren Weise verbunden sein, daß wir über allem Kleinlichen stehen, was uns das alltägliche Leben bringen kann, und wissen, daß immer dieses edelste Verstehen, das wir in einzelnen Augenblicken miteinander erfahren durften, uns eint über alles andere hinaus. *Treu sein gegen Menschen* will ferner heißen: Seine Verantwortung fühlen in allem und jedem den Menschen gegenüber, ob sie uns nahe stehen oder fern. Auf den ersten Blättern der Heiligen Schrift steht das furchtbare Wort, womit der Mensch sich entschuldigen kann: Soll ich meines Bruders Hüter sein? Dieses Wort geht durch die ganze Geschichte der Menschheit und durch das Leben eines jeden von uns und jeder hat damit zu kämpfen, daß er sagt: Mein Horizont ist abgeschlossen und der und jener geht mich nichts an, für das und das habe ich keine Verantwortung – und er rechnet sich alles zusammen mit seiner Vernunft! Aber innerlich sagt die Treue: Das ist nicht wahr, sondern wir sind verantwortlich für alles, was wir tun *können* an Menschen und für Menschen, ob sie uns bekannt sind oder nicht. Wie es uns Jesus in seiner ergreifenden Weise ans Herz gelegt hat, wenn er sagt, daß jeder, der unser bedarf unser Nächster ist; daß wir nichts tun an einem Menschen, das nicht ihm selber getan ist und von ihm vergolten werden soll. Und in dieser tiefen Treue, die den Menschen das Leben nicht leicht, sondern schwer macht durch die Verantwortung, die es auf sie legt, und die Unruhe, die es ihnen gibt, so ihre Vernunft Ruhe finden würde: In dieser Treue wollen wir sein gegen nah und fern.

Und treu im Beruf sein will nicht heißen, äußerlich treu sein in der Verrichtung der Pflichten, sondern treu in allem, was wir auf Erden ausrichten können, treu in jenem höheren Sinne, daß wir wissen: Über all unser Vermögen und Können sind wir selber nicht Herr, sondern es ist, wie unsere Gaben und unsere Gesundheit, ein Pfand, das uns gegeben ist, und damit wir hausen als solche, die wissen, es gehört nicht ihnen, sondern die Rechenschaft darüber ablegen müssen in ihrem Leben, was sie damit getan haben, daß wir unser Dasein führen nicht als solche, die sagen: Das gehört nur uns, davon nehmen wir so viel wie wir brauchen zu unserem Glück, zu dem, was uns frommt, sondern als solche, die da wissen und in dieser Erkenntnis immer reifer werden, daß das Kostbarste im Leben das ist, daß wir nicht für uns selber leben, sondern für das, was geschehen muß für die Menschen und für die Wahrheit und für das Gute.

Josef Weinheber

Treue

Es war seit je der Deutschen Brauch
die Treue bis zum letzten Hauch.
So schwören wir in großer Not
die alte Treue bis zum Tod!
Wem schwören wir? Dem starken Mann,
dem Führer schwören wir voran,
alsdann dem Blut, dem Land, dem Reich,
ist keine Treu der unsern gleich.
Ist keine Treu der *seinen* gleich,
so fügte sich, so strahlt das Reich.
In fernen Sagen sei's gesagt,
was Treu um Treu getan, gewagt.

Es handelt sich um ein simples und ungeheures Lebensproblem, das der Treue. An dem Verlorenen festhalten, ewig beharren, bis an den Tod – oder aber leben, weitergehen, hinwegkommen, sich verwandeln, und dennoch nicht zum gedächtnislosen Tier herabsinken.
Hugo von Hofmannsthal

Bertolt Brecht

Treue is doch det Mark der Ehre!

Det sagte schon der olle Hindenburg, und der mußte det doch wissen! Denn wen war der nich allet treu! Den Kaiser Willem und de Republik und denn den Führer ooch noch. Deshalb hieß er ooch der Jetreue Eckard des deutschen Volkes. Wir warn ihm ooch treu, nachdem er den Weltkrieg verlorn hat, ham wa ihn zum Präsidenten jewählt. Treue is ehm eine Eijenschaft, die sich um den matrejellen Vorteil nich kümmert. Der Führer is ooch! Der wird wild, wenn se ihn die Treue brechen. Weil det is undeutsch, und da is er kitzlig! Den Röhm hat er det nie verziehn, Seite an Seite ham se jestanden, so ville Jahre, uff du sind se jewesen, und denn heest et: een Revolver uffn Frühstücksteller, weil ihn der Mann die Treue jebrochen hat. Und wat der Hermann Jöring ist, der ist treu bis übern Tod hinaus. Det is een Charakterzug von ihn, da kann er ja nischt machen! Seine verstorbene Frau hat er een Jedächtnistempel hinjestellt, ne halbe Milljon soll det ... und det war billig, denn vor den ham se bange, vor den eisernen Hermann! Da schreim se Rechnungen mitn kleenet »r«. Eisern is der. Drum hat ihn der Führer ooch die janze deutsche Wirtschaft anvertraut, det sind Summen! Zu treuen Händen. Bein andern müßten se da lange nachprüfen mit weesjott wat fürn Beamtenapparat. Ham Se jehört, det neue Luftfahrtministerium? Zweetausend Beamte ham da Platz, der verjehm Uffträje, det is ne Verantwortung, die der Mann trägt, und da brauchen se nich jeden Pfennig nachkontrolliern oder jede Milljon, die neue Uffrüstung soll ja schon 20 Milljarden verschlungen haben, weil der ... treu wie Jold is er.

Werner Finck

Beim Ziegelputzen zu singen

Wer hat dich, mein Vaterland,
Abgewrackt bis zum Verschrotten?
Ach, es rosten nur Klamotten,
Wo die schönste Heimat stand!

Deutscher Ruhm und deutscher Klang,
Deutscher Glaube, deutsche Treue …
Alles hin. Es geht die Reue
Einsam auf den Stimmenfang.

Alle Habe, alles Geld
Ging mit diesem Krieg zu Ende.
Wer's noch hat, reibt sich die Hände,
Die er früher steil gestellt.

Leergebrannt liegt Stadt für Stadt.
Welche Hausse in Ruinen!
Aber was wir dran verdienen,
Ist die Schuld, die keiner hat.

André Comte-Sponville

Selbst die Jahreszeiten sind wankelmütig

Die ganze Würde des Menschen liegt im Denken; die ganze Würde des Denkens liegt in der Erinnerung. Vergessendes Denken ist vielleicht Denken, aber ohne Wille, ohne Herz, ohne Seele. Die Wissenschaft und das Tier geben eine ungefähre Vorstellung hiervon – und das gilt noch nicht einmal für alle Tiere (angeblich gibt es welche, die treu sind), und vielleicht noch nicht einmal für alle Wissenschaften. Spielt auch keine Rolle. Der Mensch ist Geist nur durch Erinnerung; menschlich nur durch Treue. Hüte dich davor, Mensch, zu vergessen, dich zu erinnern!

Der treue Geist ist der Geist selbst.

Ich gehe das Problem von weitem an, weil es unermeßlich ist. Die Treue ist kein Wert wie jeder andere: Durch sie und für sie gibt es überhaupt Werte. Was wäre die Gerechtigkeit ohne die Treue der Gerechten? Der Frieden ohne die Treue der Friedliebenden? Die Freiheit ohne die Treue der freien Geister? Und was zählte selbst die Wahrheit ohne die Treue der Wahrhaften? Vielleicht gibt es keine Gesundheit ohne Vergessen, aber ohne Treue gibt es keine Tugend. Hygiene oder Moral. Hygiene *und* Moral. Es geht nämlich nicht darum, nichts zu vergessen, oder einer beliebigen Sache gegenüber treu zu sein. Gesundheit reicht nicht und Heiligkeit tut nicht not. »Man muß nicht erhaben sein, Treue und Aufrichtigkeit reichen aus.« Da hätten wir es also. Die Treue ist eine Tugend der Erinnerung und die Erinnerung selbst als Tugend.

Aber welche Erinnerung? Oder Erinnerung an was? Und unter welchen Voraussetzungen? Innerhalb welcher Grenzen? Erinnern wir daran, daß es nicht darum geht, einer beliebigen Sache gegenüber treu zu sein: Das wäre keine Treue mehr, sondern Fanatismus, borniertes Halsstarrigkeit, Dickköpfigkeit, Routine, nostalgisches Festhalten an Vergangenem... Jede Tugend widersetzt sich zwei Ausschweifungen, würde Aristoteles sagen: Eine davon ist die Unbeständigkeit, der

Starrsinn eine andere, und die Treue lehnt sie ebenfalls ab. Rechtes Maß? Wenn man so will, aber nicht so, wie es die Unentschlossenen und Oberflächlichen verstehen (es geht nicht darum, ein wenig wankelmütig und etwas halsstarrig zu sein!). Vielmehr die Scheidelinie zwischen zwei Abgründen. Die Treue ist weder wankelmütig noch halsstarrig, und hierin ist sie sich treu.

Ist sie also ein Wert an sich? Nein, oder nicht nur. Denn vor allem ihr Gegenstand macht ihren Wert aus. Freunde wechselt man nicht wie Hemden, sagte sinngemäß Aristoteles, und es wäre genauso lächerlich, seinen Kleidern gegenüber treu zu sein, wie man sich schuldig machte, wenn man es seinen Freunden gegenüber nicht wäre – es sei denn, man ist »durch die bewußte Verstellung des anderen getäuscht worden«, wie Aristoteles sagt. Treue entschuldigt nicht alles: Dem Ärgsten treu zu sein, wäre schlimmer, als sich von ihm loszusagen, und die »Treue zur Torheit ist eine zusätzliche Torheit«, bemerkt Vladimir Jankélévitch. An dieser Stelle erscheint es angebracht – Treue des zwar störrischen Schülers – den Lehrer ausführlicher zu zitieren:

»Ist die Treue lobenswert oder ist sie es nicht? Das hängt davon ab, anders gesagt: Es hängt von den Werten ab, denen man treu ist. (...) Da die Treue eine Tugend der Erinnerung ist, ist die Untreue ihre Verletzung (eher als ihr Mangel oder ihr Fehlen). Die Anamnese ist nicht alles: Das gute Gedächtnis ist nicht immer gut, die genaue Erinnerung nicht immer liebenswürdig oder respektvoll. Tugend der Erinnerung ist mehr als nur Erinnerung: Treue mehr als Genauigkeit: Die Treue ist das Gegenteil nicht des Vergessens, sondern des oberflächlichen oder gewollten Wankelmuts, der Verleugnung, der Arglist. Es gilt jedoch nach wie vor, daß sie sich dem Vergessen widersetzt – wie sich überhaupt jede Tugend dem Abgleiten widersetzt –, zu dem die Untreue im Gegensatz dazu schließlich führt: Man verrät zunächst das, woran man sich erinnert, dann vergißt man, was man verraten hat ... Auf diese Weise hebt sich die Untreue in ihrem Triumph auf, während die Treue nur triumphiert, indem sie sich der Aufhebung verweigert (keinen anderen Triumph kennt, als die unendliche Fortsetzung des Kampfes gegen das Vergessen oder die Verleugnung). *Verzweifelte* Treue, sagt Jankélévitch, und ich würde ihm das nicht vorwerfen. Sie besteht

»… im Kampf zwischen der unwiderstehlichen Flut des Vergessens, die langfristig gesehen alles überschwemmt, und den verzweifelten aber unregelmäßigen Protesten der Erinnerung; indem sie uns empfehlen zu vergessen, raten uns die Meister des Verzeihens zu etwas, wozu überhaupt nicht geraten werden muß: Die Vergeßlichen werden es von sich aus tun, sie verlangen nichts anderes. Die Vergangenheit erfordert unser Erbarmen und unsere Dankbarkeit: Denn die Vergangenheit kann sich nicht selbst verteidigen, wie die Gegenwart und die Zukunft …«

Darin besteht die Aufgabe der Erinnerung: Erbarmen und Dankbarkeit gegenüber der Vergangenheit. Die harte, anspruchsvolle, immerwährende Aufgabe, treu zu sein!

Selbstverständlich hat diese Aufgabe verschiedene Abstufungen. In dem soeben von mir zitierten Text nennt Jankélévitch die Konzentrationslager der Nazis und das Martyrium des jüdischen Volkes. Absolutes Martyrium: Absolute Aufgabe. Seinen ersten Leidenschaften – Asterix oder den Stars des Radsports, für die wir uns in unserer Kindheit begeisterten – ist man nicht in der gleichen Weise und im gleichen Grade treu. Treue darf nur das erfahren, was sie auch verdient, und im Verhältnis – wenn man so sagen kann, denn es handelt sich ja von Natur aus um nicht bestimmbare Größen – zum Wert dessen, was sie erfährt. In erster Linie Treue zum Leiden, zum selbstlosen Mut, zur Liebe … Zweifel befällt mich: Ist Leiden denn ein Wert? Nein, für sich genommen sicher nicht; aber jedes Leben voller Leiden ist ein Wert durch die Liebe, nach der es verlangt oder die es verdient: Denjenigen zu lieben, der leidet (die christliche Barmherzigkeit, das buddhistische Mitgefühl, die Gnade bei den Spinozisten), ist wichtiger als die Liebe zum Schönen und Großen, und der Wert ist nichts anderes als das, was die Liebe verdient.

Deshalb ist jede Treue (unabhängig davon, ob sie Liebe zu einem Wert oder zu einer Person ist) Treue zur Liebe durch die Liebe: Treue ist treue Liebe. Der allgemeine Sprachgebrauch irrt sich hier nicht – oder irrt sich nur, indem er sich über die Liebe irrt (wenn er sie fälschlicherweise auf die Beziehungen von Paaren beschränkt). Sicher ist nicht jede Liebe treu (weshalb die Treue sich auch nicht auf die Liebe begrenzt); aber jede Treue ist immer liebevoll (Treue zum Haß ist keine Treue, sondern Verbitterung oder Versessenheit), und deshalb gut und liebevoll. Also Treue zur Treue – und zu den verschiedenen Graden der Treue.

Die Anzahl der besonderen Felder von Treue ist endlos groß. Da mir nicht unendlich viel Platz zur Verfügung steht, möchte ich schnell nur drei dieser Felder nennen: Das Denken, die Moral, das Paar.

Es ist ziemlich klar, daß es eine Treue des Denkens gibt. Man denkt nichts x-Beliebiges, täte man es, so hieße dies, nicht mehr zu denken. Sogar die für die Sophisten so praktische Dialektik kann nur deshalb Denken sein, weil sie ihren Gesetzen, ihren Anforderungen und selbst dem Widerspruch, den sie überwindet, treu ist. Sartre sagte: »Man darf die Dialektik nicht mit der Unschärfe der Ideen verwechseln.« Die Treue ist wohl das, was sie voneinander unterscheidet, wie man in der *Logik* von Hegel sieht, der seinen Anfängen und seiner unwahrscheinlichen Strenge treu bleibt.

Allgemeiner ausgedrückt, kann man sagen, daß ein Denken dem Nichts oder dem Geschwätz nur durch das Bemühen entgeht, das es ausmacht. Nur so widersteht es dem Vergessen, der Unkonstanz der Moden und äußeren Einflüssen sowie den Verführungen des Augenblicks und der Macht zu widerstehen. »Jedes Denken ist ständig der Gefahr ausgesetzt, sich zu verlieren, wenn wir nicht bemüht sind, es zu erhalten. Ohne das Gedächtnis, den Kampf gegen das Vergessen und die Gefahr des Vergessens gibt es kein Denken«, bemerkt Marcel Conche. Das heißt, es gibt kein Denken ohne Treue: Um zu denken, muß man sich nicht nur erinnern (wodurch erst das Bewußtsein ermöglicht würde, und nicht jedes Bewußtsein ist Denken), sondern man muß sich erinnern *wollen*. Die Treue ist dieser Wille.

Setzt sie nicht auch den Willen voraus, immer das zu denken, woran man sich erinnert, daß man es gedacht hat? Also nicht nur der Wille, sich zu erinnern, sondern auch der, sich nicht zu verändern? Ja und nein. Ja deshalb, weil es vergeblich wäre, sich an einen Gedanken erinnern zu wollen, wenn er nur als Erinnerung bestünde, als mentaler oder theoretischer Nippes: Seinen Ideen treu zu sein, heißt nicht, sich nur daran zu erinnern, sie gehabt zu haben, sondern sie lebendig erhalten zu wollen (sich nicht nur daran erinnern wollen, daß man sie gehabt hat, sondern *daß man sie hat*). Nein deshalb, weil sie mit aller Macht behalten zu wollen, bedeuten würde, daß man sich weigert, sie gegebenfalls der Prüfung durch Diskussion, Erfahrung oder Überlegung zu unterziehen: Seinen Gedanken treuer als der Wahrheit zu sein, das hieße, dem Denken an sich untreu zu sein und zum Sophisten zu werden, selbst wenn es für die gute Sache ist.

In erster Linie muß man dem Wahren treu sein! Genau hierin unterscheidet sich die Treue vom Glauben. Für das Denken bedeutet Treue nicht, sich der Veränderung seiner Ideen zu verweigern (Dogmatismus) oder sie nur sich selbst unterzuordnen (Glauben); Treue bedeutet, die Ideen nicht ohne gute und triftige Gründe zu verändern und – da man sie nicht andauernd überprüfen kann – das für wahr zu halten – bis zu einer erneuten Überprüfung –, was einmal klar und deutlich als wahr befunden wurde. Folglich weder Dogmatismus noch Unkonstanz. Man hat das Recht, seine Vorstellungen zu ändern, aber nur, wenn es sich um eine Pflicht handelt. In erster Linie muß man dem Wahren treu sein, dann der Erinnerung an die Wahrheit (an die *erhaltene* Wahrheit): Das ist treues Denken, das heißt Denken.

Johann Wolfgang von Goethe

Frage nicht, durch welche Pforte
Du in Gottes Stadt gekommen,
Sondern bleib am stillen Orte,
Wo du einmal Platz genommen.

Schaue dann umher nach Weisen
Und nach Mächtigen, die befehlen;
Jene werden unterweisen,
Diese Tat und Kräfte stählen.

Wenn du nützlich und gelassen
So dem Staate treu geblieben,
Wisse! niemand wird dich hassen,
Und dich werden viele lieben.

Kapitel 10

Demut und Bescheidenheit, Fleiss und Geduld

Hochachtung bringt man einer Person entgegen, die als »wahrhaftig und gerecht, mutig und zuverlässig, demütig und bescheiden, fleißig und geduldig« bezeichnet wird. Denn in einem solchen Menschen haben sich viele löbliche Eigenschaften versammelt, die ihn als eine sittlich herausragende Persönlichkeit erscheinen lassen. Beschränkt man sich aber in der Beschreibung auf die letzten vier Begriffe und nennt jemanden nur »demütig und bescheiden, fleißig und geduldig«, so wird zwar kein negativer, aber doch auch kein besonders günstiger Eindruck entstehen, weil diese Charakterisierung eher auf eine geduckte Figur paßt, die brav und untertänigst die angeordneten Aufgaben erledigt. Das zeigt, daß die Haupttugenden, die für sich allein bestehen können, besser wirken, wenn andere Tugenden sie hilfreich unterstützen.

Tugenden gleichen sich eben nicht in ihrer Bedeutung und Wirkungsweise. Schon die griechischen Philosophen machten Unterschiede. Sie hielten die vier Kardinaltugenden »Besonnenheit und Weisheit, Gerechtigkeit und Tapferkeit« für die wichtigsten, während später für die christliche Kirche »Glaube, Hoffnung und Liebe« an erster Stelle standen. Mitte des 17. Jahrhunderts erschien die Ethik des französischen Philosophen Arnold Geulinex, der darin einen neuen Katalog von vier weltlichen Kardinaltugenden entwarf: Fleiß und Gehorsam, Gerechtigkeit und Demut. Allerdings bezog er den Fleiß nicht auf die Arbeit, sondern meinte damit die Tugend, die eine Person veranlaßt, sich selbst zu prüfen.

Mit der Aufklärung bildeten die »bürgerlichen« Tugenden den sittsamen Gegensatz zum Verhalten des Adels. Allerdings verloren sie im 19. Jahrhundert ihre Glaubwürdigkeit, weil sie erstarrten und in der Erziehung der Kinder eher zur Unterordnung, denn zur sittlichen Einordnung dienten. Heute hat die Bezeichnung »bürgerliche Tugend« einen negativen Touch, weil sie mit obrigkeitstreu gleichgesetzt wird. Wenn Demut und Bescheidenheit, Fleiß und Geduld dennoch in diesen Band Eingang finden, dann zum einen, um zu zeigen, daß in ihnen mehr steckt als die »bürgerliche« Definition, und zum zweiten, um darzustellen, daß es neben den hohen Tugenden auch die dienenden gibt, die nicht allein stehen.

Kein Mensch ist nur einer Tugend verpflichtet, sondern alle Tugenden zusammen ergeben erst »das Bild einer Moral«. Die dienenden Tugenden sind keine Eigenschaften, die in erster Linie das Handeln selbst bestimmen. Sie beeinflussen die Haltung eines Menschen. Das Wort Fleiß zum Beispiel hat in den Jahrhunderten seine Bedeutung verändert. Luther benutzt es in seiner Bibelübersetzung im Sinn von *Eifer*. Heute wird Fleiß mit Arbeit, Beruf, Leistung in Verbindung gebracht. Die Arbeit unterscheidet den Menschen vom Tier. In erster Linie bestimmt man Arbeit als Zweck zur Sicherung des Lebensunterhalts und zur Verbesserung der Lebensbedingungen. Allerdings steckt darin auch das Moment der Selbstverwirklichung durch Arbeit.[30] Und jede Arbeit wird von ihrem eigenen Berufsethos geleitet.

»Nimm's mit Ruhe und Gelassenheit«, empfahl man früher dem, der eine aufregende Nachricht erhielt. Doch zumindest die Gelassenheit gehört zu den Tugenden, die für unsere Generation in der Abstellkammer gelandet sind. Heute hat man den Eindruck, alles müsse rasch gehen, weil das Wirtschaftsleben dem gesamten Dasein Hektik auferlegt. Auch bei den elektronischen Medien ist Eile wichtiger als Gelassenheit, was dazu führt, daß Informationen schnell, wenn es geht direkt (»live«!), aber nicht unbedingt richtig vermittelt werden. Dabei wäre gerade Ruhe Ausdruck jener Sicherheit und Zuverlässigkeit, mit der etwa eine Nachricht überprüft werden sollte, bevor sie in den Äther gesendet wird. Geduld steht stützend hinter der Ruhe, indem sie die Hoffnung ausstrahlt, die in der Ruhe steckende Sorgfalt werde durch das Ergebnis belohnt.

Natürlich sind Wortspiele mit Demut oder Bescheidenheit beliebt. Demut sei keine Tugend, sagen manche, schließlich bedeute demütigen nichts anderes, als jemanden in den Staub zu treten. »Bescheiden« ist in der heutigen Umgangssprache ein etwas freundlicheres Wort für »beschissen«.

Zu Zeiten Wilhelm Buschs aber gehörte die Erziehung zur Bescheidenheit wie auch zu Fleiß, Reinlichkeit und Artigkeit (also Höflichsein) zum Rüstzeug der Pädagogik:

»Sei recht artig und bescheiden,
denn das mag der Onkel leiden.«

Die Kehrseite war nur, daß diese Art von Dressur des gut gehorchenden jungen Menschen mithalf, den Weg ins nationale Unheil zu bereiten.

Demut hat jedoch nichts mit dem Verhältnis von Menschen untereinander zu tun. Sie bezieht sich allein auf die Einstellung des sittlich denkenden Menschen zu sich selbst. Genauso wie hier Pflicht und Gehorsam im sittlichen Sinn benutzt werden, gilt es nach Definitionen von Demut und Bescheidenheit, Fleiß und Geduld zu suchen, die den moralischen Anspruch rechtfertigten.

Sowohl die Bescheidenheit als auch die Demut sind Tugenden des rechten Maßes. Sie verlangen vom Menschen, daß er nicht »vermessen« sei. Der Gegensatz von Bescheidenheit ist Maßlosigkeit. Wer hingegen bescheiden ist, kennt das rechte Maß, sei es im äußeren wie im inneren Verhalten. Er protzt nicht, weder in seiner Kleidung noch in seinem Verhalten. Er beschränkt sich in allem – im Gegensatz zum Hochmütigen und Eingebildeten, der sich mehr dünkt als andere Menschen und dies auch ausdrückt. Trotzdem kann ein bescheidener Mensch durchaus stolz sein.

Als das Bürgertum den Adel ablöste, gehörte es zur bürgerlichen Bescheidenheit, sich dezent statt protzig zu kleiden. Nicht die Kleider sollten den Menschen ausmachen, sondern sein Verhalten. Daher rührt die dunkle Kleidung der Männer. Doch gerade in den letzten Jahrzehnten haben der Überfluß und die Suche nach einer äußerlichen Selbstverwirklichung des Individuums dazu geführt, daß Mode und teure Kleidung wachsende Bedeutung erhalten haben. Immer unbescheidener trägt man Kleidung, die auf den ersten Blick zeigt, wieviel sie gekostet hat. Und weil Eltern immer weniger Wert auf Bescheidenheit legen, werden auch ihre Kinder und Kindeskinder zu dem falschen Glauben erzogen, Protzen drücke einen Teil ihrer Identität aus. Für Schulkinder wird es immer wichtiger, mit den modischen Accessoirs ausgestattet zu sein. Wer nicht die neue wertvolle Modejacke, Hose oder die Schuhe nach dem letzten Schrei trägt, gilt weniger. Scheinbar bestimmt Mode den Stellenwert des Menschen in seiner Gruppe. Und weil niemand ausgeschlossen werden will, versucht jeder mitzuhalten. Falls die Eltern aber nicht genügend Geld haben, machen die Kinder entweder Schulden, oder sie stehlen.

Bescheidenheit muß, wie alles sittliche Verhalten, gelehrt werden. Deshalb wäre es sinnvoll, an Schulen darauf zu achten, daß alle Kinder bescheiden gekleidet sind. In manchen Ländern ist eine einheitliche Schulkleidung längst üblich, um Unterschiede, die rein materialistisch begründet sind, nicht sichtbar werden zu lassen. So trugen Schulkinder in Frankreich bis in jüngere Zeit einen grauen Kittel, der zwar nicht schön, aber uniform war. Heute werden Schüler in Frankreich von den Erziehern aufgefordert, nur dezent und in gedecktem Blau oder Grau in den Unterricht zu kommen. Dieses Vorbild könnte als Modell für die Erziehung zur Bescheidenheit dienen.

Die Demut geht noch einen Schritt weiter als die Bescheidenheit. Auch sie hat nichts mit Unterwürfigkeit zu tun, sondern mit dem Erkennen seiner eigenen Position als Mensch. Ursprünglich war Demut eine religiöse Tugend, denn sie bestimmte das Verhältnis des Menschen gegenüber Gott. Wo Gott nicht mehr die Grundlage von Moral ist, sondern die Einsicht des zur Vernunft begabten Menschen, ist Demut das Verhältnis des Menschen zum Tod.

Es gibt etwas, das über jedem Menschen steht, wo auch immer und unter welchen großartigen oder mühseligen Bedingungen er lebt. Das ist der Tod. Jeder Mensch wird sterben, seine Existenz und all sein Streben sind also begrenzt. Das Wissen um seine Endlichkeit sollte die Haltung einer jeden Person gegenüber den Mitmenschen und der Welt bestimmen. Der französische Philosoph André Comte-Sponville sieht im Humor sogar eine Ergänzung der Demut, zumindest dann, wenn jemand Humor hat und die Fähigkeit, sich selbst weniger wichtig zu nehmen.[31] Wer das jedoch nicht wahrhaben will, ist dumm. Und Dummheit ist ein Mangel an Demut, meint der polnische Schriftsteller Andrzej Sczypiorski (vgl. S. 690 ff.).

Da es keinen vollständigen Katalog der Tugenden gibt, lassen sich noch viele finden, die in diesem Band nicht aufgeführt sind. Die Höflichkeit oder gar der Humor könnten hier auch noch als dienende Tugenden Platz finden. Die Höflichkeit hat in den letzten Jahren gerade in Deutschland wenig Zuspruch erhalten, denn sie galt als untertäniges Verhalten. Höflichkeit ist jedoch Respekt, den man einem anderen bezeugt. Und der Respekt vor dem anderen ist die Grundvoraussetzung jeder Moral.

Marie Luise Kaschnitz

Demut

Mir aufgelauert entdeckt
Die Blüten Falschgeld
Die ich unter die Leute bringe
Und die falschen Papiere
Mit denen ich reise
Und das falsche Zeugnis
Das ich ablege ehe
Der Morgen kräht
Und das falsche Spiel
Das ich treibe
Mit wem
Mit mir

Rotwelsch entziffert
Letzthin
Im Jahr der ruhigen Sonne
Blutsenkung erhöht
Und gewußt
Es ist Zeit für Demut.

Matthias Claudius

Brief von Pythagoras an Fürst Hiero von Syracusa

NB. Dieser Brief ist vor c. zweitausend Jahren geschrieben. Kenner der feinen und großen Welt werden bald merken, woran es dem Verfasser des Briefes gefehlt hat, und daß ein Philosoph unseres Jahrhunderts ganz anders würde geschrieben haben. Pythagoras aber schrieb wie folget, an Se. Hoheit den Fürst Hiero von Syracusa, der ihn zu sich eingeladen hatte:

»Sire,

Ich führe ein sehr einförmiges und ruhiges Leben; das Leben, das Du führst, ist weder das eine noch das andre. Ein mäßiger und frugaler Mann kann der sizilianischen Leckerbissen entbehren. Wohin Pythagoras auch komme, findet er genug zur Leibesnahrung und -notdurft, und der Überfluß eines Dynasten ist lästig und unbequem für jemand, der sich auf so etwas nicht versteht. Die Genügsamkeit ist ein groß Ding und steht fest; sie hat keine Neider und Verfolger, und deswegen scheint sie uns auch den Göttern am ähnlichsten zu machen. Dazu erwirbt man sich gesunde Konstitution nicht durch Liebepflegen, noch durch viel Essen und Trinken, wohl aber durch Mangel, der die Menschen zur Tugend treibt. Die mancherlei und ausschweifenden Wollüste aber treiben die Seele schwacher Menschen wie an Stricken, am allermeisten die Art Wollüste, denen Ew. Mt. ergeben ist. Und, weil Du freiwillig ihr Knecht sein willst, ist Dir nicht zu helfen, denn Vernunft gilt bei Dir nicht viel mehr als gar nichts. Lade also den Pythagoras nicht ein, mit Dir zu leben. Der Arzt legt sich nicht gerne zum Kranken ins Krankenbette.«

Johann Gottfried Seume

*An einen an der Düna bei Riga
gefundenen Totenkopf*

Verzeih mir, lieber alter Bruder, daß mein Fuß dir so unsanft an den Schädel stieß. Ich kenne dich nicht; aber die morschen Überreste deines Kinnbackens und dein Stirnbein zeigen mir unsere Verwandtschaft. Hat dich die Flut der geweihten Erde entwühlt, oder haben deine Knochen nie in geheiligtem Grunde geruht? Komm in meine Hände, daß ich deine Trümmer mit Erde decke. Um dich her rollt hier das Getümmel der Lebendigen in tausendfarbigen Leidenschaften: Alle jagen mit heißem Blute in dem Götzendienste irgendeines Traumgutes, und kein Auge sieht deinen demütigen Hirnkasten, deine abgestoßene Nase und den wackelnden Rest deiner Zähne hier im Sande liegen. Vor hundert Jahren liefst du vielleicht wie sie. Dieser Kasten enthielt vielleicht Systeme von Hirnweben, so sinnreich und bunt, als sie je ein alter oder neuer Weiser oder Narr gesponnen. Jetzt macht dir kein Gedanke mehr Kopfweh. Du warst wohl ein Jüngling, schön wie die Morgenröte und glühend wie die Mittagssonne; von diesem Wirbel wogte wohl das Wellenhaar auf deine Schultern herab; aus diesen Augenhöhlen strahlten wohl in deinem Blicke Mut und Sanftheit gemischt der Liebenswürdigsten deiner Zeitgenossinnen zu; diese Stirne streichelte wohl die warme weiche Hand der schönen Geliebten: Armer Bruder, jetzt blickt Grausen aus deinen Augen, und mit Ekel wendet eben ein Mädchen ihr Angesicht von dir und mir weg und hält mich vielleicht für wahnsinnig, daß ich die faulen Knochen deines Antlitzes in der Hand habe und sie so andächtig betrachte. Du warst vielleicht ein Richter, der seinen Mitbürgern Recht sprach, vor dem die Männer der Stadt ehrerbietig ihr Haupt entblößten, um seine wohltätige Weisheit zu hören: jetzt geht Alderman und Kohlenträger ohne menschliche Empfindung vor dir vorüber. Warst du einer der Helden Karls, der Kronen verschenkte und seine Kinder durch Krieg und Hunger tötete? Oder Peters, der, wie Scheidewasser das Eisen, seine Nation beizte, um ihr einige Gestalt zu geben? Auf deinen Ruf flog vielleicht der Donner aus funfzig Feuerschlünden in jene Mauern und trug Verheerung durch die Gassen; jetzt liegst du da so ruhig wie der Schädel eines Maulwurfs, der nur ein einziges Mal nach der Mittagssonne blinzte, als der Gärtner ihn mit dem Spaten aus dem Kohlbeete warf und erschlug. Oder bist du einer der geheiligten Räuber, die mit dem Schwerte mystische Dogmen durch die Nationen trugen, die die Religion des Friedens predigten und die Völker in Sklaverei schmiedeten? Oder warst du einer ihrer Sklaven, den der Stecken des Treibers durch das ärmliche Leben trieb, der nicht das Brot aß, das er baute, und nicht die Erlaubnis hatte zu sterben, wo er wollte? Hing um diesen Halsknochen eine goldne Kette, oder stand ein Stigma auf dieser Stirne? Weder das eine noch das andere stempelt Wert und Unwert. Starbst du unter den Händen der heiligen Salber oder am gerichtlichen Triangel? Ich weiß es nicht! Du warst vielleicht einst Bild der Tugend und Menschenliebe, oder Inbegriff der Verbrechen und Grausamkeit; du warst vielleicht Wohltäter der Menschheit, oder ihre Geißel, oder eine von den Millionen Nullen zwischen beiden. In diesem Schädel leuchtete vielleicht die Fackel Vernunft, oder flammte nie ein Fünkchen Licht durch die Mitternacht der Vorurteile. Du bist meiner Verwandtschaft, und bei uns ist das Äußerste erblich; wir sind Engel und Teufel. Ich weiß nicht, wo du jetzt bist; aber ich werde zu dir kommen. Ruhe hier zur Auflösung, daß kein Sterblicher mehr an deinem Backenknochen sich den Fuß zerstoße. Vielleicht tut mir nach hundert Jahren ein Enkel den nämlichen Dienst.

Viele wollen fromm sein, niemand demütig.
François de La Rochefoucauld

Grenze aller Demut. – Zu der Demut, welche spricht: *credo quia absurdum est,* und ihre Vernunft zum Opfer anbietet, brachte es wohl schon mancher: aber keiner, so viel ich weiß, bis zu jener Demut, die doch nur einen Schritt davon entfernt ist und welche spricht: *credo quia absurdus sum.* *Friedrich Nietzsche*

CHRISTIAN FÜRCHTEGOTT GELLERT

Der stolze Demüthige

Es ist kein Fehler, der uns an Andern beschwerlicher fällt, als der Stolz; und keiner, den wir uns selbst leichter erlauben, oder weniger an uns gewahr werden, als eben derselbe. So giebt es auch beynahe keine Tugend, die von uns an verdienten Personen so sehr bewundert wird, und die doch unserm Herzen schwerer ankömmt, als die Demuth. Aus diesen Ursachen verwehren sich wohlgezogne Menschen die der Welt beschwerlichen Ausbrüche des Stolzes, und ernähren ihn doch, oft unwissend, in sich; und aus eben diesen Ursachen nehmen sie die Lineamenten der Demuth an, ohne ihren Geist anzunehmen. Wir können es nämlich vor uns selbst nicht leugnen, daß die Demuth für so mangelhafte Geschöpfe, als wir sind, etwas sehr anständiges und eine nothwendige Tugend sey; aber genug, sie erniedrigete uns. Wir können es, wenn wir nachdenken, nicht leugnen, daß der Stolz für so fehlerhafte Geschöpfe, als wir sind, etwas sehr unanständiges und eine Mißgeburt des Herzens sey; aber genug, er schmeichelt uns, und darum mögen wir ihn so ungern aus unserm Herzen entfernen; und darum betrügen wir uns so oft, wenn wir glauben, daß wir ihn entfernt haben. – Antenor, ein verständiger Mann, hasset den Stolz, und hält sich für demüthig. Er ist vom Stande, und nie brüstet er sich mit seiner Geburt. Es ist thöricht, sagt er, auf einen Vorzug stolz seyn, den wir uns nicht selbst gegeben haben. Soll der Adel unsrer Väter ein Vorrecht für uns werden: so müssen wir es durch Verdienste zu unserm Eigenthume machen. Er ist in seinem Betragen herablassend und gütig gegen Niedre, bescheiden und ehrerbietig gegen Höhere, und doch zugleich heimlich darauf stolz, daß er alles dieses ist. Man bemerke und ehre seine Herablassung nicht: so wird er verdrießlich und kaltsinnig; und wiederum wird er desto bescheidner und leutseliger, je mehr man seine Leutseligkeit bewundert. Seine Kleidung ist nichts weniger, als blendend. Das Kleid, sagt er, ist unter allen falschen Verdiensten das lächerlichste; und da ich nicht bey Hofe lebe, so ist der beste Staat für mich Reinlichkeit. Er kleidet sich also sehr bürgerlich; und er könnte doch, seinem Vermögen nach, sich fürstlich kleiden. Er erweiset dem Verdienste im geringen Kleide eben die Achtung, als dem Verdienste im reichen. Indessen sieht er es gern, wenn man diese seine Kleiderdemuth bemerket, und er kömmt selten in das Haus, wo man ihm einst den Vorwurf gemacht, daß seine geringe Kleidung ein heimlicher Stolz sey. – Antenor achtet die Titel sehr gering und verschmäht die rednerischen Lobsprüche; beides aufrichtig. Aber eben dieser Antenor, der die Titel, die ihm zukommen, nicht gern anhört, der eine offenbare Schmeicheley verabscheut, ein übertriebnes Lob nie annimmt, eine sklavische Verbeugung mit Verdruß ansieht, ist doch im Herzen nach einem feinen mit Verstande und Bescheidenheit angebrachten Lobspruche sehr lüstern. Eine geistreiche und verdeckte Bewunderung entzückt ihn; und sein Entzücken darüber, so sehr er es zu verbergen sucht, verräth sich doch deutlich genug, wenn er dieselbe bald dankbar annimmt, bald huldreich ablehnet. Auch weis er an Andern schon eine achtsame und ehrerbietige Miene sehr hochzuschätzen. Ich kann, spricht er oft, diesen Mann, der mich so sehr zu verehren scheint, nicht anhören, weil weder in seinem Tone noch in seinen Mienen Verstand ist. Antenor setzt also seine Demuth darein, daß er nicht von Thoren und Gecken, nicht von Schmeichlern, bewundert seyn will. Aber bewundert will er dennoch seyn; und ist das Demuth? Die äußerlichen beschwerlichen und zweydeutigen Kennzeichen der Ehrerbietung thun ihm keine Genüge; er verlangt die feinern und zuverlässigern. Wer mag das tadeln? Aber verdient auch dieß keinen Tadel, daß er diesen Erweisungen der Hochachtung in seinem Herzen einen viel größern Werth beylegt, als ihnen gebührt; daß er sie zum letzten Ziele seiner Handlungen macht, und alles bloß in der Absicht thut, sich derselben zu versichern; daß er denjenigen, der sie ihm versagt, heimlich zu verachten anfängt, und dem Umgang eines rechtschaffnen und verdienstvollen Mannes darum flieht, weil er ihn nur selten oder gar nicht lobet? Was also Antenorn Bescheidenheit und Demuth zu seyn scheint, das ist im Grunde wahrer Stolz; es ist nur ein feinerer Geschmack desselben. – Er kennt seine Fehler, er gesteht sie so gar; aber nur um sich heimlich das Zeugniß geben zu können, daß er besser als Andre sey; Andre aber zu reizen, daß sie desto mehr Gutes von ihm sagen oder denken sollen. Doch thun wir ihm nicht Unrecht? Ich denke nicht. Warum redt er so oft von seinen Fehlern, und warum giebt er sich gleichwohl soviel Mühe, sie den Augen der Zuschauer zu entfernen? Er ist in seinem Zimmer jähzornig, und alsdann hart gegen seine Bedienten, auch wegen eines geringen Fehlers; aber wenn er Gesellschaft hat, läßt er sich so gar durch den größten Fehler eines Bedienten nicht in Hitze bringen. – Antenor kann den Tadel vertragen. Man setze an seiner Kleidung, seinen Zimmern, an seinen Gärten dieses und jenes aus. Er hört es mit einem gelaßnen Lächeln an, und bestätiget des Andern Kritiken, wenn sie gegründet sind, ob er gleich die Fehler sehr selten verbessert. – Man tadle hingegen etwas an seiner Bibliothek, und lobe alle seine Gebäude und Gärten; und Antenor wird schon stiller und ernsthafter. – Man bewundre seine Bibliothek und die treffliche Wahl der Bücher; und er ist der leutseligste Gelehrte. Man bewundre die Erziehung, die Antenor seinen Kindern giebt, nicht genug; und er wird tiefsinnig. – Seine Gemahlin ist nicht schön, auch nicht angenehm, sondern mehr das Gegentheil. Gleichwohl erscheint er selten ohne sie in Gesellschaft, und ist der gefälligste und liebreichste Ehemann gegen sie. Sie betet ihn an; und er erträgt ihre Fehler, ohne seine Liebe zu mindern. Wir müssen, sagt er, mit denen Geduld haben, von denen wir ebenfalls Nachsicht verlangen. Ich liebe meine Frau nicht des Verstandes, sondern der Tugend wegen. Ja, Antenor, auch vielleicht deswegen, weil sie deine Anbeterinn vor den Augen der ganzen Welt und die Lobrednerinn deiner großmüthigen Liebe ist. – Antenor besitzet Wissenschaften; und er pralet so wenig damit, als mit seinen Reichthümern. Man muß auf seine Weisheit, spricht er, nie stolz seyn; und nie Andre durch seine Einsichten erniedrigen, sondern, ohne daß sie ihre Mängel fühlen, ihnen in Gesellschaft denken und empfinden helfen. Antenor, wenn es die Gelegenheit befiehlt, sagt seine Meynung; aber mit sorgfältiger Bescheidenheit. Gleichwohl, wie hitzig wird er nicht durch den ersten Widerspruch! Sollte er nur wissen, wie sein Gesicht sich entfärbt, wie gebieterisch sein Ton wird, wie hastig und drohend er die Formeln ausspricht: wenn ich nicht sehr irre; ja, ich kann fehlen; aber – Nein, ich will nichts entscheiden. – Ein andermal bricht er ab, so bald man ihm widerspricht, und bleibt lange tiefsinnig, und widerlegt oder verachtet durch Stillschweigen. Indessen kann er doch allen Tadel bald vergessen. Man zweifle an seiner Einsicht; er kömmt zurück, und überwindet den Vorwurf. Man zweifle hingegen an seiner Bescheidenheit und Demuth; nein, sagt er, das gute Herz muß man mir nicht rauben. Ich hasse den Stolz an Andern, sollte ich mir ihn selbst erlauben? Ein Mann mit Verdiensten, und zugleich ein stolzer Mann seyn, heißt das größte Verdienst nicht haben. – Und ich fürchte Antenor, du hast dieses Verdienst nicht, sondern willst nur dich und Andre bereden, daß du es besitzest, weil die Demuth so liebenswürdig und der Stolz so hassenswürdig sind, und du sehr ehrgeizig bist. Du darfst es wissen, daß du Vorzüge vor Andern hast, und darfst darnach streben, und die gebührende Achtung von Andern annehmen; dieses verwehret die Demuth nicht. Aber du mußt auch wissen, daß die Demuth ihren Sitz im Herzen und nicht im äußerlichen Betragen hat, und daß es einerley Stolz ist, ob du dich wegen deines Verstandes und deiner Tugenden, oder wegen deiner Naturgaben und Glücksgüter anbetest. Hältst du das Gute, was du an dir hast, nicht für unverdiente Geschenke der Vorsehung, und erkennest du deine mannichfaltigen Mängel nicht: so verleugne äußerlich deinen Werth noch so sehr, du bist doch weder gegen Gott noch Menschen demüthig, du bist eine Mißgeburt der Moral, ein stolzer Demüthiger.

Andrzej Szczypiorski

Dummheit ist ein Mangel an Demut

Ich bin ein Kind des zwanzigsten Jahrhunderts und wurde durch dieses Jahrhundert geprägt. Das ist ein Jahrhundert der Dummheit und des Verbrechens. Vielleicht war es nie anders, aber ich tröste mich damit, daß der Mensch früher seiner eigenen Freiheit und der Gleichheit unter den Menschen näher war als in unseren Zeiten.

Ich habe einmal einen Satz geschrieben, der mir sehr gefällt und in dem ich wirklich einen tiefen Sinn unserer Natur finde. Ich schrieb: Nicht der ist frei, der ist, sondern der, der frei sein will. Die Sehnsucht nach der Freiheit hat einen höheren Wert als die Freiheit selbst, mit der wir nicht viel anfangen können. In dem Sinne werden das Gefühl der Unfreiheit, die Enge der Existenz, die Beschränkungen der Realität, die mich einengen, ein Wert an sich, denn sie lehren mich, der Herausforderung des Schicksals gewachsen zu sein, gegen das Schicksal zu ringen, um die eigene Würde, und damit die Sehnsucht nach einer besseren Welt, zu erhalten.

Die Begrenztheit der Existenz ist also ein Wert. Ein Wert ist der Widerspruch der Welt, die sich meinem Begehren nicht unterzieht, die meine Träume nicht erfüllt, meine Sehnsucht nicht befriedigt, mir Glück, Ruhe, Geborgenheit abspricht und mich ununterbrochen zur Überlegung zwingt, daß ich unvollkommen, unvollständig, verstümmelt bin. Eben darin finde ich die Kraft, die mich das eigene Schicksal in einem ständigen Kampf gestalten läßt, bei dem Widerspruch der Materie der Welt, ehrlich gesagt – auch mit Leid. Ohne Leid sehe ich keinen Sinn des Seins. Das ist eine äußerst pessimistische Ansicht, aber ich glaube, daß sie auf die Anerkennung gewisser banaler Tatsachen zurückzuführen ist, auf das Faktum, daß ich ein Teil der Natur bin.

Die Menschen waren früher weder so dumm noch so unehrlich wie in unserem zwanzigsten Jahrhundert. Ich denke, daß es nicht schwerfällt, die Ursache der Dummheit aufzuzeigen, die übrigens innerhalb der letzten Generationen die größten Verbrechen verursachte, die die Menschen jemals begangen haben.

Ich denke, daß ich die Demut gegenüber der Wirklichkeit verloren habe. Ich ließ mich von der Illusion verleiten, daß ich die Realität nach meinem Willen und Belieben gestalte.

Dostojewski schrieb: »Wenn es Gott nicht gibt, ist alles erlaubt.« Dostojewski meinte den christlichen Gott, aber dies kann weiter interpretiert werden. Wenn es nichts Mächtigeres als den Menschen gibt, was ihn übersteigt, was über ihn entscheidet, was ihn untertan macht – dann gibt es auch keine Normen und Grenzen der menschlichen Willkür. Denn selbst für den Erzatheisten, der den Glauben an Gott verachtet, muß es etwas über dem Menschen geben, was über sein Schicksal entscheidet.

Ich meine den Tod. Ich meine das Bewußtsein unserer Sterblichkeit. Ich bin ein Wesen, das seinen Anfang und sein Ende hat. In dem Sinne habe ich meine einmaligen Sonnen und Sterne, meine eigenen Bäume, meinen Regen, Geschmack und Duft, die niemand anders auf der

Welt hat, denn mit mir werden auch sie zu bestehen aufhören, und das bedeutet, daß es eine Grenze meiner Welt gibt. Darüber hinaus bleibt mir nur die Wahl zwischen Gott und dem Nichts übrig. Diese Wahl ist eine Frage des Charakters, der Erziehung, Kultur, Tradition, der intellektuellen Reife, des Muts oder der Feigheit. Aber eines bleibt für den Menschen selbstverständlich: daß es nämlich eine Grenze, ein Ende seiner Person gibt.

Dieser Gedanke ist am wichtigsten, denn er lehrt uns Demut. Dummheit ist ein Mangel an Demut. Das zwanzigste Jahrhundert hat die Demut verloren. Das zwanzigste Jahrhundert glaubt – wohl zum erstenmal in der Geschichte der Menschheit –, daß der Mensch unbedingt glücklich sein müsse, daß er glücklich sein solle. Ehrlich gesagt, klingt das für mich völlig idiotisch. Warum soll ich glücklich sein, wenn ich morgen sterbe? Und die Tatsache, daß ich sterben werde, unterliegt keinem Zweifel.

Ich überrede niemanden, daß er sich mit dem Gedanken über den Tod martert. Ich überrede zu etwas sehr Einfachem und Selbstverständlichem. Zur Einsicht, daß ich schwach, begrenzt, zum Tode verurteilt bin und mich deswegen – voller Demut – darüber freuen soll, was die Welt gibt, ohne das aggressive Begehren, sich die Welt unterzuordnen, denn dies ist immer mit der Unterordnung anderer Menschen verbunden.

Im zwanzigsten Jahrhundert wollten die Nazis – im Sinne ihres eigenen philosophischen Unsinns –, daß die Deutschen glücklich seien und der Rest der Welt ihrem Willen untergeordnet würde. In der Folge wurden ganze Völker in Öfen verbrannt.

Im zwanzigsten Jahrhundert wollten die Kommunisten – im Sinne ihres eigenen philosophischen Unsinns –, daß die Arbeitswelt glücklich sei und der Rest der Welt ihnen untergeordnet würde. In der Folge kamen Millionen Menschen in Gulags um, Millionen wurden in den Abgrund einer schrecklichen Unfreiheit gestürzt und geistig verstümmelt.

Das zwanzigste Jahrhundert wollte nach der Erfahrung des Faschismus Hitlers und des Stalinismus, daß die Demokratie und der entwickelte Kapitalismus alle Bestrebungen der menschlichen Person befriedigen würden. Im Grunde wurde – wohl als Folge jener schrecklichen Erfahrung – verkündet, daß es den Tod nicht gäbe. Es genügt, Fernsehen zu schauen, um festzustellen, daß es so ist. Das Fernsehen zeigt die Welt der gedankenlosen Wesen, die beim Anblick der Zahnpasta Colgate oder eines Waschpulvers mit einem glücklichen Lächeln die Zähne fletschen. Alle sind fröhlich, satt, lächeln, sind mit sich beschäftigt, alle freuen sich, singen, machen Sex, machen Kohle, essen Hamburger, tragen Jeans – und sind unsterblich. Und da alles nicht ausgezeichnet sein kann, wird im Fernsehen auch eine Welt der Gewalt, des Bluts, der Grausamkeit und des Todes gezeigt, die uns aber nicht betrifft, sondern sich ausschließlich am Glasbildschirm abspielt, in einer fiktiven Welt, irgendwo in einem Ruanda oder einem Sarajevo, und in Wirklichkeit gibt es Ruanda und Sarajevo nicht. Das ist ein künstliches Blut, das sind Leichen aus einer Märchenwelt. Der Mensch stirbt, wie bekannt, nicht. Der Mensch hat, wie bekannt, Geld und erwartet im Leben Zerstreuung, starke Emotionen sowie Glück.

Ein polnischer Satiriker schrieb vor Jahren: Die Erfahrung lehrt uns, daß in der Regel die anderen sterben. Die anderen – ja. Wir – nicht. Das zwanzigste Jahrhundert begann – infolge eines blinden Vertrauens in den Fortschritt und das Genie der menschlichen Vernunft – zu glauben, daß die menschlichen Möglichkeiten unbegrenzt seien. Dostojewski sagt: Wenn es Gott nicht gibt, ist alles erlaubt. Die Menschen sagen am Ende des zwanzigsten Jahrhunderts: Wenn es keinen Tod gibt, ist alles erlaubt.

Zweifelsohne leben wir in dem Jahrhundert des Untergangs der Werte. Was ehrlich ist, ist dumm.

Ich denke, das Leben ist der fundamentale Wert. Aber es kann nicht getrennt vom Tod betrachtet werden. Erst im Zusammenhang mit dem unabwendbaren Tod wird das Leben zu einem Wert. Es spielt sich ab und entfaltet sich im Schatten des Todes. Der Tod ist es, der ihm den endgültigen Sinn verleiht.

Ich will den Tod überwinden. Die einzige Möglichkeit, die mir in diesem Fall gegeben wurde, ist, mein Zeichen zu setzen, etwas zu hinterlassen, ein Zeichen, das bleiben wird, wenn es mich nicht mehr geben wird.

So dachten die Menschen in früheren Jahren, als sie noch mit Demut der Realität begegneten und wußten, daß die Fortdauer der Existenz im Fortbestand gewisser Taten verwirklicht wird.

Das Bleibende der Taten wird durch die Liebe geprägt. Die Liebe ist der Schlüssel zu meiner Zukunft. Die Kraft des Christentums besteht unter anderem darin, daß es den Menschen beibringt, daß nur die Liebe über den Tod siegen kann. Es ist wahrscheinlich eine Illusion. Aber eine unvergleichbar dynamischere, schönere, kreativere als die Überzeugung, daß ich die mir gegebene Wirklichkeit gestalten müßte, um Glück zu erreichen.

Das Glück an sich ist dumm. Das Glück ist kein Wert. Es ist ein gewisser Gemütszustand – und das ist alles. Klug ist die Liebe, selbst wenn sie Leid und Schmerz bringt. Die Liebe ist kein Gemütszustand, sie ist ein Wert.

Es gibt in dieser Welt Blut, Gewalt, Gemeinheit, Verbrechen, es gibt in ihr auch den Tod wie eine Ware zum Verkaufen. Mehr noch – es gibt sogar Verzweiflung.

Aber es ist keine Traurigkeit vorhanden. Das ist eine fröhliche, alberne Welt, in der die Menschen ihr Ideal des Glücks verwirklichen wollen, und wenn dies nicht gelingt, in Verzweiflung geraten. Aber Verzweiflung ist, anders als Traurigkeit, reflexionslos. Traurigkeit bedeutet Nachdenken, ein intensives Nachdenken über sich und die Welt. Die Verzweiflung ist im Grunde gedankenlos und unvernünftig. Sie führt zur Passivität und zum Untergang, während die Traurigkeit zur Aktivität und zur Suche nach der Rettung bewegt. Wenn nicht nach der Rettung des Lebens an sich, dann nach der Erhaltung des Wertes, den es bildet.

Ich denke, daß eine Welt ohne Traurigkeit und damit ohne Reflexion über das eigene Schicksal und das der anderen, ohne Liebe und den Willen, der Herausforderung seiner eigenen Endlichkeit gerecht zu werden, leerer, dümmer und weniger menschlich ist denn all die Welten des früheren Europa, die vergangen sind.

Manchmal denke ich mir, daß die Menschen früher freier, gleicher und einfach innerlich reicher waren, weil sie sich vor der Dunkelheit, vor dem Gewitter und der Überschwemmung fürchteten, weil sie sich vor der Trockenheit und den Stürmen, vor der Welt fürchteten. Der ganze Fortschritt ihres Denkens beruhte auf einem sehr schönen Bestreben, sich von gewissen Ängsten zu befreien. Sich weniger zu fürchten, sich etwas mehr zu freuen, sich leichter mit dem Unabwendbaren abzufinden. Sie waren nicht frei, wollten es aber sein.

In dem Sinne ist auch die Freiheit kein Wert für mich, sondern nur ein Zustand des Seins. Der Wert ist das Begehren der Freiheit, die Sehnsucht nach ihr.

Ein polnischer Schriftsteller wiederholte oft in der Gesellschaft: Ich glaube nicht an Gespenster, aber daß es sie gibt, unterliegt keinem Zweifel. Dies klang sehr witzig und wurde beinahe zu einem Bonmot in einigen Kreisen in Warschau.

Dieser Schriftsteller hatte wohl recht. Heute kann behauptet werden: Wenn es keine Gespenster gibt, lohnt es sich trotzdem, daran zu glauben, daß es sie gibt. Und mit diesem Glauben sich in einer dunklen Nacht in den Wald zu einem einsamen Spaziergang zu begeben. Das ist eine kleine und wertvolle Lektion der Demut in der Welt, in der die Menschen geklont werden, Gott im Labor hergestellt wird und viele sich von morgens bis abends einreden, daß der Mensch zum Glück geschaffen wurde. Und es genügt, in der Nacht außerhalb der Stadt in den dunklen Wald zu gehen, um plötzlich auf einem Pfad Hexe, Zwerge, Teufel und sogar die vier Reiter der Apokalypse zu sehen.

Die fiktive Welt des Fernsehens, in der uns der heuchlerische Tod in Sarajevo gezeigt wird, ist dazu nicht nötig. Dazu genügt es, sich in seine eigene Natur zu vertiefen und mit Traurigkeit festzustellen, daß die Welt ein unlösbares Rätsel ist und ich selbst ein dunkles, erschreckendes Rätsel bin, das selbst durch meinen Tod nicht gelöst werden wird.

Ein polnischer Schriftsteller schrieb vor Jahren, als der Stalinismus seine Zähne und Klauen verlor und es in Polen zu einer gewissen politischen Liberalisierung kam: Der Mut wurde billiger, die Vernunft teurer.

Es unterliegt heute keinem Zweifel, daß die Vernunft in Europa teurer geworden ist. Sie wird langsam eine defizitäre Ware.

Ein anderer polnischer Intellektueller sagte: Denken hat eine große Zukunft. Ich habe immer noch eine solche Hoffnung.*

---

* Diese Rede hielt Andrzej Szczypiorski anläßlich des Erscheinens von Ulrich Wickerts Buch »Der Ehrliche ist der Dumme«.

Erich Kästner

*Aufforderung zur
Bescheidenheit*

Wie nun mal die Dinge liegen,
und auch wenn es uns mißfällt:
Menschen sind wie Eintagsfliegen
an den Fenstern dieser Welt.

Unterschiede sind fast keine,
und was wär auch schon dabei!
Nur: die Fliege hat sechs Beine,
und der Mensch hat höchstens zwei.

Günther Anders

»Es geschieht mir recht«

Nietzsche-Lektüre

Es gibt keine verächtlichere Maxime als die »*amor fati*«. Denn im Unterschied zu jenen Menschen, die, voll von odium fati, die kontingente und unabweisbare und unwiderrufbare Tatsache, daß sie gerade *sie* sind und niemand anderer und daß sie ausgerechnet in diesem Weltaugenblick leben und in keinem anderen – als *Schande* zur Kenntnis nehmen, und das zumeist mit Recht; oder im Unterschied zu jenen Allerweltsfatalisten, die alles ihnen Zustoßende brummend einstecken, reden es sich die ausdrücklichen Verkünder des amor fati aufs unredlichste post festum ein, daß sie sich die Schläge, die auf sie niedergefallen sind, gewünscht haben. Diese Schläge heißen sie dann willkommen, sie »schalten sich« metaphysisch mit ihnen »gleich«. »Serves me right« ist ihre von schlechtem Gewissen diktierte, schadenfrohe und würdelose Floskel.

Letztlich ist »amor fati« eine sich männlich gerierende Version von Demut. – Und das gilt erstaunlicherweise nicht nur von Feiglingen, sondern auch von ernstesten Denkern, selbst von tollkühnen, denen man eigentlich nichts weniger als Jasagerei nachsagen kann. So auch von Nietzsche, der den Ausdruck niemals ohne Ehrfurcht oder Stolz verwendet hat. Wie er das mit seinem Rebellentum und mit seiner Verachtung aller Sklavenmoral hat kombinieren können, bleibt unbeantwortbar. Und ebenso unbegreiflich ist es, daß weder Heidegger noch Jaspers in ihren dickleibigen Nietzsche-Darstellungen diesen Widerspruch auch nur mit *einem* Worte erwähnt haben.

Lektüre in Korinther I, 4

Schämte mich dieser Demut. –

Was aber Demut unter Menschen betrifft: Wenn es – was zutrifft – unmoralisch ist, einen Mitmenschen zu *demütigen*, dann kann das gelungene Resultat der Demütigung: also die *Demut*, keine Tugend sein. Sondern eine Beschädigung. Wenn nicht sogar ein Laster.

Montesquieu

Zauber der Bescheidenheit und Impertinenz der Eitelkeit

Ich habe Menschen gekannt, denen die Tugend so natürlich war, daß man sie gar nicht bemerkte. Sie gehorchten ihrer Pflicht, ohne sich ihr zu beugen: sie war ihnen instinktmäßig zu eigen. Weit davon entfernt, ihre guten Eigenschaften im Gespräch hervorzuheben, schienen sie ihnen gar nicht bewußt zu sein. Solche Menschen habe ich gern, nicht aber die Tugendbolde, die selbst erstaunt sind über ihre Vorbildlichkeit und denen eine gute Tat wie ein Wunder vorkommt, die jedermann erstaunen muß.

Wenn Bescheidenheit eine Eigenschaft ist, die sich für die schickt, die vom Himmel mit großen Gaben ausgezeichnet wurden, was soll man da von dem Winzling sagen, der einen Hochmut zur Schau trägt, der den größten Männern Unehre machen würde? Ich beobachte überall Leute, die unaufhörlich von sich selbst sprechen. Ihre Gespräche sind wie Spiegel, in denen immerzu ihre aufdringliche Gestalt erscheint. Sie reden von den geringfügigsten Dingen, die ihnen zugestoßen sind, und meinen, das Interesse, das *sie* daran haben, mache sie in unseren Augen bedeutender. Sie haben alles gesehen, alles getan, alles gedacht. Sie sind ein Muster für alle, ein unerschöpflicher Vergleichsgegenstand, eine nie versiegende Quelle der Beispielhaftigkeit. Oh, wie fade ist ein Lob, das auf die Stelle zurückstrahlt, von der es ausging!

Vor ein paar Tagen belästigte ein solcher Mensch uns mit sich, mit seinen Gaben und Verdiensten. Aber da es kein Perpetuum mobile in der Welt gibt, hörte er schließlich auf zu reden. So konnten wir das Wort ergreifen, und wir taten das auch. – Ein anderer, der ziemlich griesgrämig zu sein schien, fing an, sich über die Langeweile zu beklagen, die das Gespräch verbreite. »Was? immer diese Dummköpfe, die von sich selber reden und alles auf sich beziehen!« – »Recht haben Sie«, sagte unser Gesprächspartner von zuvor: »man muß es nur machen wie ich, ich lobe mich nie: ich bin vermögend, von Stand, bin nicht knickerig, und meine Freunde sagen, ich sei geistreich. Aber von alldem rede ich nicht. Wenn ich überhaupt gute Eigenschaften habe, so ist die Bescheidenheit diejenige, die ich am meisten schätze.«

Ich bewunderte den unverschämten Menschen, und während er laut daherredete, sagte ich leise: »Glücklich, wer eitel genug ist, nie von sich Gutes zu sagen, wer seine Zuhörer fürchtet und seine eigenen Verdienste nicht herabsetzt, indem er sie mit dem Hochmut der anderen auf eine Stufe stellt.«

Zu Paris, am 20. des Rhamazan-Mondes 1713.

Ein Kapital an Bescheidenheit trägt viele Zinsen. *Montesquieu*

Bescheidenheit, die Lob abzulehnen scheint, ist in Wirklichkeit nur der Wunsch, noch feiner gelobt zu werden.

Man macht aus der Bescheidenheit eine Tugend, um den Ehrgeiz der großen einzuschränken, und die Mittelmäßigkeit über ihr geringes Glück und über ihr geringes Verdienst zu trösten.

François de La Rochefoucauld

Der Bescheidene hat alles zu gewinnen, der Stolze alles zu verlieren: denn die Bescheidenheit hat es immer mit dem Edelmut, und der Stolz mit dem Neid zu tun. *Antoine de Rivarol*

Falsche Bescheidenheit ist die schicklichste aller Lügen. *Chamfort*

Es gibt nichts, was uns so Demut predigte wie die Wahrnehmung von der Entbehrlichkeit des einzelnen.

Theodor Fontane

Johann Wolfgang von Goethe

Derb und tüchtig

Dichten ist ein Übermut,
Niemand schelte mich!
Habt getrost ein warmes Blut
Froh und frei wie ich.

Sollte jeder Stunde Pein
Bitter schmecken mir,
Würd' ich auch bescheiden sein
Und noch mehr als ihr.

Denn Bescheidenheit ist fein,
Wenn das Mädchen blüht,
Sie will zart geworben sein,
Die den Rohen flieht.

Auch ist gut Bescheidenheit,
Spricht ein weiser Mann,
Der von Zeit und Ewigkeit
Mich belehren kann.

Dichten ist ein Übermut!
Treib' es gern allein.
Freund' und Frauen, frisch von Blut,
Kommt nur auch herein!

Mönchlein ohne Kapp' und Kutt',
Schwatz' nicht auf mich ein!
Zwar du machest mich kaputt,
Nicht bescheiden, nein!

Deiner Phrasen leeres Was
Treibet mich davon,
Abgeschliffen hab' ich das
An den Sohlen schon.

Wenn des Dichters Mühle geht,
Halte sie nicht ein:
Denn wer einmal uns versteht,
Wird uns auch verzeihn.

Brüder Grimm

Der Faule und der Fleißige

Es waren einmal zwei Handwerkspursche, die wanderten zusammen und gelobten beieinanderzuhalten. Als sie aber in eine große Stadt kamen, ward der eine ein Bruder Liederlich, vergaß sein Wort, verließ den andern und zog allein fort, hin und her; wo's am tollsten zuging, war's ihm am liebsten. Der andere hielt seine Zeit aus, arbeitete fleißig und wanderte hernach weiter. Da kam er in der Nacht am Galgen vorbei, ohne daß er's wußte, aber auf der Erde sah er unten einen liegen und schlafen, der war dürftig und bloß, und weil es sternenhell war, erkannte er seinen ehemaligen Gesellen. Da legte er sich neben ihn, deckte seinen Mantel über ihn und schlief ein. Es dauerte aber nicht lang, so wurde er von zwei Stimmen aufgeweckt, die sprachen miteinander, das waren zwei Raben, die saßen oben auf dem Galgen. Der eine sprach: »Gott ernährt!« Der andere: »Tu darnach!« Und einer fiel nach den Worten matt herab zur Erde, der andere blieb bei ihm sitzen und wartete, bis es Tag war, da holte er etwas Gewürm und Wasser, erfrischte ihn damit und erweckte ihn vom Tod. Wie die beiden Handwerkspurschen das sahen, verwunderten sie sich und fragten den einen Raben, warum der andere so elend und krank wäre, da sprach der kranke: »Weil ich nichts tun wollte und glaubte, die Nahrung käm doch vom Himmel.« Die beiden nahmen die Raben mit sich in den nächsten Ort, der eine war munter und suchte sich sein Futter, alle Morgen badete er sich und putzte sich mit dem Schnabel, der andere aber hockte in den Ecken herum, war verdrießlich und sah immerfort struppig aus. Nach einer Zeit hatte die Tochter des Hausherrn, die ein schönes Mädchen war, den fleißigen Raben gar lieb, nahm ihn von dem Boden auf, streichelte ihn mit der Hand, endlich drückte sie ihn einmal ans Gesicht und küßte ihn vor Vergnügen. Der Vogel fiel zur Erde, wälzte sich und flatterte und ward zu einem schönen jungen Mann. Da erzählte er, der andere Rabe wär sein Bruder, und sie hätten beide ihren Vater beleidigt, der hätte sie dafür verwünscht und gesagt: »Fliegt als Raben umher, so lang, bis ein schönes Mädchen euch freiwillig küßt.« Also war der eine erlöst, aber den andern, trägen wollte niemand küssen, und er starb als Rabe. – Bruder Liederlich nahm sich das zur Lehre, ward fleißig und ordentlich und hielt sich bei seinem Gesellen.

Georg Christoph Lichtenberg

Deutscher Fleiß

Mit diesem Titel pflegen oft Köpfe, die nicht zum Denken aufgelegt sind, ihre trockenen geistlähmenden Bemühungen zu belegen. Tag und Nacht lesen und sammeln hat etwas sehr Schmeichelhaftes für den Sammler, dem es an wahrer Geistesstärke fehlen muß, denn sonst schickte er sich nicht zu solchen Arbeiten, die immer etwas von Neger-Dienst an sich haben. Es ist auch nicht ohne Verdienst in jedem Sinn, wo dieses Wort auch Einnahme bedeutet, aber man sollte doch bedenken, daß ein solcher Mann immer unendlich tief unter dem kleinsten Erfinder steht. In England werden die Literatoren wenig geachtet. In Deutschland sieht man den Mann schon als etwas an, der weiß was in jeder Sache geschrieben worden ist, ja wenn man ihn um *sein* Urteil in einer Sache fragt, so nimmt man wohl vorlieb, wenn er einem eine Literär-Geschichte der Sache statt der Antwort gibt.

Spruchweisheiten

Beharrlichkeit ist eine Tugend, die weder großen Tadel noch großes Lob verdient, weil sie nichts ist als die Dauer von Launen und Gefühlen, die man sich weder nehmen noch geben kann.
François de La Rochefoucauld

Jedem redlichen Bemühn
Sei Beharrlichkeit verliehn!
Johann Wolfgang von Goethe

Fleiß und Gewissenhaftigkeit sind oftmals dadurch Antagonisten, daß der Fleiß die Früchte sauer vom Baume nehmen will, die Gewissenhaftigkeit sie aber zu lange hängen läßt, bis sie herabfallen und sich zerschlagen.
Friedrich Nietzsche

Gegen die Infamitäten des Lebens sind die besten Waffen: Tapferkeit, Eigensinn und Geduld. Die Tapferkeit stärkt, der Eigensinn macht Spaß, und die Geduld gibt Ruhe.
Hermann Hesse

Wer ausdauert, erreicht alles.
Theodor Fontane

Die Talente sind oft gar nicht so ungleich, im Fleiß und Charakter liegen die Unterschiede.
Theodor Fontane

Rudyard Kipling

Wie das Kamel seinen Buckel bekam

Jetzt kommt die nächste Geschichte, und du sollst erfahren, wie das Kamel seinen Buckel bekam.

Im Anfang der Zeiten, als die Welt noch so neu und nett war und die Tiere gerade anfingen, für die Menschen zu arbeiten, lebte ein Kamel, und es hatte seine Wohnung mitten in der Wüste, wo alle faulen Tiere lärmten und heulten. Es war nämlich auch faul und wollte nicht arbeiten, und außerdem machte es ihm Spaß, mitzuheulen. So nährte es sich von Zweigen und Dornen und Tamarinden und Pflanzenmilch und sauren Früchten und war unverschämt faul.

Wenn jemand mit ihm sprach, sagte es: »Rutsch mir den Buckel –«, nichts weiter als: »Rutsch mir den Buckel –«, und keinen Ton mehr.

Da erschien am Montagmorgen das Pferd, aufgezäumt und mit dem Sattel auf dem Rücken, und sagte: »Kamel, o du Kamel, komm und mach deinen Trab wie wir anderen.«

»Rutsch mir den Buckel –«, sagte das Kamel, und das Pferd ging fort und erzählte alles dem Menschen.

Da kam der Hund mit einem Stock im Maul und sagte: »Kamel, o du Kamel, komm und such Appörtchen wie wir anderen.«

»Rutsch mir den Buckel –«, sagte das Kamel, und der Hund ging fort und erzählte es dem Menschen.

Da kam der Ochse mit dem Joch auf dem Nacken und sagte: »Kamel, o du Kamel, komm und zieh den Pflug wie wir anderen.«

»Rutsch mir den Buckel –«, sagte das Kamel, und der Ochse ging fort und erzählte alles dem Menschen.

Am Abend dieses Tages versammelte der Mensch das Pferd und den Hund und den Ochsen um sich und sprach: »Ihr drei, ihr drei, wie leid ihr mir tut, wo die Welt so neu und nett ist! Aber das Buckelvieh in der Wüste kann scheinbar nicht arbeiten, denn sonst wäre es mittlerweile hier aufgetaucht. Also muß ich es laufen lassen, und ihr müßt dafür die doppelte Arbeit tun.«

Darüber waren die drei sehr verstimmt (wo die Welt so neu und nett war), und sie hielten einen Kriegsrat ab, und eine Sitzung, und eine Zusammenkunft, und einen Dreimännertag am Rande der Wüste. Da kam das Kamel und käute seine Pflanzenmilch wieder mit einer geradezu unverschämten Faulheit und lachte sie aus. Dann sagte es: »Rutscht mir den Buckel –« und ging wieder fort.

Da kam der Wüstengeist Dschinn, der die Oberaufsicht über alle Wüsten führt, in einer Staubwolke herangerollt (Dschinns pflegen immer auf diese Art zu reisen, weil das zu ihrer Zaubermacht einmal gehört), und er hielt bei dem Kriegsrat und dem Dreimännertag an.

»Dschinn aller Wüsten«, sagte das Pferd, »ist es gerecht, daß jemand faul und untätig sein will, wo die Welt so neu und nett ist?«

»Nein, mitnichten«, sagte der Dschinn.

»Also schön«, sagte das Pferd, »da gibt es ein Vieh mitten in der Wüste, mit langen Beinen und langem Hals, und das hat seit Montag früh keinen Finger gerührt! Es will sich nicht in Trab setzen.«

»Hui«, pfiff der Dschinn und sagte: »Um alles Gold in Arabien: das ist mein Kamel! Was hat es zu euch gesagt?«

»Es sagte nur: ›Rutsch mir den Buckel –‹« antwortete der Hund, »und es will kein Appörtchen suchen.«

»Hat es sonst noch etwas gesagt?«

»Nichts als ›Rutsch mir den Buckel –‹ und es will keinen Pflug ziehen«, sagte der Ochse.

»Ausgezeichnet«, sagte der Dschinn, »ich werde ihm was buckeln, wenn ihr die Güte haben wollt, euch einen Augenblick zu gedulden.«

Der Dschinn wickelte sich fest in seine Staubwolke ein und machte einen Aufklärungsflug über die Wüste und entdeckte das Kamel, wie es gerade unverschämt faul war und in einem Tümpel sein Spiegelbild betrachtete.

»Mein langbeiniger, kurz angebundener Freund«, sagte der Dschinn, »was höre ich? Du willst nicht arbeiten, wo die Welt so neu und nett ist?«

»Rutsch mir den Buckel –«, sagte das Kamel.

Der Dschinn setzte sich nieder, stützte das Kinn in die Hand und begann über ein großes Zauberwerk nachzudenken, während das Kamel sein Spiegelbild in dem Tümpel betrachtete.

»Deinetwegen müssen die drei seit Montag früh Überstunden machen, und nur weil du mehr als unverschämt faul bist«, sagte der

Dschinn und dachte weiter über sein Zauberwerk nach, das Kinn in die Hand gestützt.

»Rutsch mir den Buckel –«, sagte das Kamel.

»Das würd' ich an deiner Stelle nicht wieder sagen«, entgegnete der Dschinn, »du könntest es einmal zu oft sagen. Mein wortreicher Freund, ich möchte, daß auch du dich zu irgendeiner Arbeit entschließt.«

Da sagte das Kamel wieder: »Rutsch mir den Buckel –«, aber kaum war das ausgesprochen, da fühlte es, wie aus seinem Rücken ein riesengroßer, schwappelnder Höcker wuchs, der sich blähte und blähte.

»Siehst du jetzt«, sagte der Dschinn, »das ist der Buckel, den dir die anderen herunterrutschen sollen und den du jetzt endlich bekommen hast, weil du nicht arbeiten wolltest. Heute ist Donnerstag, und seit Montag, als die Arbeit anfing, hast du nichts getan! So, und jetzt geh an die Arbeit!«

»Wie kann ich«, sagte das Kamel, »mit diesem Buckel auf meinem Rücken?«

»Der ist mit guter Absicht gemacht«, sagte der Dschinn, »weil du nämlich die drei Tage verbummelt hast. Aber von jetzt an wirst du drei Tage arbeiten können, ohne zu essen, weil du von deinem Fettbuckel leben kannst. Du wirst mir dankbar sein, daß ich es so für dich eingerichtet habe. Komm jetzt aus deiner Wüste heraus und geh zu den dreien und benimm dich. Rutsch dir selber den Buckel hinunter!«

Und das Kamel rutschte sich selber den Buckel hinunter und ging mit seinem Buckel, so neu und so nett, um sich mit den dreien zu treffen.

So kommt es, daß bis auf den heutigen Tag das Kamel einen Buckel trägt. Aber die drei Tage, die es am Anfang der Welt versäumte, hat es nie wieder eingeholt – und gelernt, sich anständig zu benehmen, hat es auch nicht.

Ernst Jandl

Menschenfleiß

ein faulsein
ist nicht lesen kein buch
ist nicht lesen keine zeitung
ist überhaupt nicht kein lesen

ein faulsein
ist nicht lernen kein lesen und schreiben
ist nicht lernen kein rechnen
ist überhaupt nicht kein lernen

ein faulsein
ist nicht rühren keinen finger
ist nicht tun keinen handgriff
ist überhaupt nicht kein arbeiten

ein faulsein
solang mund geht auf und zu
solang luft geht aus und ein
ist überhaupt nicht

Erich Kästner

Nur Geduld!

Das Leben, das die Meisten führen,
zeigt ihnen, bis sie's klar erkennen:
Man kann sich auch an offnen Türen
den Kopf einrennen!

Die beste Tugend ist die Geduld, die in der Schrift vom heiligen Geist sehr empfohlen wird und in der Erfahrung des Kreuzes erprobt wird. Obwohl auch die Philosophen sie sehr rühmen, kennen sie doch weder deren wesentliche Grundlage, noch können sie sich im Willen und der Hilfe Gottes vorstellen. Epiktet hat sehr schön gesagt: Leide und meide!
Martin Luther

Geduld ist die Kunst zu hoffen. *Luc de Vauvenargues*

Glaube nur, du hast viel getan,
Wenn dir Geduld gewöhnest an. *Johann Wolfgang von Goethe*

Johann Wolfgang von Goethe

Polyhymnia der Weltbürger

(…)
    Aller Zustand ist gut, der natürlich ist und vernünftig.
Vieles wünscht sich der Mensch, und doch bedarf er nur wenig;
Denn die Tage sind kurz, und beschränkt der Sterblichen Schicksal.
Niemals tadl' ich den Mann, der immer, tätig und rastlos
Umgetrieben, das Meer und alle Straßen der Erde
Kühn und emsig befährt und sich des Gewinnes erfreuet,
Welcher sich reichlich um ihn und um die Seinen herum häuft;
Aber jener ist auch mir wert, der ruhige Bürger,
Der sein väterlich Erbe mit stillen Schritten umgehet
Und die Erde besorgt, so wie es die Stunden gebieten.
Nicht verändert sich ihm in jedem Jahre der Boden,
Nicht streckt eilig der Baum, der neugepflanzte, die Arme
Gegen den Himmel aus, mit reichlichen Blüten gezieret.
Nein, der Mann bedarf der Geduld, er bedarf auch des reinen,
Immer gleichen, ruhigen Sinns und des graden Verstandes.
    (…)

Lavater hatte eine unglaubliche Geduld,
Beharrlichkeit und Ausdauer

(…) Er war seiner Lehre gewiß, und bei dem entschiedenen Vorsatz, seine Überzeugung in der Welt auszubreiten, ließ er sich's gefallen, was nicht durch Kraft geschehen konnte, durch Abwarten und Milde durchzuführen. Überhaupt gehörte er zu den wenigen glücklichen Menschen, deren äußerer Beruf mit dem innern vollkommen übereinstimmt, und deren früheste Bildung, stetig zusammenhängend mit der spätern, ihre Fähigkeiten naturgemäß entwickelt. Mit den zartesten sittlichen Anlagen geboren, bestimmte er sich zum Geistlichen. Er genoß des nötigen Unterrichts und zeigte viele Fähigkeiten, ohne sich jedoch zu jener Ausbildung hinzuneigen, die man eigentlich gelehrt nennt. Denn auch er, um so viel früher geboren als wir, ward von dem Freiheits- und Naturgeist der Zeit ergriffen, der jedem sehr schmeichlerisch in die Ohren raunte: man habe, ohne viele äußere Hülfsmittel, Stoff und Gehalt genug in sich selbst, alles komme nur darauf an, daß man ihn gehörig entfalte. Die Pflicht des Geistlichen, sittlich im täglichen Sinne, religiös im höheren, auf die Menschen zu wirken, traf mit seiner Denkweise vollkommen überein. Redliche und fromme Gesinnungen, wie er sie fühlte, den Menschen mitzuteilen, sie in ihnen zu erregen, war des Jünglings entschiedenster Trieb, und seine liebste Beschäftigung, wie auf sich selbst, so auf andere zu merken. Jenes ward ihm durch ein inneres Zartgefühl, dieses durch einen scharfen Blick auf das Äußere erleichtert, ja aufgedrungen. Zur Beschaulichkeit war er jedoch nicht geboren, zur Darstellung im eigentlichen Sinne hatte er keine Gabe; er fühlte sich vielmehr mit allen seinen Kräften zur Tätigkeit, zur Wirksamkeit gedrängt, so daß ich niemand gekannt habe, der ununterbrochener handelte als er. Weil nun aber unser inneres sittliches Wesen in äußeren Bedingungen verkörpert ist, es sei nun, daß wir einer Familie, einem Stande, einer Gilde, einer Stadt, oder einem Staate angehören; so mußte er zugleich, insofern er wirken wollte, alle diese Äußerlichkeiten berühren und in Bewegung setzen, wodurch denn freilich mancher Anstoß, manche Verwickelung entsprang, besonders da das Gemeinwesen, als dessen Glied er geboren war, in der genausten und bestimmtesten Beschränkung einer löblichen hergebrachten Freiheit genoß. Schon der republikanische Knabe gewöhnt sich, über das öffentliche Wesen zu denken und mitzusprechen. In der ersten Blüte seiner Tage sieht sich der Jüngling, als Zunftgenosse, bald in dem Fall, seine Stimme zu geben und zu versagen. Will er gerecht und selbständig urteilen, so muß er sich von dem Wert seiner Mitbürger vor allen Dingen überzeugen, er muß sie kennen lernen, er muß sich nach ihren Gesinnungen, nach ihren Kräften umtun, und so, indem er andere zu erforschen trachtet, immer in seinen eignen Busen zurückkehren.

Johann Wolfgang von Goethe

Fausts
»Fluch der Geduld«

Wenn aus dem schrecklichen Gewühle
Ein süß bekannter Ton mich zog,
Den Rest von kindlichem Gefühle
Mit Anklang froher Zeit betrog,
So fluch' ich allem, was die Seele
Mit Lock- und Gaukelwerk umspannt,
Und sie in diese Trauerhöhle
mit Blend- und Schmeichelkräften bannt!
Verflucht voraus die hohe Meinung,
Womit der Geist sich selbst umfängt!
Verflucht das Blenden der Erscheinung,
Die sich an unsre Sinne drängt!
Verflucht, was uns in Träumen heuchelt,
Des Ruhms, der Namensdauer Trug!
Verflucht, was als Besitz uns schmeichelt,
Als Weib und Kind, als Knecht und Pflug!
Verflucht sei Mammon, wenn mit Schätzen
Er uns zu kühnen Taten regt,
Wenn er zu müßigem Ergetzen
Die Polster uns zurechtgelegt!
Fluch sei dem Balsamsaft der Trauben!
Fluch jener höchsten Liebeshuld!
Fluch sei der Hoffnung! Fluch dem Glauben,
Und Fluch vor allen der Geduld!

Friedrich Nietzsche

Ungeduld

Es gibt einen Grad von Ungeduld bei Menschen der Tat und des Gedankens, welcher sie bei einem Mißerfolge, sofort in das entgegengesetzte Reich übertreten, sich dort passionieren und in Unternehmungen einlassen heißt, – bis auch von hier wieder ein Zögern des Erfolges sie vertreibt: so irren sie, abenteuernd und heftig, durch die Praxis vieler Reiche und Naturen und können zuletzt, durch die Allkenntnis von Menschen und Dingen, welche ihre ungeheure Wanderung und Übung in ihnen zurückläßt, und bei einiger Milderung ihres Triebes – zu mächtigen Praktikern werden. So wird ein Fehler des Charakters zur Schule des Genies.

Die Ungeduldigen

Gerade der Werdende will das Werdende nicht: er ist zu ungeduldig dafür. Der Jüngling will nicht warten, bis, nach langen Studien, Leiden und Entbehrungen, sein Gemälde von Menschen und Dingen voll werde: so nimmt er ein anderes, das fertig dasteht und ihm angeboten wird, auf Treu und Glauben an, als müsse es ihm die Linien und Farben *seines* Gemäldes vorweg geben, er wirft sich einem Philosophen, einem Dichter ans Herz und muß nun eine lange Zeit Frohndienste tun und sich selber verleugnen. Vieles lernt er dabei: aber häufig vergißt ein Jüngling das Lernens- und Erkennenswerteste darüber: sich selber; er bleibt zeitlebens ein Parteigänger. Ach, es ist viel Langeweile zu überwinden, viel Schweiß nötig, bis man seine Farben, seinen Pinsel, seine Leinwand gefunden hat! – Und dann ist man noch lange nicht Meister seiner Lebenskunst – aber wenigstens Herr in der eigenen Werkstatt.

Walter Benjamin

Das Fieber

Das lehrte stets von neuem der Beginn von jeder Krankheit, mit wie sicherem Takt, wie schonend und gewandt das Mißgeschick sich bei mir einfand. Aufsehn zu erregen, lag ihm fern. Mit ein paar Flecken auf der Haut, mit einer Übelkeit begann es. Es war, als sei die Krankheit gewohnt, sich zu gedulden, bis ihr vom Arzt Quartier bereitet worden sei. Der kam, besah mich und legte Wert darauf, daß ich das Weitere im Bett erwarte. Lesen verbot er mir. Ohnehin hatte ich Wichtigeres zu tun. Denn nun begann ich, was kommen mußte, durchzugehen, solange es noch Zeit und mir im Kopfe nicht zu wirr war. Ich maß den Abstand zwischen Bett und Tür und fragte mich, wie lange noch mein Rufen ihn überbrücken könne. Ich sah im Geist den Löffel, dessen Rand die Bitten meiner Mutter besiedelten, und wie, nachdem er meinen Lippen erst schonend genähert worden war, mit einemmal sein wahres Wesen durchbrach, indem er mir die bittere Medizin gewaltsam in die Kehle schüttete. Wie ein Mann im Rausch bisweilen rechnet und denkt, nur um zu sehen: er kann es noch, so zählte ich die Sonnenkringel, die an meiner Zimmerdecke schwankten, und die Rauten der Tapete ordnete ich zu immer neuen Bündeln.

Ich bin viel krank gewesen. Daher stammt vielleicht, was andere als Geduld an mir bezeichnen, in Wahrheit aber keiner Tugend ähnelt: die Neigung, alles, woran mir liegt, von weitem sich mir nahen zu sehen wie meinem Krankenbett die Stunden. So kommt es, daß an einer Reise mir die beste Freude fehlt, wenn ich den Zug nicht lange auf dem Bahnhof erwarten konnte, und ebenfalls rührt daher, daß Beschenken zur Leidenschaft bei mir geworden ist; denn was den andern überrascht, das sehe ich, der Geber, von langer Hand voraus. Ja, das Bedürfnis, durch die Wartezeit so wie ein Kranker durch die Kissen, die er im Rücken hat, gestützt, dem Kommenden entgegenzusehen, hat bewirkt, daß späterhin mir Frauen um so schöner schienen, je getroster und länger ich auf sie zu warten hatte.

Mein Bett, das sonst der Ort des eingezogensten und stillsten

Daseins gewesen war, kam nun zu öffentlichem Rang und Ansehen. Auf lange war es nicht mehr das Revier heimlicher Unternehmungen am Abend: des Schmökerns und meines Kerzenspiels. Unter dem Kissen lag nicht mehr das Buch, das sonst allnächtlich nach verbotenem Brauch mit letzter Kraft dort hingeschoben wurde. Und auch die Lavaströme und die kleinen Brandherde, welche das Stearin zum Schmelzen brachten, fielen in diesen Wochen fort. Ja, vielleicht raubte die Krankheit mir im Grunde nichts als jenes atemlose, schweigsame Spiel, das niemals frei von einer geheimen Angst für mich gewesen war – Vorbotin jener späteren, die ein gleiches Spiel am gleichen Rand der Nacht begleitete. Die Krankheit hatte kommen müssen, um mir ein reinliches Gewissen zu verschaffen. Das war so frisch wie jede Stelle des faltenlosen Lakens, das mich abends, wenn aufgebettet worden war, erwartete. Meist machte meine Mutter mir das Bett. Vom Diwan aus verfolgte ich, wie sie die Kissen und Bezüge schüttelte, und dachte dabei an die Abende, an denen ich gebadet worden war und dann auf meinem Porzellantablett das Abendbrot ans Bett bekommen hatte. Durch ein Gestrüpp von wilden Himbeerranken drang, hinter der Glasur, ein Weib, bemüht, dem Wind ein Banner mit dem Wahlspruch preiszugeben: »Komm nach Osten, komme nach Westen, zu Haus ist's am besten.« Und die Erinnerung an das Abendbrot und an die Himbeerranken war um so viel angenehmer, als der Körper auf immer sich erhaben über das Bedürfnis, etwas zu verzehren, vorkam. Dafür gelüstete ihn nach Geschichten. Die starke Strömung, welche sie erfüllte, ging durch ihn selbst hindurch und schwemmte Krankes wie Treibgut mit sich fort. Schmerz war ein Staudamm, welcher der Erzählung nur anfangs widerstand; er wurde später, wenn sie erstarkt war, unterwühlt und in den Abgrund der Vergessenheit gespült. Das Streicheln bahnte diesem Strom sein Bett. Ich liebte es, denn in der Hand der Mutter rieselten Geschichten, die ich danach von ihr hören durfte. Mit ihnen drang das Wenige ans Licht, was ich von meinen Vorfahren erfuhr. Die Laufbahn eines Ahnen, Lebensregeln des Großvaters beschwor man mir herauf, als wolle man mir so begreiflich machen, es sei übereilt, der großen Trümpfe, die ich dank meiner Abkunft in der Hand hielt, durch einen frühen Tod mich zu entäußern. Wie nah ich ihm gekommen war, das prüfte zweimal am Tag meine Mutter nach. Behutsam ging sie mit dem Thermometer sodann auf Fenster oder Lampe zu und handhabte das schmale Röhrchen so, als sei mein Leben darin eingeschlossen. Später, als ich heranwuchs, war für mich die Gegenwart des Seelischen im Leib nicht schwieriger zu enträtseln als der Stand des Lebensfadens in der kleinen Röhre, in der er immer meinem Blick entglitt.

Gemessen werden strengte an. Danach blieb ich am liebsten ganz allein, um mich mit meinen Kissen abzugeben. Denn mit den Graten meiner Kissen war ich zu einer Zeit vertraut, in der mir Hügel und Berge noch nicht viel zu sagen hatten. Ich steckte ja mit den Gewalten, welche jene erstehen ließen, unter einer Decke. So richtete ich's manchmal ein, daß sich in diesem Bergwall eine Höhle auftat. Ich kroch hinein; ich zog die Decke über den Kopf und hielt mein Ohr dem dunklen Schlunde hin, die Stille ab und zu mit Worten speisend, die als Geschichten aus ihr wiederkehrten. Bisweilen mischten sich die Finger ein und führten selber einen Vorgang auf; oder sie machten »Kaufhaus« miteinander, und hinterm Tisch, der von den Mittelfingern gebildet wurde, nickten die zwei kleinen dem Kunden, der ich selbst war, eifrig zu. Doch immer schwächer wurde meine Lust und auch die Macht, ihr Spiel zu überwachen. Zuletzt verfolgte ich fast ohne Neugier das Treiben meiner Finger, die wie träges, verfängliches Gesindel sich im Weichbilde einer Stadt zu schaffen machten, die ein Brand verzehrte. Nicht möglich, ihnen über den Weg zu trauen. Denn hatten sie in Unschuld sich vereint – nie war man sicher, daß nicht beide Trupps, lautlos, wie sie sich eingefunden hatten, ein jeder wieder seines Weges gingen. Und der war manchmal ein verbotener, an dessen Ende eine süße Rast den Ausblick auf die lockenden Gesichte freigab, die in dem Flammenschleier sich bewegten, der hinter den geschlossenen Lidern stand. Denn aller Sorgfalt oder Liebe glückte nicht, das Zimmer, wo mein Bett stand, lückenlos dem Leben unseres Hausstands anzuschließen. Ich mußte warten, bis der Abend kam. Dann, wenn die Tür sich vor der Lampe auftat und sich die Wölbung ihrer Glocke schwankend über die Schwelle auf mich zu bewegte, war es, als ob die goldene Lebenskugel, die jede Tagesstunde wirbeln ließ, zum ersten Mal den Weg in meine Kammer, wie in ein abgelegenes Fach, gefunden hätte. Und eh der Abend sich's noch selber recht bei mir hatte wohl sein lassen, fing für mich ein neues Leben an; vielmehr das alte des Fiebers blühte unterm Lampenlicht von einem Augenblick zum andern auf. Der bloße Umstand, daß ich lag, erlaubte mir, einen Vorteil aus dem Licht zu ziehen, den andere nicht so schnell gewinnen konnten. Ich nutzte meine Ruhe und die Nähe der Wand, die ich an meinem Bette hatte, das Licht mit Schattenbildern zu begrüßen. Nun kamen all jene Spiele, welche ich meinen Fingern freigegeben hatte, noch einmal unbestimmter, stattlicher, verschlossener auf der Tapete wieder. »Statt sich vor den Schatten des Abends zu fürchten«, so stand es in meinem Spielbuch, »benutzen ihn lustige Kinder vielmehr, um sich einen Spaß zu machen.« Und bilderreiche Anweisungen folgten, nach denen man Steinbock und Grenadier, Schwan und Kaninchen an die Bettwand hätte werfen können. Mir selbst gedieh es selten über den Rachen eines Wolfes hinaus. Nur war er dann so groß und klaffend, daß er den Fenriswolf bedeuten mußte, den ich als Weltvernichter in dem gleichen Raum sich in Bewegung setzen ließ, in dem man mich selbst der Kinderkrankheit streitig machte. Eines Tages zog sie dann ab. Die nahende Genesung lockerte, wie die Geburt, Bindungen, die das Fieber noch einmal schmerzhaft angezogen hatte. Dienstboten fingen an, in meinem Dasein die Mutter wieder öfter zu vertreten. Und eines Morgens gab ich mich von neuem nach langer Pause und mit schwacher Kraft dem Teppichklopfen hin, das durch die Fenster heraufdrang und dem Kinde tiefer sich ins Herz grub als dem Mann die Stimme der Geliebten, dem Teppichklopfen, welches das Idiom der Unterschicht war, wirklicher Erwachsener, das niemals abbrach, bei der Sache blieb, sich manchmal Zeit ließ, träg und abgedämpft zu allem sich bereitfand, manchmal wieder in einen unerklärlichen Galopp fiel, als spute man sich drunten vor dem Regen.

Unmerklich, wie die Krankheit zu Beginn sich mit mir eingelassen hatte, schied sie auch. Doch wenn ich im Begriff war, sie schon wieder ganz zu vergessen, dann erreichte mich ein letzter Gruß von ihr auf meinem Zeugnis. Die Summe der versäumten Stunden war an seinem Fuß verzeichnet. Keineswegs erschienen sie mir grau, eintönig wie die, denen ich gefolgt war, sondern gleich bunten Streifchen an der Brust der Invaliden standen sie gereiht. Ja eine lange Reihe Ehrenzeichen versinnlichte in meinen Augen der Vermerk: Gefehlt – einhundertdreiundsiebzig Stunden.

Karl Valentin

Habt nur Geduld

(Zeitgemässe Parodie über ein altes Couplet) 1942.

Wir leben jetzt im Krieg, das weiss doch jeder Mann
Und jeder weiss, dass man daran nichts ändern kann.
Lebten wir auch wie bekannt – früher im Schlaraffenland,
Wir schicken uns nun drein – und singen den Refrain:
Habt nur Geduld!
Alles kommt einmal wieder,
Wie es im Frieden war
Nur die Geduld nicht verlieren,
S'wird wieder, wie es war.
Dauert es auch noch ein Weilchen,
Ist auch die Welt jetzt nicht schön,
Kommenden Generationen
Wird es um so besser geh'n.

Wie war doch das Oktoberfest so herrlich schön,
Da hat es wie bekannt ist guate »Schmankerln« geb'n
Brat'ne Hendl'n, welch' Genuss – Steckerlfisch und Cocosnuss
Das war a so a Frass – dazua a Wiesenmass.
Habt nur Geduld! –
    Refrain wie oben.

Und alle Frühjahr' lieber Münchner denke dran,
Da ging da drob'n am Nockerberg die Gaudi an.
Schweinswürstl und zwei – drei Mass – war'n für'n Münchner nur a G'spass
A Maderl noch im Arm – wie wurd's ein'm da so warm.
Habt nur Geduld! –
    Refrain wie oben.

Hans Magnus Enzensberger

Schwierige Arbeit

für Theodor W. Adorno

Im Namen der andern
geduldig
im Namen der andern die nichts davon wissen
geduldig
im Namen der andern die nichts davon wissen wollen
geduldig
festhalten den Schmerz der Negation

eingedenk der Ertrunkenen in den Vorortzügen um fünf Uhr früh
geduldig
ausfalten das Schweißtuch der Theorie

angesichts der Amokläufer in den Kaufhallen um fünf Uhr
    nachmittags
geduldig
jeden Gedanken wenden der seine Rückseite verbirgt

Aug in Aug mit den Totbetern zu jeder Stunde des Tages
geduldig
vorzeigen die verbarrikadierte Zukunft

Tür an Tür mit dem Abschirmdienst zu jeder Stunde der Nacht
geduldig
bloßstellen den rüstigen Kollaps

ungeduldig
im Namen der Zufriedenen
verzweifeln

geduldig
im Namen der Verzweifelten
an der Verzweiflung zweifeln

ungeduldig geduldig
im Namen der Unbelehrbaren
lehren

Anhang

ANMERKUNGEN

1 Zit. nach: Alasdair MacIntyre: Der Verlust der Tugend. Zur moralischen Krise der Gegenwart, Frankfurt a. M./New York 1987, S. 246
2 Otto F. Bollnow: Wesen und Wandel der Tugenden, Frankfurt a. M. 1958, S. 12
3 Siehe Kapitel 8: Tapferkeit
4 Siehe Kapitel 7, Bettina Schöne-Seifert: Organentnahme nur mit Zustimmung, a.a.O.
5 Über Tote sage man nur Gutes.
6 Max Weber u. a.: Soziologie, Weltgeschichtliche Analysen, Politik, Stuttgart 1968
7 Jürgen Habermas: Faktizität und Geltung, Frankfurt a. M. 1992
8 John Rawls, Eine Theorie der Gerechtigkeit, Frankfurt a. M. 1975
9 Friedrich A. von Hayek: Die Illusion der sozialen Gerechtigkeit, Landsberg am Lech 1981
10 McIntyre, a.a.O., S. 25
11 Arthur Schopenhauer: Kleinere Schriften. Gesamtausgabe, Bd. III, Stuttgart/Frankfurt a. M. 1988, S. 748
12 Otfried Höffe: Lexikon der Ethik, 4. Aufl. München 1992, S. 62 (mit weiteren Literaturhinweisen)
13 Aristoteles: Die Nikomachische Ethik, 2. Aufl. Zürich/München 1995, S. 133 ff.
14 Ebd.
15 Ebd., S. 141
16 Franz Furger: Politik oder Moral?, Solothurn/Düsseldorf 1994, S. 294 f.
17 Max Scheler: Vom Umsturz der Werte. Gesammelte Werke, Bd. III, Bern 1955, S. 13 ff.
18 Aristoteles, a.a.O., S. 138
19 MacIntyre, a.a.O., S. 255 ff.
20 Aristoteles, a.a.O., VI 18
21 Emile Durkheim: Erziehung, Moral und Gesellschaft. Darmstadt/Neuwied 1973, S. 165
22 John Rawls: Eine Theorie der Gerechtigkeit, Frankfurt a. M., 1975
23 Grundgesetz Art. III in Verbindung mit Art. I Abs. 3.
24 Friedrich A. von Hayek: Recht, Gesetzgebung und Freiheit, Landsberg am Lech 1981, Bd. 2, S. 93 ff.
25 John Rawls, a.a.O., S. 115 ff.
26 Otfried Höffe: Moral als Preis der Moderne, Frankfurt a.M. 1993, S. 271 ff.

27 Aristoteles, a.a.O., VIII und IX 5
28 Ebd., III 10
29 Otto F. Bollnow: Wesen und Wandel der Tugenden, Frankfurt a. M. 1973, S. 80 ff.
30 Höffe, Lexikon der Ethik, a.a.O., S. 15 ff.
31 André Comte-Sponville: Petit traité des grandes vertus, Paris 1995, S. 276

Quellenverzeichnis

Aesop: Die 40. Fabel, von dem Fuchs und der Katze. S. 44 f.
Die 46. Fabel, von dem Hirtenbuben und dem Wolf. S. 51 f.
Die 50. Fabel, vom Löwen und dem Fuchs. S. 55 f.
In: Fabeln des Aesop. Nach Steinhöwels »Erneuertem Esopus«. Bearb. v. Victor Zobel. Leipzig o. J.: Insel (Insel Bücherei, Bd. 272)
Anders, Günther: Lager Mauthausen. S. 18 ff.
»Es geschieht mir recht«. S. 236. – Freiheit der Religionen. S. 201 f.
Aus: Ketzereien. München 1982: C. H. Beck
Anders, Günther: Off limits für das Gewissen. Briefwechsel mit dem Hiroshima-Piloten Eatherly. In: Das Günther Anders Lesebuch. Hrsg. v. Bernhard Lassahn. Zürich 1984: Diogenes. S. 199 ff.
Andersen, Hans Christian: Des Kaisers neue Kleider. In: Hans Christian Andersen: Sämtliche Märchen und Geschichten in zwei Bänden. Hrsg. u. eingel. v. Leopold Magon. Bd. 1. Leipzig 1953: Dieterich'sche Verlagsbuchhandlung. S. 150 ff.
Aristoteles: Über »ethische Tugenden«. Aus: Die Nikomachische Ethik. Übers. u. hrsg. v. Olof Gigon. München 1972: dtv. S. 77 ff.
© Artemis Verlags AG, Zürich
Bacon, Francis: »Glaube an die Wahrheit«. Aus: Über die Wahrheit. In: Francis Bacon: Essays. Hrsg. v. L. L. Schücking. Wiesbaden 1946: Dieterich'sche Verlagsbuchhandlung. S. 3 ff.
Benjamin, Walter: Das Fieber. In: Walter Benjamin: Berliner Kindheit um neunzehnhundert. Frankfurt a. M. 1987: Suhrkamp. S. 37 ff.
Bloch, Ernst: Weisheit in unserer Zeit. In: Ernst Bloch: Gesamtausgabe. Bd. 10: Philosophische Aufsätze zur objektiven Phantasie. Frankfurt a. M. 1969: Suhrkamp. S. 379 ff.
Bollnow, Otto Friedrich: Die Treue. S. 159 ff.
Wahrheit und Wahrhaftigkeit. S. 135 ff.
In: Otto Friedrich Bollnow: Wesen und Wandel der Tugenden. Frankfurt a. M. 1973: Ullstein
Brecht, Bertolt: Gesammelte Werke.
Bd. 3: Stücke III: Leben des Galilei. Die »Discorsi«. S. 1330 ff.
Bd. 8: Gedichte I: Ich habe lange die Wahrheit gesucht. S. 414 f.
Bd. 9: Gedichte II: Was nützt die Güte. S. 553.
Bd. 20: Schriften zur Politik und Gesellschaft: Die Tugend der Gerechtigkeit. S. 41 f.
Treue is doch det Mark der Ehre (Über Treue). S. 358
Frankfurt a. M. 1967: Suhrkamp

Buber, Martin: Begegnung. Autobiographische Fragmente. 2. Aufl. Stuttgart 1961: W. Kohlhammer Verlag. S. 50
Bubis, Ignatz: Hoffen auf eine intensiver gelebte Toleranz. In: Das Parlament, Nr. 50, 16. 12. 1994
Büchner, Georg: Dantons Tod. Ein Drama.
»Danton, das Laster ist zu gewissen Zeiten Hochverrat ...« Aus: Das Luxemburg. Ein Saal mit Gefangenen. S. 46 ff.
Das Revolutionstribunal. S. 82 ff.
In: Georg Büchner: Werke und Briefe. Hrsg. v. Franz Josef Görtz. Zürich 1988: Diogenes
Bürger, Gottfried August: Das Lied vom braven Manne. In: Gottfried August Bürger: Werke und Briefe. Hrsg. v. Wolfgang Friedrich. Leipzig 1958: Bibliographisches Institut. S. 15 ff.
Busch, Wilhelm: Nicht artig. S. 476.
Wer möchte diesen Erdenball. S. 472.
In: Wilhelm Busch: Ausgewählte Werke. Hrsg. v. Gert Ueding. Stuttgart 1988: Reclam
Camus, Albert: »Was treibt Sie eigentlich, sich damit zu befassen?« Aus: Die Pest. Roman. Aus dem Französ. v. Guido G. Meister. Frankfurt a.M. 1982: Suhrkamp. S. 133 ff.
© Rowohlt Verlag, Reinbek
Chamfort, Nicolas Sébastien de: Maximen und Gedanken. Charaktere und Anekdoten. In: Fritz Schalk (Hrsg.): Die französischen Moralisten. Bd. 1: La Rochefoucauld, Vauvenargues, Montesquieu, Chamfort. München 1973: dtv. S. 261 ff.
Claudius, Matthias: An meinen Sohn Johannes. In: Matthias Claudius: Ausgewählte Werke. Hrsg. v. Walter Münz. Stuttgart 1990: Reclam. S. 290 ff.
Claudius, Matthias: Brief von Pythagoras an Fürst Hiero von Syracusa. In: Wandsbecker Bote. Frankfurt a.M. 1975: Insel. S. 89 f.
Comte-Sponville, André: Selbst die Jahreszeiten sind wankelmütig ...
In: Ruthard Stäblein (Hrsg.): Treue. Zwischen Vertrauen und Starrsinn. Bühl–Moos 1993: Elster. S. 230 ff.
Dürrenmatt, Friedrich: Monstervortrag über Gerechtigkeit und Recht, nebst einem helvetischen Zwischenspiel. Eine kleine Dramaturgie der Politik. Aus: Friedrich Dürrenmatt: Gesammelte Werke in sieben Bänden. Hrsg. v. Franz Josef Görtz. Bd. 7: Essays und Gedichte. Zürich 1988: Diogenes. S. 574 ff.
Englisch, Andreas: Haß läßt sich überwinden. Das Lehrstück Südtirol. In: Hamburger Abendblatt, 23. 5. 1995, S. 3
Enzensberger, Hans Magnus: Migration führt zu Konflikten. Aus: Die Große Wanderung. Dreiunddreißig Markierungen. Mit einer Fußnote ›Über einige Besonderheiten bei der Menschenjagd‹. Frankfurt a.M. 1992: Suhrkamp. S. 11 ff. u. 25 ff.
Enzensberger, Hans Magnus: Friedenskongreß. S. 270
Lock Lied. S. 11 – Schwierige Arbeit. S. 212 f.

In: Hans Magnus Enzensberger: Die Gedichte. Frankfurt a.M. 1983: Suhrkamp

Epiktet: Tu immer deine Pflicht! In: Epiktet: Handbüchlein der Moral. Übers. u. hrsg. v. Kurt Steinmann. Stuttgart 1992: Reclam

Feddersen, Jan: Recht auf Nichtwissen. In: Die Woche, 12. 5. 1995, S. 29

Fetscher, Iring: Ermutigung zur Zivilcourage. Plädoyer für eine zu wenig beachtete Tugend. In: Karl Rahner und Bernhard Welte (Hrsg.): Mut zur Tugend. Über die Fähigkeit, menschlicher zu leben. Freiburg i. Br. 1979: Herder. S. 94 ff.; 1986: Herderbücherei, Bd. 1308.

Finck, Werner: Beim Ziegelputzen zu singen. S. 32
»Das deutsche Problem«. Aus: Gedanken zum Nachdenken. S. 33
Melde mich zurück. S. 35 ff. – Störungsversuche. S. 35.
In: Werner Finck: Finckenschläge. Ausgabe letzter Hand. Reinbek 1975: Rowohlt
© F. A. Herbig, Verlagsbuchhandlung GmbH, München

Fontane, Theodor: »Alles kommt auf die Beleuchtung an«. Hrsg. v. Christian Grawe. Stuttgart 1994: Reclam. S. 37, 73, 112, 146 ff., 157.

Fontane, Theodor: Archibald Douglas. In: Hartmut Laufhütte (Hrsg.): Deutsche Balladen. Stuttgart 1991: Reclam. 327 ff.

Fraser-Darling, Frank: Die Verantwortung des Menschen für seine Umwelt. In: Dieter Birnbacher (Hrsg.): Ökologie und Ethik. Übers. v. Dietrich Klose. Stuttgart 1980: Reclam (Bibliographisch ergänzte Ausgabe 1986). S. 9 ff.

Frisch, Max: Wilhelm Tell für die Schule. Frankfurt a.M. 1971: Suhrkamp. S. 68 ff.

Furger, Franz: Gerechtigkeit im Rechtsstaat. In: Franz Furger: Politik oder Moral. Grundlagen einer Ethik der Politik. Solothurn/Düsseldorf 1994: Benziger. S. 107 f.

Furger, Franz: Recht auf Arbeit – ein soziales Menschenrecht. In: Franz Furger: Moral oder Kapital. Grundlagen der Wirtschaftsethik. Zürich/Mödling 1992: Benziger/St. Gabriel. S. 163 ff.

Gellert, Christian Fürchtegott: Der stolze Demüthige. In: Christian Fürchtegott Gellert: Gesammelte Schriften. Hrsg. v. Bernd Witte. Bd. VI: Moralische Vorlesungen, Moralische Charaktere. Hrsg. v. Sibylle Späth. Berlin/New York 1992: de Gruyter. S. 305 ff.

Goethe, Johann Wolfgang von: Werke. Hrsg. v. Erich Trunz.
Bd. I: Gedichte und Epen 1:
Das Göttliche. S. 147 ff.
Feiger Gedanken. S. 134.
Für ewig. S. 127.
Glaube nur ... S. 316.
Jedem redlichen Bemühen ... S. 313.
Menschengefühl. S. 134.
Weite Welt und buntes Leben. S. 327.
Bd. II: Gedichte und Epen 2:
Derb und tüchtig. S. 16 f.

Frage nicht, durch welche Pforte. S. 37.
Polyhymnia der Weltbürger. S. 469.
Bd. III: Dramen 1:
Fausts »Fluch der Geduld«. Aus: Faust. Erster Teil. S. 54.
Bd. IX: Autobiographische Schriften 1:
Wie man aber Verletzungen und Krankheiten. S. 522.
Bd. X: Autobiographische Schriften 2:
Lavater hatte eine unglaubliche Geduld. S. 16 f.
Bd. XII: Schriften zur Kunst, Schriften zur Literatur, Maximen und Reflexionen. Nr. 124, 151.
12. Aufl. München 1981: C. H. Beck
Goettle, Gabriele: Benefizveranstaltung bei Porsche. In: Gabriele Goettle: Freibank. Berlin 1991: Verlag Klaus Bittermann (Edition TIAMAT). S. 57 ff.
Grass, Günter: Also nochmal. S. 314 f.
Unser Vorhaben hieß. S. 342 f.
In: Günter Grass: die Gedichte 1955–1986. Mit einem Nachwort v. Volker Neuhaus. Darmstadt 1988: Luchterhand.
Sowie: Günter Grass: Gedichte und Kurzprosa. Studienausgabe, Bd. 11. Göttingen 1994: Steidl Verlag
© Steidl Verlag, Göttingen 1994
Grass, Günter: »Zeitlos mutig ...« (Meine Papiere wurden gefälscht) Aus: Günter Grass: Die Blechtrommel. Roman. Werkausgabe in zehn Bänden. Bd. 2. Hrsg. v. Volker Neuhaus. Darmstadt/Neuwied 1987: Luchterhand. S. 400 ff.
Sowie: Günter Grass: Die Blechtrommel. Studienausgabe, Bd. 1. Göttingen 1994: Steidl Verlag
© Steidl Verlag, Göttingen 1993
Grillparzer, Franz: Aphorismen. In: Franz Grillparzer: Werke. Hrsg. v. Paul Stapf. Bd. 2: Gedichte – Erzählungen – Schriften. Berlin/Darmstadt 1960: Der Tempel-Verlag. S. 1152 ff.
Grimm, Brüder: Kinder- und Hausmärchen.
Bd. 1: Der treue Johannes. S. 55 ff.
Einer, der auszog das Fürchten zu lernen. S. 213 ff.
Bd. 2: Der Faule und der Fleißige. S. 501 ff.
Die kluge Bauerntochter. S. 475 ff.
Stuttgart 1984: Reclam
Habermas, Jürgen: Faktizität und Geltung. Beiträge zur Diskurstheorie des Rechts und des demokratischen Rechtsstaats. Frankfurt a. M. 1992: Suhrkamp. S. 145 ff.
Hegel, Friedrich: Individuum und Recht. Aus: Friedrich Hegel: System der Sittlichkeit. In: Schriften zur Politik und Rechtsphilosophie. Hrsg. v. Georg Lasson. Leipzig 1913: Felix Meiner Verlag. S. 499.
Heisenberg, Werner: Über die Verantwortung des Forschers. In: Werner Heisenberg: Quantentheorie und Philosophie. Vorlesungen und Aufsätze.

Hrsg. v. Jürgen Busche. Stuttgart 1979: Reclam. S. 76 ff.
© R. Piper & Co. Verlag, München 1971
Hengsbach, Friedhelm: Gemeinsinn und Solidarität. Durch moralische Appelle nicht hervorzuzaubern. In: Das Parlament, Nr. 50, 16. 12. 1994, S. 8
Hesse, Hermann: Es kommt einzig auf den Mut an. S. 48.
Die Weisheit bleibt. S. 113.
Aus: Hermann Hesse: Lektüre für Minuten. Gedanken aus seinen Büchern und Briefen. Ausgew. u. zusammengestellt v. Volker Michels. Frankfurt a. M. 1971: Suhrkamp. Ferner: S. 86 f., 43, 70 f.
Heuwagen, Marianne: Das Fach »Wir-Gefühl«. In: Süddeutsche Zeitung, 8./9. 4. 1995, S. 3
Heym, Stefan: Wie es mit dem kleinen Jungen, der die Wahrheit sagte, weiterging. In: Stefan Heym: Märchen für kluge Kinder. München 1984: Goldmann. S. 81 ff.
Höffe, Otfried: Gerechtigkeit gegen Tiere. In: Otfried Höffe: Moral als Praxis der Moderne. Ein Versuch über Wissenschaft, Technik und Umwelt. Frankfurt a. M. 1993: Suhrkamp (stw 1046). S. 218 ff.
Hölty, Ludwig Heinrich Christoph: Der alte Landmann an seinen Sohn. In: Wilhelm von Scholz (Hrsg.): Das deutsche Gedicht. Ein Jahrtausend deutscher Lyrik. Stuttgart 1954: Verlag Deutsche Volksbücher. S. 74 f. (Zitiert: letzte Strophe des Gedichts, von S. 75)
Homer: Odysseus verhöhnt den Kyklopen. Aus: Odyssee. Neunter Gesang. Übers. v. Wolfgang Schadewaldt. Zürich 1980: Diogenes, S. 109, 121 f. Sowie: Edition Peter v. d. Mühll, Birkhäuser Verlag AG, Basel 1953
Jandl, Ernst: menschenfleiß. In: Ernst Jandl/Jürgen Spohn: falamaleikum. gedichte und bilder. Darmstadt/Neuwied 1983: Luchterhand. S. 36.
Jaspers, Karl: Solidarität. In: Karl Jaspers: Die geistige Situation der Zeit. 5. Aufl. Berlin 1965: Walter de Gruyter. S. 193 ff.
Jonas, Hans: Theorie der Verantwortung. In: Hans Jonas: Das Prinzip Verantwortung. Versuch einer Ethik für die technologische Zivilisation. Frankfurt a. M. 1984: Suhrkamp (stb 1085). S. 172 ff.
© Insel Verlag, Frankfurt a. M.
Joubert, Joseph: Gedanken und Maximen. In: Fritz Schalk (Hrsg.): Die französischen Moralisten. Bd. 2: Galiani, Rivarol, Joubert, Jouffroy. Hrsg. u. übers. v. Fritz Schalk. München 1974: dtv. S. 153 ff.
Jouffroy, Théodore Simon: Das grüne Heft. Gedanken. In: Fritz Schalk (Hrsg.): Die französischen Moralisten. Bd. 2: Galiani, Rivarol, Joubert, Jouffroy. Hrsg. u. übers. v. Fritz Schalk. München 1974: dtv. S. 334 ff.
Jünger, Ernst: Mut. In: Ernst Jünger: Der Kampf als inneres Erlebnis. 2. Aufl. Berlin 1926: Mittler & Sohn. S. 47 ff.
Kafka, Franz: Vor dem Gesetz. In: Franz Kafka: Gesammelte Werke. Hrsg. v. Max Brod. Taschenbuchausgabe in acht Bänden. Bd.: Erzählungen. Frankfurt a. M. 1983: Fischer Taschenbuch Verlag, S. 120 f.
Kant, Immanuel: Von den Pflichten der Tugendhaften und Lasterhaften. Aus:

Eine Vorlesung über Ethik. Hrsg. v. Gerd Gebhardt. Frankfurt a. M. 1990: Fischer Taschenbuch Verlag. S. 261 ff.
Kant, Immanuel: Metaphysische Anfangsgründe der Tugendlehre. Metaphysik der Sitten. Zweiter Teil. Mit einer Einführung ›Kants System der Pflichten in der Metaphysik der Sitten‹ von Mary Greger. Neu hrsg. u. eingel. v. Bernd Ludwig. Hamburg 1990: Felix Meiner Verlag. S. 53 ff.
Kant, Immanuel: Werke in zehn Bänden. Hrsg. v. Wilhelm Weischedel. Bd. 6: Schriften zur Ethik und Religionsphilosophie: Grundgesetz der reinen praktischen Vernunft. Von den Triebfedern der reinen praktischen Vernunft. Darmstadt 1968: Wissenschaftliche Buchgesellschaft
Kaschnitz, Marie Luise: Demut. In: Marie Luise Kaschnitz: Nicht nur von hier und heute. Ausgewählte Prosa und Lyrik. Hamburg/Düsseldorf 1984: Claassen. S. 336
© 1965 Claassen Verlag GmbH, Hamburg (jetzt Hildesheim)
Kästner, Erich: Gesammelte Schriften für Erwachsene.
Bd. 1: Gedichte:
Aufforderung zur Bescheidenheit. S. 118.
Der Mensch ist gut. S. 77 f.
Moral. S. 36
Nur Geduld. S. 82.
Bd. 7: Vermischte Beiträge 2: Gescheit, und trotzdem tapfer. S. 24 ff.
Zürich 1969: Atrium
Kaufmann, Franz-Xaver: Über die Brüderlichkeit. Rede eines demokratischen Hofnarren an ein bürgerliches Publikum. In: Karl Rahner und Bernhard Welte (Hrsg.): Mut zur Tugend. Über die Fähigkeit, menschlicher zu leben. Freiburg i. Br. 1986: Herder (Herderbücherei, Bd. 1308). S. 67 ff.
Kipling, Rudyard: Wie das Kamel seinen Buckel bekam. In: Rudyard Kipling: Gesammelte Werke. Bd. III. München 1970: List. S. 561 ff.
Kleinschmid, Hannelore: Der Mut zum Nein. Ein Bericht über Menschen, die sich der Stasi verweigerten. In: Deutschland Archiv. 28. Jg., 4/1995, S. 348 ff.
© Verlag Wissenschaft und Politik, Köln
Klomps, Heinrich: Aus: Verantwortungsbewußtsein. In: Heinrich Klomps: Tugenden des modernen Menschen. Augsburg 1969. S. 12
Klüver, Reymer: Haß wird neuen Haß gebären. In Ruanda gilt weiter das Gesetz der Rache, weil keine Gerechtigkeit geschaffen wurde. In: Süddeutsche Zeitung, 25. 4. 1995
Kuhn, Franz: Volksmoral. In: Franz Kuhn: Altchinesische Staatsweisheit. 3. veränderte Aufl. Zürich 1954: Verlag die Waage. S. 176
Lapide, Pinchas: Die Zukunft der Juden in Deutschland. Plädoyer für ein gemeinsames Projekt, allen rechtsradikalen Umtrieben zum Trotz. In: Frankfurter Rundschau, 1. 5. 1995
Lehndorff-Steinort, Heinrich Graf von: Am Vorabend seiner Verurteilung ... In: Du hast mich heimgesucht bei Nacht. Abschiedsbriefe und Aufzeichnungen des Widerstandes 1933 bis 1945. Hrsg. v. Helmut Gollwitzer und Käthe Kuhn. 2. Aufl. München/Hamburg 1966: Siebenstern

Taschenbuch Verlag. S. 174 ff. - 8. Aufl. Gütersloh 1994: Gütersloher Verlagshaus

Leibniz, Gottfried Wilhelm von: Theodizee. Erster Teil: § 73. In: Gottfried Wilhelm von Leibniz: Die Hauptwerke. Zusammengefaßt u. übertragen v. Gerhard Krüger. 3. Aufl. Stuttgart 1949. Kröner (Kröners Taschenausgabe, Bd. 112). S. 220

Lessing, Doris: Der Preis der Wahrheit. In: Doris Lessing: Der Preis der Wahrheit. London Stories. Aus dem Engl. v. Anette Grube. Hamburg 1991: Hoffmann und Campe. S. 245 ff.

Lessing, Gotthold Ephraim: Nathan der Weise. In: Gotthold Ephraim Lessing: Werke. Hrsg. v. Kurt Wölfel. Bd. 1: Gedichte, Fabeln, Dramen. Frankfurt a. M. 1967: Insel. S. 530 ff.

Lévinas, Emmanuel: Das Ich kann nicht vertreten werden. Die Ethik als die Verantwortlichkeit für den Anderen. In: Frankfurter Allgemeine Zeitung, 15. 4. 1995

Lichtenberg, Georg Christoph: Soll man nicht der Natur zuweilen die Hand führen? Aus: Aphorismen. In Georg Christoph Lichtenberg: Werke. In einem Band, mit einem Nachwort von Carl Brinitzer. Hrsg. v. Peter Plett. Hamburg 1967: Hoffmann und Campe (Campe Klassiker). S. 140. f. Ferner: S. 32, 117, 126, 132, 134

Lichtenberg, Georg Christoph: Sudelbücher. Fragmente. Fabeln. Verse: Deutscher Fleiß. J. 1117. In: Georg Christoph Lichtenberg: Schriften und Briefe. Hrsg. v. Franz H. Mautner. 1. Bd. Frankfurt a. M. 1983: Insel

Luther, Martin: Geduld. S. 233.
Über die Barmherzigkeit. S. 261.
Über die Lüge. S. 233.
Vier Haupttugenden. S. 233.
In: Luther Deutsch. Die Werke Luthers in Auswahl. Hrsg. v. Kurt Aland. Göttingen 1974

Madame Leprince de Beaumont: Die Schöne und das Tier. In: Das große Märchenbuch. Hrsg. v. Christian Strich. Zürich 1987: Diogenes. S. 48 ff.

Mann, Thomas: Von rassischer und religiöser Toleranz. In: Thomas Mann: Das essayistische Werk. Taschenbuchausgabe in acht Bänden. Hrsg. v. Hans Bürgin. Bd. 3: Politische Reden und Schriften. Frankfurt a.M. 1968: S. Fischer. S. 299 ff.
Sowie: Gesammelte Werke in dreizehn Bänden. Bd. XII: Reden und Aufsätze. 4.
© 1960, 1974 S. Fischer Verlag GmbH, Frankfurt a.M.

Marcus Aurelius Antonius: Des Kaisers Marcus Aurelius Antonius Selbstbetrachtungen. Übersetzung, Einleitung und Anmerkungen v. Albert Wittstock. Stuttgart 1949: Reclam. S. 36 f.

Marcuse, Herbert: Repressive Toleranz: In: Robert Paul Wolff, Berrington Moore und Herbert Marcuse: Kritik der reinen Toleranz. 8. Aufl. Frankfurt a.M. 1973: Suhrkamp (ed.s. 181). S. 93 ff.

Maron, Monika: »Bei Grün darf man klingeln«. Aus: Flugasche. Roman.

Frankfurt a.M. 1981: S. Fischer Verlag, Lizenzausgabe für den Union Verlag Berlin. S. 29 ff.
© S. Fischer Verlag GmbH, Frankfurt a.M.
Meier, Christian: »Denkverbote« als Nachhut des Fortschritts? Über den Terror der Gutwilligen und die neue Unbequemlichkeit beim Denken der Zukunft. In: Neue Rundschau. 106. Jg., 1/1995, S. 9 ff.
Montesquieu, Charles de Secondat: Fünfzigster Brief. Rica an ***. In: Montesquieu: Perserbriefe. Übers. v. Jürgen von Stackelberg. Frankfurt a.M. 1988: Insel. S. 90 f.
Montesquieu, Charles de Secondat: Meine Gedanken. In: Fritz Schalk (Hrsg.): Die französischen Moralisten. Bd. 1: La Rochefoucauld, Vauvenargues, Montesquieu, Chamfort. München 1973: dtv. S. 205 ff.
Musil, Robert: Ein Beispiel. In: Robert Musil: Gesammelte Werke. Bd. 2: Prosa und Stücke. Reinbek 1978: Rowohlt. S. 678 ff.
Nell-Breuning, Oswald von: Wenn Tolerante und Intolerante miteinander reden. Aus: Toleranz. In: Oswald von Nell-Breuning: Unbeugsam für den Menschen. Lebensbild. Begegnungen. Ausgewählte Texte. Hrsg. v. Heribert Klein. Freiburg i. Br. 1989: Herder. S. 175 ff.
Nenning, Günther: Ausstieg aus der Sicherheit. Aus: Prinzip Angst. In: Günther Nenning: Auf den Klippen des Chaos. Hamburg 1993: Hoffmann und Campe. S. 64 ff.
Neruda, Pablo: Lebensweisheit. In: Pablo Neruda: Letzte Gedichte. Aus d. Spanischen v. Monika López und Fritz Vogelsang. Hrsg. v. Karsten Garscha. Darmstadt/Neuwied 1988: Luchterhand. S. 71 f.
Nietzsche, Friedrich: Die »deutsche Tugend«. S. 964 f.
Begriff der Sittlichkeit der Sitte. S. 1019 ff.
Die Ungeduldigen. S. 977 f.
Fleiß und Gewissenhaftigkeit. S. 704.
Grenze aller Demut. S. 1217.
Ungeduld. S. 1231.
Wahrheit will keine Götter. S. 750.
Was ist Wahrheit? S. 1073.
In: Friedrich Nietzsche: Werke in sechs Bänden. Hrsg. v. Karl Schlechta. Bd. 2: Menschliches, Allzumenschliches. Morgenröte: München 1980: Hanser
Novalis: Inwiefern erreichen wir das Ideal nie?
In: Novalis: Werke. Hrsg. u. komment. v. Gerhard Schulz. München 1987: C.H. Beck. S. 308 f.
Orwell, George: Durch einen Spiegel, rosarot. In: Das George Orwell Lesebuch. Essays, Reportagen, Betrachtungen. Hrsg. u. mit einem Nachwort v. Fritz Senn. Aus dem Engl. v. Tina Richter. Zürich 1981: Diogenes. S. 190 f.
Orwell, George: Farm der Tiere. Ein Märchen. Neu übersetzt von Michael Walter. Mit einem neuentdeckten Nachwort des Autors. Zürich 1982: Diogenes, S. 25, 106 ff.
Pestalozzi, Johann Heinrich: Gemeingeist und Gemeinkraft. S. 117.

Die Katzengerechtigkeit. S. 210 ff.
In: Johann Heinrich Pestalozzi: Fabeln. Figuren zu meinem ABC-Buch oder zu den Anfangsgründen meines Denkens. Mit einem Nachwort hrsg. v. Josef Billen. München 1993: dtv
Pieper, Josef: Die Kunst, sich richtig zu entscheiden. In: Lesebuch Josef Pieper. München 1981: Kösel. S. 65 ff.
Platon: Das Höhlengleichnis. In: Platon: Der Staat. Übers. u. erläutert v. Otto Apelt. 11. Aufl. Hamburg 1989: Felix Meiner. S. 268 ff.
Polgar, Alfred: Gespräch über Gerechtigkeit. In: Alfred Polgar: Kleine Schriften. Hrsg. von Marcel Reich-Ranicki in Zusammenarbeit mit Ulrich Weinzierl. Reinbek 1982: Rowohlt. S. 248 ff.
Popper, Karl R.: Bemerkungen über die Wahrheit. S. 44 ff.
Wahrheitssuche. S. VII f.
In: Karl R. Popper: Objektive Erkenntnis. Ein evolutionärer Entwurf. 4. Aufl. Hamburg 1984: Hoffmann und Campe
Popper, Karl: Duldsamkeit und intellektuelle Verantwortlichkeit.
Vortrag, gehalten am 26. Mai 1981 an der Universität Tübingen, wiederholt am 16. März 1982 beim Toleranzgespräch in der Alten Universität in Wien. Der Abdruck entspricht der Wiener Fassung. Zuerst veröffentlicht in: Offene Gesellschaft – offenes Universum. Franz Kreuzer im Gespräch mit Karl R. Popper. 3. Aufl. Wien 1983, S. 103–117. © Karl R. Popper 1981
Praetorius, Ina: Eine feministische Definition von Ethik.
In: Sei wie das Veilchen im Moose. Aspekte feministischer Ethik. Hrsg. v. Nicole Kramer, Birgit Menzel, Birgit Möller und Angela Standhartinger. Frankfurt a.M. 1994: S. Fischer. S. 141 ff.
Ranke-Heinemann, Uta: Man muß dem Gewissen folgen. Nachschrift einer Rede zum 30. Jahrestag der VVN. Gehalten im ehemaligen NS-Lager Stuckenbrock am 6. 9. 1975. (Gekürzt)
Ringelnatz, Joachim: Schaudervoll, es zog die reine. In: Joachim Ringelnatz: Und auf einmal steht er neben dir. Gesammelte Gedichte. Berlin 1964: Karl H. Henssel Verlag, S. 107
© Diogenes Verlag AG, Zürich
Rivarol, Antoine de: In: Fritz Schalk (Hrsg.): Die französischen Moralisten. Bd. 2: Galiani, Rivarol, Joubert, Jouffroy. Hrsg. u. übers. v. Fritz Schalk. München 1974: dtv. S. 109 ff.
La Rochefoucauld, François de: Reflexionen oder moralische Sentenzen und Maximen. In: Fritz Schalk (Hrsg.): Die französischen Moralisten. Bd. 1: La Rochefoucauld, Vauvenargues, Montesquieu, Chamfort. München 1973: dtv. S. 45 ff.
Schiller, Friedrich: Bd. 1: Tugend, Liebe, Freundschaft. S. 335.
Die Bürgschaft. S. 189 f.
Don Carlos. Dritter Akt. Zehnter Auftritt.
In: Friedrich Schiller: Sämtliche Werke. Hrsg. v. Gerhard Fricke u. Herbert Göpfert. München 1993: Hauser.
Schily, Otto: Wodurch wird Legitimation erreicht. In: Otto Schily: Flora,

Fauna und Finanzen. Über die Wechselwirkung von Natur und Geld. Hamburg 1994: Hoffmann und Campe. S. 24 f.
Schöne-Seifert, Bettina: Organentnahme nur mit Zustimmung. In: Frankfurter Allgemeine Zeitung, 4. 1. 1995
Schopenhauer, Arthur: Der Handschriftliche Nachlaß in fünf Bänden. Vollständige Ausgabe in sechs Teilbänden. Hrsg. von Arthur Hübscher.
Bd. 1:   Moral, durch Religion oder Philosophie beigebracht: S. 102 f.
Wer vermißt noch ... S. 298.
Bd. 3:   Die Tugend der Gerechtigkeit. S. 744 ff.
Eine gewisse Art Mut. S. 513
»Pflicht und Schuldigkeit«. Aus: Über die Grundlage der Moral. S. 753 ff.
Bd. 4:   Über Güte und Großmut. Aus: Nachlaß. S. I, 1.
Frankfurt a. M. 1966–1975: Waldemar Kramer
Schopenhauer, Arthur: Über die Grundlage der Moral. In: Kleinere Schriften. Darmstadt 1989: Wissenschaftliche Buchgesellschaft. S. 727 ff., S. 732
Schorlemmer, Friedrich: Gerechtigkeit und Utopien der Bürgerbewegung. In: Plädoyers für Gerechtigkeit. Universität Rostock 1994. (Rostocker Philosophische Manuskripte. Neue Folge, H. 1). S. 34 ff.
Schwab, Gustav: Herakles am Scheidewege. In: Gustav Schwab: Sagen des klassischen Altertums. Teil 1: Herakles am Scheidewege. Frankfurt a. M. 1975: Insel Verlag. S. 153 ff.
Schweitzer, Albert: Humanität. In: Albert Schweitzer: Gesammelte Werke in fünf Bänden. Bd. 5. München o. J.: C. H. Beck. S. 167 ff.
Sowie: Beck'sche Reihe, Nr. 255
Schweitzer, Albert: Über die Treue. In: Ehrfurcht vor dem Leben. H. 28, Dezember 1986
Seneca, Lucius Annaeus: Von der Tugend, als dem höchsten Gute. In: Lucius Annaeus Seneca: Vom glücklichen Leben. Auswahl aus seinen Schriften. Hrsg. von Heinrich Schmidt. Stuttgart 1978: Kröner. S. 79 ff.
Seume, Johann Gottfried: An einen an der Düna bei Riga gefundenen Totenkopf. In: Adalbert Elschenbroich (Hrsg.): Deutsche Dichtung im 18. Jahrhundert. Darmstadt 1960: Wissenschaftliche Buchgesellschaft. S. 410 ff.
Spaemann, Robert: Gerechtigkeit oder: Ich und die anderen. S. 46 ff.
Philosophische Ethik oder: Sind Gut und Böse relativ? S. 11 ff.
In: Robert Spaemann: Moralische Grundbegriffe. 5. Aufl. München 1994: C. H. Beck (Beck'sche Reihe, Nr. 256)
Szczypiorski, Andrzej: Dummheit ist ein Mangel an Demut. Text einer Rede, gehalten 1994 in Bonn
© Diogenes Verlag AG, Zürich
Tange, Ernst Günter: Der boshafte Zitatenschatz. Frankfurt a. M. 1993: Eichborn Verlag. S. 344
Tibi, Bassam: Kulturübergreifende Ethik sichert Frieden. In: Das Parlament, Nr. 50, 16. 12. 1994
Tugendhat, Ernst: Asyl: Gnade oder Menschenrecht? In: Ernst Tugendhat:

Ethik und Politik. Vorträge und Stellungnahmen aus den Jahren 1978 bis 1991. Frankfurt a.M. 1992: Suhrkamp. S. 66 ff.

Ullrich, Volker: Den Mut haben, davonzulaufen. In: ZEIT-Punkte, ZEITmagazin, Nr. 3/1995, S. 64 ff.

Valentin, Karl: Habt nur Geduld. In: Karl Valentin: Sämtliche Werke in acht Bänden. Hrsg. v. Helmut Bachmaier und Stefan Henze. Bd. 2. München 1994: Piper. S. 169 f.

Vargas Llosa, Mario: Die Wahrheit der Lügen. In: Mario Vargas Llosa: Die Wahrheit der Lügen. Essays zur Literatur. A. d. Spanischen von Elke Wehr. Frankfurt a.M. 1994: Suhrkamp (st. 2283). S. 7 f., 10 ff.

Vauvenargues, Luc de: Reflexionen und Maximen. In: Fritz Schalk (Hrsg.): Die französischen Moralisten. Bd. 1: La Rochefoucauld, Vauvenargues, Montesquieu, Chamfort. München 1973: dtv. S. 107 ff.

Voltaire: Die Großmütigen. In: Voltaire: Zadig oder das Schicksal. Frankfurt a.M. 1975: Insel. S. 32 ff.

Voltaire: Über den Unterschied zwischen politischen und natürlichen Gesetzen. In: Voltaire. Republikanische Ideen. Hrsg. v. Günther Mensching. Frankfurt a.M. 1979: Syndikat. S. 62 ff.

Wandschneider, Dieter: Das Gutachtendilemma. Über das Unethische partikularer Wahrheit. In: Matthias Gatzemeier (Hrsg.): Verantwortung in Wissenschaft und Technik. Mannheim 1989: Bibliographisches Institut & F.A. Brockhaus AG. S. 114 ff., 124 ff. (Stark gekürzt)
© Verlag J. B. Metzler, Stuttgart

Weber, Max: Gesinnungsethik und Verantwortungsethik. In: Max Weber: Soziologie. Weltgeschichtliche Analysen. Politik. 4. verb. Aufl. Stuttgart 1968: Alfred Kröner Verlag. S. 174 ff.

Weinheber, Josef: Treue. Aus: Die deutschen Tugenden im Kriege. In: Das Innere Reich, VI/1, 1939 (6)

Weizsäcker, Richard von: Zum 40. Jahrestag der Beendigung des Krieges in Europa und der nationalsozialistischen Gewaltherrschaft. Ansprache am 8. Mai 1985 in der Gedenkstunde im Plenarsaal des Deutschen Bundestages. Hrsg. v. Bundeszentrale für politische Bildung. Bonn 1985. S. 1–16.

Wilde, Oscar: Der eigensüchtige Riese. In: Oscar Wilde: Sämtliche Erzählungen in zehn Bänden. Hrsg. v. Norbert Kohl. Bd. 2. Frankfurt a.M. 1982: Insel. S. 27 ff.

Wolf, Christa: Nellys Tapferkeit. S. 79 ff.
»Nimm doch Vernunft an!« S. 110 f.
Aus: Christa Wolf: Kindheitsmuster. Roman. Darmstadt/Neuwied 1977: Hermann Luchterhand Verlag

Zweig, Stefan: Die Flucht zu Gott. In: Stefan Zweig: Sternstunden der Menschheit. Zwölf historische Miniaturen. Gesammelte Werke in Einzelbänden. 5. Aufl. Frankfurt a.M. 1991: S. Fischer Verlag. S. 182 ff.
© Bermann Fischer Verlag A. B., Stockholm, 1943. Abdruck mit Genehmigung der S. Fischer Verlag GmbH, Frankfurt a.M.